历史、现实、未来是相通的。历史是过去的现实，现实是未来的历史。要把党的十八大确立的改革开放重大部署落实好，就要认真回顾和深入总结改革开放的历程，更加深刻地认识改革开放的历史必然性，更加自觉地把握改革开放的规律性，更加坚定地肩负起深化改革开放的重大责任。

——2012年12月31日习近平总书记在主持中共十八届中央政治局第二次集体学习时的讲话摘录

要注意从历史、全局、战略的高度总结40年改革开放成就和经验，突出时代性、思想性、实践性。要坚持问题导向，对一些带有共性、规律性的问题，要注意总结和反思，以利于更好前进。

——2018年11月14日习近平总书记在中央全面深化改革委员会第五次会议上的讲话摘录

推进国企改革要奔着问题去，坚持以解放和发展社会生产力为标准，坚持政企分开、政资分开，以增强企业活力、提高效率为中心，提高国企核心竞争力。

——2014年12月9日习近平总书记在中央经济工作会议上的讲话摘录

我国国有企业为我国经济社会发展、科技进步、国防建设、民生改善作出了历史性贡献，功勋卓著！功不可没！这是绝对不能否定的！也是绝对否定不了的！如果没有长期以来国有企业为我国发展打下的重要物质基础，就没有我国的经济独立和国家安全，就没有人民生活的不断改善，就没有我国今天在世界上的地位，就没有社会主义中国在世界东方的屹然屹立。

——2016年10月10日习近平总书记在全国国有企业党的建设工作会议上的讲话摘录

要完善各类国有资产管理体制，改革国有资本授权经营体制，加快国有经济布局优化、结构调整、战略性重组，促进国有资产保值增值，推动国有资本做强做优做大，有效防止国有资产流失。深化国有企业改革，发展混合所有制经济，培育具有全球竞争力的世界一流企业。

——2017年10月18日习近平总书记在党的第十九次全国代表大会上作的报告摘录

要加快国资国企改革，坚持政企分开、政资分开和公平竞争原则，做强做优做大国有资本，加快实现从管企业向管资本转变，改组成立一批国有资本投资公司，组建一批国有资本运营公司，积极推进混合所有制改革。

——2018年12月19日习近平总书记在中央经济工作会议上的讲话摘录

THE COURSE OF
CHINESE STATE-OWNED
ENTERPRISE REFORM

国企改革历程

1978—2018

国企改革历程编写组 编

（上）

中国经济出版社
CHINA ECONOMIC PUBLISHING HOUSE
北京

图书在版编目（CIP）数据

国企改革历程：1978—2018／国企改革历程编写组编．——北京：中国经济出版社，2019.9（2023.4重印）
ISBN 978 - 7 - 5136 - 5395 - 4

Ⅰ．①国… Ⅱ．①国… Ⅲ．①国企改革 - 研究 - 中国 Ⅳ．①F279.21

中国版本图书馆 CIP 数据核字（2018）第 229970 号

项目统筹　李煜萍
责任编辑　李煜萍　王　帅　李若雯
责任印制　马小宾

出版发行	中国经济出版社
印 刷 者	北京艾普海德印刷有限公司
经 销 者	各地新华书店
开　　本	787mm×1092mm　1/16
印　　张	44.75
字　　数	760 千字
版　　次	2019 年 9 月第 1 版
印　　次	2023 年 4 月第 4 次
定　　价	178.00 元

广告经营许可证　京西工商广字第 8179 号

中国经济出版社　网址 www.economyph.com　社址 北京市东城区安定门外大街 58 号　邮编 100011
本版图书如存在印装质量问题，请与本社销售中心联系调换（联系电话：010 - 57512564）

版权所有　盗版必究（举报电话：010 - 57512600）
国家版权局反盗版举报中心（举报电话：12390）　　服务热线：010 - 57512564

编委会

主　　任：郝　鹏

副 主 任：翁杰明　彭华岗　白英姿

编　　委：（以姓氏笔画为序）
　　　　　王选文　尹义省　邬红兵　庄树新　刘　源　李正义
　　　　　李　伟　李　冰　李明星　宋亚晨　张文宏　张　涛
　　　　　陈　军　赵世堂　赵红严　姜维亮　姚　焕　贾立克
　　　　　贾春曲　殷长波　郭祥玉　谢　军　魏　伟

编 写 组：（以姓氏笔画为序）
　　　　　王海琳　王黎晓　叶远强　朱　凯　刘绍娓　刘福广
　　　　　杜国功　杨景百　来　婷　肖福泉　吴文岳　吴同兴
　　　　　张贞民　陈　鸿　范建林　林庆苗　季晓刚　周巧凌
　　　　　庞雪松　郑东华　孟华强　赵丽新　郜志宇　侯孝国
　　　　　袁雷峰　高　岩　唐祖君　黄景安　曹如民　常玉春
　　　　　董朝辉　廖华军　熊　洁

责任编撰：尹义省

前言

党中央始终高度重视国有企业改革。习近平总书记指出，国有企业是中国特色社会主义的重要物质基础和政治基础，关系公有制主体地位的巩固，关系我们党的执政地位和执政能力，关系我国社会主义制度。进入新时代，在全国上下深入学习贯彻习近平新时代中国特色社会主义思想，统筹推进"五位一体"总体布局，协调推进"四个全面"战略布局，统揽推进伟大斗争、伟大工程、伟大事业、伟大梦想的进程中，2018年，我们迎来了改革开放四十周年。为落实党中央庆祝改革开放四十周年的有关精神，系统总结我国国有企业改革四十年的光辉历程、历史性成就和宝贵经验，我们组织编写了这本《国企改革历程 1978—2018》。

作为我国经济体制改革的中心环节，国有企业改革四十年走过了极不平凡的历程，按照时间脉络，大体可以分为四个阶段。国有企业改革的早期探索从具有重大历史转折意义的党的十一届三中全会起至党的十四届三中全会，这一阶段的改革目标是要让企业有更多的经营管理自主权，按经济规律和价值规律办事，通过放权让利、实行承包经营责任制等措施，把国有企业推向市场，1979年的"扩权十条"、1982年的《国营工厂厂长工作暂行条例》等都着眼于此。这一阶段的国有企业改革探索，经历是曲折的。第二阶段从党的十四届三中全会到党的十六大，明确了我国建立社会主义市场经济体制的总体规划，提出我国国有企业改革的方向是建立现代企业制度，以制度创新为重点，采取了现代企业制度试点、"抓大放小"、行业性重组调整、三年改革脱困攻坚等一系列重大举措。这一阶段经历是艰苦的,但国有企业改革取得了实质性突破。第三阶段从党的十六大到党的十八大,以规范国有资产管理为重点,深化国有资产管理体制改革,设立了各级国资委,明确了国有资产出资人职责和国有资产监管职责,完善了国有资产监管制度。这一阶段国有企业、国有资产监管机构、政府公共管理部门的权责边界进一步厘清,董事会建设进一步深化,国有企业市场主体地位进一步明确,国有经济战略布局进一步调整优化。第四阶段从党的十八大以来,以习近平同志为核心的党中央全面加强对深化国有企业改革的领导,部署、推动国有企业改革进入新时代,更加注重改革的顶层设计,更加注重改革的系统性、整体性、协同性,国有企业改革全面深化,国有企业党的领导、党的建设全面加强,公司治理结构进一步完善,混合所有制改革取得重大进展,国有资本运作积累了重要经验,解决了一批长期想解决而没有解决的难题,国有经济的活力、控制力、影响力、抗风险能力显著增强,国有企业改革取得了新的重大进展和历史性伟大成就。

四十年来,我国国有企业发生了历史性变化。国有企业不再是传统计划经济体制下行政机构的附属物,而成为依法自主经营、自负盈亏、自我约束、自我发展、自担风险的独立市场主体。改革完善国有资产管理体制,推进政企分开、政资分开、所有权与经营权分离。推进中国特色现代国有企业制度建设,公司治理结构不断完善,各治理主体有效发挥作用,国有企业内生活力显著增强,市场化用工、激励约束机制逐步形成,初步建立了灵活高效的市场化经营机制。国有经济布局结构发生重大变化,国有资本更加集中于关系国计民生的重要行业和关键领域,国有经济的主导作用有效发挥,国有经济发展质量明显提高,在国际国内市场竞争中涌现出一批具有核心竞争力的骨干企业,走在了世界前列。2018年有83家国有企业进入《财富》世界500强。从国有企业经营效益看,1978—2018年,全国国有企业实现营业收入、利润总额、上缴税金年均分别增长11.9%、10.3%和11.5%;2018年,全国国有企业资产总额、所有者权益分别是1978年的247.1倍和130.0倍。在这个历史过程中,国有企业培养造就了一大批优秀的企业家、领军人才和产业精英,国有企业在载人航天、探月工程、深海探测、高速铁路、特高压输变电、移动通信等领域取得了一批具有世界先进水平的重大科研成果，成为参与国际竞争的重要力量。国有企业对我国经济社会发展作出了历史性重大贡献，功勋卓著！功不可没！

国有企业之所以在四十年改革中发生历史性变化、取得历史性成就、作出历史性贡献，归根结底，是我们在党中央坚强领导下，坚持以马克思列宁主义、毛泽东思想、邓小平理论、"三个代表"重要思想、科学发展观、习近平新时代中国特色社会主义思想指引国有企业改革，始终坚持社会主义市场经济改革方向谋划国有企业改革，始终着眼于我国经济社会发展的实际推进国有企业改革，紧紧围绕培育企业市场主体地位、激发企业市场主体活力，推动国有企业与市场经济相融合，推动国有企业、国有资本做强做优做大，走出了一条中国特色的国有企业改革之路。

坚持党的领导确保国有企业改革沿着正确方向前进。国有企业改革的历史，就是一部坚持党的领导、加强党的建设的历史。四十年来，党的领导始终贯穿于国有企业改革全过程，党中央总揽全局、协调各方，确保国有企业改革的正确前进方向，这是根本保证。党领导和推动国有企业改革，每一次重大历史节点、每一个重要理论突破、每一项关键改革政策，都是党中央高瞻远瞩、统筹协调、形成决议，引领正确方向，落实到国有企业改革实践之中。各级党组织领导、组织和推动所在地区、所在企业的改革，充分发挥基层党组织战斗堡垒作用、党员先锋模范作用，为国有企业改革提供了有力组织保证。不坚持中国共产党的领导，就没有国有企业改革的今天。

坚持以人民为中心。坚持以人民为中心是改革的初心，是深化国有企业改革的根本立场。人民群众是历史真正的创造者，我国国有企业改革为了人民，顺应人民意愿，依靠人民推进，成果由人民共享。人民群众是国有企业的劳动者，通过劳动实现就业、创造价值、增加财富。没有广大人民群众的支持和参与，没有人民群众、干部职工的艰辛劳动、忘我奉献，国有企业的改革发展就不可能取得如此重大的成就。不坚持以人民为中心，就没有国有企业改革的今天。

坚持和完善基本经济制度。基本经济制度是中国特色社会主义制度的重要支柱，是社会主义市场经济体制的根基。四十年国有企业改革实践启示我们，坚持基本经济制度，是坚持走中国特色社会主义道路的必然要求。公有制的主体地位保证了市场经济的社会主义性质，多种所有制经济共同发展创造了市场经济活力，二者统一于中国特色社会主义建设过程中。新时代深化国有企业改革，建设中国特色现代国有企业制度，必须旗帜鲜明地反对各种私有化、去国有化等错误观点，决不能把国有企业搞小了、搞垮了、搞没了，决不能把中国特色社会主义的重要物质基础和政治基础搞弱了，同时要鼓励、支持、引导非公有制经济发展，发展混合所有制经济、加强产业链上下游合作，推动各种所有制资本取长补短、相互促进、共同发展，在实践中不断巩固和完善基本经济制度。不坚持和完善基本经济制度，就没有国有企业改革的今天。

坚持社会主义市场经济改革方向。自1993年我国确立了建立社会主义市场经济体制的改革目标后，国有企业改革一直沿着市场化方向推进。从社会主义市场经济体制的提出，到使市场对资源配置起基础性作用，再到使市场在资源配置中起决定性作用和更好发挥政府作用，社会主义市场经济体制不断完善。四十年国有企业改革，我们遵循社会主义市场经济规律和企业发展规律，推动国有企业真正成为依法自主经营、自负盈亏、自担风险、自我约束、自我发展的独立市场主体。决不能走封闭僵化的老路，决不能让国有企业、国有经济失去生机、活力。改革效果好不好，最终要看是否有利于国有资本保值增值、有利于提高国有经济竞争力、有利于放大国有资本功能。不坚持社会主义市场经济改革方向，就没有国有企业改革的今天。

坚持以开放促进改革、以改革推动开放。四十年国有企业改革历史使我们看到，国有企业既是改革开放大潮的受益者，也是改革开放基本方针的实践者、见证者。实行对外开放，是党作出的重大战略，是我国的基本国策，是建设中国特色社会主义的必然选择。对外开放为国有企业带来了新的更广阔的视野，早期的窗口企业、沿海开放城市，都给国有企业改革带来新鲜的示范经验。对外开放也倒逼我们在国内不断优化制度环境，逐步建立了一系列适应国际竞争的规则体系，使国有企业能够在国际国内两个市场中蓬勃发展。国有企业经过不断改革，主动适应国际竞争，主动参与包括"一带一路"在内的国际合作，在国际资源配置、全球行业技术发展、全球产业发展中不断成长。国有企业改革走过的四十年，充分证明了改革开放推动国家繁荣富强、人民生活幸福和民族伟大复兴的实践逻辑，是决定当代中国命运的关键一招。不坚持改革开放，就没有国有企业改革的今天。

党的十九大作出中国特色社会主义进入新时代的重大政治论断，指明了我国发展新的历史方位，开启了新的伟大征程。四十年国有企业改革，取得历史性成就的同时，面向未来，面向新的伟大征程，国有企业存在的问题、面临的挑战仍比较多，国有企业与党中央的要求、习近平总书记的嘱托、人民的期盼相比，与实现"两个一百年"奋斗目标要求相比，与国家经济发展的需要相比仍有差距，国有企业改革发展任重而道远。我们必须增强责任感、使命感，下大气力进一步推动国有企业改革，坚持党对国有企业的领导，坚持以管资本为主加强国有资产监管，坚持质量第一、效益优先，不断推进质量变革、效率变革、动力变革，更好实现高质量发展，努力开拓新时代国有企业改革发展新局面。

我们深知我国国有企业改革波澜壮阔的四十年，远不是几十万字能够囊括的。本书试图从三个不同维度为读者展现一幅国有企业改革壮丽画卷。其中，**总论部分**着眼于对四十年国有企业改革的历史脉络进行回顾梳理，以宏观叙事来展现国有企业改革四十年光辉历程，总结四十年国有企业改革的历史性成就和弥足珍贵的基本经验；**分论部分**用十个专题介绍了四十年来国有企业改革在各领域进行的实践探索；最后还收集了一批能反映国有企业改革进展成果的典型经验材料作为**案例部分**。我们期盼，改革的亲历者能看到自己的足迹，奉献者能看到往日的成果，推动者能品味成功的喜悦，未来改革者能受到前行的启发。

2018年12月18日，习近平总书记在庆祝改革开放四十周年大会上指出："改革开放四十年来，从开启新时期到跨入新世纪，从站上新起点到进入新时代，四十年风雨同舟，四十年披荆斩棘，四十年砥砺奋进，我们党引领人民绘就了一幅波澜壮阔、气势恢宏的历史画卷，谱写了一曲感天动地、气壮山河的奋斗赞歌。"[1] 深入学习贯彻习近平总书记的重要讲话精神，我们希望《国企改革历程 1978—2018》成为历史画卷的一章、奋斗赞歌的一曲，载入史册，乐章永续，激励后人。

本书成稿完善之际，我们即将迎来新中国七十年华诞。编写组深入学习贯彻习近平总书记关于继续做好改革开放四十年这篇文章的有关要求，深入贯彻落实党中央关于庆祝新中国成立七十周年的有关部署，系统完整地反映1978—2018年特别是党的十八大以来的国有企业改革主要工作，给读者一个完整的概念。这本书既是我们充满敬重地对国有企业改革四十年历程的记述，也是我们怀着万分激动和喜悦的心情献给新中国七十年华诞的一份礼物。同时，我们也深感国有企业改革四十年资料宏富、时间跨度大，《国企改革历程 1978—2018》编写时间紧、任务重，编者水平有限，其中难免有疏漏之处，敬请读者批评指正。

改革只有进行时，没有完成时。新时代新征程新作为。让我们以习近平新时代中国特色社会主义思想为指引，在以习近平同志为核心的党中央坚强领导下，强化"四个意识"，坚定"四个自信"，坚决做到"两个维护"，不忘初心，牢记使命，认真贯彻落实党中央、国务院决策部署，全面深化国有企业改革，做强做优做大国有资本，培育具有全球竞争力的世界一流企业，谱写国有企业改革的新篇章，为实现"两个一百年"奋斗目标、实现中华民族伟大复兴的中国梦不断作出新的更大贡献！

编写组
2019 年 6 月

---

[1] 习近平：《在庆祝改革开放四十周年大会上的讲话》，《论坚持全面深化改革》，中央文献出版社，2018 年版，第 506 页。

总 目

上册

总　论 — 001

第一章　国有企业改革的历史脉络 — 003
第二章　历史性成就、基本经验与改革前瞻 — 074

分　论 — 123

第三章　公司制股份制改革 — 125
第四章　建立健全和完善公司法人治理结构 — 159
第五章　劳动、人事与考核分配制度改革 — 184
第六章　改革完善国有资产管理体制 — 231
第七章　建立完善国有资本经营预算制度 — 268
第八章　国有资本布局结构调整优化 — 294

下册

分　论 — 367

第 九 章　国有企业混合所有制改革 — 369
第 十 章　加强国有资产监督 — 400
第十一章　剥离国有企业办社会职能和解决历史遗留问题 — 444
第十二章　坚持党的领导、加强党的建设 — 464

典型案例 — 507

主要参考文献 — 652
附　录 — 659
后　记 — 672

目录(上)

总论

第一章 国有企业改革的历史脉络 ... 3

第一节 从放权让利到转换企业经营机制 ... 3
一、扩大企业自主权 ... 4
二、实行经济责任制 ... 7
三、实行两步"利改税" ... 8
四、全面推行承包经营责任制 ... 9
五、转换企业经营机制 ... 11
六、其他重要改革 ... 12

第二节 建立现代企业制度与国有经济战略性调整 ... 17
一、探索建立现代企业制度 ... 18
二、"抓大放小"从战略上调整国有经济结构 ... 21
三、打好国有企业改革脱困攻坚战 ... 24
四、做好减员增效、再就业和社会保障工作 ... 28
五、进一步探索国有资产管理的有效形式 ... 31

第三节 改革完善国有资产管理体制与现代企业制度的创新深化 ... 34
一、建立完善新的国有资产管理组织体系与法规政策体系 ... 34

二、建立完善财务、产权、考核、薪酬、资本收益等制度 36
三、推进和规范公司制股份制改革 41
四、建立外部董事占多数的规范董事会 42
五、加强风险管理推进管理提升 43
六、加大国有经济布局和结构调整力度 44
七、发挥国有企业党组织作用 47

第四节 新时代全面深化国有企业改革 48
一、新时代国有企业改革主体框架 50
二、实施国有企业改革三个"示范工程" 54
三、准确界定不同国有企业功能 55
四、推进中国特色现代国有企业制度建设 57
五、以管资本为主完善国有资产管理体制 60
六、推进国有企业供给侧结构性改革 63
七、积极稳妥开展混合所有制和股权多元化改革 67
八、强化监督防止国有资产流失 69
九、加强党对国有企业的全面领导 70

第二章 历史性成就、基本经验与改革前瞻 74
第一节 国有企业改革的历史性成就 74
一、国民经济发展的顶梁柱 75
二、引领科技创新的主力军 77
三、履行社会责任的排头兵 81
四、对外交流合作的引领者 83

第二节 国有企业改革的基本经验 89
一、坚持党对国有企业的领导 89
二、坚持以人民为中心 90
三、坚持和完善基本经济制度 92
四、坚持社会主义市场经济改革方向 93
五、坚持以解放和发展生产力为标准 95

六、坚持不断增强企业活力 …………………………………… 96
　　七、坚持加强监管防止国有资产流失 …………………………… 97
　　八、坚持顶层设计与基层探索相结合 …………………………… 98
　　九、坚持试点先行与统筹推进相结合 …………………………… 100
　第三节　国有企业改革与重大理论和制度创新 …………………… 102
　　一、公有制与市场经济相结合的伟大创举 ……………………… 102
　　二、重大制度的创新与完善 ……………………………………… 108
　第四节　国有企业改革的前瞻 ……………………………………… 117
　　一、党的十八大以来国有企业改革取得了新的重大进展和历史性伟大
　　　　成就 …………………………………………………………… 117
　　二、深化国有企业改革面临的形势 ……………………………… 118
　　三、新时代坚定不移推进国有企业改革全面深化 ……………… 120

分　论 123

第三章　公司制股份制改革 125
　第一节　股份制改革初步探索 ……………………………………… 125
　　一、股份经济与股份制企业的产生 ……………………………… 126
　　二、改革初期对股份制的探索 …………………………………… 127
　　三、股份制试点的推进 …………………………………………… 128
　　四、早期资本市场的形成 ………………………………………… 130
　第二节　建立现代企业制度 ………………………………………… 131
　　一、国企改革走向制度创新之路 ………………………………… 132
　　二、建立现代企业制度试点 ……………………………………… 133
　　三、明确建立现代企业制度的基本规范 ………………………… 135
　　四、改制上市加速推进 …………………………………………… 137
　第三节　规范推进和深化企业改制 ………………………………… 139
　　一、规范国有企业改制工作 ……………………………………… 139
　　二、推进主营业务整体上市 ……………………………………… 143

三、上市公司股权分置改革 145
　第四节　公司制股份制改革的历史性突破 147
　　一、确立建设中国特色现代国有企业制度 147
　　二、基本完成中央企业公司制改制 149
　　三、稳妥推进股权多元化改革 153
　　四、上市公司成为中央企业改革发展的主体和中坚力量 156
　启示与前瞻 158

第四章　建立健全和完善公司法人治理结构 159
　第一节　改革开放初期国有企业领导体制的探索 159
　　一、恢复党委领导下的厂长（经理）负责制 160
　　二、推行厂长（经理）负责制 161
　　三、确立国营企业领导体制"三句话"方针 163
　第二节　初步建立现代企业制度下的公司法人治理结构的探索 166
　　一、《公司法》明确各类公司组织机构的构成 166
　　二、初步形成国有企业法人治理结构框架 167
　第三节　新的国有资产管理体制下完善公司法人治理结构的探索 170
　　一、国有资产监管机构履行出资人职责 170
　　二、开展规范董事会建设试点工作 171
　　三、坚持和完善外派监事会制度 174
　第四节　新时代国有企业法人治理结构的探索 174
　　一、明确国有企业党委（党组）发挥领导作用 175
　　二、确立国有企业党组织在公司法人治理结构中的法定地位 177
　　三、完善国有企业法人治理结构 179
　　四、开展落实董事会职权试点 180
　启示与前瞻 182

第五章　劳动、人事与考核分配制度改革 184
　第一节　国有企业劳动用工制度改革 184

  一、劳动用工制度改革路径 …………………………………………… 185
  二、社会保障制度的确立和完善 ………………………………………… 194
 第二节 国有企业人事制度改革 ………………………………………… 196
  一、国资委成立前国有企业人事制度沿革 ……………………………… 196
  二、国资委成立后推动国有企业人事制度改革探索 …………………… 199
  三、新时代国有企业人事制度改革探索 ………………………………… 201
 第三节 国有企业负责人业绩考核制度改革 …………………………… 207
  一、国有企业业绩考核早期探索 ………………………………………… 207
  二、中央企业负责人业绩考核从无到有 ………………………………… 208
  三、中央企业负责人业绩考核逐步完善 ………………………………… 210
  四、中央企业负责人业绩考核进入新时代 ……………………………… 212
 第四节 国有企业分配制度改革 ………………………………………… 214
  一、国有企业负责人薪酬管理改革历程 ………………………………… 214
  二、国有企业职工收入分配制度改革历程 ……………………………… 219
 第五节 国有企业中长期激励机制建设 ………………………………… 223
  一、国有企业中长期激励的初期探索 …………………………………… 223
  二、国有企业中长期激励逐步规范 ……………………………………… 224
  三、国有企业中长期激励体系健全完善 ………………………………… 226
 启示与前瞻 …………………………………………………………………… 229

第六章 改革完善国有资产管理体制 …………………………………… 231
 第一节 国有资产管理体制改革起步 …………………………………… 232
  一、产权概念逐步明晰 …………………………………………………… 232
  二、探索调整政府与企业之间的关系 …………………………………… 233
 第二节 向新的国有资产管理体制过渡的探索 ………………………… 234
  一、成立国家国有资产管理局 …………………………………………… 235
  二、开展国有资产授权经营试点 ………………………………………… 237
  三、探索国有资产监管的有效形式 ……………………………………… 239
  四、撤销国有资产管理局和专业经济部门 ……………………………… 240

五、行业管理体制改革催生新的国有资产管理体制 …………………… 241
第三节　建立新的国有资产管理体制 ………………………………………… 245
　　一、建立国有资产监管组织体系 ………………………………………… 246
　　二、出台《企业国有资产监督管理暂行条例》 ………………………… 247
　　三、出台《企业国有资产法》 …………………………………………… 248
　　四、国有资产监管法规制度体系逐步建成 ……………………………… 249
　　五、履行出资人职责与国有资产监管职责的工作实践 ………………… 250
　　六、国有企业法治建设不断完善 ………………………………………… 253
第四节　新时代以管资本为主完善国有资产管理体制 ……………………… 255
　　一、完善国有资产管理体制的顶层设计 ………………………………… 255
　　二、以管资本为主推进职能转变 ………………………………………… 257
　　三、改革国有资本授权经营体制 ………………………………………… 260
　　四、改组组建国有资本投资、运营公司 ………………………………… 261
　　五、推进经营性国有资产集中统一监管 ………………………………… 263
　　六、完善国有资产监管法规制度体系 …………………………………… 265
　　七、推动法治央企建设 …………………………………………………… 266
　启示与前瞻 …………………………………………………………………… 267

第七章　建立完善国有资本经营预算制度 …………………………… 268
第一节　国家与国有企业分配模式的演进 …………………………………… 268
　　一、利润全额上缴 ………………………………………………………… 269
　　二、实行"利改税" ……………………………………………………… 270
　　三、推行承包经营责任制 ………………………………………………… 272
　　四、实施税利分流 ………………………………………………………… 274
第二节　国有资本经营预算的提出 …………………………………………… 275
　　一、建立现代产权和会计制度 …………………………………………… 275
　　二、建立政府复式预算体系 ……………………………………………… 276
　　三、建立明确出资人代表的国有资产管理体制 ………………………… 277
　　四、部分地方先行先试 …………………………………………………… 279

第三节　试行国有资本经营预算 ········· 282
一、确立功能定位 ········· 282
二、明确收支范围 ········· 283
三、确定编制规则 ········· 284
四、探索相对独立的管理机制 ········· 285

第四节　新时代国有资本经营预算的发展实践 ········· 287
一、以管资本为主完善预算管理体系 ········· 287
二、完善国有资本收益分享机制 ········· 289
三、积极推动供给侧结构性改革 ········· 291
四、着力提高国有资本收益绩效管理 ········· 292

启示与前瞻 ········· 293

第八章　国有资本布局结构调整优化 ········· 294

第一节　2012年以前国有资本布局结构调整优化的重要措施 ········· 294
一、"抓大放小"思路的形成 ········· 295
二、放开搞活国有中小企业 ········· 298
三、三年改革脱困攻坚 ········· 302
四、重大行业性重组 ········· 310
五、国务院国资委成立后的中央企业主业管理 ········· 315
六、国务院国资委成立后的中央企业重组整合 ········· 316

第二节　新时代供给侧结构性改革 ········· 324
一、压缩管理层级、减少法人户数 ········· 324
二、化解过剩产能 ········· 328
三、开展"处僵治困" ········· 332
四、推进降杠杆减负债 ········· 334
五、完善主业管理 ········· 335
六、推动兼并重组 ········· 336

第三节　从集团试点到培育具有全球竞争力的世界一流企业 ········· 342
一、企业集团的产生 ········· 342

二、推进第一批大型企业集团试点 …………………………………… 344
   三、进一步深化大型企业集团试点 …………………………………… 345
   四、适应国际竞争要求积极发展大公司大集团 ……………………… 348
   五、做强做优与管理提升 ……………………………………………… 350
   六、培育具有全球竞争力的世界一流企业 …………………………… 351
 第四节 国有资本布局结构的变化与趋势 ………………………………… 353
   一、国有资本总量增长，结构发生重大变化 ………………………… 353
   二、国有资本进一步向重要行业和关键领域集中 …………………… 357
   三、贯彻区域发展战略，促进地方经济社会发展 …………………… 362
启示与前瞻 ……………………………………………………………………… 365

国企改革历程
1978—2018
总 论

第一章　国有企业改革的历史脉络

从党的十一届三中全会开始，我国开启了改革开放的伟大征程。改革开放40年间，国有企业改革是经济体制改革的中心环节，大致经历了从放权让利到转换经营机制、建立现代企业制度与国有经济战略性调整、改革国有资产管理体制和新时代全面深化国有企业改革四个阶段。在不同阶段，党和国家针对不同时期的特点和问题，采取了一系列重大改革举措，紧紧围绕激发国有企业活力这条主线，通过改革体制机制、完善政策制度，逐步建立完善社会主义市场经济体制，推动国有企业成为独立市场主体。党的十八大以来，在以习近平同志为核心的党中央坚强领导下，适应新时代要求，国企改革全面深化，确立"1＋N"政策体系，强化顶层设计与基层首创相结合，涉险滩、啃硬骨头，解决了许多长期想解决而没有解决的改革难题，取得了新的重大进展和历史性伟大成就。40年来，国有企业发生了历史性变化，改革由问题倒逼而产生，在解决问题中不断深化，又在深化中不断探索前行，过程极其艰难，意义十分重大。我们回顾和总结国企改革的历史脉络，展现国企改革的波澜壮阔，铭记国企改革的艰辛辉煌，可以更加深刻地认识国企改革的历史必然性，更加自觉地把握国企改革的规律性，更加坚定地肩负起深化国企改革的重大责任。

第一节　从放权让利到转换企业经营机制

党的十一届三中全会深刻总结我国社会主义建设正反两方面经验，借鉴世界社会主义历史经验，彻底扭转十年内乱造成的严重局面，重新确立解放思想、实事求是的思想路线，作出把党和国家工作中心转移到经济建设上来、实行改革开放的历史性决策。从党的十一届三中全会到党的十四届三中全会，开始了我国国有企业改革的早期探索。这一阶段的改革目标是让企业有更多的经营管理自主权，按经济规律和价值规律办事，围绕调整国家与企业、企业与职工之间的经济关系，从扩大企业自主权试点入手，通过实行经济责任制、两步"利改税"、推行承包经营责任制等一系列措施，把国有企业推向市场，增强企业活力，转换经营机制，着力培育企业市场主体地位。这一阶段的特点，从体制上看，是从计划经济走向社会主义市场经济的曲折探索过程；从企业自身看，是从行政机构附属物①地位逐渐确立市场主体地位并走向市场的过程；从改革的动因看，企业自身各种矛盾的累聚是内因，而对外开放、引进外资带来的鲜活经验则发挥着重要的示范促进作用。

一、扩大企业自主权

中华人民共和国成立后，在党的领导下，经过全国人民的艰苦奋斗，我国建立了独立的、比较完整的、主要以国营企业为载体的工业体系和国民经济体系，为开创现代化建设新局面奠定了良好的物质基础。"一五"期间，逐步建立起了高度集中的计划经济体制。当时，国有企业被称为"国营企业"，由国家直接经营，企业生产经营主要依靠国家或上级主管部门下达的指令性计划来运行，这在我国社会主义建设初期对于国民经济的快速恢复和发展发挥了积极作用。随着社会主义改造的基本完成和我国经济发展的规模越来越大，经济体制方面某些统得过死的弊端逐渐显露出来，权力过分集中，自上而下统得过死，压抑了职工群众的积极性、主动性、创造性。之后多次实行权力下放，但都没有触及赋予企业自主权这个要害问题。② 国有企业改革就是从扩大企业自主权入手的。

1978年前后，在总结历史正反两方面经验的基础上，党中央对计划经济体制下国有企业的弊端及解决思路的认识逐渐明确，提出了放权让利的改革思路。1978年7—9月，国务院召开的务虚会提出要给予各国营企业以必要的自主权，使其能根据经济自身的需要，主动地履行经济核算，降低经济消耗，提高劳动生产率和资金利润率，提高综合经济效果。同年10月，经国务院批准，

---

① 党的十二届三中全会指出,过去由于长期政企不分,企业实际上成了行政机构的附属物。参见《中共中央关于经济体制改革的决定》，人民出版社，1984年10月版，第23页。

② 《中共中央关于经济体制改革的决定》，人民出版社，1984年10月版，第9页。

四川在全省范围内从不同行业中选择了重庆钢铁公司、成都无缝钢管厂、四川化工厂、新都县氮肥厂、宁江机床厂和南充丝绸厂等6户具有代表性的国营工业企业率先进行扩大企业自主权试点，逐户核定企业的利润指标，规定当年的增产增收目标，允许在年终完成计划以后提留少量利润，作为企业发展基金，并允许给职工发放少额奖金。试点调动了企业和职工的生产积极性，取得了较好的效果，当年试点企业就超额完成计划。四川6户国营企业扩大企业自主权试点由此成为国有企业改革起步的标志。

1978年12月，具有重大历史转折意义的党的十一届三中全会召开，提出对经济管理体制和经营管理方法着手进行认真的改革。会议指出，现在我国经济管理体制的一个严重缺点是权力过于集中，应该有领导地大胆下放，让地方和工农业企业在国家统一计划的指导下有更多的经营管理自主权，并指出要坚决地实行按经济规律办事，尊重价值规律。在党的十一届三中全会精神的指引下，更大范围的试点逐步在全国展开。1979年1月，四川省委在总结初步试点经验的基础上，制定《关于地方工业扩大企业权力、加快生产建设步伐的试点意见》，提出从14个方面扩大国营企业的权力，并把试点工业企业扩大到100户，同时在40户国营商业企业中也进行了扩大经营管理自主权的试点。四川省企业扩大自主权试点的探索为中央决策和下一阶段在全国推行企业扩权试点提供了有益的经验。1979年4月，党中央召开工作会议，确立了对国民经济实行"调整、改革、整顿、提高"的八字方针，明确提出为在全国范围内搞好国营企业改革试点，要扩大企业自主权，把企业经营好坏同职工的物质利益挂起钩来，按照"统一领导、分级管理"的原则，明确中央和地方的管理权限。根据这次会议确定的方针，国家经委等6部门发出通知，选择首都钢铁公司、天津自行车厂、上海柴油机厂等8户企业进行以扩大企业财权、实行利润留成为主要内容的扩大企业经营自主权改革试点，国营企业放权让利改革正式在全国启动。

为了进一步加强和统一领导全国各地的试点工作，1979年7月，国务院印发《关于扩大国营工业企业经营管理自主权的若干规定》（史称第一个"扩权十条"）、《关于国营企业实行利润留成的规定》、《关于开征国营工业企业固定资产税的暂行规定》、《关于提高国营工业企业固定资产折旧率和改进折旧费使用办法的暂行规定》、《关于国营工业企业实行流动资金全额信贷的暂行规定》

等5个文件，用以指导改革，并要求各地政府和中央各部门按照统一规定的办法，再选择一些企业进行试点，取得经验后再积极稳步推行。截至1979年底，全国试点工业企业扩大到4200户，1980年6月发展到6600户，数量约占全国预算内工业企业的16%，产值和利润分别占60%和70%左右；商业系统的扩权试点企业为8900户，占商业系统独立核算单位的50%。试点企业的产量、产值和上缴利润等增长幅度，一般都超过试点前的水平，也高于尚未试点的同行业其他企业的水平。

扩大企业自主权改革在传统的计划经济体制上打开了一个缺口，初步改变了政府统管、企业无权的局面，使企业有了部分的自主计划权、产品销售权、资金使用权以及部分的干部任免权等。改革的结果，初步改变了企业只按照国家指令性计划生产、不了解市场需要、不关心产品销路、不关心盈利亏损的情况，使企业开始面向市场，重视市场机制和价值规律的作用，开始形成经营和市场意识，调动了企业和职工的生产积极性，增强了企业活力。

扩权让利改革增强了国营企业的活力，也带来了实实在在的效果。如何统一认识、在实践中让扩权措施真正得到有效落实，使得国营企业尤其是国营大中型企业真正"活"起来，逐步成为广为关注的焦点。截至1984年，全国独立核算大中型企业有5837户，在这些大中型企业中，搞得比较活的只占15%左右，广大企业渴望更为宽松的环境，希望能有更多的自主权。1984年3月，福建省55位国营骨干企业厂长、经理以《请给我们"松绑"》[①]为题发出公开信，希望给予企业必要的人事权、财权和自主经营权。为了进一步调动企业的积极性、把经济搞活、提高经济效益，1984年5月，国务院印发《关于进一步扩大国营工业企业自主权的暂行规定》（史称第二个"扩权十条"），从生产经营计划、产品销售、产品价格、物资选购、资金使用、资产处置、机构设置、人事劳动管理、工资奖金、联合经营等10个方面进一步放宽了企业经营管理权限。第二个"扩权十条"以法规形式明确了企业经营管理的自主权，在很大程度上为企业松了绑，使扩大企业自主权的改革工作有了更大进展。此后各地、各部门也根据此规定制定了补充规定和落实措施意见，并在实践中收到明显效果。

---

① 《请给我们"松绑"》，《人民日报》，1984年3月30日，第2版。

二、实行经济责任制

通过扩大企业自主权试点,国家放权让利给企业,改变了国家与企业的关系,使企业有了独立的经济利益,利润留成制度也带来国家与国营企业利润分配关系的变化。同时,企业的自主权扩大后,也面临着如何相应承担经济责任的问题。1979年、1980年国家连续两年出现巨额财政赤字,为了集中精力做好调整,1980年底的中央工作会议明确,扩大企业自主权改革试点主要在6600户工业企业中继续进行,试点面不再扩大,重点放在总结经验、巩固提高方面。从1981年开始,国企改革从扩大企业自主权试点转向实行经济责任制。

1981年春,经济责任制改革首先由山东省在企业中试行,全省最早实行的是菏泽地区。试点主要内容是通过承包划分国家同企业之间、企业同职工之间的责权利关系,将利润留成改为利润(亏损)包干,实行计件工资制度,进一步调动企业和职工的积极性。经济责任制改革在增收节支、提高财政收入方面效果明显,对全国工业企业产生很大影响。当年4月,国务院在上海召开全国工业交通工作会议,对此正式作出肯定,并提出工交企业也要像农村搞联产承包责任制那样实行经济责任制。8月,国务院先后在济南和北京召开全国工业交通座谈会,提出要推行工业生产经济责任制。10月,国务院批转国家经委、国务院体改办《关于实行工业生产经济责任制若干问题的意见》,要求全面实行经济责任制,重点抓好国家对企业实行的经济责任制和建立企业内部的经济责任制两个环节。11月,为进一步指导规范经济责任制改革,国务院批转国家经委、国务院体改办《关于实行工业生产经济责任制若干问题的暂行规定》,强调工业生产经济责任制是国家计划指导下以提高经济效益为目的,责、权、利紧密结合的生产经营管理制度;实行经济责任制的单位,必须保证全面完成国家计划,首先保证完成财政上交任务。

经济责任制很快推行到全国工业企业。到1983年,全国绝大部分国营工业企业和商业企业都实行了各种形式的经济责任制。与扩大企业自主权改革相比,实行经济责任制进一步调整了国家、企业、职工三者的利益关系,使企业增加了活力,在一定程度上解决了平均主义、吃"大锅饭"等问题,调动了企业和广大职工的积极性,促进了增产增收,对稳定国家财政收入起到了一定作用。到1981年,国家财政状况有所好转,由1979年、1980年的财政赤字转为财政盈余37亿元,并在接下来的几年继续好转。

三、实行两步"利改税"

推行经济责任制取得了积极成效,但国家与企业间的分配关系并没有完全调整到位,一些问题也没有很好地解决,特别是包干基数通常由一对一谈判确定,出现了"鞭打快牛"、企业苦乐不均等问题。此外,由于缺乏预算约束力,企业存在投资冲动,基础建设和计划外项目不断加大、难以控制,而又没有人对投资结果负责。在这种背景下,1983年,党中央决定除少数工业企业外,全面停止推行企业利润包干制度,转而实行"利改税",把国营企业上缴利润改为按照国家规定的税种及税率缴纳税金,税后利润归企业分配,探索以法律的形式把国家和企业的分配关系固定下来。"利改税"改革分两步进行。

第一步"利改税"采取税利并存制度,即在企业实现的利润中先征收一定比例的所得税和调节税,然后对税后利润进行分成。早在1979年、1980年,"利改税"已经开始试点,对国营企业试行由利润上缴改为征收所得税。据不完全统计,截至1981年底,全国有456户工交企业和100多户商业企业进行了"利改税"试点。根据试点探索的成功经验,1983年1月5日,国务院常务会议提出,对国营工业企业,除极少数具备条件的大型企业实行利润递增包干的办法外,普遍推行利改税的办法。1983年4月,国务院批转财政部《关于国营企业利改税试行办法》,决定对国营企业实行"利改税",规定国营企业保留原来按销售收入计征的工商税,把相当于基数利润的部分改为所得税。凡有盈利的国营大中型企业,均对其实现的利润征收55%的所得税。税后利润在国家和企业之间合理分配,一部分以递增包干上交①、固定比例上交、定额包干上交或缴纳调节税等办法上缴国家,三年不变;剩余部分按照国家核定的留利水平留给企业。对小型企业按八级超额累进税率缴纳所得税,税后由企业自负盈亏。并明确同年6月1日起,国营企业普遍实施征收所得税。截至1983年底,全国国营企业除微利企业及经国家批准继续实行利润包干等办法的少数企业外,实行"利改税"的工交商企业突破10万户,占全国盈利企业总数的90%以上。第一步"利改税"在解决国家和企业的分配关系上又前进了一步,在一

---

① 按照文件原文保留"上交"的表述。下同。

定程度上克服了实行经济责任制过程中国家与企业之间利益分配方面讨价还价带来的弊端，但仍然存在"鞭打快牛"现象，有必要进一步加以改进。

第二步"利改税"由税利并存转为以税代利。1984年9月，国务院批转财政部《关于在国营企业推行利改税第二步改革的报告》，决定从1984年10月开始试行第二步"利改税"。主要是调整税目和税率，国家对国营企业实现的利润先征所得税，然后根据所得税后利润多少再征收调节税，调节税后利润为企业留利，从次年1月1日起开征。1985年和1986年预算内国营企业利润出现了持续20多个月的下滑。实行"利改税"的目的，是把国家和企业的分配关系用税的形式固定下来，形成稳定规范的分配关系，既保证国家的财政收入，又能激励企业多创收，逐步改变企业吃国家"大锅饭"、职工吃企业"大锅饭"的状况。但是在实际运行中，由于价格机制不完善、企业经济和审计制度不健全、税率过高，企业创利大部分都上缴国家，一定程度上挫伤了企业的积极性，未达到预期效果，不久就被承包经营责任制所取代。

四、全面推行承包经营责任制

中国农村改革的巨大成功对其他领域的改革产生了十分深远的影响。城市改革因远比农村改革复杂而受到许多限制，企业生产积极性和活力的激发和提升，迫切要求不断加大改革的广度和深度。1984年10月，党中央召开十二届三中全会，通过《中共中央关于经济体制改革的决定》，提出在制订全面改革蓝图中，将推动以城市为重点的整个经济体制改革。同时强调增强企业的活力，特别是增强全民所有制大、中型企业的活力，是经济体制改革的中心环节。根据马克思主义理论和社会的实践，所有权同经营权是可以适当分开的。要使企业真正成为相对独立的经济实体，成为自主经营、自负盈亏的社会主义商品生产者和经营者，具有自我改造和自我发展的能力，成为具有一定权利和义务的法人。

第二步"利改税"探索是积极的，也为后来的税制改革奠定了基础，但由于措施的力度、时机等方面原因，并未达到预期经济效果。国民经济面临新的困难，而坚持实行经营责任制的吉林、广东等省及首钢、二汽等企业经济效益却比较好。在经历了几年的争议和徘徊后，借鉴农村承包责任制的经验，在企业中推行承包经营责任制成为取代"利改税"继续推进改革的举措。1986年

11月，国家体改委印发《实行企业经营责任制试点意见》，并确定在沈阳、重庆、武汉、石家庄等6个城市开展试点。同年12月，国务院印发《关于深化企业改革增强企业活力的若干规定》，明确提出"推行多种形式的经营承包责任制，给经营者以充分的经营自主权"。此时的经营承包已经突破了经济责任制的范畴，有了新的发展。比如：在小型企业和一些亏损或微利的企业实行了租赁、承包经营，大中型企业则实行多种形式的经营责任制；在少数有条件的大中型企业开始探索股份制试点。1987年3月召开的六届全国人大五次会议，首次明确肯定了承包制。同年4月，受国务院委托，国家经委召开全国承包经营责任制座谈会；同年8月，国家经委、国家体改委印发《关于深化企业改革完善承包经营责任制的意见》，指出实行承包经营责任制，必须坚持"包死基数、确保上交、超收多留、欠收自补"的原则，兼顾国家、企业、职工三者利益。承包基数要体现鼓励先进、鞭策后进的原则。承包后增加的留利，要大部分用于发展生产。此后各地区在实践中总结出"双包一挂"和"双保一挂"等形式。①为促使企业做好承包经营责任制，1988年2月，国务院颁布《全民所有制工业企业承包经营责任制暂行条例》，指出承包经营责任制是在坚持企业的社会主义全民所有制的基础上，贯彻所有权与经营权分离的原则，转变企业经营机制，增强企业活力，提高经济效益，是企业自主经营、自负盈亏的一条重要途径，从而将承包经营责任制纳入法制化的轨道。同年4月，七届全国人大一次会议通过《中华人民共和国全民所有制工业企业法》（以下简称《全民所有制工业企业法》），确立了国有企业的法律地位，对"两权分离"改革原则作了更为明确的规定，以法律形式确定了企业的权责利，提出全民所有制工业企业是依法经营、自负盈亏、独立核算的社会主义商品生产和经营单位，国家依照所有权和经营权分离的原则授予企业经营管理权，为企业承包经营责任制改革提供了法律保障。

承包经营责任制赋予企业更多的经营自主权，通过企业主管部门同企业的厂长（经理）签订目标责任制合同，对责权和奖惩作出明确规定，进一步激发了企业的积极性，有利于增强企业经营者的责任感。在成为普遍推行的改革方

---

① "双包"即包上交国家利润指标、包完成企业技术改造任务，"一挂"即企业工资总额同经济效益挂钩；"双保"即保上交国家利税、保完成重点技术改造任务。

式后，迅速产生了良好效果。1987年，承包经营责任制仅仅实行两个月就一举扭转了全国工业企业利润连续22个月下滑的局面，当年增加财政收入60多亿元。截至1987年底，全国预算内工业企业承包面已达78%，其中大中型企业达到82%。同1986年相比，1987年实行承包的国有大中型工业企业完成产值2425.1亿元，增长11%；销售收入2797.2亿元，增长18.2%。同1978年相比，国营企业留利占利润总额的比重由3.7%上升到40%以上（扣除各种税费，实际留利约占20%），企业获得了自我改造和自我发展的能力。

在大中型企业普遍推行承包经营责任制的同时，一些小型国营企业进行了租赁经营责任制等，实行两权分离的探索。企业主管部门先对资产进行评估、确定租金、招标投标，与承租者签订租赁合同，用承租者财产作抵押。承租期内，承租者按规定缴纳税金和租金，在企业留利中提取承租者收入。这一改革举措也取得了较好的效果，截至1987年底，在88000户国有小型工业企业中，实行租赁经营、承包经营和转让的达到40000户，占总量的45%。

五、转换企业经营机制

承包经营责任制在试行之初产生了立竿见影的效果，但随之也出现了负盈不负亏、技术改造资金得不到保证、以包代管等问题。加上1988年价格改革闯关，国家的宏观调控使市场迅速降温，企业外部经营环境发生变化，国营企业再度陷入困境，企业经营效益直线下降，企业负债急剧增加。1990年，全国预算内国营工业企业工业总产值增长1.5%，利润总额却下降18.5%，其中税前利润下降58%，企业亏损面达到31%。国营企业面临的严峻形势迫使国企改革的思路转向企业内部经营机制的转换上来。党中央提出转换企业经营机制，从根本上搞活国营大中型企业，成为我国经济体制改革取得成功的关键，成为国民经济运行步入良性循环的希望所在。

1991年9月，中央工作会议专门研究如何搞好国有大中型企业的问题，提出增强国有大中型企业活力，除改善外部条件，更重要的是进一步深化改革，转换经营机制。会议召开之后，转换企业经营机制试点逐步展开。据不完全统计，截至1991年底，确定转换企业经营机制的企业766户。1992年7月，国务院颁布《全民所有制工业企业转换经营机制条例》，对全面落实企业经营自主权、加快经营机制转换、把企业全面推向市场作出明确规定，赋予企业生产经营决策权，产品销售权，人事管理权，工资、奖金分配权等14项经营自主权。此后，转换企业经营机制试点的范围进一步扩大，试点内容和形式也不断深化和完善，企业自主经营程度有所提高。截至1992年党的十四大召开前，全国进行各种形式的转换企业经营机制改革试点企业达8000多户。

转换企业经营机制工作的重点之一是打破企业的"铁饭碗"、"铁工资"和"铁交椅"，改革劳动用工制度、人事制度和分配制度，努力建立"干部能上能下、职工能进能出、工资能高能低"的经营机制。由此，全国掀起了轰轰烈烈的"破三铁"活动①。据统计，1991年全国进行劳动、人事、工资分配、社会保险制度综合配套改革的企业达1458户，涉及职工231万人；试行全员劳动合同制的企业2903户，涉及职工447万人。②"破三铁"符合国企改革的大方向，也是国营企业进入市场的必由之路，但由于涉及利益关系的调整，特别是社会保障体系尚未建立，改革所需要的外部条件尚不具备，改革并未实现预期的目标。"能上能下、能进能出、能增能减"在制度层面、操作层面当时是远不可能实现的，时至今日仍然是改革的一道难题。但必须承认，当时的改革带来了人们观念上的撞击与变化，制度建设逐步朝着这个方向迈进，改革的意义和影响十分重大。

转换企业经营机制，肯定了国营企业作为独立的商品生产者和经营者的法人地位，对增强企业活力发挥了重要作用。但企业经营管理方式的变革是长期的任务。由于在实践中涉及大的制度环境和利益调整，各方面的阻力较大，困扰国营企业的政企不分、产权不清、自我约束和自我发展不健全等问题得不到根本解决。要深化企业改革、真正转换企业经营机制，需要有制度上的保障才可持续。如何解决企业的制度问题逐渐被提上国企改革的日程。

六、其他重要改革

随着经济体制改革和国营企业放权让利改革进程的不断推进，企业的外部经营环境和运行机制发生了变化。相应地，企业的领导体制、管理体制、组织形式等必须同步进行变革，才能适应国营企业改革发展的要求。

---

① 《今年企业改革的"主旋律"——破除"三铁"》，《人民日报》，1992年2月18日，第2版。
② 中共中央宣传部、劳动部、中华全国总工会：《关于印发〈企业劳动、工资、社会保险制度改革宣传提纲〉的通知》，1992年4月18日。

(一) 实行厂长 (经理) 负责制

我国国营企业的领导体制，在中华人民共和国成立以后曾经多次进行过调整，起初实行的是军代表制，1950年开始普遍实行工厂管理委员会制度，1951年开始实行厂长负责制，1956年决定实行党委领导下的厂长（经理）负责制。这一领导体制在"文革"中受到冲击。改革开放后，随着改革的不断深化和企业自主权的不断扩大，改革企业领导体制的呼声越发强烈。为了解决企业在生产指挥和经营管理上无人真正负责的问题，从1982年开始，北京、上海、天津等地进行了国营工业企业厂长负责制试点。1984年5月，六届全国人大二次会议提出国营企业将逐步实行厂长（经理）负责制。同月，中共中央办公厅、国务院办公厅印发通知，决定对大连和常州的全部企业，及北京、上海、天津、沈阳等4个城市的部分企业实行厂长（经理）负责制试点。1984年10月，党的十二届三中全会通过的《中共中央关于经济体制改革的决定》提出建立统一的、强有力的、高效率的生产指挥和经营管理系统。只有实行厂长（经理）负责制，才能适应这种要求。1986年9月，党中央、国务院颁布《全民所有制工业企业厂长工作条例》、《中国共产党全民所有制工业企业基层组织工作条例》和《全民所有制工业企业职工代表大会条例》，对国营企业的领导体制进行全面改革。同年11月，党中央、国务院又印发补充通知，强调全民所有制工业企业的厂长（经理）是一厂之长，是企业法人的法定代表人，对企业负有全面责任，处于中心地位，起中心作用。1987年8月，国家经委、中央组织部、全国总工会召开全面推行厂长负责制的工作会议，明确要求大中型工业企业1987年内要普遍实行厂长负责制，全民所有制工业企业1988年底前要全面实行厂长负责制。1988年8月正式施行的《全民所有制工业企业法》明确规定全民所有制工业企业实行厂长（经理）负责制。邓小平同志讲："实行这些改革，是为了使党委摆脱日常事务，集中力量做好思想政治工作和组织监督工作。这不是削弱党的领导，而是更好地改善党的领导，加强党的领导。"① 实行厂长（经理）负责制，对于转变企业存在的集体负责又都不负责的局面、提高决策效率和生产指挥系统的应变能力具有重要作用，但一些企业也同时出现了对厂长（经理）监督约束不力、党组织的作用受到削弱等问题。

---

① 邓小平:《党和国家领导制度的改革》,《邓小平文选》(第二卷),人民出版社,1993年版,第340页。

(二) 基本建设投资体制的"拨改贷"改革

计划经济体制下，国营企业实行统收统支的财务管理制度，企业的固定资产投资全部由财政拨款，企业吃国家资金的"大锅饭"，导致基本建设战线过长、企业投资使用不合理、资金浪费严重，增加国家财政负担。为增强企业的经济效益观念、落实企业使用财政资金的经济责任、提高投资效率，国家决定将基本建设投资逐步由财政拨款改为银行贷款，即"拨改贷"。1979年8月，国务院批转国家计委、国家建委、财政部《关于基本建设投资试行贷款办法的报告》和《基本建设贷款试行条例》，标志着"拨改贷"改革的开始。"拨改贷"改革首先在北京、上海、广东三个省市及纺织、轻工、旅游等行业试点，在总结经验的基础上逐步推广。1980年11月，国务院批转国家计委、国家建委、财政部和人民银行等单位联合签署的《关于实行基本建设拨款改贷款的报告》，决定从1981年起，凡是实行独立核算、有还款能力的企业，进行基本建设所需的投资，除尽量利用企业自有资金外，一律改为银行贷款。1982年6月，国务院批转人民银行《关于国营企业流动资金改由人民银行统一管理的报告》，决定从1982年7月1日起，国营企业的流动资金全部改由银行贷款供应，国家财政不再增拨流动资金。1981—1984年，"拨改贷"实行将近4年时间，推进缓慢。围绕推进和完善"拨改贷"，1984年底，国家计委、财政部、中国人民建设银行发布《关于国家预算内基本建设投资全部由拨款改为贷款的暂行规定》，决定自1985年2月1日起，凡是由国家预算安排的基本建设投资，无论企业还是事业单位，全部由基本建设拨款改为银行贷款。1985年国家预算内投资386亿元，改为贷款的达到368亿元，占95.3%。"拨改贷"对于建立投资约束机制、遏制资金浪费具有积极作用，但由于长期以来企业缺少资本金投入，债务负担沉重，缺乏必要的原始积累用于生产经营，实施"拨改贷"后企业困难大大加重。尤其是一批大型基建项目建成投产后的工业企业，一投产即面临高负债，有的负债率甚至超过100%，成为日后债转股的对象。1989年，"拨改贷"停止实行。1995年，国务院决定将部分企业"拨改贷"资金本息余额转为国家资本金，"拨改贷"历史结束。

(三) 由横向经济联合到组建企业集团

改革开放以前，我国工业企业组织结构大体上分为两类，一类是大中型企业，一类是小型企业，两类企业隶属于不同的行政条块，产供销由国家统一安排，彼此间横向联系不多。改革开放后，随着企业自主权扩大，企业为了谋求发展，必然发生"大而全""小而全"的经济行为，导致企业运行封闭、效率低下，不符合社会化大生产的要求。搞好工业企业的改组联合、改变不合理的企业组织结构，成为经济体制改革特别是国企改革的一项重要内容。1980年7月，国务院印发《关于推动横向经济联合的暂行规定》，对企业间的各种经济联合给予充分肯定，进而推动了经济联合的发展，一些经济联合体相继成立。1984年10月，党的十二届三中全会明确增强企业的活力，特别是增强全民所有制的大、中型企业的活力是经济体制改革的中心环节，企业间的横向联合也随之进入一个新的发展阶段。1986年3月，国务院印发《关于进一步推动横向经济联合若干问题的规定》，要求通过企业之间的横向经济联合逐步形成新型的经济联合组织，发展一批企业群体或企业集团。这是国家文件中第一次出现"企业集团"的提法。随后，推进建设经济联合体首先在部分大中城市展开，按照经济的内在联系组织商品生产和流通，一些经济联合体还实行计划单列。横向经济联合加强了我国大中小企业之间的经济联系，缓解了企业长期存在的条块分割、封闭运行的矛盾，但由于联合各方的所有制、隶属关系和财务关系不同，企业间的深度联合存在障碍，因此1987年以后，在深入改革企业经营机制的同时，进一步发展各种横向经济联合便主要体现为企业兼并和组建企业集团。企业兼并试点从1984年开始已经在部分省市展开，1988年在全国全面铺开。与此同时，部分城市还开设了企业产权交易市场，把企业兼并推向市场。组建企业集团有利于提高专业化生产水平，形成规模经济及范围经济，也有利于国家加强对企业的宏观指导。承包经营责任制的推行和企业兼并、股份制的出现，也助推企业集团极大地发展。1987年12月，国家体改委、国家经委联合印发《关于组建和发展企业集团的几点意见》，明确了企业集团的组织结构形式。1988年5月，国家体改委召开全国企业集团座谈会，对进一步发展企业集团提出政策建议。同年8月，中央财经领导小组专门听取了发展企业集团的汇报，给予了企业集团更多的肯定和支持，企业集团得到了很大的发展。在组织形式上，有20%多的企业集团以一个大型企业为核心，形成紧密层、半紧密层和松散层等多层次的结构。但由于缺乏产权联系,很难做到规范化管理。进入20世纪90年代以后,在全国治理整顿的大背景下,企业集团进入了巩固和提高的时期。1991年12月,国务院批转国家计委、国家体改委、国务院生产办《关于选择一批大型企业集团进行试点的请示》,确定首批57家大型企业集团试点名单。1991—1992年,国家陆续出台了一系列配套文件,改善企业集团的外部环境,赋予试点企业集团在投融资、进出口、国有资产管理等方面更大的自主权。截至1992年底,全国冠以"企业集团"名称的经济联合体已有2600多家,其中有的已经发展成为跨地区、跨部门、跨行业的大型企业集团,有的已经开始向跨国经营发展。

(四)初步探索改革国有资产管理体制

在传统的计划经济体制下,国营企业隶属于政府行业主管部门,由其直接行使国营企业管理权。随着放权让利改革的深入,所有权与经营权可以适当分离原则的确定,要求摆脱政府对企业直接干预经营的呼声日益强烈。同时,随着多种经济成分的发展,在企业产权交易中也出现了国有资产流失的现象。针对这一问题,有的省市开始了国有资产管理体制的探索。1988年3月,七届全国人大一次会议决定设立国家国有资产管理局,作为国务院管理国有资产的职能机构,由财政部归口管理,以加强国有资产管理,实现国有资产保值增值,防止国有资产流失。国家国有资产管理局是中华人民共和国成立后第一个专门从事国有资产管理的政府职能机构,它的成立将国有资产管理职能与政府其他职能分离,标志着我国国有资产管理体制改革迈出了重要一步,具有重要的积极意义。其后,各地相继成立国有资产管理机构。国家国有资产管理局成立后,对国有资产管理进行了有价值的探索,陆续开展了产权界定、产权登记、资产评估、产权转让及交易、股权管理、统计评价、清产核资等工作,通过业务工作把产权的基本概念及国有产权保护的规章制度建立起来,初步形成一套基本的国有资产管理制度,对保障国有资产权益、防止国有资产流失发挥了积极作用,也为后来国有资产管理制度建设奠定了基础。但由于国家国有资产管理局职权和功能有限,国有资产出资人缺位、监管职责缺位的问题并没有得到有效解决。

在此期间,企业集团的组建得到快速发展,但在实际运作中,相当多的企业集团并没有形成明晰的产权关系,核心企业难以对其他成员企业进行集团化管理。国家为理清企业集团与下属企业之间的关系，开始探索国有资产授权经营制度。1990年1月，全国国有资产管理工作会议召开，东风公司等4家企业集团成为我国首批国有资产授权经营试点。1992年9月，国家国有资产管理局、国家计委、国家体改委、国务院经贸办联合印发《国家试点企业集团国有资产授权经营的实施办法（试行）》，指出国有资产授权经营是指由国有资产管理部门将企业集团中紧密层企业的国有资产统一授权给核心企业（即集团公司）经营管理，建立核心企业与紧密层企业之间的产权纽带，增强集团凝聚力，使紧密层企业成为核心企业的全资子公司或控股子公司，发挥整体优势。第一汽车集团、中国五矿集团等7家企业被纳入授权经营试点。在试点批复中，明确试点企业作为所有者（国家）利益代表主体和战略经营决策主体，对全集团范围内国有资产的保值增值负责。

第二节 建立现代企业制度与国有经济战略性调整

1992年1—2月，邓小平同志视察武昌、深圳、珠海、上海等地，发表了著名的南方谈话，深刻回答了长期束缚人们思想的许多重大认识问题。同年10月召开的党的十四大提出了我国经济体制改革的目标是建立社会主义市场经济体制。1993年11月，党的十四届三中全会通过《中共中央关于建立社会主义市场经济体制若干问题的决定》，把党的十四大确定的建立社会主义市场经济体制的目标和基本原则加以系统化、具体化，明确我国国有企业改革的方向是建立现代企业制度，对国有企业改革作了一系列重大部署，以此为标志，国有企业改革开始了从政策调整转向建立现代企业制度的制度创新、从战略上调整国有经济布局结构的新阶段。这一阶段最突出的特点是，在企业微观主体上，明确了建立"产权清晰、权责明确、政企分开、管理科学"的现代企业制度，开启了以公司制股份制改革为主要形式的现代企业制度建设，企业集团逐步完善母子公司体制；在结构调整上，随着"抓大放小"的推进，逐步转向着眼于搞好整体国有经济，从战略上调整国有经济布局结构和改组国有企业；在对外开放上，大型企业集团逐步"走出去"，国家提出培育具有国际竞争力的大公司大集团，适应了21世纪初加入世界贸易组织（WTO）的需要；在改革的外部环境上，社会保障体系从无到有加快建设，各种措施手段努力支持结构调整，逐渐成为顺利推进国有企业改革的重要条件，为市场化改革手段提供了重要保障。这一阶段的国有企业改革是艰苦的，但取得了实质性突破。

一、探索建立现代企业制度

实际上，早在20世纪80年代中期，一些地方已经开始了股份制改革。部分有条件的大中型企业开展了股份制改革的试点。1984年7月，北京成立天桥百货股份有限公司，在全国国营商业企业中率先迈出股份制改革步伐。同年11月，上海飞乐音响公司成为改革开放以后中国第一家向社会公开发行股票的股份有限公司。从1986年起，深圳、四川等地先后进行了股份制改革的尝试，但没有大面积铺开。1986年12月，国务院在《关于深化企业改革增强企业活力的若干规定》中明确，各地可以选择有条件的全民所有制大中型企业，进行股份制试点。1990年9月，国家体改委在城市改革试点工作座谈会上提出，要积极探索公有制的有效实现形式，结合企业组织结构调整和企业集团的组建，推行多种形式的股份制。1990年11月，经国务院授权，人民银行批准上海证券交易所正式成立，这是改革开放以来中国内地的第一家证券交易所，次年4月又批准成立了深圳证券交易所。这两家交易所的运营实现了股票的集中交易，推动了股份制的发展。1990年12月，国务院办公厅印发《关于向社会公开发行股票的股份制试点问题的通知》。1992年5月，国家体改委会同有关部门印发《股份制企业试点办法》《股份有限公司规范意见》《有限责任公司规范意见》及股份制企业财会制度、人事管理制度等14个配套文件，我国股份制改革试点开始走上法制化规范化轨道。截至1992年底，全国股份制试点企业已达3700多家，其中有69只股票（包括18只B股[①]）分别在上海和深圳的证券交易所公开上市。这些局部的探索，在当时全国仍然以经营承包责任制为主的环境下，起到了很好的示范作用。

经过改革开放初期的探索与实践，总体看国有企业活力有了进一步增强，为企业进入市场奠定了初步基础。但改革没有触及传统体制下企业制度本身的

[①] B股的正式名称是人民币特种股票。它是以人民币标明面值，以外币认购和买卖，在中国境内（上海、深圳）证券交易所上市交易的外资股。B股公司的注册地和上市地都在境内。

改造，长期困扰国有企业的政企不分、产权不清、企业自主权不落实、自我约束机制不健全等问题，始终未能从制度层面找到根本解决的路径。进一步深化企业改革，必须解决深层次矛盾，探索国有企业与市场经济相融合的有效途径。1992年10月，党的十四大正式确立了我国经济体制改革的目标是建立社会主义市场经济体制。落实党的十四大部署，国有企业改革重点开始从放权让利为主转向机制转换、制度创新为主。党的十四大报告正式将全民所有制企业由过去的"国营企业"改称为"国有企业"。[①] 1993年3月，八届全国人大一次会议通过的《中华人民共和国宪法修正案》第八条规定，国有企业在法律规定的范围内有权自主经营，将"国营企业"改为"国有企业"。同年11月，党的十四届三中全会审议并通过《中共中央关于建立社会主义市场经济体制若干问题的决定》，明确提出建立现代企业制度是我国国有企业改革的方向，指出现代企业制度的特征是"产权清晰、权责明确、政企分开、管理科学"。自此以后，这十六个字一直成为我国现代企业制度建设最基本的描述，国有企业现代企业制度建设由此展开。同年12月，《中华人民共和国公司法》（以下简称《公司法》）正式颁布，产权关系开始理顺，使公司制度有了明确的法律依据，为现代企业制度建立提供了法律保障。

为了落实党的十四届三中全会精神，1994年11月，国务院出台《关于选择一批国有大中型企业进行现代企业制度试点的方案》，国家经贸委、国家体改委会同有关部门选择100家国有大中型企业，开展现代企业制度试点。随后，全国各省市先后选定了2700多家国有企业进行试点。试点的主要内容是：完善企业法人制度；确立试点企业国有资产投资主体的地位；确立企业的公司制组织形式；建立科学规范的内部组织管理机构；改革企业劳动人事工资制度；健全财务管理制度；等等。到1997年，试点企业通过股份有限公司、有限责任公司等不同形式，普遍进行了公司制改制。试点企业在清产核资、明确企业法人财产权基础上，逐步建立了现代企业制度的领导体制，初步形成了公司法人治理的架构。党的十五大以后，按照建立现代企业制度的要求，许多大中型国有企业进行了公司制和股份制改造，并在境内或境外资本市场成功上

[①] 党的十三届三中、五中、七中全会时，文件中"国有企业""国营企业"均在使用；1992年10月党的十四大以后，正式使用"国有企业"，不再使用"国营企业"。1993年3月，八届全国人大一次会议审议通过《中华人民共和国宪法修正案》，将"国营"二字改为"国有"。

市。这一时期，国有企业上市普遍采用分拆上市的形式，即将企业的优质资产或业务分拆出来单独上市，而其他未上市资产或业务①则放在原企业。通常分拆后的上市公司的国有股权由作为母体的原企业持有，原企业仍是国有独资企业。截至2001年底，我国境内国有控股上市公司903户，境外国有控股H股公司52户。

建立现代企业制度不仅关系国有企业的改革和发展，也关系社会主义市场经济体制的建立和整个经济体制改革的成败，需要在实践中不断完善。在实际工作中，由于当时没有明确履行出资人职责的机构，公司治理结构中没有出资人代表，企业经营者没有受到出资人的监管，传统体制的弊端容易被带进新体制，扭曲公司治理结构，董事会、监事会实际上由内部人控制，普遍存在"形似而神不似"的问题。对此，党中央提出要抓紧制定符合我国国情的现代企业制度基本规范，使企业有所遵循。1999年9月，党的十五届四中全会通过《中共中央关于国有企业改革和发展若干重大问题的决定》，对国有企业建立现代企业制度作出了全面系统的阐述，并对完善公司治理结构提出了新思路。2000年9月，国务院办公厅转发国家经贸委《国有大中型企业建立现代企业制度和加强管理的基本规范（试行）》；同年10月，国家经贸委下发贯彻落实通知，要求将该规范作为指导今后一个时期改革、改组、改造和加强管理的重点贯彻落实，建立现代企业制度从试点转成国企改革的一个持续推进的任务。经过规范化改制工作，国有大中型企业建立现代企业制度工作成效显著。截至2002年底，全国4350户国有大中型企业已有3468户完成公司制改革，企业按《公司法》规定设立了股东会、董事会、监事会和经理层。

管理科学是建立现代企业制度的重要要求。加强企业管理、提升企业管理水平，贯穿于国有企业改革发展全过程。党的十四届三中全会提出建立社会主义市场经济体制和现代企业制度，国有企业管理进入了新的历史时期。国有企业管理大体经历了企业整顿、管理升级、管理现代化等不同阶段。1991年，邯钢集团以经济效益为中心，建立"模拟市场核算，实行成本否决"的管理机制，创造了闻名全国的"邯钢经验"。1996年1月，国务院批转国家经贸委、冶金部《关于邯郸钢铁总厂管理经验的调查报告》，在全国范围内推广邯钢经

---

① 当时通常称为存续企业或业务。

验。随着国企改革的深入，国有企业市场化进程不断加快，对企业管理水平也提出了更高要求。党的十四届五中全会提出"三改一加强"[①]的改革部署，其中"一加强"即为加强企业管理。1997年7月，国家经贸委印发市场经济下企业管理的第一个纲领性文件——《"九五"企业管理纲要》。2000年9月印发的《国有大中型企业建立现代企业制度和加强管理的基本规范（试行）》对国有企业管理的实践经验进行了全面科学总结，对进一步加强企业管理提出基本的规范化要求。

在推进改革攻坚、建立现代企业制度的过程中，党中央多次强调发挥党组织的作用，进一步明确党组织发挥政治核心作用的方针原则和参与企业重大问题决策的内容、途径和方法。1993年11月，党的十四届三中全会通过的《中共中央关于建立社会主义市场经济体制若干问题的决定》明确了企业中的党组织要发挥政治核心作用，保证监督党和国家方针政策的贯彻执行。1994年9月，党的十四届四中全会通过的《中共中央关于加强党的建设几个重大问题的决定》进一步指出，国有企业建立现代企业制度，要坚持发挥党组织的政治核心作用，在实践中积极探索，逐步完善企业领导制度，改进和加强党的工作。1997年1月，党中央印发《关于进一步加强和改进国有企业党的建设工作的通知》，提出"坚持党对国有企业的政治领导，发挥国有企业党组织的政治核心作用，是建立有中国特色现代企业制度的本质要求"。

二、"抓大放小"从战略上调整国有经济结构

20世纪90年代，改革的探索使人们逐渐认识到，大量在一般竞争性领域从事生产经营的国有中小企业没有优势，竞争力弱、效益低下，要想把数十万的国有企业每个都搞好是不现实的。1992年，国有企业亏损面高达1/3，1994—1998年，全国国有及国有控股企业利润总额由1356亿元连续四年下滑至214亿元。针对这种情况，早在1993年，党中央就提出了对国有企业进行战略性结构调整的构想，将国企改革与国有经济布局的战略性调整结合起来。1995年9月，党的十四届五中全会明确指出，要着眼于搞好整个国有经济，对国有企业实施战略性改组，搞好大的，放活小的。1997年9月党的十五大报告

[①] "三改一加强"指"改革、改组、改造和加强管理"。《人民日报》，1995年8月28日，第1版。

和 1999 年 9 月党的十五届四中全会通过的《中共中央关于国有企业改革和发展若干重大问题的决定》提出要从战略上调整国有经济布局结构,从整体上搞好国有经济,发挥国有经济的主导作用。这一时期,调整国有经济布局结构作为国企改革一项重要内容展开。

开展企业优化资本结构城市试点。在进行现代企业制度试点的同时,国务院决定进行优化资本结构的配套改革试点。1994 年 8 月,国家经贸委印发经国务院批准同意的《关于在若干城市进行企业"优化资本结构"试点的请示》,选择上海、天津等 18 个城市进行企业"优化资本结构"试点,在整体推进国有企业转换经营机制的前提下,以市场为依托,采取多种措施探索建立国有企业优胜劣汰机制。试点主要围绕增资、改造、分流、破产等方面展开。在增资方面,多渠道增加国有企业的资本金和生产经营资金;在改造方面,多渠道筹集资金,增加重点改造企业的技改投资,增强企业发展后劲;在分流方面,采取发展第三产业、企业间劳务输出、提前退休、下岗培训、直接分流到社会等措施,分流富余人员;在破产方面,建立和完善企业优胜劣汰机制,对资不抵债、不能清偿到期债务的企业依法实行破产。优化资本结构试点城市在补充企业资本金、减轻企业债务负担、资产多元化、分离企业社会服务功能、分流富余人员等方面实现了重点突破,在企业破产、兼并和职工再就业等方面取得了一定成效。1996 年,试点城市扩大到 50 个,1997 年进一步扩大到 111 个,基本上覆盖了全国所有中等以上城市。

实行"抓大放小"。"抓大放小"是指国家集中精力抓好关键的少数大企业,放开放活数以万计的中小企业。"抓大"方面,国家在关系国民经济命脉的重要行业和关键领域,培育一批大型企业和企业集团。主要抓了 1000 户国有大企业的资金落实,推动了企业集团试点工作。1996 年,国家为各行业、各领域起主导作用的 300 户大企业明确了主办银行,落实了生产经营资金,1997 年进一步扩大到 512 户。企业集团试点工作取得积极进展,第一批集团试点企业基本达到试点目标,对全国企业集团的建设发展起到了一定的示范作用。1997 年 4 月,国务院批转国家计委、国家经贸委、国家体改委《关于深化大型企业集团试点工作的意见》,重点提出建立以资本为主要联结纽带的母子公司体制、进一步增强试点企业集团母公司的功能等,并决定进一步扩大试点范围,将试点企业集团由 57 家扩大到 120 家。1998 年 3 月,国家体改委印发

《关于企业集团建立母子公司体制的指导意见》,对母公司的构建、母子公司体制规范、组织形式等作出明确规定。试点企业通过理顺内部产权关系、构建母子公司体制、加强内部管理等,联结和带动了一批企业的改革和发展,形成规模经济,市场竞争力增强,实力不断发展壮大。截至1997年底,全国省部级以上部门批准成立的企业集团共2302个,企业集团个数占全国独立核算工业企业个数的1.27%,资产总额却占51.1%,营业收入占45.5%。此后,随着国有企业三年脱困攻坚的推进,经济效益的好转和提升,到2000年左右,逐渐形成了一批具有一定规模和实力、发展前景好的大公司和企业集团,成为经济结构调整和企业重组的重要力量、参与国际市场竞争的骨干。"放小"方面,1996—1997年,国家体改委、国家经贸委等部门出台《关于积极推进国有小型企业改革的意见》《关于放开搞活国有小型企业的意见》《关于加快国有小企业改革的若干意见》等配套措施。国有小型企业发挥船小好掉头的优势,积极进行各种形式的改革探索,采取改组、联合、兼并、租赁、承包经营、股份合作制、出售等形式,加快了改革步伐。截至1996年上半年,各种改革方式所占比重大致如下:组建企业集团占1.69%,企业兼并占5.47%,股份合作制占35.13%,合作制占7.8%,承包租赁占15.7%,委托经营占14.42%,出售转让占11.02%,破产占1.31%,合资占3.42%,其他占3.81%。

推进国有企业战略性改组。伴随着1998年政府机构改革,行业管理体制发生重大变化。为建立适度竞争的市场格局,国有企业战略性改组步伐加快,政企分开迈出重大步伐,垄断行业的改革开始起步,培育和组建了一批特大型企业集团。1998年7月,经国务院批准,在原中国石油化工总公司、中国石油天然气总公司的基础上,重组中国石油化工集团公司和中国石油天然气集团公司,使两大集团公司实现了政企分开,落实了企业经营自主权,实现了上下游、内外贸和产供销一体化,大大提高了我国石油石化行业的集约化程度和国际竞争能力。同年,宝钢与上海冶金集团公司实施联合重组,本着"做高""做强"的原则,逐步发展成为我国冶金行业的精品基地。1999年7月,中国核工业总公司、中国航天工业总公司、中国航空工业总公司、中国船舶工业总公司、中国兵器工业总公司五大军工行政性公司按行业改建成十大军工企业集团,引入内部竞争机制,大幅提升了企业研发与生产能力。1999年底至2000年上半年,国务院先后批复中国移动、中国联通、中国电信和中国卫星通信重组、组建方案，我国通信与信息服务领域的市场竞争新格局初步形成。此外，国有企业在电力、冶金、煤炭等领域也开展了战略性重组。这些改革使国有经济在关系国民经济命脉的重要行业和关键领域占据了支配地位，进一步优化了国有经济的布局，提高了国有经济的运行效率和效益。截至2001年底，资产总额和营业收入在50亿元以上的特大型企业集团已有179家。

结构调整和重组适应了进入WTO、参与国际竞争的需要，培育具有国际竞争力的大型企业集团工作得到进一步推进。2001年11月，国务院办公厅转发国家经贸委等部门《关于发展具有国际竞争力的大型企业集团的指导意见》，就发展一批具有较强国际竞争力的大公司和企业集团的工作原则、工作目标、工作内容和要求、组织实施等方面，提出具体措施。该指导意见提出，企业集团要加快改革和发展的步伐，通过建立现代企业制度、加强和完善战略管理、提高技术创新能力、提高市场营销能力、推进内部改革、加强企业管理、突出主业做好企业集团内部重组和分离分流等7项工作，提高国际竞争力。

三、打好国有企业改革脱困攻坚战

搞好国有企业特别是国有大中型企业，既是关系国民经济健康运行和长远发展的重大经济问题，也是关系社会主义前途命运的重大政治问题。在发展社会主义市场经济广泛而深刻的变革中，国有企业的改革和发展面临着一些深层次矛盾和问题。由于传统体制的长期影响、历史形成的诸多问题、多年以来的重复建设以及非国有经济异军突起、1997年亚洲金融危机等市场环境的急剧变化，一些国有企业不适应市场经济的要求，生产经营面临困境，经济效益大幅下降，部分职工生活困难。数据显示，截至1997年底，全国16874户国有大中型工业企业有6599户亏损，亏损面39.1%，这些企业的平均资产负债率达到79.9%；1997年全国国有企业中亏损企业亏损额是1987年的12倍，盈亏相抵后实现利润比1987年下降了42%。国有大中型企业的亏损问题已经到了非常严重的程度。为扭转这一局面，1997年9月，党的十五大和十五届一中全会提出了改革脱困的"三年两大目标"，即用三年左右的时间，通过改革、改组、改造和加强管理，使大多数国有大中型亏损企业摆脱困境，力争到20世纪末大多数国有大中型骨干企业初步建立现代企业制度。1999年9月，党的十五届四中全会召开，审议通过《中共中央关于国有企业改革和发展的若干重大问题的决定》，总结国有企业改革和发展的基本经验，阐明搞好国有企业改革和发展的重大意义，明确了国有企业改革和发展的指导方针。这是改革开放以来党中央第一次召开全会专门研究国有企业的改革和发展问题，无论是在国有企业发展史上，还是我国经济发展史上都是一个重要的里程碑，不仅对国有经济的发展壮大产生了巨大的推动作用，也对经济体制改革的深化起到了有力的促进作用。落实党中央、国务院的决策部署，一场意义深远的国有企业改革发展攻坚战正式拉开帷幕。兼并破产、债转股、技改贴息被称为三年改革脱困的三大"杀手锏"。

国有企业改革脱困首先从亏损最严重的纺织行业展开。1997年，党中央决定以纺织业作为国有企业改革脱困的突破口，开始了以"压锭、减员、调整、增效"为主要内容的结构大调整。1998年，全国共淘汰落后棉纺锭512万锭，分流安置下岗职工66万人，国有纺织盈利企业实现利润增长28%，亏损企业亏损额下降20%，到1999年底提前一年完成全行业脱困目标。在纺织行业脱困工作取得阶段性成果的同时，针对煤炭生产总量过剩、市场供过于求的状况，国家作出了"下放、关井、监管"的宏观调控决策，将原中央直属和直管的94户国有重点煤矿下放地方管理，充分发挥中央和地方两个积极性。从1998年实施"关井压产"政策到2000年末，全国共关闭各类小煤矿约4.6万处，压减产量约4.2亿吨，30%的国有煤炭企业逐渐盈利。国家还对冶金、有色、军工、建材、石油化工、电力等行业实行总量控制和结构调整。经过几年的艰苦努力，各重点行业的落后产能大幅压缩，产业结构得到优化，市场供求关系明显改善，经济效益逐年好转。

技术改造和技术进步欠账严重，是导致国有企业陷入困境的重要原因之一。1999年6月，党中央决定从增发的国债中，每年划出90亿元用于企业技术改造和产业升级的贷款贴息，这相当于过去中央财政每年技改贴息额的10倍。同年10月，国家经贸委联合有关部门印发《国家重点技术改造项目管理办法》《国家重点技术改造项目国债专项资金管理办法》，明确技改项目确定原则等内容。经过两年多的努力，国债贴息技术改造成果显著，重点行业、重点企业的技术装备水平得到提高，企业产品结构得到调整，重点骨干企业的竞争力得到增强。截至2000年底，国家共确定了880个国债技改贴息项目，总投资规模达2400亿元，其中国债资金195亿元，贷款1459亿元，相当于1元国债资金带动了 12 元社会投资，起到了"四两拨千斤"的作用，有效地带动了社会资金的投入，极大地调动了企业技术改造的积极性，拉动了内需。

自 20 世纪 80 年代初企业固定资产投资和流动资金实行"拨改贷"后，一些国有企业由于资本金不足，建设资金大多靠银行贷款，项目建成后企业背上了沉重的债务包袱，出现了亏损。为了解决这一问题，国家推出"债转股"政策，组建金融资产管理公司，在依法处置银行原有不良资产的基础上，以金融资产管理公司作为投资主体对部分企业的银行贷款实施债权转股权。1998 年，国家利用特别国债资金向四大国有银行注入 2700 亿元人民币资本金。1999 年 7 月，国家经贸委、人民银行印发《关于实施债权转股权若干问题的意见》。国家先后成立信达、东方、长城、华融四家具有独立法人资格的金融资产管理公司，作为投资主体，负责收购、管理、处置四大国有银行剥离的不良资产，优化国有企业资产负债结构，最大限度保全资产、减少损失。同年 9 月，中国信达资产管理公司与北京水泥厂的母公司签订债转股协议，标志着"债转股"工作正式启动。"债转股"的实施，明显改善国有企业资产负债结构，加快扭亏为盈的步伐，使一大批国有企业的资产负债率从 70% 以上降到 50% 以下。截至 2000 年 12 月，已有 580 户企业实施"债转股"，总金额 4050 亿元，每年可减少利息支出 200 亿元，其中 80% 的企业当年扭亏为盈。

优胜劣汰是市场经济的规律，长期亏损、资不抵债、扭亏无望的企业通过破产退出市场，是市场竞争的正常现象。虽然国家早在 1986 年就颁布了《中华人民共和国企业破产法（试行）》，而沈阳市防爆器械厂于同年 8 月成为中华人民共和国成立后第一家正式宣告破产倒闭的企业，但总体上由于当时社会保障体系尚未建立，社会保障机制还不健全，人们对破产问题仍存在误解等诸多因素，企业破产很难实施，1994 年以前鲜有国有企业破产。自 1994 年起，国务院就破产企业职工权益保障等问题制定了具体政策，采取了由各级财政、国有金融机构和社会保障部门等共同分担改革成本等特殊政策措施，推进国有企业关闭破产工作。国有企业政策性破产的探索首先从城市优化资本结构试点启动，关键是解决好"钱从何处来、人往哪里去"的问题。1994 年 10 月，国务院印发《关于在若干城市试行国有企业破产有关问题的通知》，明确破产企业职工安置和有关费用来源等政策。这是国务院关于国有企业破产问题的第一个政策文件。针对试点实施过程中出现的问题，1997 年 1 月，国务院召开会议，随后印发《关于在若干城市试行国有企业兼并破产和职工再就业有关问题的补充通知》，进一步提出具体规范要求，明确对破产企业要贯彻资产变现、关门走人的原则，防止假破产、真逃债，推动建立了政策性破产的政策体系和工作机制。1998年以后，根据国务院的要求，政策性关闭破产紧紧围绕重点行业的结构调整进行。为进一步发挥关闭破产对实现国有企业三年脱困目标、促进国有企业改革发展的作用，党中央决定，1998年在将核销银行呆坏账规模直接分配到各试点城市的同时，还要求集中保重点，保纺织突破口，明确各试点城市安排纺织项目不得低于一定比例。从1999年起进一步加大国有企业政策性关闭破产的力度，政策性关闭破产由试点城市推向全国，主要围绕纺织、有色、煤炭、军工企业展开。为了促进纺织行业摆脱困境，国家实行了兼并破产重点向纺织行业倾斜的政策。1997—2000年，有300户特困企业实施了破产，400多户企业实施了兼并重组，核销呆坏账450亿元。从1999年开始，实施煤炭企业的政策性关闭破产，有260户煤炭企业实施关闭破产，消灭了73亿元的亏损源。为实现军工行业脱困，1999年，国家对十大军工集团公司所属企业及地方军工企业进行调整，对一批长期亏损、资不抵债、扭亏无望的企业和资源枯竭的石油矿山实施了政策性关闭破产。企业破产是一项复杂的系统工程，面临的困难远比想象的复杂，在推进过程中出现了不少群体性事件。为保证破产企业的稳定和平息群体性事件、使破产工作平稳有序推进，各级政府付出了艰辛的努力。由于政策落实到位、工作细致规范，有效化解和防范了改革过程中的风险。政策性破产在国企改革脱困攻坚中发挥了重要作用，三年间，全国共安排企业兼并破产2334户，核销银行呆坏账准备金1486.6亿元；6599户重点脱困国有大中型企业中，有29.49%的企业是通过破产关闭实现的。国有企业经过10年的艰苦努力，从2005年起逐步向依法破产平稳过渡。

三年改革脱困期间，对已经连续多年亏损国有企业，国家通过实施债转股（减少利息支出）、实施兼并破产（核销呆坏账）等措施支付了巨大的改革成本，有力地支持了国企改革。艰苦卓绝的国有企业三年改革脱困达到了预期目标。到2000年，国有企业实现利润2392亿元，是1997年的2.9倍。大多数行业实现了整体扭亏或继续增盈。重点监测的14个行业中，有12个行业利润继续增长或扭亏为盈。各省、自治区、直辖市全部实现整体盈利，其中有12个扭亏为盈，19个继续盈利或盈利增加。大多数国有大中型亏损企业实现脱困。1997年亏损的6599户国有大中型工业企业，已通过多种形式减少4799户。

四、做好减员增效、再就业和社会保障工作

国有企业改革是一场广泛而深刻的变革。由于传统体制的长期影响，相当一部分国有企业富余人员过多，市场竞争力弱。随着市场经济的发展和国企改革的推进，大量职工下岗，生活十分困难，由此逐渐演变为受到普遍关注的社会问题。1993年，全国下岗职工累计达300万人，此后逐年上升，到1997年已突破1000万人。这是在当时社会保障体系尚未建立的情况下国企改革面临的重大而紧迫的难题。解决好下岗职工基本生活保障和再就业工作，直接关系到广大职工的切身利益，关系到改革开放和现代化建设稳定发展的大局，也是在国有企业体制转换和结构调整攻坚阶段必须完成的重大政治任务。面对数以千万计的下岗职工，党的十五届四中全会明确要求规范职工下岗程序，认真办好企业再就业服务中心，切实做好下岗职工基本生活保障工作，维护社会稳定。下岗分流要同国家财力和社会承受能力相适应。要调整财政支出结构，坚持实行企业、社会、政府各方共担的办法落实资金，亏损企业和社会筹集费用不足的部分，财政要给予保证。通过采取建立再就业服务中心、实施主辅分离辅业改制等一系列措施，积极做好职工分流安置工作，保持了社会总体稳定，成功地消解了国有企业改革面临的风险。1998—2002年，有2700多万名国企职工下岗分流[①]，脱离旧体制，告别国企职工身份，从企业人转变成社会人，国家、企业和职工都承担了必要的改革成本，企业、职工、社会多方面共同为改革的深化和社会的稳定作出了贡献。

分流安置富余人员的尝试首先从1994年的城市优化资本结构试点开始，在缺乏基本社会保障的条件下，通过因地制宜的各种政策，探索实施多种分流安置方式，为解决富余人员的分流安置积累了经验。1995年初，劳动部印发《关于全面实施〈再就业工程〉的通知》，全面实施"再就业工程"。各地按照企业消化为主、国家帮助为辅、保障基本生活的方针，积极探索在各行业内和企业建立下岗职工再就业中心。上海率先建立起再就业中心的基本制度框架，

[①] 十届全国人大一次会议审议通过的《政府工作报告》，2003年3月。

效果尤其突出，其运作模式是：企业下岗人员脱离企业，但不直接进入社会，而是接受再就业中心的管理；再就业中心发放下岗生活费，办理各种社会保险，并根据劳动力供求信息推荐就业。上海的成功经验起到了很好的示范效应，全国逐渐开始建立下岗职工再就业中心。但1997年前后，国企下岗职工问题仍然十分突出。针对这一情况，1997年1月，党中央、国务院召开全国再就业工作会议，提出鼓励兼并、规范破产、下岗分流、减员增效、实施再就业工程的政策，决定在国有企业广泛建立下岗职工再就业中心，并建立起三条保障线，即：下岗职工由再就业服务中心保障其基本生活；进再就业服务中心3年后仍未就业的，要转到社会保险机构领取失业保险金；享受失业保险2年后仍未就业的，转到民政部门享受城镇居民最低生活保障。1998年5月，党中央、国务院再次召开全国国有企业下岗职工基本生活保障和再就业工作会议，6月印发《关于切实做好国有企业下岗职工基本生活保障和再就业工作的通知》，提出凡是有下岗职工的国有企业都要建立再就业中心或类似机构，保障国有企业下岗职工基本生活，再就业的资金原则上采取"三三制"筹资原则，实行财政、社保、企业三方各负担1/3。许多地方还积极探索协议解除劳动关系、内部退养等多种形式的分流减员，保障下岗职工的基本生活。截至1998年底，有下岗职工的国有企业都建立了再就业服务中心。1998—2002年，国有企业2700多万名下岗职工中90%以上进入再就业服务中心，先后有1800多万人通过多种渠道和方式实现了再就业。

2002年9月，党中央、国务院再次召开全国再就业工作会议，明确国有企业下岗人员工作重点从保障基本生活转到促进再就业上来，让有劳动能力和就业愿望的下岗员工实现再就业。同月，党中央、国务院印发《关于进一步做好下岗失业人员再就业工作的通知》，确立再就业政策的基本框架。各级政府在促进再就业方面进行了积极的探索，综合运用财政、税收、信贷等多种政策扶持下岗职工再就业，鼓励发展第三产业、小企业、非国有经济，开发就业岗位；通过简化工商登记手续、减免费用和银行贷款支持，鼓励下岗职工兴办企业和自谋职业。积极就业政策的实施，取得了良好成效，巩固了前期改革的成果，为改革创造了稳定的社会环境。

在所有促进再就业的各项政策中，主辅分离辅业改制是一项独具特色的政策。通过采取国有企业主辅分离辅业改制，既可以拓宽人员安置渠道，又可以解决大型企业辅业过多、负担过重的问题。2002年11月，国家经贸委会同有关部门制定《关于国有大中型企业主辅分离辅业改制分流安置富余人员的实施办法》（即859号文），鼓励有条件的国有大中型企业在进行结构调整、重组改制和主辅分离中，利用非主业资产、闲置资产和关闭破产企业的有效资产，改制创办面向市场、独立核算、自负盈亏的法人经济实体，多渠道分流安置企业富余人员和关闭破产企业的职工，减轻社会就业压力。主辅分离对于推动国有企业改革和结构调整、促进职工再就业发挥了重要作用。截至2008年底，全国共有1365户国有大中型企业实施了主辅分离辅业改制，分离改制单位过万个，分离安置人员263.8万人。

与国有企业改革攻坚相配套，以职工养老保险、医疗保险为重点的社会保障改革加快启动。企业职工养老保险制度的探索始于20世纪90年代初。1991年6月，国务院印发《关于企业职工养老保险制度改革的决定》，提出要改变养老保险完全由国家、企业包下来的办法，实行国家、企业、个人三方共同负担的原则。1993年11月，党的十四届三中全会通过《中共中央关于建立社会主义市场经济体制若干问题的决定》，在借鉴国外经验、结合中国国情、总结近年来改革实践的基础上，提出了养老保险实行社会统筹与个人账户相结合的原则。1995年3月，国务院印发《关于深化企业职工养老保险制度改革的通知》，明确提出建立适应社会主义市场经济体制要求的养老保险体系。1996年后，政府加大了国有企业兼并破产的力度，党中央、国务院狠抓社会保障体系的建设，努力做到"两个确保"：确保国有企业下岗职工基本生活费和企业离退休人员基本养老金按时足额发放。自1997年起，国务院先后发布《关于建立统一的企业职工基本养老保险制度的决定》《关于建立城镇职工基本医疗保险制度的决定》《失业保险条例》，启动以职工养老保险、医疗保险、失业保险为重点的社会保障制度改革，提出到20世纪末，在全国范围内实行统一的养老保险制度。1998年6月，党中央、国务院印发《关于切实做好国有企业下岗职工基本生活保障和再就业工作的通知》，明确提出争取用5年左右的时间，初步建立起适应社会主义市场经济体制要求的社会保障体系和就业机制。1998年8月，国务院印发《关于实行企业职工基本养老保险省级统筹和行业统筹移交地方管理有关问题的通知》，要求将铁道、电力、银行等11个行业的基本养老保险移交各省市，实现职工基本养老保险属地（省市）管理。这些制度在改革实践中日臻完善，推动了我国社会保障体系的初步建立，减轻了国有企业的社会负担，加快了国有企业经营机制的转换，为国有企业发展创造了较好的外部环境，对社会稳定发挥了重要作用。截至1998年底，全国有8475.8万企业职工参加了基本养老保险金社会统筹，占企业职工总数的80.5%；2727.3万企业离退休人员参加了离退休社会统筹，占企业离退休人数的98%。1999年，国务院办公厅又印发《关于进一步做好国有企业下岗职工基本生活保障和企业离退休人员养老金发放工作有关问题的通知》，进一步强调要确保养老金按时足额发放。截至2000年底，离退休人员养老金按时足额发放率达到99.5%。2001年1月1日起，国有企业不再建立新的再就业服务中心，国有企业下岗职工基本生活保障向失业保险并轨。

五、进一步探索国有资产管理的有效形式

1993年11月，党的十四届三中全会通过的《中共中央关于建立社会主义市场经济体制若干问题的决定》提出，对国有资产实行国家统一所有、政府分级监管、企业自主经营的体制，并提出按照政府的社会经济管理职能和国有资产所有者职能分开的原则，积极探索国有资产管理和经营的合理形式和途径。1999年9月，党的十五届四中全会又进一步提出"国家所有、分级管理、授权经营、分工监督"原则，逐步建立国有资产管理、监督、营运体系和机制。这期间，中央和地方都做了很多有益的探索。

1994年7月，国务院颁布《国有企业财产监督管理条例》，规定由国务院代表国家统一行使对国有企业财产的所有权，实行分级管理和分工监督。提出创设国有企业监事会制度，明确国有企业的监事会是由政府派出的企业外部机构。为贯彻落实《国有企业财产监督管理条例》，1995年4月，国家经贸委、国家国有资产管理局印发《关于监督机构对国有企业派出的监事会工作规范意见》，明确监事会的组成、职责、议事规则及监管原则等内容。同年7月，国家经贸委根据国有资产数额较大、产品和技术设施具有优势、市场占有率对本行业有重要影响等原则，选择1000户关系国计民生的重点骨干企业，对其委派监事会。

国有资产授权经营进一步探索。继1992年开展国有资产授权经营试点后，1994年8月，深圳市18家企业成为首批经地方政府批准开展试点的企业。各

地也相继开展试点。但在实际推进中，出现了授权程序不规范、授权内容含糊不清、多头授权、重复授权等问题。1996年1—2月，国家体改委在北京召开现代企业制度试点工作会议，提出由对国家授权经营管理的财产享有经营权转变为对包括出资者提供的资本在内的全部法人财产依法享有法人财产权。同年9月，国家国有资产管理局印发《关于企业集团国有资产授权经营的指导意见》，规范试点工作，将企业集团国有资产授权经营定义为政府将企业集团中国家以各种形式直接投资设立的成员企业（指与集团公司非产权关系的企业）的国有产权授权集团公司持有，使大型企业集团拥有其成员企业的产权及相应权利，并进一步强调了加强国有资产管理部门对政府授权经营后的集团公司管理的重要性。

1998年，政企分开迈出重大步伐，国务院按照精简、统一、效能的原则，进行机构重大改革，撤销9个工业专业经济部门，成立相应的国家局和行业协会。同年，撤销国家国有资产管理局，相关职能并入财政部。保留的专业经济部门实行政企分开，切实转变职能，不再直接管理企业。2000年，又撤销保留的9个国家局，相关职能划归国家经贸委等部委和行业协会。专业经济部门的撤销，从体制上解除了与所属企业的行政隶属关系，政企不分的组织基础得以消除，政府职能转变有了重大进展。同时实施军、警、政法和党政机关与所办企业脱钩。1998年7月，党中央决定军队、武警部队、党政机关和政法机关一律不再从事经商活动。截至1998年底，军队、武警部队和政法机关所属经营性企业的撤销、移交、解除挂靠关系等工作顺利完成，撤销企业19241户，移交6491户，解除挂靠关系5557户，为国有企业自主决策、自主经营和参与平等竞争创造了良好的外部环境。

政府机构改革9大专业部委被撤销后，原来由其管理的国有企业负责人面临由谁管理的问题。为了加强国有大型企业领导班子建设，建立适应社会主义市场经济体制的国有企业领导干部管理制度，1998年7月，中共中央大型企业工作委员会成立，作为党中央的派出机关，主要负责管理国务院监管的大型国有企业和国家控股企业负责人，研究探索改革和加强大型国有企业党的领导班子建设。1999年12月，为进一步加强国有重要骨干企业领导班子建设，充分发挥企业党组织的作用，党中央决定撤销中共中央大型企业工作委员会，成立中共中央企业工作委员会，将由国务院管理的163户企业领导班子、由人事部承担的国务院向国有重点大型企业和企业集团派出稽察特派员的工作,稽察特派员和稽察特派员助理的日常管理工作,移交中央企业工委管理。中央企业工委成立后,加强对国有企业的监督管理,改善企业党的建设和纪检监察工作,推动了保护国有资产、促进企业经营管理、惩处违法违规等工作。

为了加强对国有企业的监督,国务院决定建立国有企业稽察特派员制度,于1998年5月和7月先后发布《国务院向国有重点大型企业派出稽察特派员的方案》和《国务院稽察特派员条例》,规定稽察特派员由国务院派出,代表国家对国有重点大型企业行使监督权力,并对稽察特派员的工作性质、工作职责、任职条件和工作方式等内容作了具体规定。1999年9月,党的十五届四中全会通过的《中共中央关于国有企业改革和发展若干重大问题的决定》提出,要继续试行稽察特派员制度,同时要积极贯彻党的十五大精神,健全和规范监事会制度。同年,经修改的《公司法》以法律形式确定了国有独资公司的监事会制度,与外派监事会制度做了衔接。稽察特派员制度开始向外派监事会制度过渡,从体制上、机制上加强对国有企业的监督,确保国有资产及其权益不受侵犯。为了保证外派监事会依法监督,2000年3月,国务院颁布《国有企业监事会暂行条例》,明确规定:"国有重点大型企业监事会由国务院派出,对国务院负责,代表国家对国有重点大型企业的国有资产保值增值状况实施监督。"同年8月,国务院向国有重点大型企业派出监事会,不再派出稽察特派员。至此,国务院稽察特派员制度完成了向外派监事会制度的过渡,外派监事会对国有重点大型企业的监督检查工作全面展开。

20世纪90年代至2002年党的十六大,一些地方政府积极探索建立国有资产管理和运营体系。深圳、上海先后于1992年、1993年成立国有资产管理委员会作为议事协调机构(下设国资办承担日常工作),统筹推进本地国有资产管理、监督和运营等工作。不少地方通过签订授权经营责任书等方式开展国有资产授权经营。一些地方成立或改建国有资产经营机构、国有资产经营(投资)公司,作为国有资产运营主体,负责国家投入企业的国有资产经营。上海将行业主管局或行政性公司改制成国有控股公司、集团公司;深圳改组组建了三家市级国有资产经营公司。地方在国有资产管理、监督和运营方面的探索,为日后改革完善国有资产管理体制积累了有益经验。

第三节　改革完善国有资产管理体制与现代企业制度的创新深化

2002年11月，党的十六大召开，我国进入全面建设小康社会、加快推进社会主义现代化的发展新阶段。党的十六大明确提出改革国有资产管理体制，建立中央政府和地方政府分别代表国家履行出资人职责，享有所有者权益，权利、义务和责任相统一，管资产和管人、管事相结合的国有资产管理体制。2003年，组建国务院国有资产监督管理委员会。从党的十六大到党的十八大，国有企业改革进入改革完善国有资产管理体制与推动现代企业制度的创新深化的新阶段。这一阶段改革的特点是：从体制上看，作出了改革国有资产管理体制的重大决策，形成了新的国有资产管理体制，构建了一整套新的国有资产监督管理的组织体系、法规体系、责任体系，明确了国有资产监管机构的出资人职责和国有资产监管职责，实现了政企分开、政府社会公共管理职能与国有资产的出资人职能分开，政府与国有企业的关系进一步理清，国有资产保值增值责任进一步落实；从企业主体上看，公司治理结构进一步完善，重点推进了外部董事占多数的规范董事会建设；从企业改革角度看，进一步规范了国有企业改制与产权交易行为，进入了出资人代表机构主导推动企业改革的阶段；从国有经济结构上看，大力推进企业重组整合，国有经济布局结构调整和优化的力度更大，操作更为复杂，方式途径更为市场化，国有资本进一步向重要行业关键领域集中，国有经济布局进一步优化；从市场环境上看，社会主义市场经济体制进一步完善；从参与国际竞争角度看，推进了管理提升，加强了全面风险管理，努力培育世界一流企业，国有企业特别是中央企业更大程度上"走出去"，参与了国际竞争。

一、建立完善新的国有资产管理组织体系与法规政策体系

1998年政府机构改革，行业管理部门和国家国有资产管理局撤销后，推进了政企分开，但也实际上形成了由多个部门管理国有企业的格局，出现了国有资产多头管理、"五龙治水"的局面，出资人缺位、保值增值责任不能真正落

实的矛盾日益显现，明确专门的国有资产出资人代表机构、建立新的国有资产管理体制迫在眉睫。党的十六大在总结国有资产管理体制实践经验的基础上，作出了改革国有资产管理体制的重大决策，提出"建立中央政府和地方政府分别代表国家履行出资人职责，享有所有者权益，权利、义务和责任相统一，管资产和管人、管事相结合的国有资产管理体制"，坚持政企分开、政资分开；坚持落实国有资产保值增值责任；坚持所有权和经营权分离，维护企业经营自主权和法人财产权；在国家所有的前提下，由中央政府与地方政府分别代表国家履行出资人职责，分级管理。

依据十届全国人大一次会议批准的《国务院机构改革方案》和《国务院关于机构设置的通知》，2003年3月，党中央决定成立中共国务院国有资产监督管理委员会委员会（以下简称国务院国资委党委），负责国资委监管企业党的建设。同年4月，国务院国有资产监督管理委员会（以下简称国务院国资委）正式挂牌成立，作为代表国务院履行出资人职责和国有资产监管职责的国务院直属特设机构，实现了政府的公共管理职能与国有资产出资人职能的分离，从机构设置上实现了政企分开、政资分开，是我国国有资产管理体制改革的一个重要里程碑。根据国务院办公厅印发的"三定"方案，国务院国资委承接了中央组织部、国家经贸委、中央企业工委、劳动和社会保障部、财政部有关国有资产出资人职能和监督管理职能。国务院国资委成立后，按照国有资产国家所有、分级管理的原则，各省（自治区、直辖市）、市（地）国有资产监督管理机构相继组建，建立了一套较完整的履行出资人职责和国有资产监管职责的组织体系。截至2004年6月，全国31个省（自治区、直辖市）和新疆生产建设兵团国有资产监管机构全部组建。市（地）级国有资产监管机构的组建工作基本完成，全国大多数市（地）设立了国资委，没有单独设立国资委的也采取多种形式明确了国有资产监管责任主体。截至2012年底，全国31个省（自治区、直辖市）和新疆生产建设兵团所辖445个市中，有395个设立国资委，其中：浙江、广西、湖南全部地市单独设立了作为政府直属特设机构的国资委；安徽、江西90%以上县（市、区）明确了国资监管责任主体。国务院国资委和省（自治区、直辖市）、市（地）两级地方政府国资委的组建，对国有企业改革发展具有重大意义，初步解决了政企不分、政资不分、多头管理、出资人不明确不到位、责任不落实等体制性问题。

国务院国资委是一个全新的机构，承担着6.9万亿元国有资产和196户所出资企业的监管职责，如何依法依规做好国有资产监管工作，是国务院国资委成立后亟待解决的问题，工作极具挑战性、探索性。2003年5月，国务院颁布了《企业国有资产监督管理暂行条例》，以行政法规形式明确了国有资产管理体制的基本框架和国有资产监督管理的基本制度，为开展国有资产监督管理工作提供了法律依据。围绕《企业国有资产监督管理暂行条例》，按照统筹兼顾、急用先立的原则，国务院国资委制定了一系列配套的规章制度文件，内容包括清产核资、经营业绩考核、产权转让、规范改制、国有企业改革重组和国有经济结构调整等多个方面，逐步确立了国有资产出资人的制度基础。2008年10月，《中华人民共和国企业国有资产法》（以下简称《企业国有资产法》）颁布，以国家法律形式明确了国有资产监督管理机构作为政府授权履行出资人职责机构，规范了国有资产监督管理机构与所监管企业之间的出资关系。各级国资委遵照法律条例，围绕建立国有资产保值增值的责任体系，积极探索依法履行出资人职责的方式和途径，一系列国有资产管理的制度规范逐步建立。截至2012年，国务院国资委（包括会同其他部门）发布各类规章和规范性文件299件，地方政府及国资委制定发布了约2800个地方性国有资产监管法规、规章和规范性文件，内容涉及规范改制、国有资本结构调整和重组、产权管理、发展战略与规划、主辅分离、股权激励、股权分置改革、统计评价、企业资产和财务监督、企业负责人业绩考核和选聘薪酬制度等多个方面，基本形成了以《企业国有资产法》为龙头，以《企业国有资产监督管理暂行条例》为基础的国有资产监管基本框架和以国务院国资委制定的规章、规范性文件和地方国资委制定的规范性文件为具体内容的国有资产监管法规体系，为实现国有资产管理制度创新、推动国有企业改革发展提供了制度保障。

二、建立完善财务、产权、考核、薪酬、资本收益等制度

国务院国资委的一项重要职责是落实国有资产保值增值责任，这项工作的基础在于摸清家底。清产核资成为国务院国资委组建后部署的第一项基础性工作。中华人民共和国成立以后，已经开展了5次清产核资工作，具备了较好的基础，积累了一系列比较成熟的经验。国务院国资委成立后，从2003年9月至2004年底，组织开展了全面的清产核资工作，这是中华人民共和国成立以来的

第 6 次清产核资，主要是真实完整反映国有企业的资产和财务状况，完善企业基础管理，为科学评价和规范国有企业经营绩效及国有资产保值增值提供依据。通过这次清产核资，基本摸清了中央企业的"家底"，核实了资产质量，消化处理了不少历史遗留问题。在清产核资的基础上，积极推进中央企业执行新的《企业会计制度》①，通过计提 8 项资产减值准备，及时消化处理资产损失，为企业快速健康发展奠定了重要基础。

国务院国资委成立后，积极探索国有资产监管的有效形式。围绕建立健全出资人财务监督制度体系，加强企业财务监督，规范中央企业财务决算及审计管理，建立了企业预决算管理、会计核算监督、中介审计监督、财务动态监督等工作制度，统一了会计标准和制度，强化了财务管理基础。加强对企业财务管理的指导，推动企业集团提高管控能力，严格控制投资方向和投资规模，建立以资产负债率为核心的企业债务风险监测预警体系。加强境外国有资产的监督管理，促进企业提高风险防控能力。与此同时，各地方国资委也普遍加强了财务监督和统计评价工作，开展了国有资产运营状况统计和监管企业财务决算管理。加强重大投融资项目管理，建立企业重大投融资监管体制和管理体系，加强对企业决策程序、投资规模、投资结构和投资回报率的审查，防范投资风险。

按照建立现代产权制度的要求，推动建立以产权登记、产权流转和产权保护为主要内容的企业国有产权管理制度体系框架，积极推进国有产权进场交易，形成覆盖全国的国有产权交易监测平台，促进国有产权监督更加规范有效。2003 年 12 月，国务院国资委会同财政部印发《企业国有产权转让管理暂行办法》，加强对企业国有产权交易的监管，规范产权转让行为，推动了国有产权规范有序流转。各地还普遍加强了产权交易机构的建设，涌现出一些区域性产权交易机构。国务院国资委选择北京、上海、天津、重庆 4 家产权交易机构作为中央企业国有产权交易试点机构，各地国资委也选择确定了 64 家从事本地区企业国有产权转让的产权交易机构，形成了覆盖全国的产权交易市场网络。随着进场率和竞价水平不断提高，产权交易市场逐渐成为国有资本流动进

---

① 财政部在 2000 年 12 月发布了《企业会计制度》。新制度打破了所有制和行业界限，建立了国家统一的会计核算制度，基本上实现了与国际会计惯例的协调。

退的主要通道，成为国有经济布局和结构调整的重要平台，成为中国资本市场的重要组成部分，有力地支撑了国有企业改制重组的规范进行，也成为防止国有资产流失、加强廉政建设、防止腐败滋生的重要手段。2012年，全国产权市场公开转让企业国有产权866亿元，平均增值率达到19%。

对企业负责人实行规范的经营业绩考核，是落实国有资产经营责任的重要手段，也是国务院国资委成立之后一项重大的制度创新。国务院国资委成立之前，由于出资人不到位，国有资产经营的约束和激励机制没有真正建立起来，国有企业负责人的经营责任制没有真正落实。2003年5月，国务院颁布的《企业国有资产监督管理暂行条例》对建立国有资产经营考核制度作出了明确规定。2003年11月，国务院国资委印发《中央企业负责人经营业绩考核暂行办法》，建立了年度考核与任期考核相结合、结果考核与过程考评相统一、业绩考核与奖惩紧密挂钩的考核制度，用量化指标约束国有资产经营者，按经营业绩领取薪酬。2004年，各地方国资委组建成立后，也将经营业绩考核作为开局阶段的重点工作。截至2005年底，在全国国有企业范围内，企业经营业绩考核制度和体系基本建立。2003年12月，国务院国资委开始与中央企业负责人签订年度及任期经营业绩责任书，到2004年11月与全部187户中央企业负责人签订年度及任期经营业绩责任书，将出资人承担的国有资产保值增值责任通过签订年度及任期经营业绩责任书的方式落实到企业，国有企业高管人员激励与约束机制开始有效运行，初步构建起"考核层层落实、责任层层传递、激励层层连接"的国有资产保值增值责任体系，形成了"重业绩、讲回报、强激励、硬约束"的国有资产经营管理机制。随着实践的不断深入，国务院国资委不断完善中央企业经营业绩考核体系，2010年开始实施经济增加值（EVA）考核和全员业绩考核，实现考核全方位覆盖。经营业绩考核由注重利润转变到为股东创造价值，这是国有企业监管的一次重大变革。截至2012年，经营业绩考核已经开展了三个任期：第一任期（2004—2006年）主要是建框架、定制度、上轨道，初步形成了"重业绩、讲回报、强激励、硬约束"的机制。第二任期（2007—2009年）重点是上水平、更规范、更精准，建立了科技创新、绩效进步、扭亏增效等单项奖励制度，强化管理"短板"和风险管控考核。第三任期（2010—2012年）在中央企业全面实施经济增加值考核，引导企业树立资金成本意识，注重价值创造，同时大力推进全员业绩考核，探索对标考核。

除了建立国有资产经营责任制外，国务院国资委还探索建立激励约束机制。制定《中央企业负责人薪酬管理暂行办法》，把薪酬与业绩紧密挂钩，坚持"业绩升、薪酬升，业绩降、薪酬降"，严格按照考核结果兑现奖惩。加大绩效薪金在薪酬结构中的比重，对上市公司和科研设计企业实行了中长期激励。在强化激励的同时，注重健全约束机制，加强对中央企业收入分配的管理，加大对部分高收入企业的调控力度，规范职务消费。2008年8月，国务院国资委印发《中央企业资产损失责任追究暂行办法》，促进企业负责人正确履行责任，加强经营行为约束，不断完善国有资产经营激励约束机制。

推进薪酬制度改革。国务院国资委成立后，把中央企业负责人薪酬制度改革作为重要改革内容之一。长期以来，由于出资人不到位等各方面条件制约，国有企业负责人薪酬制度改革进展迟缓，企业负责人自定薪酬的现象比较普遍，薪酬结构单一，缺乏有效的中长期激励，薪酬水平差距也不合理。国务院国资委出台了一套规范的薪酬核定办法，根据企业经营规模、管理难度、承担的责任，并按照业绩考核结果来核定薪酬，实行了年薪制，中央企业负责人薪酬管理进入了规范化轨道。为进一步与市场接轨，2008年国务院国资委试行工资总额预算管理，建立健全工资增长与企业效益增长相适应的联动机制，对工资总额和工资水平进行双重调控，逐步缩小行业差距。2009年10月，国务院国资委印发《关于深化中央企业劳动用工和内部收入分配制度改革的指导意见》，积极探索建立以岗定薪、体现差异、按绩取酬、拉开差距，同贡献挂钩的内部分配制度，收入分配的市场化程度逐步提高，"大锅饭"的分配体制逐步改变。面向海内外公开招聘经营管理者，探索坚持党管干部原则与市场化选聘经营管理者相结合，深化企业三项制度改革。从2003年开始，国务院国资委选择部分高管职位在全球公开招聘。截至2011年底，中央企业有141个高管职位在全球公开招聘，各级子企业累计市场化选聘经营管理人员60万人。

适应国有资产管理体制改革的需要，监事会由国务院派出调整为国务院国资委代表国务院派出。国务院颁布的《企业国有资产监督管理暂行条例》规定，由国务院国有资产监督管理机构代表国务院向其所出资企业中的国有独资企业、国有独资公司派出监事会。监事会的组成、职权、行为规范等，依照《国有企业监事会暂行条例》的规定执行。2005年10月修订的《公司法》规定，国有独资公司监事会成员除了职工代表外，由国有资产监督管理机构委派，监事会主席由国有资产监督管理机构指定。监事会以财务监督为核心，把企业执行法律法规情况、财务信息真实性、国有资产保值增值情况、企业负责人的经营行为等作为监督检查重点，对企业集团总部和所属主要二、三级及其重要子公司进行实地检查，每年检查的资产要占到中央企业当年资产的70%左右。为进一步完善监事会监督职责，改进监督工作方法，提高监督水平，2006年9月，国务院国资委印发《关于加强和改进国有企业监事会工作的若干意见》，明确从2007年开始，监事会由当年检查企业上年度情况逐步调整为检查当年情况，开展当期监督，提高监督时效性。2008年10月，《企业国有资产法》规定，国有独资公司、国有资本控股公司和国有资本参股公司依照《公司法》的规定设立监事会，进一步巩固了外派监事会制度的法律地位。外派监事会作为国有资产监管工作的重要组成部分，代表出资人对企业国有资产履行监督职责，为维护出资人权益、防止国有资产流失、确保国有资产保值增值、促进企业改革发展发挥了重要作用。

为了落实国有资产出资人的收益权，进一步规范国家与国有企业的分配关系，国有资本经营预算制度开始建立。国有资本经营预算，是国家以所有者身份依法取得国有资本收益，并对所得收益进行分配而发生的各项收支预算，是政府预算的重要组成部分。建立国有资本经营预算制度是国有资产监管机构依法履行出资人职责的重要方式，也是推进国有经济布局和结构调整的重要手段。早在1993年11月，党的十四届三中全会通过的《中共中央关于建立社会主义市场经济体制若干问题的决定》中就提出建立政府公共预算和国有资产经营预算。党的十六届三中全会明确提出要建立国有资本经营预算制度。2007年9月，国务院印发《关于试行国有资本经营预算的意见》明确指出：按照国务院规定，中央本级国有资本经营预算从2008年开始实施，2008年收取实施范围内企业2007年实现的国有资本收益。同年12月，财政部和国务院国资委印发《中央企业国有资本收益收取管理暂行办法》，明确国有资本收益涵盖范围。2009年5月1日起施行的《企业国有资产法》，从法律上确立了国有资本经营预算制度。至此，我国国有资本经营预算有了明确的法律依据和政策规定，标志着我国国有资本经营预算制度初步建立。截至2010年，各省（区、市）已基本建立国有资本经营预算制度，国有资本经营预算全面开展。通过建立国有资本经营预算制度，国有资产监管机构在推动国有资本配置调整、支付改革成本、优化国有经济布局和结构方面的能力进一步增强。同时，通过完善国有资本收益分享机制，有力推进了社会保障等民生事业发展。

三、推进和规范公司制股份制改革

到20世纪末，我国大多数国有大中型企业虽然初步建立了现代企业制度，但公司治理尚不完善，且相当多企业尚未进行公司制股份制改革，建立现代企业制度仍任重道远。2001年，我国加入WTO，要求进一步落实国有企业独立市场地位，客观上倒逼了进一步推进现代企业制度建设。国务院国资委成立后，加快了建设现代企业制度的步伐。

加大股份制改革力度，特别是国有大中型企业的股份制改制，一大批中央企业在境内外上市或增发股票，并按照上市公司规范运作的要求，整合业务和内部组织架构，加强财务基础管理，完善了公司治理结构。各地采取多种形式，积极推进股份制改革，取得明显成效。截至2012年底，全国90%以上的国有企业完成了公司制股份制改革。中央企业的公司制股份制改制面由2003年的30.4%提高到2011年的72%。国有控股A股[①]上市公司共953户，占我国A股上市公司数量的38.5%；市值合计13.71万亿元，占A股上市公司总市值的51.4%。石油石化、通信、交通运输、冶金等国民经济支柱行业的中央企业基本实现了主业资产整体上市[②]，整体上市企业达43户。

推动股权分置改革。建立现代企业制度，实现国有经济的战略性重组，迫切需要资本市场提供有力的金融支持和服务。但根据当时的制度安排，国有股并不能像社会公众股一样自由流通，解决这一问题越来越迫切，各方面进行了大量的研究准备工作。2005年4月，股权分置改革试点启动。按照股权分置改革的部署安排，各级国有资产监管机构积极稳妥推进国有控股上市公司股权分置改革。股权分置改革的主要成果是国有股的全流通，这对股权结构优化、股权流转、资本市场的健全完善具有标志性意义。截至2006年底，股权分置改革基本完成，全国766户国有控股上市公司有740户完成或启动了股改程序，

---

① A股，即人民币普通股票。它是由我国境内的公司发行，供境内机构、组织或个人（不含台、港、澳投资者）以人民币认购和交易的普通股票。

② 相对于20世纪90年代分拆上市（当时多指集团部分资产上市），国务院国资委成立后更加注重推动主业资产整体上市，即一个集团内主业资产都进入上市公司，一般进入上市公司资产达集团的七成以上。

其中572户地方国有控股上市公司中549户完成或启动了股改程序，194户中央控股上市公司中有191户完成或启动了股改程序，为国企改革提供了一个全国范围的资源配置平台。

规范国有企业改制。按照党中央确定的国有经济有进有退，有所为、有所不为的方针政策，国有企业改制工作逐步推进、平稳发展、步伐加快，取得了显著成效，积累了宝贵经验。但在改制过程中一度出现了低估贱卖、暗箱操作、转移藏匿、自卖自买等不规范甚至违法违规行为，造成国有资产的流失。2003年11月，国务院办公厅转发国务院国资委《关于规范国有企业改制工作的意见》，在总结过去改制经验与问题的基础上，对国有企业改制全过程进行了规范，为国有产权公开、公平、公正交易提供了制度保障。针对管理层持股问题，2005年4月，国务院国资委会同财政部联合印发《企业国有产权向管理层转让暂行规定》；同年12月，国务院又转发了国务院国资委《关于进一步规范国有企业改制工作的实施意见》，从制度上堵住国有企业改制的漏洞。其间，国务院国资委还出台了《关于规范电力系统职工投资发电企业的意见》《关于规范国有企业职工持股、投资的意见》等一系列文件，就国有企业职工持股、投资进行具体规定，有效规范了国有企业改制和职工持股行为，维护了职工合法权益，防止了利益输送和国有资产流失，维护了市场公平，保证了国有企业改制工作的健康有序推进，也对加强企业管理起到了重要作用。在规范改制的同时，国务院国资委会同有关部门对部分地区进行国有产权转让监督检查，及时纠正国有企业改制中的问题。

四、建立外部董事占多数的规范董事会

在积极推进股份制改革的同时，国务院国资委按照《公司法》《企业国有资产法》赋予的出资人职责，不断完善国有独资公司股东职责和多元投资主体公司股东会履职管理，制定印发《国资委履行多元投资主体公司股东职责暂行办法》，探索有别于国有独资公司的治理机制和监管模式。董事会制度虽然早在国有企业进行公司制改革时即已引入，但实际效果并不明显，有的董事会与经理层高度重叠，决策与执行一体，还有一些国有企业内部只设有负责企业经营管理的总经理，没有设立董事会。针对国有企业董事会不规范、没有很好地发挥作用等问题，国务院国资委成立后，即着手建立和完善董事会，积极探索

规范董事会建设，完善国有企业公司治理结构。2004年6月，国务院国资委印发《关于中央企业建立和完善国有独资公司董事会试点工作的通知》，选择宝钢、神华集团等7家企业进行建立和完善董事会试点。试点的主要举措是引入外部董事制度，逐步建立外部董事占多数的规范董事会，以利于决策层与执行层分开。自此，在国家所出资的国有独资公司，外部董事占多数这项重要制度创新正式启动，对加强董事会制度建设、完善国有企业公司治理发挥了重要作用。[1] 随着董事会试点改革的深化，2008年10月，中央组织部、国务院国资委党委联合印发《关于董事会试点中央企业董事会选聘高级管理人员工作的指导意见》，尝试把国务院国资委党委管理的试点企业选聘经理人员的权限下放给董事会。国务院国资委还把出资人的部分职权，如重大投融资决策权等探索授给规范的董事会，并逐步由董事会选聘、考核经理人员，决定经理人员薪酬，大力推进董事会的权利、义务和责任的统一，有效发挥董事会作用。随着对经理层的考核权逐步下放董事会，董事会对经理层的考核出现了个性化趋势，开始实现对企业的个性化管理。截至2011年底，中央企业建设规范董事会试点扩大到50户。董事会试点工作对中央企业建立现代企业制度起到了较好的示范和推动作用，董事会运作水平和董事履职能力进一步提高，企业科学决策水平和风险防范能力明显提升。许多省市也加强了董事会试点，引入外部董事，优化董事结构，公司治理进一步完善。

五、加强风险管理推进管理提升

国务院国资委成立后，围绕企业科学管理这条主线，不断加强对中央企业管理工作的指导。2004年6月，国务院国资委印发《关于推动中央企业清理整合所属企业减少企业管理层次有关问题的指导意见》，要求中央企业通过内部结构调整，压缩管理层级，原则上控制在三层以内。在指导企业提升管理水平的同时，国务院国资委注重加强全面风险管理。2006年6月，印发《中央企业全面风险管理指引》，引导中央企业全面开展风险管理工作。经过多年的改革探索，国有企业在管理的科学化、现代化和信息化方面有了显著提升，但与世界先进水平相比仍存在短板和不足。2011年9月，国务院国资委印发《中央企

---

[1]《央企首家规范董事会开始运作》，《人民日报》，2005年10月18日，第10版。

业"十二五"和谐发展战略实施纲要》,提出"做强做优做大中央企业、培育具有国际竞争力的世界一流企业"的目标。2012年3月,国务院国资委组织中央企业开展了以"强基固本、控制风险,转型升级、保值增值,做强做优、科学发展"为主题的管理提升活动。通过对标,找出中央企业亟待提升的管理短板和瓶颈问题,进一步提高活动针对性和有效性。中央企业对标世界一流水平企业内部先进管理,逐级对标,逐层提高,不断提升企业管理水平;坚持眼睛向内,深度挖掘管理潜力,狠抓降本增效控支出;坚持问题导向,解决了大批管理短板和瓶颈问题;坚持运用精益管理等现代管理方法,系统梳理优化工作流程,改进商业模式;坚持将风险管理纳入日常管理,不断完善重大风险预警指标体系和动态预警机制,实施风险管理考核制度,强化事前防范和事中控制。经过两年左右的努力实践,基本达到"基础管理明显加强、管理现代化水平明显提升、管理创新机制明显完善、综合绩效明显改善"的预期目标。

六、加大国有经济布局和结构调整力度

调整国有经济布局和结构,是深化和完善社会主义市场经济体制的一项重大任务。党的十五大后,国有经济布局和结构调整取得积极进展。1998—2003年,国有及国有控股企业从23.8万户减少到15万户,实现利润从213.7亿元提高到4951.2亿元,但国有经济战线过长、过于分散等问题仍然突出,布局和结构不合理的状况尚未根本改变。国务院国资委成立后,着手从战略上对整个国有经济布局和结构进行统筹安排,对国有企业改制改组进行通盘考虑。

企业重组是国有经济布局和结构调整的重要载体和实施路径。2003年以来,新的国有资产管理体制打破了原来的部门和行业壁垒,采取出资人主导与尊重企业主体地位相结合,以多种方式进行布局结构调整,国有资本配置的重组调整目标更明确、范围更广、规模更大,方式也更为灵活。从2004年开始,国务院国资委聚焦做强主业,分批核定中央企业主业,推进非主业剥离重组,明确中央企业战略定位和发展方向,将有限的资源集中投入到核心领域和关键环节,围绕主业配置资源,提高核心竞争力。2008年国际金融危机爆发后,国务院国资委更加强调进一步突出主业,严格控制非主业投资和高风险领域投资活动,将有限资源管好、用好。中央企业以市场为导向,立足于优化资源配置,做强做大主业,加大调整重组的力度。一批科研院所进入产业集团,实现

了产研结合,提高了中央企业的技术创新能力。一些优势企业强强联合,形成了具有较强综合竞争力的大型企业集团。一些"窗口公司"并入大型骨干企业,增强了中央企业海外市场的开拓能力和竞争能力。一些产业链相关的企业合并重组,促进了中央企业业务链整合,发挥了协同互补效应。一些困难企业通过重组,实现了扭亏脱困,焕发新的生机。通过一系列兼并重组集中,中央企业数量由 2003 年的 196 户缩减至 2011 年的 118 户。2003—2012 年的 10 年间,中央企业通过强强联合、兼并重组,形成了一批具有较强综合竞争力的大型企业集团,其中,资产总额超过千亿的有 57 家,销售收入超过千亿的有 43 家,利润超过百亿元的有 22 家,进入世界 500 强的达 43 家,为经济社会发展作出重大贡献。

2006 年 12 月,国务院办公厅转发国务院国资委《关于推进国有资本调整和国有企业重组的指导意见》,明确了国有资本调整和国有企业重组的基本原则、主要目标和政策措施,提出要进一步推进国有资本向关系国家安全和国民经济命脉的重要行业和关键领域集中。通过国有资本调整,分布过散、过宽的局面得到大大改善。国有资本在一般加工工业和商贸业的比重明显下降,39 个工业行业中有 18 个行业的国有企业总产值占比低于 10%。2010 年中央企业约 80% 的资产、70% 的营业收入和 80% 的利润集中在石油石化、电力、军工、通信、运输、矿业、冶金、机械等国民经济重要行业和关键领域。中央企业承担着我国绝大部分的原油、天然气和乙烯生产,提供了全部的基础电信服务和大部分增值服务,发电量约占全国的 66.2%,民航运输总周转量占全国的 77.1%,水运货物周转量占全国的 82.2%,汽车产量占全国的 41.3%。其他部门管理的中央企业则在金融、铁路运输、邮政等重要领域占支配地位,发挥着重要作用。地方国有企业在当地机场、港口、重要公路以及城市自来水、煤气供应、公共交通等重要行业和领域占支配地位。

这一时期,垄断行业的改革也取得积极进展。落实党的十六大提出的推进垄断行业改革的要求,垄断行业重组积极推进。国务院国资委成立后,分行业、分企业深入研究,形成了石油石化、冶金、机械装备、汽车、电信、煤炭、商贸、交通运输、建筑和投资等 21 个行业的资源整合和企业重组思路。2007 年 10 月,党的十七大进一步提出深化垄断行业改革,引入竞争机制,加强政府监管和社会监督。这期间,电信、电力等行业进行了重大重组。2008 年

5月，工业和信息化部、国家发展改革委、财政部联合发布《关于深化电信体制改革的通告》，中国电信收购中国联通CDMA网（包括资产和用户），中国联通与中国网通合并，中国卫通的基础电信业务并入中国电信，中国铁通并入中国移动。2010年5月，国务院印发《关于鼓励和引导民间投资健康发展的若干意见》，进一步明确民间资本可以进入能源、军工、电信、航空运输等传统垄断行业，非公有制经济发展的体制环境得到改善。通过改革行业管理体制、实施企业分拆重组、放宽市场准入、投资主体多元化、强化定价成本监审等举措，垄断行业国有企业改革不断深入，电力、民航、电信等垄断行业初步形成了多家竞争的市场格局。全国各地市政公用事业领域（包括城市供排水、污水处理、供热、供气、公共交通、市容环卫、垃圾处理等）的市场化改革步伐加快，军工行业国有企业股份制改革呈现加速推进态势。

国有企业政策性关闭破产自1994年开始实施，是妥善解决特定历史时期遗留问题而采取的一种特殊方式。国务院国资委成立后，政策性关闭破产进入最后攻坚阶段，逐步转向依法破产。2003年12月，国务院国资委召开全国企业兼并破产工作会议，提出国有企业政策性关闭破产工作逐步向依法破产平稳过渡。2005年2月，国务院批准全国国有企业政策性关闭破产工作总体规划。2006年1月，国务院办公厅转发全国企业兼并破产和职工再就业工作领导小组《关于进一步做好国有企业政策性关闭破产工作的意见》，明确了总体规划实施的范围和重点。同年8月底，重新制定的《中华人民共和国企业破产法》颁布实施，从法律上明确了国有企业政策性关闭破产向依法破产平稳过渡。实施政策性关闭破产淘汰了浪费资源、技术落后、质量低劣、污染环境的落后生产能力，使国有经济从重复建设领域中、从低效率企业中退出，对促进国有经济布局和结构调整，提高国有经济质量和效益，解决国有企业历史遗留问题，推动完善社会保障体系，发挥了重要作用。截至2008年底，政策性关闭破产工作基本结束，5010户长期亏损、资不抵债、扭亏无望的国有困难企业和一批资源枯竭的矿山平稳有序地退出了市场，促进了企业优胜劣汰机制的建立，推动了国有经济的结构调整和优化升级；近1000万名破产企业职工得到妥善分流安置，维护了企业和社会稳定。

推动国有企业分离企业办社会职能。计划经济体制下，国有企业承担了大量办社会职能，弥补了政府基本公共管理服务的不足，为保障职工群众生活、促进企业和公共事业发展、维护社会稳定发挥了重要作用。随着计划经济体制向社会主义市场经济体制转轨，企业办社会职能问题逐步显现。1993年11月，党的十四届三中全会通过的《中共中央关于建立社会主义市场经济体制若干问题的决定》提出减轻企业办社会的负担，开启了国有企业分离办社会职能的序幕。1994年4月，国务院批转公安部《关于企业事业单位公安机构体制改革意见》，推进企业事业单位设立公安机构的体制改革。1995年，国有企业分离办社会职能工作开始在优化资本结构试点城市启动。随着社会主义市场经济体制的建立和完善，特别是我国加入世界贸易组织，国有企业面临巨大压力和挑战，分离国有企业办社会职能更加紧迫。2002年4月，国家经贸委等部门印发《关于进一步推进国有企业分离办社会职能工作的意见》，提出在全国推进分离国有企业办社会职能，明确了分离企业办社会职能的路径。在地方国有企业分离办社会职能取得积极进展的基础上，经国务院同意，2004年3月，国务院办公厅印发《关于中央企业分离办社会职能试点工作有关问题的通知》，明确中国石油、中国石化、东风公司进行中央企业分离办社会职能试点。2005年1月，国务院明确启动第二批中央企业分离办社会职能工作，74户中央企业纳入范围。截至2007年底，分离国有企业办社会职能工作取得阶段性成效，基本完成了国有企业办普通中小学和公检法的分离移交工作。

七、发挥国有企业党组织作用

随着国有企业现代企业制度建设的推进，只有把党的政治优势和现代企业制度的优势结合起来，才能保证国有企业更好更快地发展。1999年9月，党的十五届四中全会通过的《中共中央关于国有企业改革和发展若干重大问题的决定》提出，坚持党的领导，发挥国有企业党组织的政治核心作用，是一个重大原则，任何时候都不能动摇，并明确了企业党组织发挥政治核心作用的主要体现形式。党的十六届四中全会指出，国有企业党组织要适应建立现代企业制度的要求，完善工作机制，充分发挥政治核心作用。党的十七届四中全会进一步明确了国有企业党组织发挥政治核心作用的着力点、目标任务和实现途径，提出国有企业党组织要把建设高素质经营管理者队伍、人才队伍、党员队伍、职工队伍和增强国有经济活力、控制力、影响力贯穿国有企业党组织活动始终，保证党组织参与决策、带头执行、有效监督、发挥政治核心作用。2009年8月召开的全国国有企业党的建设工作会议提出,毫不动摇地坚持党对国有企业的领导,加强和改进国有企业党的建设,充分发挥国有企业党组织的政治核心作用。这次会议对党组织在现代企业制度下充分发挥政治核心作用作了进一步阐述,强调要建立中国特色现代企业制度,明确党委在公司法人治理结构中的职责权限,从制度上确保党组织政治核心作用的有效发挥、公司治理机制的有效运行。党中央关于加强国有企业党建工作的方针政策,为国有企业和各级国有资产监督管理机构做好国有企业党建工作明确了路径。

积极探索国有企业党组织发挥政治核心作用的途径方式。2004年10月,中共中央办公厅转发中央组织部、国务院国资委党委《关于加强和改进中央企业党建工作的意见》,对"双向进入、交叉任职"作了阐述,明确国有企业要充分发挥党组织政治核心作用,建立和完善公司法人治理结构,全心全意依靠工人阶级。国有企业党组织参与企业重大问题决策,全面落实党管干部与市场化选人相结合的原则,以坚持完善"双向进入、交叉任职"的企业领导体制。2004年开始的董事会试点工作,积极探索党组织发挥政治核心作用的有效方式和途径,试点企业坚持"双向进入",加强和改进企业党建工作,将党组织政治核心作用贯穿于决策执行监督的全过程。在决策环节,党组织主要是把好政治关,保证党的方针政策在企业中的贯彻落实,不代替董事会决策;在执行环节,党组织带头模范执行,党员干部和普通党员都成为岗位上的先进分子;在监督环节,坚持党要管党,监督党员干部和普通党员发挥模范带头作用。2011年,中央企业总部及二级以上1129户公司制企业中董事和监事人数9361人,党委(党组)成员人数7718人,其中党委(党组)成员进入董事会、监事会的人数为3219人,党委(党组)书记、董事长由一人兼任的企业数量为328户。

第四节 新时代全面深化国有企业改革

党的十八大以来,以习近平同志为核心的党中央高举改革开放旗帜,以更大的政治智慧和政治勇气推进全面深化改革,带领全党全国各族人民开启了改革开放和现代化建设的新征程。2013年11月召开的党的十八届三中全会对全面深化改革作出系统部署,开启了全面深化改革、系统设计推进改革的新时代,开创了我国改革开放的全新局面。正像党的十一届三中全会是划时代的,十八届三中全会也是划时代的。① 新时代深化国有企业改革的大幕由此拉开。对于深化国有企业改革,以习近平同志为核心的党中央高度重视,习近平总书记亲自谋划、亲自指导、亲自推动国有企业改革,亲自审定许多国企改革重要政策文件,多次到国有企业考察、调研,就国有企业改革发展发表了一系列重要讲话,作出了一系列重要指示批示,深刻回答了在新的历史条件下要不要办国有企业、办成什么样的国有企业、怎样办好国有企业等重大理论和实践问题,为国有企业改革的深入推进提供了强大思想武器和科学行动指南。新时代的国企改革以习近平新时代中国特色社会主义思想为统领,放在中华民族伟大复兴中国梦的伟大历史进程中来思考,放在统筹推进"五位一体"总体布局②和协调推进"四个全面"战略布局③中来把握,放在贯彻落实新发展理念④中来统筹。这一阶段国企改革的突出特点,从国企改革的重点内容看:在体制方面,以管资本为主完善国有资产管理体制,改革国有资本授权经营体制,改组组建国有资本投资、运营公司,推动国资监管机构职能转变,明确国资监管机构权责清单;在机制方面,坚持"两个一以贯之"⑤,建设中国特色现代国有企业制度,积极推进落实董事会职权,推行经理层任期制和契约化,推行职业经理人制度,建立有效制衡的公司治理结构和灵活高效的市场化经营机制,把混合所有制改革作为国企改革的重要突破口,混合所有制经济成为基本经济制度的重要实现形式,积极稳妥探索重要领域的混合所有制改革,进一步深化混改企业的经营机制转换;在结构方面,推动国有企业在供给侧结构性改革中发挥带动引领作用,加快国有经济布局优化、结构调整、战略性重组;在监管方面,加强国有资产监管,建立协同高效的监管体系,放活和管好相统一,加强事中事后监管,搭建实时在线的国资国企监管系统;在加强党的领导、党的建

---

① 习近平总书记在主持召开中央全面深化改革委员会第六次会议时强调:党的十一届三中全会是划时代的,开启了改革开放和社会主义现代化建设历史新时期。党的十八届三中全会也是划时代的,开启了全面深化改革、系统整体设计推进改革的新时代,开创了我国改革开放的全新局面。参见:《对标重要领域和关键环节改革继续啃硬骨头确保干一件成一件》,摘自《人民日报》,2019 年 1 月 24 日,第 1 版。
② "五位一体",是指经济建设、政治建设、文化建设、社会建设和生态文明建设五位一体。
③ "四个全面",是指全面建成小康社会、全面深化改革、全面依法治国、全面从严治党。
④ 新发展理念,是指创新、协调、绿色、开放、共享的发展理念。习近平:《以新的发展理念引领发展》,《论坚持全面深化改革》,中央文献出版社,2018 年版,第 170 页。
⑤ "两个一以贯之",是指坚持党对国有企业的领导是重大政治原则,必须一以贯之;建立现代企业制度是国有企业改革的方向,也必须一以贯之。习近平:《习近平谈治国理政》(第二卷),外文出版社,2017 年版,第 176 页。

设方面，加强党对国有企业的全面领导，推动国有企业全面从严治党，筑牢国有企业的"根"和"魂"，以高质量党建引领高质量发展。从国企改革工作推动上看，国企改革组织领导全面加强，专门成立国务院国有企业改革领导小组，各地、各中央企业也成立相应领导机构；更加强调国企改革的全面深化，更加注重改革的系统性、整体性、协同性，注重顶层设计，出台"1＋N"系列文件，确立国企改革的主体框架；强调问题导向，勇于涉险滩、啃硬骨头，推进"十项改革试点"等示范工程；强调改革的针对性，在明确界定国有企业功能分类的基础上推进分类改革、分类监管、分类考核、分类发展，是这一时期国企改革的重要切入点；强调抓改革落实落地，制订好时间表、路线图、任务书。新时代，在以习近平同志为核心的党中央坚强领导下，各地区、各部门、各企业推动国企改革全面深化，改革举措层层落地，改革鲜活实践不断涌现，在许多重要领域和关键环节取得重大进展，解决了许多长期想解决而没有解决的难题，取得了新的重大进展和历史性伟大成就。

一、新时代国有企业改革主体框架

党的十八大后，落实党中央对国有企业改革的部署，国务院国资委集中各方面资源力量，着手加强国企改革重点难点问题研究，在全面总结国有企业改革发展历史经验基础上，研究起草深化国企改革的文件。2013年11月，党的十八届三中全会通过《中共中央关于全面深化改革若干重大问题的决定》，从完善产权保护制度、积极发展混合所有制经济、推动国有企业完善现代企业制度、支持非公有制经济健康发展等方面，对深化国企改革作出全面系统部署。2014年1月，党中央成立中央全面深化改革领导小组，习近平总书记亲自担任领导小组组长。为落实党中央精神，国务院国资委党委立即成立全面深化改革领导小组，抓国企改革的调研和重点问题研究，把起草好国企改革文件作为落实党中央改革任务、搞好国有企业改革发展的"牛鼻子"工程来抓。各地方也着手研究制定本地区的国企改革文件。为了推进国有企业改革工作，2014年11月，党中央决定成立国务院国有企业改革领导小组，加强对全国国企改革的指导把关，领导小组成员单位有：中央组织部、国家发展改革委、工业和信息化部、司法部、财政部、人力资源社会保障部、人民银行、国务院国资委、统计局、银保监会、证监会。领导小组办公室设在国务院国资委。随后，各地方和中央企业陆续成立了国企改革领导机构，形成了上下联动、齐抓共推的工作格局。

2016年10月，党中央召开全国国有企业党的建设工作会议，习近平总书记出席会议并发表重要讲话，对国企改革发展党建等诸多方面作了一系列重要论述，在国企改革发展和党的建设历史上具有划时代和里程碑意义，为新时代全面深化国企改革，加强国有企业党的领导、党的建设提供了根本遵循。

2017年10月，党的十九大高举中国特色社会主义伟大旗帜，作出了中国特色社会主义进入了新时代、我国社会主要矛盾已经转化为人民日益增长的美好生活需要和不平衡不充分的发展之间的矛盾等重大政治判断，确立了习近平新时代中国特色社会主义思想的历史地位，提出了新时代坚持和发展中国特色社会主义的基本方略，确定了决胜全面建成小康社会、开启全面建设社会主义现代化国家新征程的目标。

党的十九大把习近平新时代中国特色社会主义思想确立为我们党必须长期坚持的指导思想，实现了党的指导思想又一次与时俱进。习近平新时代中国特色社会主义思想，把马克思主义基本原理与中国新时代特点和实践要求有机结合，深刻回答了党和国家在新的历史条件下面临的一系列重大理论和现实问题，是马克思主义中国化的最新成果，是中国特色社会主义理论体系的重要组成部分，是二十一世纪的马克思主义。习近平新时代中国特色社会主义思想是一个系统完备、逻辑严密、内在统一的理论体系。党的十九大报告用"8个明确"和"14个坚持"概括了这一思想的主要内容和基本方略，体现了理论和实践相结合、认识论和方法论相统一的理论特色，反映了中国特色社会主义进入新时代的大思路、大战略，具有极强的战略性、前瞻性和指导性。在新时代的长征路上，以习近平新时代中国特色社会主义思想为统领，国有企业改革不断推向纵深、取得更大的突破和成就。

党的十九大对深化国资国企改革作出新的重大部署，指出要完善各类国有资产管理体制，改革国有资本授权经营体制，加快国有经济布局优化、结构调整、战略性重组，促进国有资产保值增值，推动国有资本做强做优做大，有效防止国有资产流失。深化国有企业改革，发展混合所有制经济，培育具有全球竞争力的世界一流企业。2018年3月，党中央成立中央全面深化改革委员会，习近平总书记担任主任。同年3月，党和国家机构改革，之后国务院国有企业改革领导小组成员单位作相应调整。

落实党的十八大、十九大及历次全会精神，落实全国国有企业党的建设工作会议精神，落实中央全面深化改革领导小组、中央全面深化改革委员会的要求，国务院国有企业改革领导小组多次召开会议，深入分析国有企业尚未解决的体制性、机制性和结构性问题，全面系统地规划国有企业改革，研究提出制订"1+N"政策体系，确立了国企改革主体框架。其中"1"是《中共中央 国务院关于深化国有企业改革的指导意见》（以下简称《指导意见》），"N"是若干配套改革意见或方案。《指导意见》经中央政治局常委会议审议，于2015年8月以党中央、国务院名义印发实施。这是新时期指导和推进国企改革的纲领性文件，从总体要求到分类推进国有企业改革、完善现代企业制度、完善国有资产管理体制、发展混合所有制经济、强化监督防止国有资产流失、加强和改进党对国有企业的领导、为国有企业改革创造良好环境条件等方面，提出到2020年国企改革目标及重大改革举措，为全面深化国有企业改革提供了根本遵循。以此为统领，又陆续出台了国有企业功能分类、完善法人治理结构、发展混合所有制经济、完善国资监管体制、防止国有资产流失、坚持党的领导加强党的建设等多个配套文件。主要包括三类：一是带有"四梁八柱"性质的重要政策，包括《关于改革和完善国有资产管理体制的若干意见》《关于国有企业发展混合所有制经济的意见》《关于加强和改进企业国有资产监督防止国有资产流失的意见》《关于国有企业功能界定与分类的指导意见》等。二是带有定点突破性质的专项政策，包括《中央企业公司制改制工作实施方案》《关于进一步完善国有企业法人治理结构的指导意见》《国务院关于改革国有企业工资决定机制的意见》《关于完善中央企业功能分类考核的实施方案》《关于深化混合所有制改革试点若干政策的意见》《关于鼓励和规范国有企业投资项目引入非国有资本的指导意见》《关于国有控股混合所有制企业开展员工持股试点的意见》《国务院国资委以管资本为主推进职能转变方案》《改革国有资本授权经营体制方案》《国务院关于推进国有资本投资、运营公司改革试点的实施意见》《关于推动中央企业结构调整与重组的指导意见》《企业国有资产交易监督管理办法》《上市公司国有股权监督管理办法》《关于建立国有企业违规经营投资责任追究制度的意见》《关于加强国有企业资产负债约束的指导意见》等。三是带有工作推动性质的工作计划、重点任务分工方案，包括国企改革"双百行动"工作方案等。各地区、各部门结合自身实际出台落地文件，各中央企业也制订实施改革方案。中央各部门出台了120多个配套文件，各地结合自身实际出台落地文件1291个，各中央企业累计制订实施改革方案超过3000个。"1＋N"政策体系构成了国企改革的设计图、施工图，为深化国企改革提供了行动指南和政策依据。

制定政策措施，关键要抓改革落实。《指导意见》发布后，国务院国企改革领导小组于2016年、2017年、2018年分别召开全国国有企业改革座谈会和经验交流会，对推进国有企业改革发展提出明确要求。国务院国企改革领导小组每年组织对部分省市和中央企业开展实地督查，听取督查汇报，列出整改台账，逐一督促落实，保证党中央确定的改革方向不偏离、改革任务不落空。2016年7月，国务院国有企业改革领导小组召开全国国有企业改革座谈会。会议指出，要认真学习领会习近平总书记重要指示精神，全面贯彻落实党中央、国务院对国有企业改革的决策部署，坚持市场取向，突出问题导向，服务发展大局，紧紧围绕增强国有企业活力、优化国有经济布局、提高国有资本效率、防止国有资产流失、加强党对国有企业的领导，进一步解放思想，勇于创新，主动作为，因企施策，持续攻坚，不断把国资国企改革引向深入，为经济社会发展作出新的更大贡献。2017年7月，国务院国有企业改革领导小组召开全国国有企业改革经验交流会。会议强调，习近平总书记关于国有企业改革发展的重要讲话和指示批示，为深入推进国企改革提供了强大思想武器和科学行动指南，要贯彻落实到重要政策制定和重大方案推动落实的全过程。会议要求，要巩固和发展国有企业改革取得的积极进展，持续加大改革力度，在重点难点上取得新突破。完善公司法人治理，建设中国特色现代国有企业制度；发挥在供给侧结构性改革中的带动作用，持续深入开展"双创"，打好瘦身健体提质增效攻坚战；深化三项制度改革，推行市场化选聘、契约化管理、差异化薪酬；完善国资监管体制，转职能、强监管、防流失；全面从严加强党的建设，建设高素质企业领导人员队伍，以优异成绩迎接党的十九大胜利召开。2018年10月，国务院国有企业改革领导小组召开全国国有企业改革座谈会。会议指出，要深入贯彻落实习近平总书记关于国有企业改革的重要思想，准确研判国有企业改革发展的国内外环境新变化，从战略高度认识新时代深化国有企业改革的中心地位，充分认识增强微观市场主体活力的极端重要性，坚持稳中求进工作总基调，按照完善治理、强化激励、突出主业、提高效率的要求，以"伤其十指不如断其一指"的思路，扎实推进国有企业改革，大胆务实向前走。突出抓好中国特色现代国有企业制度建设；突出抓好混合所有制改革；突出抓好市场化经营机制；突出抓好供给侧结构性改革；突出抓好改革授权经营体制；突出抓好国有资产监管。

二、实施国有企业改革三个"示范工程"

推进"十项改革试点"。除了面上改革的推进外，为在一些重点难点问题上取得突破，开展了一批国企改革试点，成为推动改革的重要抓手。在《指导意见》制订起草的同时，经党中央同意，2014年7月，国务院国资委在中央企业启动了"四项改革"试点，分别是改组组建国有资本投资公司试点，混合所有制改革试点，董事会行使高级管理人员选聘、业绩考核和薪酬管理职权试点，派驻纪检组试点。2015年12月，在"四项改革"试点基础上，国务院国企改革领导小组针对国企改革的重点难点问题，组织实施了"十项改革试点"，分别在落实董事会职权，市场化选聘经营管理者，推行职业经理人制度，企业薪酬分配差异化改革，改组组建国有资本投资、运营公司，中央企业兼并重组，部分重要领域混合所有制改革，混合所有制企业员工持股，国有企业信息公开，剥离企业办社会职能和解决历史遗留问题等方面开展试点，形成可复制可推广的经验。先后有25家中央企业集团公司、60户中央企业子企业及21家地方国有企业被纳入"十项改革试点"。截至2018年底，2项试点已完成并开始推广，4项试点将进一步扩围、深化或推广，4项试点将在调整完善的基础上统筹推进，对整体改革工作发挥了示范、突破、带动作用。国有资本投资、运营公司试点已在19家中央企业开展投资公司试点，在2家开展运营公司试点，向投资公司授权部分出资人权利，初步探索了资本投资、运营公司的定位和运作模式。部分重要领域混合所有制改革试点已选择3批50家企业开展试点。混合所有制企业员工持股试点首批10户中央企业子企业已完成首期员工出资入股，北京、福建等省市182家员工持股试点正在有序推进。中央企业兼并重组试点已经完成相关工作，总结形成了业务整合、上市公司整合、组织机构整合、文化整合等多方面的可复制可推广的经验作法。中央企业信息公开试点在4户中央企业试点的基础上，形成了《关于推进中央企业信息公开的指导意见》。剥离企业办社会职能和解决历史遗留问题试点,在上海、重庆、大连、鸡西、长沙等5个城市开展了退休人员社会化管理试点。落实董事会职权、市场化选聘经营管理者、推行职业经理人制度和薪酬分配差异化试点在5户中央企业开展试点,并就开展落实中央企业董事会职权试点工作提出了意见,进一步明确了试点内容,进行了积极探索。

实施国企改革"双百行动"。2018年,为更深层次、更广范围、更大力度推动国有企业深化改革,推动改革政策落实落地,打通政策落实的最后一公里,国务院国有企业改革领导小组选取百余户中央企业子企业和百余家地方国有骨干企业实施国企改革"双百行动",计划在2018—2020年,全面落实国有企业改革"1+N"政策要求,深入推进综合性改革,力求在改革重要领域和关键环节率先取得突破,打造一批治理结构科学完善、经营机制灵活高效、创新能力和市场竞争力显著提升、党的领导坚强有力的国企改革尖兵。2018年8月,国企改革"双百行动"全面启动,确定"双百企业"398家。截至2019年上半年,调整增加至444家。国务院国资委印发总体工作方案,召开"双百行动"动员部署视频会议,指导"双百企业"一企一策制订完善综合改革实施方案,并分别在北京、杭州、烟台、徐州召开现场交流会,组织召开政策培训会、专题研讨会。通过开展"双百行动",全面落实国企改革政策要求,充分激发企业改革发展内生动力,形成从"1+N"顶层设计到"十项改革试点"再到"双百行动"梯次展开、纵深推进、全面落地的国企改革新局面。

推动"区域性国资国企综合改革试验"。2018年,根据国务院国有企业改革领导小组第一次会议要求,选定上海、深圳开展"区域性国资国企综合改革试验",沈阳开展加快推进国资国企重点领域和关键环节改革专项工作,支持和鼓励三地充分考虑当地社会经济发展状况和国资国企改革特点,制订综合改革方案,先行先试,在重点领域和关键环节重点难点问题率先取得突破。

三、准确界定不同国有企业功能

长期以来,国有企业存在功能不清晰、定位不明确、发展同质化、考核评价不科学等问题,解决这些问题,对国有企业进行功能界定与分类,成为新时代深化国企改革的切入点。2013年11月,党的十八届三中全会通过《中共中央关于全面深化改革若干重大问题的决定》,提出准确界定不同国有企业功能。

部分地方开展了国有企业的分类工作，有的按照企业市场化程度分为垄断类和竞争类；有的按照国有资本职能分为收益性和公益性；有的按照企业的产品服务分为一般竞争类、特定功能类和公共服务类。2015年8月，党中央、国务院印发《关于深化国有企业改革的指导意见》，将国有企业分为商业类和公益类。商业类国有企业按照市场化要求实行商业化运作，以增强国有经济活力、放大国有资本功能、实现国有资产保值增值为主要目标，依法独立自主开展生产经营活动，实现优胜劣汰、有序进退。主业处于充分竞争行业和领域的商业类国有企业，原则上都要实行公司制股份制改革，积极引入其他国有资本或各类非国有资本实现股权多元化，国有资本可以绝对控股、相对控股，也可以参股，并着力推进整体上市。对这些国有企业，重点考核经营业绩指标、国有资产保值增值和市场竞争能力。主业处于关系国家安全、国民经济命脉的重要行业和关键领域、主要承担重大专项任务的商业类国有企业，要保持国有资本控股地位，支持非国有资本参股。对自然垄断行业，实行以政企分开、政资分开、特许经营、政府监管为主要内容的改革，根据不同行业特点实行网运分开、放开竞争性业务，促进公共资源配置市场化；对需要实行国有全资的企业，也要积极引入其他国有资本实行股权多元化；对特殊业务和竞争性业务实行业务板块有效分离，独立运作、独立核算。对这些国有企业，在考核经营业绩指标和国有资产保值增值情况的同时，加强对服务国家战略、保障国家安全和国民经济运行、发展前瞻性战略性产业以及完成特殊任务的考核。公益类国有企业以保障民生、服务社会、提供公共产品和服务为主要目标，引入市场机制，提高公共服务效率和能力。这类企业可以采取国有独资形式，具备条件的也可以推行投资主体多元化，还可以通过购买服务、特许经营、委托代理等方式，鼓励非国有企业参与经营。对公益类国有企业，重点考核成本控制、产品服务质量、营运效率和保障能力，根据企业不同特点有区别地考核经营业绩指标和国有资产保值增值情况，考核中要引入社会评价。同年12月，国务院国资委、财政部、国家发展改革委联合印发《关于国有企业功能界定与分类的指导意见》，提出了划分类别的具体标准、分类施策的具体措施。2016年8月，国务院国资委、财政部联合印发《关于完善中央企业功能分类考核的实施方案》，根据国有资本的战略定位和发展目标，结合不同国有企业在经济社会发展中的作用、现状和发展需要，将中央企业划分为商业一类企业、商业二类企业、公益类企业。各地按照分类改革的有关要求，结合地方特点和企业实际，界定不同国有企业功能，出台监管企业分类的实施意见，探索开展分类发展、分类考核、分类监管工作。截至 2017 年底，中央企业集团层面和 32 家省级国资委所出资一级企业功能界定全部完成，分类改革、分类发展、分类考核、分类监管工作全面推进，功能分类的导向作用逐步显现。2018 年，针对国有资本投资、运营公司和公益类企业的特点，调整完善相关考核指标，引导企业更好发挥功能作用。中央企业集团层面和子企业功能界定与分类工作全部完成，截至 2019 年 2 月底，96 家央企 44702 户子企业，商业一类、商业二类、公益类企业占比分别为 93.1%、4.6%、2.3%。分类改革、分类发展、分类监管工作基础更加扎实，在分类基础上推进的各项改革工作全面推进。

四、推进中国特色现代国有企业制度建设

2016 年 10 月，党中央召开全国国有企业党的建设工作会议。习近平总书记出席会议并发表重要讲话指出："坚持党对国有企业的领导是重大政治原则，必须一以贯之；建立现代企业制度是国有企业改革的方向，也必须一以贯之。中国特色现代国有企业制度，'特'就特在把党的领导融入公司治理各环节，把企业党组织内嵌到公司治理结构之中，明确和落实党组织在公司法人治理结构中的法定地位，做到组织落实、干部到位、职责明确、监督严格。"习近平总书记的重要讲话，在国有企业改革发展党建史上，是一篇具有里程碑意义的马克思主义光辉文献，成为今后国有企业改革、发展、党建各项工作的根本遵循。各级国资监管机构和国有企业深入学习全国国有企业党的建设工作会精神，全面落实"两个一以贯之"，开始了推进建设中国特色现代国有企业制度的新阶段。

全面完成国有企业公司制改革。中央企业集团层面公司制改革是一直未解决的问题。1999 年 9 月党的十五届四中全会和 2002 年 11 月党的十六大都强调了国有大中型企业实行规范的公司制改制。截至 2012 年底，全国国有企业公司制改制面已经达到了 90% 以上，但仍有部分国有企业特别是多数中央企业集团层面尚未完成公司制改制。推进公司制改革，特别是中央企业集团层面的公司制改革，成为中央企业深化改革必须攻克的一个难点。为推动这一工作，《指导意见》强调，"加大集团层面公司制改革力度"。2017 年 6 月，中央全面

深化改革领导小组召开第36次会议，审议通过了国务院国资委会同有关部门制订的《中央企业公司制改制工作实施方案》。同年7月，国务院办公厅印发该方案，明确了公司制改革的目标任务，并对资产评估、划拨土地处置、企业资质资格承继、审批程序、工商变更等提出切实可行的支持政策，为全面完成中央企业公司制改制工作奠定坚实的制度基础。同年11月30日前，国务院国资委完成了对尚未改制的68家中央企业集团改制方案的批复。截至2017年底，除个别企业由于特殊原因未完成改制外，其余企业均已全部完成工商变更登记，取得了新的营业执照，成为按照《公司法》登记的公司制企业；中央企业子企业列入公司制改制计划的近2500户全民所有制企业，98%已完成或正在办理工商变更登记；按照"瘦身健体、提质增效"要求列入清理计划的1100多户全民所有制子企业，40%完成清理。全国有29家省级国资委所监管一级企业全部完成公司制改制。公司制改制完成的中央企业，在法律层面上实现了出资人所有权和企业法人财产权的分离，为国有企业成为真正独立的市场主体创造了条件，也为完善公司治理、建立灵活高效的市场化经营机制奠定了基础。

推动党的领导融入公司治理各环节。探索建立中国特色现代国有企业制度，推进党建工作要求进公司章程，完善"双向进入、交叉任职"领导体制，全面推行党委（党组）书记、董事长由一人担任，落实党委（党组）研究讨论是董事会、经理层决策重大问题前置程序的要求，促进党组织发挥作用组织化制度化具体化。国务院国资委党委制定党建进章程指引等3个规范性文件，"一企一策"指导中央企业集团全部落实"党建进章程"。截至2018年底，中央企业及所属全资、独资、绝对控股企业基本完成党建进章程，中央企业及具备条件的二级单位均落实党委（党组）书记、董事长"一肩挑"，全部把党委（党组）研究讨论作为企业决策重大事项前置程序。37个地方全部开展了党建工作要求进章程工作，90%的地方所监管一级企业已经完成章程修订；各地所监管一级企业已有84%实现了党委（党组）书记、董事长"一肩挑"，从领导体制上理顺党的领导与公司治理的关系；全部省级国资委已明确了党组织研究讨论作为企业重大决策的前置程序相关要求，37个地方以不同形式探索明确党组织研究讨论作为董事会、经理层决策重大问题的前置程序。

加强董事会建设。从实践情况看，国有企业法人治理结构尚不完善，权责不清、约束不够、缺乏制衡等问题仍较为突出,一些董事会形同虚设,未能发挥应有作用。为了解决这些问题,从 2014 年 12 月开始,国务院国资委开展落实董事会职权试点,探索将中长期发展决策权,经理层成员选聘权、业绩考核权、薪酬管理权,重大财务事项管理权等授权给董事会行使。2015 年底,落实董事会职权试点被列为"十项改革试点"之一,2018 年选择 5 户中央企业推进此项试点。有 31 个地方陆续开展了落实董事会依法行使重大决策、选人用人、薪酬分配等权利的探索。2017 年 4 月,国务院办公厅印发《关于进一步完善国有企业法人治理结构的指导意见》,对新形势下完善国有企业公司治理提出明确要求。各级国资监管机构和中央企业加快推进董事会建设,改进董事选聘、管理和评价制度。截至 2018 年底,96 家中央企业中,有 94 家建立了董事会,其中 83 家外部董事占多数,中央企业所属 15035 户二、三级企业建立了董事会,占比 76%。地方国资委所监管一级企业 90% 建立了董事会,32 个地方开展了落实董事会依法行使重大决策、选人用人和薪酬分配等权利的探索。为加强外部董事队伍建设,国务院国资委研究制定《中央企业外部董事选聘和管理暂行办法》,修订《中央企业外部董事履职指南》,提升外部董事履职能力和决策水平。强化董事会运行和董事履职评价,逐户逐人向企业和外部董事反馈评价结果,并就有关情况进行提醒质询,外部董事履职状态和履职水平明显提升。

国有企业领导人员分类分层管理。坚持党管干部原则与董事会依法选聘经营管理者相结合,不断探索具体途径方式。截至 2018 年底,国务院国资委在 3 家中央企业集团层面开展了经理层成员契约化管理改革试点,对董事会选聘的经理层成员,实行聘任制和契约化管理,促进了国有企业领导人员从同纸任命、一体管理向分类分层管理转变,同时在 2 家中央企业集团层面探索推行职业经理人制度。截至 2018 年底,有 20 家中央企业制订了职业经理人制度,977 户子企业共选聘职业经理人 4374 人。各地共 95 家省属一级企业开展职业经理人选聘。

健全业绩考核体系和激励机制。建立健全中央企业经营业绩考核体系,完善激励约束机制,充分发挥考核导向作用,激发企业活力和干事创业动力。改革国有企业负责人薪酬制度,逐步规范国有企业收入分配秩序,推动实现薪酬水平适当、结构合理、管理规范、监督有效。为适应行业周期变化特点和国有企业建立现代企业制度的需要，从2014年开始，国务院国资委先后选择22家中央企业开展工资总额预算周期制和备案制试点工作，探索从功能定位出发推进工资总额分类管理，落实董事会工资总额管理职权的有效途径。2014年11月，党中央、国务院决定深化中央管理企业负责人薪酬制度改革，调整不合理的偏高、过高收入，有效规范薪酬分配的秩序。严格规范中央企业负责人履职待遇、业务支出。完善市场化企业薪酬分配制度，中央企业集团层面均建立了明确的工资效益联动机制，市场化用工制度逐步形成。截至2017年，中央企业公开招聘制度覆盖率达到98%，劳动合同签约率达到100%。完善市场化激励约束机制。国务院国资委推动中央企业对标世界一流企业，积极贯彻推动高质量发展要求，修订完善《中央企业负责人经营业绩考核办法》，认真落实《国务院关于改革国有企业工资决定机制的意见》精神，制定印发《中央企业工资总额管理办法》，健全工资效益联动机制，撬动企业不断提质增效，2018年，中央企业人工成本和在岗职工工资总额分别增长8.5%和8.6%，劳动生产率增长7.7%，人工成本投入产出和工资效益匹配情况均为近年最佳。实行以增加知识价值为导向的分配政策，激发科研人员积极性。国务院国资委会同有关部门出台《关于扩大国有科技型企业股权和分红激励暂行办法实施范围等有关事项的通知》《关于转制科研院所科技人员取得职务科技成果转化现金奖励有关个人所得税政策的通知》，中央企业控股的90户上市公司实施了股权激励，累计激励6.3万人次；中央企业所属104户科技型企业实施股权和分红激励，其中30个分红激励方案完成兑现，充分调动了员工的积极性、主动性和创造性。

五、以管资本为主完善国有资产管理体制

2013年11月召开的党的十八届三中全会提出，完善国有资产管理体制，以管资本为主加强国有资产监管，改革国有资本授权经营体制，组建若干国有资本运营公司，支持有条件的国有企业改组为国有资本投资公司。经过前段时期的改革，国有资本出资人代表制度得以建立，保值增值责任得以落实，但国有资产管理体制中政企不分、政资不分问题依然存在，国有资产监管还存在缺位、越位、错位现象，国有资产监督机制不健全，国有资产流失、违纪违法问题在一些领域和企业比较突出。落实党的十八届三中全会决定，以管资本为主

完善国有资产管理体制成为新时代国资国企改革的重要内容。

以管资本为主推动国资监管机构职能转变。2015年10月，国务院印发《关于改革和完善国有资产管理体制的若干意见》，指导各级国资监管机构准确把握履行出资人职责定位。2016年12月，中央全面深化改革领导小组第30次会议审议通过《国务院国资委以管资本为主推进职能转变方案》，2017年4月以国务院办公厅的名义下发。该方案指出，要按照以管资本为主加强国有资产监管的要求，重点管好国有资本布局、规范资本运作、提高资本回报、维护资本安全；要加强国有资产监督，把强化出资人监管同落实管党治党责任结合起来，把精简监管事项同完善企业法人治理结构结合起来；要改进监管方式手段，更多采用市场化、法治化、信息化监管方式。国务院国资委对内部职能和机构进行了调整，强化3项管资本职能，取消、下放、授权43项监管事项。2018年，制定印发国务院国资委出资人监管权力和责任清单，明确36项权责事项，进一步明确了国有资产所有权与企业经营权职责边界。2019年4月，国务院印发《改革国有资本授权经营体制方案》，提出优化出资人代表机构履职方式，分类开展授权放权，加强企业行权能力建设，完善监督监管体系，坚持和加强党的全面领导等几个方面的要求。同年6月，国务院国资委印发《国务院国资委授权放权清单（2019年版）》，共授权35项。19个地方出台了职能转变方案，33个地方出台了监管权力和责任清单。国务院国资委开展规章、规范性文件清理，宣布废止失效15件。推进法治央企建设，推动企业主要负责人履行法治建设第一责任人职责，2/3以上中央企业将法治建设有关要求纳入公司章程，央企依法经营管理水平切实提高。充分发挥总法律顾问审核把关作用，全系统建立总法律顾问制度企业达到3500多户。建立法律风险提示制度和境外法律风险排查处置制度，出台《中央企业合规管理指引（试行）》，推动央企建立健全合规管理体系。印发国资监管信息系统建设管理办法，完成机关政务信息系统整合共享重点工作，初步建成中央企业"三重一大"决策和运行应用系统、国资国企在线监管系统、大额资金监测系统。推进经营性国有资产集中统一监管，截至2018年底，有22个地方出台了推进经营性国有资产集中统一监管的专门文件，全国省级国资委监管覆盖面达到90.3%，较2012年底提高了近20个百分点。

国务院向全国人大常委会报告国有资产管理情况的制度初步建立。2017年

12月，党中央印发《关于建立国务院向全国人大常委会报告国有资产管理情况制度的意见》，部署建立国务院向全国人大常委会报告国有资产管理情况制度，这是党中央关于国有资产管理和治理的基础性制度安排，是推进国家治理体系和治理能力现代化的重要举措，对于管好用好国有资产，更好发挥国有资产效益、造福人民，具有重大的现实意义和深远的历史意义。2018年10月，十三届全国人大常委会第六次会议审议《国务院关于2017年度国有资产管理情况的综合报告》。这是全国人大常委会首次听取国务院国有资产管理情况的报告。此次提请审议的综合报告全口径、全覆盖地摸清了国有资产"家底"，报告了各类国有资产的基本情况、现行国有资产管理体制、主要管理工作和改革进展等。根据报告，2017年全国国有企业（不含金融企业）资产总额共183.5万亿元，国有金融企业资产总额共241万亿元，全国行政事业单位国有资产总额共30万亿元。

改组组建国有资本投资、运营公司。党的十八届三中全会提出改革国有资本授权经营体制的任务，首次明确指出"组建若干国有资本运营公司，支持有条件的国有企业改组为国有资本投资公司"。2014年7月，国务院国资委选择中粮集团、国投两家中央企业作为首批国有资本投资公司试点。2015年8月，党中央、国务院印发《关于深化国有企业改革的指导意见》，明确提出，国有资产监管机构授权国有资本投资、运营公司对授权范围内的国有资本履行出资人职责。国有资本投资、运营公司作为国有资本市场化运作的专业平台，依法自主开展国有资本运作，对所出资企业行使股东职责。同年10月，国务院印发《关于改革和完善国有资产管理体制的若干意见》，进一步阐明了国有资本投资、运营公司的实施路径。2016年2月，中国诚通、中国国新两家中央企业启动国有资本运营公司试点。同年7月，国务院国资委进一步扩大投资公司试点范围，对招商局集团、保利集团、神华集团、中交集团、中国宝武、中国五矿等6家中央企业启动改组改建有关工作。2018年7月，国务院印发《关于推进国有资本投资、运营公司改革试点的实施意见》。2018年底，新选择11家中央企业纳入国有资本投资公司试点。截至2018年底，试点企业在探索有效投资运营模式、推动产业结构调整、打造改革"综合试验区"等方面取得了积极进展，为进一步探索发挥国有资本投资、运营公司的作用积累了经验。各地也积极探索开展国有资本投资、运营公司改革试点，截至2018年底,共有 31 个省级国资委开展国有资本投资、运营公司试点,已完成 76 家,正在组建 47 家。

六、推进国有企业供给侧结构性改革

推进供给侧结构性改革①,是党中央深刻把握我国经济发展大势作出的战略部署,是适应和引领经济发展新常态的重大创新,是当前和今后一段时期经济工作的一条主线。贯彻落实党中央部署,国有企业率先落实"三去一降一补"(去产能、去库存、去杠杆、降成本、补短板)要求,加大供给侧结构性改革力度,促进资源配置效率进一步提升,布局结构进一步优化,推动国有企业实现由高速增长转向高质量发展。

化解过剩产能,处置"僵尸企业"。2015 年以来,党中央多次强调要加快处置"僵尸企业",提出要把处置"僵尸企业"作为化解过剩产能的"牛鼻子",分类有序处置,实现市场出清。"僵尸企业"的历史成因很复杂,处置难度很大,主要问题在于人员安置难、债务处置难、破产退出难。2016 年,国务院国资委扎实推进处置"僵尸企业"和治理特困企业工作,制定了专项工作方案,在摸清底数的基础上平稳启动。中央企业处置"僵尸企业",主要针对大中型工业企业,由国务院国资委挂牌督导;小型工业和非工业企业按照分层分级原则由集团公司自行组织。截至 2018 年底,累计完成超过 1900 户"处僵治困"主体任务,占总体工作进度约 95%,"僵困"企业比 2017 年减亏增利约 373 亿元,比 2017 年同期减亏增利约 377 亿元。2018 年 1—11 月,中央企业通过产权市场盘活各类存量资产 1011.5 亿元,其中处置拥有控股权的亏损企业 198 户,实现减亏 62.7 亿元,71 户中央企业退出非主业投资项目 308 宗,回笼资金 381.6 亿元。各级国资监管机构和中央企业对不符合能耗、环保、质量、安全等标准要求和长期亏损的企业,实施关停并转或剥离重组。2016 年,各级国资监管机构和中央企业启动了以钢铁、煤炭为重点的化解过剩产能工作,当年全国国有企业共退出钢铁产能 4230 万吨,占全国退出产能的 80.8%;退出

---

① 2015 年 11 月,习近平总书记在中央财经工作领导小组第十一次会议上强调,要着力加强供给侧结构性改革;11 月,中央经济工作会议提出,稳定经济增长,要更加注重供给侧结构性改革,并对供给侧结构性改革作了重点部署,将其表述为"是适应和引领经济发展新常态的重大创新,是适应国际金融危机发生后综合国力竞争新形势的主动选择,是适应我国经济发展新常态的必然要求"。

煤炭产能20629万吨，占全国退出产能的71.1%。其中，中央企业完成钢铁去产能1019万吨、煤炭去产能3497万吨，与当年的目标任务相比，完成率分别为141.7%和109.9%。2017年，中央企业完成钢铁去产能595万吨、煤炭去产能2703万吨，完成率分别为100%和108.4%。2018年，中央企业完成煤炭去产能1265万吨的年度目标任务，分流安置职工7561人。国源公司协助8家中央企业全部或部分退出煤炭业务，共整合中央企业煤炭产能超2亿吨，约占全部中央企业煤炭产能的14%。在国务院国资委组织下，中国国新、中煤集团、中国诚通、国家能源集团、华润集团等5家企业成立了中央企业煤炭资源优化整合专项基金，基金规模70亿元，探索市场化专业化整合方式。截至2018年底，中央企业全面完成钢铁、煤炭去产能任务。有色金属、船舶制造、炼化、建材和电力等产能过剩行业也开展了探索推进去产能的工作。

推动重组整合，聚焦主业发展。2016年7月，国务院办公厅印发《关于推动中央企业结构调整与重组的指导意见》，推动国有资本向关系国家安全、国民经济命脉和国计民生的重要行业和关键领域集中，向前瞻性战略性产业集中，向有核心竞争力的优势企业集中。国务院国资委采取横向联合、纵向整合、专业化整合等方式推动中央企业重组整合，从2012年至2018年底，先后完成中国南车与中国北车、宝钢与武钢、中国国电与神华集团、中核集团和中核建设集团、武汉邮科院和电信科研院等企业的重组，武警水电部队转组为国有企业，组建中国安能建设总公司，国务院国资委监管企业由117户调整至96户。各级国资监管机构按照"巩固加强一批、创新发展一批、重组整合一批、清理退出一批"的思路，进一步调整优化国有资本布局结构。32个地方国资委对所监管一级企业开展了250对重组整合。同时加大剥离非主业和处置低效无效资产力度，推动各类资源向主业集中。2012—2017年，国有企业通过市场化方式累计盘活各类存量资产10830.7亿元，其中处置低效无效资产6829.3亿元，占全部交易金额的63%。完成21家上市公司股权划转至国有资本运营公司，指导结构调整基金和风险投资基金规范运作，累计完成投资110项、投资额1181亿元。加快推进培育具有全球竞争力的世界一流企业工作，选择10家世界一流示范企业，会同有关部门研究制订培育具有全球竞争力世界一流企业的指导意见。

促进瘦身健体，加快提质增效。2016年5月，国务院常务会议审议通过《中央企业深化改革瘦身健体工作方案》，研究部署促进中央企业瘦身健体、提质增效的工作措施,提出3年内将大多数中央企业管理层级由当时的5—9级减至3—4级以下,法人单位减少20%左右。中央企业分类施策、开拓创新,运用多种方式实施"压减"。截至2018年底,中央企业累计减少法人12829户,减少比例达24.6%;管理层级最长由8级减少到6级,90%企业法人层级控制在10级以内;6级(含)以上的管理单位减少3600户,减少比例98%。通过压缩管理层级、减少法人户数,降低了成本费用,提升了运营效率。2015年以来,国务院国资委着力提高中央企业运行质量,连续3年印发应收账款和存货"两金"压控通知,指导中央企业加强"两金"源头管控,推动产业链内企业间加快清欠,加快低效无效存货处置变现进度,积极探索创新"两金"压降方式。通过持续开展"两金"压控,中央企业"两金"增速明显放缓,资产周转效率不断加快,流动性逐步增强,资产运营质量进一步提升。截至2017年末,中央企业"两金"规模7.5万亿元,增幅8.6%,低于收入增幅4.7个百分点,首次扭转"两金"增幅与收入增幅倒挂现象。各地方国有企业也加大瘦身健体、提质增效工作力度,取得了明显成效。2018年《政府工作报告》指出,"国资国企改革扎实推进,公司制改革基本完成,兼并重组、压减层级、提质增效取得积极进展。国有企业效益明显好转,去年利润增长23.5%",对国有企业瘦身健体、提质增效的成效给予充分肯定。

防范化解风险,降低杠杆水平。从2009年起,国务院国资委建立了债务风险管控工作机制,划定资产负债率管控线,对高负债企业分类实施管控,对发生债券风险或债务危机的企业进行"一对一"窗口指导,超过10家高负债企业资产负债率回归合理水平,东航集团、中国外运长航、中国二重等企业债务风险得到有效化解。2015年,党中央、国务院作出供给侧结构性改革的重大部署,明确国有企业降杠杆是整个工作的重中之重,多次开会研究部署国有企业降杠杆工作。国务院国资委全力落实党中央、国务院决策部署,全面推动中央企业开展降杠杆减负债防风险工作,印发《关于中央企业降杠杆减负债的指导意见》,划定更加严格的负债率警戒线,并从4方面提出了11条具体措施。2017年,党中央提出防范化解重大风险攻坚战[①]的任务,国务院国资委抓紧制

---

① 防范化解重大风险是三大攻坚战之一。党的十九大报告中首次提出"坚决打好防范化解重大风险、精准脱贫、污染防治的攻坚战"。

定了中央企业资产负债率分类管控工作方案,"一企一策"提出企业负债率管控目标,与企业逐户签订责任书,夯实主体责任;以不发生重大风险为底线,进一步加强债务监测和债券发行比例管理,健全中央企业债券风险应急机制,切实防范债务或债券违约风险。2018年,国务院国资委制定《中央企业资产负债率分类管控工作方案》,与全部中央企业签订2018—2020年降杠杆减负债专项工作目标任务书,对37家中央企业增加"两金"压控相关考核指标。通过股票市场和产权市场开展股权直接融资,筹集发展资金1590亿元;通过境内外债券市场筹集资金2.2万亿元,优化了中央企业整体资产负债结构。支持中央企业实施市场化债转股,有18家企业签订债转股框架协议,总金额约5000亿元,落地超过2000亿元。截至2018年底,中央企业平均资产负债率为65.7%,较年初下降0.6个百分点。

剥离企业办社会职能和解决历史遗留问题。党的十八大以来,进一步加大了剥离国有企业办社会职能和解决历史遗留问题工作力度。2015年8月,《中共中央 国务院关于深化国有企业改革的指导意见》明确提出要求;2016年3月,国务院就加快剥离国有企业办社会职能和解决历史遗留问题提出工作方案,要求到2020年基本完成工作任务。在国务院国有企业改革领导小组统一领导下,2016年成立了由国务院国资委、财政部等12个部门组成的剥离国有企业办社会职能和解决历史遗留问题专项小组。各级地方政府、各国有企业也成立了相应工作组织机构。专项小组研究制订年度工作计划,组织召开专题会、培训会进行动员部署,明确工作要求,及时协调解决工作中的重点难点问题,加强督促指导,推动各项改革措施落地见效。推进这项工作的一个重要问题,就是改革成本的分担。《指导意见》指出,"建立政府和国有企业合理分担成本的机制,多渠道筹措资金"。中央及国家有关部门、各地各国有企业认真落实党中央决策部署,加强组织领导,密切配合,攻坚克难,全国国有企业剥离办社会职能和解决历史遗留问题工作取得了积极进展。截至2018年底,全国国有企业办消防机构分类处理全面完成;"三供一业"[①] 正式协议签订率99.6%,其中基本完成分离移交的占任务总量的91.3%;移交企业办市政设施93.5%;移交并与企业完全脱钩的社区管理机构86.7%;关闭撤销、移交、改

---

① "三供一业",是指供水、供电、供热/供气和物业管理。

制或专业化管理的教育机构91.1%、医疗机构90.1%；实行社会化管理的退休人员37.7%；完成厂办大集体改革6418户，妥善安置在职职工66万人，剥离企业办社会职能和解决历史遗留问题取得突破性进展。

七、积极稳妥开展混合所有制和股权多元化改革

党的十四届三中全会提出："坚持以公有制为主体、多种经济成份共同发展的方针。在积极促进国有经济和集体经济发展的同时，鼓励个体、私营、外资经济发展，并依法加强管理。随着产权的流动和重组，财产混合所有的经济单位越来越多，将会形成新的财产所有结构。"党的十五大、十五届四中全会和党的十六大多次强调发展混合所有制经济。党的十八届三中全会进一步明确，混合所有制经济是基本经济制度的重要实现形式。但在推进混合所有制改革中，一些地方出现了各自为政、盲目攀比、一哄而上的倾向。国务院国有企业改革领导小组一成立，就组织国家发展改革委、财政部、国务院国资委联合印发通知，要求各地区、各部门进一步规范混合所有制改革工作，明确混合所有制不是最终目的，也不是改革的唯一手段，更不是"一混就灵"，不能为混改而混改，关键在于通过改革推动国有企业完善体制机制，激发企业活力。2015年8月，党中央、国务院印发《关于深化国有企业改革的指导意见》，对推进混合所有制改革进一步作出明确规定，指出发展混合所有制经济的目标是促进国有企业转换经营机制，放大国有资本功能，提高国有资本配置和运行效率，实现各种所有制资本取长补短、相互促进、共同发展，强调因地施策、因业施策、因企施策，不搞拉郎配、不搞全覆盖、不设时间表，成熟一个推进一个。2015年9月，国务院印发《关于国有企业发展混合所有制经济的意见》，明确国有企业混合所有制改革的总体要求、具体任务、操作规则等内容，提出在电力、石油、天然气、铁路、民航、电信、军工等领域开展混合所有制改革试点，这是国家第一次明确在这些重要领域进行混合所有制改革。

落实党中央、国务院确定的方针政策，混合所有制改革取得积极进展。截至2017年底，中央企业及各级子企业中，超过2/3的企业引进各类社会资本实现了混合所有制。2013—2017年，中央企业通过产权市场转让部分股权、增资扩股等方式引入合作者，共成交495宗，引入非公资本986亿元。中央企业及央企控股上市公司共实施IPO、增发、配股、发行优先股和可转债等融资事项

266项，央企控股上市公司共实施资产重组事项75项，累计注入资产规模5814亿元。2018年1—11月，中央企业及央企控股上市公司利用股票市场实施增发、资产重组39项，融资983亿元，注入资产488亿元；利用产权市场开展转让部分股权、增资扩股项目182项，引入社会资本519.8亿元。2018年，中央企业各级子企业新增混合所有制企业1003户。各地也稳妥推进混合所有制改革，上海、江西、山西等13个地方国资委所监管各级企业的混合所有制企业数量占比已超过50%，各地所监管各级企业实现上市（含新三板）的有616户，其中2014年以来实现上市的占29%。2018年，各地共新增混合所有制企业1877户。通过混合所有制改革，国有企业产权结构不断优化，组织调动了更多社会资本，国有资本功能有效放大。重点领域混合所有制改革试点也在有序推进，已有三批共50家企业进入试点，探索在电力、石油、天然气、铁路、民航、电信、军工等领域开展国有企业混合所有制改革的有效途径。截至2017年底，前两批试点企业中已有7家企业完成引入战略投资者和设立新公司等工作，共引入40多家外部投资者各类资本900多亿元。

在混合所有制企业规范开展员工持股改革，建立健全激励约束长效机制，充分调动员工积极性，激发企业活力。党的十八届三中全会明确提出允许混合所有制经济实行企业员工持股。为稳妥推进国有控股混合所有制企业的员工持股试点，2016年8月，国务院国资委、财政部和证监会联合印发《关于国有控股混合所有制企业开展员工持股试点的意见》，对员工持股试点作出规范性规定，国务院国资委从中央企业所属子企业中选择10户企业，各地方国资委分别选择5—10户企业，开展首批试点。截至2018年底，中央企业10户试点子企业首期员工入股全部出资到位，其中6户同步引入外部投资者，共引入外部资金18.3亿元，其中非公有资本11.8亿元。31个省市共选择171户地方国有企业，规范开展员工持股试点，在促进企业引才聚才、创新创业、转换机制等方面作了积极探索。

推进混合所有制改革过程中，加强组织领导，严格执行相关法律法规，规范操作流程和审批程序，依法平等保护各方权益，促进国有资本与各类社会资本更好合作，确保国有资产保值增值，坚决防止国有资产流失。

积极探索推动中央企业集团层面股权多元化改革。国药集团开展首例中央企业集团层面股权多元化改革，引入国投和中国国新作为战略投资者，同步落实董事会相关职权,建立更加市场化的体制机制。中国航信、南航集团股权多元化改革正按有关程序稳妥推进。

加强市值管理,增加股东回报。国务院国资委强化市值管理基础研究,全面梳理分析中央企业和地方国资委所管企业市值管理现状,探索实施中央企业市值管理绩效评价办法。指导推动中央企业通过优化上市公司股权结构、盘活提升股份价值、加大专业化整合力度、实施价值回归举措等方式提高价值创造能力。推动43户央企控股上市公司对股价严重偏离其价值的上市公司加大股票增持和回购力度,增持资金71.10亿元。抓好亏损上市公司专项治理,指导督促相关企业制定扭亏脱困、化解退市风险方案,对重点企业开展专项督导,督促企业多管齐下力争扭亏增盈,减少"披星戴帽",化解退市风险。

八、强化监督防止国有资产流失

党的十八大以来,党中央开展了对中央企业的巡视工作。从案件查处情况看,前一时期有的企业在重组改制、投资并购、产权转让、招投标、物资采购、广告业务等环节营私舞弊、收受贿赂,搞权钱交易、权力寻租,有的企业领导通过定向关联交易,为本人、亲属及特定关系人谋取不当利益,造成国有资产严重流失。坚决落实党中央部署,充分发挥巡视利剑作用和震慑、遏制、治本作用,对发现的突出问题,中央企业进行全面整改,坚决惩治腐败,严防国有资产流失,有力推动了中央企业的健康发展。《关于深化国有企业改革的指导意见》发布后,2015年10月,国务院办公厅印发《关于加强和改进企业国有资产监督防止国有资产流失的意见》,对加强和改进企业国有资产监督工作做出全面部署,从体制机制制度上进一步筑牢国有资产流失的防线。2016年8月,国务院办公厅印发《关于建立国有企业违规经营投资责任追究制度的意见》,明确国有企业经营管理有关人员违反国家法律法规和企业内部管理规定,未履行或未正确履行职责,造成国有资产损失以及其他严重不良后果的,应当追究责任。国务院国资委出台39件加强监督的相关文件,进一步健全规划投资、改制重组、产权管理、财务评价、业绩考核、选人用人等规范国有资本运作的制度体系。2016年,国务院国资委内部机构调整,专门新设两个监督局,负责分类处置、督办和深入核查各相关单位、监事会及有关监督机构监督检查发现移交的问题线索,对共性问题组织开展专项核查,组织开展国有资产重大损失调查，构建发现、核查、处理问题的工作闭环。2018年7月，印发《中央企业违规经营投资责任追究实施办法（试行）》，详细规定中央企业违规经营投资责任追究的有关范围、标准、处理方式、职责和程序等，为有效开展责任追究工作提供了基本依据。截至2018年10月，国务院国资委累计组织开展国有资产重大损失调查和责任追究37件，核实企业损失风险128.5亿元，完成责任认定143人，直接组织或督促企业追究责任46人次。各省级国资委出台加强监督的制度文件超过400件。开展总会计师委派试点，向23家中央企业委派总会计师。改进和加强外派监事会监督。2012—2017年，外派监事会累计实地检查中央企业及重要子企业9296户，列席企业会议16590次，谈话31645人次，报送各类报告1800余份，揭示、提醒和督促解决各类风险问题18000余项。加强境外国有资产监督，印发《国有企业境外投资经营行为规范》，按照事前注重规范、事中加强监控、事后强化问责的思路，对中央企业境外投资活动过程进行全覆盖监管。2018年3月，根据十三届全国人大一次会议的决定，国有重点大型企业监事会的职责划入审计署。实施信息公开，在中央企业开展信息公开试点，印发《关于推进中央企业信息公开的指导意见》，明确了信息公开工作的指导思想、基本原则、工作目标和重点任务，加强社会监督；印发《关于组织建设中央企业"三重一大"决策和运行监管系统有关事项的通知》，通过信息化手段实现对中央企业"三重一大"事项决策的制度、规则、清单、程序和内容的在线监管，搭建中央企业信息公开平台，打造"阳光国企"。

九、加强党对国有企业的全面领导

坚持党的领导，是中国特色社会主义最本质的特征，也是国有企业的独特优势。一段时期以来，一些地方和企业在推进国有企业改革的过程中，出现了忽视甚至削弱党的领导的偏向，党中央在对中央企业的巡视中也发现国有企业党的领导、党的建设存在主体责任缺失，党的纪律松弛、顶风违纪突出，权力寻租盛行、侵吞国有资产，监督管理缺位、违规决策频发等突出问题。2015年7月，党中央就深化国有企业改革中坚持党的领导、加强党的建设作出部署，强调在国企改革中坚持党的建设同步谋划、党的组织及工作机构同步设置、党组织负责人及党务工作人员同步配备、党的工作同步开展，实现体制对接、机制对接、制度对接和工作对接（即"四同步""四对接"）。同年8月，党中央、国务院印发的《关于深化国有企业改革的指导意见》对加强国有企业党的建设进一步作了规定。2016年10月，党中央召开全国国有企业党的建设工作会议，习近平总书记发表重要讲话，指出："坚持党要管党、从严治党，紧紧围绕全面解决党的领导、党的建设弱化、淡化、虚化、边缘化问题，坚持党对国有企业的领导不动摇，发挥企业党组织的领导核心和政治核心作用，保证党和国家方针政策、重大部署在国有企业贯彻执行；坚持服务生产经营不偏离，把提高企业效益、增强企业竞争实力、实现国有资产保值增值作为国有企业党组织工作的出发点和落脚点，以企业改革发展成果检验党组织的工作和战斗力；坚持党组织对国有企业选人用人的领导和把关作用不能变，着力培养一支宏大的高素质企业领导人员队伍；坚持建强国有企业基层党组织不放松，确保企业发展到哪里、党的建设就跟进到哪里、党支部的战斗堡垒作用就体现在哪里，为做强做优做大国有企业提供坚强组织保证。""坚持党对国有企业的领导是重大政治原则，必须一以贯之；建立现代企业制度是国有企业改革的方向，也必须一以贯之。"以这次重要会议为标志，国有企业坚持党的领导、加强党的建设进入一个新的阶段。

进一步强化管党治党责任。2017年3月，中央企业党建工作责任制实施办法明确了党委（党组）主体责任、书记第一责任、专职副书记直接责任和班子其他成员"一岗双责"的具体内容以及追责问责的情形和程序。国务院国资委全面开展中央企业党委（党组）向国务院国资委党委报告年度党建工作，党委（党组）书记向国务院国资委党委党建工作现场述职，基层党组织抓党建述职评议三项制度。制定中央企业党建工作责任考核办法和指标体系，连续两年组建考核组对全部中央企业进行党建责任制考核，"一对一"反馈问题，提出整改要求，考核结果与企业领导人员薪酬、奖惩挂钩，推动党建工作从"要我干"到"我要干"。中央党建领导小组党建要报专题刊发简报，推行国务院国资委党委开展中央企业党建责任制考核的经验。各家中央企业和30个省级国资委建立党建考核机制，推动党建工作从"软指标"变成"硬约束"。

进一步夯实党建基础工作。国有企业党组织坚持正确选人用人导向，严格落实国有企业领导人员"对党忠诚、勇于创新、治企有方、兴企有为、清正廉洁"要求，通过强化党组织领导和把关作用、发挥市场机制作用、加大干部交流和教育培养力度、从严管理监督等，探索建立适应现代企业制度和市场竞争需要的选人用人机制，推动干部管理从"宽松软"走向"严紧硬"。落实2018年5月中央全面深化改革委员会第二次会议通过的《中央企业领导人员管理规定》，落实新时期好干部标准和国有企业领导人员要求，明确新时期企业领导人员管理的基本原则、基本要求和主要内容，为坚持和加强党对中央企业的全面领导，完善适应中国特色现代国有企业制度要求和市场竞争需要的选人用人机制，建设高素质专业化企业领导人员队伍提供制度保证。加大企业领导人员交流力度，通过公开遴选等方式，积极创新选人用人机制，促进干部资源优化配置。加强对不担当、不作为、严重不团结、干部职工反映强烈的领导人员的调整问责，激发企业领导人员队伍的活力和动力。中央企业党组织换届工作按计划有序推进。全部中央企业和大多数地方国有企业将党组织工作经费纳入企业预算。中央企业集团公司和60%的省属企业实现专职党委（党组）副书记应配尽配，中央企业总部党务人员编制全部达到同级部门平均编制。2018年11月，国务院国资委党委召开中央企业基层党建现场会，对全面深化基层党的基本组织、基本队伍、基本制度"三基建设"作出部署，持续推进中央企业基层党组织设置"应建必建"、按期换届"应换必换"。选树首批中央企业103个基层示范党支部，向每个示范党支部拨付30万元专项经费，把示范变规范、标杆变标准。研究制定中央企业基层党建"三基建设"指导意见和加强混合所有制企业党建工作实施意见，推动中央企业基层党的建设全面进步、全面过硬。

党风廉政建设和反腐败工作深入推进，抓实巡视反馈问题的整改工作，严格落实中央八项规定精神，坚决纠正"四风"，严厉查处中央企业腐败案件，实现对中央企业巡视全覆盖，深化巡视整改专项督查，发挥了巡视利剑作用。中央企业普遍建立完善了党委统一领导、纪委组织协调、有关部门各负其责、职工群众积极参与的反腐倡廉工作机制，建立健全了与现代企业制度要求相适应的惩治和预防腐败体系，充分发挥了纪检监察、监事会、巡视、审计等监督作用，增强了监督合力。

2018年10月，中央企业党的建设工作座谈会指出，中央企业要弘扬马克思主义学风，学懂弄通做实习近平新时代中国特色社会主义思想。要从讲政治的高度深刻把握新时代中央企业的战略定位和目标追求，总结党的十八大以来中央企业全面从严治党经验，把坚持党的领导、加强党的建设贯穿企业改革发展全过程各方面,以高质量党建引领高质量发展。要把加强党的领导和完善公司治理统一起来,进一步推进中国特色现代国有企业制度建设。要树立正确选人用人导向,为担当者担当、为负责者负责、为干事者撑腰,激发和保护企业家精神。要大力实施人才强企战略,着力攻克关键核心技术,加快增强自主创新能力和实力。要健全组织体系,增强政治功能和组织力,组织引导广大党员、干部职工为实现"两个一百年"奋斗目标、实现中华民族伟大复兴的中国梦作出新的更大贡献。

第二章　历史性成就、基本经验与改革前瞻

经过40年的持续深化改革，我国国有企业凤凰涅槃、浴火重生，发生了全方位的历史性变化，已成长为适应现代市场经济的新国企，总体上已经与市场经济相融合，为我国经济社会发展、科技进步、国防建设、民生改善作出历史性贡献，功勋卓著！功不可没！国有企业改革以马克思列宁主义、毛泽东思想、邓小平理论、"三个代表"重要思想、科学发展观、习近平新时代中国特色社会主义思想为指导，坚持辩证唯物主义和历史唯物主义的方法论，深深根植于我国国情，走出了一条中国特色的国企改革之路，形成了一系列弥足珍贵的基本经验，是国有企业广大干部职工在党的领导下，用辛勤的劳动和无穷的智慧创造出来的，也是我国国企改革有别于其他国家国企改革的关键所在。与国企改革相伴，我国实现了公有制与市场经济结合的伟大创举，践行和推动了一系列重大理论与制度创新。改革永远在路上。进入新时代，对照"两步走"战略要求，国企改革仍任重道远。在以习近平同志为核心的党中央坚强领导下，要坚定不移地进一步全面深化国企改革，在重点领域和关键环节将取得新的更多突破，坚持新发展理念，推动高质量发展，做强做优做大国有资本，培育具有全球竞争力的世界一流企业，为实现"两个一百年"奋斗目标、实现中华民族伟大复兴的中国梦作出更大贡献。

第一节　国有企业改革的历史性成就

改革开放40年来，通过持续不断深化改革，国有企业自身实力和市场竞争力获得长足发展，发生了翻天覆地的变化，在支撑国民经济发展、引领科技创新、履行社会责任、推动对外交流合作等方面作出了历史性贡献。

一、国民经济发展的顶梁柱

习近平总书记指出,国有企业是中国特色社会主义的重要物质基础和政治基础,是中国特色社会主义经济的"顶梁柱"。[①]"顶梁柱"一词形象阐释和概括了国有企业在中国特色社会主义经济中的地位和作用。

(一)支撑国民经济持续健康发展

经过多年的改革和制度创新,我国国有企业运行质量不断改善,综合实力和竞争力明显增强,有力地支撑了国民经济持续健康发展。1978—2018年,全国国有企业实现营业收入、利润总额年均分别增长11.9%、10.3%;2018年全国国有企业资产总额、所有者权益分别达到1978年的247.1倍和130.0倍,不少企业在市场占有率和核心竞争力方面已经具备了与跨国公司同台竞技的实力。国务院国资委成立以来,2003—2018年,中央企业资产总额从8.3万亿元增长到58.1万亿元,营业收入从4.5万亿元增长到29.2万亿元,利润总额从0.3万亿元增长到1.7万亿元,分别增长了6倍、5.5倍、4.7倍,年均增速分别达13.8%、13.3%、12.2%。2006—2018年,国资监管系统企业资产总额从22.8万亿元增长到180.7万亿元,营业收入从13.3万亿元增长到55.4万亿元,利润总额从1万亿元增长到3.4万亿元,分别增长了6.9倍、3.2倍、2.3倍,年均增速分别达18.8%、12.6%、10.4%。国有资产规模效益的快速增长,提升了国有企业对国家财政税收收入的贡献度。2003—2017年,全国国有企业累计缴纳税金超过32万亿元,占国家税收收入的30%以上。2008—2018年,国有资本经营预算收入累计8003亿元,支出6252亿元,支持国家工业企业结构调整专项奖补资金400亿元。2011—2018年,中央企业累计上缴国有资本收益920亿元。在美国《财富》杂志500强榜单中,中国企业上榜数量从2002年的13家上升到2018年的120家,跃居世界第二位,其中国有企业从11家上升到83家。

(二)发挥在重要行业和关键领域的压舱石作用

无论是在供水、供电、供气、供暖等公共服务保障方面,还是在高铁、公路、桥梁、港口和机场等基础设施建设方面,抑或是在铁路、汽车、船舶、航

[①] 《深入学习贯彻党的十九大精神 紧扣新时代要求推动改革发展》,《人民日报》,2017年12月14日,第1版。

空航天等重要国民经济产业,国有企业都发挥着举足轻重的作用,维护了我国的经济安全和独立。2017年,在"煤炭开采和洗选业""石油和天然气开采业""石油加工、炼焦和核燃料加工业""电力、热力生产和供应业""燃气生产和供应业""水的生产和供应业",国有控股工业企业占有50%以上的市场份额。中央企业生产的原油、天然气约占全国90%以上;发电量约占全国的65%,生产的水电设备占全国的70%,火电设备占全国的75%;汽车产量占全国的40%以上,造船产量占全国的50%,承建的铁路长度占全国铁路总里程的2/3以上,民航运输总周转量占全国的70%以上,提供了全部的基础通信服务和大部分增值服务。

(三)发挥经济增长的助推器和稳定器作用

作为经济发展的重要引擎,改革开放以来,固定资产投资始终是工业化和经济增长的重要组成部分,发挥着重要的引领和带动作用。2008年国际金融危机前后,国有控股固定资产投资占全社会固定资产投资的比重达37%,为保增长作出了重要贡献,发挥了助推器和稳定器的重要作用。2008年以来,国有控股固定资产投资始终保持占全社会固定资产投资30%以上的份额。2017年,国有控股固定资产投资达23.4万亿元,占到全社会固定资产投资的36.4%。尤其是国有资本"逆周期"投资,对缓解经济下行压力、调节经济周期波动、保持经济平稳运行起到了重要的杠杆作用。

表2-1 国有控股固定资产投资(2008—2017年) 单位:万亿元

项目	2008年	2009年	2010年	2011年	2012年	2013年	2014年	2015年	2016年	2017年
国有控股固定资产投资(不含农户)	6.40	8.66	10.21	10.79	12.46	14.41	16.14	17.89	21.38	23.36
全社会固定资产投资	17.28	22.46	25.17	31.15	37.47	44.63	51.20	56.20	60.65	64.12
国有控股固定资产投资占全社会固定资产投资的比重	37.0%	38.6%	40.6%	34.6%	33.2%	32.2%	31.5%	31.8%	35.2%	36.4%

数据来源:根据国家统计局数据整理。

(四)引领经济结构优化推动高质量发展

改革开放以来,国有经济在整个国民经济结构调整中始终发挥着主导作用。20世纪90年代的"抓大放小"、行业性重组、三年改革脱困等一系列重大结构调整,引领、带动了整个国民经济结构的优化,为21世纪初的经济增长奠定了坚实基础。国务院国资委成立后，通过兼并重组、结构优化，推动国有资本向重要行业和关键领域集中，国有经济活力、控制力、影响力和抗风险能力持续提升。党的十八大以来，国有企业按照党中央、国务院决策部署，深入推进供给侧结构性改革，落实"三去一降一补"工作任务，发挥带动引领作用，推动高质量发展。国有企业大力化解钢铁煤炭等过剩产能。以2016年为例，据不完全统计，全国国资系统共退出钢铁产能4230万吨，占全国退出钢铁产能的80.8%；共退出煤炭产能20629万吨，占全国退出煤炭产能的71.1%。其中：中央企业退出钢铁产能1019万吨，分流安置职工3.3万人，退出煤炭产能3497万吨，分流安置职工4.2万人；各省级国资委所出资企业退出钢铁产能3085万吨，分流安置职工10.3万人，退出煤炭产能14750万吨，分流安置职工29.9万人。通过推进相关行业结构调整，提高了产业集中度，优化了资源配置效率，为持续提升供给质量和效率，推动高质量发展作出了重要贡献。

（五）与各类所有制企业互利共赢共同发展

改革开放以来，国有企业坚持和完善社会主义基本经济制度，与其他各类所有制企业通过合作，共同推动了我国经济快速增长。特别是党的十八大以来，混合所有制经济成为基本经济制度的重要实现形式，国有企业以深化改革、结构调整为抓手，在众多领域加大了与各类所有制企业的投资合作力度。2013—2018年，中央企业通过产权市场转让部分股权、增资扩股超过700项，吸引社会资本超过2600亿元；通过证券市场开展IPO、控股上市公司增发、资产重组等超过400项，吸引社会资本超过1万亿元。近两年中央企业"压减"的近13000户企业法人中，超过2000户的控股权转让给了民营等其他所有制企业。在合作过程中，各种所有制经济发挥各自的优势，成千上万的上下游企业形成了完整的产业链，构建了分工协作、产业配套、优势互补、互利共赢的发展格局，提升了我国经济的运行质量和效率，形成一种独特优势，推动我国经济以世界上少有的速度发展。

二、引领科技创新的主力军

科学技术是第一生产力，创新是引领发展第一动力。40年来，国有企业通过整合优化创新资源、激发企业创新活力、提高企业创新能力，重大科技创新成果持续涌现，支撑和引领国有企业快速健康发展，成为增强我国综合国力和竞争力的大国重器。

（一）国有企业科技创新能力全面提升

改革开放以来，国有企业研发投入的自主权逐步扩大，研发投入金额大幅提高。同时，国家通过制订科技计划等方面的政策措施，鼓励和引导企业成为研发投入的主体。国务院国资委成立后，建立了科技创新考核制度，有力促进了企业技术创新投入。目前，国有企业尤其是中央企业已经成为国家研究与试验发展投入（以下简称R&D投入）的重要力量。中央企业2006年R&D投入达700亿元，占全国总投入的23.3%；2018年R&D投入超过4990亿元，超过全国总投入的1/4。随着国有企业自主经营管理权的逐步扩大，劳动用工、人事、分配制度等改革的持续推进，国有企业科技人才数量快速增长。截至2018年底，中央企业拥有科技活动人员158万人、研发人员87.8万人，占中央企业年末职工人数的比重分别达到11.7%和6.5%；拥有工程院院士183人、中科院院士44人、"千人计划"人才330人。

（二）以市场为导向的技术创新体系基本建立

改革开放以来，科研院所转制成效显著。1999—2000年，国家经贸委管理的10个国家局所属242个科研机构及建设部、铁道部、交通部、信息产业部、药品监管局等11个部门所属134个科研机构先后进行了转制。其中，国家经贸委管理的10个国家局所属242个科研机构，131个进入企业集团，40个转为科技企业实行属地化管理，18个转为中介机构，24个并入高校、划转其他部门或撤销，29个转为中央直属大型科技企业，促进了科技成果向生产力快速转化。同时，国有企业积极参与各类研发平台的建设工作，建设了一批国家级研发机构，建成了实验室、中试基地等一大批内部研发机构和科研基础设施，通过新建、合作共建、购买、并购境外公司等方式开展了全球研发平台布局。截至2018年底，中央企业拥有国内研发机构3707个、境外研发机构223个，其中国家重点实验室、国家工程技术研究中心、国家工程实验室等国家级研发平台600多个。通过持续加强研发平台布局结构调整，国有企业普遍构建了结构较为合理的内部研发体系，分层次开展战略性前瞻性研究、技术应用研究和生产工艺研究。

(三)"双创"整体工作呈现新态势新特点

2014年9月,国务院常务会议提出要推动大众创业、万众创新(以下简称"双创")。国有企业将"双创"工作作为落实创新驱动战略的重要抓手,采取多种方式积极推进。建立完善制度方面,聚焦创新创业重点,建立推进"双创"实施的制度体系,探索研究创新容错的相关制度;推出荣誉奖励、现金奖励等系列激励政策,探索股票期权奖励方式。搭建创新创业平台方面,设立创业孵化器,组建科技产业公司及研究院,加强产学研用一体化信息库建设和应用,促进创新成果与经济发展深度融合;利用信息化平台,推进线上线下互动,实现供需资源对接、创新资源共享;建设以国有企业为主体,科研院所、高等院校、职业院校、科技服务机构等参与的创新战略联盟。加大资金投入方面,引入创新企业股权投资基金等系列基金,发挥基金杠杆效应,积极探索实践市场化"双创"模式。截至2018年,中央企业搭建"双创"平台1251个、国家"双创"示范基地13个、互联网云平台147个、实体孵化器271个、科技产业园84个。同时,中央企业设立创新引导基金80只。

(四)重大科技创新成果持续涌现

改革开放之初,国有企业在科技方面以引进消化吸收再创新为主。20世纪90年代后,国有企业强调重点行业领域和重大装备集成创新,依靠自主创新有力支撑了三峡工程、青藏铁路、西气东输、南水北调等一系列重大工程建设。国有企业参与了"十一五"以来启动实施的16个国家重大专项,中国移动等企业依托新一代宽带无线移动通信网专项,组织实施了"第四代移动通信系统(TD-LTE)关键技术与应用"项目,攻克了TDD宽带、高速移动和大容量等技术难题,成为两大主流4G国际标准之一。国有企业牵头研制的11个型号神舟飞船先后成功发射,使我国跻身世界航天强国行列。航空母舰、核潜艇、驱逐舰、轰炸机、歼击机、坦克、预警指挥机等一大批武器装备由国有企业研制成功,全面提高了我国国防实力。

特别是党的十八大以来,国有企业持续加大研发投入,强化自主创新,天宫、蛟龙、天眼、悟空、墨子、大飞机等重大科技成果相继问世。国有企业在能源、交通、建筑、高端装备制造、新材料等重要产业领域取得了一系列重大突破,推动了行业技术的发展进步。核电关键材料、高性能碳纤维等新材料供给能力不断提高，盾构机、大型锻压机等高端设备有效实现了进口替代。国有企业形成了中国桥、中国路、中国车、中国港、中国网等全方位的建设能力，成功建造了港珠澳大桥、兰渝铁路、上海洋山港等一大批重要基础设施。国有企业研制生产的高速铁路、核电站等已成为向世界展示的中国名片。截至2018年底，中央企业累计拥有有效专利近66万项，拥有有效发明专利26.8万项。2012—2018年，中央企业共有605个项目获得国家科技进步奖和技术发明奖，约占全国同类获奖总数的1/3。

（五）中央企业信息化和品牌工作不断加强

党的十八大以来，党中央、国务院作出实施网络强国战略、大数据战略、"互联网＋"行动等一系列重大决策，开启了信息化发展新征程。中央企业以供给侧结构性改革为主线，加快促进企业生产经营和信息技术的深度融合，整体信息化水平显著提高，对企业发展起到了重要推动作用。加快集团管控信息系统建设，深化集成应用，企业主要经营管理业务基本实现全覆盖，信息化应用水平明显提升，集团管控能力显著增强，境外风险管理能力进一步提高。积极推进信息技术在研发设计、生产制造、运营流通和客户服务等环节的应用，加快推动企业生产运营数字化、网络化、智能化进程，有效推动了业务协同和数据共享，提升生产经营管理效率。深入践行"互联网＋"行动计划，落实国家大数据战略等，将信息化纳入企业核心发展战略，以信息化促进企业转型升级，着力强化信息技术与企业生产经营的融合，推动大数据、物联网等技术的创新应用，电商平台、工业互联网等新业态、新模式不断涌现，信息技术已成为驱动和引领企业创新发展的重要力量。

中央企业将打造一流品牌作为做强做优做大、助力供给侧结构性改革、培育具有全球竞争力的世界一流企业的重要抓手，丰富方式方法，多措并举开展品牌建设工作。加强品牌战略和规划落地，明晰定位，优化架构，完善识别体系，创新传播方式，加强品牌保护，品牌管理能力明显提高。持续增加优质供给，强化自主创新能力，践行社会责任，实施兼并重组等，品牌创建路径不断优化。积极运用卓越绩效模式、精益管理等先进质量管理方法，加强全面质量管理，不断提升产品与服务质量，以优良品质夯实品牌建设基础。积极落实"一带一路"倡议，加快"走出去"步伐，增强品牌国际化意识，提升运作水平，积极开展国际目标市场和品牌规则研究，行业话语权和品牌国际影响力不断扩大。

三、履行社会责任的排头兵

国有企业自觉担当社会责任,积极探索履行社会责任的有效途径。一方面与国际接轨、向先进企业学习取经;另一方面依托我国国情民情,探索建立具有中国特色的国有企业履责模式,带头承担了许多投资大、收益薄的基础设施和公共服务建设,许多周期长、风险大的基础性研发,许多重大自然灾害、突发事件的抢险救援,许多脱贫攻坚、改善民生的项目实施,为经济社会和民生福祉作出了重大贡献。

(一)服务社会民生事业

服务和保障国计民生是国有企业的重要使命。煤、电、油、气、运输、通信等领域的国有企业为国家经济社会发展提供安全后盾,努力以更高质量、更合理价格和更完善服务满足人民群众生产生活需要。特别是党的十八大以来,通信企业、电网企业落实党中央、国务院提速降费要求,为改善人民生活、降低创业创新成本提供有力支撑。2018年,通信企业超额完成提速降费专项任务,全年降费超过1200亿元;电力企业落实降电价政策,全年降低社会用电成本超过1600亿元。2019年一季度,通信企业贯彻落实提速降费等要求,降费超过600亿元;电网企业落实一般工商业用电降价等政策,降低社会用电成本约140亿元。国有企业在投资总量大、周期长、收益低的公共服务领域完成了大量基础设施建设,包括多数城市运行的公共设施、边远贫困地区道路、电力、通信等基础设施建设覆盖。国有企业还积极投身社会公益和慈善活动,将企业改革与发展成果回报社会。

(二)开展脱贫攻坚工作

改革开放40年来,扶贫工作一直是党和国家的重大任务,国有企业始终是积极的参与者。《中国农村扶贫开发纲要(2011—2020年)》实施后,国有大型骨干企业承担了明确的定点扶贫任务,有力支撑了国家"三位一体"扶贫大格局。经过2012年、2015年两次调整,在我国确定的592个国家扶贫开发工作重点县中,121家国有大型骨干企业结对帮扶了314个县,占全部重点县的53%。许多大型国有企业在各地的分支机构以及地方国有企业还承担了地方党委、政府安排的大量结对帮扶任务。国有企业在贫困地区持续加大基础设施投资建设力度,广泛实施产业帮扶项目,培训加强贫困群众劳动技能,大力吸纳贫困地区劳动力就业,大量援建贫困地区教育、医疗设施,捐赠教学、医疗设备,为加快脱贫致富步伐作出重要贡献。

党的十八大以来,贯彻落实国家精准扶贫政策,中央企业加大扶贫工作力度,在定点扶贫的246个贫困县投入无偿帮扶资金超过110亿元,实施各类帮扶项目近万个。截至2018年底,中央企业在帮扶地区派出各类扶贫干部超过1万人,在"中央企业定点帮扶贫困革命老区百县万村活动"中累计投入11.04亿元、惠及人口83万人,在"同舟工程——中央企业参与'救急难'活动"中累计投入4000多万元、惠及人口8.8万人。2016年,按照《关于打赢脱贫攻坚战的决定》,国务院国资委动员中央企业出资设立了中央企业贫困地区产业投资基金,基金规模154亿元。基金设立后,紧密结合贫困地区资源禀赋,采取市场化运作方式,积极推动贫困地区特色产业发展,带动了大批贫困群众脱贫致富。

(三)参与应急抢险救援和灾后重建

我国自然灾害多发频发。面对重大自然灾害,国有企业冲锋在前,迅速投入抢修道路交通、保障供电和通信、运输和供应战略物资、倡导企业志愿者服务以及捐款捐物等活动中,帮助受灾群众渡过难关。灾害救援结束后,国有企业继续投入大量人力、物力和财力用于灾后重建,助力灾区人民重建家园。在汶川地震(2008年)、玉树地震(2010年)、雅安地震(2013年)、南方雪灾(2008年)及一系列洪灾、旱灾、风灾等地质、气象灾害的抗灾救灾、抢险救援、应急保障等工作中,处处都印刻着国有企业与全国人民携手夺取抗震救灾胜利所走过的奋斗足迹,涌现出一大批可歌可泣的英雄集体和个人。

(四)推动生态文明建设

国有企业牢固树立"绿水青山就是金山银山"的发展理念,积极践行节约资源、保护环境基本国策,努力成为建设美丽中国的引领者。以国务院国资委监管的中央企业为例,截至2017年底,中央企业能源消费总量与2010年相比增幅低于全国28.4个百分点;万元产值综合能耗在"十二五"期间下降22.5%的基础上,"十三五"前两年继续降低7.9%;氮氧化物、二氧化硫、氨氮、化学需氧量排放总量分别比2010年下降59.9%、57.1%、52.9%、

49.8%，为全面完成国家节能减排目标作出重要贡献。

国有企业致力于能源结构调整，大力发展清洁能源。截至2017年底，中央企业清洁能源装机容量占比已达41.4%，约占全国清洁能源装机容量的60%。其中，水电、风电、光伏装机容量分别占全国同类装机的68%、76%和21%。持续提升能源利用效率，煤电、石油石化、建材等中央企业能效水平保持行业甚至国际领先，煤电企业供电煤耗提前完成国家"十三五"目标。

国有企业全面推进大气、水、土壤、固体废物和危险废物污染防治，取得显著成效。煤电企业燃煤机组超低排放改造率达到91%。石油石化企业实现车用燃油质量从国三标准到国六标准绿色跨越"三连跳"。化工、钢铁等企业积极开展废水"零排放"试点项目建设。一些中央企业积极培育从事水生态修复的专业化企业，成功实施多个大型水体治理工程。煤炭、有色等企业大力推进矿山塌陷区治理、复垦绿化，一大批矿山被评为"国家矿山公园""国家绿色矿山试点单位"。此外，各中央企业着力推进矿渣、钢渣等固体废物和危险废物综合循环利用，开展生活垃圾协同处置，实现固体废物无害化、减量化和资源化。

在抓好自身生态环境保护工作的同时，国有企业自觉强化责任担当，协同推进国家重点区域生态环境保护。圆满完成京津冀及周边地区大气污染防治、北京市"清煤降氮"各项任务，全力做好北方地区冬季清洁取暖保障工作，扎实推进祁连山、贺兰山等国家自然保护区生态环境修复。努力在"共抓长江大保护"中发挥骨干中坚作用，统筹优化沿江企业、码头布局，积极推进长江流域水生态修复、动植物保护、沿江城镇污水处理等重点工作。积极服务雄安、海南等地区绿色发展战略，从能源综合管理、环境综合整治等方面引领区域优美生态环境建设。

四、对外交流合作的引领者

40年来，随着改革开放的深化，国有企业越来越注重统筹国际国内两个市场、两种资源，努力在更深层次、更宽领域、更高水平融入全球经济，加强对外开放和国际交流，"走出去"步伐不断加快，国际化经营能力不断提升，开放促进了国有企业深化改革，同时国有企业改革发展也为我国改革开放事业和国家对外交流作出了重要贡献。特别是党的十八大以来，习近平总书记提出了建立新型大国外交关系、建立人类命运共同体的重要论断，提出"一带一路"倡议，为我国坚定不移地扩大对外开放指明了方向。国有企业认真贯彻落实习近平总书记一系列重要指示精神，积极投身"一带一路"建设，在新形势下对外交流合作中作出新的更大贡献。

（一）国有企业的对外开放与合作

国有企业作为国民经济发展的中坚力量，是我国改革开放的重要践行者和推动者。在我国对外开放政策特别是近年来"一带一路"倡议引导下，国有企业积极探索，大胆开拓，对外合作步伐不断加快、领域不断拓宽，对外开放水平实现了跨越式提升。

改革开放初期，国有企业对外开放从对外贸易起步，成立了一批中外合资合作经营企业，开启了与国（境）外资本、技术的交流合作。1979年初，招商局集团创办蛇口工业区，成为我国第一个外向型经济开发区。同年，广东省华侨农场管理局与香港港华电子公司签订"广东省光明华侨电子工业有限公司合资经营协议书"，创立中国第一家中外合资电子企业——康佳集团有限公司。1987年，我国第一个中外合资的大型露天煤矿——中煤平朔安太堡露天煤矿建成投产。1991年，中国第一汽车股份有限公司、德国大众汽车股份公司、奥迪汽车股份公司和大众汽车（中国）投资有限公司合资成立的一汽－大众汽车有限公司，是我国第一个按经济规模起步建设的现代化乘用车生产企业。1996年，中核集团与加拿大原子能有限公司签订重水堆机组商务合同，利用国外技术建设中国首座商用重水堆核电站，解决了我国东部沿海地区经济发展对电力的需求问题。1997年，上海东方集团、日本三菱商事、美国大陆谷物、上海外贸公司共同设立合资企业，成为我国首家国务院批准设立的中外合资外贸公司。1998年4月，党中央、国务院印发《关于进一步扩大对外开放，提高利用外资水平的意见》，把继续吸收外商直接投资作为利用外资的重点，进一步加大引进外资和国外先进技术的力度。中国商飞2008年成立后，先后与美国、法国等8个国家的16家国际知名院校、供应商建立长期人才联合培养机制，为我国商用飞机产业发展提供了坚实的人才保障和智力支持。2010年，国务院国资委组织航空工业集团、中国石油、中国移动等中央企业参加上海世界博览会，向世界展示了中国国有企业的发展成就和对外开放的决心。

党的十八大以来，国资国企对外开放进入了新阶段、开创了新局面。在共商共建共享的全球治理理念和"一带一路"倡议引领下，围绕国资国企改革发展党建工作，深化国际交流与合作，对外开放新格局逐步形成。自 2017 年起，国务院国资委和中国石化、中粮集团、中国中车集团等国有企业积极参加世界经济论坛，与各国企业加强交流合作；2017 年，国务院国资委和中国移动、中国铁建等国有企业积极参与"一带一路"国际合作高峰论坛，参加高级别会议和设施联通主题平行会议；2018 年，国务院国资委和中央企业积极参与博鳌亚洲论坛、中非合作论坛北京峰会、中国国际进口博览会等主场外交活动，并举办"市场融合 开放发展""深化合作、扩大开放，以贸易畅通促企业发展"等主题论坛及相关配套活动，展现了国有企业进一步深化改革、扩大开放的信心与决心。在 2018 年首届中国国际进口博览会上，国务院国资委和 96 家中央企业组成中央企业交易（分）团集体亮相，与来自 72 个国家和地区的 775 个境外供应商洽谈合作，签署了 1159 个进口采购合同/协议，成交总金额 147.7 亿美元，占首届进博会总成交额的 25.5%。在推动合作发展、互利共赢方面，国务院国资委和国有企业积极与外国政府、知名企业和高等院校等机构建立合作机制。中铝集团与力拓集团成立合资公司，参与世界级优质铁矿的开发；中航集团与德国汉莎集团签署客运联营协议，实施中欧市场上的客运联营合作；中船集团与全球第一大邮轮运营公司美国嘉年华集团和全球第一大邮轮造船企业意大利芬坎蒂尼集团开展战略合作，培育形成自主设计建造能力和本土邮轮配套链；中国宝武、中铝集团分别与英国伯明翰大学、澳大利亚蒙纳士大学等研究机构开展合作，设立海外研发中心，提升技术研发实力。在推进融入全球治理方面，国有企业主动融入国际工商界活动，参与国际标准、行业规则等的制定修订。中国移动与国际标准组织深入合作，主导多项关键技术标准制定，推动中国 5G 系统构架成为国际标准；中船重工在船舶海洋领域主导制定国际标准 20 余项，赢得智能航运、海洋技术等领域国际标准制定主导权。国机集团、中粮集团等企业有关负责人担任 G20 工商峰会工作组中方主席或联合主席，中国联通、中国建材等企业有关负责人担任金砖国家工商理事会中方理事，中化集团负责人担任 APEC 工商咨询理事会联席主席，主动发出中国声音，推动全球治理体系向着更加合理方向发展。

随着对外开放的扩大，我国国企改革也逐渐受到国际社会的关注和赞誉。国务院国资委多次应邀在经合组织、亚洲开发银行等举办的国际会议及其他场合介绍中国国有企业改革经验做法,先后与南非、古巴、白俄罗斯、俄罗斯、埃塞俄比亚等国家有关部门签署合作谅解备忘录或框架协议,搭建双方企业交流合作平台;截至2018年底,据不完全统计,国务院国资委在国内外举办14次中国国有企业改革发展交流培训班,古巴、越南、菲律宾、南非、埃塞俄比亚等31个国家和地区350人次参加交流培训,其中部级、局级官员达到59人次;境外各类组织就国有企业改革问题来访121次,人数达707人。深度参与经合组织新版《国有企业公司治理指引》修订,积极融入我国国有企业治理和国资监管理念。召开第二届金砖国家国企改革治理论坛,金砖五国国资监管机构有关负责人和国有企业代表近200人参加,达成了《金砖国家国企治理共识》。

(二)国际化经营步伐加快

在对外开放战略引领下,国有企业逐渐加大"走出去"力度,实现了从承担援外项目到开展商业化运作的转变。改革开放初期,国有企业以工程承包和国际贸易为切入点,开始了市场化"走出去"步伐,在为国内经济建设赚取外汇的同时,逐步积累境外营商经验,成为名副其实的中国企业"走出去"的排头兵。1987年12月,国务院正式批准把中国化工进出口总公司作为第一个国际化经营试点企业,加快了中国企业"走出去"步伐。中国建筑签订了我国第一份对外工程承包合同和第一份项目总承包合同。中钢集团与力拓集团合资建设的澳大利亚恰那铁矿,是我国在海外投资的首个矿山。首钢集团先后购买或成立了美国宾州首钢机械设备公司等8家海外贸易和服务型公司,开启了国有资本投向海外的先河。1992年10月,党的十四大提出扩大我国企业对外投资和跨国经营。以油气、矿产资源领域为重点,一批国有大型企业积极响应号召,以"利用国际国内两个市场、两种资源"为发展方针,积极全面推进海外业务发展。1993年7月,中国石油首次中标秘鲁塔拉拉油田7区块和收购泰国邦亚区块合作项目,以此为起点实现了我海外油气业务从无到有、从小到大、从弱到强的跨越式发展。

2000年,党中央提出实施"走出去"战略。① 国有企业坚持"引进来"和"走出去"相结合,通过对外投资、工程承包、国际化人才培养等,积极贯彻

---

① 2000年11月,党的十五届五中全会首次明确提出"走出去"战略。

落实"走出去"战略，推进全方位"走出去"。大型国有企业开始逐步加大海外投资发展的力度，海外投资成为企业国际化和产业结构调整的重要手段和有效方式。中国五矿承建的巴基斯坦山达克铜金矿是中国企业首个海外建营一体化项目。2000年9月，中车公司政企分离，与铁道部脱钩，分立组建了中国南车集团公司和中国北车集团公司，迈开了以贸易出口和对外合作为主的国际化经营步伐。2005年12月，中国港湾建设（集团）总公司和中国路桥集团总公司合并成立中国交通建设集团有限公司，中交集团承担的牙买加南北高速路项目是中国企业首个境外BOT公路项目。2007年，中国有色集团在赞比亚建设我国第一个非洲经贸合作区——赞比亚中国经济贸易合作区。同年，中国建筑在中国与刚果（布）政府一揽子经济贸易合作框架协议下签约刚果（布）一号公路项目，累计合同额29亿美元，是两国建交53年期间最大的合作项目。2011年，国务院国资委将国际化经营列入中央企业五大战略①之一，推动企业国际化经营迈上新台阶。2011年，中国三峡集团成功收购葡萄牙政府持有的葡电21.35%的股权，成为葡电单一最大股东，这是我国企业首次成为欧洲国家电力公司大股东。截至2017年底，中央企业在境外资产总额超过7万亿元，约占全部资产总额的13%，营业收入约占全部营业收入的18%；共在海外有企业及机构近万家，分布在190个国家和地区；员工约50万人，其中当地员工约40万人，不少企业员工本地化率达到90%以上。

在"一带一路"倡议引领下，国有企业正逐步形成面向全球的贸易、投融资、生产、服务网络。国有企业特别是中央企业在基础设施建设、能源资源开发、国际产能合作等领域承担了一大批具有示范性和带动性的重大项目和标志性工程，截至2018年底，80多家中央企业合作共建项目共计3120个，为"一带一路"倡议逐渐从理念转化为行动、从愿景转变为现实作出积极贡献，成为推动中国与世界互利共赢、融合发展、共同繁荣的重要力量。国有企业充分发挥在公路、铁路、港口、航空、通信网络等产业上的技术优势，承担了一大批基础设施互联互通项目，参与建设斯里兰卡汉班托塔港、希腊比雷埃夫斯港、吉布提多哈雷多功能港，将"海上丝绸之路"节点串点成线；参与建设中老铁

---

① "十二五"时期，国务院国资委提出中央企业发展的"一五三"战略：以做强做优中央企业、培育具有国际竞争力的世界一流企业为目标，深入实施转型升级战略、科技创新战略、国际化经营战略、人才强企战略、和谐发展战略，进一步深化国有企业改革、完善国资监管体制、加强和改进党的建设。

路、中泰铁路、匈塞铁路、蒙内铁路，使"丝绸之路经济带"的"大动脉"由线及面；通过建设中俄跨境陆缆、亚欧5号海缆等信息高速路，由平面到立体织就了覆盖全球的复合型陆海天网基础设施网络，有力推动沿线国家以基础设施互联互通为纽带，更加紧密地融入世界经济，实现协同发展，让沿线国家人民实实在在受益。国有企业统筹推进能源资源合作开发，截至2018年底在"一带一路"沿线20多个国家实施了60多个油气合作项目，在参与矿产资源开发中加强技术交流和共享，有效提升了沿线国家能源矿产资源开发的能力和水平，不断扩大同所在国的利益交汇点。国有企业以在境外建设运营中白工业园、赞比亚经济贸易合作区等20多个产业园区和物流园区为载体，打造深化国际产能和装备制造合作新平台，实现中国产品、技术、服务、标准集群式"走出去"的同时，带动当地产业结构转型升级，满足经济发展需求；中国能建承建的安哥拉卡卡水电站项目被非洲媒体誉为"非洲的三峡工程"，国机集团在斯里兰卡的普特拉姆燃煤电站项目承担了全国45%发电量，被印在当地100卢比新钞，这些项目极大缓解了当地电力紧张问题；中国建材将具备自主知识产权的处于世界先进水平的水泥和玻璃制造生产线引入非洲，带动了当地产业水平跨越式发展。

在参与"一带一路"建设中，国有企业主动履行社会责任，在带动当地就业、环境保护、社区公益活动、民生工程建设和教育文化交流等方面发挥了积极作用。严格遵守所在国法律，尊重所在国的民族文化和宗教习俗，坚持诚信经营，保证产品和服务质量，抓好安全生产，积极聘用当地员工，维护当地员工权益；通过开展第三方环境评估、节能减排、废弃物管理等，加大对环境的保护力度；通过服务当地经济社会发展、参与社区建设、建立学校、医院、文化机构等，有效促进了民心相通，推动打造命运共同体，树立了中资企业的良好海外形象；坚持多方共赢，发挥企业在资本、技术、品牌、信誉、渠道网络等方面的优势，积极带动当地产业链企业共同发展，实现价值共享，为当地发展注入了新动力。

第二节 国有企业改革的基本经验

我国国有企业改革之所以能够成功,取得辉煌的历史性成就,关键在于在党中央的坚强领导下,坚持改革开放方针,走出了一条中国特色国有企业改革发展之路。系统总结回顾国企改革 40 年的光辉历程,我们在长期探索实践中形成了一系列宝贵的基本经验。

一、坚持党对国有企业的领导

国有企业改革发展史就是一部坚持党的领导、加强党的建设的历史。中国共产党领导是中国特色社会主义最本质的特征,是中国特色社会主义制度的最大优势。坚持党的领导,是在长期革命、建设与改革的历史征程中得出的基本结论,是历史的选择、人民的选择。

党中央在不同的历史时期,根据我国国情和国有企业改革实际,作出了一系列重大决策,采取了一系列重大举措,不断将国有企业改革向纵深推进。以党的十一届三中全会为标志,党中央作出把党和国家工作中心转移到经济建设上来、实行改革开放的历史性决策,开启了改革开放和社会主义现代化建设的新时期。在党中央的坚强领导下,国有企业开启了以放权让利为主要内容的改革探索,逐步打破传统思想观念的禁锢和束缚,使国有企业逐步转变为独立经营、自负盈亏的经济实体,深刻改变了企业的管理方式和机制。以党的十四大和十四届三中全会为标志,党中央确立了我国社会主义市场经济体制的改革目标和基本框架,提出要建立适应市场经济要求的现代企业制度。党的十五届四中全会专门审议通过了《关于国有企业改革和发展若干重大问题的决定》,对国有企业改革发展作出重大部署,打响了国有企业改革三年脱困攻坚战,国有经济布局结构调整取得实质性进展。以党的十六大为标志,党中央明确建立权利、义务和责任相统一,管资产和管人、管事相结合的国有资产管理体制,国企改革的重心转向改革完善国有资产管理体制,从体制机制上推进政企分开、政资分开、所有权与经营权相分离,国有企业市场主体地位进一步明确,国有经济战略布局进一步优化调整,国有企业发展活力不断增强。以党的十八大和十八届三中全会为标志,以习近平同志为核心的党中央高度重视国有企业改革,习近平总书记亲自审定国企改革一系列重要政策文件,亲自出席全国国有企业党建工作会议并发表重要讲话,深刻回答了在新的历史条件下要不要办国有企业、办成什么样的国有企业、怎样办好国有企业、如何加强党对国有企业的领导等重大理论和实践问题,推动国有企业改革取得新的伟大成就。

坚持党的领导贯穿于国有企业改革发展的各个层面和全过程。从中央层面看,党中央高屋建瓴、统揽全局、协调各方,制定国企改革重大方针政策,确保国有企业改革发展的方向性、针对性和有效性。从地方层面看,各地方的各级党组织,坚决贯彻执行党和国家的大政方针、重大部署及任务要求,结合本地实际,将中央大政方针转化为适应于本地的具体政策、细则,直接参与、指挥、组织和实施所在层面的国有企业改革。从国有企业层面看,中央企业和地方国有企业的各级党组织,切实发挥领导作用,把方向、管大局、保落实,确保企业发展到哪里,党的建设就跟进到哪里,党支部战斗堡垒作用和党员发挥先锋模范作用就体现在哪里,为国有企业改革发展提供有力组织保证。

坚持党的领导、加强党的建设是国有企业的"根"和"魂",是我国国有企业的独特优势;始终听党话、跟党走是国有企业的红色基因,是战胜一切困难和风险的重要法宝。推动新时代国有企业改革,必须牢固树立"四个意识",坚定"四个自信",做到"两个维护",必须把坚持党对国有企业的领导作为始终坚守的政治方向、政治原则,把坚持党的领导、加强党的建设贯穿于国企改革全过程,确保国有企业始终方向不偏、道路不变,确保国有企业、国有资产始终牢牢掌握在党的手中。

二、坚持以人民为中心

人民是历史的创造者,是决定党和国家前途命运的根本力量。以人民为中心,坚持人民立场是我们党的根本政治立场。国有企业属于全民所有,是全体人民的共同财富。国有企业改革发展必须顺应人民意愿,依靠人民推进,成果受人民检验、由人民共享。

改革发展为了人民。要把增进人民福祉、提高人民生活水平作为国企改革出发点和落脚点,把实现好、维护好、发展好最广大人民根本利益作为国有企业改革发展的根本目的。多年来,推进国企改革,坚持与人民群众同呼吸、共命运、心相连，充分发挥国有企业的主体作用，确保国企改革发展为了全体人民。要维护好全体人民根本利益，通过深化国企改革，转换经营机制，激发企业活力，提高国有经济活力、控制力、影响力、抗风险能力和国际竞争力，确保国有资产保值增值，做强做优做大国有资本。与此同时，国有企业主动履行社会责任，从农网改造升级、高速路网建设等许多投资大、收益薄的基础设施和公共服务建设，到通信技术升级、新型材料研制等许多周期长、风险大的基础性研究，再到汶川地震、海外撤侨等许多重大自然灾害、突发事件的抗击救援，都发挥了不可替代的重要作用。国有企业全力落实精准扶贫重大决策部署，派骨干、筹资金、给技术、搭平台，推动贫困地区整体面貌发生根本改观，大大增强了困难地区群众共享改革发展成果的获得感幸福感。

改革发展依靠人民。国企改革过程中要充分尊重广大干部职工在国企改革发展中所表达的意愿、所创造的经验、所拥有的权利、所发挥的作用，充分尊重广大干部职工首创精神。坚持全心全意依靠工人阶级，依法保护职工权益，不仅是贯彻党的群众路线的必然要求和具体体现，也是国有企业的鲜明特色和显著优势。回顾改革历程，从"破三铁"、减员增效、下岗分流、实施再就业工程，到主辅分离辅业改制、分离办社会职能，国有企业广大干部职工身份发生了巨大的变化，特别是20世纪90年代国企改革三年改革脱困时期，在社会保障体系尚不健全的情况下，国有企业大量的干部职工下岗分流再就业，为国有企业走出困境作出了巨大的牺牲和贡献。没有国有企业广大干部职工的艰辛付出，就没有国企改革的深入推进，也就没有国有企业的辉煌成就。同时，始终坚持发挥职工群众主人翁精神，始终把依法维护职工权益放在突出位置，通过在政治上保证、制度上落实、素质上提高、权利上维护，健全以职工代表大会为基本形式的民主管理制度，落实职工群众的知情权、参与权、表达权、监督权，充分调动工人阶级的积极性、主动性、创造性，逐步形成依靠职工、造福职工、发展职工和保障职工的良好氛围，共同形成推动国有企业改革发展的磅礴力量。

改革发展成果由人民共享。要通过不断解放和发展社会生产力，使国企改革发展的成果惠及全体人民，向着实现共同富裕的目标不断迈进。国有企业属于全民所有，国有资产保值增值本身就是维护和发展全体人民的共同利益。在深化国企改革的过程中，通过完善国有资本收益分享机制、划转股权用于充实社保基金等方式,支持社会民生事业进步,切实增强人民群众的改革获得感。一方面,划转部分国有资本充实社保基金。从2001年6月减持国有股筹集社会保障资金,2009年6月境内证券市场转持部分国有股充实全国社会保障基金,到2017年11月划转部分国有资本充实社保基金,在推动国有企业深化改革的同时,为社保基金提供长期、稳定、托底的资金来源。另一方面,长期以来,国有企业向国家上缴的大量收益、税收,是国家财政税收收入的重要来源。2007年9月,国家试行国有资本经营预算制度,国有资本收益上缴比例稳步上调,对推进国有经济布局和结构的战略性调整,集中解决国有企业发展中的体制性、机制性问题,更好服务、保障和改善社会民生,发挥了不可替代的作用。

三、坚持和完善基本经济制度

实行公有制为主体、多种所有制经济共同发展的基本经济制度,是中国共产党确立的一项大政方针,是中国特色社会主义制度的重要组成部分,也是完善社会主义市场经济体制的必然要求。改革开放以来,立足社会主义初级阶段的基本国情,我国对基本经济制度进行了不懈探索和完善。党的十五大把公有制为主体、多种所有制经济共同发展确立为我国的基本经济制度。党的十六大提出"毫不动摇地巩固和发展公有制经济","毫不动摇地鼓励、支持和引导非公有制经济发展"。党的十八届三中全会强调,基本经济制度是中国特色社会主义制度的重要支柱,也是社会主义市场经济体制的根基。公有制经济和非公有制经济都是社会主义市场经济的重要组成部分,都是我国经济发展的重要基础。党的十九大提出,必须坚持和完善我国社会主义基本经济制度和分配制度,毫不动摇巩固和发展公有制经济,毫不动摇鼓励、支持、引导非公有制经济发展。党的十八大以来,习近平总书记多次重申坚持基本经济制度,坚持"两个毫不动摇"。2018年11月,习近平总书记专门召开民营企业座谈会强调指出,我们党在坚持基本经济制度上的观点是明确的、一贯的,从来没有动摇。基本经济制度是我们必须长期坚持的制度。习近平总书记的这些重要论述,为新时代我们坚持和完善基本经济制度提供了根本遵循。

社会主义基本经济制度进一步明确了我国社会制度的性质,深化了对社会主义经济制度的认识,公有制的主体地位保证了市场经济的社会主义性质,多种所有制共同发展创造了市场经济活力,两者统一于中国特色社会主义建设过程中,任何想把公有制经济否定掉或者想把非公有制经济否定掉的观点,都是不符合最广大人民根本利益的,都是不符合我国改革发展要求的。因此,坚持基本经济制度,是社会主义初级阶段必须坚持的一个基本方针,是深化国有企业改革必须把握的根本要求,也是处理国企民企关系的根本准则。离开了基本经济制度,国企改革就会失去方向、丢掉准绳。

国有企业是中国特色社会主义的重要物质基础和政治基础。中华人民共和国成立以来的各个时期,国有企业在中华民族实现从站起来、富起来到强起来的伟大飞跃中发挥了至关重要的作用。如果没有长期以来国有企业为我国发展打下的重要物质基础,就没有我国的经济独立和国家安全,就没有人民生活的不断改善,就没有我国今天在世界上的地位,就没有社会主义中国在世界东方的岿然屹立。中国特色社会主义这座大厦要坚如磐石、稳如泰山,在经济领域的根本支撑就是基本经济制度。

推进新时代国有企业改革,要牢牢把握基本经济制度的根本要求,不断发挥和增强基本经济制度的制度优势,做强做优做大国有资本,增强国有经济的活力、控制力、影响力、抗风险能力和国际竞争力,巩固公有制的主体地位,发挥国有经济的主导作用,巩固我们党的执政基础和执政地位。要旗帜鲜明反对各种私有化、去国有化等错误观点,决不能把国有企业搞小了、搞垮了、搞没了,决不能把党和人民事业的重要物质基础和政治基础搞弱了。同时毫不动摇鼓励、支持、引导非公有制经济发展,通过发展混合所有制经济、加强产业链上下游合作等多种方式,支持和带动民营企业发展,推动各类所有制资本取长补短、相互促进、共同发展,在实践中不断坚持和完善基本经济制度,坚定不移地坚持和发展中国特色社会主义。

四、坚持社会主义市场经济改革方向

坚持社会主义市场经济改革方向,核心问题是处理好政府和市场的关系。改革开放以来,我们对政府和市场关系的认识经历了一个不断深化的过程。党的十四大确立了建立社会主义市场经济体制的改革目标,明确提出使市场在社会主义国家宏观调控下对资源配置起基础性作用,此后,对政府和市场的关系,我们党一直在根据实际拓展和认识深化寻找新的科学定位。党的十八大提

出，更大程度更大范围发挥市场在资源配置中的基础性作用。党的十八届三中全会把市场在资源配置中的"基础性作用"修改为"决定性作用"。党的十九大再次强调，使市场在资源配置中起决定性作用，更好发挥政府作用。这个定位，是我们党对中国特色社会主义建设规律认识的一个新突破，标志着社会主义市场经济发展进入了一个新阶段。我国从高度集中的计划经济体制到充满活力的社会主义市场经济体制的伟大历史转折，赋予社会主义以鲜明的时代特征和中国特色，极大地促进了社会生产力发展，增强了综合实力，提高了人民生活水平，打开了我国经济、政治、文化和社会发展的全新局面，为发展中国特色社会主义提供了强大动力和体制保障。实现社会主义制度与市场经济结合，在社会主义条件下发展市场经济，是我们改革开放的一条重要成功经验。

从市场经济体制要求看，我国经济体制改革选择了社会主义市场经济方向，国有企业改革也必须遵循市场经济规律，适应市场经济的要求，决不能走封闭僵化的老路，造成政企不分、政资不分。坚持社会主义市场经济改革方向，就是要尊重市场经济规律和企业发展规律，促使国有企业真正成为依法自主经营、自负盈亏、自担风险、自我约束、自我发展的独立市场主体。要把国有企业当作企业而不是当作行政单位或者事业单位看待，要推动建立现代企业制度，进一步转换企业经营机制，推动企业各类生产要素依据市场规则、市场价格、市场竞争实现最优配置。理论和实践都证明，市场配置资源是最有效率的形式，市场在资源配置中起决定性作用，意味着凡是依靠市场机制能够带来较高效率和效益并且不会损害社会公平和正义的，都要交给市场。但是，市场在资源配置中起决定性作用，并不是起全部作用，政府要更好发挥作用，特别是在维护市场秩序、推动可持续发展、促进共同富裕、弥补市场失灵等，保证在市场发挥决定性作用前提下，管好那些市场管不好或管不了的事。

从40年实践看，国企改革的过程是国有企业不断融入市场的过程。40年来，通过放权让利改革，不断扩大国有企业经营自主权，逐步把国有企业推向市场；通过建立完善现代企业制度，明确国有企业的法人财产权，使国有企业独立面对市场竞争；通过建立出资人代表制度，推动政企分开、政资分开、所有权与经营权分离，使国有企业逐步成为市场独立主体。特别是党的十八大以来，国企改革坚持问题导向，准确界定不同国有企业功能，改革国有资本授权经营体制，以管资本为主加强国有资产监管，加大授权放权力度，把依法应由企业自主经营决策的事项归位于企业，探索建立中国特色现代国有企业制度，推动企业建立灵活高效的市场化经营机制，推动国有企业与市场经济深度融合。实践表明，离开了社会主义市场经济改革方向，国有企业改革就不可能成功。

五、坚持以解放和发展生产力为标准

生产力是社会发展的最终决定力量。坚持解放和发展生产力是判断和检验中国国有企业改革发展对与错、好与坏、成与败的根本标志。推进国企改革要奔着问题去，坚持以解放和发展社会生产力为标准，坚持政企分开、政资分开，以增强企业活力、提高效率为中心，提高国企核心竞争力。

坚持解放和发展生产力标准，必须着力解决束缚国有企业发展的体制机制障碍。改革是对生产关系的调整与变革，是解放生产力、发展生产力的必由之路。深化国有企业改革，就是要主动、自觉通过调整生产关系激发社会生产力发展活力，主动、自觉完善上层建筑以适应经济基础发展要求，归根结底是让中国特色社会主义遵循自身科学规律向前发展，要解放思想、实事求是、与时俱进、求真务实，在理论上作出创新性概括，在政策上作出前瞻性安排，在执行上作出实质性推动，不断释放国有企业发展的体制机制动力和内生活力。

在从传统计划经济体制向社会主义市场经济体制的转变进程中，国有企业40年改革发展的生动实践，始终紧紧围绕如何解放和发展生产力而展开。扩大企业自主权，推行承包经营责任制，转换企业经营机制，建立现代企业制度，改革完善国有资产管理体制，新时代全面深化国有企业改革，推进供给侧结构性改革，每一次重大改革和调整，都是对制度体制机制等在原有基础上进行的再认识、再审视、再深化、再完善，都在为国有企业改革发展注入强大动力，都是为了进一步解放和发展社会生产力，以使生产关系更好适应并推动生产力的发展。通过持续深化对社会主义初级阶段生产力发展规律、生产关系适应生产力发展规律的认识和理解，不断提高解放和发展社会生产力的自觉性、主动性和能动性。国有企业必须适应市场化、现代化、国际化等新形势要求，通过全面深化改革，创新体制机制，不断实现对生产力的解放和发展，这是国有企业改革发展方向、思路、政策、举措的确立、落地与评价的客观尺度和根本标准。

推进新时代国企改革，必须坚持以解放和发展生产力为标准，落实习近平总书记关于国企改革的"三个有利于"标准，坚持有利于国有资产保值增值、有利于提高国有经济竞争力、有利于放大国有资本功能，坚持新发展理念，以发展为第一要务，加大自主创新力度，加快结构调整、布局优化、转型升级和高质量发展步伐，大力提高劳动生产率，大力发展社会生产力，主动调整不利于生产力发展的生产关系，破除束缚生产力发展的体制机制障碍，促进社会生产力整体跃升、质量提升，更好发挥国有企业作为中国特色社会主义经济顶梁柱的重要作用，继续为中国经济社会发展注入新动力、培育新动能、展现新实力。

六、坚持不断增强企业活力

增强企业活力是40年国有企业改革的主题主线。国有企业改革的历程，是紧紧围绕增强企业活力、打造独立市场竞争主体这一主线不断展开的。改革需要不断探索摸索。改革开放初期，扩大企业自主权，是为了使国营企业从传统的行政机构附属物地位中挣脱出来，培育活力；进行承包经营责任制，也是为了明确国家与企业之间的权责关系，从而使企业自身有更大的经营权，进一步释放活力；进行现代企业制度试点，推进公司制改革，是为了企业在法律上有独立主体地位，是保证活力的法律基础。党的十八大以来，国企改革更加聚焦激发企业活力，调动企业家和广大干部职工干事创业的积极性。围绕激发董事会活力，完善公司治理结构，进一步推进规范董事会建设，深化落实董事会职权试点，授予董事会更大自主权，加强外部董事队伍建设，提升董事履职能力和决策水平，推动董事会依法自主决策、科学决策；围绕激发经理层的活力，创新选人用人方式，推进市场化选聘、任期制和契约化管理、差异化薪酬，推行职业经理人制度；围绕激发职工队伍活力，出台了改革国有企业工资决定机制的意见，健全工资效益联动机制，推进全员绩效考核，科学评价不同岗位员工的贡献，综合运用员工持股试点、上市公司股权激励等方式，合理拉开收入分配差距；围绕激发企业家改革创新动力，探索建立以"三个区分开来"为基础的容错机制，旗帜鲜明为那些敢于担当、踏实做事、不谋私利的企业家撑腰鼓劲；通过深化混合所有制改革，激发各类资本活力；通过鼓励技术创新，增加研发投入，激活技术骨干活力等。从20世纪90年代开始，持续不断地多次探索授权经营，包括企业集团授权、国家授权投资的机构试点，到近年来改革国有资本授权经营体制、出台授权放权清单等，都是在不同时期和不同市场环境下，探索将更多的自主经营权授予企业，从体制上激发企业活力。回顾40年的国企改革，随着转换企业经营机制、建立现代企业制度和改革国有资产管理体制等一系列重大改革举措的陆续跟进，国有企业的市场主体地位进一步明确，国有企业改革激发了企业活力，释放出巨大的红利，极大地推动了社会生产力的发展。国有企业改革过程，就是不断适应社会化大生产和社会主义市场经济要求，增强企业内在活力动力的过程。

要把国有企业搞好，必须按照市场经济规律和企业发展规律配置资源、运营资源，而提高资源配置效率的微观基础就是充分激发企业内在活力。新时代推进国企改革，必须不断推动体制机制创新，为激发企业微观主体活力扫除一切羁绊，创造良好条件和环境。要继续深化授权经营体制改革，释放企业市场主体活力；要建立完善市场化的激励约束机制，充分调动企业家、科技骨干和广大职工的积极性，激发各类人才要素的活力；要推进混合所有制改革，完善产权保护，使各类资本发挥自身优势，互利共赢，激发资本的活力。全面深化国企改革，通过充分激发各类要素活力，产生综合效应和乘数效应，持续不断地增强企业活力。

七、坚持加强监管防止国有资产流失

国有资产是全体人民的共同财富。加强监管，保障国有资产安全、防止国有资产流失，是深化国企改革的必然要求。深化国有企业改革必须要加强监管，这一条做不好，国企改革无从谈起。

40年的国企改革实践中，不同的历史阶段，针对不同的情况，采取不同的监管措施，特别是随着国有企业改革的深化，各种所有制经济的发展，各类要素市场日益完善、活跃，要素流动日益频繁、复杂，对国有资产监督提出了新的更高要求，国有资产监管的措施也需相应完善调整。改革开放以来，在建立完善国有资产管理体制方面进行了持续深入的探索，通过组建国家国有资产管理局、开展国有资产授权经营试点、推动重点行业领域管理体制改革、建立完善产权交易市场等一系列改革举措，逐步明确政企分开、政资分开、所有权与经营权相分离的原则，基本确立政府以出资方式管理企业的总体思路，初步建

立起有效的国有资产管理、监督和营运机制。国资委成立后，建立了由中央政府和地方政府分别代表国家履行出资人职责的国有资产管理体制，国资委作为专司国有资产监管的机构，建立了一整套从业绩考核、薪酬管理、领导人员选聘，到统计评价、产权管理、出资人监督的国资监管体系，保证了国有资产保值增值责任层层落实，在维护国有资产安全、防止国有资产流失等方面发挥了重要作用。党的十八大以来，持续完善国有资产管理体制，以管资本为主加强国有资产监管，加快国资委监管职能转变，出台国务院国资委职能转变方案，强化管资本职能，取消、下放、授权一批监管事项，建立出资人监管权力和责任清单。出台加强和改进企业国有资产监督防止国有资产流失的意见，通过不断增强企业内部控制体系的整体性、有效性，确保国有企业内部监督及时有效到位。通过强化出资人监督，加强对国有企业关键业务、改革重点领域、国有资本运营重要环节的监督检查。通过建立健全国有企业重大决策失误和失职、渎职责任追究倒查机制，加大国有企业违规经营投资责任追究力度。通过进一步加强审计监督、纪检监督、巡视监督，建立有效的外部监督协同联动和监督会商机制，形成监督合力。通过实施信息公开，加强社会和舆论监督，着力建设阳光国企。国有资产监督体系进一步完善，国资监管的笼子扎得更紧，效果更加显著。

维护国有资产安全、防止国有资产流失，是全面建成小康社会、实现人民共同富裕的必然要求，是国资监管机构和国有企业的职责使命。推进新时代国有企业改革，必须深入贯彻落实以管资本为主加强国有资产监管的要求，加快实现从管企业向管资本转变，切实增强国有资产监管的针对性、有效性和系统性，搭建实时在线监管系统，加强事中、事后监管，健全监管制度，统筹监督力量，严格责任追究，做到授权与监管相结合、放活与管好相统一，不断改革和完善国有资产监管制度和监管体系，提高监管效能，增强监管效率，体现监管的严肃性、权威性和时效性，促进国有资产保值增值，有效防止国有资产流失，促进国有企业持续健康发展。

八、坚持顶层设计与基层探索相结合

坚持顶层设计与基层探索的有机结合，是国企改革的内在要求，也是推进国企改革的重要方法。国企改革既要坚持整体谋划、顶层设计，又要尊重、支持和引导基层探索。

做好顶层设计。抓住全局性、整体性、方向性的问题，加强顶层设计和总体规划，对推进国企改革具有决定性意义。无论是从放权让利到转换企业经营机制，还是从建立现代企业制度、"抓大放小"到出资人职责的明确，每一时期的改革重点都着眼于牵一发而动全身的重大和关键问题，着眼于长期以来存在的突出矛盾和各方期盼，着眼于解决国企改革发展中的重点和难点问题，体现出顶层设计和总体规划鲜明的长远性、全局性、战略性和系统性。党的十八届三中全会提出了全面深化改革的总目标，中央专门成立中央全面深化改革领导小组，加强对全面深化改革的领导。经党中央批准，国务院专门成立国有企业改革领导小组，切实加强对国企改革的领导和指导把关。这是加强国企改革顶层设计的重要组织体现。新时代国企改革形成了"1+N"系列政策体系，"1"是总体文件，"N"是专项文件和方案，"1+N"政策体系是新时代国企改革的顶层设计，为国有企业改革提供了根本遵循。近年来，在"1+N"政策体系的指引下，国企改革全面深化，重点突破，取得了重大进展和历史性成就。

鼓励基层探索。国企改革的动力来自基层，活力来自基层，成效也体现在基层。基层探索实践就是人民群众的首创精神的体现，尊重基层首创精神就是尊重群众智慧。国企改革具有长期性、艰巨性和复杂性等特点，对于改革发展中面临的挑战、困难和问题，基层通常看得最清楚、感受得最深刻，解决与改变的愿望也最强烈。基层蕴藏着巨大的改革潜力和创新智慧，基层首创精神是推动改革的原动力，必须鼓励解放思想、积极探索。国企改革很多新鲜的经验和创新成果来自基层，许多政策的制定是在总结基层探索的基础上形成的。国企改革任务越重，越要重视基层探索实践，要把鼓励基层改革创新、大胆探索作为抓改革落地的重要方法。

推动顶层设计与基层探索良性互动、有机结合。一方面，顶层设计只有顺应基层意愿、对接基层探索实践，才能实现改革的不断突破。也只有在基层能够行得通、推得动的顶层设计，才是符合实际、实事求是、具有生命力的。因此，顶层设计落地生根、开花结果，必须鼓励和允许地方、基层、群众解放思想、积极实践、差别化探索；另一方面，要及时总结基层探索所发现的问题、摸索的方法、蕴含的规律，提炼升华，返回来支撑完善顶层设计。总之，要发挥顶层设计对基层实践的引领、规划和指导作用，发挥基层探索对顶层设计的支撑、保证和促进作用，更好地实现二者的良性互动、有机结合。

九、坚持试点先行与统筹推进相结合

坚持试点先行与统筹推进结合是科学方法。试点先行是点的探索，即改革在局部、小范围内先行先试，摸索规律性，旨在形成可复制可推广的经验，为面上的改革探究新路、积累经验、打开局面；统筹推进是面的推进，将点上的改革经验提炼升华、全面铺开、引向深入，全面推进改革措施落地生效，讲究系统性、整体性、协同性。我国国企改革的许多重大措施的推进都是试点先行与统筹推进有机结合的体现。

试点先行。试点是改革的重要任务，更是改革的重要方法。我国国有企业改革是史无前例的，没有现成的经验可以借鉴，采取的是先易后难、逐步深化、渐进式推进的做法，在探索中前进，在前进中探索。通过大胆闯、大胆试、大胆做的试点先行，探索了改革的路径，摸索了改革的规律，凝聚了改革的共识，降低了改革的风险，避免了因情况不明、举措不当而引起社会动荡，为稳步推进改革、顺利实现目标提供了保证。国企改革亲历者都不会忘记这些耳熟能详的试点：1978年以来的扩大企业自主权试点，1980年的"利改税"试点，1984年的城市经济体制改革试点，1986年的企业承包经营责任制试点，1991年的大型企业集团试点，1992年的股份制企业试点，1994年的百户现代企业制度和优化资本结构城市试点，1998年的国家授权投资的机构试点和国家控股公司试点，2004年的国有独资公司董事会试点，2005年的上市公司股权分置改革试点，等等。党的十八大以来，制订并推行落实董事会职权试点、职业经理人制度试点、重要领域混合所有制改革试点、国有控股的混合所有制企业员工持股试点和国有资本投资、运营公司试点等"十项改革试点"，在一些重点难点问题上取得了新的突破。试点先行的意义在于：采用试点方式，对看得还不那么准又必须取得进展的改革，先进行试点探索，既为大范围改革实践投石问路，也给局部先行先试辟出空间；采用试点方式，通过在实践中探索改革的实现路径和实现形式，取得经验后再推开，发挥试点对全局改革的示范、突破、带动作用，为全局改革的深化与落地创造条件和提供可能；采用试点方式，试出新体制、新机制、新成效、新经验、新局面，进而为推动全局改革提

供有力支撑和可行方案；采用试点方式，对地区发展不平衡、改革实施条件差异较大的改革，可以鼓励不同区域进行差别化探索，找出更适合自身特点的改革途径；对矛盾问题多、攻坚难度大的改革，可以鼓励有闯劲、勇于"吃第一个螃蟹"的探索者率先迈出步子、趟出路子，攻克难关；对涉及较多风险因素和敏感问题的改革，可以研究设定合理的环境条件，使风险可控，保证改革平稳推进。

统筹推进。国企改革是一项系统工程，具有系统性、整体性、协同性特征，这就要求在改革过程中统筹协调好各环节、各层面和各要素间的相互关系。要统筹好国企改革政策之间的协同性。协调推动改革，注重改革的关联性、耦合性。坚持整体推进，讲求整体效果，防止畸重畸轻、单兵突进、顾此失彼。整体推进不是平均用力、齐头并进，而是要注重抓主要矛盾和矛盾的主要方面，注重抓重要领域和关键环节。根据改革举措的轻重缓急、难易程度、推进条件，部署改革推进的步骤和次序。既抓改革方案协同，也抓改革落实协同，更抓改革效果协同，促进各项改革举措在政策取向上相互配合、在实施过程中相互促进、在改革成效上相得益彰。例如，改革社会保障制度，建立由企业、职工个人、政府共同分担的企业员工养老、医疗与失业保险制度，对结构调整中解决职工分流安置工作发挥了重要制度保障作用。党的十八大以来，加强了国企改革的顶层设计，形成了"1＋N"政策体系，体现了政策之间的系统性协同性。如推动授权放权，国有资本出资人代表机构授权给董事会，需要建强董事会，使董事会有足够的行权能力，保证权力授得出、接得住、行得稳。要统筹国企改革与坚持法治的关系。改革和法治相辅相成、相伴而生，凡属重大改革都要于法有据。要加强对相关立法工作的协调，确保在法治轨道上推进改革。实践证明行之有效的，要及时上升为法律；实践条件还不成熟、需要先行先试的，要按照法定程序作出授权；对不适应改革要求的法律法规，要及时修改和废止。要统筹改革发展稳定的关系。改革是经济社会发展的强大动力，发展是解决一切经济社会问题的关键，发展和改革高度融合。稳定是改革发展的前提，只有社会稳定，改革发展才能不断推进；只有改革发展不断推进，社会稳定才能具有坚实基础。要坚持把改革的力度、发展的速度和社会可承受的程度统一起来，在保持社会稳定中推进改革发展，通过改革发展促进社会稳定。

我国国企改革40年长期探索得到的基本经验，既有国企改革内在属性的反映，也有国企改革方法路径的归纳，其共同特点是突出反映了中国特色。我国国企改革始终坚持中国特色社会主义方向，本质上绝不同于资本主义国家的国企私有化，我国国有企业也绝不是资本主义国家的国家资本主义。我国国有企业改革的基本经验突出反映了时代特征，即40年改革不断摸索，在不同时期、不同的生产力发展水平和体制机制环境条件下，经过正反两方面经验验证得到的国企改革需遵循的、不宜背离的规律性，是我国国企改革积累的弥足珍贵的重要财富。同时我们也相信，随着国企改革的不断深化，会不断涌现出新的经验和规律，需要不断地摸索、总结、丰富、发展。

第三节　国有企业改革与重大理论和制度创新

改革开放以来我们取得一切成绩和进步的根本原因，归结起来就是：开辟了中国特色社会主义道路，形成了中国特色社会主义理论体系，确立了中国特色社会主义制度，发展了中国特色社会主义文化。[①] 中国特色社会主义建设与发展的实践，需要科学的理论指导，需要与时俱进的制度保障。我国40年国有企业改革之所以取得举世瞩目的历史性成就、弥足珍贵的基本经验，同样是与一系列重大理论和制度的创新分不开的。这些理论和制度的创新与国企改革相伴相生，理论指导了实践，制度保障了实践，实践又检验、丰富和发展了理论与制度；国企改革本身是重大制度创新，同时与相关重大制度创新相辅相成、相互支撑，这正是我国改革的系统性、整体性、协同性的内在体现。

一、公有制与市场经济相结合的伟大创举

很长时期内，在人们的观念中，经典社会主义这一概念是计划经济与生产资料公有制相结合。新中国成立后，我国学习借鉴苏联做法建立了计划经济体制，实行生产资料公有制。这一体制发挥了重要作用，使我国迅速集中起人力物力财力，建立了工业化基础，形成了比较完整的工业体系，为我国改革开放

---

① 《中国共产党章程》，人民出版社，2017年版，第6页。

和现代化建设提供了重要的物质基础。正如习近平总书记指出的，不能用改革开放后的历史时期否定改革开放前的历史时期，也不能用改革开放前的历史时期否定改革开放后的历史时期。① 历史有继承，也有发展，当原有体制不能适应新的发展要求时，改革开放成为历史的必然。

改革开放后，我国就是否实行市场经济体制这一重大问题作了逐步深入的探索，先后经历过传统计划经济体制、计划经济为主市场调节为辅、有计划的商品经济，由计划经济体制逐步向社会主义市场经济体制过渡。可以说，我国经济体制改革实际上是沿着建立完善社会主义市场经济体制这条主线展开的。

（一）我国社会主义市场经济体制的建立与完善

习近平总书记指出："从传统计划经济体制向社会主义市场经济体制转变是一个不断前进的过程。"② 党的十一届三中全会以来，我们党以巨大的政治勇气，以深化经济体制改革为重点，锐意推进改革开放。党的十一届六中全会提出，必须在公有制基础上实行计划经济，同时发挥市场调节的辅助作用。党的十二大进一步提出，正确贯彻计划经济为主、市场调节为辅的原则，是经济体制改革中一个根本性问题。党的十二届三中全会第一次提出社会主义经济是公有制基础上的有计划的商品经济。党的十三大指出，社会主义有计划商品经济的体制，应该是计划与市场内在统一的机制；社会主义商品经济同资本主义商品经济的本质区别，在于所有制基础不同；必须把计划工作建立在商品交换和价值规律的基础上。这一描述，提出了计划与市场内在统一，蕴含了思路上的重要创新。1992年春，邓小平同志视察南方时指出："计划多一点还是市场多一点，不是社会主义与资本主义的本质区别。计划经济不等于社会主义，资本主义也有计划；市场经济不等于资本主义，社会主义也有市场。计划和市场都是经济手段。"③ 这一论断打破了社会主义与市场经济不兼容的思想禁锢，为推行市场经济扫清了思想上的障碍。

从党的十四大以来的20多年间，我们党一直在根据实践拓展来认识深化

---

① 《毫不动摇坚持和发展中国特色社会主义 在实践中不断有所发现有所创造有所前进》，《人民日报》，2013年1月6日，第1版。
② 习近平：《转变政府职能是深化行政体制改革的核心》，《论坚持全面深化改革》，中央文献出版社，2018年版，第12页。
③ 邓小平：《在武昌、深圳、珠海、上海等地的谈话要点》，《邓小平文选》（第三卷），人民出版社，1993年版，第373页。

社会主义市场经济。党的十四大提出，在坚持公有制和按劳分配为主体、其他经济成分和分配方式为补充的基础上，建立和完善社会主义市场经济体制；使市场在社会主义国家宏观调控下对资源配置起基础性作用[①]；社会主义市场经济体制是同社会主义基本制度结合在一起的。这是党的全会第一次明确社会主义市场经济体制，公有制与市场经济结合探索迈出了实质性步伐，标志着我们党在经济体制改革的认识和实践上取得了重大突破。1993年，八届全国人大一次会议明确将建立社会主义市场经济体制载入《中华人民共和国宪法》，以国家根本大法的形式明确了我国经济体制改革的目标。党的十四届三中全会通过了《中共中央关于建立社会主义市场经济体制若干问题的决定》，确立了社会主义市场经济的基本框架。党的十五届四中全会提出，建立和完善社会主义市场经济体制，实现公有制与市场经济的有效结合，最重要的是使国有企业形成适应市场经济要求的管理体制和经营机制。在这里，明确指出了"公有制与市场经济的有效结合"，我们从中可以看到国有企业改革在这一结合中的重要地位和作用。党的十六大提出"在更大程度上发挥市场在资源配置中的基础性作用"。党的十六届三中全会通过了《中共中央关于完善社会主义市场经济体制若干问题的决定》。从十四届三中全会到十六届三中全会，标志着我国社会主义市场经济体制从"建立"走向"完善"阶段。党的十七大提出，从制度上更好发挥市场在资源配置中的基础性作用。

党的十八大进一步提出，更大程度更广范围发挥市场在资源配置中的基础性作用，完善宏观调控体系。党的十八届三中全会对社会主义市场经济理论作了深刻阐述，指出经济体制改革是全面深化改革的重点，核心问题是处理好政府和市场的关系，使市场在资源配置中起决定性作用和更好发挥政府作用。提出使市场在资源配置中起决定性作用，是我们党对中国特色社会主义建设规律认识的一个新突破，是马克思主义中国化的一个新的成果，标志着社会主义市场经济发展进入了一个新阶段。党的十八届三中全会将市场在资源配置中起基础性作用修改为起决定性作用，虽然只有两字之差，但对市场作用是一个全新

---

① 这一重大理论突破，对我国改革开放和经济社会发展发挥了极为重要的作用。习近平：《关于<中共中央关于全面深化改革若干重大问题的决定>的说明》，《论坚持全面深化改革》，中央文献出版社，2018年版，第29页。

的定位,"决定性作用"和"基础性作用"这两个定位是前后衔接、继承发展的。① 党的十九大报告中明确指出,"坚持社会主义市场经济改革方向","加快完善社会主义市场经济体制",明确"经济体制改革必须以完善产权制度和要素市场化配置为重点,实现产权有效激励、要素自由流动、价格反应灵活、竞争公平有序、企业优胜劣汰",并把"使市场在资源配置中起决定性作用,更好发挥政府作用"写进了新时代坚持和发展中国特色社会主义的基本方略②,为坚持社会主义市场经济改革方向提供了根本遵循。

(二) 公有制实现形式的不断创新和完善

公有制能不能与市场经济有效结合,是建立社会主义市场经济体制的关键问题。改革开放以来,我国不断调整和完善所有制结构,探索公有制与市场经济结合的有效实现形式,推动公有制经济和非公有制经济在发展经济、促进就业等方面发挥作用,增强经济社会发展活力。我国社会主义市场经济体制在不断完善的同时,也推动着公有制的实现形式不断创新和完善。党的十三大提出,全民所有制企业不可能由全体人民经营,一般也不适宜由国家直接经营,硬要这样做,只能窒息企业的生机和活力。实行所有权与经营权分离、把经营权真正交给企业,这决不会改变企业的全民所有制性质,只会使企业更加生气蓬勃,使公有制经济优越性得到充分发挥。还指出,除了全民所有制、集体所有制以外,还应发展全民所有制和集体所有制联合建立的公有制企业,以及各地区、部门、企业相互参股等形式的公有制企业。特别提及"联合建立""参股"等形式的公有制企业,这在当时是观念上的一大创新和变化。党的十四大将"国营企业"改称为"国有企业"。八届全国人大一次会议将宪法中的"国营经济"修改为"国有经济"。这不只是名称上的变化,更重要的是认识和实践上的深化,国有企业从由政府直接经营管理转变为国家所有、企业作为市场主体独立开展经营活动,是对所有权与经营权相分离原则的实践探索。

在对企业的管理方式上,也经历了从行业管理部门直接管理,到行业管理部门撤销,再到明确履行出资人职责的机构,企业逐渐从政府部门中脱离出

---

① 习近平:《"看不见的手"和"看得见的手"都要用好》,《论坚持全面深化改革》,中央文献出版社,2018年版,第105页。
② 习近平:《决胜全面建成小康社会 夺取新时代中国特色社会主义伟大胜利》,《人民日报》,2017年10月28日,第1版。

来，建立起有效的出资人代表制度，出资人代表机构不行使社会公共管理职能。党的十五大提出，"十一届三中全会以来，我们党认真总结以往在所有制问题上的经验教训，制定了公有制为主体、多种经济成分共同发展的方针，逐步消除所有制结构不合理对生产力的羁绊，出现了公有制实现形式多样化和多种经济成分共同发展的局面"，还指出"要全面认识公有制经济的含义。公有制经济不仅包括国有经济和集体经济，还包括混合所有制经济中的国有成分和集体成分"。这是在公有制实现形式认识上的再一次突破。党的十五届四中全会指出，积极探索公有制的多种有效实现形式。国有资本通过股份制可以吸引和组织更多的社会资本，放大国有资本的功能，提高国有经济的控制力、影响力和带动力。党的十六届三中全会提出，积极推行公有制的多种有效实现形式，加快调整国有经济布局和结构。要适应经济市场化不断发展的趋势，进一步增强公有经济的活力，大力发展国有资本、集体资本和非公有资本等参股的混合所有制经济，实现投资主体多元化，使股份制成为公有制的主要实现形式。从以上论述可看出，从党的十五届四中全会"积极探索"，到党的十六届三中全会"积极推行"，并明确提出了"股份制是公有制的主要实现形式"，对公有制实现形式的认识有了重大的突破和创新。党的十六届三中全会又进一步明确"适应经济市场化"的要求，实际上是强调了公有制与市场经济相结合的问题。党的十八届三中全会提出，要积极发展混合所有制经济，强调国有资本、集体资本、非公有资本等交叉持股、相互融合的混合所有制经济，是基本经济制度的重要实现形式，有利于国有资本放大功能、保值增值、提高竞争力，有利于各种所有制资本取长补短、相互促进、共同发展。党的十八届四中全会指出，"创新适应公有制多种实现形式的产权保护制度，加强对国有、集体资产所有权、经营权和各类企业法人财产权的保护"，进一步从产权制度上支撑和保障公有制的多种实现形式。

（三）公有制与市场经济结合的具体体现

国企改革的过程就是把国有企业推向市场、逐渐融入市场的过程，也是公有制与市场经济结合的过程。经过40年的改革，我国既成功地实现了坚持社会主义公有制为主体，又开创性地实现了社会主义市场经济体制。

从我国国企改革的历史脉络中，我们会发现清晰的两条线，一条是社会主义市场经济体制的建立和不断完善，另一条是公有制多种有效实现形式的探索和逐步深化。国企改革在这两条线相辅相成、并行不悖中一路前行,践行了两者的有机结合。

国有企业是我国公有制经济的主要载体,承担着公有制经济为主体、国有经济为主导的历史使命。在社会主义市场经济条件下,国有经济在国民经济中的主导作用主要体现在活力、控制力、影响力上,体现在对整个社会经济发展的支撑、引导和带动上。40年来,我国国有资本布局结构调整优化和国有企业整合重组持续推进,国有经济总量稳步增长,在军工、石油石化、电信、电力、民航等多个领域推进实施了一系列重大重组调整,国有资本不断向重要行业、关键领域集中并占据主导地位,发挥着公有制的主体作用。

探索了公有制多种有效实现形式。经过多年探索,我国公有制早已突破了传统模式,形成了多种有效实现形式。其中,股份制已成为公有制的主要实现形式。国有企业通过引入战略投资者,推进公司制股份制改革,积极支持资产或主营业务资产优良的企业上市。上市公司在国有企业中的比重逐步增大。据汇总口径测算,2018年,中央企业控股的上市公司资产总额、所有者权益、营业总收入、利润总额占中央企业的比重分别为58.4%、53.3%、65.9%、67.2%。中央企业的主要优质资产已进入上市公司,上市公司已成为中央企业改革发展的主体和中坚力量。这些上市公司活跃在资本市场,是公有制与市场经济结合的典型代表。回顾40年国企改革,公有制实现形式在理论、政策、实践上都有一系列的创新和发展,而这些创新和发展,使公有制与市场经济的结合更加深入。

我国社会主义市场经济体制已经初步建立,市场化程度大幅度提高,我们对市场规律的认识和驾驭能力不断提高,宏观调控体系更为健全。[①] 党的十八大以来,价格体制改革明显加快,已有近98%的商品和服务价格放开由市场决定,市场决定价格机制基本建立。[②] 我国现代市场体系建设已取得了长足进步,商品和服务市场畅通发达,产权制度日益完善,要素市场化配置进一步深化,多层次资本市场健康发展。

国有企业已经成为独立市场主体,已经与市场经济相融合。党的十四届三中全会提出,以公有制为主体的现代企业制度是社会主义市场经济体制的基

[①] 习近平:《关于〈中共中央关于全面深化改革若干重大问题的决定〉的说明》,《论坚持全面深化改革》,中央文献出版社,2018年版,第30页。

[②] 《党的十九大报告辅导读本》,人民出版社,2017年版,第232页。

础;国有企业实行公司制,是建立现代企业制度的有益探索。这揭示了公有制与市场经济相结合的制度路径。党的十八届三中全会指出,"国有企业总体上已经同市场经济相融合","公有制经济和非公有制经济都是社会主义市场经济的重要组成部分,都是我国经济发展的重要基础",这里实际上强调了国有企业、公有制经济与社会主义市场经济的融合、密不可分的关系。2015年8月,《中共中央 国务院关于深化国有企业改革的指导意见》再次强调,国有企业总体上已经同市场经济相融合。

在社会主义条件下发展市场经济,是我们党的一个伟大创举。我国经济发展获得巨大成功的一个关键因素,就是我们既发挥了市场经济的长处,又发挥了社会主义制度的优越性。我们要坚持辩证法、两点论,继续在社会主义基本制度与市场经济的结合上下功夫,把两方面优势都发挥好,既要"有效的市场",也要"有为的政府",努力在实践中破解这道经济学上的世界性难题。[①]国有企业改革发展践行和推动了公有制与市场经济结合,这既是重大理论创新,也是重大实践创新,是社会主义实践中的伟大创举。实现公有制与市场经济的结合,是在马克思主义经典著作没有明确阐述且社会主义市场经济没有样板的情况下实现的,丰富了马克思主义政治经济学和科学社会主义理论。

二、重大制度的创新与完善

(一) 社会主义基本经济制度的坚持和完善——国有企业改革的根本要求

改革开放40年来,我国对基本经济制度在认识中逐步深化、在实践中坚持并不断完善。坚持和完善社会主义基本经济制度,是深化国有企业改革必须把握的根本要求。

改革开放后,我国所有制结构开始从单一公有制向多种所有制经济并存转变。1979年9月的庆祝新中国成立30周年大会指出,"目前在有限范围内继续存在的城乡劳动者的个体经济,是社会主义公有制经济的附属和补充"。1980年9月,国务院经济体制改革办公室提出,我国现阶段的社会主义经济是生产资料公有制占优势,多种经济成分并存的商品经济。党的十二大进一步指出,

---

① 习近平:《不断开拓当代中国马克思主义政治经济学新境界》,《论坚持全面深化改革》,中央文献出版社,2018年版,第190页。

要坚持国营经济的主导地位和发展多种经济形式。党的十二届三中全会通过的《中共中央关于经济体制改革的决定》提出,社会主义计划经济必须自觉依据和运用价值规律,是在公有制基础上的有计划的商品经济。党的十三届七中全会提出,坚持以社会主义公有制为主体的多种经济成分并存的所有制结构,发挥个体经济、私营经济和其他经济成分对公有制经济的有益的补充作用,并对它们加强正确的管理和引导。党的十五大首次提出,"公有制为主体、多种所有制经济共同发展,是我国社会主义初级阶段的一项基本经济制度",并对基本经济制度内涵作了详细阐述。党的十六大首次提出,"必须毫不动摇地巩固和发展公有制经济","必须毫不动摇地鼓励、支持和引导非公有制经济发展",并指出,"坚持公有制为主体,促进非公有制经济发展,统一于社会主义现代化建设的进程中,不能把这两者对立起来,各种所有制经济完全可以在市场竞争中发挥各自优势,相互促进,共同发展",进一步丰富和发展了基本经济制度理论。党的十六届三中全会提出,"大力发展国有资本、集体资本和非公有资本等参股的混合所有制经济,实现投资主体多元化"。党的十八大进一步提出,"要加快完善社会主义市场经济体制,完善公有制为主体、多种所有制经济共同发展的基本经济制度","要毫不动摇巩固和发展公有制经济,推行公有制多种实现形式","毫不动摇鼓励、支持、引导非公有制经济发展,保证各种所有制经济依法平等使用生产要素、公平参与市场竞争、同等受到法律保护"。党的十八届三中全会提出,"公有制为主体、多种所有制经济共同发展的基本经济制度,是中国特色社会主义制度的重要支柱,也是社会主义市场经济体制的根基。公有制经济和非公有制经济都是社会主义市场经济的重要组成部分,都是我国经济社会发展的重要基础"。这对基本经济制度的作用作出了新的阐述。《中共中央 国务院关于深化国有企业改革的指导意见》指出,坚持和完善基本经济制度,是深化国有企业改革必须把握的根本要求。党的十九大提出"必须坚持和完善我国社会主义基本经济制度和分配制度,毫不动摇巩固和发展公有制经济,毫不动摇鼓励、支持、引导非公有制经济发展,使市场在资源配置中起决定性作用,更好发挥政府作用","支持民营企业发展,激发各类市场主体活力"。党的十九大把"两个毫不动摇"写入新时代坚持和发展中国特色社会主义的基本方略,作为党和国家一项大政方针进一步确定下来①。

国有企业改革,壮大了公有制经济,为基本经济制度的巩固提供了坚实的物质基础。与改革开放初期比,我国国有经济在许多竞争性领域的比重已大大降低。我国民营经济等非公有制经济获得了巨大发展,在支撑增长、促进创新、增加税收、扩大就业等方面发挥着越来越重要的作用。党的十八届三中全会以来,国有企业进一步深入推动混合所有制改革,在更多的重点行业和领域吸引非公有制经济的参与。习近平总书记指出,改革开放以来,我国所有制结构逐步调整,公有制经济和非公有制经济在发展经济、促进就业等方面的比重不断变化,增强了经济社会发展活力。在这种情况下,如何更好体现和坚持公有制主体地位,进一步探索基本经济制度有效实现形式,是摆在我们面前的一个重大课题。②国有资本、集体资本、非公有资本等交叉持股、相互融合的混合所有制经济,是基本经济制度的重要实现形式。任何想把公有制经济否定掉或者想把非公有制经济否定掉的观点,都是不符合最广大人民根本利益的,都是不符合我国改革发展要求的,因此也都是错误的。③

2018年11月,习近平总书记就民营经济发展发表重要讲话,对基本经济制度做了进一步阐述,并精辟地阐明了国有企业改革发展与基本经济制度的关系。"我们党在坚持基本经济制度上的观点是明确的、一贯的,从来没有动摇。我国公有制经济是长期以来在国家发展历程中形成的,积累了大量财富,这是全体人民的共同财富,必须保管好、使用好、发展好,让其不断保值升值,决不能让大量国有资产闲置了、流失了、浪费了。我们推进国有企业改革发展、加强对国有资产的监管、惩治国有资产领域发生的腐败现象,都是为了这个目的。同时,我们强调把公有制经济巩固好、发展好,同鼓励、支持、引导非公有制经济发展不是对立的,而是有机统一的。公有制经济、非公有制经济应该相辅相成、相得益彰,而不是相互排斥、相互抵消。"在功能定位上,明确"公有制经济和非公有制经济都是社会主义市场经济的重要组成部分,都是我国经济社会发展的重要基础";在产权保护上,明确提出"公有制经济财产权

---

① 习近平:《在民营企业座谈会上的讲话》,《论坚持全面深化改革》,中央文献出版社,2018年版,第479页。
② 习近平:《关于<中共中央关于全面深化改革若干重大问题的决定>的说明》,《论坚持全面深化改革》,中央文献出版社,2018年版,第32页。
③ 习近平:《毫不动摇坚持我国基本经济制度,推动各种所有制经济健康发展》,《论坚持全面深化改革》,中央文献出版社,2018年版,第249页。

不可侵犯，非公有制经济财产权同样不可侵犯"。①

基本经济制度的坚持和完善，在公有制的实现形式、公有制经济与非公有经济的关系、基本经济制度的实现形式、基本经济制度在整个社会主义制度中的地位和作用等诸多方面有了重大创新和发展，是对马克思主义政治经济学的新发展，是科学社会主义新的重大历史性成果。坚持把国有资本做强做优做大，是巩固基本经济制度；坚持发展混合所有制经济，同样是巩固基本经济制度，也是新时代创新基本经济制度实现形式的重要实践。公有制经济与非公有制经济两者融合，突破原来公私对立的传统看法，是对社会主义基本经济制度内涵的重大创新。国有企业改革发展的实践，在坚持和完善基本经济制度中发挥了重要作用。

（二）中国特色现代国有企业制度的建设与完善——国有企业改革的原则和方向

我国国有企业从计划经济时期的行政机构附属物地位到独立市场主体地位，从实行厂长经理负责制到初步建立现代企业制度再到建设中国特色现代国有企业制度，走出了一条适合我国国情的企业制度创新之路。

培育独立市场主体地位。由"大而统"的计划经济，走向市场经济，对国有企业来说，就是从行政机构的附属物变成独立的市场竞争主体。使国有企业成为充满活力的市场竞争主体是我国国企改革40年的一条主线。围绕这条主线，我国国企改革很多探索都可以追溯于此，归结于此。如，最早在20世纪70年代提出的企业本位论就是对企业主体地位进行的早期探索②，提出企业是现代经济的基本特征，是一个具有能动性的有机体，应当具有独立的经济利益，社会主义制度下国家与企业的关系不是行政隶属关系，而是一种经济关系，国家政权组织和经济组织应当分离。又如，公司制的有限责任制度，是企业法人走向市场竞争所普遍认同的规则，法人财产权使得法人行为有了明确的经济责任界限，法人财产与投资者个人财产分开，提高了投资者的经济承受能力，降低了投资者的风险。再如，我国国企改革早期的"拨改贷"，出发点是给企业以约束，但大量的"拨改贷"，却使许多企业后来运行中缺乏资本金，

---

① 习近平：《在民营企业座谈会上的讲话》，《人民日报》，2018年11月2日，第2版。
② 蒋一苇：《企业本位论》，《中国社会科学》，1980年1月。

不符合市场竞争的基本条件,后来"债转股"补上了这一课,才使法人资本金制度走向落实,资本负债结构的概念逐渐得以强化。时至今日,再来看20世纪80年代国营企业流动资金曾统一由人民银行管理的做法,似乎很难理解,实际上在当时条件下没有也不可能把企业当成一个完整的法人来看,但出发点的确是期望把企业培育成独立发展主体。国企改革中一再提到的自主经营、自负盈亏、自我发展、自我约束、自担风险中的"自",实际上就是千方百计使企业这个主体具有独立市场地位。这些概念,从改革开放初期就开始说起,一直到2015年8月《中共中央 国务院关于深化国有企业改革的指导意见》中仍在强调,可见,国企改革的方向是明确的、一贯的。

初步建立现代企业制度。党的十四届三中全会提出建立"产权清晰、权责明确、政企分开、管理科学"的现代企业制度。1994年底,国家经贸委会同体改委等14个部门,选择100户国有大中型企业,进行建立现代企业制度的试点。随后,全国各省市先后选定了2700多户国有企业参加了地方试点工作。试点企业在清产核资、明确企业法人财产权基础上,逐步建立了现代企业制度的领导体制和组织制度框架,初步形成了企业法人治理结构。之后围绕建立现代企业制度,在理论、政策、实践方面都进行了大量探索。党的十五大提出了力争到20世纪末大多数国有大中型骨干企业初步建立现代企业制度的目标。党的十五届四中全会专门对建立和完善现代企业制度作出了详细部署。根据党的十五届四中全会精神,《国有大中型企业建立现代企业制度和加强管理基本规范(试行)》《关于深化国有企业内部人事、劳动、分配制度改革的意见》等文件先后出台,推动国有及国有控股大中型企业建立现代企业制度和加强管理。党的十六大、十六届三中全会、十八届三中全会均对建立完善现代企业制度提出了要求。从实践上看,国务院国资委成立后,加快了建设现代企业制度的步伐。在积极推进股份制改革的同时,以规范董事会建设为重点,完善国有企业法人治理结构。规范董事会建设的一项关键措施是外部董事占多数,从而推动决策层与执行层分开、在董事会内部形成多元结构和有效制衡,是董事会进一步发挥决策作用的重要措施,是一个重要的制度创新。2004年,国务院国资委印发《关于中央企业建立和完善国有独资公司董事会试点工作的通知》,在中央企业推进规范董事会试点工作。从2003年开始,国务院国资委选择部分高管职位面向全球公开招聘,截至2011年底,中央企业有141个高管职位在全球公开招聘,各级子企业累计市场化选聘经营管理人员60万人。2015年8月,《中共中央 国务院关于深化国有企业改革的指导意见》对建立现代企业制度提出了具体要求。其中,最关键的是有效制衡的公司法人治理结构和灵活高效的市场化经营机制。时至2018年全国国企改革座谈会上,仍把这些工作作为重要改革目标。

培育参与市场竞争应具备的主体能力。改革探索表明,国有企业在走向市场的过程中,仅仅具备法人地位是不够的,必须要有参与市场竞争应具备的能力。培育市场竞争主体的能力在国企改革历程中所做的大量努力也是清晰可见的。如,改革开放初期,两个"扩权十条"都是培育法人竞争能力的初步探索。1992年7月,国务院颁布《全民所有制工业企业转换经营机制条例》,明确规定企业享有生产经营决策权,产品、劳务定价权,产品销售权,物资采购权等14项权利;在企业集团试点中,1991年12月,国务院批转国家计委、国家体改委、国务院生产办《关于选择一批大型企业集团进行试点的请示》,决定选取57家企业集团进行试点,赋予设立财务公司、自营进出口权等多项功能;1997年第二批企业集团试点中,明确进一步增强试点企业集团母公司的功能,发挥试点企业集团母公司在制定集团发展战略、调整结构、协调利益等方面的主导作用,逐步成为集团的投融资、科技开发、对外贸易和经济技术交流等重大经营活动的决策中心等。20世纪90年代进行的国家授权投资的机构试点、国家控股公司试点,21世纪初进行的国有资产管理公司试点,以及2012年以来推进的国有资本投资、运营公司试点,都在资产经营、资产处置、资本运作方面培育了企业的竞争能力。今天我们之所以能培育和发展一批能在国际市场竞争中脱颖而出的大型企业,离不开40年国企改革一步一步在市场竞争中不断完善企业的功能、增强企业竞争能力奠定的重要基础。

推动建设中国特色现代国有企业制度。在国企改革探索过程中,注重借鉴国外先进经验,但并不照抄照搬,而是充分考虑我国国情。不存在放之四海而皆准的公司治理结构。中国有中国的国情,最本质的特征就是坚持党的领导。国企改革过程中,国有企业管理体制几经变化,但都坚持了党的领导的原则,在具体途径方式上不断探索完善。2016年10月全国国有企业党的建设工作会议上,习近平总书记提出了"两个一以贯之"的重要论断,指出:坚持党对国有企业的领导是重大政治原则,必须一以贯之;建立现代企业制度是国有企业改革的方向，也必须一以贯之。中国特色现代国有企业制度，"特"就特在把党的领导融入公司治理各环节，把企业党组织内嵌到公司治理结构之中，明确和落实党组织在公司法人治理结构中的法定地位，做到组织落实、干部到位、职责明确、监督严格①。2017年1月，国务院国资委党委印发《关于加快推进中央企业党建工作总体要求纳入公司章程有关事项的通知》，要求在公司章程中进一步明确党委（党组）在企业中的法定地位，推动中央企业集团全部完成"党建进章程"，同时全部实现党委（党组）书记、董事长"一肩挑"，全部落实党组织研究讨论作为公司决策重大事项的前置程序。这些工作，明确了党组织在公司治理结构中的法定地位，巩固了党委（党组）发挥领导作用的制度基础。

习近平总书记关于"两个一以贯之"、建立中国特色现代国有企业制度的重要论断，澄清了历史上许多模糊或错误认识，深刻揭示了中国特色现代国有企业制度的本质特征，充分体现了公司治理基本规律和国有企业特殊属性的有机统一，这是我国企业制度的重大历史性创新，使我国现代企业制度建设达到了一个前所未有的理论高度和实践境界，是我国国企改革必须坚持的重大政治原则和方向。

（三）国有资产监管制度的建立与完善——国有企业改革的重要体制支撑

我国国有企业改革过程中，对国有资产监管制度的探索，也是逐步深化的。党的十三大提出，全民所有制企业不可能由全体人民经营，要实行所有权与经营权分离，把经营权真正交给企业，理顺企业所有者、经营者和生产者的关系。随后，1988年国务院设立国家国有资产管理局，开始了改革国有资产监管制度的探索。党的十三届七中全会提出加强国有资产的管理，逐步建立与社会主义有计划商品经济相适应的国有资产管理体制和管理方法。党的十四届三中全会提出，出资者按投入企业资本额享有所有者权益，即资产受益、重大决策和选择管理者等权利；提出"对国有资产实行国家统一所有、政府分级监管、企业自主经营的体制。按照政府的社会经济管理职能和国有资产所有者职能分开的原则，积极探索国有资产管理和经营的合理形式和途径"。党的十五

---

① 习近平:《坚持党对国有企业的领导不动摇 开创国有企业党的建设新局面》,《人民日报》,2016年10月12日,第1版。

大提出,"建立有效的国有资产管理、监督和营运机制,保证国有资产的保值增值,防止国有资产流失"。党的十五届四中全会提出:"积极探索国有资产管理的有效形式。要按照国家所有、分级管理、授权经营、分工监督的原则,逐步建立国有资产管理、监督、营运体系和机制,建立与健全严格的责任制度。国务院代表国家统一行使国有资产所有权,中央和地方政府分级管理国有资产,授权大型企业、企业集团和控股公司经营国有资产。要确保出资人到位。允许和鼓励地方试点,探索建立国有资产管理的具体方式。"这是党的全会第一次提出"出资人"概念。党的十六大明确提出,在坚持国家所有的前提下,充分发挥中央和地方两个积极性。国家要制定法律法规,建立中央政府和地方政府分别代表国家履行出资人职责,享有所有者权益,权利、义务和责任相统一,管资产和管人、管事相结合的国有资产管理体制。中央政府和省(自治区、直辖市)、市(地)两级地方政府设立国有资产管理机构。继续探索有效的国有资产经营体制和方式。党的十六大提出深化国有资产管理体制改革的重大任务,并明确了国有资产管理体制改革的一系列重大原则。2003年,国务院国资委正式成立,作为国务院直属正部级特设机构,按"三定"方案规定,根据国务院授权,依照法律法规履行出资人职责,监管中央所属企业的国有资产,加强国有资产的管理工作,推动国有资产监管制度向前迈出了一大步,改变了国有资产多头管理、无人负责的局面,建立了由中央、省级、地市级三个层级的出资人代表机构构成的组织体系;形成了《企业国有资产法》为统领,《企业国有资产监管条例》为主要法规,拥有27个现行有效规章、209个主要规范性文件,涵盖产权登记、产权流转、资产评估、业绩考核、薪酬管理、选人用人等多方面的一套国有资产监督管理政策法规体系。党的十八届三中全会指出"完善国有资产管理体制,以管资本为主加强国有资产监管,改革国有资本授权经营体制,组建若干国有资本运营公司,支持有条件的国有企业改组为国有资本投资公司"。这次会议明确提出的"以管资本为主"成为这一时期加强国有资产监管的工作方向。2015年10月,《国务院关于改革和完善国有资产管理体制的若干意见》重申"实现政企分开、政资分开、所有权与经营权分离"的原则,提出"按照市场经济规则和现代企业制度要求,以管资本为主,以资本为纽带,以产权为基础,重点管好国有资本布局、规范资本运作、提高资本回报、维护资本安全。注重通过公司法人治理结构依法行使国有股东权利"的要求。近年来，通过深化改革，以管资本为主推动国资监管机构职能转变，改组组建国有资本投资、运营公司，在推进管资本为主方面做了大量的探索，取得积极成效。2017年4月，国务院办公厅转发《国务院国资委以管资本为主推进职能转变方案》，要求强化管资本职能，落实保值增值责任。落实企业法人财产权和经营自主权，进一步明确国务院国资委与企业的权责边界，取消、下放、授权一批监管事项，进一步完善了国有资产监管制度。2018年5月，党中央研究制定了推进中央党政机关和事业单位经营性国有资产集中统一监管试点的实施意见，探索进一步推进国有资产集中统一监管。同年12月，中央经济工作会议强调，加快由管企业向管资本转变，履行好出资人职责。2019年4月，国务院印发《改革国有资本授权经营体制方案》，明确出资人代表机构履行出资人职责，优化出资人代表机构履职方式，分类开展授权放权，同时从加强国有资产监管角度提出完善监督监管体系，通过健全制度、创新手段，整合监督资源，严格责任追究，实现对国有资本的全面有效监管。

建立完善国有资产监管制度，明确了国有资产监管机构履行出资人职责和国有资产监管职责，实现了政府公共管理职能与国有资产出资人职能的分开，有利于公平竞争，完善社会主义市场经济体制；使所有权与经营权分离有了明确的制度保障，有利于推动企业成为独立市场主体，推动了各级企业法人层面现代企业制度建设，推动了企业活力的增强；有利于推进混合所有制改革，各种所有制主体的权益得到平等保护，推进不同类型资本相互取长补短、互利共赢、共同发展；有利于加强国有资产监督，防止国有资产流失，确保国有资产保值增值；有利于推动国有企业重组整合，优化国有资本布局结构，增强国有经济整体功能和效率。

历史和现实告诉我们，理论创新对国有企业改革具有重要的引领作用，制度创新和完善对国有企业改革具有重要保障作用。在新时代，站在新的起点上深化国有企业改革，要贯彻落实习近平新时代中国特色社会主义思想，坚持理论创新和制度创新，落实建立现代化经济体系、推动高质量发展的要求，根植国情、立足实际、与时俱进，不断探索创新完善，形成与社会主义初级阶段、社会主义市场经济体制更加适应的中国特色国资国企改革理论和制度体系。

第四节 国有企业改革的前瞻

改革只有进行时没有完成时。站在改革开放 40 周年这个新的历史起点上，深入学习贯彻习近平新时代中国特色社会主义思想和党的十九大精神，国有企业改革的方向就更加明确。要坚持有利于国有资产保值增值、有利于提高国有经济竞争力、有利于放大国有资本功能的方针，持续推进国资国企全面深化改革，坚定不移地推动国有资本做强做优做大，加快培育具有全球竞争力的世界一流企业。

一、党的十八大以来国有企业改革取得了新的重大进展和历史性伟大成就

党的十八大以来，在以习近平同志为核心的党中央坚强领导下，全国各地区、各部门以前所未有的决心和力度抓改革落实，推进全面深化改革，改革全面发力、纵深推进、层层落地、持续攻坚突破，全面深化改革取得了全方位、开创性的历史成就。

国有企业改革作为全面深化改革的重要内容，全面推进，重点突破，解决了许多长期想解决而没有解决的难题，取得了新的重大进展和历史性伟大成就。以管资本为主完善国有资产管理体制，进一步推动国有资产监管机构职能转变，改革国有资本授权经营体制，出台出资人监管权力和责任清单，国有资产所有权与企业经营权的边界进一步明晰。国有企业公司制改制基本完成，股份制改革、改制上市持续推进，灵活高效的市场化经营机制正在形成。深化国有企业负责人薪酬制度改革，强化激励约束机制，薪酬分配秩序得到有效规范。基本完成国有企业功能界定与分类，国有企业分类改革全面深化，国有企业与市场经济进一步深度融合。发展混合所有制经济成为国有企业改革的重要突破口，重要领域混合所有制改革稳步推进，混合所有制企业数量稳步增加。推动中央企业结构调整与重组，国有资本进一步向重要行业和关键领域集中，布局进一步优化，国有经济活力、控制力、影响力、抗风险能力进一步增强。剥离国有企业办社会职能和解决历史遗留问题取得重大突破，全国国有企业基

本完成职工家属区"三供一业"和市政社区管理等职能分离移交，教育医疗机构深化改革达90%以上，消防机构分类处理全面完成。退休人员社会化管理已完成37.7%，正由试点向全国全面推开。全面加强党的领导、党的建设，全面落实"两个一以贯之"，党的领导融入公司治理各环节的探索不断深化和完善，中国特色现代国有企业制度建设取得突破性进展，各司其职、各负其责、协调运转、有效制衡的公司法人治理结构更加完善。

二、深化国有企业改革面临的形势

中国特色社会主义进入新时代，我国经济发展也进入了新时代，已由高速增长阶段转向高质量发展阶段，正处在转变发展方式、优化经济结构、转换增长动力的攻关期。推动国有企业实现由高速增长转向高质量发展是当前国有企业改革必须跨越的重大关口，机遇和挑战并存。要全面分析所处大环境，准确研判国内外经济形势，在国际国内经济变革中全面深化国有企业改革，既要看到挑战，又要看到机遇；既要看到尚存在的问题，又要看到我们已经奠定的基础所带来的优势，坚定国企改革的信心。

从国际看，国际政治经济环境出现重大变化，全球贸易保护主义、单边主义抬头，逆全球化趋势和贸易摩擦加剧，国际金融和大宗商品市场震荡，世界经济增长有放缓的趋势，增加了世界经济以及中国经济运行的不确定性。科技革命推动产业变革，前沿科技领域取得重大突破，特别是信息技术和生物技术相结合，导致新一轮的科技革命加速推进，并向各个产业领域加速渗透。无论是传统产业还是新兴产业，产业形态、经营方式、产业关联、产业链组合都不同程度出现了新的态势，从总的发展策略到商业模式，到人才、企业家特点，都发生了或正在孕育重大变化，对新时代国有企业改革发展提出了新的挑战。从国内看，经济运行稳中有变、变中有忧，外部环境复杂严峻，国内经济下行压力加大，实体经济困难较多，有效投资增长乏力，内需增长放缓，基础研究和原始创新能力较弱，关键核心技术"卡脖子"问题日显突出，发展新动能仍然不足，新老矛盾交织，周期性、结构性问题叠加，出现了很多没有遇到的新情况。虽然经济发展面临着这样那样的困难和挑战，但我国仍处于并将长期处于重要的战略机遇期。当今世界，和平发展仍是时代主题，解决各类世界难题需要加强国际合作与交流，谋求合作和发展仍是世界各国的共同愿望，全球新一轮科技革命导致创新空间增大,扩大开放相互依赖加深。要适应新形势,把握新特点,推动由商品和要素流动型向规则等制度型开放转变。加快经济结构调整优化升级,提升企业科技创新能力,全面深化改革开放,加快绿色发展,积极参与全球经济治理体系变革,变压力为加快推动经济高质量发展的动力。

国有企业改革取得了历史性成就,但与到2020年重要领域和关键环节取得决定性成果的要求相比,与高质量发展要求相比,与国家"两步走"战略要求相比,仍然有不少重点难点问题没有解决。从中国特色现代国有企业制度建设角度看,公司各治理主体的权责边界不够清晰,形成协调运转、有效制衡的机制仍有不少操作层面的问题有待探索解决;国有企业内部管理人员能上能下、员工能进能出、收入能增能减还没有在机制上全面形成,灵活高效的市场化机制还不完善,有效的激励机制不够,一些企业关键技术人才流失。从国有资产管理体制角度看,以管资本为主的国有资产管理体制还有待进一步完善,政企不分、政资不分的问题依然存在,出资人代表机构与国家出资企业间权责边界不够清晰,国有资产监管越位、缺位、错位现象仍有发生,授权经营体制改革还有待深化。从结构调整角度看,国有资本布局结构仍存在不少问题,行业分布不尽合理、结构性过剩与不足并存、一些企业主业不突出、非主业投资冲动较大,结构优化的任务还很繁重,国有资本运营效率有待提高。在坚持党的领导、加强党的建设方面,全面从严治党在国有企业仍存在薄弱环节,党建责任制需进一步加强。这些问题,都有待进一步深化国企改革,采取有效措施加以解决。

党的十八大以来,在以习近平同志为核心的党中央坚强领导下,国企改革全面深化,习近平总书记对国企改革发展作出了一系列重要讲话指示批示,为进一步深化国企改革提供了强大的思想武器和明确的行动指南;新时代国企改革发展,进一步夯实了中国特色社会主义的重要物质基础和政治基础;长期的卓有成效的国企改革实践,形成了一系列弥足珍贵的改革经验,培养了一大批坚持党的领导、适应市场经济的改革家、企业家,锻造了一支信得过、打得赢的国有企业干部职工队伍,形成、健全、完善了一系列重大制度。这些都为进一步深化国企改革在思想、物质、队伍、制度等方面奠定了坚实的基础。新时代站在新的历史起点上,要巩固已有成果,坚持问题导向,突出重点难点,充满必胜信心,坚定不移地推进国企改革的全面深化。

三、新时代坚定不移推进国有企业改革全面深化

中国特色社会主义进入新时代,国有企业改革发展也进入新时代。新时代推进国企改革,必须树牢"四个意识",坚定"四个自信",坚决做到"两个维护"。当前,国有企业改革进入深水区和攻坚期,正处于"一个行动胜过一打纲领"的关键阶段,也是改革乘数效应最大的阶段。一分部署,九分落实。国有企业改革"1+N"政策体系已经基本定型,体制、机制、结构的改革路径和框架已经明确,关键就是"抓落实"。面对新形势、新任务、新挑战,必须以习近平新时代中国特色社会主义思想为指导,从战略高度认识新时代深化国有企业改革的中心地位,充分认识增强微观市场主体活力的极端重要性,坚持稳中求进工作总基调,坚持新发展理念,按照高质量发展的要求,坚持以供给侧结构性改革为主线,把改革工作重点更多地放在解决实际问题上,以"伤其十指不如断其一指"的思路,加快实现从管企业向管资本转变,强化激励,着力激发企业微观主体活力,做强做优做大国有资本,加快培育具有全球竞争力的世界一流企业。

着力完善中国特色现代国有企业制度。坚持党对国有企业的领导是重大政治原则,必须一以贯之;建立现代企业制度是国有企业改革的方向,也必须一以贯之。全面落实"两个一以贯之",把加强党的领导和完善公司治理统一起来,建设中国特色现代国有企业制度。国有企业改革将始终坚持党的领导,遵循市场经济规律和企业发展规律,加快形成符合中国特色社会主义国情的制度安排,形成符合中国特色现代国有企业制度要求的治理体系。有效划分企业各治理主体权责边界,充分发挥党委(党组)把方向、管大局、保落实的领导作用,切实落实和维护董事会依法行使重大决策、选人用人、薪酬分配等权利,保障经理层经营自主权,做到各司其职、各负其责、无缝衔接,加快形成有效制衡、协调运转、运作高效的公司治理结构。

着力增强国有企业微观主体活力。深化国有企业改革,解放和发展生产力,促使国有企业真正成为依法自主经营、自负盈亏、自担风险、自我约束、自我发展的独立市场主体,在激烈的市场竞争中充满活力、发展壮大。坚持政企分开、政资分开、所有权与经营权分离,依法落实企业法人财产权和经营自主权,进一步巩固国有企业独立市场地位。建立健全灵活高效的市场化经营机

制，增强国有企业内生活力，调动各层级员工积极性。推进经理层成员任期制和契约化管理，按照"市场化选聘、契约化管理、差异化薪酬、市场化退出"原则，加快建立职业经理人制度。建立与社会主义市场经济相适应的薪酬分配制度，通过制定多种形式的中长期激励措施，合理拉开内部收入分配差距。培育企业家精神，维护企业家权益，充分发挥企业家作用，落实好"三个区分开来"，为担当负责的国有企业家撑腰打气；强化用人导向，为想改革、谋事业、善经营的企业家，有思路、有闯劲、有潜力的年轻人提供更多更大的舞台。

着力积极稳妥推进混合所有制改革。混合所有制经济是我国基本经济制度的重要实现形式，是深化国有企业改革的重要突破口。要坚持"两个毫不动摇"，鼓励非国有资本投资主体通过出资入股、收购股权、认购可转债、股权置换等多种方式，参与国有企业改制重组或国有控股上市公司增资扩股以及企业经营管理；鼓励国有企业通过投资入股、联合投资、重组等多种方式，与非国有企业进行股权融合、战略合作、资源整合，发展混合所有制经济。继续深化重要领域混合所有制改革试点。推进混合所有制企业员工持股改革。要平等保护各类产权，使各类所有制资本互相取长补短、互利共赢，共同发展。

着力加快国有经济布局优化、结构调整和战略性重组。以供给侧结构性改革为主线，深入贯彻"巩固、增强、提升、畅通"八字方针，推动国有资本向关系国家安全、国民经济命脉和国计民生的重要行业和关键领域、重点基础设施集中，加大国有资本在前瞻性战略性产业布局，推动国有资本形态转换和结构调整优化，加快处置低效无效资产，淘汰落后产能，提高国有资本配置效率。推动国有企业战略性重组，聚焦发展实体经济，突出主业、做强主业，加快推进横向联合、纵向整合和专业化重组，提高国有企业核心竞争力。

着力加快从管企业向管资本转变。探索国资监管新形式、新机制、新方法，准确把握出资人职责定位，全面梳理精简国资监管机构履职事项，依法将应由企业自主经营决策的事项归位于企业，将配合承担的公共管理职能归位于相关政府部门和单位，创新监管方式和手段，改变行政化监管方式，提高监管的及时性、针对性和有效性。以国有资本保值增值、防止流失为目标，加快形成全面覆盖、分工明确、协同配合、制约有力的国有资本监督体系。加强国有企业内部监督、出资人监督和审计纪检监察、巡视监督以及社会监督，加快建立更有效的国有资产监督体系。加快推进信息化与监管业务有机融合，加强事中事后监督，实现放活与管好的有机统一，打造实时在线的国资监管平台和统一高效的信息化公开网络平台。

着力培育具有全球竞争力的世界一流企业。培育具有全球竞争力的世界一流企业是党的十九大对国有企业提出的新的更高要求。国有企业特别是中央企业，是深入推进供给侧结构性改革的重要力量，是新时代适应经济全球化新趋势、促进我国产业迈向全球价值链中高端和增强国际竞争力的重要主体。要不断加大开放合作力度，充分利用国际国内两个市场、两种资源，培育一批在国际资源配置中占主导地位、引领全球行业技术发展、在全球产业发展中具有话语权和影响力的领军企业，在生产效率、运营效率、产品服务品质等方面的领先企业，在践行新发展理念、履行社会责任、树立全球知名品牌形象等方面的典范企业，为全面建成社会主义现代化强国、实现中华民族伟大复兴的中国梦提供强大支撑。

始终坚持党的领导、加强党的建设。坚持党的领导、加强党的建设是国有企业的"根"和"魂"，是我国国有企业的独特优势。按照新时代党的建设总要求，进一步巩固深化落实全国国有企业党的建设工作会议各项部署，贯彻落实对国有企业"六个力量"的要求，始终坚持和加强党对国有企业的全面领导，把党要管党、全面从严治党贯穿始终，确保建设一大批具有全球竞争力的世界一流企业，确保国有企业、国有资产牢牢掌握在党的手中。[①] 深化落实党建工作责任制，推动国有企业把管党治党政治责任、治企兴企经营责任结合起来，提高国有企业党建质量，为深化国有企业改革、做强做优做大国有资本提供坚强政治保证，以高质量党建引领高质量发展。

---

① 《新时代国有企业党的建设教程》，中共中央党校出版社，2019年2月版，第52页。

国企改革历程
1978—2018

分 论

第三章 公司制股份制改革

公司制是现代企业制度的有效组织形式。20世纪90年代初,我国把建立现代企业制度作为国有企业改革方向之后,将传统的国有企业改制为公司制股份制企业[①],成为我国国有企业改革最基础、最具标志性的工作之一。在从计划经济体制向社会主义市场经济体制转轨过程中,作为微观市场主体的国有企业,不断探索推进公司制股份制改革,逐步成为依法自主经营、自负盈亏、自担风险、自我约束、自我发展的独立市场主体。党的十八大以来,国有企业改革全面深化,提出了建设中国特色现代国有企业制度的新目标,使现代企业制度建设达到一个前所未有的新境界。截至2017年底,中央企业公司制改革基本完成。40年来,我们坚持政企分开、政资分开,以增强企业活力、提高效率为中心,提高企业核心竞争力,从初步探索股份制到以公司制为主要组织形式建立现代企业制度,再到发展混合所有制、建立中国特色现代国有企业制度,是我国国有企业改革的主脉络,沿着这条脉络,推进了企业法律形态的变化、有限责任的落实、治理结构的完善、市场化机制的形成、国有资本授权经营等多项重要改革。

第一节 股份制改革初步探索

20世纪80年代的国有企业改革,先后经历了扩大企业自主权、"利改税"、推行承包经营责任制等阶段,主要解决两个方面问题:一是确立企业的动力机

---

① 2008年颁布的《中华人民共和国企业国有资产法》规定,"企业改制是指:(一)国有独资企业改为国有独资公司;(二)国有独资企业、国有独资公司改为国有资本控股公司或者非国有资本控股公司;(三)国有资本控股公司改为非国有资本控股公司"。

制,二是实现企业的市场导向。这一时期,虽然主导的改革形式仍是承包制,但推行股份制逐渐成为深化国有企业改革、增强国有企业活力的重要尝试,为国有企业有效实现所有权与经营权分离、政企分开、政资分开、转换经营机制积累了宝贵经验,为建立现代企业制度探索了路子。

一、股份经济与股份制企业的产生

党的十一届三中全会后,改革的脚步首先在农村迈开,股份经济首先在城乡集体企业中萌发。一部分农民开始从土地中解脱出来,自发采用"以资带劳、以劳带资"[①]的方式筹集资金,兴办合股经营的乡镇企业。这成为改革开放以来股份经济的雏形。国家对这种集资入股发展经济的形式予以充分肯定。党中央《关于1984年农村工作的通知》明确提出"鼓励农民向各种企业投资入股"。这极大地激发了农民通过投资入股兴办企业、参与企业经营的热情,促进了我国乡村合股经营企业的发展。在这期间,一些城镇也采取集资入股的办法,兴办了一批合股经营的股份制企业,拉开了我国股份经济发展的序幕。

国有企业股份制首先产生于企业之间横向经济联合的发展。改革开放之初,国家推行以"放权让利"为特征的扩大企业自主权改革,国营企业自主权逐步扩大。一些国营企业开始冲破地区、部门、行业和所有制的界限,按照经济发展要求,集合各方面优势,相继组建了一些横向经济联合体。这些经济联合体由单纯的生产经营协作发展到企业之间以资金、技术、设备等生产要素互相投资入股,形成"你中有我,我中有你"的经济实体,国有股份制企业应运而生。因此,我国的股份制企业是随着社会主义商品经济的发展而诞生和发展起来的,是经济体制改革的产物。

1984年4月,国家体改委在江苏常州召开的城市经济体制改革试点工作座谈会提到了"股份制"的问题,并在会后印发的《座谈会纪要》中提出"集体企业和国营小企业要进一步放开、搞活",办法包括"允许职工投资入股,年终分红"。1984年7月,北京天桥百货股份公司成立,其前身是成立于1953年的全民所有制企业"天桥百货",这是我国首家进行股份制改造的国营企业。

[①] "以资带劳"是指投入一定数量资金可以带进一人作为企业职工的企业集资方式,"以劳带资"是指企业职工向本企业集资入股的一种方式。

1984年10月，党的十二届三中全会提出我国经济体制改革重点由农村转向城市，城市经济体制改革的中心环节是增强国营企业的活力。改革初期，国营企业实行承包经营责任制，这一方面有利于激发企业活力，另一方面也产生了长期困扰国有企业的产权不清、包袱过重、缺乏自我约束和自我发展能力等问题。为进一步激发企业活力，北京、广东、上海等地一些国有企业开始尝试股份制改革。1984年11月，上海电声总厂发起成立飞乐音响公司，向社会公开发行股票，这是改革开放后第一只比较规范的股票。邓小平同志在接见参加中美金融研讨会的纽约证券交易所董事长时，还赠送其一股面值50元的飞乐音响公司的股票。

二、改革初期对股份制的探索

国有企业改革初期，为实现企业所有权与经营权分离，落实企业自主权，尝试通过放权让利、"利改税"、实行经济责任制等多种形式，推动经营机制转换。1986年12月，国务院印发《关于深化企业改革增强企业活力的若干规定》，明确"各地可以选择少数有条件的全民所有制大中型企业，进行股份制试点。企业之间互相投资，或联合投资新建企业，一般宜采取股份制形式"。1987年10月召开的党的十三大指出，"改革中出现的股份制形式，包括国家控股和部门、地区、企业间参股以及个人入股，是社会主义企业财产的一种组织方式，可以继续试行"。对股份制的这一认识，促进了股份制的进一步发展。

在推进股份制中，由于缺少经验，相关立法和监管制度不健全，暴露出一些不规范的问题。如：股票与债券混同；允许入股后退股；低估国有资产或集体资产价值；事前规定较高的股息和红利；股息在税前成本中列支；等等。这些问题引起了理论界激烈讨论，特别是股份制是姓"社"还是姓"资"、是否会导致私有化等。针对股份制试点中出现的问题，国务院先后采取措施加以引导，对股份制试点进行治理整顿。1990年5月，国务院批转国家体改委《关于在治理整顿中深化企业改革强化企业管理的意见》，提出要区别对待三种情况，继续搞好股份制试点：一是企业间相互参股、持股的股份制，要积极试行；二是企业内部职工持股的股份制，不再扩大试点，凡是已经搞了的，要完善提高，逐步规范化，特别要注意不得变相扩大范围；三是向社会公开发行股票的股份制，主要是完善已有的试点，不再铺新点。

1992年，邓小平同志视察南方并发表重要谈话，明确了我国经济体制改革的市场化取向，解决了"姓资姓社"的问题，认为"证券、股市，这些东西究竟好不好，有没有危险，是不是资本主义独有的东西，社会主义能不能用？允许看，但要坚决地试"①。这为推行股份制扫清了思想障碍，为国有企业加快股份制改造增添了动力。随后召开的党的十四大进一步明确"股份制有利于促进政企分开、转换企业经营机制和积聚社会资金，要积极试点，总结经验，抓紧制定和落实有关法规，使之有秩序地健康发展"。股份制成为深化企业改革、增强企业活力的一种重要形式。

三、股份制试点的推进

邓小平同志南方谈话之后，股份制试点工作加速推进。1992年，国家体改委会同有关部门陆续出台《股份制企业试点办法》《股份有限公司规范意见》《有限责任公司规范意见》等11个推动国有企业进行股份制改造的配套文件。其中，《股份制企业试点办法》对股份制试点提出了明确要求：一是坚持以公有制为主体，切实维护公有资产不受侵害；二是贯彻国家产业政策，促进产业结构、企业组织结构和产品结构的调整；三是坚持股权平等，同股同利，利益共享，风险共担；四是不准把国有资产以股份形式分给集体、个人，不准把属于集体的资产以股份形式分给个人；五是坚持"加强领导、大胆试验、稳步推进、严格规范"的精神，从实际情况出发，区别对待，分类指导；六是严格按照《股份有限公司规范意见》《有限责任公司规范意见》进行规范。

根据投资主体和股票类型的不同，股份制企业大体有四种类型：一是法人持股的股份制企业；二是企业内部职工持股的股份制企业；三是向社会公开发行股票，但股票不上市交易的股份制企业；四是向社会公开发行股票，股票上市交易的股份制企业。各地进行股份制企业的组建和试点的主要是第一、二类；第三类股份制企业的试点，限定在广东、福建、海南三省；第四类股份制企业的试点，只限于上海、深圳两市。股份制企业的组建方式可以是新设，也可以由现有企业改组。企业无论是哪种组建方式，都必须取得企业原资产所有

---

① 邓小平：《在武昌、深圳、珠海、上海等地的谈话要点》，《邓小平文选》（第三卷），人民出版社，1993年版，第373页。

者或其授权机构的批准，并进行清产核资、资产评估和财务审计等程序。

股份制试点工作逐步规范，各地试点不断深入。上海、深圳股份制探索起步较早，试点过程中得到了进一步深化。上海市开展股份制试点，先后经历了由企业内部职工集资到向社会公开募股、由小型集体企业到大中型国营企业的发展过程。自1984年底飞乐音响公司开展股份制试点开始，截至1991年8月底，经上海市政府批准的股份制试点企业共11户，股本总额9.06亿元。其中，7户企业的股票实现上市交易，即飞乐音响公司、延中实业公司、爱使电子设备公司、真空电子器件公司、中华电工联合公司、飞乐股份公司、豫园商城股份公司。深圳市股份制试点采取"国家股+法人股+个人股"的混合所有制模式。1986年10月，深圳市印发《深圳经济特区国营企业股份化试点暂行规定》，正式开始股份制试点。到1990年底，深圳市共有股份有限公司77户，累计发行股票2.86亿元，其中上市公司6户。

随着股份制试点持续推进，股份制企业不断增多，成效逐步显现。截至1992年底，全国股份制试点企业达到3700多户，其中69只股票（包括18只B股）分别在上海和深圳证券交易所公开上市。股份制改造后，企业活力得到增强，经济效益明显提高，试点取得积极成效。一是实现了国有资产的保值增值。吸收多种经济成分的资金到以公有制为主体的股份制企业中，有利于发挥公有制经济的主导作用。通过控股，引导资金的使用流向，巩固了公有制的主体地位。二是有力促进了企业转换经营机制。试点表明，股份制有利于实现两权分离、政企分开，明确产权关系。同时，股份制企业的自我约束机制普遍改进，包括股东对企业生产经营状况的监督、股票市场上的价格涨落、外部审计机构对上市公司财务报告的审计监督等构成对企业经营的有力监督。三是为企业发展筹集了资金。随着资本市场的发展，股份制的融资优势得到发挥，为企业开辟了新的融资渠道，特别是通过股票的溢价发行筹集到更多的资金。此外，通过发行B股，还增加了吸引外资的渠道。四是促进了资本在全国范围内实现优化配置，促进产业结构的调整和企业集团的发展。借助资本市场，股份制突破了以往条块分割所导致的各种行政壁垒、地区保护，实现国有资本和其他社会资本在全国的流动和优化配置，向具有核心竞争力的优势企业集中，成就一批引领行业发展的大型龙头股份制企业。据对1994年中国最大的300户股份制企业中的50户抽样调查统计，企业销售收入平均增长率为

49.73%，利润平均增长率为97.44%，净资产的平均增长率为35.19%，大幅高于全国平均水平。

这一期间股份制试点仍面临着一些未能解决的问题。如：国有企业产权关系不清晰，权责不明确；企业组织制度不科学，行为不规范，缺乏科学的激励和约束机制；由于资产评估、财务审计制度等配套制度不健全，股份制改革中有些企业出现国有资产流失；有的企业股份制改革后，并没有建立规范的公司治理结构；等等。但是，股份制试点的持续推进和取得的成效，逐步打消了社会对股份制可能动摇我国基本经济制度和导致私有化的疑虑，为此后推进公司制股份制改革积累了宝贵经验。

四、早期资本市场的形成

我国资本市场发端于股份制经济。从20世纪70年代末期开始实施的改革开放政策，启动了中国经济从计划体制向市场体制的转型。在转型过程中，随着国有企业改革的逐步深化和中国经济的持续发展，作为微观经济主体的企业对资金的需求日益多样化，需要与之相适应的金融制度。资本市场应运而生，成为推动所有制变革和改进资源配置方式的重要力量。

1978—1992年，伴随着股份制经济的发展，中国资本市场开始萌生[①]。从合股经营的股份制乡镇企业，到一些小型国有和集体企业多种多样的股份制尝试，再到在北京、广州、上海等城市选择少数企业进行股份制试点，随着国家政策的进一步放开，越来越多的企业，包括一些大型国营企业纷纷进行股份制试点，半公开或公开发行股票，股票的一级市场开始出现。随着证券发行量的增加和投资者队伍的逐步扩大，证券流通的需求日益强烈，股票的柜台交易陆续在全国各地出现。1986年8月，沈阳市信托投资公司率先开办了代客买卖股票和债券及企业债券抵押融资业务。同年9月，中国工商银行上海市信托投资公司静安证券业务部率先对其代理发行的飞乐音响公司和延中实业公司的股票开展柜台挂牌交易，股票二级市场雏形初现。1987年5月，深圳发展银行首次以自由认购的形式，向社会公开发售人民币普通股，后又三次增发股票。随后，深圳万科企业股份有限公司、金田实业股份有限公司、蛇口安达运输股份

---

① 《中国资本市场发展报告》，中国证券监督管理委员会，中国金融出版社，2008年版。

有限公司、原野实业股份有限公司等4户企业，也相继向社会公开发行股票。1987年9月，中国第一家专业证券公司——深圳特区证券公司成立。随着股份制试点范围的扩大和股票发行量的增加，万国、申银、海通三家证券公司经中国人民银行批准在上海相继成立。1990年12月，上海证券交易所、深圳证券交易所先后开始营业。为规范证券市场，深圳市还印发《深圳市股票发行与交易管理暂行办法》《深圳市证券机构管理暂行规定》等规范性文件。截至1991年底，上海证券交易所共有8只上市股票、25家会员；深圳证券交易所共有6只上市股票、15家会员。随着国有企业股份制改革和发行上市的逐步推进，资本市场规模、中介机构数量和投资者队伍稳步扩大。

资本市场是商业信用发展的结果，是股份制和市场经济发展到一定阶段的产物。大量国有企业进行股份制改造、重组以及规模扩张，需要庞大的资金支持，仅靠银行的间接融资难以满足其巨大的资金需求，通过资本市场直接融资是必然出路。同时，资本市场的产生和发展，也促进了股份制企业的不断规范，为股份制经济的加快发展提供了有利条件。在发展初期，资本市场处于一种自我演进、缺乏规范和监管的状态，并且以分隔的区域性试点为主。1992年10月，国务院证券管理委员会和中国证监会成立，标志着我国资本市场开始逐步纳入全国统一监管框架，全国性市场由此形成并初步发展。在监管部门的推动下，建立了一系列规章制度，资本市场的发展逐步走上规范化轨道。

第二节 建立现代企业制度

1993年11月，党的十四届三中全会提出建立现代企业制度，并将其作为公有制与市场经济相结合的有效途径和国有企业改革的方向，这标志着我国国有企业改革从政策调整进入制度创新阶段。面对国有企业普遍亏损的困境，党中央提出了"抓大放小"的改革思路，积极开展国有大中型企业建立现代企业制度试点，推进国有中小型企业放开搞活改革，逐步探索出适合中国国情的现代企业制度规范，实现微观市场主体再造。

一、国企改革走向制度创新之路

进入20世纪90年代以后，随着多种所有制经济的发展，市场竞争日益加剧，结构调整压力不断加大，一些国有企业经营效益不佳，有的甚至成为中央和地方政府的沉重负担。同时，许多国有企业政企不分、经营自主权难以落实、企业负盈不负亏、企业组织制度不科学等深层次问题不断暴露。仅仅依靠政策性调整已经解决不了这些问题，也难以让市场机制充分发挥作用。因此，国有企业改革逐步从以放权让利为主要内容的政策调整向以建立现代企业制度为主要内容的制度创新转变。

1993年11月，党的十四届三中全会通过的《中共中央关于建立社会主义市场经济体制若干问题的决定》（以下简称《决定》），首次正式提出了建立现代企业制度，并将其作为国有企业改革的方向。《决定》指出，建立现代企业制度是发展社会化大生产和市场经济的必然要求，是我国国有企业改革的方向。现代企业制度具有以下五个基本特征：一是产权关系明晰，企业中的国有资产所有权属于国家，企业拥有包括国家在内的出资者投资形成的全部法人财产权，成为享有民事权利、承担民事责任的法人实体。二是企业以其全部法人财产，依法自主经营、自负盈亏、照章纳税，对出资者承担资产保值增值的责任。三是出资者按投入企业的资本额享有所有者的权益，即资产收益、重大决策和选择管理者等权利。企业破产时，出资者只以投资企业的资本额为限对企业债务负有限责任。四是企业按照市场需求组织生产经营，以提高劳动生产率和经济效益为目的，政府不直接干预企业的生产经营活动。企业在市场竞争中优胜劣汰，长期亏损、资不抵债的应依法破产。五是建立科学的企业领导体制和组织管理制度，调节所有者、经营者和职工之间的关系，形成激励和约束相结合的经营机制。

《决定》指出，对具备条件的国有大中型企业，单一投资主体的可依法改组为独资公司，多个投资主体的可依法改组为有限责任公司或股份有限公司。上市的股份有限公司，只能是少数，且必须经过严格审定。国有股权在公司中占有多少份额比较合适，可按不同产业和股权分散程度区别处理。生产某些特殊产品的公司和军工企业应由国家独资经营，支柱产业和基础产业中的骨干企业，国家要控股并吸收非国有资金入股，以扩大国有经济的主导作用和影响范围。对于小型国有企业，则可以探索承包经营、租赁经营、股份合作制、出售等多种形式开展公司制股份制改革。

企业改革进入制度创新阶段，要求从法律制度上予以保障。与20世纪80年代的企业改革发展相适应，1988年出台的《中华人民共和国全民所有制工业企业法》（以下简称《全民所有制工业企业法》），从法律上确立了国有企业是独立的法人主体，是具有依法自主经营、自负盈亏、独立核算的社会主义商品生产的经营单位。这是中华人民共和国成立以来规范国有企业管理体制和经营行为的第一部基本大法。1992年颁布的《全民所有制工业企业转换经营机制条例》，进一步规定了国有企业14条经营自主权。随着国有企业现代企业制度改革目标的确立，将这一时期改革的成果和具体措施逐步纳入规范轨道，将成熟的做法制度化、法律化迫在眉睫。1993年12月，《中华人民共和国公司法》（以下简称《公司法》）正式颁布，确立了公司制的法律基础。

《公司法》规范了公司的组织形式和治理结构，确立了有限责任公司和股份有限公司两种基本的公司形态，为国有企业公司制改革创设了一种新的公司形态——国有独资公司。《公司法》是建立现代企业制度的一部重要基础性法律，它进一步完善了企业法人制度，规范了公司的组织形式和治理结构，突出了公司、股东、职工和债权人的权益保护。从此，我国企业制度的基础法律规范从《全民所有制工业企业法》过渡到《公司法》，为国有企业推进公司制股份制改革创造了条件，具有划时代的重要意义。

二、建立现代企业制度试点

党的十四届三中全会后，国务院决定选择100户国有大中型企业作为建立现代企业制度试点。1994年11月，国务院召开全国建立现代企业制度试点工作会议，宣布了100户试点企业名单，提出"到本世纪末，使国有大中型企业基本建立起与社会主义市场经济体制相适应的经营机制和现代企业制度，在社会主义市场经济中发挥主导作用"，试点工作正式启动。随后，各地区、各部门也相继选择一批企业进行试点。据统计，到1998年底，全国各级共有2714户企业进行了试点工作。

为落实试点工作，国家经贸委于1995年先后发布了12个配套规范性文件，涉及试点政策指导、"拨改贷"转增资本金、劳动社会保险制度、领导班子建设及其他相关政策规范。各试点企业结合本地区、部门和企业实际，提出各自在试点中需着力解决的关键问题，研究制定试点实施方案。试点方案内容包括：明确国有资产投资主体、明确授权经营的国有资产范围、企业与政府的关系；改制后的公司组织体系、经营形式、法人治理结构；明确企业"三改一加强"（即改制、改组、改造和加强管理）的目标和内容；明确人员分流和安置；加强党的组织建设与领导，发挥工会与职工代表大会参与民主管理的作用等。同年10月，国家经贸委召开全国企业改革试点工作经验交流会，组织各地方交流试点典型经验，如：上海采用"六个一块"（即主体多元吸一块、存量盘活调一块、债权转股换一块、兼并破产活一块、企业发展增一块、政府扶植补一块）的办法降低企业债务；山东推行"三放两不放"（"三放"，即放开生产经营、放开改制形式、下放干部管理权限；"两不放"，即不放对国有资产的监管、防止流失，不放依法经营和照章纳税）等。1996年5月，国家经贸委制定《国务院确定的百户现代企业制度工作试点阶段目标要求（试行）》，对试点工作提出阶段性目标要求，要求试点单位"企业产权关系清晰；确立董事会作为公司地位；明确董事会资产经营责任；明确经理等高级管理人员职责；依法成立监事会并履行监督职责；维护《公司章程》的权威性和严肃性；发挥党组织的政治核心作用；完善工会工作和职工民主管理"等。

试点的总体目标是初步建立符合现代企业制度要求的领导体制和组织制度，转换经营机制，通过"三改一加强"，经济效益有所提高，亏损企业扭亏或转化。开展的主要工作有：一是在清产核资、界定产权、清理债权债务、评估资产的基础上，抓紧办理确定企业法人地位所需的法律文件。二是建立符合《公司法》规范的公司法人治理结构，形成由股东会、董事会、经理层和监事会组成的法人治理结构。三是进行存量资产重组，依法构造母子公司体制。企业可以结合具体情况，采取部分债权转为股权、吸引国内外法人资本投入或置换产权等形式，将具备条件的所属企业依法改制为多元投资主体的有限责任公司或股份有限公司。四是加大企业内部改革力度，推进劳动、人事制度和分配制度改革。五是建立健全各项管理制度，切实加强内部管理。六是根据国家产业政策和国内外市场状况，落实技术改造措施。七是规定可按照程序，向国务院有关部门申报外经、外贸、外事权及申办财务公司和申请股票上市。八是要求制定转变政府职能、对试点企业实行新的管理制度的方案，明确主管领导和有关部门搞好试点工作的责任。

截至1997年底，100户试点企业除上海无线电三厂解散、淄博化纤总厂被齐鲁石化公司兼并外，其余基本进行了公司制改造。试点企业中，有17户企业由工厂直接改制为股权多元化的公司制企业，其中改制为股份有限公司的有11户；有69户企业由工厂改制为国有独资公司，其中再由国有独资公司作为投资主体，将生产主体部分改制为股份有限公司或者有限责任公司的有29户；有10户企业由原行业主管厅局"转体"改制为国有独资公司。试点企业中有40户实现改制上市。

百户国有企业建立现代企业制度试点取得了积极成效。一是企业法人财产制度逐步确立。初步树立了出资人概念，明确了国有资本出资人以及国有资产经营责任。二是企业产权结构趋于多元化。包括国家股、国有法人股、其他法人股、个人股和外资股在内的多元股东格局逐步形成，多元股东公司成为公司制企业的一种重要形式。三是为试点企业拓宽了融资渠道。在国家向国有企业注入资本金有限的情况下，对那些有发展潜力而负债较高的企业，通过公司制改造，实现投资主体多元化，大量筹集股权投资，有效解决企业发展资本金短缺的问题，为企业的进一步发展奠定基础。四是促进了试点企业经营机制转换。公司制改制强调要建立适应市场竞争要求的经营机制，防止出现"穿新鞋走老路"现象。试点企业始终把转换经营机制放在突出位置，在推进企业内部劳动人事和分配制度改革等方面做了大量工作。五是为深化国企改革积累了经验。在广泛深入的实践经验基础上，逐步形成国有大中型企业建立现代企业制度的基本规范，为指导国有大中型企业制度创新、加强管理提供了重要依据。

三、明确建立现代企业制度的基本规范

1999年9月，党的十五届四中全会通过《中共中央关于国有企业改革和发展若干重大问题的决定》，提出到2010年，建立比较完善的现代企业制度的目标。随着现代企业制度试点的深入，国务院提出了进一步规范的要求。2000年3月，《政府工作报告》指出，"抓紧制定符合我国国情的现代企业制度的基本规范，使企业有所遵循"。同年9月，国务院办公厅转发国家经贸委《国有大中型企业建立现代企业制度和加强管理基本规范（试行）》（以下简称《基本规范》），要求各国有大中型企业将之作为指导今后一个时期改革、改组、改造

和加强管理的重点贯彻落实,将现代企业制度引向深入。《基本规范》的发布实施标志着国有企业建立现代企业制度工作进入规范化阶段。《基本规范》内容既涉及法人治理结构,也涉及企业内部管理各环节,其中"政企分开与法人治理结构"确立的原则和要求,对后续建立和完善现代企业制度发挥了基础性作用。主要内容包括:

实现政企分开。政府通过出资人代表对国家出资兴办和拥有股份的企业行使所有者职能,不干预企业的日常经营活动,并努力为企业创造良好的外部环境。企业依法自主经营、照章纳税、自负盈亏,以其全部法人财产独立承担民事责任。政府以投入企业的资本额为限对企业的债务承担有限责任。企业不再套用党政机关的行政级别,也不再比照党政机关干部的行政级别确定企业经营管理者的待遇,实行适应现代企业制度要求的企业经营管理者管理办法。分离企业办社会职能,位于城市的企业,要逐步把所办的学校、医院和其他社会服务机构移交地方政府统筹管理,所需费用可在一定期限内由企业和政府共同承担,并逐步过渡到由政府承担,有些可以转为企业化经营。独立工矿区也要努力创造条件,实现社会服务机构与企业分离。

国有资产实行授权经营。国有资产规模较大、公司制改革规范、内部管理制度健全、经营状况好的国有大型企业或企业集团公司,经政府授权,对其全资、控股或参股企业的国有资产行使所有者职能。被授权企业应当有健全的资产管理、股权代表管理、全面预算管理、审计和监督管理制度,对授权范围内的国有资产依法行使资产收益、重大决策和选择管理者权利,并承担国有资产保值增值责任。

实行股份制改造和完善公司治理。除必须由国家垄断经营的企业外,其他国有大中型企业应依照《公司法》逐步改制为股权多元化的有限责任公司或股份有限公司。建立规范的法人治理结构,依照《公司法》明确股东会或股东大会、董事会、监事会和经理层的职责,并规范运作。充分发挥董事会对重大问题统一决策和选聘经营者的作用,建立集体决策及可追溯个人责任的董事会议事制度。董事会中可设独立于公司股东且不在公司内部任职的独立董事。董事会与经理层要减少交叉任职,董事长和总经理原则上不得由一人兼任。强化监事会的监督作用,依照国务院颁布的《国有企业监事会暂行条例》,国有重点大型企业监事会由国务院派出,对国务院不派出监事会的国有企业,由省级人民政府决定派出,依法履行监督职责。国有控股的公司制企业,监事会中的国有股东代表半数以上应由不在企业内部任职的人员担任。

建立母子公司体制,企业集团应按照《公司法》的要求建立母子公司体制,母公司对子公司依法行使出资人权利并承担相应责任。子公司应依法改制,建立规范的法人治理结构。大型企业内部管理层次要科学、合理,除极少数特大型企业集团外,企业集团的母子公司结构一般应在三个层次以内。

四、改制上市加速推进

1993年6月,国务院印发《关于同意上海石化总厂等9家企业股份到香港上市的通知》,开启了国企利用境外资本市场推进股份制改革的序幕。1993年7月,中国首家境外上市公司——上海石油化工股份有限公司同时在美国纽交所和香港联交所挂牌交易。1990—1996年,国有企业通过股票市场发行股票融资1138亿元,发行企业债券1565亿元,股票市值从12.34亿元迅速增长至9842亿元,增长了789倍[1]。

1996年12月,证监会印发《关于股票发行工作若干规定的通知》,要求优先考虑国家确定的1000家特别是其中的300家重点企业,以及100家全国现代企业制度试点企业和56家试点企业集团,开始将证券市场发展和国有企业改革联系起来。1997年9月,证监会印发《关于做好1997年股票发行工作的通知》,要求重点支持关系国民经济命脉、具有经济规模、处于行业排头兵地位的国有大中型企业,特别要优先鼓励和支持优势国有企业通过发行股票收购兼并有发展前景但目前还亏损的企业[2]。国有企业成为上市融资的主力军,1997年从资本市场累计募集资金达1791亿元,是1990—1996年国企股票市场募集资金总和1138亿元的近1.6倍。1998年3月,北京有色金属研究总院所属有研半导体材料股份有限公司在上海证券交易所成功上市,成为我国转制科研院所中第一家公开发行股票的公司。

1999年开始,中国石油、中国石化和中国海油三大集团在分拆核心业务的基础上,依据《公司法》要求,遵循"主业与辅业分离、优良资产与不良资产

---

[1] 《中国经济年鉴》,中国经济年鉴社,1997年版,第814页。
[2] 《中国经济年鉴》,中国经济年鉴社,1998年版,第820页。

分离、企业职能与社会职能分离"的原则,通过"业务、资产、债权债务、机构、人员"等方面的整体重组改制后,由各自母公司独家发起设立股份有限公司并上市,登陆国内外资本市场。其中,中国石化1999年实行整体股份制改革,将盈利能力强的主业资产整体划入新成立的中国石油化工股份公司,将工程建设、化工产品销售、油田技术服务等当时盈利不佳的辅业资产剥离。2000年10月,中国石化在香港首次公开发行股票并上市,共发行167.8亿股股票,募集资金24.6亿美元。2001年7月,中国石化在境内公开发行股票并上市,共发行28亿股股票,募集资金108亿元。上市后,中国石化充分发挥专业化和综合一体化优势,同时加大未上市业务改革力度,企业综合实力大大提高。

国有基础电信企业在政企分离、政资分离的基础上,加快企业化改革步伐,推进主辅分离,四大基础电信公司都实现了主要资产的境外上市和股权多元化,为企业的改革发展提供了重要的资金支持。电信企业境外上市都采用了"整体上市、分步实施"的模式。中国移动于1997年10月先以盈利能力较强的广东和浙江两省的移动业务为主体在香港上市,融资42亿美元,此后不断注入优质资产,于2004年完成主要资产的整体上市。中国联通于2000年6月将部分资产以红筹方式在香港、纽约两地成功上市,2003年实现GSM网络资产的整体上市。中国电信于2002年11月将效益好、竞争力强的广东、浙江、上海和江苏四省市子公司企业进行整合和股份制改造,成功实现在纽约和香港挂牌交易。中国网通于2004年11月将部分资产以红筹股方式在纽约、香港两地上市,2005年9月完成了主要网络资产的海外上市。

总体来看,这一时期,国有企业一般采取分拆方式发行上市,将企业的盈利性业务分拆出来,组建新企业公开发行股票和上市,而盈利性较差甚至亏损的业务则放在原企业中,原企业一般被称为存续企业。在这样的结构下,上市公司仍然由存续企业控股。这种分拆式上市的优点是,在一些国有企业资产的整体状况并不符合上市条件或者难以获得较高发行价的情况下,将一部分优质资产分拆出来及时实现上市或获得比较理想的发行价格,使国有企业的一部分可以接受证券市场的规则,公司治理得到一定程度改善,同时也使企业发展获得资金支持。然而,这种分拆式上市也产生了一定不利影响:由于企业整体被拆分为上市和非上市两个部分,两部分业务之间的有机联系客观存在,导致大量关联交易和同业竞争,而且由于存续企业是上市公司控股股东,有些企业还出现了母公司占用上市公司资金的现象。另外，国有企业这一时期加快推进改制上市，还产生了其他一些问题，如有些国有企业重上市、轻改制，形式上进行了公司制改造，但运营体制和机制没有改变，有些企业存在股权分置、国有股"一股独大"等，这些问题需要随着改革的不断深入逐步解决。尽管存在各种各样的问题，但更为重要的是，改制上市为企业改革发展提供了重要的资金支持，促进了企业内部资源整合和规范运作，国有控股企业成为上市公司的主力军，推动国有经济与市场经济进一步融合，同时也促进了资本市场加快发展。

第三节 规范推进和深化企业改制

党的十六届三中全会强调"要适应经济市场化不断发展的趋势，进一步增强公有制经济的活力，大力发展国有资本、集体资本和非公有资本等参股的混合所有制经济，实现投资主体多元化，使股份制成为公有制的主要实现形式"。随着国有资产管理体制改革深化，各级国有资产监督管理机构相继成立，国有企业改制工作不断规范和深化。同时，大力推进国有企业公司制股份制改革，中小企业通过重组、联合、兼并、租赁、承包经营、合资、转让国有产权和股份制、股份合作制等多种形式，引进非国有战略投资者，进行公司制股份制改造，大型国有企业通过改制上市，充分发挥资本市场作用，提升公司治理水平和发展质量。

一、规范国有企业改制工作

按照国有经济有进有退、有所为有所不为的方针，各地积极推进国有经济布局和结构调整，探索公有制的多种有效实现形式和国有企业改制的多种途径，取得了显著成效。同时，由于国有企业改制涉及出资人、债权人、企业和职工等多方面的利益，在实际操作过程中出现了一些不够规范的现象，如：财务审计、资产评估、土地确权定价等改制程序不规范；侵犯职工合法权益；一些地方开展管理层收购，出现国有资产流失现象；等等。

国务院国资委成立后，即着手规范国有企业改制工作。针对国有企业改制过程中出现的问题，2003年11月，国务院办公厅转发国务院国资委《关于规范国有企业改制工作的意见》，强调国有企业改制要坚持国有经济控制重要行业和关键领域，提高国有经济的控制力、影响力和带动力。在其他行业和领域，国有企业通过重组改制、结构调整、深化改革、转换机制，在市场竞争中实现优胜劣汰，重点从审批制度、清产核资、财务审计、资产评估、交易管理、定价管理、转让价款管理、依法保护债权人利益、维护职工合法权益、管理层收购等10个方面进行了规范。要求各地在国有企业改制工作中防止和纠正不顾产权市场供求状况及其对价格形成的影响、不计转让价格和收益，下指标、限时间、赶进度，集中成批向非国有投资者转让国有产权的做法。防止和避免人为造成买方市场、低价处置和贱卖国有资产的现象。

为进一步规范企业改制，国务院国资委、财政部、国家发展改革委、监察部、工商总局、证监会等6部门联合发出通知，要求各省（区、市）国资委开展国有企业规范改制和产权管理大检查，纠正各地国有企业改制中的违规行为，深入了解改革方式和制度层面存在的问题。2004年10—11月，国务院国资委派出7个检查组，对江苏、广东等15个省进行督查。检查组与各地方国资委和41个省（市）、县政府以及81户国有企业进行了座谈，核对了105户国有企业的改制程序及相关资料。此后，国务院国资委又多次安排检查组到全国各地进行检查。

通过下发规范性通知、开展改制大检查等，这一时期国有企业改制行为逐步规范。一是明确了改制方式。国有企业改制可采取重组、联合、兼并、租赁、承包经营、合资、转让国有产权和股份制、股份合作制等多种形式进行。二是规范了改制程序。国有企业改制，包括转让国有控股、参股企业国有股权或者通过增资扩股来提高非国有股的比例等，必须制定改制方案，并出具法律意见书。改制方案需按照《企业国有资产监督管理暂行条例》和国务院国资委的有关规定履行决定或批准程序，未经决定或批准不得实施。企业改制应当按照规定进行清产核资、财务审计、资产评估，准确界定和核实资产，客观、公正地确定资产的价值。三是债权人利益依法得到保护。国有企业改制要征得债权金融机构同意，保全金融债权，依法落实金融债务，维护其他债权人的利益。严格防止利用改制逃废金融债务，金融债务未落实的企业不得进行改制。四是职工合法权益得到维护。国有企业改制方案和国有控股企业改制为非国有企业的方案，必须提交企业职工代表大会或职工大会审议，充分听取职工的意见。其中，职工安置方案需经企业职工代表大会或职工大会审议通过后方可实施改制。五是改制工作的领导和管理得到加强。国有产权持有单位对需要在改制后履行的合同、协议，应负责跟踪、监督、检查，确保各项条款执行到位。地方各级人民政府及其国有资产监督管理机构、国有及国有控股企业，要加强对国有企业改制工作的组织领导，严格执行有关改制的各项规定，认真履行改制的各项工作程序，有效防止国有资产流失。

这一时期，产生较大影响的是规范国有企业改制过程中的管理层持股和职工持股问题。

（一）规范管理层持股

2001年后，管理层收购成为中小型国有企业改制的一种模式，被很多地方采用。为防止个别国有企业管理层借收购之名以权谋私，瓜分国有资产，损害国家和人民群众利益，国务院国资委先后出台有关文件，对管理层持股问题进行规范。2005年4月，国务院国资委与财政部联合印发《企业国有产权向管理层转让暂行规定》，明确："国有资产监督管理机构已经建立或政府已经明确国有资产保值增值行为主体和责任主体的地区或部门，可以探索中小型国有及国有控股企业国有产权向管理层转让（法律、法规和部门规章另有规定的除外）。大型国有及国有控股企业及所属从事该大型企业主营业务的重要全资或控股企业的国有产权和上市公司的国有股权不向管理层转让。"

2005年12月，国务院办公厅转发国务院国资委《关于进一步规范国有企业改制工作的实施意见》，对管理层收购作出了更明确的规定和限制：一是持股的管理层需具备通过公开招聘、企业内部竞争上岗等方式竞聘上岗或对企业发展作出重大贡献的条件；二是管理层持股需经国有资产监督管理机构批准，可通过增资扩股持有本企业股权，但管理层的持股总量不得达到控股或相对控股数量；三是管理层成员拟通过增资扩股持有企业股权的，不得参与制定改制方案、确定国有产权折股价、选择中介机构，以及清产核资、财务审计、离任审计、资产评估中的重大事项；四是管理层持股必须提供资金来源合法的相关证明，不得向包括本企业在内的国有及国有控股企业借款，不得以国有产权或资产作为标的物通过抵押、质押、贴现等方式筹集资金，也不得采取信托或委托等方式间接持有企业股权；五是管理层存在对企业经营业绩下降负有直接责任等5种情形的，不得持有企业股权。

随后，各地相继据此出台了相应规定，管理层收购逐步规范。

（二）规范职工持股

早期国有企业改制中，职工持股较为普遍。国有企业职工投资参与国有中小型企业改制、国有大型企业辅业改制以及科技骨干参股科研院所改制，为推进企业股份制改革、完善公司法人治理结构、增强企业活力起到了重要作用。由于缺乏统一规定，部分企业操作不规范，在企业改制引入职工持股以及职工投资新设公司过程中出现一些问题，国家决定对职工持股进行规范。2003年8月，国务院国资委会同国家发展改革委、财政部发出通知，暂停电力系统职工投资电力企业。2008年9月，国务院国资委根据国有企业职工持股的情况，印发了《关于规范国有企业职工持股、投资的意见》，就国有企业职工持股、投资制定了统一的规范性政策。

国务院国资委将规范职工持股与各类企业股份制改革相结合，鼓励国有大中型企业主辅分离辅业改制中辅业企业的职工持有改制企业的股权，但国有企业主业企业的职工不得持有辅业企业的股权。国有大型企业改制，职工持股不得处于控股地位。国有大型科研、设计、高新技术企业改制，对企业发展作出突出贡献或对企业中长期发展有直接作用的科技管理骨干，经批准可以探索通过多种方式取得企业股权，符合条件的也可获得企业利润奖励，并在本企业改制时转为股权。此外，明确严格控制职工持股的企业范围，职工入股原则上限于持有本企业股权；国有企业集团公司及其各级子企业改制，经国资监管机构或集团公司批准，职工可投资参与本企业改制，确有必要的，也可持有上一级改制企业股权，但不得直接或间接持有本企业所出资各级子企业、参股企业及本集团公司所出资其他企业股权；已持有上述不得持有的企业股权的中层以上管理人员，应在1年内转让所持股份，或者辞去所任职务。

为贯彻落实文件精神，国务院国资委每年组织一次规范企业改制工作检查，对有关地区职工持股问题重点监督抽查，对发现的问题及时予以纠正和处理，保证了文件规定落实到位。通过规范国有企业职工持股和投资行为，防止了国有资产流失，维护了市场公平，保护了职工合法权益，保证了国有企业改制工作的顺利推进。

党的十六大以来，国有企业布局结构发生重大变化。通过改制、兼并、租赁、出售等方式，国有资本更多地向关系国民经济命脉和国家安全的行业和领域集中,一批国有企业在竞争中发展壮大。截至2011年底,全国90%以上的国有企业完成了公司制股份制改革,中央企业的公司制股份制改制面由2003年的30.4%提高到2011年的72%[①],上榜《财富》世界500强的国有企业由2003年的11户增至55户。

二、推进主营业务整体上市

国务院国资委成立后,为避免此前分拆式上市中容易出现的存续企业和上市公司存在大量关联交易和同业竞争、存续企业占用上市公司资源等问题,积极推进主营业务整体上市。2006年12月,国务院国资委印发《关于推进国有资本调整和国有企业重组的指导意见》,推动中央企业上市部分之外的存续企业依托证券市场深化改革,要求加快国有大企业股份制改革,除涉及国家安全的企业、必须由国家垄断经营的企业和专门从事国有资产经营的公司外,国有大型企业都要逐步改制为股权多元化的公司,积极鼓励引入战略投资者,积极支持资产或主营业务资产优良的企业实现整体上市,鼓励已经上市的国有控股公司通过增资扩股、收购资产等方式把主营业务资产全部注入上市公司。2007年1月召开的中央企业负责人会议再次强调:"中央企业要加快股份制改革的步伐,有条件的要积极吸收战略投资者,实现母公司整体改制和上市。"按照要求,中央企业抓住资本市场快速发展的时机,加快推动主营业务整体上市和回归A股市场的步伐,仅2007年就有9户企业实现境外公开发行股票并上市,中国远洋、中国神华、中国石油、中国铝业、中海油服、中海集装箱等6户企业实现H股回归A股上市,鞍钢股份、中国船舶等12户企业在境内市场进行了增发、配股。

国有企业主营业务整体上市主要有以下几种模式:

(一) 主业整体上市模式

以"中交模式"和"神华模式"为代表。2005年1月,中国港湾和中国路桥整合重组,通过新设合并的方式成立中交集团。2006年10月,由中交集团整体重组、独家发起设立中国交建,将全部主营业务及资产注入中国交建。

---

① 2012年10月24日在十一届全国人大常委会第二十九次会议上,国务院国资委《关于国有企业改革与发展工作情况的报告》。

同年12月，中国交建在香港联合交易所成功上市，募集资金21亿美元，成为国内第一家在境外通过IPO一次性实现主业整体上市的央企。2004年11月，神华集团独家发起设立中国神华，2005年6月、2007年10月，中国神华先后在香港联交所和上海证交所发行上市。在回归A股上市时，神华集团作出承诺，将按照"整体上市、分步实施"和"成熟一个、注入一个"的原则，逐步实现神华集团煤炭和电力业务资产的整体上市，确保不与中国神华在国内外任何区域内的主营业务发生竞争，并授予中国神华向神华集团收购潜在竞争业务的选择权和优先收购权。中国神华2005年H股发行价为每股7.5港元，为公司2004年底每股净资产的6.7倍，2007年发行A股后，到2007年底时市值达1.7万亿元，是公司2004年组建时净资产186亿元的91倍，是2005年H股发行时市值174.5亿美元的13倍。中国神华使用首次公开发行A股股票募集的资金，陆续收购了神华集团及其下属公司持有的煤炭、电力、煤化工及相关业务公司股票或资产。

（二）反向收购模式

由上市子公司通过向母公司定向增发股票，收购母公司资产或通过自有资金收购母公司全部主营资产，实现主营业务整体上市。武钢股份主业整体上市即采取此种模式。2004年6月，武钢股份通过向武钢集团定向增发84642.4万国有法人股和面向社会公众增发56400万流通股，用增发的90亿元资金收购集团尚未上市的全部钢铁经营性资产，从而实现武钢集团的钢铁主业整体上市。

（三）换股合并模式

一方通过增发股份换取被吸收一方股东的全部股份，然后将该公司注销，整合该公司全部资产，从而实现主营业务整体上市。该模式适用于处于横向同业或处于纵向上下游产业链的上市公司。鞍钢集团主营业务整体上市即采取此种模式。2009年4月，鞍钢集团以其控股上市的攀钢钢钒为整合平台，通过定向增发方式用股份购买资产或换股方式吸收合并ST长钢和攀渝钛业，从而实现攀钢集团的主营业务整体上市。

（四）换股IPO（母公司上市换股合并）模式

集团公司通过IPO获得资金，吸收合并其控股的上市子公司，从而实现主营业务整体上市。上港集团主营业务整体上市即采取此种模式。2006年10月，上港集团首次公开发行股份全部用于换股吸收合并上港集箱，发行24.217亿股，发行价格为每股3.67元，换股吸收合并上港集箱的换股价格为每股16.5元，上港集箱的1股换取上港集团4.5股，通过换股发行、吸收合并上港集箱，最终实现了A股市场上的主业整体上市。

随着改制上市平稳推进，尤其是主营业务整体上市持续推进，央企控股上市公司逐步成为我国资本市场的重要组成部分，中央企业也借助资本市场实现了跨越式发展和国有资产的保值增值。2009年底，我国A股市场共有上市公司1718户，其中央企控股A股上市公司245户，其净资产、营业收入、利润总额分别占全部A股上市公司的34.3%、55.1%、37.8%。中央企业在改制上市或主营业务整体上市后，迅速进入世界500强或排名大幅提升，实现了国有资产的保值增值。据汇总口径测算，截至2012年底，中央企业控股上市公司共有367户，资产总额、所有者权益、营业总收入、利润总额占中央企业的比重分别为48.7%、49.1%、63.5%、65.7%。从国务院国资委成立至2012年底，石油石化、通信、交通运输、冶金等国民经济支柱行业的中央企业陆续实现了主业资产上市，中央企业以在境内外资本市场首次公开发行股票并上市、增资、配股等方式，累计从资本市场募集资金达14051亿元。

三、上市公司股权分置改革

股权分置是指A股市场的上市公司股份按能否在证券交易所上市交易被区分为非流通股和流通股，这是我国经济体制转轨过程中形成的特殊问题。这些非流通股和流通股长期分置，产生"同股不同权、同股不同利"的弊端，成为困扰证券市场健康发展的一大难题，扭曲了资本市场定价机制，影响了市场配置资源效率和国有资本有序流转。

2004年1月，国务院印发《关于推进资本市场改革开放和稳定发展的若干意见》，提出"积极稳妥解决股权分置问题"。2005年4月，经国务院批准，证监会印发《关于上市公司股权分置改革试点有关问题的通知》，股权分置改革试点工作正式启动，清华同方、三一重工、紫江企业和金牛能源等四户主板公司成为首批试点企业。同年6月，国务院国资委印发《关于国有控股上市公司股权分置改革的指导意见》。同年8月，证监会印发《关于上市公司股权分置改革的指导意见》，宣布试点工作结束，转入整体股权分置改革阶段。不久，

《上市公司股权分置改革管理办法》正式印发，对股改的操作程序、改革方案、信息披露、中介机构等相关问题作出规范。同年9月，首批40户上市公司股权分置改革试点名单公布，股权分置改革正式进入全面铺开阶段。在资本市场发生重大变化、股价产生较大波动的情况下，国务院国资委采取"要求中央企业回购自己的股份"等各种措施，稳定股价、稳定市场，对改革顺利推进发挥了重要作用。截至2006年底，沪深两市已经完成或者进入改革程序的上市公司共1301户，占应改革上市公司的97%，对应市值占98%，股权分置改革任务基本完成。

股权分置改革的主要内容包括：一是坚持积极、稳妥、有序的改革原则。"积极"就是要求各级国有资产监督管理机构、上市公司国有股股东从改革全局出发，采取各种有效措施，创造有利条件推进股权分置改革工作，同时要充分调动各方面的积极性；"稳妥"就是改革方案要有利于保护投资者特别是公众投资者的合法权益，有利于上市公司法人治理结构的完善及长期健康发展，把握好改革的力度、发展速度和市场的可承受程度；"有序"就是各级国有资产监督管理机构、上市公司国有股股东要按规定、程序办事，自觉维护改革秩序，成熟一家，实施一家，不再搞批次、试点。二是股权分置改革的实现形式。对价是股权分置改革的核心和难点。选择何种方式进行股权分置改革，由非流通股股东与流通股股东协商后，根据自身实际情况自主决定。对于国有股股东，鼓励其采取多种有效方式，如派现、缩股、回购或增持股份、发放认股（认沽）权证、承诺以预设价格购买或出售股份、承诺以后年度分红比例等多种方式推进股权分置改革，促进对价问题的解决。同时，明确国有控股上市公司的控股股东最低持股比例的相关规定，要求及时报国有资产监督管理机构审核，与上市公司股权分置改革方案一并披露。三是明确国有股股权管理的审批权限。为简化程序、减少环节、提高效率，上市公司股权分置改革中涉及地方国有企业及其他地方单位所持上市公司国有股股权管理事项的审核职责，由省级国有资产监督管理机构行使。四是促进资本市场稳定发展。要求上市公司以股权分置改革为契机，推动完善法人治理结构，提高治理水平。支持上市公司以股份等多样化支付手段，通过吸收合并、换股收购等方式进行兼并重组，推动上市公司做优做强。鼓励证券交易机制和产品创新，推出以改革后公司股票作为样本的独立股价指数，研究开发指数衍生产品。完善协议转让和大宗交易制度，在首次公开发行和再融资中引入权证等产品，平衡市场供求。

股权分置改革结束了国有控股上市公司两类股份、两种价格并存的历史，解决了全流通的障碍，强化了上市公司各类股东的共同利益基础，为完善市场定价功能和资源配置能力、提高国有控股上市公司治理水平创造了基础条件。

第四节　公司制股份制改革的历史性突破

党的十八大以来，以习近平同志为核心的党中央高度重视国有企业改革，创造性地提出"两个一以贯之"的重要论断，明确建立中国特色现代国有企业制度，国有企业改革取得新的重大进展和历史性成就。特别是，国有企业公司制改制取得突破性进展，中央企业及子企业公司制改制工作基本完成，公司制股份制改革实现实质性进展。国有企业股权多元化和改制上市进程显著加快，中央企业控股上市公司数量和规模不断扩大，市场化体制机制更加完善。这些都为做强做优做大国有资本、培育具有全球竞争力的世界一流企业奠定了坚实基础。

一、确立建设中国特色现代国有企业制度

改革开放以来，伴随经济体制改革，党对国有企业的领导方式不断完善。中国特色现代国有企业制度，是党的十八大以来以习近平同志为核心的党中央提出的新理念新思想新战略，为国有企业市场化改革指明了方向。

2016年10月，习近平总书记在全国国有企业党的建设工作会议上强调，坚持党对国有企业的领导是重大政治原则，必须一以贯之；建立现代企业制度是国有企业改革的方向，也必须一以贯之。中国特色现代国有企业制度，"特"就特在把党的领导融入公司治理各环节，把企业党组织内嵌到公司治理结构之中，明确和落实党组织在公司法人治理结构中的法定地位，做到组织落实、干部到位、职责明确、监督严格。建设中国特色现代国有企业制度，必须坚持"两个一以贯之"，持续推动坚持党的领导与完善公司治理深度融合。要发挥国有企业党组织领导核心和政治核心作用，明确党组织在决策、执行、监督各环节的权责和工作方式，使党组织发挥作用组织化、制度化、具体化。处理好党

组织和其他治理主体的关系，明确权责边界，做到无缝衔接，形成各司其职、各负其责、协调运转、有效制衡的公司治理机制。要健全以职工代表大会为基本形式的民主管理制度，推进厂务公开、业务公开，落实职工群众知情权、参与权、表达权、监督权。要坚持和完善职工董事制度、职工监事制度，鼓励职工代表有序参与公司治理。

2017年4月，国务院办公厅印发《关于进一步完善国有企业法人治理结构的指导意见》，进一步规范明确了各治理主体权责。出资人代表机构依据法律和公司章程规定行使股东权利、履行股东义务，通过委派或更换董事、监事，审核批准董事会、监事会年度工作报告，批准公司财务决算、利润分配方案，对董事会、监事会及董事、监事的履职情况进行评价和监督等方式履行出资人职责。董事会是公司的决策机构，依照法定程序和公司章程授权决定公司重大事项，履行决策把关、内部管理、防范风险、深化改革等职责，接受股东会、监事会监督。经理层依法由董事会聘任和解聘，接受董事会管理和监事会监督。

国务院国资委成立之初，就着手研究并开展了以董事会试点为核心的完善国有企业公司治理工作。2004年6月，国务院国资委印发《关于中央企业建立和完善国有独资公司董事会试点工作的通知》，明确了董事会试点主要思路和措施。通过实行外部董事制度、加强董事会制度建设、加强外部董事队伍建设、完善各治理主体间的沟通协调机制、开展落实董事会职权试点，中央企业规范董事会建设不断推进。截至2018年底，96户中央企业中，已有94户建立董事会，其中83户外部董事占多数。建设规范董事会的企业全部设立提名委员会、薪酬与考核委员会、审计委员会等专门委员会，其中提名委员会主任由党委（党组）书记担任，薪酬与考核委员会、审计委员会均由外部董事组成。

党的十八大以来，国有企业坚持把党的领导融入公司治理各环节，党组织内嵌到公司治理结构的有效机制逐步形成。健全以公司章程为核心的企业制度体系，充分发挥公司章程在企业治理中的基础作用。推动中央企业集团全部落实"党建工作纳入章程"，明确党组织的法定地位。中央企业不断完善"双向进入、交叉任职"的领导体制，集团公司全部落实党委（党组）书记、董事长"一肩挑"，党组织研究讨论作为公司决策重大事项前置程序，企业党委（党组）领导作用有效发挥。

落实党中央关于建立中国特色现代国有企业制度的决策部署，中央企业集团公司全部在章程中明确了党建工作要求，从制度建设上将加强党的领导和完善公司治理统一起来。落实"四同步""四对接"，即党的建设和国有企业改革同步谋划、党的组织及工作机构同步设置、党组织负责人及党务工作人员同步配备、党的工作同步开展，实现体制对接、机制对接、制度对接和工作对接。不断健全基层组织，优化组织设置，理顺隶属关系，创新活动方式，推动基层党建质量全面进步、全面过硬。

二、基本完成中央企业公司制改制

公司制是企业形成有效制衡的公司法人治理结构、灵活高效的市场化经营机制的前置性条件，也是建立中国特色现代国有企业制度的必要条件。各级国资委成立以来，积极推进国有企业公司制改革。截至2016年底，中央企业各级子企业公司制改制面超过92%，省级国资委监管企业改制面超过90%。公司制改制有力推动了国有企业政企分开，提高了企业经营管理水平，促进了公司法人治理结构的完善。但由于按照《企业国有资产法》等法律法规的规定，改制涉及财务审计、资产评估、土地处置等事项，国有企业尤其是集团层面改制存在的资产评估费用高、耗时长、土地处置成本高、应纳税额高等难点问题，影响了改制进度，尤其是央企集团层面因资产量大、涉及土地多，改制更加难以推进。截至2017年3月底，102户中央企业集团中，尚有68户集团仍为全民所有制企业；中央企业5万余户子企业中，仍有近3600户全民所有制企业。加快推进公司制改革，尤其是中央企业集团层面的公司制改革，是中央企业深化改革、完善现代企业制度的重要任务。

党中央、国务院高度重视公司制改制工作，尤其是党的十八大以来多次提出明确要求。2015年8月，党中央、国务院印发《关于深化国有企业改革的指导意见》，将国有企业公司制改革基本完成确定为国有企业改革重要领域和关键环节取得决定性成果的主要目标之一。习近平总书记多次对健全国有企业法人治理结构、完善现代企业制度作出重要指示。2016年中央经济工作会议和2017年《政府工作报告》都明确要求2017年底前完成公司制改革。国务院国有企业改革领导小组专门作出具体安排。

为全面贯彻落实党中央、国务院关于全面深化国有企业改革、完善现代企业制度的部署要求，国务院国资委针对公司制改制中存在的成本高、耗时长、土地处置难等突出困难和问题，作了大量调研，并与财政部、国土资源部、税务总局、工商总局等部门以及全国人大法工委就有关问题进行反复沟通协商，研究起草了《中央企业公司制改制工作实施方案》。习近平总书记于2017年6月亲自主持召开中央全面深化改革领导小组会议，审议通过实施方案。2017年7月，国务院办公厅正式印发《中央企业公司制改制工作实施方案》（以下简称《实施方案》）。这为中央企业全面完成公司制改制工作奠定了坚实的制度基础，也为中央企业全面深化改革、创新体制机制和加快市场化发展提供了有利条件。

《实施方案》提出了资产评估、划拨土地处置、税收等方面的支持政策，为确保按时完成公司制改制任务提供了重要保障，也体现了党中央、国务院对中央企业公司制改制工作的高度重视。一是资产评估。考虑到改制为国有独资公司或一人有限公司，企业法律形式发生改变，不涉及资产交易，国有权益不发生变动，也不存在国有资产流失风险，全民所有制企业改制为国有独资公司或国有及国有控股企业全资子公司，可以上一年度经审计的净资产值作为工商变更登记时确定注册资本的依据，待公司章程规定的出资认缴期限届满前进行资产评估。而改制为股权多元化企业，要按照有关规定履行清产核资、财务审计、资产评估、进场交易等各项程序，并以资产评估值作为认缴出资的依据。二是划拨土地处置。考虑到中央企业拥有的划拨土地较多，为解决企业改制后划拨土地有偿使用的问题，减少企业改制成本，《实施方案》提出，改为国有独资公司或国有及国有控股企业全资子公司的，其原有划拨土地，可按照《国有企业改革中划拨土地使用权管理暂行规定》有关规定，继续保留划拨方式处置。中央企业充分利用5年缓冲期，筹划做好划拨土地的处置。三是税收政策。公司制改制涉及的税种，主要包括土地增值税、契税和印花税。为解决改制过程中税费问题，减轻企业负担，《实施方案》规定，公司制改制企业按规定享受改制涉及的资产评估增值、土地变更登记和国有资产无偿划转等方面税收优惠政策。四是工商登记。考虑到部分中央企业下属事业单位和全民所有制子企业较多，且这部分企业资产量大，情况比较复杂，《实施方案》提出，改制为国有独资公司或国有及国有控股企业全资子公司的，如所属子企业未完成改制或事业单位未完成转企，母公司可先行改制，办理工商变更登记。但是，改制为股权多元化企业的，由于涉及国有权益权属变更，应将其所属子企业或事业单位先行改制或转企后，再办理母公司的工商变更登记。五是企业经营资质资格承继。改制后因企业名称发生变更，部分专业资质或特殊资质证照需要重新申请核定。为避免因改制影响企业正常经营，《实施方案》提出，改制为国有独资公司、国有控股公司、国有及国有控股企业全资子公司的，企业经营过程中获得的各种专业或特殊资质证照由改制后企业承继。同时，要求改制企业在工商变更登记后，要抓紧到有关部门办理变更企业名称等资质证照记载事项。六是改制审批程序。由于中央企业规模大、业务较为复杂、历史遗留问题较多等方面因素，集团层面改为股权多元化有较大难度，绝大多数可改为国有独资公司。根据这一实际情况，为简化程序、提高效率，《实施方案》提出：中央企业集团层面改制为国有独资公司，由国务院授权国务院国资委批准；中央企业集团层面改制为股权多元化企业，由国务院国资委报国务院同意后批准；中央企业所属子企业的改制，除重要子企业改为混合所有制企业需报国务院国资委审批外，由中央企业按照内部有关规定履行审批程序。

2017年底前完成中央企业公司制改制，时间紧、任务重，社会高度关切。国务院国资委会同财政部、国土资源部、税务总局、工商总局、国务院法制办和银监会，成立了国有企业公司制改制专项小组，统筹研究和协调解决改制中的重点难点问题。《实施方案》印发后，国务院国资委召开视频会、媒体通气会，第一时间对改制工作进行全面部署。改制方案制订至关重要，国务院国资委加强指导督促，指定专人对接企业，指导制订改制方案，对中央企业上报的改制方案和公司章程严格审核把关，确保改制方案全面可行、章程规定合法合规、决策程序完备有效、职工权益充分保障。在推进过程中，国务院国资委要求中央企业将改制与加强党的领导、三项制度改革、瘦身健体提质增效等有关工作相结合，统筹推进改制工作。先后召开"压减"工作、三项制度改革等专题会议及中央企业基层党委书记示范培训班，宣贯支撑政策和改革精神，形成改革合力，提升综合改革效果。

各中央企业根据自身实际，将改制与战略规划实施、内部资源整合、管控模式改革等同步规划、统筹推进，分别采取直接改制、改为分公司、重组整合、清理注销等多种方式处置全民所有制子企业。各中央企业对改制方案，严格履行"三重一大"决策程序和职工代表大会审议等民主程序，进行风险评估并制订应对预案。整个改制过程平稳有序，生产经营正常进行，职工队伍保持稳定，证券市场运行平稳，社会舆论普遍肯定。

经各方面共同努力，中央企业于2017年底如期完成公司制改制任务。集团公司层面，国务院国资委于2017年11月30日前完成了全部68户（不含未列入央企名单的天津汽研中心）需要改制的中央企业改制方案的批复。除个别企业存在特殊情况外，这些企业于2017年底前全部完成了工商变更登记，取得新的营业执照，改制为按照《公司法》登记注册的国有独资公司。中央企业所属子企业层面，有3597户为全民所有制企业。其中，拟直接改制为公司制企业的2479户，截至2017年底，已经完成或正在办理工商变更登记的为2432户，占98%；其余1118户企业由于非正常经营等原因，按"瘦身健体、提质增效"要求进行清理整合，截至2017年底，433户完成清理注销。

公司制改制不是简单的"翻牌"。各中央企业把握改制契机，着力转换经营机制，加快建立和规范法人治理结构，做到改制名副其实，取得了积极成效。一是现代企业制度不断完善。按照中央关于党建工作总体要求写入公司章程的精神和《公司法》规定，改制企业对公司章程全部进行了修改完善，对党组织参与重大决策有关程序作了详细规定，界定了董事会、监事会、经营层和党组织职权范围，把党的领导融入公司治理各环节，把企业党组织内嵌到公司治理结构之中。未设董事会的中央企业集团公司全部建立了董事会，已设董事会的绝大部分实现了外部董事占多数。二是内部经营机制改革同步推进。中央企业在改制同时，深入推进内部改革，加大精简机构人员和市场化选聘经营管理者工作力度，基本形成以合同管理为核心、以岗位管理为基础的市场化用工制度，不断完善市场化经营机制。有的企业以改制为契机推进总部机构改革，压缩机构编制，下放管理权限，提升管控效率；有的企业同步推行竞聘上岗，淘汰了不适应岗位要求的人员，强化了管理层和员工市场意识。三是历史遗留问题进一步解决。改制过程中，各企业重新梳理了下属企业清单，进一步摸清了资产状况，将长期休眠的子企业纳入了压减范围，做到不留死角。有的企业理顺了产权关系、管理关系，同步解决了由历史原因导致的财务资料缺失、土地权属悬而未决等问题。有的企业制订了存续企业整合计划，为解决重组上市后存续企业生存和发展问题打下了基础。

三、稳妥推进股权多元化改革

(一) 中央企业集团层面股权多元化改革

为贯彻落实党中央、国务院要求，中央企业从功能定位、改革基础、发展战略等角度综合分析考量，积极探索集团层面股权多元化改革。中央企业集团层面开展股权多元化改革，对推进公司制股份制改革、完善公司治理、优化企业体制机制具有重要意义，更是充分竞争领域国有企业全面深化改革、加快改革步伐的重要探索。其中国药集团、中国航发较为典型。

2018年9月，经报国务院同意，国药集团实施股权多元化改革。这是首例在中央企业集团层面实施的股权多元化改革。总体思路是通过引入国投、中国国新作为战略投资者，在集团层面形成多元股东结构，进一步完善公司治理，落实董事会职权，从而形成更加市场化的经营机制；同时，补充发展资金，促进企业发展。改革内容包括：一是股权结构方面。国药集团股权多元化改革同步考虑划转部分国有资本充实社保基金。按照《划转部分国有资本充实社保基金实施方案》规定，以国药集团2017年底经审计的净资产为依据，将国务院国资委所持国药集团10%股份划转至社保基金会，并由国投、中国国新分别向国药集团增资100亿元、30亿元，国务院国资委向国投、中国国新划转部分国药集团股权，最终形成国务院国资委和国投各持有36.9%、中国国新持有18.4%以及社保基金会持有7.8%的股权结构。国投、中国国新向国药集团增资部分以及国务院国资委划入国投、中国国新的国药集团股权不再重复向社保基金会划转。二是公司治理结构方面。改制后公司依法设立股东会，按照《公司法》和公司章程规定行使股东权利。董事会由9名董事组成，其中国务院国资委提名3名（包括董事长及至少1名外部董事），国投提名3名，中国国新提名1名，由总经理担任的董事1名，职工董事1名。按照《公司法》规定和中央有关精神设立内部监事会。三是落实董事会职权方面。国务院国资委授权国药集团董事会行使经理层成员选聘权、业绩考核权、薪酬管理权以及职工工资分配管理权、中长期发展决策权和有关重大财务事项管理权，探索企业负责人薪酬分配差异化改革。四是加强党的领导方面。深入贯彻落实全国国有企业党的建设工作会议精神，坚持和加强党的全面领导，坚持"两个一以贯之"，把党的领导融入公司治理各环节。充分发挥企业党委领导作用，把方向、管大局、保落实，依照规定讨论和决定企业重大事项。五是管理体制方面。国药集团继续作为国务院国资委直接监管的中央企业，党组织的领导关系保持不变。

国药集团通过集团层面股权多元化改革，进一步厘清了国资监管机构、企业党组织、董事会、经理层等治理主体的关系和职责权限，规范履职方式，积极探索形成有别于国有独资公司的监管模式。切实落实董事会职权，逐步建立起灵活高效的经营决策机制和有效的激励约束机制，实现与市场经济的融合，进一步激发企业活力，提升企业市场竞争力。国投、中国国新入股国药集团，通过深入合作和业务协同，可为国药集团的发展提供资金、市场拓展等方面的有力支撑，有利于国药集团集中优势资源加快发展，更好发挥央企在医药健康领域的引领带动作用。

2016年7月，经国务院批准，国务院国资委、北京市人民政府、航空工业集团、中国商飞共同出资组建股权多元化企业——中国航空发动机集团有限公司。其中：国务院出资350亿元，占比70%（由国务院国资委代为履行出资人职责）；北京市人民政府出资100亿元，占比20%；航空工业集团出资30亿元，占比6%；中国商飞出资20亿元，占比4%。中国航发对中央企业航空发动机业务进行整合，共涉及40多个单位，包括中航动力、成发科技、中航动控3户上市公司等46个单位（22个发动机厂所）、621所（北京航空材料研究院）、3个修理厂以及一些其他单位，总资产达1100亿元。新组建的中国航发按照建立充满活力的崭新企业和成为改革创新排头兵的要求，紧紧抓住现代企业制度这个关键点，不断建设和完善治理结构。一是按照现代企业治理要求切实保证董事会行使职权，确保董事会在重大经营事项上把关、决策，同时通过建立对经理层有效授权机制，保证集团运行和管控的高效。二是坚持把加强党的领导与完善公司治理统一起来。按照规范董事会建设要求，将党建工作纳入集团章程，明确党组织在治理结构中的法定地位。坚持将集团党组研究、讨论作为董事会、经理层重大事项决策的前置程序。同时组织所属单位将党建工作纳入章程，先后完成章程文本修订和工商变更备案。完善"双向进入、交叉任职"的领导体制，调整并实现所属企业董事长（执行董事）、党委书记、法定代表人"一肩挑"。三是完善所属企业法人治理结构。集团全资企业实行执行董事和监事制度,提高国资监管的有效性和针对性;多元化股权企业,重点落实董事会职权,发挥董事会在法人治理结构中的作用。

(二) 子企业层面股权多元化的实践

这一时期,在中央企业子企业层面,股权多元化改革进一步加快,股权多元化成为中央企业子企业的重要组织形式,既为中央企业的改革发展提供了重要的资金支持,也为中央企业深化内部体制机制改革奠定了良好制度基础。据国务院国有企业改革领导小组央企组统计,截至2018年底,中央企业子企业层面,有非公资本股东的股权多元化企业就已超过央企子企业法人总户数的40%。与之前的股权多元化改革比较,这一时期央企子企业的股权多元化改革有两个新的特点。

企业在股权多元化基础上进一步引入其他股东,包括引入非公资本股东进行混改,优化股权结构,加大改革力度,建立更加规范有效的公司治理。2015年8月,党中央、国务院印发《关于深化国有企业改革的指导意见》,要求根据不同企业功能定位,逐步调整国有股权比例,形成股权结构多元、股东行为规范、内部约束有效、运行高效灵活的经营机制。同年12月,国务院国资委、财政部、国家发展改革委联合印发《关于国有企业功能界定与分类的指导意见》,为分类推进股权多元化改革提供了有利条件。实践中,各中央企业子企业结合功能分类,深入推进股权多元化改革。典型案例有中国建材旗下的中国巨石。该企业成立于1998年,由中国建材与民营企业联合组建,1999年在上海证券交易所上市。2015年,通过定向增发进一步引入其他股东,中国建材的股比从40%降至27%,但仍保持实际控制人并为第一大股东地位,形成了既不是国有股一股独大,也不是过于分散、容易导致内部人控制的股权结构。通过股东大会、董事会、监事会的有效运作,企业加强规范管理,确保公司治理机制落实,实现了更加规范有效的公司治理,促进了所有者真正到位。

企业在保持国有控股地位前提下,引入非公资本股东,同步探索实施员工持股试点,强化激励激发企业活力。2016年8月,国务院国资委、财政部和证监会联合印发《关于国有控股混合所有制企业开展员工持股试点的意见》,要求采取增资扩股、出资新设方式开展员工持股,建立健全激励约束长效机制。按照要求,在中央企业选取了10户子企业开展试点。典型案例有中国宝武旗下的欧冶云商。该企业成立于2015年初,为单一股东国有全资企业,2016年底被列入首批中央企业10户员工持股试点企业之一,开展同步引入非公资本股东和骨干员工持股改革。2017年5月,欧冶云商以资产评估值为基础,在上海产权交易市场公开挂牌,引入本钢集团、首钢基金、普洛斯、建信信托、沙钢集团和三井物产等6家战略投资者,同步引入126名骨干实施员工持股,打造"互联网+钢铁"生态圈。其中,中国宝武持股72%,骨干员工通过持股平台持股5%,其他股东合计持股23%。欧冶云商坚持引资和引制相结合,持续深化内部改革,进一步确立了市场化经营机制,企业内部改革动力加大。改革后2年中,先后关停3家子公司、托管2家子公司,并对4家子公司业务进行大幅调整,涉及人员调整400多人。通过改革,欧冶云商平台价值快速增长,核心竞争力持续增强,从一个后来者快速成长为行业领军者,实现了超常规发展。2018年,企业在实施第三轮融资时估值达到80亿元,较2015年成立之初的24亿元增值56亿元,实现国有资产大幅增值。

四、上市公司成为中央企业改革发展的主体和中坚力量

党的十八大以来,国务院国资委积极引导中央企业加快股份制改革和改制上市,中央企业控股上市公司数量逐年增加,规模不断扩大,融资渠道逐步拓宽,市场化体制机制逐步完善,为国资监管体制由管企业向管资本转变奠定了扎实基础。

中央企业通过公开发行股票并上市、资产注入等方式不断加大资本运作力度。2012年底至2018年底,中央企业控股上市公司户数从367户增加至406户,净增加39户。据汇总口径测算,2018年,中央企业控股上市公司资产总额、所有者权益、营业总收入、利润总额占中央企业的比重分别为58.4%、53.3%、65.9%、67.2%。中央企业主要优质资产已进入上市公司,上市公司成为中央企业改革发展的主体和中坚力量。中央企业控股上市公司普遍规模较大,经营发展较为稳健,效益较好,净资产规模和收入规模占比较大,在我国资本市场占有十分重要的市场地位,为我国资本市场的稳定发展发挥了重要作用。

推进企业改制上市,直接的作用是拓宽融资渠道,为中央企业深化改革、突破发展瓶颈、实现规模经济、提高竞争力提供重要的资金保障。中央企业利

用境内外股票市场，通过IPO、增发、配股、发行优先股和可转债等多种方式引入社会资本，实现共同发展。2012—2017年，中央企业通过首次公开发行股份并上市、增发、配股等方式，从资本市场累计融资约1万亿元，为中央企业的改革发展提供了重要的资金支持。2013年以来，中央企业及央企控股上市公司共实施IPO、增发、配股、发行优先股和可转债等融资事项266项，央企控股上市公司共实施资产重组事项75项，累计注入资产规模合计5814亿元。其中：中国铁塔在香港联交所挂牌交易融资规模约543亿港元，折合约69亿美元，境外投资者投资规模占可配售规模的比例达85.3%；中广核电力、中国核电等企业分别在境内和香港股票市场完成IPO；中国重工、国药控股等央企控股上市公司分别通过增发、配股等方式引入社会资本，优化股权结构；中国建筑、东方电气等央企控股上市公司分别探索通过发行优先股、可转债等方式创新融资模式，拓宽了与社会资本对接的渠道。

除募集资金外，改制上市更深层次的作用在于为企业带来了体制机制上的根本转变。企业在改制上市过程中，需要按照资本市场的要求，实施重组改制，把优良资产与不良资产分开、主业与非主业分开，并进行全面的清产核资、财务审计、资产评估等，迫使企业深化内部改革、分流富余人员、切实转变经营机制。企业上市后，需要接受证券市场、新闻媒体、中小股东的监督，严格遵守证券监管规定。资本市场对上市公司治理结构和规范运作的要求，各方利益主体对上市公司经营行为的监督，都促使上市公司进一步完善公司治理结构、提高透明度、提升经营效益。航空工业集团、中船重工、中国大唐、中国电建等中央企业通过对所控股上市公司进行资产重组实现相关业务资产上市，转换经营体制机制。

此外，央企控股上市公司通过资产置换、吸收合并等方式大力推进重组整合，为顺利推进央企集团重组调整、构建更加合理的产业链和价值链、推进供给侧结构性改革发挥了重要作用，促进了国有经济布局结构调整。通过合理进退，国有资本进一步向重要行业和关键领域集中。截至2018年底，中央企业超过80%的资产已集中在石油石化、电力、军工、通信、运输、矿业、冶金和机械等重要行业。

启示与前瞻

40年的改革实践证明，公司制股份制改革在促进国有企业规范治理、激发活力、加快发展等方面，发挥了重要作用。特别是中央企业公司制改制的全面完成，实现了我国国企改革的历史性突破，为全面深化国有企业改革奠定了制度基础。新时代全面深化国有企业改革，要以党的十九大和习近平总书记关于国有企业改革的重要思想为根本遵循，全面深刻理解并切实践行"两个一以贯之"，加快推进中国特色现代国有企业制度建设，坚持党对国有企业的领导，落实党组织在公司法人治理结构中的法定地位，处理好党组织和其他治理主体的关系，形成各司其职、各负其责、协调运转、有效制衡的公司治理机制。要加大股权多元化改革力度，积极引入各类投资者，大力推动改制上市，创造条件实现集团公司整体上市。要加强上市公司国有股权管理，强化市值管理理念，整合优质资产，优化上市公司股权结构，不断提升上市公司质量。要以三项制度改革为重点，深化企业内部体制机制改革，切实转换经营机制，推动国有企业与市场经济深度融合，持续激发企业活力和改革发展动力。

第四章 建立健全和完善公司法人治理结构

改革开放40年来，伴随我国政治经济社会不断发展，与国有企业放权让利、经济责任制、股份制改造、建立现代企业制度等改革进程同步，国有企业领导体制也随之变迁：从党委领导下的厂长（经理）负责制，到厂长（经理）负责制，再演变到现代企业制度下的法人治理结构，每一个阶段都呈现出鲜明的特点，适应不同时期的要求，围绕坚持党的领导、加强党的建设，推动国有企业改革发展，不断探索和完善把加强党的领导和完善国有企业法人治理结构统一起来的具体方式和途径。党的十八大以来，习近平总书记站在加强党对国有企业的全面领导、培育具有全球竞争力世界一流企业的战略高度，在总结国有企业公司治理实践经验基础上，把握一般规律、体现中国特色，提出了坚持"两个一以贯之"、建设中国特色现代国有企业制度的要求。国有企业全面理解和落实"两个一以贯之"，按照建设中国特色现代国有企业制度的要求，积极探索把加强党的领导和完善公司治理统一起来的有效方式和实现途径，开启了改革完善中国特色现代国有企业法人治理结构新篇章。

第一节　改革开放初期国有企业领导体制的探索

1978—1992年，围绕落实企业经济责任制、增强国营企业活力，企业领导体制发生了重大变革，经历了从党委领导下的厂长（经理）负责制到厂长（经理）负责制的演变，国有企业党组织的地位作用也经历了从领导核心到保障监督、再到政治核心的变化过程，最终确立了企业领导体制的"三句话"方针。

一、恢复党委领导下的厂长（经理）负责制

中华人民共和国成立至改革开放前，国营企业领导体制经历过多次调整，最后确定实行党委领导下的厂长负责制。1950年，国营企业开始实行工厂管理委员会制度，厂长任管委会主席，同时实行职工代表会议制度。1951年，东北地区国营企业学习苏联的企业管理模式，开始实行厂长负责制。这种体制克服了企业多头领导和无人负责的状况，对加强企业管理起到了积极作用。但有些企业推行"一长制"后，厂长权力绝对化，削弱了党的政治领导和职工民主管理，出现了不注意发扬民主、搞"一言堂"等情况。同时，华北地区实行的是党委领导下的厂长负责制，要求"在工矿企业中的具体实施方案和计划，一律经过工矿企业中的党委讨论通过，做出决定，分工进行"，"厂长对生产管理和行政业务负完全责任"，"厂长对同级党委负责"。

1956年9月，党的八大提出："在企业中，应当建立以党为核心的集体领导和个人负责相结合的领导制度。凡是重大的问题都应当经过集体讨论和共同决定，凡是日常的工作都应当由专人分工负责。"这次大会通过的《中国共产党章程》进一步规定，"在企业、农村、学校和部队中的党的基层组织，应当领导和监督本单位的行政机构和群众组织积极地实现上级党组织和上级国家机关的决议，不断地改进本单位的工作"，明确了企业党组织在企业中发挥领导和监督作用，明确了国营企业实行党的集体领导和个人负责相结合的领导制度。此后国营企业开始实行党委领导下的厂长负责制，同时把职工代表大会确立为扩大企业民主、吸引职工群众参加管理的基本制度。这与当时的国家政治经济体制合拍，对巩固新生的共和国政权和社会主义经济建设起到了积极作用。但"文化大革命"期间，这一制度受到了冲击，"革命委员会"取代党委，成为集党、政、财、文各权力于一身的企业唯一的领导机构。

粉碎"四人帮"后，为加强企业管理、摆脱混乱状态，党中央在国营企业恢复了党委领导下的厂长负责制。1978年4月，党中央印发《关于加快工业发展若干问题的决定（草案）》，要求"各个企业要恢复和实行党委领导下的厂长分工负责制，总工程师、总会计师责任制，职工代表大会制或职工大会制"。这一制度对加强党对国营企业的集中统一领导、迅速恢复企业正常生产秩序起到了积极作用，为国有企业改革和领导体制调整提供了重要保证和前提。

二、推行厂长（经理）负责制

随着国营企业经营自主权的不断扩大，如何建立强有力的生产指挥系统、完善责任制，从而更好地管理国营企业，以适应社会主义市场经济发展的需要，成为理论和实践上需要解决的问题。

在此期间，邓小平同志在多个场合发表重要讲话，对国营企业建立责任制的重要性进行了深刻阐述。1978年10月，邓小平同志在中国工会第九次全国代表大会上指出："我们的企业要实行党委领导下的厂长或经理负责制，要建立强有力的生产指挥系统。工会要教育全体会员维护企业实行高度集中的行政领导，维护生产指挥系统的高度权威。只有这样，才能有效地克服现在普遍存在的无人负责现象，才能正常地、有秩序地组织生产。"①

同年12月，邓小平同志在中共中央工作会议上进一步指出，"现在，各地的企业事业单位中，党和国家的各级机关中，一个很大的问题就是无人负责。名曰集体负责，实际上等于无人负责。一项工作布置之后，落实了没有，无人过问，结果好坏，谁也不管。所以急需建立严格的责任制"，"现在打屁股只能打计委、党委，这不解决问题，还必须打到具体人的身上才行。同样，奖励也必须奖到具体的集体和个人才行。我们在实行党委领导下的厂长负责制的时候，要切实做到职责分明"，"要扩大管理人员的权限。责任到人就要权力到人。当厂长的、当工程师的、当技术员的、当会计出纳的，各有各的责任，也各有各的权力，别人不能侵犯。只交责任，不交权力，责任制非落空不可"。②

1980年8月，邓小平同志在中共中央政治局扩大会议《党和国家领导体制的改革》讲话中进一步强调，"有准备有步骤地改变党委领导下的厂长负责制、经理负责制，经过试点，逐步推广、分别实行工厂管理委员会、公司董事会、经济联合体的联合委员会领导和监督下的厂长负责制、经理负责制"，"过去的工厂管理制度，经过长期的实践证明，既不利于工厂管理的现代化，不利于工业管理体制的现代化，也不利于工厂里党的工作的健全。实行这些改革，是为了使党委摆脱日常事务，集中力量做好思想政治工作和组织监督工作。这不是

---

① 邓小平：《工人阶级要为实现四个现代化作出优异贡献》，《邓小平文选》（第二卷），1993年版，第137页。
② 邓小平：《解放思想，实事求是，团结一致向前看》，《邓小平文选》（第二卷），1993年版，第150－151页。

削弱党的领导，而是更好地改善党的领导，加强党的领导"。① 这些重要讲话，对于促进大家思想解放、加深对厂长（经理）负责制的认识和理解起到了积极的促进作用。

党中央、国务院出台的一系列文件，在强调国营企业要实行党委领导下的厂长负责制的同时，强调要发挥厂长在经营管理方面的作用。1982年1月2日，党中央、国务院颁布《国营工厂厂长工作暂行条例》，规定："工厂实行党委领导下的厂长负责制。厂长是工厂的行政负责人，受国家委托，负责工厂的经营管理。除本条例规定的以外，生产经营方面的问题，由厂长全权决定。厂长对工厂的生产经营活动实行集中统一指挥，对工厂党委和上级主管单位直接负责。"该条例延续了党委领导下的厂长负责制，但是在实行党政分工、压实厂长责任、赋予厂长更大的生产经营指挥权方面前进了一步，在一定程度上体现了厂长责、权、利的统一。同日，党中央、国务院作出《关于国营工业企业进行全面整顿的决定》，决定从1982年起，用两三年时间，有计划、有步骤、点面结合、分期分批地对所有国营工业企业进行全面的整顿工作，全面整顿的一项重要工作就是贯彻实施新的企业领导体制。

实践中，一些企业在农村生产责任制的影响下，开始承包责任制改革，厂长负责制在试点探索中逐步得到了大家的认可。1984年3月24日，福建国有骨干企业55位厂长在《福建日报》刊登《请给我们"松绑"》公开信，第一次明确提出了"实行厂长（经理）负责制"的呼吁，在全国引起很大的震动和反响。同年5月，六届全国人大二次会议《政府工作报告》提出，国营企业将逐步实行厂长（经理）负责制。5月18日，中共中央办公厅、国务院办公厅印发《关于认真搞好国营工业企业领导体制改革试点工作的通知》，决定在大连市和常州市的全部，北京、天津、上海、沈阳4个城市的部分国营企业进行厂长负责制试点，试点取得了明显效果。10月20日，党的十二届三中全会明确提出："现代企业分工细密，生产具有高度的连续性，技术要求严格，协作关系复杂，必须建立统一的、强有力的、高效率的生产指挥和经营管理系统。只有实行厂长（经理）负责制，才能适应这种要求。"

党中央、国务院决定开始推行厂长（经理）负责制。1986年9月，国务院

---

① 邓小平：《党和国家领导制度的改革》，《邓小平文选》（第二卷），1993年版，第340页。

颁布的《全民所有制工业企业厂长工作条例》规定:"厂长依据《条例》规定,对本企业的生产指挥和经营管理工作统一领导,全面负责。厂长应当定期向党的基层委员会和职工代表大会报告工作,接受监督。企业设立管理委员会,就企业经营管理中的重大问题协助厂长决策。厂长任管理委员会主任。企业建立以厂长为首的生产经营管理系统,实行统一领导,分级负责。厂长有企业经营管理工作的决策权和生产指挥权。厂长同管理委员会的多数成员对经营管理中的重大问题不一致时,厂长有权作出决定。"1986年12月,国务院印发《关于深化企业改革增强企业活力的若干规定》,要求加快企业领导体制改革,全面推行厂长(经理)负责制。厂长(经理)负责制在全国得到快速推行。到1986年底,全国54000个国营工业企业中,实行厂长(经理)负责制的有23000个;到1987年6月底,实行厂长(经理)负责制的国营工业企业达到35232个,占同类企业总数的63.9%,为全面推行厂长(经理)负责制奠定了基础。

1987年8月25—29日,国家经委、中央组织部、全国总工会在北京联合召开全面推行厂长负责制工作会议。会议提出,全国所有的大中型工业企业,1987年内要普遍实行厂长负责制;所有全民所有制工业企业要在1988年底前全面实行厂长负责制。会议要求今后各地把厂长负责制作为企业的根本制度,加快改革的步伐,以完成企业领导体制改革这一历史任务。这标志着我国国营企业领导体制改革已经从试点进入全面实施的阶段。

1988年4月13日,七届人大一次会议审议通过的《中华人民共和国全民所有制工业企业法》(以下简称《全民所有制工业企业法》)规定:"厂长在企业中处于中心地位,对企业的物质文明建设和精神文明建设负有全面责任。企业设立管理委员会或者通过其他形式,协助厂长决定企业的重大问题。管理委员会由企业各方面的负责人和职工代表组成。厂长任管理委员会主任。"至此,厂长(经理)负责制的法律地位得到了确立。

三、确立国营企业领导体制"三句话"方针

与探索建立厂长(经理)负责制同步,国营企业党组织的功能定位也在不断调整。1978年《中共中央关于加快工业发展若干问题的决定》提出"企业的一切工作,一切政治运动,都必须由党委统一领导","企业的一切重大问

题，都必须经党委集体讨论决定"。1982年《关于颁发＜国营工厂厂长工作暂行条例＞的通知》指出，"工厂党委主要是对贯彻执行党的方针、政策和思想政治工作方面实行领导"，"党委要把工厂的生产经营活动，交给厂长统一指挥，全面负责"，"工厂党委要支持和保障以厂长为首的全厂统一的生产经营指挥系统行使职权"。同年，《中国共产党工业企业基层组织工作暂行条例》进一步规定，"企业中党委是企业的领导核心"，"对企业生产行政领导要抓重大问题，不要直接指挥生产和包揽行政事务；要支持企业行政建立以厂长为首的生产行政指挥系统，建立和健全各项责任制，支持厂长对生产行政工作统一指挥、全面负责，教育干部和职工服从厂长的指挥"。1984年10月党的十二届三中全会提出"企业中党的组织要积极支持厂长行使统一指挥生产经营活动的职权，保证和监督党和国家各项方针政策的贯彻执行，加强企业党的思想建设和组织建设，加强对企业工会、共青团组织的领导，做好职工思想政治工作"。1986年《中国共产党全民所有制工业企业基层组织工作条例》规定，"企业中党的基层委员会对企业实行思想政治领导。企业党委应当积极支持厂长行使经营管理决策和统一指挥生产活动的职权，与企业行政密切配合，发挥工会和共青团的作用，同心协力，共同努力办好社会主义企业。企业的党委书记一般不兼任厂长"，"对厂长提出的副厂长和经济技术负责人以及中层行政干部的人选方案，企业党委应当积极提出意见和建议。党委对厂长在企业生产经营重大问题上的决策，应当积极支持，保证实现。对厂长的决策，党委有不同意见，应当及时提出，必要时应当报告上级主管机关或上级党组织"。1988年《全民所有制工业企业法》规定，"中国共产党在企业中的基层组织，对党和国家的方针、政策在本企业的贯彻执行实行保证监督"。

厂长（经理）的权力得到了提升。企业虽然设立了管理委员会，但主要"就企业经营管理中的重大问题协助厂长决策"，而且"厂长任管委会主任"，当"厂长同管理委员会的多数成员对经营管理中的重大问题不一致时，厂长有权作出决定"。此时，企业党委对厂长（经理）的监督制约十分有限，上级主管部门由于信息不对称，也难以形成有效监督。

针对实行厂长（经理）负责制出现的问题，1989年6月党的十三届四中全会后，党中央采取了一系列重要措施，纠正淡化、削弱企业党组织作用的错误倾向。8月，中共中央政治局举行全体会议，讨论并通过《中共中央关于加强党的建设的通知》。该通知指出:"企业实行厂长(经理)负责制已在《全民所有制工业企业法》中作了明确规定,要在执行中不断加以完善。企业党组织应当支持厂长(经理)依法行使职权。实行厂长(经理)负责制,不能淡化基层党组织的作用,削弱党的领导。企业党组织要改进工作方法和活动方式,充分发挥党的政治优势。"《中共中央关于加强党的建设的通知》明确了党在企业的基层组织处于政治核心地位,其主要任务是:搞好党的思想、组织、作风建设,领导企业的思想政治工作和精神文明建设,保证、监督党和国家方针政策的贯彻执行,坚持企业的社会主义方向。企业党委要参与讨论企业的重大问题并提出意见和建议,支持厂长独立负责地处理经营管理、生产指挥、技术开发中的问题。党员厂长符合党委委员条件的,应经党内选举参加党委。在企业的重大问题和重要决策上,如果党委与厂长发生意见分歧,应向上级报告。10月,全国生产工作会议强调,"厂长负责制和企业党委加强政治思想工作的问题,都是一要坚持,二要完善,厂长对生产和经营的指挥权一定不能削弱"。

1991年4月,七届全国人大四次会议通过《中华人民共和国国民经济和社会发展十年规划和第八个五年计划纲要》。该纲要对国营企业内部领导体制作出了重新表述:"深化企业领导体制和经营机制改革,进一步发挥党组织的政治核心作用,坚持和完善厂长负责制,全心全意依靠工人阶级办好企业,改革企业内部的劳动人事、工资制度、留利分配制度、财务会计制度和审计制度,强化企业管理,改变吃'大锅饭'和纪律松弛的现象。"同年9月,中共中央召开中央工作会议,专题研究如何进一步搞好国营大中型企业问题。会议指出,"关于国营企业内部领导体制的问题,概括起来是三句话:充分发挥党组织的政治核心作用,坚持和完善厂长负责制,全心全意依靠工人阶级。它们是相辅相成的。要把企业建设好,这三者缺一不可。这三条,是我们四十多年特别是近十多年来企业领导体制的实践经验和总结,准确地反映了我们企业的社会主义性质。要全面理解,全面贯彻实行"。

1992年7月,国务院颁布《全民所有制工业企业转换经营机制条例》,以国务院令的形式进一步明确,要"发挥中国共产党的基层组织在企业中的政治核心作用,坚持和完善厂长(经理)负责制,全心全意依靠工人阶级"。

经过5年多的探索,党中央对国营企业领导体制进行了再一次重大调整,从之前的厂长（经理）是一厂之长，全面负责，处于中心地位，起中心作用，变成了厂长（经理）是"行政中心"，党委是"政治核心"的新定位。

第二节　初步建立现代企业制度下的公司法人治理结构的探索

20世纪80年代到90年代初，通过扩大国有企业经营自主权、改革经营方式等措施，国有企业管理体制和经营机制发生很大变化，初步打破了传统计划管理模式，企业的活力和市场竞争能力得到增强，为企业进入市场奠定了初步基础。但由于企业机制问题，一些国有企业在市场竞争中缺少活力，面临不少困难。这些深层次的问题，仅仅靠政策性调整解决不了，需要进一步转换国有企业经营机制，从企业制度上进行突破。1993年11月，党的十四届三中全会提出，国有企业要建立"产权清晰、权责明确、政企分开、管理科学"的现代企业制度，为国有企业改革指明了方向。同年颁布的《中华人民共和国公司法》（以下简称《公司法》），从法律上为国有企业建立现代企业制度提供了保障。

一、《公司法》明确各类公司组织机构的构成

1993年12月，八届全国人大常委会第五次会议通过的《公司法》，对有限责任公司、股份有限公司和国有独资公司的组织机构作出了规定。

有限责任公司的组织机构包括：股东会、董事会、经理、监事会。关于股东会：股东会由全体股东组成，股东会是公司的权力机构，行使包括决定公司的经营方针和投资计划在内的12项职权。关于董事会：董事会由3—13人组成，对股东会负责，行使包括召集股东会，并向股东会报告工作在内的10项职权。董事会设董事长1人，可以设副董事长1—2人；董事长为公司的法定代表人。两个以上的国有企业或者其他两个以上的国有投资主体投资设立的有限责任公司，其董事会成员中应当有公司职工代表。股东人数较少和规模较小的有限责任公司，可以设1名执行董事，不设立董事会；执行董事为公司的法定代表人，可以兼任公司经理。关于经理：经理由董事会聘任或者解聘，对董事会负责，行使包括主持公司的生产经营管理工作，组织实施董事会决议等8项

职权。关于监事会：经营规模较大的有限责任公司，设立监事会，由股东代表和适当比例的公司职工代表组成，其成员不得少于3人，行使包括检查公司财务在内的5项职权，具体比例由公司章程规定。监事会中的职工代表由公司职工民主选举产生。有限责任公司，股东人数较少和规模较小的，可以设1—2名监事。

国有独资公司不设股东会，由国家授权投资的机构或者国家授权的部门，授权公司董事会行使股东会的部分职权。国有独资公司设董事会，成员为3—9人，由国家授权投资的机构或者国家授权的部门按照董事会的任期委派或者更换；设董事长1人，为公司的法定代表人，可以视需要设副董事长；董事长、副董事长，由国家授权投资的机构或者国家授权的部门从董事会成员中指定；董事会成员中应当有公司职工代表，职工代表由公司职工民主选举产生。国有独资公司董事会行使的职权，包括一般有限责任公司董事会职权、根据股东会授权行使股东会的部分职权。设经理，由董事会聘任或者解聘，经理的职权与一般有限责任公司经理职权相同；经国家授权投资的机构或者国家授权的部门同意，董事会成员可以兼任经理。

股份有限公司的组织机构包括：股东大会、董事会、经理、监事会。股东大会由股东组成，是公司的权力机构，行使包括决定公司的经营方针和投资计划在内的11项职权。董事会由5—19人组成，对股东大会负责，行使包括召集股东大会在内的10项职权。董事会设董事长1人，可以设副董事长1—2人；董事长和副董事长由董事会以全体董事的过半数选举产生。董事长为公司的法定代表人，行使包括主持股东大会和召集、主持董事会会议在内的3项职权。经理由董事会聘任或者解聘，对董事会负责，行使包括主持公司的生产经营管理工作在内的8项职权。公司董事会可以决定，由董事会成员兼任经理。监事会由股东代表和适当比例的公司职工代表组成，不得少于3人；监事会中的职工代表由公司职工民主选举产生；董事、经理及财务负责人不得兼任监事。监事会行使包括检查公司的财务在内的5项职权。

二、初步形成国有企业法人治理结构框架

1993年颁布的《公司法》规定了不同类型公司制企业的组织制度。1995年11月，国家经贸委印发《关于国务院确定的百户现代企业制度试点工作操

作实施阶段的指导意见》，提出要"建立符合《公司法》规范的公司法人治理结构。根据权力机构、决策机构、执行机构、监督机构相互独立、权责明确、相互制约又相互协调的原则，形成由股东会、董事会、经理层和监事会组成的法人治理结构，各司其职，有效行使决策、监督和执行权，对国有独资公司要同时派入监事会。公司章程中应对股东会、董事会、监事会、经理班子的组成、权责范围、议事规则（包括议事方式和决策程序）等作出明确规定，并严格按照公司章程规范运行"；还强调"国有独资公司的董事会成员与经理班子应分设，特别是董事长与总经理应尽可能实行分设。目前董事长兼任总经理的，要根据企业具体情况，逐步向分设的方向过渡"。

大多数试点企业按照《公司法》的规定，建立了由股东大会、董事会、监事会、经理层组成的公司法人治理结构，其中：在国务院确定的百户试点企业中，有84户设立了董事会，72户设立了监事会；各地区、各部门实行公司制改造的2066家试点企业中，93.5%的企业设立了董事会，83.6%的企业设立了监事会。从形式上看，国有企业形成了相互监督制约的框架，但此时很多企业董事会、经理层、党委的成员高度重合，董事长与总经理由一人担任，并担任公司法定代表人，"一把手"权力过于集中的问题还很突出，需要进一步深化改革加以解决。

1999年8月，东北和华北地区国有企业改革和发展座谈会进一步强调，公司法人治理结构是现代公司制的核心。要按照《公司法》，明确股东会、董事会、监事会、经理层的职责，使之各负其责、协调运转、有效制衡。目前，绝大多数国有控股公司都既有股东会、董事会、监事会，又有党委会、工会、职工代表大会，可考虑采取"双向进入"的办法，处理好它们之间的关系。在国有及国有控股公司中，党委负责人和职工代表可按照法定程序进入董事会，还可按法定程序进入监事会；董事长、监事会负责人和总经理可按党章和有关规定进入党委会；党委书记和董事长可由一人兼任。通过这些措施，形成公司对重大问题的统一决策机制。

同年9月，党的十五届四中全会通过的《关于国有企业改革和发展若干重大问题的决定》明确提出"公司法人治理结构是公司制的核心"，确立了法人治理结构在现代企业制度建设中的地位。该决定对公司法人治理结构框架提出了要求，强调"要明确股东会、董事会、监事会和经理层的职责，形成各负其责、协调运转、有效制衡的公司法人治理结构。所有者对企业拥有最终控制权。董事会要维护出资人权益,对股东会负责。董事会对公司的发展目标和重大经营活动作出决策,聘任经营者,并对经营者的业绩进行考核和评价。发挥监事会对企业财务和董事、经营者行为的监督作用。国有独资和国有控股公司的党委负责人可以通过法定程序进入董事会、监事会,董事会和监事会都要有职工代表参加;董事会、监事会、经理层及工会中的党员负责人,可依照党章及有关规定进入党委会;党委书记和董事长可由一人担任,董事长、总经理原则上分设。充分发挥董事会对重大问题统一决策、监事会有效监督的作用。党组织按照党章、工会和职工代表大会按照有关法律法规履行职责"。

为贯彻落实党的十五届四中全会精神,推动国有及国有控股大中型企业建立现代企业制度和加强管理,2000年9月,国务院办公厅转发国家经贸委《国有大中型企业建立现代企业制度和加强管理基本规范(试行)》,强调要"建立规范的法人治理结构。依照《公司法》明确股东会或股东大会、董事会、监事会和经理层的职责,并规范运作。充分发挥董事会对重大问题统一决策和选聘经营者的作用,建立集体决策及可追溯个人责任的董事会议事制度。董事会中可设独立于公司股东且不在公司内部任职的独立董事。董事会与经理层要减少交叉任职,董事长和总经理原则上不得由一人兼任"。随着公司制改革推进,改制为有限责任公司的企业都依法设立了股东会、董事会、监事会和经理层,公司法人治理结构的框架基本形成。

改制上市的国有企业,按照《公司法》要求,设立了股东大会、董事会、经理层、监事会。2001年8月,证监会印发《关于在上市公司建立独立董事制度的指导意见》后,上市的国有企业按照要求逐步建立了独立董事制度。截至2002年底,1192家改制企业引入了独立董事制度,占全部改制企业的34.7%。

2000年3月,国务院颁布《国有企业监事会暂行条例》,规定"国有重点大型企业监事会由国务院派出,对国务院负责,代表国家对国有重点大型企业的国有资产保值增值状况实施监督"。先后任命了75名监事会主席,向180户国有重点企业以及一批国有银行和保险公司派出了监事会,加强对企业的监督。

这时的国有企业法人治理结构,主要还是搭起了框架,这些探索,为党的十六大后进一步改革完善公司法人治理结构积累了实践经验。

第三节　新的国有资产管理体制下完善公司法人治理结构的探索

2002年11月，党的十六大报告提出，"深化国有资产管理体制改革"，"按照现代企业制度的要求，国有大中型企业继续实行规范的公司制改革，完善法人治理结构"。按照党的十六大确立的"权利、义务和责任相统一，管资产和管人、管事相结合"要求，国务院国资委和各地国资委成立后，紧紧围绕建立完善国有资产监管体制、加快国有企业改革发展等重点任务，积极推进规范董事会建设，完善公司法人治理结构。

一、国有资产监管机构履行出资人职责

按照党的十六大关于深化国有资产管理体制改革的精神，2003年3月，国务院国资委成立，在中央政府层面实现了政府的公共管理职能与国有资产出资人职能的分离，各级地方国资委随后陆续成立。2003年5月，国务院颁布《企业国有资产监督管理暂行条例》，以行政法规的形式明确了国有资产管理体制的基本框架和基本制度，提供了法律依据。国务院国资委作为履行出资人职责的机构和国有资产监督管理机构，把原来分散在政府各有关部门的国有资产监管职能和出资人职能集中起来，基本实现了权利、义务和责任相统一，管资产和管人、管事相结合。按照政企分开、政资分开、所有权与经营权分离的原则，依法对企业的国有资产进行监管，依法履行出资人职责，不直接干预企业的生产经营活动。企业作为自主经营、自负盈亏的市场主体和法人实体，自觉接受国资委的监管，实现国有资产保值增值。国务院国资委的成立，标志着国有企业公司治理体系建设进入新阶段，政府与国有企业之间不再是行政隶属关系，而是出资与被出资的关系，依法行使股东权利。

根据《公司法》的规定，公司应设立股东会，作为公司的权力机构，是公司法人治理结构的重要组成部分。在国有独资公司，《公司法》明确不设股东会，由国有资产监管机构行使股东会职权。在国有控股公司、国有参股公司，随着现代企业制度的建立与完善，股东会的运作也经历了逐步规范的发展历

程。对于集团层面股权多元化的中央企业，更加注重运用法治化、市场化方式，以资本为纽带，以股权为基础，通过公司治理机制履行股东职责。2008年5月11日，中国商用飞机有限责任公司成立，这是由国务院国资委、上海市政府以及有关中央企业共同出资组建的股权多元化有限责任公司。按照《公司法》的规定和国务院的批复精神，中国商飞建立了规范的法人治理结构，设立了股东会。国务院国资委作为履行出资人职责的机构，作为公司的股东之一参与股东会运作。

2008年10月，十一届全国人大常委会第五次会议通过《中华人民共和国企业国有资产法》，提出了股东代表的概念，明确履行出资人职责的机构要委派股东代表参加国有资本控股公司、国有资本参股公司股东会会议，并对股东代表的权利、责任与义务作出了规定，为国资委参与公司股东会运作提供了法律遵循。2009年11月，国务院国资委印发《国资委履行多元投资主体公司股东职责暂行办法》，积极探索有别于国有独资公司的治理机制和监管模式，对履职工作做了进一步规范。

二、开展规范董事会建设试点工作

股东职责明确了，亟待解决的就是国有企业内部公司治理问题。但当时国有企业公司治理结构不完善，许多企业还没有建立现代企业制度，还是按照《全民所有制工业企业法》设立登记，仍然是总经理负责制，没有建立董事会，党组书记、总经理一人担任；一些国有企业虽然建立了董事会，也是董事会、经理层、党委会重合，三块牌子，一套人马，决策层和执行层没有分开，治理机制没有发生实质性变化，还是"一把手"体制。国务院国资委成立后，面临的一个重要工作就是完善公司法人治理结构，建立规范的董事会。这是当时国有企业改革的一个重点问题，也是企业可持续发展的需要，是完善国有资产管理体制、确保国有资产保值增值、责任层层落实的客观要求。

对此，党中央、国务院多次提出明确要求。2003年10月，党的十六届三中全会通过的《中共中央关于完善社会主义市场经济体制若干问题的决定》明确要求："按照现代企业制度要求，规范公司股东会、董事会、监事会和经营管理者的权责，完善企业领导人员的聘任制度。股东会决定董事会和监事会成员，董事会选择经营管理者，经营管理者行使用人权，并形成权力机构、决策机构、监督机构和经营管理者之间的制衡机制。"2005年修订的《公司法》第六十八条规定，国有独资公司设董事会；第四十七条规定，董事会决定聘任或者解聘公司经理及其报酬事项。

为了贯彻落实党中央、国务院关于国有企业改革的一系列方针政策，完善公司法人治理结构，加快建立现代企业制度，适应新的国有资产管理体制的要求，国务院国资委针对国有大型企业治理结构存在的问题，在国内外进行了大量调研，提出要选择部分中央企业进行建立和完善国有独资公司董事会试点工作，得到国务院同意。2004年6月，国务院国资委印发《关于中央企业建立和完善国有独资公司董事会试点工作的通知》，提出了国有独资公司董事会建设的指导意见，明确了第一批试点企业名单，包括神华集团、宝钢集团、中国高新投资集团、中国诚通、国药集团、中国国旅、中国铁通等7家企业。该通知还要求："对于可以实行有效的产权多元化的企业，通过建立和完善国有独资公司董事会，促进企业加快股份制改革和重组步伐，并为多元股东结构董事会的组建和运转奠定基础。对于难以实行有效的产权多元化的企业和确需采取国有独资形式的大型集团公司，按照《公司法》的规定，通过建立和完善董事会，形成符合现代企业制度要求的公司法人治理结构。将国资委对国有独资公司履行出资人职责的重点放在对董事会和监事会的管理，既实现出资人职责到位，又确保企业依法享有经营自主权。"

2005年4月，国务院印发《关于2005年深化经济体制改革的意见》，明确提出"以建立健全国有大型公司董事会为重点，抓紧健全法人治理结构、独立董事和派出监事会制度"。同年10月，国务院国资委启动了中央企业完善和建设董事会试点工作，在上海宝钢大厦召开了宝钢集团董事会试点工作会议，宝钢集团成为第一户开展规范董事会建设的企业。此后，国务院国资委按照先易后难、分批进行、稳步推进的原则，成熟一家、规范一家，积极推进符合条件的中央企业建设规范的董事会。在试点探索基础上，2009年3月，国务院国资委印发《董事会试点中央企业董事会规范运作暂行办法》，对中央企业董事会试点工作进行了规范。有关中央企业结合自身特点，不断完善董事会规范运作的相关制度，包括公司章程、董事会和专门委员会的职责和议事规则、对外部董事信息提供制度、总经理工作规则等，形成了一套规范董事会建设制度办法，对规范董事会建设试点工作提供了有力支撑。开展规范董事会建设试点，对形成出资人、董事会、监事会、经理层各负其责、协调运转、有效制衡的符合现代企业制度要求的公司法人治理结构起到了积极促进作用，得到了各方认可。

在试点工作中，有的企业主业上市、有的整体上市，形成了集团公司与上市公司"双层董事会"架构。围绕这两个决策主体规范有效运作，有关企业在探索中总结出了"宝钢模式""神华模式""中铁模式"等各具特色的三个模式。第一，"宝钢模式"。宝钢股份公司的资产占集团资产的57%，两个董事会是两个完全独立的决策主体，两个决策主体的职能边界划分得非常清楚。集团董事会负责宝钢集团的发展；对于钢铁主业，集团对股份公司有一个授权范围，授权范围内的事项由股份公司董事会决定。第二，"神华模式"。当时中国神华的资产占集团资产的62%。神华模式的核心是"整体上市"，在整体上市过渡期，集团公司的存续企业日常经营委托给中国神华，神华集团不设总部部门，在此前提下，集团公司和中国神华董事会各9人，其中5个人是交叉的。集团公司董事会负责范围是整个神华集团的整体发展；中国神华董事会遵守资本市场一切合规性的要求，对股民负责。第三，"中铁模式"。中铁99%的资产在股份公司，中铁模式是弱化集团公司董事会。决策职能在股份公司，重大事项决策的任务都授权给股份公司董事会，中国中铁集团真正的决策主体就是股份公司董事会，包括领导班子、日常工作机构，都在股份公司层面。

建立外部董事制度，并要求外部董事占董事会成员多数，是吸取20世纪90年代董事会建设经验教训，规范董事会建设的关键性制度安排，目的是使董事会能够作出独立于经理层的判断，实现决策与执行分开。外部董事不在公司担任除董事和董事会专门委员会有关职务外的其他职务，不负责具体经营管理事务，与内部执行董事相比，他们不在企业全日制坐班，地位比较独立和超脱，既有利于维护经理层的执行主体地位，又不易与经理层形成利益共同体，与出资人之间的委托代理关系更为有效。实践证明，实行外部董事占多数的制度，抓住了国有企业建立董事会、完善公司法人治理结构的关键。外部董事在履职中，能够更好地代表出资人利益，在公司战略监控、重大决策和选择经理人等方面发挥了独有作用。这些试点探索，为中央企业及所属企业、地方所属企业推行外部董事占多数的董事会提供了宝贵经验。

三、坚持和完善外派监事会制度①

国务院国资委成立后,中央企业工作委员会对外派监事会的管理职能转由国务院国资委履行,由国务院国资委代表国务院向国有独资公司派出监事会,监事会依照《公司法》《国有企业监事会暂行条例》的规定履行监督职责。国务院国资委积极探索外派监事会与加强董事会建设相结合的有效途径和工作机制,使董事会决策和监事会监督有效结合,变事后监督为当期监督,增强监督的有效性和灵敏性,改善和强化对企业的监督工作。监事会主席、监事都列席了试点企业董事会会议和大部分专门委员会会议,对董事履职、薪酬等情况进行监督检查,对董事会、外部董事的工作进行评价。

第四节 新时代国有企业法人治理结构的探索

2012年11月,党的十八大召开,中国特色社会主义进入新时代,党中央着眼中华民族伟大复兴,就全面深化改革、全面从严治党等重大问题作出决定和部署,对国有企业改革发展和党的建设进行了整体规划,国有企业法人治理结构建设也进入了新的历史时期。面向未来,面对日益激烈的国内外市场竞争,面对国有企业改革中出现的一些问题,如何立足国情企情,遵循一般规律,彰显中国特色,与大的体制合拍,建立一套有利于加强党对国有企业的全面领导、有利于企业科学决策和高效执行的具有中国特色的法人治理结构,是摆在国有企业面前的一个时代命题。

围绕这个重大课题,以习近平同志为核心的党中央进行了一系列重大的理论思考和战略部署。2013年11月,党的十八届三中全会通过的《中共中央关于全面深化改革若干重大问题的决定》明确提出"推动国有企业完善现代企业制度","健全协调运转、有效制衡的公司法人治理结构"。2015年8月,党中央、国务院印发《关于深化国有企业改革的指导意见》,对完善现代企业制度、健全公司法人治理结构作出了具体部署。特别是2016年10月,党中央召开了

---

① 有关内容详见本书第十章第二节。

全国国有企业党的建设工作会议，习近平总书记从坚持和发展中国特色社会主义、巩固党的执政基础执政地位的高度，深刻回答了事关国有企业改革发展和党的建设的一系列重大问题，开创性提出了坚持"两个一以贯之"，把加强党的领导和完善公司治理统一起来，建立中国特色现代国有企业制度。这反映出我们党对中国特色现代国有企业制度建设规律的认识上升到了全新的高度，推动了我国国有企业法人治理结构建设理论和政策的一次新的重大突破，对培育具有全球竞争力的世界一流企业产生了重大而深远的影响。

一、明确国有企业党委（党组）发挥领导作用

改革开放40年来，国有企业改革和发展不断取得重大进展，其中最根本的一条，就是始终坚持党对国有企业的领导，这是我国国有企业的独特优势，是国有企业的"根"和"魂"。但有一段时间，如何处理好国有企业中党的领导和董事会之间的关系，成为社会各界讨论的一个话题，实践中也出现了一些把党组织游离于公司治理结构之外的错误认识和做法。一些人只讲国有企业的经济属性，忽视其政治属性、社会属性；有的人借口与国际接轨，弱化、否定党的领导。这些错误认识和做法，给国有企业改革发展和党的建设带来了惨痛教训，党的十八大以来中央巡视组指出的一些国有企业存在的"三重一大"决策制度执行不严格、"一言堂"、国有资产流失等问题，无不与国有企业党的领导弱化有着直接联系。这些共性问题，说明国有企业虽然建立了现代企业制度，但仍不完善，需要通过改革加以完善。

应该采取什么方式改进我国国有企业公司治理？社会各界在探索中，对公司治理理论和实践有了进一步的理解和认识。公司治理本来没有放之四海而皆准的模式，不论是依靠外部制衡、追求股东价值最大化的"英美模式"，还是注重内部制约、关注利益相关方利益的"德日模式"，还是综合运用政府、公众和市场共同监督的新加坡"淡马锡模式"，都只是公司治理一般性原理在不同制度背景下的反映。世界经合组织也认为："好的或者有效的公司治理制度是具有国家特性的，它必须与本国的市场特征、制度环境以及社会传统相协调。"我国国有企业与西方企业所处的国情不同、社会制度不同、文化传统不同，简单照搬外国的公司治理模式不行，必须建立一套根植于我国政治经济文化土壤、与大的体制合拍的中国特色现代国有企业法人治理结构，把发挥党的

领导优势与建立现代企业制度结合起来，实现优势互补。

习近平总书记在总结多年理论和实践成果的基础上，就国有企业加强党的领导和完善公司治理的关系进行了深刻阐述。2016年10月，习近平总书记在全国国有企业党的建设工作会议上提出："坚持党对国有企业的领导是重大政治原则，必须一以贯之；建立现代企业制度是国有企业改革的方向，也必须一以贯之。中国特色现代国有企业制度，'特'就特在把党的领导融入公司治理各环节。"旗帜鲜明地提出"两个一以贯之"，在我国国有企业改革发展史上是首次。这一重要论述，是对现代企业公司治理的重大理论创新和实践创新，丰富和发展了马克思主义党建学说和中国特色社会主义政治经济学，体现了现代公司基本属性和国有企业特殊属性的有机统一，反映了我们对国有企业公司治理规律的认识达到了新的高度，为国有企业立足国情、结合实际，建设中国特色现代国有企业制度提供了根本遵循。

2017年10月，党的十九大审议通过《中国共产党章程（修正案）》，将"国有企业党委（党组）发挥领导作用，把方向、管大局、保落实，依照规定讨论和决定企业重大事项"增写进党章第三十三条，将国有企业党委（党组）发挥领导作用以党的根本大法形式固定下来。《十九大党章修正案学习问答》对党组织如何发挥领导作用，把方向、管大局、保落实，以及如何规范党组织、董事会、经理层在重大经营管理事项决策中的关系进行了解释，即："把方向"，就是要自觉在思想上政治上行动上同党中央保持高度一致，坚决贯彻党的理论和路线方针政策，确保国有企业坚持改革发展正确方向；"管大局"，就是要坚持在大局下行动、议大事、抓重点，加强集体领导、推进科学决策，推动企业全面履行经济责任、政治责任、社会责任；"保落实"，就是要管干部聚人才、建班子带队伍、抓基层打基础，领导群众组织并发挥其作用，凝心聚力完成企业中心工作，把党中央精神和上级部署不折不扣落到实处。"依照规定讨论和决定企业重大事项"，就是要从有利于国有企业科学决策、有效执行、强化监督的实际需要出发，党委（党组）对涉及企业"三重一大"事项等进行集体讨论研究，在此基础上，根据不同类型企业关于企业决策相关规定，有的由党委（党组）作出决定，有的由董事会或经理层决定。

2018年10月，全国国有企业改革座谈会要求，突出抓好中国特色现代国有企业制度建设，有效划分企业各治理主体权责边界，加快形成有效的法人治理结构。同月，中央企业党的建设工作座谈会进一步强调，要把加强党的领导和完善公司治理统一起来，进一步推进中国特色现代国有企业制度建设。国有企业按照党中央和国务院部署要求，认真贯彻落实"两个一以贯之"要求，坚持和完善"双向进入、交叉任职"的领导体制，符合条件的国有企业党委（党组）领导班子成员通过法定程序进入董事会、监事会、经理层，董事会、监事会、经理层成员中符合条件的党员依照有关规定和程序进入党委（党组）；全面推行党委（党组）书记、董事长"一肩挑"，全面推行党员总经理兼任副书记，完善有利于党委（党组）发挥领导作用的治理结构。通过落实党组织研究讨论作为公司决策重大事项前置程序，党委（党组）对涉及企业"三重一大"事项等进行集体研究讨论，在此基础上，根据不同类型企业关于企业决策相关规定，有的由党委（党组）作出决定，有的由董事会或经理层决定，从运行机制上保障了党组织意图在重大决策中得到充分体现。同时，国务院国资委加快顶层设计步伐，持续推动坚持党的领导与完善公司治理深度融合，指导国有企业把党委（党组）把关定向与董事会科学决策有机统一起来，把党的组织力与经理层的执行力有机统一起来，把党组织协调各方监督力量与构建企业全方位、立体化监督格局有机统一起来，把坚持党管干部原则与市场化选人用人机制有机统一起来，既充分发挥党委（党组）领导作用，也避免把党组织直接作为企业生产经营的决策和指挥中心，不断推进中国特色现代国有企业制度建设。

二、确立国有企业党组织在公司法人治理结构中的法定地位

落实党组织在公司法人治理结构中法定地位的一项重要制度安排，就是把党建工作要求写入国有企业公司章程。但在过去相当长一段时期，作为国有企业内部"宪法"的公司章程，只是简单沿用2013年12月十二届全国人大会常委会第六次会议修正的《中华人民共和国公司法》规定的"在公司中，根据中国共产党章程的规定，设立中国共产党的组织，开展党的活动。公司应当为党组织的活动提供必要条件"。由于上述规定比较原则，法律中没有明确规定党组织在公司治理中的地位，公司章程中没有明确党组织的地位、职能，国有企业党组织的作用发挥缺乏相应依据，一些国有企业党组织说话没分量、办事没底气，特别是在公司重大决策、选人用人、党风廉政建设等方面，党组织作用

难以发挥到位。①

在现代企业制度下,如何把握党组织在公司法人治理结构中的地位,是国有企业必须回答的重大课题。实际上,这方面很早就已做了探索。党的十六届四中全会通过的《中共中央关于加强党的执政能力建设的决定》指出,"国有企业党组织要适应建立现代企业制度的要求,完善工作机制,充分发挥政治核心作用"。2009年,全国国有企业党的建设工作会议提出,要适应公司制股份制改革,建立确保党组织充分发挥作用的公司治理结构。2015年8月,党中央、国务院印发的《关于深化国有企业改革的指导意见》进一步提出"明确国有企业党组织在公司法人治理结构中的法定地位",同年9月,《关于在深化国有企业改革中坚持党的领导加强党的建设的若干意见》(以下简称《若干意见》)强调,"把加强党的领导和完善公司治理统一起来,明确国有企业党组织在公司法人治理结构中的法定地位"。中央组织部负责人就《若干意见》答记者问指出:"建立中国特色现代国有企业制度,是国有企业的改革方向,是现代企业制度的重大理论创新和实践创新,其核心就在于党组织是公司法人治理结构的重要组成部分,就在于充分发挥党建工作与公司治理两个优势。据此,《若干意见》强调,把加强党的领导和完善公司治理统一起来,明确国有企业党组织在公司法人治理结构中的法定地位。明确要求各国有企业应当在章程中明确党建工作总体要求,将党组织的机构设置、职责分工、工作任务纳入企业的管理体制、管理制度、工作规范,明确党组织在企业决策、执行、监督各环节的权责和工作方式以及与其他治理主体的关系,使党组织成为公司法人治理结构的有机组成部分,使党组织发挥领导核心作用和政治核心作用组织化、制度化、具体化。"②

2017年3月,中央组织部、国务院国资委党委印发《关于扎实推动国有企业党建工作要求写入公司章程的通知》,要求国有独资、全资和国有资本绝对控股企业要带头将党建工作要求写入公司章程,为党组织有效开展工作、发挥作用提供制度保障。对国有资本相对控股的混合所有制企业章程修改工作,该通知要求,要结合企业股权结构、经营管理实际,区分上市公司和非上市公司

---

① 《国企党建工作要求进章程》,《人民日报》,2017年6月20日。
② 《中央组织部负责人就<关于在深化国有企业改革中坚持党的领导加强党的建设的若干意见>答记者问》,《人民日报》,2015年9月21日。

不同情况,把党建工作基本要求写入公司章程,防止简单化、一刀切。截至2017年底,中央企业集团层面和二、三级企业全部实现党建工作进章程。通过把党建工作要求写入章程,国企党组织的法定地位更加明确,与其他治理主体之间的权责边界也更加清晰。

三、完善国有企业法人治理结构

完善国有企业法人治理结构,是落实"两个一以贯之"要求的重要方面,是新一轮国有企业改革的重要任务。国有企业经过长期探索,初步建立了现代企业制度,但仍不完善,部分企业尚未形成有效的法人治理结构,权责不清、约束不够、缺乏制衡等问题仍然存在,一些企业董事会作用发挥还不充分。

党中央、国务院对完善国有企业法人治理结构,作出了一系列部署,提出了明确要求。2015年8月,党中央、国务院印发《关于深化国有企业改革的指导意见》,提出"健全公司法人治理结构。重点是推进董事会建设,建立健全权责对等、运转协调、有效制衡的决策执行监督机制","加强董事会内部的制衡约束",强调"董事会外部董事应占多数","切实解决一些企业董事会形同虚设、'一把手'说了算的问题,实现规范的公司治理"。2017年4月,国务院办公厅印发《关于进一步完善国有企业法人治理结构的指导意见》,提出"以建立健全产权清晰、权责明确、政企分开、管理科学的现代企业制度为方向","进一步健全各司其职、各负其责、协调运转、有效制衡的国有企业法人治理结构","到2020年,国有独资、全资公司全面建立外部董事占多数的董事会,国有控股企业实行外部董事派出制度"。

加强董事会建设是完善国有企业法人治理结构的重要一环。按照党中央、国务院决策部署,国务院国资委积极推进国有企业董事会建设工作,截至2018年12月底,在国务院国资委履行出资人职责的96家中央企业中,94家企业建立董事会,其中83家外部董事占多数。90%的地方国资委监管企业建立了董事会。经过十几年的探索,董事会组织体系和运作机制更加健全,建设规范董事会的企业均设立提名委员会、薪酬与考核委员会、审计委员会等专门委员会;议事规则更加完善,严格实行集体审议、独立表决、个人负责的决策制度,平等充分发表意见,一人一票表决,议案研究更加充分、讨论更加深入,防止了一些不合理项目的"上马",企业重大投资决策更加科学、出现重大决策失误的概率大大降低。加强董事会和董事日常管理，2016年修订印发了新的中央企业董事会及董事评价办法，每年组织开展董事会和董事评价工作，促进董事会规范有效运作、董事忠实勤勉履职。建设高素质专业化外部董事队伍，严格选聘标准，拓宽来源渠道，精心挑选，严格管理，加强履职支撑，压实履职责任，截至2018年底，中央企业外部董事共238人，其中专职外部董事37人。严格监督约束和追责问责，对重大决策失误、重大资产损失负有直接责任的董事，进行调整、解聘，还依法依规追究责任。

通过董事会和外部董事制度建设，中央企业公司治理发生了深刻变化。第一，制衡机制初步形成。决策层和执行层分开、决策权和执行权分离，一定程度上解决了"内部人"控制问题，促进了企业领导体制和治理机制的完善。第二，决策质量明显提高。一人一票议决，体现了民主决策、理性决策、集智决策的优势，既给决策带来了多元视角和宽广视野，又较好解决了"一言堂"等问题，出现重大决策失误的概率要比过去小得多。第三，风险防控能力显著增强。董事会决策时，除了强调经济效益，更加注重同步识别风险、同步揭示风险，督促经理层完善风险防控措施，形成了企业重大经济活动的"安全阀"，促进了企业稳健经营。第四，经营管理水平有效提升。企业按照新的治理架构和运行机制，改变惯有的管理模式和工作程序，完善相关制度，优化业务流程，改善运行效率，内部管理规范化、科学化水平大大提高。第五，促进出资人监管方式进一步转变。出资人更多依靠公司法人治理结构贯彻出资人意图，促进了国资监管从过去管企业向管资本转变，从过去"一管就死""一放就乱"向"管住大局""放出活力"转变，从过去所有企业同一标准、同一模式监管向差异化、个性化转变。

四、开展落实董事会职权试点

压实董事会职权，是推进中央企业规范董事会建设的重要内容，是支撑董事会充分发挥作用的重要基础。党中央、国务院高度重视，多次作出重要部署，提出明确要求。2015年8月，党中央、国务院印发《关于深化国有企业改革的指导意见》，提出"要切实落实和维护董事会依法行使重大决策、选人用人、薪酬分配等权利"。2015年10月，国务院印发《关于改革和完善国有资产管理体制的若干意见》，明确要求将出资人意志有效体现在公司治理结构中。

2016年2月,国务院国有企业改革领导小组将"落实董事会职权试点"列入国有企业"十项改革试点",加以部署和推进。2016年12月,习近平总书记主持召开中央全面深化改革领导小组第三十一次会议,审议通过《关于开展落实中央企业董事会职权试点工作的意见》,对推进这项改革试点提出了新的更高要求,强调开展落实中央企业董事会职权试点,要坚持党的领导,坚持依法治企,坚持权责对等,切实落实和维护董事会依法行使中长期发展决策权和经理层成员选聘权、业绩考核权、薪酬管理权以及职工工资分配管理权等,推动形成各司其职、各负其责、协调运转、有效制衡的公司治理机制。国务院国资委按照中央的部署要求和改革试点文件精神,按照"坚持稳中求进、推动提质扩围"的思路,在前期相关改革探索基础上,进一步深化试点内容,扩大试点范围,在5家中央企业开展落实董事会职权试点,结合企业实际,将相关职权授予试点企业董事会行使。

同时,积极推进经理层成员契约化管理试点和职业经理人制度试点。2013年11月,《中共中央关于全面深化改革若干重大问题的决定》提出,要"建立职业经理人制度"。2015年《关于深化国有企业改革的指导意见》提出,"推行职业经理人制度,实行内部培养和外部引进相结合,畅通现有经营管理者与职业经理人身份转换通道,董事会按市场化方式选聘和管理职业经理人,合理增加市场化选聘比例",强调"推行企业经理层成员任期制和契约化管理,明确责任、权利、义务,严格任期管理和目标考核"。这两项改革,也是国务院国企改革领导小组部署的"十项改革试点"内容。国务院国资委结合开展落实董事会职权试点,推行经理层成员契约化管理,对经理层成员实行聘任制,明确责权利,签订聘任协议和业绩合同,严格聘期管理和目标考核,推进"能上能下";开展职业经理人制度试点,在严格契约化管理基础上,执行市场化薪酬、实行市场化退出。

开展上述"三项试点",通过落权放权,增强了企业的市场主体地位,促进了企业法人治理结构协调运转,压实了董事会决策、经理层执行责任,激发了企业活力,探索了坚持党管干部原则和发挥市场机制作用结合起来的有效实现途径,推动了国资监管从管企业向以管资本为主转变,发挥改革的乘数效应。31个地方也开展了落实董事会依法行使重大决策、选人用人和薪酬分配等权利的探索。

同时，履行出资人职责的机构、股东会、监事会职权得到了进一步规范和调整。在理顺出资人职责、转变监管方式上，国有独资公司不设股东会，由出资人机构依法行使股东会职权。对直接出资的国有独资公司，出资人机构按照出资关系，重点管好国有资本布局、规范资本运作、强化资本约束、提高资本回报、维护资本安全。对国有全资、国有控股企业，出资人机构主要依据股权份额通过参加股东会议、审核需由股东决定的事项、与其他股东协商作出决议等方式履行职责，除法律法规或公司章程另有规定外，不干预企业自主经营活动。对股权多元化中央企业，2018年10月，国务院国资委按照以管资本为主推动职能转变相关要求，根据新《公司法》，重新修订印发《国资委履行多元投资主体公司股东职责暂行办法》，结合实践明确了履职的具体方式，以及对股东代表、授权代表的相关要求，进一步完善了对公司股东会重大事项的审核程序，突出依法履职行权、股东沟通协商等理念，推动建立股东间沟通协调机制，依法落实国有资本出资人代表参与公司治理的各项职责。截至2018年12月，在国务院国资委履行出资人职责的96家中央企业中，共有7家中央企业实行了股权多元化。按照《公司法》等法律法规，这些股权多元化公司大多都建立了比较规范的法人治理结构，股东会能够依法依规运作。根据工作需要，公司股东会每年召开若干次会议，审议公司重大事项并作出决议，国务院国资委与其他股东按照所持股比，通过参加公司股东会会议、发表意见、进行表决，规范履行股东职责，共同决策公司重大事项。在监事会建设方面，按照2018年《深化党和国家机构改革方案》要求，国有重点大型企业监事会的职责划入审计署，不再设立国有重点大型企业监事会。

启示与前瞻

完善国有企业法人治理结构是全面推进依法治国、推进国家治理体系和治理能力现代化的内在要求。法人治理结构是现代企业制度的核心，也是国有企业领导体制演变的最新形态，是所有权与经营权分离状态下企业权责利配置模式及相关制度安排。进入新时代，"两个一以贯之"的提出，使建立中国特色现代国有企业制度、完善我国国有企业法人治理结构达到了全新的高度和境界。建立和完善中国特色现代国有企业法人治理结构，既要遵循一般原理，更要遵循国情特色；既要借鉴国际经验，更要探索中国道路。关键是做好"特"的文章，把加强党的领导和完善公司治理统一起来，着力发挥好党委（党组）领导作用，让党组织在企业改革发展中把得了关、掌得了舵、使得上劲，同时也要按照权责对等的原则，尊重其他治理主体依法行使职权，尊重市场规律的要求。下一步，要按照有利于加强党对国有企业的全面领导、有利于企业科学决策和高效执行，进一步厘清各治理主体功能定位和权责边界，做到无缝衔接，形成各司其职、各负其责、协调运转、有效制衡的治理机制，为国有企业培育具有全球竞争力的世界一流企业提供制度保障。

第五章　劳动、人事与考核分配制度改革

党的十一届三中全会后，随着经济体制改革与国企改革的逐步深化，国家在国有企业内部推行了一系列劳动人事、经营考核、收入分配、社会保险等制度改革举措，如厂长负责制、劳动合同制、岗位工资制、承包制等，逐步确立了"管理人员能上能下、员工能进能出、收入能增能减"的改革目标。2003年国有资产出资人代表制度确立后，国务院国资委以及各地方国资委不断建立健全国有企业董事会制度、干部任期制、工资总额预算管理、负责人经营业绩考核和薪酬管理制度等，加之同期《中华人民共和国劳动合同法》（以下简称《劳动合同法》）的出台、社会保障体系的逐渐完善，共同推动了国有企业劳动、人事与考核分配制度改革朝着契约化、规范化、法治化方向积极迈进。2013年党的十八届三中全会再一次提出要深化国有企业内部"管理人员能上能下、员工能进能出、收入能增能减"的制度改革，2014年党中央、国务院出台了深化中央管理企业负责人薪酬制度改革的意见，2018年国务院出台了《关于改革国有企业工资决定机制的意见》，对新时代薪酬分配制度改革提出了新的要求。

第一节　国有企业劳动用工制度改革

国有企业劳动用工制度改革，是劳资关系管理体制从行政化向法制化的转轨过程，是用工管理机制在社会主义市场经济条件下逐步向契约化、岗位化、市场化的转变过程。国有企业劳动用工制度改革，从根本上推动了全国统一劳动力市场的形成、劳动法律和社会保障体系的完善，是国有企业成为市场竞争主体的必要条件。

一、劳动用工制度改革路径

（一）劳动用工制度改革的早期探索

改革开放前，国有企业实行以固定工为主体的用工制度，事实上形成了无条件的"终身制"，成了"铁饭碗"。1983年2月，国家劳动人事部发布《关于积极试行劳动合同制的通知》等一系列政策规定，在国有企业试行劳动合同制。同一时期，国家开始尝试自主择业，改革统包统配的就业制度，国有企业在招工方面也拥有了一定的自由度。1986年7月，国务院印发《国营企业实行劳动合同制暂行规定》《国营企业招用工人暂行规定》等系列文件，明确要求国有企业招工要面向社会，公开招收，全面考核，择优录用，新招工人统一实行劳动合同制，以书面形式明确双方的责权利，开启了中华人民共和国成立以来劳动制度的一次重大改革。由此，"接班制"和"内招子女"的办法在国有企业逐渐被废止（特殊行业除外），取而代之的是实行劳动合同制的社会化招工，国有企业劳动用工制度改革由此迈出了第一步。但是，由于劳动合同制只是在新招的工人中实行，原有的固定工制度不变，国有企业中固定工占比仍然较高。1992年2月，劳动部印发《关于扩大试行全员劳动合同制的通知》，明确扩大全员劳动合同制试行范围至企业干部、固定工人、劳动合同制工人及其他工人。同年7月，国务院颁布《全民所有制工业企业转换经营机制条例》，规定企业可以实行合同化管理或者全员劳动合同制，将合同化管理范围扩大到包括原有职工在内的全体就业人员。当年，劳动合同制职工占到国有企业职工总数的14.9%。

劳动合同制在名义上打破了终身制、固定制，开启了对国有企业劳动关系契约化管理的探索，与企业招工自主权共同敲开了用工制度改革的大门。这一时期，国有企业用工制度最显著的特点就是"双轨制"，固定工制度和劳动合同制并行，两种身份的工人并存。"双轨制"为国有企业改革用工方式带来新意，但是也不由自主地将国有企业带入了一个怪圈：一方面，固定工大量过剩、冗员增加；另一方面，企业劳动力短缺，大量招聘合同工，出现了"合同工干、固定工看"的现象。国有企业内部忙闲不均、人浮于事的矛盾日益突出，不改革固定工制度，国有企业用工制度就难以发生根本变化，就不能从根本上解决国有企业冗员、低效问题。在这种形势下，国有企业从20世纪90年代初开始逐步掀起以"破三铁"（铁饭碗、铁工资、铁交椅）为中心的企业劳动、人事、分配制度改革热潮。

"破三铁"过程中大量的固定工下岗，加之当时社会保障制度尚不完善，社会培训机制相对缺乏，大部分下岗职工没有足够能力再就业，一定程度上影响了社会的稳定。"三铁"赖以生存的计划经济体制未完全转型，单一的企业内部制度创新不能解决国有企业长期积累的历史顽疾。但是通过"破三铁"，国有企业职工逐步从心理上破除了国家用工、终身用工的概念，在一定程度上促进了劳动合同制的全面推行。此时，一些企业结合承包经营责任制对固定工制度改革进行了因地制宜的探索，有的实行"优化劳动组合"，由基层挑选骨干员工重新组成劳动组织单元，未组合上的按待岗人员对待；有的签订岗位责任合同，尝试固定工合同化管理。这些探索不断冲击着固定工制度，同时也为劳动合同制度的全面推行奠定了基础。1993年2月，劳动部印发《关于实施＜全民所有制工业企业转换经营机制条例＞的意见》，对企业劳动用人自主权提出10项可操作规定，劳资双方的利益逐渐明确，全面推行劳动合同制的条件已经成熟。

1994年是我国劳动用工制度历史上具有重要里程碑意义的一年。经过长时间的实践探索和立法筹备，国家正式颁布劳动关系方面的基本法——《中华人民共和国劳动法》（以下简称《劳动法》）。《劳动法》带来了国有企业用工制度的大变革，国有企业劳动用工的主体从国家转到企业，劳动关系的确立由基于行政指令转到平等自愿、协商一致，企业对员工的管理由身份管理转为契约化市场化用工管理。根据这些变化，国有企业开展了自查自纠，对企业内聘员工、大集体工、农民协议工、临时工、季节工、劳务工等各种形式的用工进行清理，到1996年初全面实行了劳动合同制。伴随国有企业全面推行劳动合同制和国有企业用工自主权的提升，在国家就业政策变化的推动下，国有企业逐步建立了公开招聘制度。《劳动法》的贯彻落实使国有企业用工制度产生了质的变化，国有企业劳动关系契约化管理正式纳入法制轨道，不断前进。

劳动关系契约化在形式上逐步实现了国有企业职工去行政化、去固定化、去终身制，但是国有企业劳动用工制度中"能进不能出"的症结尚未得到根本消除，人员富余、人浮于事、管理低效、效益低下的问题仍然存在。伴随着改革开放的逐步深入和生产要素价格市场化改革的逐步推进，国有企业面临的市场竞争环境越来越激烈。相比商品的市场化进程，国有企业改革进程相对滞后，效率低、效益差逐步成为影响国有企业竞争力的最大制约。长期的计划经济体制下，国企内部"低收入高就业"现象突出，国企冗员甚至一度超过了用工总量的50%。随着内外部市场环境的不断变化，国企用工现状与实际需求之间的矛盾日益突出，富余人员问题如何妥善解决，是深化改革所面临的难题。

不尽快推进生产要素的市场化，国有企业的活力就得不到充分释放。在国企内部，一方面，经营管理体制机制亟须转变，另一方面，过剩的劳动力也亟待消化。相对前者，当时后者的改革任务更加紧迫。受体制机制不健全、职工观念难转变的影响，国企内部富余人员安置问题并不容易解决。首先，劳动关系契约化没有完全建立，企业缺乏富余人员退出通道[1]。其次，当时我国并没有建立完备的社会保障制度。计划经济形成的政企合一体制，将社会成员完全交给企业，政府没有也无须建立社会保障体制。这种情况下，一是员工没有离开企业进入社会的正常通道，只能与企业"生死相依"；二是若简单地把员工推向社会，员工的生存难以保障，必将引起社会的不稳定。最后，国企员工已经形成"企业人"的身份定位。国企的终身就业制使员工个人不需要承担任何风险，个人既没有自主意识，也没有独立生存的能力。因此，将富余人员从他们"几代同堂"的企业中推出去，这不是一个能够轻易作出的决定。在人员安置问题上，无论个人、政府或企业，都没有做好必要的准备。

一面是富余人员的压力不再只是企业负担，更已威胁到企业的生存；另一面是员工和社会双方准备不足——员工没有做好与企业分离的准备，社会也没有做好人员的接收准备。双重压力之下，从1995年前后，企业开始在各级政府的支持下，尝试通过采取多种方式和渠道解决企业富余人员问题。通过推行积极的再就业政策，试图走出一条既能为企业员工所接受，又能让社会可承受的分流安置之路。

（二）结构调整中的再就业工程

在中国经济由计划经济向市场经济转型的大背景下，国有企业的市场意识被唤醒，一场被结构调整推动的、对传统用工制度的颠覆性改革就在此种形势

---

[1] 2007年6月，国家颁布《中华人民共和国劳动合同法》，企业才有了明确的劳动合同签订、续订、解除劳动关系的法律依据。

下应运而生：下岗分流，减员增效，实施再就业工程，形成企业优胜劣汰的竞争机制。1997年，党中央、国务院提出"鼓励兼并、规范破产、下岗分流、减员增效、实施再就业工程"的方针，此后的5年间，党中央、国务院在企业富余人员的分流安置方面，采取了一系列政策措施。减员增效的实施对僵化、保守的劳动用工思想观念产生了强烈的冲击，进一步强化了合同管理的用工改革方向，初步树立了岗位管理的用工理念。

全国各地的再就业中心在此背景下应运而生，也成为安置富余人员的重要举措。企业下岗职工离开企业后，不直接进入社会，而是先进入再就业中心，接受中心管理。中心对下岗职工进行培训，发放下岗生活费，办理各种社会保险，并根据劳动力供求信息推荐就业。上海市率先建立了再就业中心的基本制度框架，并取得了一系列成功经验，为全国再就业中心的建立起到了良好的示范作用，再就业中心得以在全国范围内迅速推广。再就业中心填补了社会保障体系还未建立时的"真空期"，一方面使企业从进退两难的困境中解脱出来，另一方面也为所有国企职工观念转变提供了缓冲期。

上海市曾经是我国最大的工业城市，在改革过程中面临的人员问题也最突出。由于人员安置两难，许多资产流动、优化重组的计划难以实施。经过精心谋划，上海市组建了由政府支持、社会资助、企业负责的再就业中心，帮助下岗职工面向社会重新就业。再就业中心的运转资金，由政府、社会、企业各承担1/3，全部用于下岗职工。再就业中心最先在上海纺织、仪表控股（集团）公司建立。职工进入再就业中心，由中心统一发放下岗生活费、办理社会保险、转岗培训，并根据劳动力供求信息组织下岗职工劳务输出、生产自救和应聘考试。两个再就业中心开设了计算机操作、办公自动化、会计、家电维修、厨师、物业管理等培训班，帮助下岗职工增强再就业技能。

再就业中心在国有企业职工下岗再就业过程中发挥积极作用。一是职工离岗后，再就业中心能落实职工的基本生活和基本社会保障，职工也得到培训和组织就业的机会，这是企业自身无法办到的。二是为尽快剥离富余人员提供了保障。再就业中心的建立，充分调动了政府、社会、企业、个人的积极性，多渠道、全方位地分流、安置下岗职工，促进各类资源形成社会合力。三是使下岗职工快速地实现了再就业，减少了社会稳定压力。上海市坚持"稳进快出，量出为入"方针，明确规定全市各行业要开展招聘的，都要优先选择再就业中心下岗职工。上海市1990—1995年累积的86万名下岗职工，到1995年底有66万名实现了再就业。1996年新增下岗职工20多万人，当年又实现再就业20多万人。

随着运行逐步规范，再就业中心逐渐成为分流安置富余人员的一种正式制度。为了保障再就业中心运行资金来源，1996年10月，中共中央办公厅、国务院办公厅联合印发《关于进一步解决部分企业职工生活困难问题的通知》，规定经当地政府解困工作主管机构核定，实行地方财政贴息、企业主管部门调剂一部分资金、银行提供一部分工资性贷款的"三家抬"办法，解决再就业中心职工的基本生活费来源。1997年1月，党中央、国务院在北京召开第一次全国再就业工作会议，提出了"鼓励兼并、规范破产、减员增效、实施再就业工程"政策，决定在国企广泛建立再就业中心，同时建立起下岗职工基本生活保障、失业保险和城市居民最低生活保障"三条保障线"。同年，国务院为鼓励企业实行下岗分流，决定采取以产定人、下岗分流、适当减免贷款利息等办法，多渠道保证困难企业下岗职工的基本生活费按时发放。1998年5月，党中央、国务院再次召开全国国有企业下岗职工基本生活保障和再就业工作会议。同年6月，印发《关于切实做好国有企业下岗职工基本生活保障和再就业工作的通知》，明确提出"建中心、进中心、保生活"的要求，明确了再就业中心的接收对象范围、接收期限和中心资金来源，完善了再就业中心制度，也间接为建立职工失业保险奠定了基础。1999年3月，国务院办公厅印发《关于进一步做好国有企业下岗职工基本生活保障和企业离退休人员养老金发放工作有关问题的通知》，提出了落实资金确保下岗职工基本生活，积极促进下岗职工再就业，加强下岗职工劳动合同管理和进一步完善"三条保障线"制度的要求，为继续做好国有企业下岗职工基本生活保障和再就业提供了保障。

通过国有企业下岗职工再就业中心这个过渡性的制度安排，1997—2003年，国有企业多渠道累计分流安置约2750万人，其中1850万人实现了再就业，再就业率达到67%。2700多万名下岗职工的分流安置，保障了企业结构调整中下岗失业职工的基本生活，国企从此对职工从承担无限责任变为承担有限责任，对深化国有企业改革、维护社会稳定起到了重要作用。国企员工不再对企业"从一而终"，从企业人变成了社会人。

在实现国有企业富余人员分流安置方面，除大力推行再就业中心外，各地企业还积极探索了协议解除劳动关系、实行内部退养、协议保留社会保险关系、终止劳动合同、实行停薪留职等方式。其中，按照《劳动法》协议解除劳动关系的方式在一些国有大中型企业中最为常用。中国石油、中国石化分别约有38万人、21万人采取有偿解除劳动合同的方式与企业解除了劳动关系。

再就业中心及其他分流富余人员方式，是在计划经济向市场经济转轨过程中，社会保障体系尚不完善情况下的阶段性措施，不能成为一种长效机制，并且也存在明显的局限：尽管分流安置属于政府、社会和企业共同参与，但最后仍由企业作为具体"施工方"，企业的负担并未完全消除，且不同企业间受经济实力的影响，补助金额也存在很大的差异，最高与最低补助能够相差10倍。因此，在实施下岗分流的同时，国家同步加快了社会保障体系的建立。2000年，国务院提出了完善城镇社会保障体系的试点方案，决定自2001年起不再建立新的再就业中心，企业发生新的减员直接依法解除劳动关系，实施下岗职工基本生活保障及再就业制度向失业保险并轨改革，使国有企业职工基本保障逐步融入社会保障体系。

2002年9月，党中央、国务院在北京召开全国再就业工作会议，明确了今后一个时期内要在进一步巩固"两个确保"和逐步完善社会保障体系的基础上，重点做好有劳动能力和就业愿望的下岗失业人员再就业工作。同月，党中央、国务院印发《关于进一步做好下岗失业人员再就业工作的通知》，针对新时期就业工作的新形势、新特点，围绕解决职工再就业问题，形成了一整套再就业政策框架，成为促进再就业的一个纲领性文件。2002—2005年，党中央、国务院每年召开一次全国再就业工作会议，研究解决再就业政策落实中的难点问题，推进再就业工程。2005年8月，党中央、国务院召开全国再就业工作座谈会，明确了将积极的再就业政策延长至2008年底。同年11月，国务院印发《关于进一步加强就业再就业工作的通知》，对原有政策进行了延续、扩展、调整和充实，并对未来几年的就业再就业工作进行了全面部署。此后，有关部门围绕该项通知，制定了一系列配套文件，为政策的实施提供了良好的支撑。2003—2006年，共有2000多万名下岗失业人员实现了再就业，其中属于"4050"（女性40岁以上、男性50岁以上的下岗职工）的就业困难人员有500多万人。积极再就业政策的实施，巩固了前期改革成果，为进一步深化改革创造了稳定的社会环境。

(三) 主辅分离分流安置富余人员

通过主辅分离辅业改制分流安置富余人员，是国家推行积极的再就业政策中的又一重要尝试。为避免过多的富余人员直接进入社会，一些国有企业趟出了一条主辅分离的路子。武钢集团、宝钢集团、中国石油等一些大型中央企业在这方面进行了积极探索，取得了一系列成效。武钢集团从 1992 年就开始进行主辅分离，截至 2001 年累计分流 9 万多人，主业的职工从 11.2 万人减少到 1.5 万人，年实物劳动生产率从 42.5 吨/人提高到 470 吨/人，年产量从 475.9 万吨增长到 708.5 万吨。宝钢集团对所属企业进行全面的结构优化和重组整合，淘汰落后生产装备，实施主辅分离，到 2001 年 6 月，职工总数从初期的 17.65 万人减到 10.99 万人，主业职工从 10 万人减到 4.7 万人，分流安置 6.66 万人。中国石油在辅业改制方面做了大胆尝试，其中对机修、运输、餐饮、商贸等行业的中小单位，采取股份制、股份合作制、租赁、承包、出售等方式实现主辅分离，在 37 家完成改制的试点单位中，完全退出的 20 家，占 54%，保留部分参股的 17 家，占 46%，参股比例均不超过 25%。

2002 年前后，尽管国有企业分流安置了大批富余人员，企业经营状况得到改善，但国有企业特别是中央直属企业中的富余人员矛盾依然突出，劳动生产率对标先进企业仍有很大差距。根据对中央企业的摸底调查，分流安置的富余人员占富余人员总数的比例不到 50%，仍有超过半数的富余人员留在企业内部有待分流安置。在总结主辅分离经验的基础上，2002 年 11 月，国家经贸委等 8 部委联合印发《关于国有大中型企业主辅分离辅业改制分流安置富余人员的实施办法》，提出了国有大中型企业实施主辅分离辅业改制的具体操作办法和措施，鼓励企业通过结构调整、改制重组等，利用非主业资产、闲置资产和关闭破产企业的有效资产（以下简称"三类资产"），改制创办成面向市场、独立核算、自负盈亏的法人经济实体，多渠道分流安置企业富余人员。2003 年 3 月—2005 年 9 月，针对中央企业主辅分离改制分流总体方案、国有企业界定标准和辅业资产界定范围、规范辅业改制中的劳动关系和维护职工权益、"三类资产"处置方式、明确辅业资产进场交易和内部退养人员等预留费用标准等具体问题，国家有关部委和部门出台了一系列详细的政策和办法，保障了企业主辅分离辅业改制分流安置富余人员的顺利实施。

截至 2008 年底，全国共有 1365 家国有大中型企业实施主辅分离辅业改制分流，分离改制单位10765个，分流安置富余人员263.8万人，其中改制企业安置富余人员193万人。77户中央企业上报的主辅分离辅业改制方案，涉及改制单位5283个，其中4917个改制为非国有法人控股企业，占改制单位总数的93.1%；分流安置人员88.2万人，其中改制企业安置76.4万人，占分流安置总数的86.6%。地方国有大中型企业中，共有1288家实施了主辅分离辅业改制，分离改制单位5482个，分流安置人员175.6万人，其中改制企业安置116.6万人。

国有企业实施主辅分离辅业改制具有重要的现实意义。首先，它成为国有企业分流安置富余人员的主要渠道之一，为深化国有企业改革与维护企业和社会稳定找到了一个切入点，有力地推动了国有大中型企业的结构调整，促进了主业发展，提高了企业竞争力。其次，通过多种方式推进改制企业产权多元化和内部机制转换，辅业改制企业得到较好发展，解决了长期困扰部分国有企业的上市公司与存续企业并存的问题。

（四）市场化劳动用工体系初步建立

通过实施积极的再就业政策，探索出了多种减员增效的途径和办法，不过国有企业富余人员过多、劳动生产率不高的问题并没有从根本上解决。进一步深化改革需要从制度层面解决问题。2001年3月印发的《关于深化国有企业内部人事、劳动、分配制度改革的意见》明确指出，要建立职工择优录用的用工制度，实施规范劳动合同制，推行竞争上岗，加强以岗位管理为核心的内部劳动管理。自此，国有企业逐步开始从严格定编、定岗、定员（以下简称"三定"）出发合理控制用工总量。很长的一段时间里，国企用工管理出口不畅，进口把关不严，用工效率低下。国有企业也成了冗员、低效的代名词，管理饱受诟病。在深刻吸取了人员编制软约束的教训后，国有企业以管控用工总量为抓手，严把入口、畅通出口，持续优化人员数量和质量结构。绝大部分企业建立了对标先进的劳动定员标准，编制用工总量规划和实施计划，把用工总量管控与提高劳动生产率进行联动管理，实现提效率、增效益。

21世纪以来，随着社会主义市场经济的发展，劳动力市场活跃度得到迅速提升。以此为契机，国有企业进一步打破了干部工人身份，开始探索建立基于岗位管理的现代人力资源管理体系。国有企业适应发展需要，普遍建立了校园招聘、社会招聘等多种渠道的公开招聘机制，灵活使用劳动合同制、劳务派遣和业务外包等用工形式，基本实现了与劳动力市场的接轨。2007年6月，国家颁布《中华人民共和国劳动合同法》，成为国有企业劳动用工制度改革的又一重要节点。2008年1月，《劳动合同法》正式施行，国有企业（既包含全民所有制企业，也包括国有控股的公司制和股份制企业）与在职员工普遍签订了劳动合同，这些员工无论何时进入企业，其劳动关系都以劳动合同为准。劳动合同是用人单位与劳动者之间的劳动关系的书面确认，用人单位依法存续即可延续已有的劳动关系，至于用人单位的所有制属性并不为法律所区分和强调。国有企业改制时，只是股东方发生了变更，并不必然导致职工与企业劳动合同的解除。对于改制可能涉及的重新安置职工问题，应该由企业和职工双方根据劳动合同的条款，就可能涉及的劳动合同变更、解除进行协商。对于合同延续的在职员工和移交社会的退休职工，都不再涉及身份转换问题，无须支付经济补偿金。对于解除劳动合同的，按照《劳动合同法》有关规定支付经济补偿金。《劳动合同法》为维护企业职工权益提供了根本依据，也为依法解除劳动关系的经济补偿问题提供了政策保障。国有企业按照《劳动合同法》严格履行劳动合同签订、续订、解除劳动关系，依法规范劳务派遣用工，逐步建立起市场化的劳动用工制度。2009年10月，国务院国资委印发《关于深化中央企业劳动用工和内部收入分配制度改革的指导意见》，要求深化中央企业劳动用工制度改革。依法加强用工管理，强化岗位体系建设；建立健全企业劳动规章，完善用工管理制度；合理配置人力资源，优化用工结构；建立健全人员进出机制，促进职工合理流动。

（五）劳动用工制度改革进入全新阶段

深化劳动用工制度改革是全面深化国有企业改革的重要内容和关键环节，是促进企业瘦身健体、提质增效的重要举措，是增强中央企业活力和竞争力的迫切需要。党的十八大以来，随着国有企业改革的全面深化，国有企业劳动用工制度改革也进入了全新的历史阶段。2013年11月，党的十八届三中全会通过《中共中央关于全面深化改革若干重大问题的决定》，明确提出要"深化企业内部管理人员能上能下、员工能进能出、收入能增能减的制度改革"。2015年8月，党中央、国务院印发《关于深化国有企业改革的指导意见》，明确提出建立健全以合同管理为核心、以岗位管理为基础的市场化用工制度，真正形成企业各类"管理人员能上能下、员工能进能出"的合理流动机制，为新时期国有企业劳动用工制度改革指明了方向。按照《关于深化国有企业改革的指导意见》要求和党中央、国务院领导的指示精神，国务院国资委2016年6月印发《关于进一步深化中央企业劳动用工和收入分配制度改革的指导意见》，对中央企业劳动用工和收入分配制度改革提出了总体要求。

党的十八大以来，国有企业突出市场化用工、契约化管理，在建立健全"能进能出"用工制度方面作出了大量探索。一是全面实施公开招聘制度，做到信息公开、过程公开和结果公开。通过推行公开招聘，企业人才引进更加公开透明，员工素质与岗位要求更加匹配。二是依法规范各类用工形式，细分业务链条，按照岗位不同分类用工，分类管理，逐步构建符合本企业特点的劳动用工模式，逐步与市场接轨，实现市场化用工的要求。三是强化劳动合同对"员工能进能出"的重要作用，细化劳动合同期限、工作内容、劳动纪律、绩效要求以及续签、解除合同条件等条款，明确双方的权利义务。对于违反劳动合同条款并达到需解除劳动合同程度的，依法解除劳动合同。通过完善合同管理和岗位管理，有效减少了不必要的劳动纠纷，提升了企业人员管理的市场化和规范化程度。四是妥善安置企业富余人员，有序推进员工转型发展，实现员工平稳退出。在企业重组整合、"压缩管理层级、减少法人户数"工作和"僵尸企业"处置等改革工作中，推动富余人员通过内部培训转岗、对外劳务输出、自主创业等方式实现再就业，确保职工"转岗不下岗、转业不失业"。中国宝武制定了"多退少留、多转少养、低成本、低风险"的指导方针，2017年共有9604名员工顺利实现转型发展，其中有1842名员工从钢铁主业转岗到多元产业。

二、社会保障制度的确立和完善

国有企业劳动用工制度改革是一项复杂的工程，需要大量社会配套措施为之创造条件和提供保障。国有企业职工社会保障制度就是其中之一。1986年，为推动试行劳动合同制，解决合同制工人退休养老和待业[①]问题，国家开始对劳动合同制工人退休养老实行社会统筹制度，由国有企业为合同制工人建立社会保险。1987年，国有企业在劳动工资部门专门设立职工养老保险业务。自此，国有企业职工由"企业养老"向"社会养老"迈出了第一步。但是由于

---

① 1999年，国务院颁布《失业保险条例》，将待业保险改为失业保险。

固定工仍执行原退休养老制度，国有企业工人退休养老进入了"双轨制"时期，即"新人新制度，老人老制度"。党的十四大之后，随着国家关于社会保障方面的法律法规不断健全，国有企业依法开始全面缴纳养老、医疗、工伤、失业、生育五大社会保险，开启了由"企业保障"向"社会保障"转变的改革。1998年开始，国有企业职工基本养老保险纳入地方统筹。此后的两年内，国家相继发布《关于建立城镇职工基本医疗保险制度的决定》《社会保险费征缴暂行条例》《失业保险条例》《城市居民最低生活保障条例》，医疗制度改革开始启动，初步构建了社会保障制度体系的基本框架，为整个经济体制改革，尤其是国企改革提供了良好的条件。与此同时，为应对国企和其他社会成员陆续进入社会养老系统、养老金积累不足存在入不敷出的隐患，也为弥补可预见的养老金缺口未雨绸缪，国家也开始着手组建全国社保基金理事会。全国社保基金通过中央财政预算拨款、中央财政拨入彩票公益金、国有股转（减）持和投资收益等方式，不断扩大基金规模。自2000年8月成立以来，全国社保基金累计投资收益额9552.16亿元，年均投资收益率达到7.82%。截至2018年底，全国社保基金资产总额达22353.78亿元[1]，成为保障人民群众生计和国家长治久安的重要组成部分。

截至2006年，以城镇职工养老、医疗、失业保险为主要内容的社会保障制度基本建立。在养老保险方面，形成了社会统筹与个人账户相结合的企业职工基本养老保险制度。在基本医疗保障方面，建立了基本医疗保障、企业补充医疗保障和商业医疗保障等多层次的保障制度。在失业保险方面，建立了面向城镇企业职工的失业保险制度，实现了国有企业下岗职工基本生活保障向失业保险并轨。城镇最低生活保障制度进一步健全。

2010年10月，国家颁布实施《中华人民共和国社会保险法》，更好地维护了公民参加社会保险和享受社会保险待遇的合法权益，进一步破除了阻碍劳动者自由流动就业的制度性障碍。社会保障制度的完善有利于统一规范人力资源市场，为国有企业实现"员工能进能出"创造了良好的社会环境。从改革进程看，社会保障制度是适应劳动用工制度改革的需要而生，与此同时，社会保障体系的建设又为劳动用工制度的改革创造了条件，也对改革的进程起到了极大

---

[1]《全国社会保障基金理事会社保基金年度报告（2018年度）》，全国社保基金理事会官网，2019年7月13日。

的推动作用。

截至目前，我国已逐步建立起统一的城乡居民基本养老、医疗保险制度，实现了机关事业单位和企业养老保险制度并轨，出台了划转部分国有资本充实社保基金方案。居民基本医保人均财政补助标准由240元提高到450元，大病保险制度基本建立并已有1700多万人次受益，异地就医住院费用实现了直接结算，分级诊疗和医联体建设加快推进。退休人员基本养老金得到持续提高。十三届全国人大一次会议通过的《政府工作报告》指出，在社会保障方面，我国社会养老保险覆盖9亿多人，基本医疗保险覆盖13.5亿人，织就了世界上最大的社会保障网。在未来，我国将在提高退休人员基本养老金和城乡居民基础养老金，合理调整社会最低工资标准，增加子女教育支出、大病医疗支出等专项费用扣除等方面，不断完善社会保障制度体系。

改革开放40年以来，国有企业用工制度改革取得了长足进展，基本完成了从计划用工向市场用工、固定用工制到劳动合同制的转变，实现了与劳动力市场的接轨。然而，国有企业劳动用工离真正实现"员工能进能出"存在不小的差距，具体表现在：用工基数大、冗员多的问题仍未有效解决；员工"能出"难度仍然较大，职工特别是老职工对国企的心理依赖仍然很强；社会保障体系的区域化、属地化制约了劳动力流动；办社会职能移交后人员分流安置还需要一段时间消化等。劳动用工制度改革涉及方方面面利益，牵一发而动全身，不会一蹴而就，也不可能毕其功于一役。要从根本上解决这些问题，必须进一步深化改革，打破身份差别，严把入口、畅通出口，加快建立符合社会主义市场经济和现代企业制度要求的劳动用工制度。

第二节　国有企业人事制度改革

一、国资委成立前国有企业人事制度沿革

中华人民共和国成立以后到改革开放前，我国没有专门的国有企业领导人员管理制度，国有企业领导人员与党政干部一样，统称为"国家干部"，是党政干部队伍的一部分，其任用也完全按照党政干部任用制度来执行。

从1978年改革开放到1993年党的十四届三中全会前，是国有企业领导人

员管理制度改革问题的探讨、酝酿阶段。这一时期，主要是探索国营企业领导制度问题，其核心问题是实行厂长（经理）负责制，还是实行党委领导下的厂长（经理）负责制。对于国有企业领导人员选拔、聘任和任期、任期目标、经济责任考核等方面都进行了积极探索。1983年10月，中央组织部印发《关于改革干部管理体制若干问题的规定》，提出管少、管活、管好和分级分类管理的原则。1987年10月，党的十三大提出，对国家干部进行合理分类，改变集中统一管理的状况，以建立公务员制度为重点，对干部队伍实行分类管理，形成各具特色的管理制度。在国有企业领导人员管理体制方面，1986年9月，党中央、国务院颁布《全民所有制工业企业厂长工作条例》《中国共产党全民所有制工业企业基层组织工作条例》《全民所有制工业企业职工代表大会条例》。《全民所有制工业企业厂长工作条例》规定，厂长对企业的生产指挥和经营管理工作统一领导，全面负责；厂长的人事任免，可分别采用主管机关委派任命、职工代表大会选举推荐、主管机关招聘等方式。上述三个文件为推动全民所有制工业企业领导体制改革提供了政策依据。厂长（经理）负责制作为企业改革方向，自1987年起进入全面实施阶段。干部管理由对企业领导干部实行下管两级，转变为下管一级、分级管理，扩大了企业的干部管理权限，促进了管人与管事相结合。1989年3月，国务院批转国家体改委《一九八九年经济体制改革要点》，要求"厂内各级管理人员应实行竞争上岗、择优选任"。同年8月，《中共中央关于加强党的建设的通知》要求，"企业中层行政干部，由厂长提名，或党委推荐，经党、政领导集体讨论后，由厂长任免"。1992年2月，国务院批转国家体改委《一九九二年经济体制改革要点》，提出要打破"铁交椅"，建立"能上能下"的干部管理制度。但是，在对国有企业领导人员管理上，基本沿用党政领导干部的管理方法。

1993—2003年，以建立现代企业制度为标志，国有企业领导人员管理制度开始进入一个全面的探索期。随着国有企业开始探索建立现代企业制度，企业改革向纵深发展，国有企业领导人员的管理制度改革被提到日程上来。建立以"产权清晰、权责明确、政企分开、管理科学"为主要特征的现代企业制度，要求企业必须建立规范的法人治理结构，企业由单纯的对行政主管部门负责，转换为同时向出资人和债权人负责，厂长（经理）负责制转变为公司型法人治理结构。国有企业领导人员管理制度由此发生很大变化。公司股东会、董事会、经理层开始建立，并探索发挥作用的途径和形式，企业领导人员的选拔、考核、激励、约束等问题越来越受到重视。

1999年9月，党的十五届四中全会通过的《中共中央关于国有企业改革和发展若干重大问题的决定》就深化国有企业人事制度改革进行了详细阐述，提出，"要按照企业的特点建立对经营管理者培养、选拔、管理、考核、监督的办法，并逐步实现制度化、规范化。积极探索适应现代企业制度要求的选人用人新机制，把组织考核推荐和引入市场机制、公开向社会招聘结合起来，把党管干部原则和董事会依法选择经营管理者以及经营管理者依法行使用人权结合起来。进一步完善对国有企业领导人员管理的具体办法，避免一个班子多头管理。对企业及企业领导人不再确定行政级别。加快培育企业经营管理者人才市场，建立企业经营管理人才库"，"少数企业试行经理（厂长）年薪制、持有股权等分配方式，可以继续探索，及时总结经验，但不要刮风"，"加强和完善监督机制，把外部监督和内部监督结合起来"，"建立企业经营业绩考核制度和决策失误追究制度，实行企业领导人员任期经济责任审计，凡是由于违法违规等人为因素给企业造成重大损失的，要依法追究其责任，并不得继续担任或易地担任领导职务"。

2000年6月，中共中央办公厅印发的《深化干部人事制度改革纲要》提出了国有企业人事制度改革的重点和基本要求，"深化国有企业人事制度改革，以建立健全适合企业特点的领导人员选拔任用、激励、监督机制为重点，把组织考核推荐和引入市场机制、公开向社会招聘结合起来，把党管干部原则和董事会依法选择经营管理者以及经营管理者依法行使用人权结合起来，完善体制，健全制度，改进方法，建立与社会主义市场经济体制和现代企业制度相适应的国有企业领导人员管理制度。深化国有企业内部人事制度改革，形成具有生机与活力的选人用人新机制"。同年9月，国务院办公厅转发国家经贸委《国有大中型企业建立现代企业制度和加强管理基本规范（试行）》，提出"取消企业行政级别。企业不再套用党政机关的行政级别，也不再比照党政机关干部的行政级别确定企业经营管理者的待遇，实行适应现代企业制度要求的企业经营管理者管理办法"。

在这一时期，国有企业领导人员管理制度无论在理论上还是在实践上都进行了深入探索，取得了一定成绩，初步确立了国有企业领导人员的管理体制，但还存在出资人不到位、不明确，对企业领导人员也没有实行分类管理，选拔方式单一，任期制和考核体系没有完全建立等问题。

二、国资委成立后推动国有企业人事制度改革探索

党的十六大确立新的国有资产管理体制，是我国国资国企改革的一个历史性重大突破。国务院授权国务院国资委履行出资人职责，将国有企业改革推进到了新的阶段，企业领导人员管理制度改革是其中重要一环。原来的企业领导人员管理制度积累的不符合、不适应科学发展的深层次矛盾和问题，需要按照新的国资监管原则，把管资产与管人、管事结合起来，加快建立一套有别于党政领导干部管理模式，符合市场经济规律、企业发展规律和国资监管规律，适应现代企业制度发展要求的出资人管人新体制新机制。

（一）建立健全新的国有企业领导人员管理体系

国务院国资委组建之前，虽然也有一套企业领导人员管理的办法，但制度不健全，且由于出资人职责分散行使，企业领导人员管理工作与生产经营、业务发展结合得不够好，亟须建立健全适应新的管理体制要求的企业领导人员管理制度办法。国务院国资委成立以后就提出要"先立规矩后办事"，推动出台了一批基础性、操作层面最亟须的制度办法，对企业领导人员管理工作进行了初步规范，对建立和完善出资人管人的体制机制进行了初步探索，改变了过去企业领导人员分头管理、多头管理的问题，特别是解决了过去存在的管资产与管人、管事相脱节的问题，走出了管资产与管人、管事相结合的关键一步。

党的十七大后，按照"完善适合国有企业特点的领导人员管理办法"的总体要求，2009年11月，中共中央办公厅、国务院办公厅印发《中央企业领导人员管理暂行规定》，将党的十六大以来加强和改进国有企业领导人员管理的一系列改革探索成果和经验以制度形式固化下来，形成了一套区别于党政领导干部、充分体现企业特点和出资人管人要求的制度体系、管理模式和工作机制。这是第一次以中央文件的形式对中央企业领导人员管理工作予以系统规范，有力提升了中央企业领导人员管理工作的科学化、制度化、规范化水平，对加强和改进包括中央企业在内的国有企业领导班子建设、规范开展企业领导人员选任工作，提供了基础性制度保障。

（二）积极探索市场化的选人用人机制

中央企业要在国际竞争中占据主动、赢得优势，必须学会面向全球配置资源（包括人力资源），开发利用国际国内两个人才市场、两种人才资源，建立起与国际接轨的选人用人机制。2003年，国务院国资委一成立，就对7个中央企业高管职位面向海内外公开招聘，在全社会引起了很大反响，展示了国务院国资委的改革创新形象，也迈出了中央企业高管市场化配置的步伐。此后，又先后选择96户中央企业的141个高级经营管理者职位，面向海内外公开招聘。公开招聘打破部门、行业、所有制、身份、地域和国籍等界限，凡符合招聘条件和职位要求的人，均可应聘。通过公开招聘，在1万多名应聘人员中录用了126人。这些人都比较年轻，任职时平均年龄为40.3岁，学历层次高，来源比较广泛。他们年富力强，视野开阔，市场意识强，为企业带来了新的活力。从实践效果看，通过公开招聘中央企业高管的探索，实现了坚持党管干部原则和市场化选聘相结合、组织选拔和市场配置相结合，扩大了选人用人视野，提高了选人用人公信度，推动了企业领导人员选任机制的创新发展，并通过公开招聘央企高管的示范带动作用，促进了整个国有企业人事制度改革的进一步深化。

同时，国务院国资委借用社会力量配置外部董事资源，更加突出市场导向。国务院国资委成立了中央企业外部董事专业资格认定委员会负责中央企业外部董事资格认定，委员由中央企业负责人、地方国有企业负责人、专家学者、中介机构专业人士、境外知名企业家担任。国务院国资委定期请有关部门、企业和中介机构广泛推荐人选，人选由委员会进行资格认定后才能进入中央企业外部董事人才库。每批次外部董事遴选工作都会有约10%的人选通不过资格认定。几年来，共开展了9批外部董事遴选工作，外部董事人才库除国有企业领导人员、金融机构负责人、专家学者、中介机构负责人外，还有跨国公司高管、境外人士等，中央企业外部董事来源更加广泛，市场化的导向更加明显。

（三）逐步完善综合考核评价体系

党的十七大报告指出，要完善体现科学发展观和正确政绩观要求的干部考核评价体系。2009年，中央组织部、国务院国资委党委联合印发了《中央企业领导班子和领导人员综合考核评价办法（试行）》，突出体现国有企业特点，把出资人认可、职工群众认可和市场认可结合起来,运用多维度测评、定量考核与定性评价相结合等方法,对中央企业领导班子和领导人员进行综合考核评价。突出考评的业绩导向,在考评内容中赋予业绩50%的权重,并将国务院国资委经营业绩考核和财务绩效评价结果直接运用到领导班子和领导人员考核评价内容中。在要求领导班子完成经济指标的同时,注重体现科学发展观要求,将保护生态、节约能源资源、优化产业结构等科学发展内容作为考核要点及标准,并增加了政治责任和社会责任方面的考核,引导企业实现全面协调可持续发展。同时,吸收360度考核法理念,形成了多维度的立体评价,探索建立了综合考核评价的量化评分体系,解决了过去企业领导班子和领导人员主要由组织人事部门考核管理,相对比较封闭且方法单一的问题,形成了开放式考评。特别是,根据领导班子的内部分工和职责要求,对班子正职和副职设置了不同的考评主体和权重。在考核结果的运用上,与领导班子建设、领导人员使用挂钩,对任期内未完成经营业绩考核目标或主要工作目标、给企业造成重大损失等情形的,实行一票否决。通过建立起一套集德、能、勤、绩、廉于一体的综合考核评价体系,并以此对领导班子及成员进行年度和任期考核评价,使考核评价体系更加科学完整、结果更加公正、考核评价工作更具导向性,促进了企业领导班子和领导人员尽责履职,推动了企业快速发展。

三、新时代国有企业人事制度改革探索

党的十八大后,国有企业人事制度改革进入全面深化改革阶段。党的十八大报告提出,"深化干部人事制度改革,建设高素质执政骨干队伍"。2013年11月,党的十八届三中全会提出,"坚持党管干部原则,深化干部人事制度改革,构建有效管用、简便易行的选人用人机制,使各方面优秀干部充分涌现"。2016年10月,习近平总书记在全国国有企业党的建设工作会议上强调,"国有企业领导人员是党在经济领域的执政骨干,是治国理政复合型人才的重要来源,肩负着经营管理国有资产、实现保值增值的重要责任","要坚持党管干部原则,保证党对干部人事工作的领导权和对重要干部的管理权,保证人选政治合格、作风过硬、廉洁不出问题"。这些新思想新精神新要求,为国有企业人事制度改革指明了方向,提出了更高要求,拉开了新一轮国有企业人事制度改革的序幕。

(一) 加强国有企业人事制度改革顶层设计

按照习近平总书记提出的新时期好干部标准和国有企业领导人员对党忠诚、勇于创新、治企有方、兴企有为、清正廉洁"20字"要求，建立健全更加符合中国特色社会主义新时代和深化国有企业改革要求的国有企业领导人员管理制度体系。2013年10月，重新修订印发《中央企业领导班子和领导人员综合考核评价暂行办法》，较原来的考核评价办法，更加突出企业特点，更加突出业绩导向，更好适应企业改革发展需要，有力推动了企业领导班子和领导人员担当作为。2016年7月，印发《中央企业董事会及董事评价暂行办法》，提出董事履职评价的重点，引导企业董事会、董事在风险可控的前提下，更多支持经理层抓发展、促改革、增效益，强化勇于担当、积极作为的导向。2016年11月，印发《关于加强和改进中央企业优秀年轻领导人员培养选拔工作的实施意见》，着眼于今后5—10年乃至更长时期领导班子建设需要，提出了拓宽来源、优化结构、改进方式、提高质量、加强培养、从严管理的具体举措，做到政策有突破、落实有抓手、改革有目标，为解决领导人员结构不合理问题，实现中央企业持续健康发展，提供了政策指导和依据。2016年12月，印发《中央企业领导人员选拔任用廉洁从业结论性评价办法》，深入贯彻全面从严治党要求，加强和改进中央企业领导人员选拔任用工作，切实把好人选廉洁关，防止干部"带病提拔"。这一系列制度办法的出台，为中央企业领导班子建设提供了制度保障，示范带动了各地各国有企业建立健全体现各自特点的企业领导人员管理制度体系。特别是2018年5月，中央全面深化改革委员会第二次会议审议通过《中央企业领导人员管理规定》。2018年9月，中共中央办公厅、国务院办公厅印发该文件。该管理规定对坚持和加强党对中央企业的全面领导，完善适应中国特色现代国有企业制度要求和市场竞争需要的选人用人机制，提高中央企业领导人员管理工作质量，打造高素质专业化中央企业领导人员队伍，进一步激励企业领导人员新时代新担当新作为，提出了一系列举措，是新时期做好中央企业领导人员管理工作的基本遵循。

(二) 从严管理监督企业领导人员

在干部选拔任用过程中，坚持做到干部人事档案"凡提必审"、个人有关事项报告"凡提必核"、纪检监察机关的意见"凡提必听"，反映考察对象有关问题的信访举报"凡提必查",监事会主席的意见"凡提必问",切实把好干部选拔任用政治关、廉洁关、作风关。严格干部选拔任用廉洁从业结论性评价制度,对提任和重用人选全面实行廉洁从业结论性评价,企业党组(党委)、纪检组(纪委)对人选廉洁从业情况出具书面意见,党组(党委)书记、纪检组长(纪委书记)签字,不签字的不进入后续程序,做到提拔必"背"、重用必"背"、重点培养必"背",强化了中央企业党风廉政建设责任制的落实,使领导人员的监督关口前移,提高了选人用人质量。加强企业领导班子和领导人员综合考评,评定领导班子考评等级,鼓励优秀、鞭策后进,督促企业将相关工作任务分解落实到每位班子成员,确保人人有责任、人人挑担子、人人有压力,不断强化敢于担当、狠抓发展、攻坚克难的导向。认真落实中央组织部《关于组织人事部门对领导干部进行提醒、函询和诫勉的实施细则》,在班子考核、干部考察、任职谈话及日常工作中,近距离、有原则接触干部,多渠道、多侧面观察干部,掌握新变化活情况。坚持抓早抓小,抓苗头抓预防,及时咬耳扯袖、提醒企业领导人员在工作中注意廉洁守法、诚实守信,增强管理监督针对性。推进企业领导人员"能上能下",特别是加大"下"的力度。根据综合考评、巡视、监事会、审计等反映的问题,对抓党建不力、重大资产损失有责、工作不在状态或存在突出问题的一批企业领导人员进行组织调整,强化"干好干坏不一样"的导向。

(三)探索开展市场化选聘试点

2013 年 11 月,党的十八届三中全会提出,"国有企业要合理增加市场化选聘比例","建立职业经理人制度,更好发挥企业家作用"。2015 年 8 月,党中央、国务院印发的《关于深化国有企业改革的指导意见》提出,"建立国有企业领导人员分类分层管理制度。坚持党管干部原则与董事会依法产生、董事会依法选择经营管理者、经营管理者依法行使用人权相结合,不断创新有效实现形式","推行职业经理人制度,实行内部培养和外部引进相结合,畅通现有经营管理者与职业经理人身份转换通道,董事会按市场化方式选聘和管理职业经理人,合理增加市场化选聘比例,加快建立退出机制。推行企业经理层成员任期制和契约化管理,明确责任、权利、义务,严格任期管理和目标考核"。

按照党中央、国务院部署,国务院国资委在部分中央企业开展落实董事会职权改革试点工作,其中包括落实董事会对经理层的选聘权。国务院国资委党委在新兴际华集团、中国节能、国药集团开展了由董事会选聘和管理经理层的改革试点工作，3户企业共选聘了1名总经理、8名经理层副职，其中新兴际华集团经理层全部由董事会选聘和管理。对董事会选聘的经理层成员，突出契约化管理，依法与企业建立契约关系，约定聘期、业绩目标以及双方的责权利，并严格约定解聘条件。对不能完成契约目标的，按约解聘，完善了高管人员"下"的机制，促进了企业领导人员从"同纸任命""一体管理"向分类分层管理转变。比如，新兴际华集团董事会与选聘的总经理签《高级管理人员聘书》和《经营业绩考核责任书》；实行《总经理业绩考核办法》和《总经理薪酬管理办法》，全面探索了职业经理人制度的核心要素。选聘过程中始终坚持党管干部原则，党组织在确定标准、规范程序、参与考察、推荐人选等方面把关，确保人选政治合格、作风过硬、廉洁不出问题。

在总结试点经验基础上，党中央、国务院对试点工作提出了更进一步的要求。2016年国务院国企改革领导小组将落实董事会职权试点、开展市场化选聘经营管理者试点、推行职业经理人制度试点列入"十项改革试点"，加以推进。2016年12月，中央全面深化改革领导小组审议通过《关于开展落实中央企业董事会职权试点工作的意见》，对落实经理层成员选聘权提出了明确要求，将对经理层成员契约化管理、推行职业经理人等改革试点推到了更高阶段。同时，中央企业在所属企业、地方国资委在所监管企业积极推行市场化选聘和职业经理人制度等改革工作。很多中央企业都在不同领域、不同范围开展了试点，实行经理层契约化管理和职业经理人制度的企业不断增多，截至2017年底，中央企业二级企业中由董事会市场化选聘和管理的经理层成员达到770人。31个地方开展了落实董事会依法行使重大决策、选人用人、薪酬分配等权利的探索，22个地方在所监管一级企业开展了经理层市场化选聘和契约化管理，同时探索实行市场化薪酬分配。

与此同时，国务院国资委积极探索采用公开遴选企业领导人员的方式选拔优秀年轻人才。在公开遴选工作中，中央企业党委（党组）研究把好人选关，国务院国资委党委组织专家把好评审面谈关、组织考察组把好考察关，将党管干部原则落到实处。先后为涉及能源、机械制造、商贸、科研的19户中央企业公开遴选了26名领导人员，补充了一批德才兼备、年富力强的优秀人才。从实践来看，这种方式受到了中央企业的广泛欢迎，有效促进了企业间干部资源的优化配置。

（四）大力弘扬企业家精神

2016年1月，习近平总书记在省部级主要领导干部学习贯彻党的十八届五中全会精神专题研讨班的讲话中指出："要把干部在推进改革中因缺乏经验、先行先试出现的失误和错误，同明知故犯的违纪违法行为区分开来；把上级尚无明确限制的探索性试验中的失误和错误，同上级明令禁止后依然我行我素的违纪违法行为区分开来；把为推动发展的无意过失，同为谋取私利的违纪违法行为区分开来。"强调要宽容干部在推动改革发展中的失误和错误。同年10月，习近平总书记在全国国有企业党的建设工作会议上进一步强调，"要大力宣传优秀国有企业领导人员的先进事迹和突出贡献，营造尊重企业家价值、鼓励企业家创新、发挥企业家作用的浓厚社会氛围"。2017年9月，党中央、国务院印发《关于营造企业家健康成长环境弘扬优秀企业家精神更好发挥企业家作用的意见》，这是中央首次以专门文件明确企业家精神的地位和价值，对激发和保护包括国有企业领导人员在内的企业家精神提出了总体要求和具体举措。2018年5月，中共中央办公厅印发《关于进一步激励广大干部新时代新担当新作为的意见》，对建立激励机制和容错纠错机制，进一步激励广大干部新时代新担当新作为提出明确要求。习近平总书记的重要讲话和党中央、国务院颁布的一系列政策措施，为激励和保护各级企业领导人员干事创业提供了根本遵循。此后中共中央办公厅、国务院办公厅制定了中央企业领导人员管理规定，从目的正当、禁止排除、程序合规、行为合法、结果合理等5个维度明确可以容错的基本条件，为中央企业领导人员争当改革的促进派、实干家提供了制度保障。

为贯彻落实党中央、国务院关于建立激励机制和容错纠错机制、激发企业家精神的重大部署，激励国有企业广大干部人才时不我待、锐意进取、担当作为，国资系统出台了一系列政策措施。2018年3月，国务院国资委就贯彻落实《关于营造企业家健康成长环境弘扬优秀企业家精神更好发挥企业家作用的意见》重点任务工作计划，提出了贯彻落实具体举措，营造良好的干事创业环境。同年7月，国务院国资委党委又印发了贯彻落实《关于进一步激励广大干部新时代新担当新作为的意见》的实施意见，结合中央企业特点，就推动中央企业加快建立和完善正向激励体系，大力营造干事创业、人才辈出的良好环境，提出了一系列具体举措，特别是在建立健全容错纠错机制方面，提出：要合理划分正常经营与失误错误、失误错误与违纪违法、对失误错误容与不容的界限；要全面地、客观地、辩证地看待企业领导人员经营上的成败得失，统筹把握一时一事成败与整体经营成效的关系、年度经营业绩与任期经营业绩的关系、企业经营业绩与行业发展水平的关系，等等。这为中央企业激发和保护干部担当作为积极性提供了鲜明的政策指引。同月，国务院国资委印发的《中央企业违规经营投资责任追究实施办法（试行）》提出，对中央企业经营管理有关人员在企业改革发展中所出现的失误，不属于有令不行、有禁不止、不当谋利、主观故意、独断专行的，根据有关规定和程序予以容错，并提出了可以从轻减轻处理的7种情形。加上之前印发的贯彻落实"三个区分开来"的指导意见，形成了一系列具有企业特点的鼓励企业家探索创新、支持担当作为的制度体系，激发了企业家精神，为各级企业领导人员心无旁骛干事业提供了较为系统的制度保障。

（五）深化人才强企战略

党的十八大后，习近平总书记站在赢得国际竞争主动、实现民族复兴的战略高度，对人才工作作出了一系列重要指示、发表了一系列重要讲话，为人才事业发展提供了根本遵循。习近平总书记指出"人才是第一资源"，强调"要加快实施人才强国战略，确立人才引领发展的战略地位"，"聚天下英才而用之"，[①]深刻阐述了人才对党和国家事业发展的特殊重要性，为深化人才发展体制机制改革提出了明确要求。党的十八届三中全会提出，要"建立集聚人才体制机制，择天下英才而用之。打破体制壁垒，扫除身份障碍，让人人都有成长成才、脱颖而出的通道，让各类人才都有施展才华的广阔天地"。2015年8月，党中央、国务院印发的《关于深化国有企业改革的指导意见》提出，"大力实施人才强企战略，加快建立健全国有企业集聚人才的体制机制"。2016年，党中央专门印发了《关于深化人才发展体制机制改革的意见》，从管理体制、工作机制和组织领导等方面提出改革措施。这些重要论述、重要精神、重要政策为国有企业加快人才发展体制机制改革，提供了根本遵循。

---

① 《切实贯彻落实新时代党的组织路线 全党努力把党建设得更加坚强有力》，《人民日报》，2018年7月5日，第1版。

国有企业把新发展理念贯彻落实到人才发展体制机制改革当中，大力破除束缚人才发展的思想观念和体制机制障碍，在人才培养、引进、使用、激励等方面出台了一系列政策举措，有效推动国有企业科技领军人才队伍和创新团队建设，有效调动各类人才干事创业积极性，形成了以人才支撑创新、创新驱动发展的良好局面。

第三节 国有企业负责人业绩考核制度改革

从1978年12月党的十一届三中全会开始，伴随着改革开放的进程和国资监管体制的完善，国有企业负责人经营业绩考核体系也经历了从无到有、逐步完善的发展历程。随着新时代高质量发展目标的提出，围绕"进一步落实国有资本保值增值责任"和"推动国有资本做强做优做大、培育具有全球竞争力的世界一流企业"中心任务，国有企业负责人经营业绩考核体系仍在持续优化。

一、国有企业业绩考核早期探索

改革开放前，国有企业没有经营自主权，其所需的各种生产要素由政府无偿拨付，产品、规格、数量由政府计划决定，产品和劳务由政府统一调拨和销售，财务上实行统收统支，利润全部上缴，亏损全部核销。国有企业考核方法以实物量考核为核心，考核的重点是产品产量、质量以及节能降耗、安全生产情况。随着改革开放的推进，企业的经营自主权逐步扩大，国家认识到企业经营和发展是由诸多因素所决定的，单一指标考核方法已不再适应企业发展。1982年4月，国家经委、国家计委等6部委联合印发《定期公布主要经济效果指标的实施细则》，制定了主要包括总产值和增长率、上缴利润和增长率、产值利税率和增长率、销售收入利润率和增长率、产品质量稳定提高率等在内的经济效益指标，通过报告期指标与基期指标对比进行考核计分。这种考核方法避免了单一指标的片面性，但未能客观地反映企业经济效益的真实情况，只是简单进行历史对比，容易导致"鞭打快牛"现象。为克服上述缺陷，20世纪80年代初，国家实行承包制后，1988年12月，国家统计局、国家计委等4部委联合印发《关于定期公布若干重要经济指标的暂行规定》，发布了劳动生产率、销售利润率、资金利税率等 8 项考核指标。但因为政府对国企的监管措施没有配套改革，政企没有真正分开，承包制也没有解决对经营者的业绩进行全面综合考核评价的问题，反而在一定程度上导致了企业经营者经济行为的短期化。

1993 年，以财政部发布的《企业财务通则》为起点，我国开始探索建立以投资报酬率为核心的企业绩效评价指标体系。1993 年 11 月，党的十四届三中全会将国有企业的改革方向确立为建立适应市场经济要求的产权清晰、权责明确、政企分开、管理科学的现代企业制度。按照这一总原则，财政部于 1995 年制定了包括销售利润率、总资产报酬率、资本收益率、社会贡献率、社会积累率等 10 项指标的企业经济效益评价体系，并赋予各项指标不同的权重进行评分，以淡化产值指标，强化效益指标。这一调整对纠正片面追求发展速度的现象起到了积极作用，但仍存在明显的局限性：一是评价指标不能整体反映企业的经营业绩，缺乏反映企业成长性的指标；二是评价标准划分太粗，降低了评价实践的适应性。1999 年，以财政部等 4 部委联合印发的《国有资本金效绩评价规则》和《国有资本金效绩评价操作细则》为标志，国有企业绩效评价得以进一步规范，建立的绩效评价体系吸收了反映企业资产营运能力、偿债能力、发展能力的定量指标，以及反映企业经营管理水平、发展战略等情况的定性指标。这套评价体系尽管比较繁杂，但评价指标体系相对较为完整，评价方式较为科学，评价结果主要是为政府、投资人、债权人服务。这种评价是一种事后评价，解决了如何评价的问题，但它缺少考核目标值的确定，其评价结果也未同企业经营者奖惩挂钩。

国有企业经营业绩考核经过演变虽然仍存在诸多不足，但为建立符合社会主义市场经济体制要求的企业经营业绩考核体系提供了重要启示：一是对企业考核的内容应主要放在资产经营效率方面，强调的应是实现投入产出比率最优化；二是对企业考核的内容既要全面完整，又要突出重点，还要紧密联系实际；三是对企业考核应充分利用现代信息处理技术；四是要加强对企业业绩考核工作的跟踪、总结及完善。

二、中央企业负责人业绩考核从无到有

党的十六大确立了新的国有资产管理体制，明确了履行出资人职责的机构，为建立维护出资人权益的经营业绩考核制度提供了新的制度基础。党的十

六届三中全会提出要建立国有企业经营业绩考核制度。2003年10月，国务院国资委印发《中央企业负责人经营业绩考核暂行办法》，初步实现了年度考核与任期考核相结合、结果考核与过程评价相统一、业绩考核与奖惩紧密挂钩，标志着出资人业绩考核制度正式确立。

经营业绩考核通过国务院国资委与企业负责人签订经营业绩责任书的形式，对企业实行年度考核与任期考核，层层传递和落实国有资产保值增值责任。具体做法上，采取让企业自我加压的做法，企业根据国务院国资委考核要求和企业发展规划及经营状况确定"跳一跳够得着"的目标，国务院国资委按照"同一行业同一尺度、同一因素同样处理"的原则进行审核和综合平衡，在反复沟通基础上达成一致意见。在指标选择上，采用"基本指标和分类指标相结合，年度指标和任期指标相衔接，两类指标相联系但又不重复"的原则。基本指标主要体现企业的本质和出资人的总体要求，突出重点，用统领性指标引导企业朝着正确的方向发展；分类指标兼顾行业和企业特点，以短板考核促进各企业管理水平和竞争力提升，并同基本指标钩稽嵌套，涵盖了盈利能力、运营效率、规模实力及发展能力、社会贡献4类34项财务指标，以及专利数量、储量、实物量、安全性等4类非财务指标的分类指标数据库，明确指标内涵及计算规则。在2004—2006年第一任期中，年度重点考核企业经济效益和资产经营效率，选择了利润总额和净资产收益率2项指标；任期重点考核国有资产保值增值和可持续发展能力，选择了国有资产保值增值率和三年主营业务收入平均增长率2项指标。

业绩考核办法实质上是目标管理的方法，业绩考核办法的出台初步建立了中央企业目标管理体系，实现了目标确定机制的起步。按照"先起步，再完善"的思路，国务院国资委不断丰富考核指标，随后将科技创新和安全纳入业绩考核体系。针对科研设计企业及部分工业企业在科技创新方面的实际，将"科技投入增长率"和"技术投入比率"作为分类指标纳入考核，并设置了任期"科技创新特别奖"，作为经营业绩考核的有效补充，有力地支持了国有企业的科技创新。同时，由于2003年、2004年中央企业相继发生了几起重特大生产安全事故，国务院国资委实行了对发生较大及以上生产安全事故的中央企业给予业绩考核降级处罚，考核方式虽然单一，也未能对事故等级及责任程度进行区分，但为安全业绩考核工作的规范奠定了基础。

在建立健全中央企业经营业绩考核制度的同时，国务院国资委根据国有独资公司董事会试点工作的需要，于2005年授权宝钢集团、神华集团、中国诚通、中国铁通、国旅集团、国药集团6户企业董事会考核经理层。试点企业董事会根据考核办法等规定，制定了对高管人员的考核与奖惩办法，综合行业发展和企业自身战略规划制定了年度和任期经营业绩考核目标，并据此对高管进行考核、形成奖惩意见。通过积极实践，试点企业董事会对经营层业绩考核制度初步建立，董事会考核经营层工作也实现起步。

在国务院国资委的指导下，各地国资委都把业绩考核工作摆到重要位置，陆续开展了对所属企业负责人的经营业绩考核工作，并呈现出不少亮点。如：广西国资委设计了目标值与基薪挂钩浮动的方法；广东、重庆、云南、黑龙江等地国资委要求企业不但要与自己比较，还要与同行业比较；上海市国资委实行分类和分层考核，针对不同类型企业的特点，区别产权代表的不同职责要求，分别细化考核方案；江苏省国资委成立了企业负责人业绩考核与薪酬管理委员会，委员会成员由来自政府、人大、政协、高校、企业和中介机构的9位专家组成。

通过这一时期的考核实践，国有企业负责人经营业绩考核工作在艰难中起步并得以全面推行，初步建立起了自上而下的"考核层层落实，责任层层传递，激励层层衔接"的国有资产保值增值责任体系，对国有企业落实资产经营责任制、建立与健全激励约束机制，强管理提效率、做强做大主业、增强市场竞争力等起到了积极推动作用，取得了显著的成效。至此，符合中国国情、符合企业发展特点的中国特色的国有企业经营业绩考核体系初步建立起来。

三、中央企业负责人业绩考核逐步完善

经过三年的努力，经营业绩考核有力地推动了中央企业发展壮大，国有资产保值增值责任得到有效落实。但面对日益变化的新形势、新挑战，中央企业业绩考核工作也面临着不少难点和问题。针对实践中反映出的突出矛盾，国务院国资委主动适应新形势要求，于2006年、2009年先后两次对《中央企业负责人经营业绩考核暂行办法》进行修订，突出价值创造能力考核，完善责任传导机制，引导企业关注长期、稳定和可持续发展。

在业绩考核的起步阶段，国务院国资委使用了出资人最关心的利润总额和

净资产收益率两项指标,但利润指标无法全面反映资本经营的效率和价值创造能力。经济增加值(EVA)是对企业资产负债率和利润表的综合考量,反映的是扣除投资的资本成本后剩余的利润,强调"资本是有成本的""资本是有纪律的"的理念。考核EVA有利于引导企业从"利润和规模"向"价值和效率"的思维方式转变。国务院国资委对中央企业进行经济增加值考核,也经历了从试点到完善的过程。2007—2009年以"只奖不罚"的方式鼓励企业自愿参加考核试点,2010年开始将EVA作为基本指标纳入所有中央企业的业绩考核。经过考核引导,2010—2012年中央企业实现经济增加值1.1万亿元,比上一任期增长46%。

尽管中央企业经营业绩考核不断规范,但仍然存在企业间经营业绩考核工作发展不平衡、一些企业国有资产保值增值责任体系不完整、企业副职及职能部门的考核制度不完善等突出问题。为此,国务院国资委相继印发了《关于进一步加强中央企业全员业绩考核工作的指导意见》《中央企业全员业绩考核情况核查计分办法》《关于进一步加强中央企业负责人副职业绩考核工作的指导意见》,大力推进全员业绩考核。通过建章立制完善了对央企总部各职能部门、各下属企业和员工的考核,确保做到国有资本延伸到哪里,业绩考核就覆盖到哪里,横向到边、纵向到底、不留死角。压力层层传递、责任层层落实的考核机制得以形成,广大员工的积极性和创造性得到有效调动,促进了企业战略目标的分解和执行落地。

国务院国资委成立之初,确定中央企业考核目标基本上选择"自己和自己比"的纵向比较办法。主要考虑是,中央企业分布于12个大行业,且企业规模、发展基础和组织形式差异巨大,同行业不同企业还存在不少差距,采取横向比较对发展基础相对薄弱的企业不太公平。此外,如何进行行业划分、如何确定行业标准值等难题尚未得到解决,横向比在技术操作上存在一定难度。随着考核工作的不断深入和实践经验的积累,中央企业经营业绩考核引入行业对标、横向比较理念的内外部条件逐渐成熟。国务院国资委按照"同一行业、同一尺度"原则,结合宏观经济形势、企业所处行业运行态势和发展实际,积极推进对标管理,引导企业掌握并运用国际、国内同行业最好水平这"两把尺子","纵向比"和"横向比"有效结合,将对标作为重要的手段贯穿到业绩考核的目标值确定、实现过程和结果审核等各环节。随着做强做优做大中央企业、培育具有国际竞争力的世界一流企业目标的提出，中央企业积极主动探索有标杆、有目标、有激励约束的对标管理机制，围绕"和谁对""对什么""怎么对"进行了大量实践，找准标杆企业，科学构建对标体系，逐步将反映行业特点、体现核心竞争力的关键短板纳入业绩考核。

四、中央企业负责人业绩考核进入新时代

为进一步增强业绩考核的科学性、针对性和有效性，推动中央企业更好地落实"做强做优、世界一流"战略目标，以推进企业转型升级、加快转变经济发展方式为主线，国务院国资委2012年底再次修订《中央企业负责人经营业绩考核暂行办法》，并于2014年研究制定《关于以经济增加值为核心加强中央企业价值管理的指导意见》，这标志着中央企业价值管理进入全面实施阶段。这一时期，EVA指标已经替代利润指标成为业绩考核的核心指标，并逐渐成为中央企业经营管理关注的重心。中央企业结合国务院国资委考核要求，提高了EVA考核权重、设置了更高和更具挑战性的资本成本率。EVA指标分析、跟踪监测体系初步建立和完善，EVA逐步从考核阶段过渡到管理工具化阶段，实现与企业战略规划、经营计划、财务预算、考核激励、生产经营等核心管理环节的全面融合。从企业情况看，中央企业价值创造理念和资本成本意识逐渐深化，企业的投资决策更为谨慎和科学，运营成本最低、投资成本最省、价值链条最优的资本管理模式开始得到认同，对抑制中央企业盲目扩张、推进主辅分离辅业改制、增加科技投入发挥了有效的推动作用。

党的十八届三中全会提出准确界定不同国有企业功能的要求。2016年8月，国务院国资委、财政部联合印发了《关于完善中央企业功能分类考核的实施方案》，对中央企业分三类实施差异化考核。对主业处于充分竞争行业和领域的商业类企业，重点考核企业经济效益、国有资本保值增值和市场竞争能力，鼓励企业承担社会责任。对主业处于国家安全、国民经济命脉的重要行业和关键领域，主要承担国家重大专项任务的商业类企业，在保证合理回报和国有资本保值增值的基础上，加强对服务国家战略、保障国家安全和国民经济运行、发展前瞻性战略性产业以及完成特殊任务的考核，合理确定企业资本成本率和业绩考核系数。对公益类企业，重点考核成本控制、产品服务质量、营运效率和保障能力，相关考核指标引入第三方评价。同时，为规范考核程序、强

化分类考核基础管理，探索建立了企业特殊事项清单管理制度，将保障国家安全、提供公共服务、发展重要前瞻性战略性产业、实施"走出去"重大战略项目等对企业经营业绩有重大影响的事项纳入特殊事项清单，作为考核指标确定和结果核定的重要参考依据。通过对不同功能定位的企业实行分类考核，使考核更加科学、导向更加清晰、重点更加突出。

在此过程中，原《中央企业负责人经营业绩考核暂行办法》也暴露出一些与新形势、新挑战不相适应的矛盾和问题，主要表现在五个方面：一是分类考核与"准确界定不同国有企业的功能"、深入实施分类监管和分类考核定责的要求不相适应；二是经济增加值考核与"以管资本为主加强国有资产监管"要求相比还有较大提升空间；三是在统筹引导企业短期增长和长期可持续发展方面还需大力改进；四是在适应规范法人治理结构新要求、合理界定国务院国资委与企业董事会对高级管理人员考核权责的边界方面，还有一定差距；五是与企业功能分类相适应、与企业负责人选任方式相匹配、与经营业绩紧密挂钩的差异化薪酬分配机制亟待完善。针对这些问题，国务院国资委又于2016年修订印发《中央企业负责人经营业绩考核办法》等系列文件，形成了中央企业负责人业绩考核制度"1+4"基本框架。在考核目标上实行分档管理，通过形成"赛跑机制"，鼓励企业主动追求"步步高"。在深化经济增加值考核上，根据中央企业功能分类合理确定经济增加值考核权重，着力引导企业资本投向更加合理、资本结构更加优化、资本纪律更加严格、资本效率进一步提高。同时，适应和把握引领经济发展新常态，发挥业绩考核对国资国企改革的推动作用，服务供给侧结构性改革，将去产能、"处僵治困"、压缩管理层级等纳入业绩考核体系中，引导企业聚焦短板、固本强基，努力破解转型升级难题。对国有资本投资、运营公司试点等发展要求特殊的行业企业，设置相关分类指标，对资产负债率偏高、"两金"占比过大的企业，将相应的约束性指标纳入年度考核，进一步强化安全生产和节能环保考核，健全考核问责机制。同时，对企业由于消化历史遗留问题、处置"僵尸企业"、实施战略转型、推进重大调整重组或执行国家重大政策等因素，业绩考核受重大影响的，给予实事求是的考虑，为企业营造适宜的改革环境。

党的十九大明确提出高质量发展、培育具有全球竞争力的世界一流企业的目标要求。2018年，国务院国资委在充分征求中央企业、地方国资委等各方意见的基础上,对《中央企业负责人经营业绩考核办法》及配套实施文件进行修订,考核制度基本框架由"1+4"变为"1+5"。围绕高质量发展内涵,多角度构建年度与任期相结合的高质量发展考核指标体系。该考核指标体系涵盖效益效率、科技创新、结构调整、国际化经营、保障任务、风险管控、节能环保等方面指标;特别是在坚持质量第一效益优先的原则下,突出科技创新考核引导,将研发投入视同利润加回,鼓励企业加大研发投入,建立健全研发投入长效机制。深化分类考核和差异化考核,根据国有资本的战略定位和发展目标,结合中央企业实际,对不同功能和类别的企业,突出不同考核重点,确定差异化考核标准,合理设置经营业绩考核权重,实施分类考核。在指标设置、目标设定、考核计分和结果评级过程中,强化国际对标、行业对标应用,从严控制A级企业户数,引导企业逐步缩小与世界一流企业差距。适当提高A级企业负责人的绩效年薪挂钩系数,强化"业绩升、薪酬升,业绩降、薪酬降"。对经营业绩优秀以及在科技创新、国际化经营、节能环保、品牌建设等方面取得突出成绩的企业,予以任期考核通报表扬;对因实施重大科技创新、发展前瞻性战略性产业等对经营业绩产生重大影响的企业,按照"三个区分开来"原则,在考核上不做负向评价,鼓励企业探索创新,为企业创新发展营造良好的政策环境。

第四节　国有企业分配制度改革

国有企业收入分配制度是我国"以按劳分配为主体、多种分配方式并存"的基本分配制度的主要实现形式之一,关系国有企业健康发展和国有企业职工切身利益。改革开放以来,为适应经济体制改革和国有企业改革进程,国家对国有企业工资管理体制进行了大刀阔斧的改革。

一、国有企业负责人薪酬管理改革历程

改革开放初期,传统的计划经济开始向市场经济过渡,国有企业负责人收入管理也开始了改革。1988年2月,国务院颁布《全民所有制工业企业承包经营责任制暂行条例》,国有企业负责人的收入开始与经济效益挂钩。1992年8

月,劳动部、国务院经济贸易办公室联合印发《关于改进完善全民所有制企业经营者收入分配办法的意见》,明确规定:企业连续3年完成任务,并实现了企业财产增值的,要给予厂长或者厂级领导奖励。国有企业负责人的收入与其工作业绩的关联更加紧密,激励了国有企业负责人更好地经营企业,产生当期经济效益。在实行承包制等经济责任制后,国有企业负责人的收入与企业上缴利税更紧密联系起来,这使得企业负责人的收入差距由于企业效益不同而明显拉大。同时,在福利待遇方面,除基本福利外,如果企业效益比较好,一些企业负责人的职务消费就可能更高,职务消费成为国有企业负责人较看重的一块,发挥了隐性激励作用。

1992年起,我国明确建立社会主义市场经济体制,探索建立现代企业制度,促进企业优胜劣汰,国有企业负责人薪酬与企业效益全面挂钩,国有企业负责人薪酬制度改革的步伐明显加大。20世纪90年代中期后,与建立现代企业制度相适应,企业负责人年薪制、股权激励等政策在一些地方开始试点与推行。1999年9月,党的十五届四中全会通过《中共中央关于国有企业改革和发展若干重大问题的决定》,提出建立和健全国有企业经营管理者的激励和约束机制,实行经营管理者收入与企业的经营业绩挂钩。少数企业试行经理(厂长)年薪制、持有股权等分配方式的,可以继续探索,及时总结经验。这肯定了此前国有企业负责人薪酬制度多元化的探索,允许继续探索试行年薪制和股权激励等方式。在这之后,实行年薪制和试行股权激励的情况明显增加,国有企业负责人的薪酬制度越来越多样化,国有企业负责人的薪酬水平与20世纪90年代初期相比也得到了较大幅度的提升,但总体来说国有企业负责人的薪酬水平与当时的私有企业和混合所有制企业负责人的薪酬水平相比存在比较大的差距。

在很长一段时间内,由于国有资产管理体制改革相对滞后,国有资产出资人不到位,出资人职能多头行使,党中央、国务院关于国有企业经营者收入分配制度改革的方针、政策在实践中缺乏落实和执行的主体,相应的制度和规定没有及时建立起来。在这种情况下,企业为了参与市场竞争,不得不自行推进收入分配制度改革,这样就形成了各自为政的状况。国有企业负责人薪酬管理出现了一些问题:管理体制相对落后,薪酬决策无章可循,企业负责人薪酬管理既没有明确的归口部门,也没有相应的制度规范,各企业一般都根据自己的薪酬制度来确定其负责人的薪酬，实际上处于自定薪酬的状态，企业负责人薪酬水平决策随意性较大；企业负责人薪酬与企业的经营业绩脱节，缺乏激励和约束机制；薪酬水平差距不合理，一些关系国家安全和国民经济命脉的重要企业负责人平均薪酬水平偏低，一些经济效益不好的企业，负责人薪酬反而较高；薪酬结构较为单一，企业负责人薪酬结构基本都是工资加奖金的单一方式，普遍缺乏中长期的激励手段，企业负责人行为短期化严重，导致企业中长期战略缺失；薪酬分配缺乏监督和制约，一些企业负责人通过兼职取酬、设立各种奖金以及职务消费等多种方式获得报酬的做法较为普遍，存在着公开收入不高、隐性收入不少的不正常现象。

国务院国资委成立后，探索实行国有企业负责人年薪制，构建薪酬与业绩考核紧密挂钩的激励约束机制，推进企业负责人薪酬管理制度化、规范化。2004年6月，国务院国资委印发《中央企业负责人薪酬管理暂行办法》，结束了企业负责人薪酬管理无章可循的状态，中央企业负责人普遍实行了以业绩为导向的年薪制度，年薪制的建立和实施，是国有企业收入分配与负责人薪酬管理的重大进步。企业负责人年度薪酬分为基薪和绩效薪金两部分。基薪主要反映企业负责人承担的责任大小，根据企业经营规模、管理难度、承担的责任，以及本企业职工平均工资水平和企业所在地域、所处行业国企职工平均工资水平等因素综合确定，按月发放。绩效薪金与企业年度经营业绩考核结果挂钩，年度经营业绩考核结果根据国务院国资委与企业签订的年度经营目标完成情况及考核分数确定。年度绩效薪金的40%部分实行延期支付，在任期（三年）结束后与企业负责人任期经营业绩考核挂钩，任期经营业绩考核合格的，兑现全部延期支付收入；考核不合格的，或者考核期内出现重大失误、给企业造成重大损失的，根据负责人承担的责任扣罚部分或全部延期支付收入。年薪制打开了国有企业负责人薪酬管理的"前门"。但是这一时期，国有企业负责人各种不规范的收入仍然大量存在，实际上成为薪酬的重要补充，如果不能解决国有企业负责人收入来源的"后门""旁门"问题，年薪制也只能是形同虚设。对此，国务院国资委明确要求企业负责人的全部收入均纳入年度薪酬管理，在批准的薪酬以外不得获取任何其他工资性收入（国家批准的特殊津贴除外），不得在下属企业兼职取酬，从而有力地保障年薪制顺利实行。实行年薪制后，中央企业负责人薪酬水平的确定、薪酬的增长及变动有了明确的规则和依据，改变了以往企业负责人薪酬与其承担的责任和经营绩效严重脱节、高低差距悬殊、能升不能降等不合理的现象。年薪制的执行使国有企业负责人的薪酬管理向规范化迈出了坚实的一步。以国务院国资委改革经验为蓝本，2009年9月，人力资源和社会保障部会同中央组织部、监察部、财政部、审计署、国务院国资委等6部门联合印发《关于进一步规范中央企业负责人薪酬管理的指导意见》，将规范的年薪制扩展到金融、铁路、邮政、烟草等行业的企业，并从薪酬管理基本原则、薪酬结构和水平、薪酬支付、监督管理、组织实施等方面，进一步对中央企业负责人薪酬管理进行了规范。

国有企业负责人薪酬管理体制机制改革，围绕规范公司治理、建立长效激励约束机制等方面，还进行了其他方面的积极探索与实践。比如，为适应国有企业加强董事会建设的需要，国务院国资委印发《董事会试点中央企业高级管理人员薪酬管理指导意见》，将中央企业高级管理人员薪酬管理的职权授予企业董事会，鼓励探索符合现代企业制度要求的企业负责人薪酬管理制度。又如，为贯彻党的十六大、十七大提出的生产要素参与收益分配的原则，国务院国资委从资本市场发展和企业改制上市的需要出发，先后印发《国有控股上市公司（境内）实施股权激励试行办法》《国有控股上市公司（境外）实施股权激励试行办法》两个规范性文件，对国有控股上市公司任职的国有企业负责人在内的人员建立中长期激励机制。在中长期激励机制探索过程中，年薪制的延期支付制度，在一定程度上达到了基于任期考核情况实现对中央企业负责人的中长期激励约束的目标，迈出了探索建立中央企业负责人中长期激励机制的第一步。

通过年薪制规范国有企业负责人薪酬管理的同时，国务院国资委也在认真研究企业负责人职务消费基本规律，探索对此加以规范的举措。职务消费贯穿企业负责人履行工作职责的各个环节，项目繁多、内容复杂、标准缺乏、监管缺失。对此问题，党中央、国务院高度重视，党的十六届三中全会、国务院廉政工作会议均提出要规范国有企业负责人职务消费。2006年6月，国务院国资委研究制定《关于规范中央企业负责人职务消费的指导意见》，初步提出了从源头控制、贯穿始终、综合治理的职务消费管理总体思路。2011年是中央企业负责人职务消费管理制度化、规范化的重要一年，国务院国资委相继印发《中央企业负责人职务消费管理暂行规定》《中央企业负责人公务用车管理暂行规定》，明确了职务消费项目及管理要求，实施了职务消费制度和预算方案备案管理，落实出资人监管责任。中央企业负责人职务消费管理制度体系基本建立，管理措施进一步完善，中央企业内部规范职务消费管理的职责逐步扩展，向二、三级单位进行延伸。

党的十八大后，为严格贯彻落实中央八项规定精神，厉行节约、反对浪费，国务院国资委牵头制定中央企业负责人履职待遇、业务支出的规范性文件，经中央政治局审议通过，将国有企业负责人履行工作职责过程中的工作保障和所发生的费用界定为企业负责人履职待遇、业务支出，取消了原来"职务消费"的提法。此后，国务院国资委按照党中央要求积极组织推进，结合企业实际情况，研究制定《中央企业负责人履职待遇、业务支出管理办法》，督促指导所监管企业严格按照规定：坚持保障公务与厉行节约相结合，从严控制履职待遇、业务支出水平；坚持廉洁自律与监督管理相结合，建立台账制度，加强日常管理。在2018年，结合审计、巡视及纪检监察部门反馈的问题线索，重点针对部分企业制度建设不完善、政策执行不严格、主体责任落实不到位等问题，研究制定《关于进一步规范中央企业负责人履职待遇、业务支出管理有关事项的通知》，既坚持依法依规、从严监管，又坚持实事求是，紧密结合企业生产经营实际，切实保障负责人合理履职需要，并按照分级管理原则，要求中央企业切实发挥主体责任，不断健全管理办法和工作机制，狠抓政策执行，加强对出资企业负责人履职待遇、业务支出的管理。

2014年11月，党中央、国务院决定深化中央管理企业负责人薪酬制度改革。通过此次改革，建立了国有企业负责人新的薪酬结构及决定机制。国有企业负责人薪酬由基本年薪、绩效年薪、任期激励收入构成，基本年薪根据国家有关部门核定的上年度中央企业在岗职工年平均工资的一定倍数确定，绩效年薪以基本年薪为基数根据企业负责人年度考核评价结果等综合确定，任期激励以任期内年度薪酬之和为基数根据任期考核评价结果确定。本次改革之初，有些企业把薪酬改革片面理解为员工层层降薪，造成了一定的负面影响。2016年10月，全国国有企业党建工作会议召开，习近平总书记的讲话从根本上明确国有企业负责人薪酬制度改革的方向和目标，也彻底消除了层层降薪的担忧。国有企业负责人薪酬制度改革在全国顺利实施，初见成效。国务院国资委坚持分类管理：对组织任命的企业负责人，合理确定其基本年薪、绩效年薪和任期激励收入，出台了一系列配套制度办法，确保改革平稳实施，进一步规范了中央企业负责人年薪制管理；对市场化选聘的职业经理人，试行市场化薪酬分配机制，探索完善中长期激励机制。积极推进市场化选聘职业经理人试点工作，重点是逐步落实符合条件的董事会依法按照市场机制选聘、考核经理人，合理确定经理人薪酬水平的决策权，由董事会根据市场薪酬水平、企业竞争地位和经济效益等情况，严格按照职业经理人业绩考核结果确定其薪酬水平，同时强化契约化管理，建立退出机制。部分中央企业和地方国有企业也进行了积极探索。

二、国有企业职工收入分配制度改革历程

改革开放前，国家直接参与企业内部分配，国有企业长期实行"八级工资制"，员工干与不干一个样、干多干少一个样，客观上形成了所谓的"平均主义""大锅饭"，极大地制约了国有企业职工的劳动积极性。在这样的形势下，国务院于1978年5月印发《国务院关于实行奖励和计件工资制度的通知》，恢复了中断十余年的奖励制度和计件工资制度。1984年4月，国务院印发《关于国营企业发放奖金有关问题的通知》，规定奖金同企业经济效益挂钩，实行"奖金不封顶，征收奖金税"的办法。无论是计件工资制还是奖金制都坚持了按劳分配的原则，多劳多得，少劳少得，对固化的等级工资制产生了冲击。但是，这一时期的改革举措主要是对国有企业工资制度的小修小补，更多的是重新确立"以按劳分配为主体、多种分配方式并存"的基本分配制度。明确对国有企业的工资制度进行改革的，是1985年1月国务院印发的《关于国营企业工资改革问题的通知》，其中提出使国有企业职工工资同企业经济效益挂起钩来，同国家机关、事业单位的工资改革和工资调整实现脱钩。同年7月，劳动部等5部委按照"一脱钩一挂钩"的精神，联合印发《国营企业工资改革试行办法》，开始在国有企业试行企业工资总额的确定和增长同本企业经济效益紧密挂钩的办法，工资总额经政府有关部门审核批准后，银行负责监督支付。此后，工效挂钩作为一种全新的工资总额决定机制逐渐在全国国有企业推广实行，时至今日仍有部分国有企业在使用。

国家通过实行工效挂钩办法解决国有企业工资分配决定机制问题后，改革计划经济下的工资集中统一管理体制成为迫在眉睫的任务。1986年12月，国

务院印发《关于深化企业改革增强企业活力的若干规定》，明确提出在符合国家政策范围内，将企业内部职工工资、奖金分配的具体形式和办法，以及调资升级的时间、对象等权力赋予企业。1992年7月，国务院颁布《全民所有制工业企业转换经营机制条例》，进一步明确国有企业在按国家规定提取的工资总额内，有权自主使用、自主分配工资和奖金。同时，提倡国有企业实行以岗位技能工资为主要形式的内部分配制度，使劳动报酬与劳动贡献真正挂起钩来。这一时期，国有企业工资分配改革侧重于制度变革，通过不断扩大企业分配自主权，推动企业工资分配从集中统一的行政管理体制走向统一领导、分级管理体制，尽管总体看仍然带有较强的计划色彩，但已成功地在计划经济工资集中统一管理体制上打开了缺口，为国有企业在工资分配方面引入市场机制埋下了种子。

1992年10月，党的十四大确定了我国经济体制改革的目标是建立社会主义市场经济体制。1993年11月召开的党的十四届三中全会提出，要进一步转换国有企业经营机制，建立适应市场经济要求，产权清晰、权责明确、政企分开、管理科学的现代企业制度。在这一大背景下，国有企业顺应建立社会主义市场经济体制要求，在坚持按劳分配的原则下逐步将市场机制引入工资分配中。同时，由于国有企业工资分配管理普遍实行的是工效挂钩，这在一定程度上促进了工效挂钩同市场化机制的结合，完善了工效挂钩办法。在经过了国有企业长时间的探索实践后，党的十五大明确要从战略上调整国有经济布局，对国有企业实施战略性改组，首次提出允许和鼓励资本、技术等生产要素参与收益分配。党的十五届四中全会进一步提出建立与现代企业制度相适应的收入分配制度，并特别强调了企业经营者的激励问题。2000年11月，劳动保障部印发《工资集体协商试行办法》《进一步深化企业内部分配制度改革指导意见》，提倡职工民主参与工资分配，推行以岗位工资为主的基本工资制度。2001年3月，国家经贸委、人事部、劳动保障部联合印发《关于深化国有企业内部人事、劳动、分配制度改革的意见》，要求企业逐步建立与社会主义市场经济体制和现代企业制度相适应、能够充分调动各类职工积极性的企业用人和分配制度。

这一时期，一方面，国家逐步退出企业微观工资管理，在国家实行收入分配宏观调控的前提下，企业享有充分的分配自主权。另一方面，国有企业适应建立社会主义市场经济和现代企业制度的要求,以激发人的积极性为出发点不断完善收入分配制度,丰富收入分配的实现形式,职工收入水平实现快速增长。2001年,城镇职工年平均工资达到10870元,是1978年的17.67倍,职工货币工资年均增长率为13.3%,实际工资年均增长5.5%。

国有企业职工平均收入虽然实现了大幅增长,但行业间、企业间收入差距越来越大,企业内部收入分配关系紊乱等问题逐步显现出来。2003年,国务院国资委成立并承接了劳动保障部门国有企业工资总额管理的职能,依法对出资企业工资分配总体水平进行调控,国有企业收入分配管理体制、调控方式发生了根本性变化。2004年,国务院国资委、国家税务总局共同确定国务院国资委监管企业实行工效挂钩办法工资税前扣除相关管理政策,在此基础上国务院国资委通过取消实物量挂钩指标、提高利润总额指标挂钩权重等,完善了工效挂钩办法,从出资人角度理顺了工资总额调控体系,夯实了出资人对企业工资总额调控履职的基础。

在理顺国有企业收入分配出资人管理职能后,接下来要重点解决的是原有工效挂钩办法调控时效性不强、分配关系调控机制弱化等问题,并扭转不合理收入分配差距扩大趋势。2008年,国务院国资委率先在石油石化等部分重点行业启动工资总额预算管理试点,以此替代实行了20多年的工效挂钩办法,迈出工资总额管理机制改革的步伐。2010年、2012年,国务院国资委又先后印发《中央企业工资总额预算管理暂行办法》和《中央企业工资总额预算管理暂行办法实施细则》,对中央企业工资总额管理制度体系进行了新的探索尝试。

进入新时代以来,党和国家对国有企业收入分配工作提出了更高的要求,国有企业收入分配工作也进入持续深化期。《关于深化国有企业改革的指导意见》明确提出,要"建立健全与劳动力市场基本适应、与企业经济效益和劳动生产率挂钩的工资决定和正常增长机制"。党的十九大也明确了"完善按要素分配的体制机制,促进收入分配更合理、更有序"和"坚持在经济增长的同时实现居民收入同步增长、在劳动生产率提高的同时实现劳动报酬同步提高"的总体要求。按照党和国家关于企业收入分配的总体部署和要求,国务院国资委在推动工资总额预算管理覆盖全部中央企业的同时,为适应国有企业建立现代企业制度需要和行业周期变动特点,从2014年开始,先后选择22户中央企业开展工资总额预算备案制和周期制试点工作,探索从功能定位出发推进工资总额分类管理、落实董事会工资总额管理职权的有效途径。同期各地国资委也大胆实践，上下联动，全国国资系统逐步构建起了与所监管企业实际相结合的工资总额预算管理制度体系。这个时期的改革突破，为全国国有企业全面实行工资总额预算管理提供了可复制、可推广的经验和改革蓝本。顺应这一趋势，2018年5月，国务院印发《关于改革国有企业工资决定机制的意见》，全面实行工资总额预算管理，同时改变了过去国有企业工资总额增长同经济效益单一指标挂钩的办法，着力建立健全与劳动力市场基本适应，与企业经济效益和劳动生产率挂钩的工资决定和正常增长机制。国务院国资委按照国有企业工资决定机制改革要求，在继承以往有效经验和做法的基础上，着眼于增强中央企业活力和动力，促进中央企业实现高质量发展，2018年12月，首次以国务院国资委令的形式印发《中央企业工资总额管理办法》，进一步完善了中央企业工资总额管理制度体系。建立健全中央企业工资总额与经济效益挂钩决定机制，明确了中央企业工资总额根据效益决定，与业绩考核目标值先进程度紧密挂钩、与企业经济效益增幅同步联动，并按照效率调整，进一步丰富了工资与效益挂钩的内涵，全面树立"工资是挣出来"的核心理念，推动职工工资总额有序增长。进一步简化了出资人根据国家要求调控企业工资水平的规定，突出了出资人以管资本为主加强监管、简政放权的管理导向，释放了积极的改革信号。明确提出按中央企业功能定位对工资总额实行分类管理，将工资总额备案制管理的实施范围，扩大到全部商业一类中央企业，由企业董事会依法依规自主决定年度工资总额预算，国务院国资委由事前核准转变为事前引导、事中监测和事后监督。对开展国有资本投资、运营公司或者混合所有制改革等试点的中央企业，探索实行更加灵活高效的工资总额管理方式。明确提出对中央企业工资总额实行分级管理，国务院国资委负责管制度、管总量、管监督，中央企业负责管内部自主分配、管预算分解落实、管具体操作执行，国务院国资委与中央企业权责清晰、各司其职。进一步强化工资总额管理的监督问责，明确界定企业的违规责任，对备案制管理企业出现严重违反国家和国务院国资委关于收入分配有关规定的，将其工资总额预算管理方式由备案制调整为核准制，确保做到权责对等。同时还明确将企业工资总额管理情况纳入各项监督检查范围，与审计、巡视等工作形成合力，切实保证监管到位，等等。

国有企业工资分配方式作为影响国有企业发展的重要方面，始终与国有企业的发展和改革相伴。经过 40 年的探索和实践，中国特色现代国有企业工资分配制度初步建立，在推动国有企业经济效益持续增长的前提下，保障了广大职工群体工资收入的稳步提高，有效发挥了收入分配对国有企业稳增长、调结构、促改革的重要作用。

第五节　国有企业中长期激励机制建设

激励是企业内部收入分配的重要组成部分。改革开放以来，如何激发国有企业员工的积极性和创造性成为伴随国有企业改革的关键问题之一。从包产到户到奖金制度，再到股票期权，无不体现着激励。在这一背景下，适合国有企业特点的多种中长期激励方式伴随国有企业改革应运而生，为国有企业创造经济、社会效益和实现国有资产保值增值起到推动作用。

一、国有企业中长期激励的初期探索

1978 年 12 月，党的十一届三中全会作出历史性决定，开始对经济体制进行改革，对经营管理方式进行调整，扩大企业自主权，赋予国有企业更多的财力和经营管理权限，使之增强活力。在企业内部建立各种形式的经济责任制，第一次提出"克服平均主义"，拉开了分配制度全面改革的帷幕。1984 年 5 月，国家体改委印发《城市经济体制改革试点工作座谈会纪要》，允许职工投资入股，年终分红。1986 年 10 月，深圳市作为职工投资入股试点地区，出台《深圳经济特区国营企业股份化试点暂行规定》并展开相关工作。这一阶段，国营企业的改革仍带有较强的计划色彩，按劳分配为主体的分配制度逐步建立，企业收入分配仍以工资薪金收入为主。20 世纪 80 年代中期，伴随着股份制改革的推进，部分乡镇集体企业和少数中小型国有企业开始以集资形式探索内部员工持股，以产权改革背景下的员工持股作为中长期激励的初期探索开始出现。

1987 年 10 月，党的十三大就已经提出推进实施国有企业所有权与经营权的分离。1992 年 5 月，国家体改委、国家计委、财政部、中国人民银行和国务院生产办印发《股份制企业试点办法》，这是中华人民共和国成立以来第一个关于股份制试点的全国性文件，确定企业股权设置分为国家股、法人股、个人

股、外资股 4 种形式。随后，国家体改委等部委印发《股份有限公司规范意见》，首次对内部职工股进行了规定。这些政策法规的出台，标志着企业改革进入了一个以股份制改造为重点的新阶段。此后，股份制改革试点企业的数量迅速扩大。为解决股份制试点前期股份市场管理不规范问题，1993 年 4 月，国务院办公厅转发国家体改委等部门《关于立即制止发行内部职工股不规范做法的意见》并发出紧急通知，对内部职工持股试点进行了规范，有效促进证券市场的健康发展。1994 年 6 月，国务院印发《对＜外经贸股份有限公司内部职工持股试点暂行办法＞的批复》，保证了外经贸股份有限公司内部职工持股试点工作的健康发展、规范进行。1993 年 12 月颁布的《公司法》，使国有企业的股份制改革试点有了新的法律依据。作为国有企业改革先行地区，1994 年和 1998 年，上海市分别印发《关于公司设立职工持股会的试点办法》《职工持股会管理办法（试行）》，1997 年 9 月，深圳市印发《深圳市国有企业内部员工持股试点暂行规定》，员工持股从试点逐步走向规范。

1997 年 9 月，党的十五大第一次提出按劳分配与按生产要素分配相结合。1999 年 9 月，党的十五届四中全会通过的《中共中央关于国有企业改革和发展若干重大问题的决定》提出，实行以按劳分配为主体的多种分配方式，形成有效的激励和约束机制。特别是允许少数企业试行经理（厂长）年薪制、持有股权等分配方式，这是党中央第一次把"持有股权"作为建立健全国有企业经营管理者激励约束机制的重要举措。2001 年 3 月，《国民经济和社会发展第十个五年计划纲要》指出，对国有上市公司负责人和技术骨干可以试行期权制，这一规定对于企业股票期权在政策层面上有了更为明确的依据。这一阶段，国家收入分配体制发生重大变革，在国家宏观调控的前提下，企业开始充分享有收入分配自主权。按照党中央的部署，各地开始探索实施股权激励，并探索出上海模式、武汉模式、北京模式等具有中国特色的股权激励实践方式，股权激励进入全面探索期。

二、国有企业中长期激励逐步规范

2002 年 11 月，党的十六大报告在深化分配制度改革方面，确立劳动、资本、技术和管理等生产要素按贡献参与分配的原则，完善按劳分配为主体、多种分配方式并存的分配制度，提出坚持效率优先、兼顾公平。2007 年 10 月，党的十七大要求"健全劳动、资本、技术、管理等生产要素按贡献参与分配的制度，初次分配和再分配都要处理好效率和公平的关系，再分配更加注重公平"。国有企业以按劳分配为主、多种分配形式并存的分配体系初步建立，多种形式的中长期激励制度进入规范实施阶段。

国有控股上市公司股权激励。国务院国资委成立前，部分中央企业控股的境外上市公司实施了股权激励计划。由于当时国有资产出资人职责落实不到位、缺乏相应的制度规范，在实施过程中出现一些不够规范、亟待解决的问题。国务院国资委成立后，根据党中央、国务院确立的生产要素按贡献参与分配的原则，从适应资本市场发展和企业上市的需要出发，按照履行出资人职责的要求，研究构建国有控股上市公司规范实施股权激励的政策体系。2006年1月和9月，国务院国资委会同财政部先后印发《国有控股上市公司（境外）实施股权激励试行办法》《国有控股上市公司（境内）实施股权激励试行办法》，从制度上明确了国有控股上市公司可以实施股权激励。2008年10月，国务院国资委印发《关于规范国有控股上市公司实施股权激励制度有关问题的通知》，严格实施条件、强化业绩考核和计划管理，合理控制收益水平。明确股权激励对象原则上限于上市公司董事、高级管理人员以及对上市公司经营业绩和持续发展有直接影响的管理、技术和业务骨干，应当根据企业发展需要、行业竞争特点、岗位职责、绩效考核评价等因素综合考虑确定。至此，国有控股上市公司实施股权激励的政策体系已经初步规范建立。

国有控股企业员工持股。2003年11月国务院国资委印发的《关于规范国有企业改制工作的意见》，以及2004年1月和2005年4月证监会分别出台的《关于规范上市公司实际控制权转移行为有关问题的通知》《企业国有产权向管理层转让暂行规定》，对自2002年以来开展的上市公司管理层收购（MBO）进行了全面规范约束。2005年12月，国务院国资委印发《关于进一步规范国有企业改制工作的实施意见》，严格控制企业管理层通过增资扩股持股，作出明确限制性规定。2008年9月，国务院国资委印发《关于规范国有企业职工持股、投资的意见》，2010年9月，财政部等部门联合印发《关于规范金融企业内部职工持股的通知》，明确员工持股规范管理的具体措施，妥善解决内部职工持股的历史遗留问题，员工持股逐步规范。

院所转制企业、国有高新技术企业股权和分红权激励。2006年2月，国务院印发《国家中长期科学和技术发展规划纲要（2006—2020年）》，允许国有高新技术企业对技术骨干和管理骨干实施期权等激励政策。国务院国资委根据《关于国有高新技术企业开展股权激励试点工作的指导意见》，开展选择部分高新技术企业和转制科研院所进行股权激励的试点工作。2006年10月，科技部、劳动部等部门印发《关于企业实行自主创新激励分配制度的若干意见》，规定高科技企业可以向企业核心研发人员奖励或出售一定的股权，也可实施技术奖励或分成政策。国务院国资委会同科技部、北京市政府在中关村科技园区选择部分国有高新技术企业和企业化转制科研院所开展股权激励试点工作。2007年5月，国务院国资委、财政部和科技部制定《中央科研设计企业实施中长期激励试行办法》，针对科研设计企业中具有关键、核心作用的科技人员和研发管理人员实施激励。2009年3月，国务院批复同意在中关村科技园区范围内的转制院所企业以及国有高新技术企业中进行股权和分红权激励改革。2010年2月，财政部、科技部制定《中关村国家自主创新示范区企业股权和分红激励实施办法》，规定了股权激励和分红激励的对象条件、企业范围、激励措施和激励方案的拟订、审批及后续管理等内容。国务院国资委首批选取11户中央企业集团在中关村园区注册的部分下属单位，组织开展分红权激励试点。转制院所企业、国有高新技术企业股权和分红权激励改革试点取得成效。

三、国有企业中长期激励体系健全完善

党的十八大提出继续深化收入分配制度改革，优化收入分配结构。党的十八届三中全会确定全面深化国有企业改革的总体目标，提出要健全国有企业工资决定和正常增长机制，健全资本、知识、技术、管理等由要素市场决定的报酬机制的总体要求。2013年2月，国务院印发《关于深化收入分配制度改革的若干意见》，探索建立科技成果入股、岗位分红权激励等多种分配办法。2015年8月，党中央、国务院印发《关于深化国有企业改革的指导意见》，要求企业依法依规自主决定薪酬分配。2016年11月，党中央、国务院印发《关于实行以增加知识价值为导向分配政策的若干意见》，要求完善国有企业对科研人员的中长期激励机制。经过长期实践，目前中长期激励"工具箱"中的品种已经较为丰富，对管理、技术、资本、知识等要素各有侧重，可供不同类型、不同战略、不同发展阶段、不同价值导向的企业自由选择。

企业负责人任期激励。2014年8月，中共中央政治局会议通过《中央管理企业负责人薪酬制度改革方案》，要求完善中央管理企业负责人薪酬确定机制。2015年8月，党中央、国务院印发《关于深化国有企业改革的指导意见》，要求对国有企业领导人员实行与经营业绩相挂钩的差异化薪酬分配办法。2016年9月，国务院国资委修订了中央企业负责人薪酬管理有关制度，明确规定任期激励收入是与企业负责人任期业绩考核评价结果相关联的薪酬收入，任期激励收入根据任期考核评价结果在不超过企业负责人任期内年薪总水平的30%以内确定。从实际看，中央企业负责人任期激励机制的健全完善，实现了企业负责人收入与中期发展绩效的有效结合，改变了以前只重视短期目标、年度考核的单一做法，全面建立起以企业可持续发展为导向、以任期为考核周期的中长期激励机制。

国有控股上市公司股权激励。从有效实施股权激励的公司看，实践效果良好，助推企业发展，绝大部分公司经营业绩取得了较大幅度的增长，净资产收益率得到提高，其财务指标表现优于同行业整体均值。截至2018年底，共有43户中央企业控股的83家上市公司有效实施了股权激励计划，占中央企业控股境内外上市公司的21%，主要分布在通信与信息技术、科研设计、医药、机械、军工、能源等行业领域。按照首次实施的激励工具分类，股票期权39户、股票增值权17户、限制性股票27户，83户上市公司股权激励计划累计授予激励对象60266人次。其中，2012年后实施股权激励的54户上市公司中，有24户采取限制性股票方式，中国电科控股的海康威视、武汉邮科院控股的烽火科技、中国建筑等企业取得了积极的成效。如海康威视在2012年、2014年、2016年实施了三期限制性股票计划，激励范围覆盖了公司员工4654人次，部分骨干员工有机会参与连续三期激励，自2012年实施股权激励至2017年底，公司营业收入、利润总额、总市值年均增幅分别为42.2%、35.3%、41.9%，较好的股票收益明显提升了公司薪酬的吸引力和竞争力，发挥了良好的激励效果和员工保留作用。

国有控股混合所有制企业员工持股。2013年11月，党的十八届三中全会提出积极发展混合所有制经济，允许混合所有制经济实行企业员工持股，以混合所有制企业及上市公司员工持股为主的股权激励全面发展。2014年6月，证监会印发《关于上市公司实施员工持股计划试点的指导意见》，对员工的持股计划及专门规定进行了系统优化，在上市公司中开展员工持股计划实施试点。2015年8月，党中央、国务院印发《关于深化国有企业改革的指导意见》，大力发展混合所有制经济，提出员工持股试点先行。2016年8月，国务院国资委、财政部、证监会联合印发《关于国有控股混合所有制企业开展员工持股试点的意见》，规定参与持股人员应为在关键岗位工作并对公司经营业绩和持续发展有直接或较大影响的科研人员、经营管理人员和业务骨干，且与本公司签订了劳动合同。首批选择10余户中央企业及若干家地方企业开展员工持股试点。

国有科技型企业股权和分红激励。2015年3月，党中央、国务院印发《关于深化体制机制改革加快实施创新驱动发展战略的若干意见》，对在创新中作出重要贡献的技术人员实施股权和分红权激励。同年8月，全国人大对《中华人民共和国促进科技成果转化法》进行修订。为加快实施创新驱动发展战略，建立国有科技型企业自主创新和科技成果转化的激励分配机制，调动技术和管理人员的积极性和创造性，推动高新技术产业化和科技成果转化，2016年2月，财政部、科技部、国务院国资委联合印发《国有科技型企业股权和分红激励暂行办法》，将中关村试点的股权和分红激励推广到全国国有科技型企业，明确激励对象为与本企业签订劳动合同的重要技术人员和经营管理人员，具体包括：关键职务科技成果的主要完成人，重大开发项目的负责人，对主导产品或者核心技术、工艺流程作出重大创新或者改进的主要技术人员；主持企业全面生产经营工作的高级管理人员，负责企业主要产品（服务）生产经营的中、高级经营管理人员；通过省、部级及以上人才计划引进的重要技术人才和经营管理人才。同年10月，国务院国资委印发《关于做好中央科技型企业股权和分红激励工作的通知》，要求中央企业扎实推进中央科技型企业股权和分红激励工作。2017年8月，国务院国资委印发《中央科技型企业实施分红激励工作指引》，指导中央科技型企业科学制定分红激励计划。2018年5月，财政部、税务总局、科技部、国务院国资委联合发出通知，明确科技成果现金奖励可享受个人所得税优惠政策。2018年9月，财政部、科技部、国务院国资委联合印发《关于扩大国有科技型企业股权和分红激励暂行办法实施范围等有关事项的通知》，进一步将上市公司所属科技型子企业、转制院所投资科技企业以及列入科技部科技型中小企业库的企业纳入政策范围。与以往激励政策相比，科技型企业股权和分红实施条件和政策边界更为清晰，有效调动了企业参与积极性。股权和分红激励政策有效解决了增量工资激励不足的问题，提升了激励对象的收入水平，通过调整激励对象的薪酬结构，合理拉开薪酬差距，真正做到了向核心骨干倾斜，对吸引和保留核心人才发挥了积极作用。股权和分红激励的实施，推动了企业深化内部机制改革，有效促进了企业经营战略目标落地，带动企业经营业绩水平普遍得到提升，推动企业加大科技投入，有效促进了科技成果转化。截至2018年12月，中央企业集团所属科技型子企业的104个激励方案进入实施阶段，主要集中在能源开发、信息工程、航天航空、电气器材等行业领域，其中，分红激励93个、股权激励11个，共涉及激励对象16138人。此外，按照国务院《关于发展众创空间推进大众创新创业的指导意见》要求，国务院国资委引导各中央企业探索开展对"双创"主体进行中长期激励。

随着国资国企改革的不断深入，中长期激励体系建设也必将成为中央企业收入分配改革的重点。在当前全面深化国有企业改革、加快实施创新驱动战略背景下，要充分发挥中长期激励的正向牵引作用，推动国有企业实现质量变革、效率变革、动力变革，不断提高全要素生产率，全面助力国有企业实现高质量发展，落实创新驱动发展战略。

启示与前瞻

改革开放40年来，特别是党的十八届三中全会以来，随着国有企业改革的不断深入，国有企业内部三项制度改革进一步深化，初步建立了"管理人员能上能下、员工能进能出、收入能增能减"的机制。但就全国国有企业总体而言，与具有全球竞争力的世界一流企业目标相比，还存在较大差距，有着较大发展空间。党的十九大对国有企业改革提出了一系列新思想、新理念、新要求、新举措，为深化劳动、人事与考核分配制度改革提供了根本遵循。按照国企改革路线图和时间表，下一步将持续推进企业经理层成员任期制和契约化管理，以完善职业经理人制度为突破，按照"市场化选聘、契约化管理、差异化薪酬、市场化退出"原则，培育国企企业家精神，深化人才强企战略；要加快工资总额管理制度改革，充分发挥上市公司股权激励、科技型企业股权和分红激励、混合所有制企业员工持股等中长期激励措施的牵引作用，激发企业的创新活力，推动企业高质量发展；全面建立以合同管理为核心、岗位管理为基础的市场化用工制度，不断提高全要素生产率，推动企业实现质量变革、效率变革、动力变革。国有企业改革将以习近平新时代中国特色社会主义思想为指导，坚定不移地将三项制度改革向纵深推进，为国有企业实现全面深化改革和可持续发展，企业治理体系和治理能力现代化，不断提高全球竞争力提供有力保障。

第六章　改革完善国有资产管理体制

随着改革开放的深化，特别是党的十四大以来我国提出建立社会主义市场经济体制并不断完善，企业法人独立性逐步确立，产权的概念日益深入人心并成为国企改革的关键要素，国有资产的权属性质逐渐明确，改革完善国有资产管理体制自然成为国有企业改革的重要内容。国有企业是中国特色社会主义的重要物质基础和政治基础，国有企业、国有经济的规模功能和作用直接关系到公有制主体地位的稳固，也关系到我国基本经济制度的完善。因此，必须完善国有资产管理体制，解决好政府以何种角色管理国有企业、怎样管理国有企业的问题。改革开放以来，我国在完善国有资产管理体制方面进行了持续深入的探索。通过组建国家国有资产管理局、开展国有资产授权经营试点、推动重点行业领域管理体制改革等一系列改革举措，逐步明确政企分开、政资分开、所有权与经营权相分离的原则，形成了政府以出资人方式监管国有企业和国有资产的思路。党的十六大确立新的国有资产管理体制，明确中央政府和地方政府分别代表国家履行出资人职责，享有所有者权益，权利、义务和责任相统一，管资产和管人、管事相结合，政府公共管理职能与国有资产出资人职能分开。2003—2004年期间，国务院国资委及各级国资委成立，履行国有资产出资人职责和国有资产监管职责，构建了新的国有资产管理体制。党的十八大以来，我国将完善国有资产管理体制作为深化国有企业改革的重要内容。党的十八届三中全会提出，完善国有资产管理体制，以管资本为主加强国有资产监管，改革国有资本授权经营体制。以管资本为主加强国有资产监管成为新时代完善国有资产管理体制的重要原则，推动国资监管机构职能从管企业向管资本转变成为重要改革内容。

第一节　国有资产管理体制改革起步

1978年以前，我国实行高度集中的计划经济体制。在这种体制下，政府部门控制着国企的所有权和主要的经营权，企业是完成国家计划任务的生产单位。企业的生产和经营活动，是通过接受国家或上级主管部门下达的各项计划指令来实施的。由于实行统收统支的企业财务制度，企业利润全部上缴，亏损由国家补贴，企业和职工的收入不与企业的经营管理效果挂钩，造成了经营得好的企业同经营得坏的企业一个样、盈利企业和亏损企业一个样的不合理现象。在我国社会主义建设的初期，计划经济下国家对企业的管理体制对国民经济的恢复和发展、有效动用有限的资源进行工业化建设发挥了积极作用。但随着社会主义经济建设的不断推进，特别是改革开放后逐渐走向市场经济体制，原有的企业缺少自主经营权、缺少活力和发展生产的经济动力、不能成为真正的市场主体和独立自主的商品生产经营者等问题逐步显现。

一、产权概念逐步明晰

中华人民共和国成立初期，国营经济是我国国有经济的主要构成。改革开放以前，政府负责直接管理、运营企业，在国有企业中只有国有资产的概念，没有产权概念。党的十一届三中全会以后，党和国家把工作中心转到经济建设上来，城市经济改革开始起步。党的十二届三中全会进一步作出关于经济体制改革的决定，明确提出增强企业活力是经济体制改革的中心环节，主要解决好两个方面的关系问题：一是确立国家和全民所有制企业之间的正确关系，扩大企业自主权；二是确立职工和企业之间的正确关系，保证劳动者在企业中的主人翁地位。由此，国有企业改革提上日程。从当时的情况看，国有企业改革主要存在三方面问题：一是在计划经济体制下，国有企业的所有者都是国家，国有企业之间的商品交换，类似于"左手倒右手"；二是企业没有法人财产权，盈利或亏损都只能由国家这个所有者承担；三是政府既代表着所有者，又要用行政管理手段管理企业，没有有效区分全民所有和国家机构直接经营。解决这三个问题，需要进一步明确"产权"这个概念，为国有企业财产寻找一个合理的占有和支配的形式。通过明晰国有企业的产权概念、区分界定出资人财产所有权和企业法人财产权，推动实现企业自负盈亏，向市场经济体制转变。党的十四届三中全会通过的《中共中央关于建立社会主义市场经济体制若干问题的决定》提出建立现代企业制度的要求，其中，"产权明晰"位于首位。此后，产权制度改革进程开始加快。

二、探索调整政府与企业之间的关系

伴随着产权概念的明晰，以放权让利、扩大企业自主权为标志的国有企业改革大幕逐渐拉开，政府管理企业的方式也开始发生变化。在1978—1987年的10年间，党中央先后出台了减税让利、实行两步"利改税"等改革措施，在政府与企业之间的权限上进行了调整，触及了政府与企业之间的关系问题。这些措施初步激发了国有企业活力，但由政府部门直接管理国有企业的情况并没有得到根本改变。

直到《中华人民共和国全民所有制工业企业法》（以下简称《全民所有制工业企业法》）出台，这一情况才开始发生变化。《全民所有制工业企业法》制定历经10年时间。早在1978年，邓小平同志就提出要制定工厂法[①]。1988年4月，经过长时间的调查研究和试点，七届全国人大一次会议通过《全民所有制工业企业法》，并于1988年8月1日起正式施行。《全民所有制工业企业法》规定企业财产属于全民所有，国家依照所有权和经营权分离的原则授予企业经营管理权，对承包、租赁、股份等多种经营责任制形式给予认可，同时明确规定全民所有制企业是社会主义商品生产者和经营单位，在法律层面首次对国家与国有企业之间的关系作出明确界定。《全民所有制工业企业法》提出的所有权与经营权分离，是我国国有企业改革在理论上的重大突破，标志着政府直接管理、经营企业的体制开始改变。

1992年7月，国务院颁布《全民所有制工业企业转换经营机制条例》（以下简称《转机条例》）。《转机条例》依据《全民所有制工业企业法》的立法精神和基本原则，对转换企业经营机制的一些重点环节作出明确规定，增强实用

---

① 吕东在七届全国人大一次会议上关于《中华人民共和国全民所有制工业企业法（草案）》的说明，1988年3月31日。

性和可操作性。第一，明确了企业转换经营机制的目标。企业应当适应市场的要求，成为依法自主经营、自负盈亏、自我发展、自我约束的商品生产和经营单位，成为独立享有民事权利和承担民事义务的企业法人。第二，对政府职能转变提出要求。按照宏观要管好、微观要放开的要求，政府必须转变职能，改革管理企业的方式，培育和发展市场体系，建立和完善社会保障制度，协调配套地进行计划、投资、财政、税收、金融、价格、物资、商业、外贸、人事和劳动工资等方面的改革。同时，《转机条例》明确了企业经营权是指企业对国家授予其经营管理的财产享有占有、使用和依法处分的权利，并细化出企业的14项经营自主权，明确了企业自负盈亏的责任。

《全民所有制工业企业法》和《转机条例》的颁布，让国企成为商品的生产者和经营者，有了一定的自主权和独立的经济利益，企业不再是"国营"，而是企业自主经营，以市场主体的身份参与竞争。企业从国家控制下的"车间"，开始变成有一定经营自主权的实体，增强了企业的活力。1992年10月，党的十四大报告明确使用了"国有企业"这一表述，标志着中央文件首次改变了国家直接经营企业的说法，强调了国有企业国家所有的属性。1993年3月，八届全国人大一次会议通过并颁布施行的《中华人民共和国宪法修正案（1993年）》第五条明确将"国营经济是社会主义全民所有制经济，是国民经济中的主导力量"修改为"国有经济，即社会主义全民所有制经济，是国民经济中的主导力量"。虽然从"国营"到"国有"仅一字之差，但其意义重大而深远。国营企业，即不仅企业归国家所有，而且由国家直接经营。国有企业，则意味着企业发展不能仅依靠国家投资，而是要通过自身积累和各种融资方式筹措资金，逐渐转变为自主经营、自负盈亏、自我发展、自我约束的商品生产者和经营者。企业的经营机制开始发生实质性的变化，为下一阶段改革国有资产管理体制奠定了制度基础。

第二节　向新的国有资产管理体制过渡的探索

通过明晰产权概念，探索所有者与行业管理职能分开、增强企业活力有了一定成效。但在实践中，企业只拥有"国家授予其经营管理的财产"，却没有以资本金为基础的法人财产，还不是一个独立的法人主体。在与政府的关系上，企业还隶属于政府部门，优先的责任是完成国家指令性计划，没有独立完整的经营自主权。1992年2月，国务院批转国家体改委《一九九二年经济体制改革要点》，指出经济运行中存在的主要问题包括：宏观调控体系还不能适应有计划商品经济发展的需要，政府部门对企业生产经营的直接行政干预过多。具体到国有资产管理体制上，体现出来的突出问题主要有三方面：一是政企不分现象严重。政府集社会管理职能和国有资产管理职能于一身，各级政府都在办企业，直接干预企业的生产经营。二是政资融于一体。政府多个部门对企业有管理职责，通过行政管理手段对企业的决策、经营、人事等进行指导，权利与责任不对等。三是企业内所有者缺位。企业内部管理松弛，形成内部人控制的局面。为了解决这些问题，破除国有企业改革发展障碍，国家从设立专门机构、开展国有资产授权经营模式试点、完善法规制度等几方面着手，进行了大刀阔斧的改革。

一、成立国家国有资产管理局

建立国有资产管理体制，是随着国营企业改革的逐渐深化而提出来的。早在改革开放初期，人们就意识到国营企业缺少活力，根源在于政府管得过多、统得过死，提出要实现"政企分开"。随着改革的深化，又逐渐认识到解决企业活力问题还需要进一步解决政资不分问题。政府具有社会公共管理者与国有资产所有者双重身份，同时行使公共管理的职能和国有资产管理的职能，造成政资合一，因此又提出了要实现"政资分开"，要将国有资产管理的相关职能从其他经济管理部门中相对独立出来，集中由专门机构来行使。

1988年，七届全国人大一次会议决定设立国家国有资产管理局。国家国有资产管理局是代表国家实施国有资产管理的职能机构，行使国家赋予的国有资产所有者的代表权、国有资产监督管理权、国家投资和收益权以及对资产的处置权。根据国家国有资产管理局的"三定"方案，国家国有资产管理局负责管理国内和境外的国有资产，拟订国有资产的各项管理制度，制定国有资产投资的利润分配办法，处理企业在实行承包、租赁、联营和拍卖清理中有关国有资产的问题，监督检查国有资产的使用情况，推动国有资产管理工作。国家国有资产管理局各司室人员编制为100人，设有办公室，综合司，工业、交通、建筑国有资产管理司，商业、经贸、金融国有资产管理司，农业、文教、行政国有资产管理司，境外国有资产管理司等。

1994年，国家国有资产管理局调整为财政部管理的国家机构，不再列入国务院机构序列。根据同年2月印发《国家国有资产管理局职能配置、内设机构和人员编制方案》，国家国有资产管理局职能定位是"按照建立社会主义市场经济体制的要求，国家国有资产管理局要加强国有资产的综合管理，重点是对各类企业占有、使用的国有资产进行宏观管理，配合有关部门共同进行国有资源性资产的管理工作，加强对地方国有资产管理工作的指导、监督"。

国家国有资产管理局的组建，试图分离政府社会经济管理职能与国有资产所有者职能，标志着我国国有资产管理体制改革探索的开始，意味着政府层面明确了国有资产管理主体。国家国有资产管理局设立时，起步工作主要是清理整顿公司和国有企业股份制改革，产权界定、产权登记皆源于清理整顿公司的需要，清产核资工作也是在清理整顿公司的基础上，为进一步核实资产摸清底数而开展的。国家国有资产管理局在国有资产监管方面进行了大量探索。一是在全国范围内组织开展清产核资。清产核资的范围不仅包括经营性国有资产，还包括了资源性国有资产和行政事业性国有资产等在内。1991年9月，国有资产清产核资工作启动。1993年，根据国务院关于"八五"期间在全国范围内开展清产核资工作的部署，全年共有9401户企业和82.5万个行政事业单位进行了财产清查登记工作。二是形成了较为完整的国有资产基础管理体系。基础管理是国有资产监管的基础性工作，是保证国有资产管理有效进行的基础环节。国家国有资产管理局在产权管理、产权界定、国有资产统计等基础管理方面进行了开创性的工作。比如在产权登记方面，1990年7月，国务院印发《关于加强国有资产管理工作的通知》，首次提出了"对继续开办的公司所占用的国有资产，必须进行产权登记，建立健全管理制度"的要求，这是国家第一次提出要对国有资产进行产权登记，也是对国有资产开展产权登记工作的依据。1990年12月，国家国有资产管理局会同财政部、国家工商行政管理局印发《国有资产产权登记管理办法（试行）》，明确了国资监管部门制发的产权登记表是占有、使用国有资产的法律凭证。1992年3月，国务院办公厅转发国有资产管理局、财政部、国家工商行政管理局《关于1992年在全国范围内开展国有资产产权登记工作的请示》，指出1990年以来18个省、自治区、直辖市和部分国家机关开展了产权登记工作，从试点情况看，开展产权登记，对加强国有资产产权管理、防止国有资产流失、推进企业所有权和经营权适当分离的改革都起到了积极作用，为此建议1992年在全国范围内开展产权登记工作。三是建立了国有股权代表制度。通过委派股东代表、参与企业重要会议等方式，建立了国家国有资产管理局与企业之间的代表制度。1994年，国家国有资产管理局、国家体改委印发《股份有限公司国有股权管理暂行办法》，明确提出"国有股持股单位可委派法定代表人或其指定的代理人出席股东大会，审议和表决股东大会议程上的事项"，"受国有股持股单位委派出席股东大会的代表人或代理人，应按持股单位的利益和意志行使股东权利"。四是形成了较为完整的国有资产基础管理政策法规体系。主要包括国有产权界定、产权登记、产权交易、国有股权管理、资产评估、清产核资、国有资产统计、绩效评价等。比如，1991年11月，国务院印发《国有资产评估管理办法》，主要规定了国有资产占有单位应当进行资产评估的情形、组织管理、评估程序、评估方法和法律责任。1996年1月，国务院印发《企业国有资产产权登记管理办法》，以行政法规的形式对产权登记工作进行统一规范，明确企业国有资产产权登记是指国有资产管理部门代表政府对占有国有资产的各类企业的资产、负债、所有者权益等产权状况进行登记，依法确认产权归属关系的行为。国有企业、国有独资公司、持有国家股权的单位以及以其他形式占有国有资产的企业，应当依照规定办理产权登记。

二、开展国有资产授权经营试点

为改革产权管理形式、转换企业经营机制，国家在企业集团与下属企业之间的关系上探索了国有资产授权经营制度。1992年9月，国家国有资产管理局、国家计委、国家体改委、国务院经贸办印发《关于国家试点企业集团国有资产授权经营的实施办法（试行）》，明确提出"国有资产授权经营是指由国有资产管理部门将企业集团中紧密层企业的国有资产统一授权给核心企业经营和管理，建立核心企业与紧密层企业之间的产权纽带，增强集团凝聚力，使紧密层企业成为核心企业的全资子公司或控股子公司，发挥整体优势"。同时，决定将东风公司、东方电气集团、中国重汽、中国一汽、中国五矿、天津渤海化工集团、贵州航空工业集团作为试点。这一时期的授权实质上是国家通过把以各种形式投入企业形成的资产和收益授权给一定范围内、具有一定条件的核心企业经营管理，以便理顺国家所有权与企业法人财产权的关系。

但是，国有资产授权经营在实践运行中产生了一些问题。1995年8月，国家经贸委《关于当前国有资产授权经营有关问题的通知》指出，3年来7家企业集团授权经营的试点摸索了一些经验，各地在深化企业改革，进行现代企业制度试点，实现政企分开、明确产权关系，确认国有资产投资主体工作中也进行了积极探索。但一些地方对授权经营含义和内容的理解和实际做法超出了国务院和国家国有资产管理局文件所规定的内容、范围和程序。《关于国家试点企业集团国有资产授权经营的实施办法（试行）》把"企业集团中紧密层企业的国有资产统一授权给核心企业经营和管理"的实质是在《公司法》出台前，建立集团内的产权联结纽带，明确试点集团内部的母子公司关系。而一些地方的国有资产授权经营是"由国有资产管理部门将一部分国有资产授权给从事国有资产产权运营的投资控股公司和有条件的企业集团的核心企业经营管理"。前者是建立集团内部关系，后者是要明确企业（集团）与政府的关系，两者存在原则性区别。

为了规范各地方企业集团国有资产授权经营试点工作，1996年9月，国家国有资产管理局印发《关于企业集团国有资产授权经营的指导意见》，对企业集团国有资产授权经营进行了概念界定：企业集团国有资产授权经营是指政府将企业集团中国家以各种形式直接投资设立的成员企业（指与集团公司为非产权关系的企业）的国有产权授权集团公司持股，其实质是通过政府授权持股方式对集团企业进行产权重组，确定集团公司与成员企业间的母子公司产权关系，即集团公司作为成员企业的出资者。授权经营后集团公司依据产权关系，依法对子企业行使选择管理者、重大决策、资产受益等权利。企业集团国有资产授权经营是确立集团内企业间的产权关系（即集团公司与子企业间的产权关系），授权经营后，集团公司不等于成为国家授权投资的机构，但少数具备条件的集团公司经政府授权可以成为国家授权投资的机构，即同时理顺了政府与集团公司的管理关系及集团公司与成员企业的产权关系。可见，这一阶段，国有资产授权经营的内容已经不再仅指授权企业集团对下属企业进行经营管理，也包括了企业与政府关系层面的授权。

除"国有资产授权经营"这一概念外，1993年颁布的《公司法》提出了

"国家授权投资的机构"的概念。该法第六十六条规定:"国有独资公司不设股东会,由国家授权投资的机构或者国家授权的部门,授权公司董事会行使股东会的部分职权,决定公司的重大事项,但公司的合并、分立、解散、增减资本和发行公司债券,必须由国家授权投资的机构或者国家授权的部门决定。"2005年修订的《公司法》第六十七条规定:"国有独资公司不设股东会,由国有资产监督管理机构行使股东会职权。国有资产监督管理机构可以授权公司董事会行使股东会的部分职权,决定公司的重大事项,但公司的合并、分立、解散、增加或者减少注册资本和发行公司债券,必须由国有资产监督管理机构决定;其中,重要的国有独资公司合并、分立、解散、申请破产的,应当由国有资产监督管理机构审核后,报本级人民政府批准。"由此,《公司法》将"国家授权投资的机构或者国家授权的部门"修改为"国有资产监督管理机构"。

三、探索国有资产监管的有效形式

为落实党的十四届三中全会关于"对国有资产实行国家统一所有、政府分级监管、企业自主经营的体制"的精神,党和国家在机构设置和法律法规政策上作出了一系列部署安排。

在机构设置方面,除国家国有资产管理局之外,1993年4月,国家经济贸易办公室改为国家经济贸易委员会,根据《国家经济贸易委员会职能配置、内设机构和人员编制方案》,国家经贸委是国务院管理国民经济和协调经济运行的综合部门,主要职责包括"负责企业工作,组织制订和实施企业改革方案,协调解决企业改革中的问题"。1998年8月,《国家经济贸易委员会职能配置、内设机构和人员编制规定》对国家经贸委的职能进行了部分调整,明确国家经贸委承担"负责企业工作,对各种经济成分的企业实行宏观管理和指导,规范企业行为规则;研究拟定国有企业改革的方针、政策和企业体制改革方案,推进现代企业制度的建立;研究发展大型企业和企业集团的政策、措施,指导国有企业实施战略性改组"等主要职责,并设置了企业改革司、企业监督司、中小企业司等职能司局。其中指导国有企业改革和管理的职责于2003年划入国务院国资委。

在政策法规方面,1994年7月,国务院颁布《国有企业财产监督管理条例》,规定由国务院代表国家统一行使对企业财产的所有权,国有资产实行分级行政管理，由此将党的十四届三中全会精神以条例形式确定下来。1995年3月，国务院办公厅转发国家经贸委《关于深化企业改革搞好国有大中型企业的意见》，指出：要逐步理顺国有企业财产国家所有、分级管理、分工监督和企业经营的相互关系；要逐步转变政府职能，实现政府社会经济管理职能与国有资产所有者职能分开，国有资产监督管理职能与国有资产经营职能分开。

1996年，国家体改委在北京召开现代企业制度试点工作会议，强调：试点企业要由政府与企业间的行政隶属关系和授权经营关系，转变为政府是出资人和社会管理者，企业是被投资者和被管理者的关系；由对国家授权经营管理的财产享有经营权，转变为对包括出资者提供的资本在内的全部法人财产依法享有法人财产权。总的来看，这一阶段党和国家在国有资产管理的有效形式方面进行了积极探索，国有资产国家所有、分级管理、企业自主经营已经成为共识。

四、撤销国有资产管理局和专业经济部门

1998年3月，九届全国人大一次会议通过国务院机构改革方案。这一次机构改革中，撤销了电力工业部、煤炭工业部、冶金工业部等10个工业专业经济部门，缩减为国家经贸委管理的9个国家局，政企不分的组织基础在很大程度上得以消除。经过两年多的过渡，国家经贸委管理的9个国家局也被全部撤销。同时，1998年国务院机构改革撤销了国家国有资产管理局，相关职能并入财政部。

1998年7月，中共中央大型企业工作委员会正式成立。中共中央大型企业工作委员会是党中央的派出机关，其职责是：负责管理国务院监管的大型国有企业和国家控股企业中党的领导干部，以促进党的路线方针政策和党中央、国务院有关精神在大型国有企业的贯彻落实；根据社会主义市场经济体制和建立现代企业制度的要求，探索改革和加强大型国有企业党的领导班子建设；完成中央交办的其他有关工作。中共中央大型企业工作委员会的成立，是国有企业领导体制与管理制度的一项重要改革，是坚持党管干部原则、改进管理方法的一项重要措施，对加强党对国有企业改革和发展工作的领导，发挥重要的组织保证作用。1999年12月，党中央决定撤销中共中央大型企业工作委员会，成立中共中央企业工作委员会。2003年，中共中央企业工作委员会的职责划入国

务院国资委。

1999年9月，党的十五届四中全会作出《中共中央关于国有企业改革和发展若干重大问题的决定》，要求按照国家所有、分级管理、授权经营、分工监督的原则，逐步建立国有资产管理、监督、营运体系和机制，建立与健全严格的责任制度。国务院代表国家统一行使国有资产所有权，中央和地方分级管理国有资产，授权大型企业、企业集团和控股公司经营国有资产。

五、行业管理体制改革催生新的国有资产管理体制

1995年，在制定"九五"计划时，党中央提出按照精简、统一、效能的原则，着手制定进一步改革和调整政府机构的方案：把综合经济部门逐步调整和建设成为职能统一、具有权威的宏观调控部门；把专业经济管理部门逐步改组为不具有政府职能的经济实体，或改为国家授权经营国有资产的单位和自律性行业管理组织。

在上述思想的指导下，围绕政企关系进行了几次重大改革，主要是进一步把综合经济部门改组为宏观调控部门，调整和减少专业经济部门，加强执法监管部门，石油、电力、电信、民航等涉及国计民生重要行业领域逐步实现了政企分开。

（一）油气体制改革

1980年，国家能源委成立，负责管理石油、煤炭、电力三个部。1982年，国家能源委撤销。1982年以后，国务院决定逐渐剥离石油部内部业务，首先是根据1982年颁布的《中华人民共和国对外合作开采海洋石油资源条例》设立中国海洋石油总公司，全面负责对外合作开采海洋石油资源业务。之后，石油部主管的炼化部分独立出来，成立了中国石油化工总公司。1988年，国务院撤销石油部、煤炭部、电力部，成立了能源部，原来的石油部改为中国石油天然气总公司。中国石油天然气总公司主要从事石油天然气上游领域的生产业务，兼有部分政府管理和调控职能。1998年，国务院决定在原中国石油天然气总公司和中国石油化工总公司的基础上，分别组建中国石油天然气集团公司、中国石油化工集团公司，重组后的两大集团公司不再承担政府职能，成为自主经营、自负盈亏、自我发展、自我约束的法人实体；将化学工业部、中国石油天

然气总公司、中国石油化工总公司的政府职能合并，组建国家石油和化学工业局，由国家经贸委管理。2001年，国家石油和化学工业局与其他九个国家局撤销，有关行政职能并入国家经贸委，同时组建中国石油和化学工业联合会，归国家经贸委管理。2008年国务院机构改革，决定加强能源管理机构，设立高层次议事协调机构——国家能源委员会，组建国家能源局，由国家发展改革委管理。

（二）电力体制改革

"六五"期间，水利电力部实施简政放权、扩大企业自主权，1988年撤销水利电力部，把电力工业管理工作并入新成立的能源部，直属电力行业由新组建的电力联合公司管理。1993年，撤销能源部，第三次成立电力工业部。1996年，国务院决定将电力工业部承担的国有资产经营职能和企业经营管理职能移交国家电力公司，电力工业部继续行使电力工业的行政管理职能。1998年，国家电力公司与电力部双轨运行一年后，国务院办公厅转发了国家经贸委《关于深化电力工业体制改革有关问题的意见》，决定撤销电力工业部，组建国家经贸委电力司，原电力部拥有的行政管理职能移交国家经贸委，在中央层面实现电力工业的政企分开，中央有关部委收回电力项目审批权和电价定价权。随后，各省、自治区、直辖市电力局（公司）将承担的行政管理职能移交给地方政府综合经济管理部门，地方各级政府均不设立电力专业管理部门，地方层面也实现了政企分开。2000年，国家经贸委决定调整地方电力行政管理职能和政企关系，将分散在各专业管理部门、行政性公司等单位的政府管电职能，划入国家经贸委，彻底实行政企分开。2002年2月，国务院印发《电力体制改革方案》，提出设立国家电力监管委员会，为国务院直属事业单位。2003年2月，国务院印发《国家电力监管委员会职能配置内设机构和人员编制规定》，明确国家电监委根据国务院授权，行使行政执法职能，依照法律、法规统一履行全国电力监管职责。

（三）电信体制改革

中华人民共和国成立以来的几十年间，我国电信服务业一直由原邮电部代表国家垄断经营。20世纪80年代，为了调动地方积极性，电信业逐步由中央垂直领导调整为中央和地方"双重领导"体制。1988年和1994年，国务院两次确定了原邮电部政企分开和邮电分营的改革目标。1994年，中国联合通信有限公司的设立开始改变邮电部独家垄断国内电信市场的局面。1994年电信总局从邮电部机关中分离出来，1995年进行企业法人登记，单独核算，承担运营职能，同时在邮电部成立电信政务司，承担电信行政管理职能。随后，地方电信管理局的政企职责也自上而下地逐步分开。1998年，在邮电部和电子工业部的基础上组建了信息产业部，并将广播电影电视部等其他部门的通信管理职能并入信息产业部。中国电信和中国联通划归中央企业工委管理，其经营结算面向国家财政，与信息产业部只保留行业管理的关系。至此，初步形成了政企分开的体制架构，为新厂商进入电信市场并相互展开公平竞争创造了必要的体制环境。2000年，中国电信集团公司正式挂牌。2003年，国务院国资委的成立实现了电信运营企业和信息产业部的脱钩，标志着电信行业政企分开的实现。

（四）民航体制改革

改革开放以来，民航业经过改变军队建制、实行企业化经营以及民航管理局、航空公司、机场分设等多次重组和改革，逐步实现了政企分开。1949年设立中国民用航空局。中国民用航空局先后隶属军队和交通部领导，1962年改名为"中国民用航空总局"，并经中央决定由交通部属改为国务院直属局，其业务工作、党政工作、干部人事工作等均直归空军负责管理。这期间，我国民航一直实行政企合一、高度集中统一的军事化、半军事化管理体制。1980年，根据邓小平同志"民航要用经济观点管理"和"民航一定要企业化"的指示，我国民航运输业从军队中分离出来，民航局从隶属于军队建制改为国务院直属机构，民航内部实行政企合一。这期间民航局既是主管民航事务的政府部门，又是以中国民航（CAAC）名义直接经营航空运输、通用航空业务的全国性企业。1987年，按照经国务院批准的改革方案，中国民用航空总局在原民航成都管理局进行航空公司与机场分立改革试点，分别组建了民航西南管理局和中国西南航空公司、成都双流机场，拉开了继1980年民航从军事化转向企业化道路后以专业化分工为特征的第二轮民航改革的序幕。20世纪90年代，航空公司与机场分设后，空管部门组建了地区航务管理中心，成立了地区空管局，并进行了机场与空管部门分立的改革，组建了37个空管中心（站），初步形成了集中统一的民航空管业务运行管理体系。2002年，经国务院批准的民航体制改革方案提出，进一步改革民航企业的行政隶属关系，实现企业与政府主管部门脱钩，建立企业自主经营、政府依法监管、竞争规范有序的民航经营体制，原民航总局直属的航空运输和服务保障企业联合重组为6个集团公司，人员、资产移交国务院国资委管理，民航总局、地区管理局及其派出机构将主要职责定位于民用航空的安全管理、市场管理、宏观调控、空中交通管理和对外关系5个方面，民航业实现了政企分开。2007年，为了健全政府空管监督体制，民航进行了空管体制改革。改革后，民航总局空管局、民航地区空管局的空管行业管理职能与运行职能实行分离，行业管理职能交由民航总局、民航地区管理局、各省（区、市）安监办空管行业管理办公室行使；民航总局空管局、民航地区空管局及所属空管单位主要行使业务管理与运行职能，实行垂直管理，并相应理顺管理关系，实现一体化运行。

（五）军队、武警部队和政法机关与所办经营性企业脱钩

军队、武警部队和政法机关搞生产经营是特定历史条件下的产物，曾经起到一定作用。但从实际情况看，在经济生活中引起了大量矛盾和问题，严重影响和干扰了正常的经济秩序和生产经营活动，造成不良影响。自1993年以来，全军对生产经营进行了几次大的整顿。1993年，中央军委作出了军队以下作战部队一律不再从事经营性生产的决定，并将山西省内的军办煤矿全部移交地方；1995年，对军队在沿海经济发达地区和经济特区的生产经营活动，有重点地进行了清理整顿；1997年，又决定非作战部队不搞生产经营，对经营性企业集中统管作出部署。有关部门也对党政机关、政法机关经商办企业进行过几次清理和整顿，取得了一些成效，但问题没有得到根本解决。1998年7月，党中央作出重大决定，要求军队、武警部队和政法机关一律不再从事经商活动，所办的经营性企业一律与军队、武警部队和政法机关彻底脱钩，并成立中央领导小组和办事机构，研究制定方案，全面部署工作。从1998年7月底到10月初，军队、武警总部，地方各级党委、政府，政法机关迅速行动，前期各项工作进展顺利，取得明显成效。在开展调查摸底，基本搞清军队、武警部队和政法机关所属企业从事经商活动底数的基础上，经过多方面深入调查研究和科学论证，形成《军队、武警部队不再从事经商活动的实施方案》和《政法机关不再从事经商活动的实施方案》以及与此配套的8个政策性文件。同年10月6—7日，党中央、国务院、中央军委在北京召开军队武警部队政法机关不再从事经商活动工作会议，着重对企业的撤销和交接工作进行部署。同时，为了确保交

接工作顺利进行,党中央决定成立由国家经贸委牵头负责、有关部门参加的全国企业交接工作办公室,负责具体组织、协调工作。同年12月底,全国军队、武警部队和政法机关与所办的经营性企业彻底脱钩,由全国交接工作办公室和各省、自治区、直辖市交接工作办公室接收。这项工作的顺利完成,是政企分开的重要成果,也是党风廉政建设和反腐败斗争的一个重要结果,进一步维护了军队、武警部队和政法机关在广大人民群众中的良好形象,促进了党的建设、政权建设和军队建设,推动和保证了改革开放和现代化建设的健康发展。

总的来看,这一阶段国有资产管理体制改革探索取得了积极的成效:成立国家国有资产管理局,加强国有资产基础管理;通过授权经营,探索了授权经营的模式;行业管理体制改革则沿着政企分开的主线向前推进,伴随着行业性重大重组、行业管理部门的撤销,推动了此后新的国有资产管理体制的建立。

第三节 建立新的国有资产管理体制

党的十六大以前,国有资产管理是在"国家所有、分级管理、授权经营、分工监督"的原则指导下运行。这一时期,国有资产管理工作取得了一些成绩,但在体制上也存在一些问题。具体表现为:一是政企职责不分,政资机构不分,一些政府部门仍然同时兼有社会管理职能和国有资产所有者职能。名义上相关部门都负责,实际上没有责任主体,没有问责制度。二是出资人职责由多个部门分割行使,管资产和管人、管事相脱节,权利、义务和责任不统一,国有资产无人真正负责与政府部门直接干预企业经营并存。三是对企业经营者缺乏有效的激励和约束。一方面,多数国有企业经营者的收入与企业规模和经营业绩脱节,企业经营者的积极性没有得到充分发挥;另一方面,不少企业自我约束机制没有真正形成,缺乏有效监督,存在收入分配和财务管理混乱、重大决策失误、国有资产流失严重等现象。解决这些问题,客观上需要深化改革,建立一种既适合国情,又符合市场经济规律,既保证国家对国有资产的所有权、明确保值增值责任,又能让国有资产运营充满活力的国有资产管理模式。

一、建立国有资产监管组织体系

2002年11月,党的十六大报告提出"在坚持国家所有的前提下,充分发挥中央和地方两个积极性。国家要制定法律法规,建立中央政府和地方政府分别代表国家履行出资人职责,享有所有者权益,权利、义务和责任相统一,管资产和管人、管事相结合的国有资产管理体制"的重大任务,明确了国有资产管理体制改革的方向,确立了"国家所有、分级代表"(企业国有资产属于国家所有,国家实行由国务院和地方人民政府分别代表国家履行出资人职责)、"三分开"(政府的社会公共管理职能与国有资产出资人职能分开,坚持政企分开,实行所有权与经营权分离)、"三统一、三结合"(权利、义务和责任相统一,管资产和管人、管事相结合的国有资产管理体制)、"两个不行使"(国有资产监督管理机构不行使政府的社会公共管理职能,政府其他机构、部门不履行企业国有资产出资人职责)等一系列关于国有资产管理体制改革的重要原则。第一次在政府管理体制上实现所有者管理职能与社会经济管理职能的分离,使党的十四届三中全会提出的"政资分开"目标得以实现。

2003年,十届全国人大一次会议决定成立新的国有资产管理机构——国有资产监督管理委员会,在国有资产国家统一所有的前提下,由中央政府和地方政府分别代表国家履行出资人职责,享有所有者权益,建立权利、义务和责任相统一,管资产和管人、管事相结合的国有资产管理体制。2003年4月,国务院国资委正式挂牌,作为国务院直属正部级特设机构。当月,国务院办公厅印发《国务院国有资产监督管理委员会主要职责内设机构和人员编制规定》,明确国务院国资委根据国务院授权对中央企业依法履行出资人职责,监督管理企业国有资产,划入的职责包括原国家经贸委指导国有企业改革和管理的职责、原中共中央企业工作委员会的职责、财政部有关国有资产管理的部分职责,以及劳动和社会保障部的拟订中央直属企业经营者收入分配政策、审核中央直属企业的工资总额和主要负责人的工资标准的职责。国务院国资委成立时,机关编制555名,设有办公厅、政策法规局、业绩考核局、统计评价局、产权管理局、规划发展局、企业改革局、企业改组局、企业分配局、监事会工作局、企业领导人员管理一局、企业领导人员管理二局、党建工作局、宣传工作局、群众工作局、研究室、外事局、人事局等。

从 2003 年 4 月初开始,各级国有资产监督管理机构陆续启动组建工作。截至 2004 年 6 月,全国 31 个省(区、市)和新疆生产建设兵团国资委全部组建完毕。绝大部分地市(设区的市、自治州)人民政府也先后设立了国有资产监督管理机构,新的国有资产管理体系初步建立。截至 2018 年底,全国已有 325 个地市(设区的市、自治州)设立了独立的国有资产监管机构,其中,133 个明确为直属特设机构性质。

二、出台《企业国有资产监督管理暂行条例》

2003 年 5 月,国务院颁布施行由国务院国资委起草的《企业国有资产监督管理暂行条例》(以下简称《暂行条例》)。《暂行条例》按照党的十六大和十六届二中全会精神,明确了国有资产管理体制的基本框架。一是在坚持国有资产由国家统一所有的前提下,规定由中央人民政府和地方人民政府分别代表国家履行出资人职责。二是明确要求在国务院、省级、地市级(设区的市、自治州)人民政府设立专门的国有资产监督管理机构,根据同级人民政府授权,依法履行出资人职责,并按照"权利、义务和责任相统一,管资产与管人、管事相结合"的原则,规定了国有资产监督管理机构的职责和义务。三是明确要求各级人民政府实行政资分开,国有资产监督管理机构不行使政府的社会公共管理职责,政府其他部门、机构不履行企业国有资产出资人职责。这些基本制度的确立和施行,为国资委依法履行出资人职责、推进国有资产管理体制改革、实现国有资产管理制度创新,提供了法规依据。

《暂行条例》的颁布实施,表明我国国有资产监督管理方面的立法迈出了实质性步伐。1988 年以来,我国颁布实施了《全民所有制工业企业法》《公司法》《国有企业财产监督管理条例》《国有企业监事会暂行条例》等若干涉及国有资产管理的法律法规及规范性文件。但是,总体上看,没有一部综合性立法,相关法律法规之间缺少有机的联系和协调。《暂行条例》作为一部企业国有资产监督管理方面的重要法规,在《公司法》等法律规定的基础上,进一步完善了企业国有资产管理制度,对企业国有资产监督管理的原则、框架和基本制度等进行了设计,对企业负责人管理、企业重大事项管理、企业国有资产管理、企业国有资产监督等作了比较系统的规定,在国有资产管理体制改革中发挥积极的规范、引导和保障作用,为其后国有资产管理立法和国有企业改革立法提供重要依据。

三、出台《企业国有资产法》

2008年10月,十一届全国人大常务委员会第五次会议通过《中华人民共和国企业国有资产法》(以下简称《企业国有资产法》),在法律层面确认了现行国有资产管理体制。

(一)《企业国有资产法》的制定背景和过程

随着社会主义市场经济的发展和国有企业改革的深化,加快制定国有资产法,依法完善国有资产管理体制和制度,切实加强国有资产监管和运营,一直是我国经济立法工作面临的重要而又紧迫的任务。早在1993年,八届全国人大常委会就将国有资产法列入了全国人大立法规划。但由于当时国有资产管理体制尚不确定、立法的指导思想不明确等原因,暂时搁浅。党的十六大以后,我国国有资产管理体制改革和国有企业改革发展取得重大进展,国有资产法的起草具备了一定的实践基础和制度基础,出台时机逐步成熟。在这期间,《中华人民共和国物权法》也进入起草和审议阶段,国有财产、集体财产、私有财产的范围和所有权形式得到明确,国家、集体、私人的物权和其他权利人的物权受法律保护的意识进一步增强,成为起草国有资产法的重要依据。

2003年,十届全国人大将国有资产法重新列入立法规划。2007年3月《中华人民共和国物权法》颁布,其中第四十五条规定:"法律规定属于国家所有的财产,属于国家所有即全民所有。国有财产由国务院代表国家行使所有权;法律另有规定的,依照其规定。"第五十五条规定:"国家出资的企业,由国务院、地方人民政府依照法律、行政法规规定分别代表国家履行出资人职责,享有出资人权益。"这些法律的明确规定加快了国有资产法的立法进程。经过调研论证、草案起草,2007年12月,十届全国人大常委会第三十一次会议进行"一读"审议后,该法名称根据调整范围由"国有资产法"改为"企业国有资产法"。2008年10月,十一届全国人大常委会第五次会议通过了《企业国有资产法》。《企业国有资产法》的核心是解决三个问题:一是从法律层面肯定和确认了企业国有资产管理体制的基本框架;二是对履行出资人职责的机构与国家出资企业的关系进行了比较全面的法律规范；三是立足于维护国有资产安全、防止国有资产流失，重点规定了一系列法律制度。

（二）《企业国有资产法》的基本框架和主要内容

《企业国有资产法》共9章77条，总体上分为四部分：一是《企业国有资产法》的立法宗旨、适用范围和基本原则，集中在第一章的有关规定上。二是《企业国有资产法》规范的主体及其权利、义务和责任，即第二章和第三章关于履行出资人职责的机构和国家出资企业及其权利、义务和责任的相关规定。三是履行出资人职责的具体制度，即通过第四、五、六章从"管人、管事、管资产"三个方面，对履行出资人职责的机构与国家出资企业之间的关系作了规定。四是国有资产监督及法律责任，主要体现在第七章和第八章。第九章附则规定了适用除外和实施日期。

《企业国有资产法》对企业国有资产管理体制作出了规定。一是国务院和地方人民政府依照法律、行政法规的规定，分别代表国家对国家出资企业履行出资人职责，享有出资人权益。二是明确规定了政府履行出资人职责时应当遵循的原则："国务院和地方人民政府应当按照政企分开、社会公共管理职能与国有资产出资人职能分开、不干预企业依法自主经营的原则，依法履行出资人职责。"三是明确了代表政府履行出资人职责的机构。国务院国有资产监督管理机构和地方人民政府按照国务院的规定设立的国有资产监督管理机构作为履行出资人职责的机构，根据本级人民政府的授权，代表本级人民政府对国家出资企业履行出资人职责。履行出资人职责的机构对国家出资企业依法享有资产收益、参与重大决策和选择管理者等出资人权利，有权依照法律、行政法规的规定，制定或者参与制定国家出资企业的章程，委派股东代表参加国有资本控股公司、国有资本参股公司召开的股东（大）会会议等。此外，《企业国有资产法》规定了国家出资企业的财产权及其对出资人的相关责任，确定了国家出资企业管理者的选择与考核相关规则，明确了涉及国有资产出资人权益的重大事项等。

四、国有资产监管法规制度体系逐步建成

体制的改革完善为企业国资监管指明方向、搭好框架，法规体系的建立健全则为企业国资监管充实内容、确定标准。按照"先立规矩后办事"的原则，国务院国资委不断健全国有资产监管各领域、各环节的规章制度，逐步形成了较为完善的国资监管法规体系。

从形式上看，法规体系分为顶端、中端、底端三个层面。其中，体系的顶端，是宪法关于我国基本经济制度和国有经济功能作用的规定。《中华人民共和国宪法》第六条规定，"中华人民共和国的社会主义经济制度的基础是生产资料的社会主义公有制"，"国家在社会主义初级阶段，坚持公有制为主体、多种所有制经济共同发展的基本经济制度"；第七条规定，"国有经济，即社会主义全民所有制经济，是国民经济中的主导力量。国家保障国有经济的巩固和发展"。这些规定明确了体系的方向和目标。体系的中端，是法律、行政法规以及国务院关于国资监管、国有企业改革发展的一系列规范性文件，如《公司法》《企业国有资产法》《全民所有制工业企业法》，它是整个体系的主干，勾画了体系的基本制度。体系的底端，是国务院国资委的规章、规范性文件以及地方性法规、地方政府规章、地方国资委规范性文件，它们对企业国资监管作出具体规定，是整个体系的坚实基础。在成立的最初10年里，国务院国资委相继制定发布了包括清产核资、业绩考核、重组破产、产权转让、风险控制、法律顾问制度、主辅分离、社会责任、人才队伍建设、信息化建设、改革改制、指导监督等方面的规范性文件200余件。

五、履行出资人职责与国有资产监管职责的工作实践[①]

党的十六大确立了新的国有资产管理体制后，从体制机制上推进政企分开、政资分开、经营权和所有权分离，解决了多头管理、无人负责的"九龙治水"问题，初步实现政府公共管理职能和出资人职能分离，保值增值责任得到落实。根据《国务院国有资产监督管理委员会主要职责内设机构和人员编制规定》，根据国务院授权，国务院国资委依照《公司法》等法律和行政法规履行出资人职责，监管中央所属企业（不含金融类企业）的国有资产，对地方国有资产监督管理负有指导监督职责。在新的国有资产管理体制下，经过不断探索实践，国务院国资委形成了包括规划投资、财务评价、产权管理、改革改组、考核分配、收益管理、监事会监督、企业负责人管理、党的建设等在内的国有

---

① 本部分按照职责对国务院国资委相关工作实践作一概述，有关详细内容见全书总论及分论相关章节。

资产监管完整工作链条，主要包括以下 8 个方面：

承担监督所监管企业国有资产保值增值的责任；建立和完善国有资产保值增值指标体系，制定考核标准，通过统计、稽核对所监管企业国有资产的保值增值情况进行监管，负责所监管企业工资分配管理工作，制定所监管企业负责人收入分配政策并组织实施。建立和完善业绩考核、重大责任追究等机制，明确中央企业负责人经营业绩考核办法，使国有资产经营责任得到层层落实。工资分配管理方面，制定中央企业负责人薪酬管理办法，明确国有控股上市公司实施股权激励办法，在中央企业试行年金制度。劳动、人事、分配三项制度改革逐步深化，国有企业普遍实行全员劳动合同制、员工竞争上岗和以岗位工资为主的基本工资制度。2003—2011 年，全国国有企业实现营业收入从 10.73 万亿元增长到 39.25 万亿元，年均增长 17.6%；实现净利润从 3202.3 亿元增长到 1.94 万亿元，年均增长 25.2%。截至 2011 年底，全国国有企业资产总额 85.37 万亿元，所有者权益 29.17 万亿元，分别是 2003 年的 4.3 倍和 3.5 倍，国有资产保值增值责任得到有效落实。

指导推进国有企业改革和重组，推进国有企业的现代企业制度建设，完善公司治理结构，推动国有经济布局和结构的战略性调整。企业经营机制方面，深入推进公司制股份制改革，全国 90% 以上的国有企业完成了公司制股份制改革，中央企业的公司制股份制改制面由 2003 年的 30.4% 提高到 2011 年的 72%。多数国有企业建立了股东会、董事会、经理层和监事会等机构，企业科学决策水平和风险防范能力明显提升。布局结构方面，通过改制、兼并、租赁、出售等方式，国有企业从中小企业层面逐步退出，国有企业的战线大大收缩，国有资本逐步从一般生产加工行业退出，在 39 个工业行业中，有 18 个行业国有企业总产值占比低于 10%，国有资本更多地向关系国民经济命脉和国家安全的行业和领域集中。上榜《财富》世界 500 强的国有企业由 2003 年的 11 家增至 2012 年的 65 家。

通过法定程序对所监管企业负责人进行任免、考核并根据其经营业绩进行奖惩，建立符合社会主义市场经济体制和现代企业制度要求的选人、用人机制，完善经营者激励和约束制度。通过法定程序对所监管企业负责人进行任免、考核、奖惩，建立符合社会主义市场经济体制和现代企业制度要求的选人、用人机制，积极探索党管干部与市场化选聘企业高层管理者相结合的有效方式，中央企业有 141 个高管职位在全球公开招聘，累计选聘各级经营管理人员 60 万人。完善经营者激励和约束制度，建立根据经营管理绩效、风险和责任确定企业负责人薪酬的制度，实现"业绩升、薪酬升，业绩降、薪酬降"。

按照有关规定，代表国务院向所监管企业派出监事会，负责监事会的日常管理工作。监事会把企业执行法律法规情况、财务信息真实性、国有资产保值增值情况、企业负责人的经营行为等作为监督检查重点，通过"查、看、听、询"等方式开展实地检查，检查结果直接向国务院和国资委报告，形成了具有自身特点、区别于其他监督机构的工作方式方法。2004—2017 年，国务院常务会议每年听取监事会工作汇报，对外派监事会制度和监事会工作给予指导。国有企业监事会工作，强化了企业负责人自律意识，促进了企业改善经营管理，维护了国有资产的安全完整。

负责组织所监管企业上缴国有资本收益，参与制定国有资本经营预算有关管理制度和办法，按照有关规定负责国有资本经营预决算编制和执行等工作。建立并逐步完善国有资本经营预算制度，落实国有资本出资人收益权。加强资本预算管理，制定中央企业国有资本经营预算建议草案编报办法，建立中央企业国有资本经营预算支出执行情况报告制度。合理分配和使用国有资本收益，加大国有资本经营预算用于解决国有企业历史遗留问题的力度。2007 年以来，国有企业开始上缴国有资本收益。

配合相关部门督促检查所监管企业贯彻落实国家安全生产方针政策及有关法律法规、标准等工作。出台中央企业安全生产监督管理暂行办法、中央企业安全生产禁令、中央企业应急管理暂行办法等制度文件，明确安全生产工作责任和基本要求，建立安全生产工作报告制度。督促中央企业开展安全生产隐患排查治理，指导中央企业加强安全生产工作，落实责任制，突出重点领域和关键环节，安全生产工作总体形势良好。

负责企业国有资产基础管理，起草国有资产管理的法律法规草案，制定有关规章、制度，依法对地方国有资产管理工作进行指导和监督。建立健全国有企业清产核资、资产统计、资产评估、产权登记、产权转让等基础管理制度规范，夯实国有资产监管的基础。加强对地方国有资产监管工作的指导监督，指导地方合理界定企业国有资产监管范围，准确把握国资委的机构性质和职能定位，依法规范国资委与国家出资企业之间的关系，加强地方企业国有资产基础管理工作，推动构建国资监管大格局。

根据有关规定，指导所监管企业党的建设工作，研究提出加强和改进企业党建工作的意见和建议，负责所监管企业党的组织建设和党员教育、管理工作。指导所监管企业的党风廉政和反腐败工作，协调所监管企业的工会、青年、妇女工作，指导所监管企业的统战和党外知识分子工作。负责所监管企业党的思想建设、精神文明建设和宣传工作，指导所监管企业的思想政治工作和企业文化建设工作，组织企业学习、宣传、贯彻党的路线、方针、政策。

六、国有企业法治建设不断完善

国务院国资委和各级地方国资委成立后，国有企业法治工作进入出资人推动阶段。国务院国资委按照"建立机制、发挥作用、完善提高"的总体思路，在中央企业连续实施法治工作三个三年目标。

（一）建立机制

2004年初，在总结企业总法律顾问制度试点经验的基础上，国务院国资委明确提出中央企业法治工作第一个三年目标，要求在53户中央大型企业和其他具备条件的部分中央企业、部分省属国有重点骨干企业建立总法律顾问制度，并在全部中央企业和省级国有重点企业普遍建立法律事务工作机构，全面推进企业法治建设，大力促进企业依法经营管理，实现国有资产保值增值。同年6月，《国有企业法律顾问管理办法》正式实施，为中央企业法律顾问队伍建设、总法律顾问履职、法律事务机构设置提供了制度依据和指引。

（二）发挥作用

2008年6月，国务院国资委明确提出中央企业法治工作第二个三年目标，要求以建立健全企业法律风险防范机制为核心，力争在中央企业及其重要子企业全部建立总法律顾问制度，企业规章制度、经济合同和重要决策的法律审核把关率达到100%，因违法经营发生的新的重大法律纠纷案件基本杜绝，历史遗留的重大法律纠纷案件基本解决，企业法治工作在提高企业市场竞争力和发展壮大具有国际竞争力的大公司大集团中的保障促进作用得到进一步发挥。

(三) 完善提高

2011年9月,国务院国资委提出中央企业法治工作第三个三年目标,要求紧紧围绕"做强做优中央企业、培育具有国际竞争力的世界一流企业"的大目标,按照"完善提高"的总体要求,力争再通过三年努力,着力完善企业法律风险防范机制、总法律顾问制度和法律管理工作体系,加快提高法律顾问队伍素质和依法治企能力水平,中央企业及其重要子企业规章制度、经济合同和重要决策的法律审核率全面实现100%,总法律顾问专职率和法律顾问持证上岗率均达到80%以上,法律风险防范机制的完整链条全面形成,因企业自身违法违规引发的重大法律纠纷案件基本杜绝。

通过10年发展,国有企业法治工作取得明显进展,企业各级领导的法律意识明显提高;法治队伍建设不断健全,总法律顾问作为企业法治工作的领军人物,保障依法决策的职责作用有效发挥,中央企业法治工作的组织机构全面建立并不断向子企业延伸;法律风险防范机制基本建立,逐步建立起"凡事有章可循、有人负责、有据可查、有人监督"的制度管理体系,将"三重一大"制度与重要经营决策法律审核制度有机结合,不断提高重要经营决策的合法性、合规性和合理性;法治工作领域不断拓展,法治工作逐步融入企业整体上市、并购重组、合资合作、新业务拓展等核心经营业务,为企业做强做优做大发挥了重要作用,同时在境外业务领域、知识产权领域、专业立法领域发挥更大作用。

总的来看,党的十六大确立了新的国有资产管理体制后,中央和地方各级国资管理工作逐步进入正轨,中央和省、市(地)三级国有资产监管组织体系初步形成,国资监管法规制度体系逐步完善,国有资产监督管理体制和制度框架基本建立。具体表现为:一是扭转了"出资人缺位,监管者分散"的局面。党的十六大以后,设立国资监管机构,分别代表中央和地方政府行使国有资产出资人职责。由于所有权职能集中,责任主体唯一且明确,从而有力地解决了"九龙治水"问题。二是体现了"政企分开,政资分开"的原则。新的国有资产管理体制下,国务院和地方政府通过设立国有资产监督管理机构来代表行使出资人职责,从而使政府的公共管理职能与出资人职能分开,政府部门不再直接管理企业。三是"分级代表,享有所有者权益"激活国资运营积极性。将"分级管理"改革为"分级代表",各级政府从国有资产的受托管理者成为出资人代表,激发了责任意识,管理、运营国有资产的积极性得到空前调动,国资运营效率也因此显著提高。

第四节 新时代以管资本为主完善国有资产管理体制

经过30多年的探索和实践,我国国有资产管理体制改革稳步推进,国有资产出资人代表制度基本建立,保值增值责任初步得到落实,国有资产规模、利润水平、竞争能力得到较大提升。但是国有资产管理体制中政企不分、政资不分问题依然存在,国有资产监管还存在越位、缺位、错位现象;国有资产监督机制不健全,国有资产流失、违纪违法问题在一些领域和企业比较突出;国有经济布局结构有待进一步优化,国有资本配置效率不高等问题亟待解决。

一、完善国有资产管理体制的顶层设计

2013年11月,党的十八届三中全会提出,完善国有资产管理体制,以管资本为主加强国有资产监管,改革国有资本授权经营体制,组建若干国有资本运营公司,支持有条件的国有企业改组为国有资本投资公司。国有资本投资运营要服务于国家战略目标,更多投向关系国家安全、国民经济命脉的重要行业和关键领域,重点提供公共服务、发展重要前瞻性战略性产业、保护生态环境、支持科技进步、保障国家安全。

贯彻党的十八届三中全会精神,国企改革顶层设计系列文件("1+N"文件)陆续出台。其中2015年8月《中共中央 国务院关于深化国有企业改革的指导意见》与2015年10月《关于改革和完善国有资产管理体制的若干意见》为完善国有资产管理体制作了详细设计,明确了以下6方面要求:

准确把握国有资产监管机构的职责定位。国有资产监管机构作为政府直属特设机构,根据授权代表本级人民政府对监管企业依法履行出资人职责,科学界定国有资产出资人监管的边界,专司国有资产监管,不行使政府公共管理职能,不干预企业自主经营权。以管资本为主,重点管好国有资本布局、规范资本运作、提高资本回报、维护资本安全,更好服务于国家战略目标,实现保值增值。发挥国有资产监管机构专业化监管优势,逐步推进国有资产出资人监管

全覆盖。

进一步明确国有资产监管重点。加强战略规划引领，改进对监管企业主业界定和投资并购的管理方式，遵循市场机制，规范调整存量，科学配置增量，加快优化国有资本布局结构。加强对国有资本运营质量及监管企业财务状况的监测，强化国有产权流转环节监管，加大国有产权进场交易力度。按照国有企业的功能界定和类别实行分类监管。改进考核体系和办法，综合考核资本运营质量、效率和收益，以经济增加值为主，并将转型升级、创新驱动、合规经营、履行社会责任等纳入考核指标体系。着力完善激励约束机制，将国有企业领导人员考核结果与职务任免、薪酬待遇有机结合，严格规范国有企业领导人员薪酬分配。建立健全与劳动力市场基本适应，与企业经济效益、劳动生产率挂钩的工资决定和正常增长机制。推动监管企业不断优化公司法人治理结构，把加强党的领导和完善公司治理统一起来，建立国有企业领导人员分类分层管理制度。强化国有资产监督，建立健全国有企业违法违规经营责任追究体系、国有企业重大决策失误和失职渎职责任追究倒查机制。

推进国有资产监管机构职能转变。围绕增强监管企业活力和提高效率，聚焦监管内容，该管的要科学管理、决不缺位，不该管的要依法放权、决不越位。将国有资产监管机构行使的投资计划、部分产权管理和重大事项决策等出资人权利，授权国有资本投资、运营公司和其他直接监管的企业行使；将依法应由企业自主经营决策的事项归位于企业；加强对企业集团的整体监管，将延伸到子企业的管理事项原则上归位于一级企业，由一级企业依法依规决策；将国有资产监管机构配合承担的公共管理职能，归位于相关政府部门和单位。

改进国有资产监管方式和手段。大力推进依法监管，着力创新监管方式和手段。按照事前规范制度、事中加强监控、事后强化问责的思路，更多运用法治化、市场化的监管方式，切实减少出资人审批核准事项，改变行政化管理方式。通过"一企一策"制定公司章程、规范董事会运作、严格选派和管理股东代表和董事监事，将国有出资人意志有效体现在公司治理结构中。针对企业不同功能定位，在战略规划制定、资本运作模式、人员选用机制、经营业绩考核等方面，实施更加精准有效的分类监管。调整国有资产监管机构内部组织设置和职能配置，建立监管权力清单和责任清单，优化监管流程，提高监管效率。建立出资人监管信息化工作平台，推进监管工作协同，实现信息共享和动态监管。完善国有资产和国有企业信息公开制度,设立统一的信息公开网络平台,在不涉及国家秘密和企业商业秘密的前提下,依法依规及时准确地披露国有资本整体运营情况、企业国有资产保值增值及经营业绩考核总体情况、国有资产监管制度和监督检查情况,以及国有企业公司治理和管理架构、财务状况、关联交易、企业负责人薪酬等信息,建设阳光国企。

以管资本为主改革国有资本授权经营体制。改组组建国有资本投资、运营公司,探索有效的运营模式,通过开展投资融资、产业培育、资本整合,推动产业集聚和转型升级,优化国有资本布局结构;通过股权运作、价值管理、有序进退,促进国有资本合理流动,实现保值增值。科学界定国有资本所有权和经营权的边界,国有资产监管机构依法对国有资本投资、运营公司和其他直接监管的企业履行出资人职责,并授权国有资本投资、运营公司对授权范围内的国有资本履行出资人职责。国有资本投资、运营公司作为国有资本市场化运作的专业平台,依法自主开展国有资本运作,对所出资企业行使股东职责,按照责权对应原则切实承担起国有资产保值增值责任。开展政府直接授权国有资本投资、运营公司履行出资人职责的试点。

以管资本为主推进经营性国有资产集中统一监管。稳步将党政机关、事业单位所属企业的国有资本纳入经营性国有资产集中统一监管体系,具备条件的进入国有资本投资、运营公司。加强国有资产基础管理,按照统一制度规范、统一工作体系的原则,抓紧制定企业国有资产基础管理条例。建立覆盖全部国有企业、分级管理的国有资本经营预算管理制度,提高国有资本收益上缴公共财政比例,2020年提高到30%,更多用于保障和改善民生。划转部分国有资本充实社会保障基金。

二、以管资本为主推进职能转变

根据国企改革"1+N"系列文件关于完善国有资产管理体制的有关要求,国务院国资委准确把握出资人代表职责定位,加快推进职能转变。

按照国务院办公厅转发的《国务院国资委以管资本为主推进职能转变方案》要求,强化管资本职能,落实保值增值责任。一是完善规划投资监管。服从国家战略和重大决策,落实国家产业政策和重点产业发展总体要求,调整优化国有资本布局,加大对中央企业投资的规划引导力度,加强对发展战略和规划的审核，制定并落实中央企业国有资本布局结构整体规划。改进投资监管方式，通过制定中央企业投资负面清单、强化主业管理、核定非主业投资比例等方式，管好投资方向，根据投资负面清单探索对部分企业和投资项目实施特别监管制度。落实企业投资主体责任，完善投资监管制度，开展投资项目第三方评估，防止重大违规投资，依法依规追究违规责任。加强对中央企业国际化经营的指导，强化境外投资监管体系建设，加大审核把关力度，严控投资风险。二是突出国有资本运营。围绕服务国家战略目标和优化国有资本布局结构，推动国有资本优化配置，提升国有资本运营效率和回报水平。牵头改组组建国有资本投资、运营公司，实施资本运作，采取市场化方式推动设立国有企业结构调整基金、国有资本风险投资基金、中央企业创新发展投资引导基金等相关投资基金。建立健全国有资本运作机制，组织、指导和监督国有资本运作平台开展资本运营，鼓励国有企业追求长远收益，推动国有资本向关系国家安全、国民经济命脉和国计民生的重要行业和关键领域、重点基础设施集中，向前瞻性战略性产业集中，向具有核心竞争力的优势企业集中。三是强化激励约束。实现业绩考核与薪酬分配协同联动，进一步发挥考核分配对企业发展的导向作用，实现"业绩升、薪酬升，业绩降、薪酬降"。改进考核体系和办法，突出质量效益与推动转型升级相结合，强化目标管理、对标考核、分类考核，对不同功能定位、不同行业领域、不同发展阶段的企业实行差异化考核。严格贯彻落实国有企业负责人薪酬制度改革相关政策，建立与选任方式相匹配、与企业功能性质相适应、与经营业绩相挂钩的差异化薪酬分配办法。

《国务院国资委以管资本为主推进职能转变方案》提出取消、下放、授权工作事项43项，涉及企业规划投资、产权管理、薪酬分配、改革重组、财务管理等领域。主要包括两个方面：一是落实企业法人财产权和经营自主权，进一步明确国资委与企业的职责边界，取消、下放、授权一批应由企业自主决策的事项。二是进一步落实董事会职权，按照《公司法》规定，将国资委享有的部分出资人职权授予落实董事会职权试点企业和国有资本投资、运营公司试点企业行使。具体包括以下四个方面：一是取消一批监管事项。严格按照出资关系界定监管范围，减少对企业内部改制重组的直接管理，不再直接规范上市公司国有股东行为，推动中央企业严格遵守证券监管规定。减少薪酬管理事项，取消中央企业年金方案、中央企业子企业分红权激励方案审批，重点加强事后备案和规范指导。减少财务管理事项，取消与借款费用、股份支付、应付债券等会计事项相关的会计政策和会计估计变更事前备案，重点管控企业整体财务状况。取消中央企业职工监事选举结果、工会组织成立和工会主席选举等事项审批，由企业依法自主决策。二是下放一批监管事项。将延伸到中央企业子企业和地方国有企业的管理事项，原则上归位于企业集团和地方国资委。将中央企业所持有部分非上市股份有限公司的国有股权管理方案和股权变动事项，企业集团内部国有股股东所持有上市公司股份流转、国有股股东与上市公司非重大资产重组、国有股股东通过证券交易系统转让一定比例或数量范围内所持有上市公司股份等事项以及中央企业子企业股权激励方案的审批权限，下放给企业集团。落实"国家所有、分级代表"原则，将地方国有上市公司的国有股权管理事项的审批权限下放给省级国资委。三是授权一批监管事项。结合落实董事会职权等试点工作，将出资人的部分权利授权试点企业董事会行使，同时健全完善制度规范，加强备案管理和事后监督。依法将中央企业五年发展战略规划制定权授予试点企业董事会，进一步落实试点企业董事会对经理层成员选聘、业绩考核、薪酬管理以及企业职工工资总额管控、重大财务事项管理的职权，充分发挥董事会的决策作用。四是移交一批社会公共管理事项。落实政资分开原则，立足国有资产出资人代表职责定位，全面梳理配合承担的社会公共管理职能，结合工作实际，提出分类处理建议，交由相关部门和单位行使。

同时，按照事前制度规范、事中跟踪监控、事后监督问责的要求，积极适应监管职能转变和增强企业活力、强化监督管理的需要，创新监管方式和手段，更多采用市场化、法治化、信息化监管方式，提高监管的针对性、实效性。一是强化依法监管。严格依据《公司法》《企业国有资产法》《企业国有资产监督管理暂行条例》等法律法规规定的权限和程序行权履职。健全完善国有资产监管法规制度体系，建立出资人监管的权力和责任清单，清单以外的事项由企业依法自主决策。加强公司章程管理，规范董事会运作，严格选派、管理股东代表和董事、监事，注重通过国有企业法人治理结构依法履行出资人职责。二是实施分类监管。针对商业类和公益类国有企业的不同战略定位和发展目标，研究制定差异化的监管目标、监管重点和监管措施，因企施策推动企业改革发展，促进经济效益和社会效益有机统一。在战略规划制定、资本运作模式、人员选用机制、经营业绩考核等方面，实施更加精准有效的分类监管。三是推进阳光监管。依法推进国有资产监管信息公开，主动接受社会监督。健全信息公开制度，加强信息公开平台建设，依法向社会公开国有资本整体运营情况、企业国有资产保值增值及经营业绩考核总体情况、国有资产监管制度和监督检查情况。指导中央企业加大信息公开力度，依法依规公开治理结构、财务状况、关联交易、负责人薪酬等信息，积极打造阳光企业。四是优化监管流程。按照程序简化、管理精细、时限明确的原则，深入推进分事行权、分岗设权、分级授权和定期轮岗，科学设置内设机构和岗位职责权限，确保权力运行协调顺畅。推进监管信息化建设，整合信息资源，统一工作平台，畅通共享渠道，健全中央企业产权、投资、财务等监管信息系统，实现动态监测，提升整体监管效能。

三、改革国有资本授权经营体制

党的十八届三中全会提出"改革国有资本授权经营体制"。几年来，通过推动国资监管机构职能转变、深化国有资本投资运营公司试点、向企业授权放权等多种途径推动改革国有资本授权经营体制，取得了积极成效。2019年4月，国务院印发《改革国有资本授权经营体制方案》（以下简称《方案》）。《方案》提出了改革国有资本授权经营体制的主要举措：一是优化出资人代表机构履职方式。出资人代表机构要依法科学界定职责定位，通过实行清单管理、强化章程约束、发挥董事作用、创新监管方式，加快转变履职方式，依据股权关系对国家出资企业开展授权放权。二是分类开展授权放权。出资人代表机构对不同类型企业给予不同范围、不同程度的授权放权，定期评估效果，采取扩大、调整或收回等措施动态调整。其中，对国有资本投资、运营公司，授权放权内容主要包括战略规划和主业管理、选人用人和股权激励、工资总额和重大财务事项管理等。对其他商业类和公益类企业，要充分落实企业的经营自主权，出资人代表机构主要对集团公司层面实施监管或依据股权关系参与公司治理，不干预集团公司以下各级企业生产经营具体事项。对其中已完成公司制改制、董事会建设较规范的企业，要逐步落实董事会职权。三是加强企业行权能力建设。通过完善公司治理、夯实管理基础、优化集团管控、提升资本运作能力，确保各项授权放权接得住、行得稳。四是完善监督监管体系。通过搭建实时在线的国资监管平台，统筹协同各类监督力量，健全国有企业违规经营投资责任追究制度，实现对国有资本的全面有效监管。五是坚持和加强党的全面领导。将坚持和加强党的全面领导贯穿改革的全过程和各方面，加强对授权放权工作的领导，改进对企业党建工作的领导、指导和督导，充分发挥企业党组织的领导作用。《方案》中明确，要将更多具备条件的中央企业纳入国有资本投资、运营公司试点范围，赋予企业更多经营自主权。到2022年，基本建成与中国特色现代国有企业制度相适应的国有资本授权经营体制。《方案》是首次以国务院文件形式公开发布的改革国有资本授权经营体制的文件，充分体现了党中央、国务院对这项工作的高度重视，是切实转变出资人代表机构职能和履职方式，打造充满生机活力的现代国有企业的重要举措。

2019年6月，国务院国资委印发《国务院国资委授权放权清单（2019年版）》（以下简称《清单》），并发出通知指出，《清单》分别针对各中央企业、综合改革试点企业、国有资本投资、运营公司试点企业以及特定企业相应明确了授权放权事项，同时，集团公司要对所属企业同步开展授权放权，做到层层"松绑"，全面激发各层级企业活力。国务院国资委将加强事中事后监管，跟踪督导，定期评估授权放权的执行情况和实施效果，采取扩大、调整或收回等措施动态调整授权放权事项。《清单》共涉及35项授权放权事项，其中对各中央企业的授权放权事项21项，对综合改革试点企业的授权放权事项4项，对国有资本投资、运营公司试点企业的授权放权事项6项，对特定企业的授权放权事项4项等。《清单》更加明确了相关条件和程序，确保授权放权落实落地，更加聚焦企业的重点关切，确保授权放权激发微观主体活力，更加强化分类授权，确保授权放权精准到位。

四、改组组建国有资本投资、运营公司

2014年7月，经报党中央批准，国务院国资委组织中央企业先行启动改组组建国有资本投资公司试点工作，将中粮集团、国投2家中央企业纳入首批试点范围。

2016年2月，按照党中央、国务院关于国有资本运营公司试点工作要求，国务院国资委经审慎研究和充分论证，选择中国诚通、中国国新2家中央企业启动了国有资本运营公司试点。2016年7月，国务院国资委向2家投资公司试

点企业董事会授予18项权利；同时，扩大国有资本投资公司试点范围，神华集团、中国宝武、中国五矿、招商局集团、中交集团、保利集团6家中央企业也启动了国有资本投资公司试点有关工作。与此同时，各省市也结合实际情况进行积极探索。截至2018年底，全国37个省（自治区、直辖市、计划单列市、新疆生产建设兵团）国资委共改组组建国有资本投资、运营公司124家，其中76家已完成组建、48家正在组建。

经过4年多的改革实践，国有资本投资、运营公司试点企业试体制、试机制、试模式，在探索以管资本为主的运营模式、完善市场化经营机制、开展国有资本市场化运作、推动实体经济产融有效结合、推动产业调整与布局优化、加大新兴产业培育力度、发挥党组织对改革试点的领导作用等方面积累了大量有益经验，初步搭建形成国有资本流动重组、布局调整的有效平台，并通过发起设立基金等方式带动社会资本，为落实国家及省（区、市）重大战略、建设现代化经济体系、服务地方经济发展等工作作出积极贡献，改革试点成效已初步显现。比如：在中央企业试点方面，中国诚通、中国国新2家运营公司分别发起设立了中国国有企业结构调整基金、中国国有资本风险投资基金两个国家级基金，并以此为核心初步建立了运营公司基金系，基金总规模达数千亿元，有力地支持了中央企业结构调整、创新发展和提质增效；在地方国有企业试点方面，上海国盛（集团）有限公司有效开展了国有资本的流转盘活，广东、湖北等地方试点企业归集股权、提升信用，实现了低成本有效融资等。

2018年7月，国务院印发《关于推进国有资本投资、运营公司改革试点的实施意见》，明确了国有资本投资、运营公司的功能定位、组建方式、授权机制、治理结构、运行模式、监督与约束机制等6方面内容。一是功能定位。国有资本投资、运营公司均为在国家授权范围内履行国有资本出资人职责的国有独资公司，是国有资本市场化运作的专业平台。其中：国有资本投资公司主要以服务国家战略、优化国有资本布局、提升产业竞争力为目标；国有资本运营公司主要以提升国有资本运营效率、提高国有资本回报为目标。二是组建方式。国有资本投资、运营公司可采取改组和新设两种方式。三是授权机制。采取国有资产监管机构授予出资人职责和政府直接授予出资人职责两种模式开展国有资本投资、运营公司试点。四是治理结构。国有资本投资、运营公司设立党组织、董事会、经理层，充分发挥党组织的领导作用、董事会的决策作用、经理层的经营管理作用。五是运行模式。包括国有资本投资、运营公司的组织架构、履职行权方式、选人用人机制、财务监管、收益管理及考核机制等。六是监督与约束机制。完善对国有资本投资、运营公司的监督体系，并实施绩效评价。2018年底，国务院国资委又新确定11家国有资本投资公司试点企业。至此，国务院国资委推进的国有资本投资运营公司试点企业达21家。

国有资本投资、运营公司试点，上接体制，需要试国资监管机构与投资、运营公司的出资监管关系、监管模式，下接资本运作、企业经营，需要试投资、运营公司与所出资企业的管控模式，试国有资本投资运营的有效途径。开展国有资本投资、运营公司试点，是深化国有企业改革的重要内容，是推动国有经济布局结构调整的重要途径，是落实以管资本为主加强国有资产监管的重要举措。目前，国有资本投资、运营公司改革试点各项工作正在进一步向纵深推进。

五、推进经营性国有资产集中统一监管

（一）中央层面

2018年10月，十三届全国人大常委会第六次会议审议了《国务院关于2017年度国有资产管理情况的综合报告》，报告提出，截至2017年底，中央国有企业（不含金融企业）资产总额76.2万亿元。其中：国务院国资委根据授权依法履行出资人职责的96户中央企业，资产总额54.6万亿元，占工商类企业资产总额的72%；财政部履行出资人职责的铁路总公司、烟草总公司、邮政集团和中央文化企业，资产总额19万亿元，占工商类企业的25%；其他100个中央党政机关和事业单位直接管理的工商类企业约1.1万户，资产总额2.7万亿元，占工商类企业的3%。随着我国社会主义市场经济体制的建立和完善，中央党政机关和事业单位所办企业也暴露出政企不分、政资不分、政事不分等方面的问题，亟须推进中央党政机关和事业单位经营性国有资产集中统一监管。为此，党中央研究制定了推进中央党政机关和事业单位经营性国有资产集中统一监管试点的实施意见，提出坚持政企分开、政资分开、所有权与经营权分离，理顺中央党政机关和事业单位同所办企业关系，搭建国有资本运作平台，优化国有资本布局结构，提高国有资本配置和监管效率，有效防止国有资

产流失,实现企业健康发展和经营性国有资产保值增值。

(二)地方层面

党的十八大以来,地方经营性国有资产集中统一监管进展迅速,通过全面脱钩、分类改革、加强监管等有效措施积极推进经营性国有资产集中统一监管,基本实现社会公共管理职能与履行出资人职责的分离,有力促进地方经济社会发展。截至2018年底,全国省级国资委经营性国有资产集中统一监管覆盖面已经达到90.3%左右。

各地坚持"全面脱钩、分类处置"的原则,对党政机关、事业单位脱钩后的企业,视不同情况采用不同方式将其纳入集中统一监管体系。一是直接纳入。对具备一定规模、符合国家产业战略、法人治理规范的企业,将其直接划转地方国资委监管;对企业规模不大、行业属性和业务范围与已有的地方国企同类或相似、经营情况较为稳定的企业,由地方同行业国企直接吸收纳入。二是组建集团。对分布在某个产业领域的企业集群,通过资源集中和重组整合,组建一批新的企业集团,纳入集中统一监管体系。三是委托监管。对教育、卫生、民政、司法、公安、国家安全等特殊领域以及与企业主管部门履行职责密切相关的经营性国有资产,经地方党委、政府同意后,由省级国资委委托企业主管部门进行监管。四是清理注销。对资不抵债、经营亏损、无法正常生产经营的企业,依法实施破产退出;对"僵尸企业""空壳企业"依法进行注销,顺利解决了一批历史遗留问题。

通过推进经营性国有资产集中统一监管,在加快转变政府职能、强化国有资产监管、优化国有经济布局、激发国有企业活力等方面,产生了明显的改革效果。一是有效推动了地方政府部门职能转变。通过推进集中统一监管,地方党政机关和事业单位与所办企业全面脱钩,使政府有关部门充分回归社会公共管理职能本位,更加聚焦为不同所有制经济、各类市场主体创造公平良好的市场环境,为发挥市场对资源配置的决定性作用创造了良好条件。二是充分发挥了国资监管机构专业监管优势。实行集中统一监管后,在地方政府层面实现了国有资产监管制度和规则的统一,不仅更好地摸清了国有资产底数,也更加明确了国资委对国有资产保值增值的责任,实现了责权利相统一。同时,将一整套专业化国资监管模式推广到全部经营性国有资产,使国资监管法治化、科学化、规范化水平得到了显著提升。三是为各地优化配置国有资本创造了更大空间。将分散在各个领域的国有资本,集中到一个出资人代表机构进行统筹规划,能够更好地落实国家发展战略和产业发展要求,为推动供给侧结构性改革、传统产业转型升级、培育战略性新兴产业提供了更好条件。一批新的产业集团的组建,有针对性地解决了部分领域国有资本"小、散、弱"的问题,使国有资本配置效率和运行效率明显提高。四是大大激发了脱钩企业的活力和效率。党政机关和事业单位所办的企业脱钩以后,立足于建立灵活高效的市场化经营机制,普遍加快完善法人治理结构,建立现代企业制度。同时,用市场倒逼改革,迫使企业经营管理人员从习惯于依靠政府投入"输血"、向政府要政策的思维方式,逐步转向用市场化的经营理念去抓经营、闯市场,充分调动积极性,有效释放企业活力。

六、完善国有资产监管法规制度体系

党的十八大以来,国务院国资委系统着力强化法规制度体系建设,加强规章规范性文件的立改废释工作。2015 年,按照国务院关于深化"放管服"改革、全面开展文件清理的要求,结合国资国企改革进程,国务院国资委启动文件清理工作。2015 年、2016 年先后两次对主要内容同现行法律法规相抵触、与"放管服"改革要求不一致、与"管资本"要求不相符的规章、规范性文件进行全面清理,共宣布废止 9 件、失效 54 件。2017 年对 28 件规章、250 件规范性文件进一步清理,发布《国务院国资委关于公布规章规范性文件清理结果的公告》,废止和失效 32 件、修改 18 件。2018 年,国务院国资委对涉及党和国家机构改革,特别是涉及国有企业领导干部经济责任审计和外派监事会职责的规章规范性文件进行了全面清理。2018 年 8 月,发布《关于公布规章规范性文件清理结果的公告》,废止失效 15 件、修改 3 件。截至 2018 年 12 月,国务院国资委现行有效规章 27 件、规范性文件 209 件。全国各省(区、市)共出台地方国资监管法规、规章和规范性文件 3880 多件,形成了较为完善的国资监管政策法规体系。

国务院国资委出台的规章总体可以分为七类:一是规划发展方面,包括《中央企业发展战略和规划管理办法(试行)》《中央企业投资监督管理办法》《中央企业境外投资监督管理办法》。二是财务监督与统计评价方面,包括《国有企业清产核资办法》《企业国有资产统计报告办法》《中央企业财务决算报

告管理办法》《中央企业内部审计管理暂行办法》《企业国有资本保值增值结果确认暂行办法》《中央企业总会计师工作职责管理暂行办法》《中央企业财务预算管理暂行办法》《中央企业境外国有资产监督管理暂行办法》。三是产权管理方面，包括《企业国有资产评估管理暂行办法》《上市公司国有股权监督管理办法》《中央企业境外国有产权管理暂行办法》《国家出资企业产权登记管理暂行办法》《企业国有资产交易监督管理办法》。四是业绩考核与收入分配方面，包括《中央企业综合绩效评价管理暂行办法》《中央企业负责人经营业绩考核办法》。五是安全生产与节能减排方面，包括《中央企业安全生产监督管理暂行办法》《中央企业节能减排监督管理暂行办法》《中央企业安全生产禁令》《中央企业应急管理暂行办法》。六是企业法治方面，包括《国有企业法律顾问管理办法》《中央企业重大法律纠纷案件管理暂行办法》。七是指导监督方面，主要是《地方国有资产监管工作指导监督办法》。此外，还包括《中央企业违规经营投资责任追究实施办法（试行）》等。

七、推动法治央企建设

党的十八届四中全会作出全面推进依法治国战略部署。新形势下，全面建设法治央企，是贯彻落实全面依法治国战略的重要内容，是进一步深化国企改革的必然要求，也是提升企业核心竞争力、做强做优做大中央企业的迫切需要。为此，国务院国资委明确提出打造法治央企的目标，采取多种有效措施，积极推动落实。

一是强化顶层设计。印发《关于全面推进法治央企建设的意见》《中央企业主要负责人履行推进法治建设第一责任人职责规定》等文件，明确提出打造治理完善、经营合规、管理规范、守法诚信的法治央企总体目标。二是加大部署推动力度。按照"一个升级、两个融合、三个转变、五个突破"的总体思路，促进法治工作重点要求纳入公司章程，强化法治建设的制度保障。三是强化重点领域指导。印发《关于进一步加强中央企业法律纠纷案件管理工作的通知》，促进企业提升案件管理水平。指导企业加强境外法律风险防范，建立境外法律风险定期排查处置制度，组织编写并出版19个国家的《一带一路沿线国家法律风险防范指引》。探索推进合规管理，印发《中央企业合规管理指引（试行）》。建立法律风险提示报告制度，针对共性法律风险及时预警，提示企业及早防范、妥善应对。四是推进人才队伍建设。完善国有企业法律顾问职业岗位等级资格评审制度，累计评审出各级法律顾问 1 万余人，充分调动了队伍的积极性。相继建立了中央企业涉外、金融法律人才库，入库专家 193 人，更好发挥优秀人才作用。五是有力促进共享交流。组织中央企业围绕境外法律风险防范、合规管理、诉讼和仲裁实务等主题进行交流，建立法治建设优秀案例库，组织企业共同开展融资性贸易法律风险防范等重点问题研究，促进企业相互借鉴、共同提升。

启示与前瞻

完善国有资产管理体制，要坚持政企分开、政资分开，政府公共管理职能与国有资产出资人职能分开，坚持权利、义务、责任相统一，明确国资监管机构履行出资人职责和国有资产监管职责，使所有权与企业法人财产权的边界更加清晰，坚持所有权与经营权分离，充分尊重企业经营自主权，为国有企业成为自主经营、自负盈亏、自担风险、自我约束、自我发展的独立市场主体奠定科学的体制基础。在不断改革实践中，我国已基本建立一整套包含产权变动、投资规划、改革重组、薪酬考核、财务监管、干部管理、出资人监督等在内的国资监管闭环工作体系，实现了国有资产的专业化监管，为落实出资人代表制度、加强国有资产监管、完善国有资产管理体制提供重要保障。但也必须清醒地认识到，政企分开、政资分开还没有完全落实到位，政府公共管理部门管企业的现象还不同程度地存在；国资监管机构需加快推进向管资本转变，监管方式需进一步改进优化。展望未来，贯彻落实党的十九大部署，完善各类国有资产管理体制，要在加快推进国资监管机构由管企业向管资本转变，巩固完善国有资产出资人代表制度，履行好出资人职责，以管资本为主改革国有资本授权经营体制，加强国有资产监管，推进经营性国有资产集中统一监管等方面继续下功夫，为培育具有全球竞争力的世界一流企业提供坚强的体制保障。

第七章 建立完善国有资本经营预算制度

自国有企业诞生之日起,国家与国有企业的分配关系就始终存在。随着国企改革的深化,国有企业经营自主权不断增强,并逐渐实现政企分开、政资分开,由政府计划管理的生产机构转变成为自负盈亏的独立市场主体;同时,国家与国有企业之间的分配模式也随之多次调整,经历了利润全额上缴、两步"利改税"等阶段,最终确立了符合市场经济要求的税利分流模式,即:政府以社会管理者身份向国有企业征税,国有企业与其他所有制企业一样平等履行纳税义务;同时,国家以出资人身份落实投资收益权,获取利润分红。2007年,经过长时间的酝酿准备,我国建立起国有资本经营预算制度——国有企业向出资人上缴国有资本收益,纳入国有资本经营预算管理,主要用于推进国有经济布局和结构的战略性调整,集中解决国有企业发展中的体制性、机制性问题。在政府预算体系中,国有资本经营预算与公共预算并列为国家预算的组成部分,标志着国家与国有企业的分配关系实现了历史性跨越。党的十八大以来,按照党中央、国务院部署,有关部门以管资本为主健全改进预算管理制度体系,进一步完善国有资本收益分享机制,积极发挥导向作用,推动供给侧结构性改革,探索加强全过程预算绩效管理,国有资本经营预算在新时代国企改革发展进程中发挥出越来越重要的作用和影响。

第一节 国家与国有企业分配模式的演进

国家与国有企业分配模式是我国经济体制和政企关系的一个缩影。适应计划经济时期统收统支、转轨时期扩权让利、市场经济阶段自负盈亏等不同时代的政策需求,国家与国有企业分配模式也经历了利润全额上缴、"利改税"等阶段,最终确立了税利分流模式。

一、利润全额上缴

从中华人民共和国成立到 1983 年实施第一步"利改税"改革之前,我国国有企业(当时称为国营企业)实行了 30 多年向国家上缴利润的制度。

1950 年 3 月,国家印发《中央人民政府政务院关于统一国家财政经济工作的决定》,明确要求"一切中央政府或地方政府所经管的工厂企业,均须将折旧金和利润的一部分,按期解交中央人民政府财政部或地方政府,其解交的总数和按期交出的数量,由政务院财政经济委员会及地方政府根据情况分别规定之",主要目的是"保证军队和各级人民政府的开支及恢复国民经济所必需的投资"。同年,政务院发布了《全国税政实施要则》,其中规定征收工商业税(所得税部分),但主要征税对象是私营企业、集体企业和个体工商户的应税所得[①]。

从 1953 年起,为了集中力量确保以重工业优先发展为核心的赶超型工业化战略顺利实施,国家要求将国有企业资金全部纳入国家预算管理,明确企业利润全部上缴国家财政,企业扩大再生产的支出由预算拨款解决,企业基本没有机动资金。其后,在"一五"计划、三年"大跃进"、国民经济调整、"文化大革命"等时期,国家对国有企业分配关系进行了多次改革调整,先后实施了奖励基金、企业利润留成、国营企业奖金制度等,但调整的主要是国企利润在国家与企业之间的分配方式和比例,目的是通过适度放权调动企业干部职工的积极性,对上缴利润的制度本身没有进行调整。1958—1973 年,我国进行了两次重大的税制改革,其核心都是简化税制,其中的工商业税(所得税部分)主要还是对集体企业征收,国营企业征收工商税,不征所得税。

1978 年改革开放至 1982 年,为适应引进国外资金、技术和人才,开展对外经济技术合作的需要,根据党中央统一部署,税制改革工作在"七五"计划期间逐步推开,国家陆续颁布实施《中华人民共和国中外合资经营企业所得税法》《中华人民共和国外国企业所得税法》,明确了对外资合资企业的税收规定,但由于国有企业上缴利润仍是财政收入的主要来源等多种原因,国家对国

---

① 《中国企业所得税制度历史沿革及现状》,财政部网站。

有企业仍维持上缴利润的制度。在此期间，为了增强国有企业活力，我国在维持计划经济体制基本框架的前提下，开始实施国有企业改革。国务院及相关部委陆续印发《关于扩大国营企业经营管理自主权的若干规定》《关于实行工业生产经济责任制若干问题的意见》《关于国营企业实行利润留成的规定》《国营工业企业利润留成试行办法》等文件，赋予国有企业更多的财力和经营管理权限，实施工业经济责任制和相应的利润分成制度，重新允许企业留存部分利润，实行多种形式的利润留成和盈亏包干办法，如"基数利润留成""上交利润包干、超收分成留成""亏损补贴包干、减亏分成或留用"①等。与此同时，国家也开始对国有企业资金统收统支、全额纳入预算管理的财政体制进行一定调整，实施了"拨改贷"改革，即：将国家预算内基本建设投资由拨款改为贷款，对于国家建设的项目，国家不再出资，由经营者向银行贷款，并自行负担归还贷款的本金和利息。在扩大企业自主权同时，强化企业对信贷资金责任和硬约束，减少国家财政的支付压力。

计划经济时期和改革开放初期，尽管对国有企业没有开征所得税，但国有企业全额上缴的利润从性质上包括了政府作为社会管理者应取得的所得税。这种国家对国有企业统收统支的分配模式基本适应了计划经济体制的要求，为我国集中力量加快推进工业化建设发挥了重要作用。但是，国有国营、统收统支、统负盈亏的财经体制，将企业资金、财政资金与银行资金趋于同质化，很难适应国家建立市场经济体制的需要。因此，以利代税、统收统支的分配关系只能是在特定时期的阶段性政策，进行改革是必然的。

二、实行"利改税"

1979年和1980年，我国出现了数百亿元的财政赤字。为了应对财政困境，一些省（区、市）选择少数企业进行了"以税代利、独立核算、自负盈亏"的试点，把税制改革与企业财务体制改革结合起来，国家对企业征收"四税两费"，即增值税、资源税、收入调节税、国营企业所得税，以及固定资金和流动资金占用费。截至1980年底，全国开展这种试点的企业达400多户。实践中，试点企业的销售收入增长明显快于总产值的增长，特别是实现利润和上缴

---

① 国家与企业财政分配关系课题组：《国家与企业的财政分配关系》，《经济研究参考》，1993年，第8期。

税费的增长大大高于总产值和销售收入的增长。①

为了适应计划经济体制转轨的需要,在"以税代利"试点基础上,1983年4月,国务院批转财政部《关于全国利改税工作会议报告》和《关于国营企业利改税试行办法》,决定从1983年6月1日开始,在国有企业中普遍推行第一步"利改税"改革,将中华人民共和国成立后实行了30多年的国营企业向国家上缴利润的制度改为缴纳企业所得税的制度。改革的主要内容:凡是有盈利的国营大中型企业,实现利润均按55%的税率缴纳所得税;凡是有盈利的国营小型企业,实现的利润按八级超额累进税率缴纳所得税。在缴纳所得税后,国有企业可以按规定合理留利,但还要根据不同情况,通过"递增包干上交""固定比例上交""定额包干""调节税"4种形式上交税后利润。其中,调节税由国家在所得税后一对一地与国营企业谈判收取,收取金额富有弹性,本质上是国家与企业对税后利润分割的一种替代物。第一步"利改税"后,我国财政与企业分配关系处于一个税利并存的时期,国家对国企开征了所得税,但由于整体税制较为简单,国家需要在所得税后再以多种形式与国营企业协商分割利润,国家与企业的分配关系仍不够稳定。伴随着改革,企业留利得到增加,据统计,到1984年,国有企业留利占实现利润的比重由改革前的5%上升到25%。鉴于此,国务院决定自1983年7月1日开始,国营企业的流动资金改由银行统一管理,用借贷制取代供给制,财政预算不再安排补充国营企业流动资金。

为了进一步理顺国家与国营企业的分配关系,彻底实现"以税代利",1984年9月,国务院批转财政部《关于在国营企业推行利改税第二步改革的报告》《中华人民共和国国营企业所得税条例(草案)》《国营企业调节税征收办法》,决定从1984年10月1日起试行第二步"利改税",将第一步"利改税"中的上缴利润也变为上缴税收,彻底实现"以税代利"。根据相关改革文件,国营企业改为按照11个税种向国家缴税,不再上交利润。改革后,工商税分解为产品税、增值税、盐税和营业税4个税种,并开征和恢复城市维护建设税、房产税、土地使用税、车船使用税等地方税。在所得税方面也做了一定调整:大中型国营企业仍按55%的比例税率征收;小型国营企业则按新的八级超

---

① 吕政,黄速建:《中国国有企业改革30年研究》,经济管理出版社,2008年版,第30页。

额累进税率征收，平均税负比原来降低了3%—5%。但是，对于国有大中型企业，国家保留了调节税，即大中型企业交纳所得税以后的余利，超过改革前企业合理留利的，再征收一定比例的调节税，剩余利润则可以作为预算外资金留给企业按规定用途使用。第二步"利改税"后，国家与国企的分配关系以税收税率的形式固定下来，但总体税负较高。由于国企的客观经营条件千差万别，依据过高的统一税率征收，很多企业难以承受，在征收过程中，只得以"重税负、宽征管"的形式加以调节。这样不但没有改变国企在第一步"利改税"后在税后留利上同政府讨价还价的局面，而且使得对税的征收也变得可以讨价还价了。此外，在财政投入管理方面，这一时期政府进一步深化了"拨改贷"改革。自1985年起，"拨改贷"在全国各行业全面推行，政府将预算内基本建设投资全部由财政拨款改为银行贷款，原来国家预算直接安排的投资渠道相应取消。

通过两步"利改税"改革，政府推动"以税代利"，希望用税收法规的形式规范国家与国有企业的分配关系；同时，政府进一步深化"拨改贷"，试图从财政收支两方面划清与国有企业的关系，在保障政府财政收入的基础上，将国有企业置于同其他性质企业平等的市场地位，解决国有企业吃财政"大锅饭"等问题。但是，由于改革不彻底、缺乏配套等因素，政企不分、政资不分的体制决定了国家与国有企业的分配关系无法完全理顺，实际上"税"与"利"性质趋同，国家与国有企业的分配关系仍具有"高收取、全兜底"的计划经济特征，缺乏对国有企业真正的激励与约束，并没有解决"鞭打快牛""同一起跑线竞争"等问题。此外，"以税代利"的做法，忽视了国家作为国有企业资产所有者应享有的收益权，某种程度上是对过去只收取利润的矫枉过正。

三、推行承包经营责任制

为了进一步增强国有企业活力，1986年12月，国务院印发《关于深化企业改革增强企业活力的若干规定》，明确提出"推行多种形式的经营承包责任制，给企业以充分的经营自主权"，尝试进行以承包经营责任制为主要内容的"两权分离"改革，在不改变企业全民所有性质的前提下，进一步扩大国有企业经营自主权，推动企业转换经营机制，做到自主经营、自负盈亏。经营承包责任制的主要内涵是包上交国家利润，包完成技术改造任务，实行工资总额与经济效益挂钩。截至1987年底,全国预算内国有工业企业已有78%试行了经营承包。

1988年2月,国务院颁布《全民所有制工业企业承包经营责任制暂行条例》,对承包经营责任制做了规范。按照规定,承包经营责任制的原则是"包死基数、确保上交、超收多留、欠收自补"。"包死基数"是指确保国企上交利润的基数,对于实行第二步"利改税"的企业,基数根据国企缴纳的所得税和调节税确定。"确保上交、超收多留、欠收自补"的具体形式是"企业按照税法纳税,纳税额中超过承包经营合同规定的上交利润额多上交的部分,由财政部门每季返还80%给企业,年终结算,多退少补,保证兑现"。对于实行承包经营责任制的企业,国家规定"财务上试行资金分账制度,划分国家资金和企业资金,分别列账",其中:"承包前企业占用的全部固定资产和流动资金"及"税前还贷形成的部分固定资产",列为国家资金;"承包期间的留利,以及用留利投入形成的固定资产和补充的流动资金",列为企业资金。企业资金属全民所有制性质,但定位为承包经营企业负亏的风险基金,即如果企业完不成上交利润且当年留利不足抵交的,需用企业资金抵交上交利润。

企业第一轮承包已经到期或即将到期时,根据1989年11月党的十三届五中全会关于坚持承包、兴利除弊、不断加以完善的精神,财政部在1990年1月印发《关于完善全民所有制企业承包经营责任制有关财务问题的意见》,要求:一是适当调高企业承包上交利润基数和递增比例;二是对于承包上交利润的具体形式,应根据确保国家财政收入稳定增长的原则,主要实行各种超目标分成办法;三是承包企业应从留利中提取一定比例的资金,建立承包风险基金,有条件的企业可以试行风险抵押承包,由经营者或经营者集团成员缴纳一定数额的承包风险抵押金,风险基金和风险抵押金用于抵补企业未完成的承包上交利润;四是企业承包后的新贷款,一律用企业留用资金(即税后留利、折旧基金和其他可以用于发展生产的资金)归还;五是企业留利应主要用于生产发展,不得擅自提高企业留利中职工福利基金和奖励基金的比例。

在实施承包经营责任制时期,政府向企业让渡了作为资产经营者的大部分职权,但保留为社会公共管理者与资产所有者的职能。国家要求国企确保的上交利润基数,按照第二步"利改税"后的所得税和调节税金额确定,以税收方式收取结算。这样的分配关系虽然通过"包死基数"确保了财政收入,但一定程度上混淆了税、利的性质。同时，国家与国营企业的分配关系也从主要由税收法规决定变更为主要由政府主管部门与企业签订的经营承包合同决定。由于各项合同指标均由政府与企业"一对一"式的谈判确定，加上政府与企业信息不对称、国营企业预算软约束、包盈不包亏等因素，这种行政型的合同契约关系，使分配关系始终处于不稳定和不规范状态，国家的利益容易受到影响，也容易导致企业重生产、轻投资的短期行为，不利于企业长远发展。

四、实施税利分流

由于承包经营责任制自身存在的问题，1992年以后国务院就不再鼓励企业搞承包，开始探索建立现代企业制度，从理顺产权关系入手，从根本上推动政企分开。1992年10月，党的十四大明确提出，要"建立社会主义市场经济体制"，"使市场在社会主义国家宏观调控下对资源配置起基础性作用"，从而减少行政对企业、对资源的直接配置管理。1993年3月，八届全国人大一次全会通过宪法修正案，将宪法有关条文中的"国营经济"和"国营企业"分别修改为"国有经济"和"国有企业"，从宪法层面确定了政企关系调整、政企分开的总基调。1993年11月，党的十四届三中全会通过《中共中央关于建立社会主义市场经济体制若干问题的决定》，明确要求建立"产权清晰、权责明确、政企分开、管理科学"的现代企业制度。

1993年12月，为了适应建立市场经济体制和现代企业制度等需要，国务院印发《关于实行分税制财政管理体制的决定》，要求实行分税制财政体制；同时，结合1988年以来重庆等地方税利分流改革试点经验，统一各行业国有企业所得税制，降低国有企业所得税率，改革国有企业利润分配制度，全面实施税利分流。文件明确：从1994年1月1日起，统一国有企业所得税率为33%，增设27%和18%两档照顾税率，并取消经营承包责任制改革时期各种包税的做法；同时，逐步建立国有资产投资收益按股分红、按资分利或税后利润上交的分配制度，但作为过渡措施，"可根据具体情况，对1993年以前注册的多数国有全资老企业实行税后利润不上交的办法"。1994年9月，为了加强国有资产收益管理，财政部、国家国有资产管理局、人民银行联合印发《国有资产收益收缴管理办法》，明确国家作为资产出资人应当收取9种国有资产收益：国有企业应上缴国家的利润，股份有限公司中国家股应分得的股利，有限责任公司中国家作为出资者按照出资比例应分取的红利，各级政府授权的投资部门或机构以国有资产投资形成的收益上缴国家的部分，国有企业产权转让收入，股份有限公司国家股股权转让（包括配股权转让）收入，有限责任公司国家出资转让的收入，其他非国有企业占用国有资产应上缴的收益，其他按规定应上缴的国有资产收益。

1993年以后，我国明确了建立社会主义市场经济体制的方向，并在明确企业产权的基础上，推动政企分开，政企关系改革取得实质性的突破，政企分配关系也得到了比较清晰的规范，进入了延续至今的税利分流分配模式。与利润全额上缴或以税代利等模式相比，税利分流模式能够更好地保障和兼顾国家与国企的各自权益。对政府而言，在税利分流的模式下，政府凭借社会管理者的权力参与国有企业经营成果一次分配，即收取税收；此后，又凭借出资人权利参与国有企业的二次分配，即收取税后利润。这分别落实了政府作为社会管理者和国有资产所有者应享有的权利，而且确保了国家可以通过税收手段和利润征缴调节国民经济的发展方向和规模，提升了国家对经济的宏观调控能力。对于国有企业而言，税利分流模式让国企得以减轻过重负担，与其他所有制企业在平等纳税的基础上进行公平竞争，同时，赋予国企对税后留利的自主管理权，激励企业追求效益和利润最大化目标，从而提升资源配置效率。从实践情况看，税利分流模式是市场经济环境下理顺政企分配关系的正确方向。

第二节　国有资本经营预算的提出

自1993年确立税利分流模式后，国家就提出要编制单独的国有资产经营预算对上缴利润进行管理。但直到国有企业产权和会计制度改革、政府预算制度改革、国有资产管理体制改革等逐步深化后，国有资本经营预算才逐渐具备实施的基础和条件。

一、建立现代产权和会计制度

1993年12月，八届全国人大常委会第五次会议通过《中华人民共和国公司法》，明确规定：公司作为企业法人，具有独立的法人财产，享有法人财产权；公司中的国有资产所有权属于国家股东，股东按照出资比例分取红利。1994年底，国家开展了以国有企业公司制改建为主要内容的建立现代企业制度试点。1997年9月，在总结试点经验基础上，党的十五大提出对国有大中型企业实行公司制改革，到20世纪末大多数国有大中型企业初步建立现代企业制度。1999年9月，党的十五届四中全会通过《中共中央关于国有企业改革和发展若干重大问题的决定》，明确"公司制是现代企业制度的一种有效组织形式"。随着公司制的逐步建立和推广，政府与国企的关系由领导机关对附属单位的行政上下级关系逐步转变为出资人对所出资企业的产权纽带关系，为落实国有出资人收益权奠定了基础。

适应建立现代企业制度要求，国家对国有企业财务会计制度也进行了重大改革。从中华人民共和国成立一直到1992年以前，我国以苏联的会计制度理念为蓝本，实行分所有制、分行业的会计核算制度，国有工业企业主要编制反映"资金来源"和"资金占用"两部分内容的资金平衡表，便于国企主管部门了解企业各项资金占用和资金来源的增减变动情况及其相互对应关系，分析和检查企业资金的占用和来源的构成是否合理，考核企业财务计划的执行情况。这样的财务会计制度适应国家作为唯一投资主体的监管需要，但当更多的投资主体出现时，诸如产权关系、偿债能力、利益分配都难以从原来的会计报表中体现出来，难以适应市场经济发展的需要。为此，我国借鉴西方发达国家会计制度，1992年制定并发布了《企业会计准则》及《企业财务通则》，并陆续发布了13个行业的企业会计制度和企业财务制度，用资产负债表等现代财务报表替代资金平衡表及有关补充资料，通过财务报表核算反映企业股东权益、债权人权益等内容，为合理核算分配国有资本收益奠定了重要的基础条件。

二、建立政府复式预算体系

中华人民共和国成立后，我国政府预算按照单式预算编制，政府各类收支都记录于一本预算。虽然单式预算综合性强、操作简单，也便于监督，但随着我国预算规模的扩大，单式预算由于无法反映收支的经济性质和结构，逐渐难以满足预算资金管理监督的需要。1991年9月，为加强国家预算管理，强化国家预算的分配、调控和监督职能，国务院颁布《国家预算管理条例》，于1992

年 1 月 1 日起施行，明确国家预算按照复式预算编制，分为经常性预算和建设性预算两部分。建设性预算包括了对国有企业的收支内容，一定意义上可以视为国有资本经营预算的前身。

1993 年 11 月，党的十四届三中全会通过的《中共中央关于建立社会主义市场经济体制若干问题的决定》提出，"改进和规范复式预算制度。建立政府公共预算和国有资产经营预算"。1994 年 3 月，八届全国人大二次会议审议通过《中华人民共和国预算法》，其中明确预算收入包括"依照规定应当上缴的国有资产收益"。1995 年 11 月，国务院第三十七次常务会议通过的《中华人民共和国预算法实施条例》进一步指明，我国复式预算分为"政府公共预算、国有资产经营预算、社会保障预算"，将国有资产经营预算正式明确为国家预算的重要组成部分。但由于现实条件限制，国有资产经营预算未能实际编制。

1998 年，国务院印发的财政部"三定"方案中提出要"逐步建立起政府公共预算、国有资本金预算和社会保障预算制度"，此时将国有资产经营预算调整为国有资本金预算，在概念表述上更加突出所有权与经营权分离以及政府出资人的地位，更加适应国有资产管理体制改革和财政职能转变的要求，但仍然没有实际编制，涉及国家与国有企业分配关系的预算安排仍纳入公共预算编制。

2003 年 10 月，党的十六届三中全会通过的《中共中央关于完善社会主义市场经济体制若干问题的决定》提出"建立国有资本经营预算制度"，将国有资本金预算调整为国有资本经营预算，在制度设计上更强调资本经营、国有资本有进有退。2005 年的"十一五"规划进一步要求"加快建立国有资本经营预算制度"。2006 年的《政府工作报告》更明确要求，"完善国有资产监管体制，健全国有资本经营预算制度"。但一直到 2007 年《国务院关于试行国有资本经营预算的意见》印发后，国有资本经营预算才真正进入实践。

三、建立明确出资人代表的国有资产管理体制

改革开放以后，伴随着计划经济的转轨，我国政府开始探索分别行使社会管理者和国有资产所有者的职能。在实施承包经营责任制后，由于国有企业所有权与经营权分离等背景因素，为了加强国有资本所有权管理，1988 年国家成立国有资产管理局，在将政府社会经济管理职能与国有资产管理职能分开方面

迈出了重要一步。但由于政府有关配套改革滞后，政府各行业经济部门作为国有资产管理者的权利没有能够进行相应调整等因素，国有资产管理局难以将国有资产管理职能集中起来，1998年政府机构改革撤销了国有资产管理局，将其职能并入财政部。与此同时，也撤销了各行业经济部门，解决了按条块分割管理国有企业的问题。但是，相应的国有资产所有者即出资人管理制度改革不到位，政府出资人权利由财政部、原国家经贸委、原劳动部等多个部门分割，导致对国有企业的管理一方面政出多门，另一方面却没有一个部门真正为国企管理负责。

为了解决出资人缺位的问题，我国开始实施以政府社会管理职能与资产所有者职能分开，即政资分开为主要目的的新一轮国有资产管理体制改革。2002年11月，党的十六大报告指出，"国家要制定法律法规，建立中央政府和地方政府分别代表国家履行出资人职责，享有所有者权益，权利、义务和责任相统一，管资产和管人、管事相结合的国有资产管理体制"。2003年初，国务院国资委成立，作为国务院履行出资人职责的机构。2003年5月，国务院颁布《企业国有资产监督管理暂行条例》，明确提出"国有资产监督管理机构不行使政府的社会公共管理职能，政府其他机构、部门不履行企业国有资产出资人职责"。随后，各级地方政府陆续成立了国资委，将原由各部门分别行使的出资人权利集中到国资委统一行使。新的出资人监管体制确立后，政府开始更多地从出资人的角度处理相关问题。过去，由于社会管理者与出资人职责合一，各级政府部门对企业的考核、监督，更多的是从社会管理者组织财政收入的角度进行的，考虑的往往是财政如何依靠国有企业税利实现收支平衡，而对国有企业应当怎样投入、怎样发展的问题考虑较少；在新的体制下，由资本追求回报的基本属性所决定，专门负责履行出资人职责的机构必然要考虑国有企业的资本回报和国有资本的保值增值，以及国有资本的进退调整布局等问题，也就必然要推动重新收取税后利润以落实出资人收益权。

从2003年以后的国企改革实践看，建立明确出资人代表的国有资产管理体制后，国有企业经营发展取得了长足的进步。2002年底，全国国有企业的营业收入、利润总额分别为8.5万亿元、3786.3亿元，到2007年底，全国国有企业的营业收入和利润总额已分别高达20.1万亿元、1.8万亿元，5年间分别增长了1.4倍和3.7倍，规模和效益都实现快速的发展。国有企业经营状况的好转,为国家收取国企利润提供了物质基础,为实践国有资本经营预算创造了有利条件。

四、部分地方先行先试

在新的国有资产管理体制确立后,随着国有企业整体经营形势的好转,各方面要求收取国有企业利润、落实出资人收益权的呼声越来越高,2004—2007年,在国务院决定试行编制国有资本经营预算之前,上海、北京、深圳、武汉等地方政府已陆续要求国有企业重新上缴利润,探索实施国有资本经营预算。

(一) 上海实践

2004年,上海市建立国有资本出资人代表监管体制后,开始探索编制国有资产经营预算。2005年11月,上海市政府批转上海市国资委制定的《上海市国有资产收益收缴管理试行办法》,并于当年起实施国资收益收缴并编制国资收益支出预算。其国有资本经营预算工作实行"一个体系,两个层次"的管理,即一个国有资产经营预算体系,分企业集团国有资产经营预算和市本级国有资产经营预算两个层次。其中,企业集团国有资产经营预算又分为产业集团、政府投资公司、科研院所三种类型编制。市国资委作为出资人代表,是国有资产经营预算的管理主体,其中:本级预算由市国资委独立编制,主要根据收缴的国有资本收益安排支出预算,主要用于国有经济发展,包括科教兴市、产业结构调整,同时适当安排部分资金解决国企改革、国资监管和应对突发事件所需的必要支出以及市政府确定的其他必要支出;企业集团级预算(企业内部的资产经营预算)主要由各集团公司编制,市国资委负责审批和监督执行。

(二) 北京实践

北京市国资委成立之初就提出了建立北京市国有资本经营预算体系的总体思路。2004年5月,北京市政府批准同意北京市国资委国有资本经营预算方案,以及配套的国有资本收益收缴管理暂行办法。之后,北京市国资委向所出资企业印发《关于建立北京市国有资本经营预算管理体系的通知》,其中明确:北京市国有资本经营预算管理体系由国有资本收支预算和国有资本经营预算两部分构成。国有资本收支预算是市国资委收支预算，包括收入预算和支出预算两部分，按照"以收定支、收支平衡"的原则编制。收入预算反映国有资本经营过程中产生的收入，主要有企业的税后利润，国有控股、参股企业国有资本应分红利和股息以及国有产权、股权转让收入等；支出预算反映包括国有资本金投入、改革成本支出、监管费用支出、向其他预算的转移性支出、偿还债务支出、其他支出等资本再投入等方面支出。国有资本经营预算与企业预算对接，反映国资委所属各企业国有权益变动预算、收益预算、投资预算、资产处置预算等。

2004年，北京市选择了10户大型国有企业实行收支预算试点，但主要是以空转的方式来测试制度的可行性，并没有实际实施；同年，还选择了4户国有企业进行经营预算试点，但并无实质性动作，主要是想通过经营预算来促进企业建立全面预算管理制度。2005年，北京市国有资本收益收缴工作全面覆盖出资企业，按照税后利润20%的比例收取国有独资企业利润。2006年，北京市国有资本经营预算支出工作正式启动。在工作程序上，北京市国资委负责国有资本收益的收缴监管、国有资本收支预算编制工作，其草案经市政府审核、批准后执行，其预算执行、调整和决算工作由市国资委负责。国有资本收支预算资金实行财政专户管理，参照基金管理方式，列收列支，不与财政公共预算相互平衡，收益收缴落实情况与企业经营者的年薪挂钩。

（三）深圳实践

1995年，深圳市人大常委会发布《深圳经济特区国有资产管理条例》，明确规定"国有资产的收益实行预算单列，专收专支"，并且规定国有资本经营预算须由市人大批准。1997年以后，深圳市国有资本管理部门汇总各资产经营公司的预算，开始编制深圳市国有资本经营预算，由市政府提交市人大审议。但这一阶段的预算更多是企业预算的汇总。2004年，深圳市国有资产管理体制调整，撤销了授权资产经营公司，市国资委直接履行出资人职能，成为国有资产收益预算的管理主体，开始探索独立编制市本级国有资产收益预算。2005年初，深圳市政府印发《深圳市属国有企业国有资产收益管理暂行规定》，明确规定国有资产收益包括资本性收益和产权转让收入，其中资本性收益包括国有独资企业应上缴的利润，国有控股企业应分得的股利、红利收入，其他因占有国有资产应上缴的收益；产权转让收入包括转让国有独资企业产权的净收入，转让控股公司国有股权及配股权的净收入，市国资委转让其他国有资产的净收入；国有资产收益主要用于企业的扩大再生产，进而实现产业结构的调整和资产的优化配置，对市发展改革委确定的重点发展项目，国有资本经营预算给予重点支持。同时，明确市国资委负责国有资产收益的收取、使用和管理，国有资产收益实行预算管理，国有资产预算与公共预算分开，国有资产预算和决算由市国资委负责编制，报市政府审批、市人大审议。对国有资本收益的征收比例原则上按照不低于当年度企业净利润的30%收取。

（四）武汉实践

武汉市从2002年启动国有资本经营预算工作，2005年全面展开。其预算管理分市本级国有资本经营预算和营运公司国有资本经营预算两个层次。前3年的全市预算主要是根据各营运公司预算汇总后编制，2005年实行国有资本收益收缴办法后，全市预算由市本级预算和营运公司汇总预算组成，经市政府审核，纳入财政预算，并向人大报告后执行。其中：市本级预算由市国资委根据收益收缴情况编制，其国有资本收益和支出实行国库集中支付，财政根据国资部门确定的支出进度拨款并负责监管。营运公司预算由各公司编制，市国资委负责审核和监督执行。该市对出资企业资本性收益按净利润30%的比例收取。

从地方先行先试的实践看，政府层面国有资本经营预算共同的特点：一是由国资监管部门推动主导编制实施，并对国有企业进行监督指导；二是预算收支区别于公共预算，预算收入主要为国有企业利润、分红、产权转让收入等，预算支出主要用于国有企业再投资、国企改革成本支出等方面。各地所不同的主要在于预算独立性的差别：上海、深圳国有资本经营预算独立性很强，与公共预算分离，各自独立运作；北京国有资本经营预算资金比照社保基金方式管理，在财政开设国有资本经营预算专户、列收列支，但不参与平衡一般财政预算，注重保持国有资本经营预算管理的相对独立性；武汉国有资本经营预算作为财政预算的一部分，纳入国库集中支付范围，国资部门负责收益的收缴使用，财政部门负责管理。总的来看，地方的先行先试，为中央政府推动实施国有资本经营预算提供了有益经验。

第三节　试行国有资本经营预算

经过长时间的理论准备和实践探索，2007年9月，国务院印发《关于试行国有资本经营预算的意见》，要求在全国范围试行国有资本经营预算，其中，中央本级国有资本经营预算从2008年开始先行实施。2007年12月，财政部、国务院国资委联合印发《中央企业国有资本收益收取管理暂行办法》，其中明确将把国务院国资委所监管企业2007年先行纳入国有资本收益收取和中央本级国有资本经营预算编制范围。自此，国家调整了1994年以来国有企业暂免上交利润的政策，开始重新收取国有资本收益。

一、确立功能定位

《国务院关于试行国有资本经营预算的意见》对国有资本经营预算的功能定位作了规定。该文件将国有资本经营预算定义为"国家以所有者身份依法取得国有资本收益，并对所得收益进行分配而发生的各项收支预算"。其中的"所有者身份"一词，既指出了国有资本经营预算编制的权利来源，即国有资产所有权及其派生的收益索取权和支配权，又阐明了国家在编制该预算时的立场定位，即立足于"所有者身份"而不是社会管理者身份对国有资本收益进行分配。这从源头上决定了国有资本经营预算在立场角度、目标范围、管理评价等方面，独立于政府以社会管理者身份、基于国家政治权力及其派生的国民经济收入分配与再分配权编制的公共预算。

《国务院关于试行国有资本经营预算的意见》同时指出，国有资本经营预算通过对国有资本收益的合理分配及使用，要能够"增强政府的宏观调控能力，完善国有企业收入分配制度，促进国有资本的合理配置，推动国有企业的改革和发展"，"推进国有经济布局和结构的战略性调整，集中解决国有企业发展中的体制性、机制性问题"。上述两句话，既是国有资本经营预算制度建设的指导思想，也是国有资本经营预算制度应实现的政策功能和政策目标。因此，国有资本经营预算服务于壮大国有企业、国有经济的政策定位非常清楚。与此相比较，公共预算服务于公共财政，具有公共性、公平性、公益性等特点,其政策目标主要是实现政府维持行政运转、保障国家安全、保障民生需要、调节收入分配等方面,与国有资本经营预算的功能有着明显的区别。

二、明确收支范围

《国务院关于试行国有资本经营预算的意见》规定,国有资本经营预算的收入来源于国有企业上缴的国有资本收益。2007年,《中央企业国有资本收益收取管理暂行办法》进一步将国有资本收益明确为国家以所有者身份依法取得的国有资本投资收益,具体包括五大类:一是应交利润,即国有独资企业按规定应当上交国家的利润;二是国有股股利、股息,即国有控股、参股企业国有股权(股份)获得的股利、股息收入;三是国有产权转让收入,即转让国有产权、股权(股份)获得的收入;四是企业清算收入,即国有独资企业清算收入(扣除清算费用),国有控股、参股企业国有股权(股份)分享的公司清算收入(扣除清算费用);五是其他国有资本收益。五类国有资本收益的核定规则如下:一是应交利润,根据经中国注册会计师审计的企业年度合并财务报表反映的归属于母公司所有者的净利润,以及规定的上交比例计算核定。在国有资本经营预算实施初期,区分不同行业,利润上交比例分为三类:10%、5%、暂缓3年上交或者免交。二是国有股股利、股息,根据国有控股、参股企业关于利润分配的决议核定。国有控股、参股企业应当依法分配年度净利润,当年不予分配的,应当说明暂不分配的理由和依据,并出具股东会或者股东大会的决议。三是国有产权转让收入,根据企业产权转让协议和资产评估报告等资料核定。四是企业清算收入,根据清算组或者管理人提交的企业清算报告核定。五是其他国有资本收益,根据有关经济行为的财务会计资料核定。

国有资本经营预算支出主要包括三类:一是资本性支出,主要是根据国家产业发展规划、国有经济布局和结构调整规划,用于支持国有企业改制、重组、自主创新、提高企业核心竞争力等方面;二是费用性支出,主要用于弥补国有企业改革成本,解决历史遗留问题;三是其他支出,这些支出的范围依据国家宏观经济政策以及不同时期国有企业改革和发展任务,统筹安排确定,必要时可部分用于社会保障等支出。

从试行初期公开的预算安排情况看,2007—2009年,中央国有资本经营预算共收取中央企业国有资本收益1572.2亿元，主要来源于试行范围内的中央企业上交的税后利润，其中：2007年139.9亿元，2008年443.6亿元，2009年988.7亿元（包括电信企业重组专项资本收益600亿元）。2008—2009年，中央国有资本经营预算支出达1553.3亿元，经国务院批准，主要用于国有经济和产业结构调整、中央企业灾后恢复生产重建、中央企业重大技术创新、节能减排以及改革重组补助支出等[①]。

三、确定编制规则

根据《国务院关于试行国有资本经营预算的意见》和财政部2007年印发的《中央国有资本经营预算编报试行办法》等文件，国有资本经营预算编制主要有以下原则：一是相对独立，相互衔接。国有资本经营预算的功能定位、政策目标、支出安排等都与公共预算有很大区别，为了实现预算功能，国有资本经营预算编制需要既保持完整性和相对独立性，又保持与公共预算的相互衔接。二是分级管理，分级编制。我国的国有资产监管为国家统一所有、各级政府分级管理的体制，基于此，在国有资本经营预算编制上，我国各级政府也是按照分级管理和编制的模式实施，即财政部和国务院国资监管有关部门负责编制中央本级国有资本经营预算草案，并汇总编制全国国有资本经营预算草案；有关地方部门负责编制本级国有资本经营预算草案，汇总编制本地方国有资本经营预算草案。三是以收定支，不列赤字。国有资本经营预算支出按照当年预算收入规模安排，不列赤字，这在一定程度上体现国有资本依靠自身滚动循环增值的管理理念。

在编制程序上，国有资本经营预算"自上而下"布置、"自下而上"编报并统筹平衡。财政部作为预算主管部门，每年向中央预算单位（如国务院国资委）和中央企业下发编报年度中央国有资本经营预算建议草案和预算支出计划的通知；中央企业编报国有资本经营预算支出计划上报中央预算单位；中央预算单位编制国有资本经营预算建议草案上报财政部；财政部汇总编制中央国有资本经营预算草案上报国务院审批。在试行初期，2008年、2009年国有资本经营预算报经国务院批准后实施，自2010年预算开始，国有资本经营预算与

---

① 《国有资本经营预算编制情况》，财政部网站。

公共预算一并报全国人大审议,审议批准后实施。

在收入预算编制方面,国有资本经营预算的收入主要来源于上一年度实现的国有资本收益,即2009年收入主要来自国有企业实现的2008年度经营利润、产权转让收入等。由于预算提前编制,编制时需要根据国有企业经营效益情况对预算收入进行预测,根据测算的收入安排支出规模。国有资本收益实际清算超过预测数部分可以作为结转收入纳入下一年度预算安排。在支出预算编制方面,支出需要在国有企业下一年度投资计划基础上统筹安排。由于国有企业投资受行业经济周期、投资机会等因素影响,每年的投资情况都有较大差异,因此,国有资本经营预算支出按零基预算方法编制,支出安排不受基期基数影响。

四、探索相对独立的管理机制

国有资本经营预算的功能定位、收支范围等都不同于公共预算,这决定了国有资本经营预算的管理有别于公共预算。试行期间,国家对国有资本经营预算相对独立的管理机制进行了积极探索。

国有资本经营预算的收入包括国有企业的上交利润、股利股息、产权转让收入、清算收入和其他收入五类,均为国有产权经营产生的国有资本收益,在形式和性质上都区别于税收、政府收费等公共预算的主体收入。管理的差异主要有以下两点:一是相对独立的收入收取规律。国有资本经营预算试行的原则是"统筹兼顾企业自身积累、自身发展和国有经济结构调整及国民经济宏观调控的需要,适度集中国有资本收益,合理确定预算收支规模",说明预算收入的收取既要满足政策层面的支出需要,又不能背离企业自身积累发展的客观规律。二是相对独立的收入执行机制。国有资本经营预算收入"由财政部门、国有资产监管机构收取、组织上交","具体办法由财政部门会同国有资产监管机构等有关部门制订"。区别于政府一般性收入由税务征管机关、海关等行政部门征收,履行出资人职责的国有资产监管机构直接参与一次分配并组织国有资本经营预算收入,在机制上保障了国有资产出资人职能到位,也进一步推动国家与国有企业收入分配关系的改革。

对于支出管理,从经济性质上看,国有资本经营预算和公共预算都有资本性支出、费用性支出等,但两者在具体支出内容和功能上有着很大的差异。根据《关于试行国有资本经营预算的意见》，资本性支出"根据产业发展规划、国有经济布局和结构调整、国有企业发展要求，以及国家战略、安全等需要"安排，主要用于经营性国有资产的投资，注重投资的经济效益；从财政部制定的政府收支科目看，公共预算的资本性支出主要是基本建设支出，包括购建办公用房和教学科研用房、建设修缮农田和道路等基础设施等，主要用于提供行政、基础设施等公共产品和服务，这些投资基本没有经济效益，但有很好的社会效益。国有资本经营预算的费用性支出用于弥补国有企业改革成本等方面，侧重于解决国有企业的历史遗留问题；公共预算的费用性支出则包括工资福利支出、商品和服务支出、对个人和家庭的补助等，主要用于教育、医疗等公共服务的政府购买和提供社会保障等，支出对象涵盖了个人、家庭、机关事业单位、各种所有制的企业（如安排行业性财政贴息）等，体现公共财政"阳光普照"，侧重于解决民生问题。

进一步看，两种预算在支出管理上的差异还主要体现在：一是支出规模确定的原则不同。国有资本经营预算支出按照当年预算收入规模安排，不列赤字；公共预算的规模根据社会事业发展任务和经济宏观调控需要等因素确定，一般遵循收支平衡的原则，但必要时也可以推行赤字财政刺激经济。二是支出的编制方法不同。国有资本经营预算支出按零基预算方法编制，支出安排不受基期基数影响；公共预算支出可分为基本支出和项目支出，分别采取定员定额和项目库管理的方法编制，虽然也不受基期基数影响，但相关定员定额和项目支出标准一般借鉴基期基数研究确定。三是支出的执行管理不同。国有资本经营预算资金注入企业后，由财政资金转化为企业法人资产，行政权力和出资人代表都不再直接干预资金的使用；公共预算支出下达后，在使用上一般要求按照政府采购和国库集中支付有关规定管理使用财政资金。

经过3年多的探索，2010年11月，国务院常务会议指出，中央国有资本经营预算试行取得了重要的阶段性成果，决定扩大预算实施范围。2010年12月和2012年3月，中央国有资本经营预算两次扩大实施范围，将教育部、中国国际贸易促进委员会、工信部、体育总局等中央部委所属企业共953户纳入实施范围，上交利润比例为税后净利润的5%。与此同时，全国各地方也在积极探索编制国有资本经营预算。截至2011年4月，全国已有31个省、自治区、直辖市、计划单列市出台了实施国有资本经营预算的意见或办法，多数省

（区、市）已经开始编制国有资本经营预算，部分省（区、市）已延伸到地市级。2012年，国有资本经营预算实现全国汇编，当年执行全国国有资本经营收入1572.84亿元，支出1479.66亿元[①]。自此，国有资本经营预算制度经过试行，已在全国范围内正式建立起来。

第四节 新时代国有资本经营预算的发展实践

党的十八大以来，国企改革全面深化。按照党的十八届三中全会明确提出的"完善国有资本经营预算制度"的工作部署，国有资本经营预算积极适应新时代发展需要，围绕优化国有资本配置不断完善预算管理工作。

一、以管资本为主完善预算管理体系

2013年11月，党的十八届三中全会通过《中共中央关于全面深化改革若干重大问题的决定》，明确指出要"完善国有资产管理体制，以管资本为主加强国有资产监管"，并要求"国有资本投资运营要服务于国家战略目标，更多投向关系国家安全、国民经济命脉的重要行业和关键领域，重点提供公共服务、发展重要前瞻性战略性产业、保护生态环境、支持科技进步、保障国家安全"。作为服务国有企业改革发展和国家出资人直接配置国有资本的重要制度安排，国有资本经营预算制度适应以管资本为主的新要求，进行了多项改革调整。

在收入管理方面，一方面，根据中央企业经营效益增长的情况和国家深化收入分配制度改革的有关要求，稳步提高应交利润的收取比例。2014年，在2011年收取比例提高5%的基础上，中央企业国有资本收益收取比例再次上调5个百分点，分为五类执行：第一类25%，第二类20%，第三类15%，第四类10%，第五类为政策性企业，免交当年应交利润。对于符合小型微型企业规定标准的国有独资企业，应交利润不足10万元的，比照第五类政策性企业，免交当年应交利润。另一方面，以股权多元化中央企业为突破口，调整过去行政

[①] 《关于2012年中央和地方预算执行情况与2013年中央和地方预算草案的报告》，财政部网站。

化管理方式，依法履行股东权利，以更为法制化、市场化的方式，通过股东会审议决定国有企业利润分配方案。在利润分配方案上，股权多元化企业可以根据企业所处的发展阶段、经营效益等实际情况，按照处理好企业自身积累、发展和上交收益的关系的原则，实施灵活的分配政策。2016年7月，修订后的《中央企业国有资本收益收取管理办法》发布，其中对国有控股、参股公司以及事业单位所属国有控股、参股企业的国有股股利、股息分配都作了更为具体的规定。2017年中央国有资本经营预算收取的股利、股息达到100.59亿元[①]，约占年度预算收入的1/10，逐渐改变预算收入过于依赖国有独资公司上交利润的局面。

在支出管理方面，重点实施了以下改革：一是完善注资管理方式。2015年以来，国有资本经营预算资本性支出管理逐渐摆脱了对公共预算项目管理模式的路径依赖，从对应注资项目转向资本金注入，强调资本性支出是出资人注入的资本金，赋予企业对于资本金更大的支配自主权。二是进一步明确了预算支出投向。2016年1月，《中央国有资本经营预算管理暂行办法》发布，其中明确预算支出应当服务于国家战略目标，除调入一般公共预算和补充全国社会保障基金外，主要用于解决国有企业历史遗留问题及相关改革成本支出；关系国家安全、国民经济命脉的重要行业和关键领域国家资本注入，包括重点提供公共服务、发展重要前瞻性战略性产业、保护生态环境、支持科技进步、保障国家安全，保持国家对金融业控制力，推进国有经济布局和结构战略性调整，解决国有企业发展中的体制性、机制性问题。三是适应国有资本授权经营体制改革需要，扩展支出对象。2017年3月，《中央国有资本经营预算支出管理暂行办法》发布，明确把国有资本投资、运营公司增列为支出对象，并明确预算可向产业投资基金注资，进一步发挥国有资本的引导带动作用。四是开展中长期预算编制。按照国家宏观政策，编制中期国有资本经营预算收支规划，提前制定对重点行业、重点产业和重点企业的注资规划，集中资金给予持续支持，避免"撒芝麻盐"。

---

① 为年度收入决算数据。

二、完善国有资本收益分享机制

国有资本经营预算制度建立以来,按照功能定位主要将国有资本收益安排用于国有企业改革发展,同时,也通过安排适当规模的预算资金用于回报社会。特别是党的十八大以来,通过一系列的制度安排和改革举措,国有资本收益分享机制不断完善,国有资本收益支持社会民生事业发展的力度不断增强。

(一)国有资本经营预算资金直接调入公共财政的比例金额逐年增加

按照建立健全有机衔接的政府预算体系的工作要求,2010年,中央国有资本经营预算首次将10亿元调入公共预算,2011年增加到40亿元,此后逐年增加,将更多国有资本收益用于民生。2013年11月,党的十八届三中全会通过《中共中央关于全面深化改革若干重大问题的决定》,指出"提高国有资本收益上缴公共财政比例,2020年提到30%,更多用于保障和改善民生"。为落实党中央决定,国务院国资委迅速提出了逐年加大国有资本收益上缴公共财政的具体方案,具体为:2014年,一次性将中央企业国有资本收益上缴公共财政比例提高到13%,以后年度每年再提高3个百分点,以实现2020年达到30%的目标。按照上述方案,2018年中央国有资本经营预算划转公共财政的比例已提高到25%,为保障和改善民生提供了有力支撑。

(二)国有资本经营预算在预算内安排了大量资金用于解决国有企业历史遗留问题

我国国有企业多数从计划经济体制发展而来,企业不仅是一个经济实体,不同程度上也是一个社会实体:国有企业在从事生产的同时,吸纳了大量的人口就业,并为这些职工及其家属提供生活保障,承担了大量本应由政府承担的公共职能,为国有企业经营发展带来了沉重负担。为解决这一问题,各级国资委和国有企业下大力气解决历史遗留问题,分离办社会职能,保障和改善居民生活。国有资本经营预算对此给予大力支持:一是从2012年开始,支持国有企业"三供一业"(供水、供电、供热/供气和物业管理)分离移交。中央国有资本经营预算通过直接拨付和转移地方等方式,支持中央企业及中央下放企业"三供一业"分离移交工作,地方上也因地制宜开展了相关工作。二是支持困难企业棚户区改造配套设施建设。从2015年开始,中央国有资本经营预算对承担棚户区改造配套设施建设任务的"三类地区"(独立工矿区、资源枯竭型城市和三线地区)中央企业或者亏损中央企业,按照2万元/户的标准予以补助,共支出约50亿元。三是支持厂办大集体改革。积极发挥国有资本经营预算和公共预算的协同作用,对部分特别困难的国有企业厂办大集体改革予以适当必要支持。在相关工作推进过程中,考虑到地方国有资本经营预算收入规模难以覆盖本地支出需求,还采取了中央对地方国有资本经营预算转移支付的阶段性做法,2015—2017年共转移支付约600亿元,用于地方厂办大集体改革和中央下放企业的"三供一业"分离移交等工作,有力推动了中央地方民生工作同步改善。

(三) 通过国有资本经营预算安排专项支出和划转国有股权充实社保基金

根据国家预算,中央国有资本经营预算自2010年起就直接安排专项支出用于补充全国社会保障基金,2010—2017年共安排资金306.37亿元。对于国有股权划转充实社保基金工作,党的十九大以后政策做了进一步调整完善。早在2001年6月,国务院就印发《减持国有股筹集社会保障资金管理暂行办法》,探索通过减持国有股筹集社保资金,但由于资本市场条件不够成熟,该办法发布不久就暂停实施。2009年6月,在完成国有企业股权分置改革后,经国务院同意印发《境内证券市场转持部分国有股充实全国社会保障基金实施办法》,明确要求在境内证券市场实施国有股转持,即凡在境内证券市场首次公开发行股票并上市的含国有股的股份公司,除国务院另有规定的,均须按首次公开发行时股份数量的10%,将股份公司部分国有股转由全国社保基金理事会持有,全国社保基金理事会对转持股份承继原国有股股东的禁售期义务。2017年11月,国务院印发《划转部分国有资本充实社保基金实施方案》,对国有股转持政策进行了调整:将划转转持IPO国有上市公司股权的10%,调整为划转中央和地方国有及国有控股大中型企业、金融机构国有股权的10%充实社保基金;同时,明确社保基金会等承接主体持有的股权分红和运作收益,专项用于弥补企业职工基本养老保险基金缺口,不纳入国有资本经营预算管理,进一步加大划转国有股权支持社保事业的力度。截至2018年底,国有股减转持资金和股份已达到2843.07亿元[1],对国家社保事业发展给予了有力支撑。

---

[1] 《全国社会保障基金理事会社保基金年度报告(2018年度)》,全国社会保障基金理事会网站。

表 7-1　2013—2017 年国有资本收益支持社会民生事业概况　　　单位：亿元

项目	2013 年	2014 年	2015 年	2016 年	2017 年
全国国有资本经营预算资金调入公共财政金额	77.56	222.81	230	551.39	613.66
全国国有资本经营预算改革成本支出及困难职工补助支出金额	27.25	20.92	466.99	684.91	800.16
全国国有资本经营预算补充社保基金支出金额	19.29	21.58	26.21	59.61	34.86
转减持国有股权补充全国社会保障基金金额	78.97	82.83	179.06	185	79.59

数据来源：财政部公开财政数据和全国社会保障基金理事会基金年度报告。

三、积极推动供给侧结构性改革

2015 年 11 月，党中央、国务院作出推动供给侧结构性改革的重大决策部署。2017 年 10 月，党的十九大报告进一步指出，建设现代化经济体系，必须把发展经济的着力点放在实体经济上，把提高供给体系质量作为主攻方向，显著增强我国经济质量优势。按照这一要求，国有资本经营预算不断调整支出重点和方向，支持和引导国有企业推进供给侧结构性改革，积极建设现代化经济体系。

一方面，安排大量改革成本支出，支持国有企业淘汰低效无效落后产能，解决长期积累的遗留问题。2015 年以来，按照党中央、国务院工作部署，国家积极推动钢铁、煤炭化解过剩产能工作，重点抓住处置"僵尸企业"主要矛盾，实施去产能、调结构、促转型，国有资本经营预算从多个方面给予了积极支持：一是直接划转支出保障国家工业企业结构调整奖补资金，专项用于全国钢铁、煤炭去产能工作。二是对于处置"僵尸企业"和特困企业专项治理，设立专门资金支持企业退出整顿。截至 2017 年底，全国国有资本经营预算已安排化解过剩产能、"处僵治困"等资金近千亿元，通过兼并重组改造、强化管理提升、清理淘汰退出等多种方式，共处置"僵尸企业"数千家，积极稳妥安置职工数十万人，切实维护了企业和社会稳定。

另一方面，集中资金用于自主创新与转型升级，弥补"短板"，培育产业新动能，优化产业布局结构。一是落实国家创新驱动战略，推动重大技术创新和成果产业化，如支持核电技术国产化应用等。二是发展前瞻性战略性产业，结合国有企业功能定位和产业基础，积极支持国有企业发展高端装备制造、集成电路等战略性新兴产业。三是针对国有企业仍然存在的战线过长、分布较散等问题，继续安排支出用于调整优化国有经济布局结构，如：支持国有企业同质业务资源整合，提高资源配置效率；支持国有企业实施国际产能合作，落实"一带一路"倡议等。

四、着力提高国有资本收益绩效管理

2012年11月，国务院国资委印发《关于开展2008—2011年中央国有资本经营预算支出项目绩效评价工作的通知》，明确开始试行国有资本经营预算支出项目绩效评价制度。随后，陆续印发了一些相关文件，明确国有资本经营预算支出项目绩效管理评价的范围、内容、程序、方法和指标等内容。2016年1月，印发《中央国有资本经营预算管理暂行办法》，将国有资本经营预算绩效管理正式写入制度文件。

按照相关规定，在中央国有资本经营预算编制时，各级预算单位都需要编制预算支出绩效目标，包括预算年度绩效目标和预算项目实施期绩效目标。绩效目标包括产出指标、效益指标、满意度指标共三类一级指标，其中：产出指标需要设置数量、质量、时效、成本等二级指标；效益指标需要设置经济效益、社会效益、生态效益、可持续影响等二级指标；满意度指标主要根据服务对象的满意度确定。在预算执行时，各级预算单位都需要对绩效运行情况进行监控，推动绩效目标如期保质保量实现。在决算阶段，各单位应当对照绩效管理目标，对预算执行情况以及项目实施效果等开展绩效自评，上级预算单位必要时可引入第三方机构参与绩效评价。

目前，国有资本经营预算绩效管理还处于逐步完善阶段。党的十九大报告指出，要"建立全面规范透明、标准科学、约束有力的预算制度，全面实施绩效管理"。2018年9月，《中共中央 国务院关于全面实施预算绩效管理的意见》印发，进一步要求构建全方位预算绩效管理格局，建立全过程预算绩效管理链条，完善全覆盖预算绩效管理体系，健全预算绩效管理制度，硬化预算绩效管理约束。按照这一要求，国有资本经营预算正在进一步探索完善绩效管理工作。

启示与前瞻

国家与国有企业分配关系的改革实践告诉我们，政企分开、政资分开是理顺政企分配关系的基础，税利分流是市场经济环境下政企分配关系的合理模式，专门机构独立行使出资人职责有助于按照产权关系落实国有资本收益权，而建立国有资本经营预算制度、将国有资本收益纳入国家预算管理不仅意味着政企分配关系得到了比较彻底的规范，而且为国家开展国有资本运营、调整优化国有经济布局、进一步巩固和发展我国基本经济制度提供了重要政策工具，能够有力推动国家治理体系现代化。国有资本经营预算制度实施以来，树立了现代国有企业向国家分红的意识和理念，完善了国有企业收入分配制度，对推进国有经济布局和结构的战略性调整，集中解决国有企业发展中的体制性、机制性问题发挥了重要作用。但是，国有资本经营预算未来发展仍需要进一步完善编制和管理工作。一方面，国企改革任务依然繁重，企业办社会职能设施剥离、供给侧结构性改革涉及全国各地多个产业领域，需要支付的改革成本金额巨大；另一方面，站在新一轮科技革命的历史节点，我国实施产业转型升级，培育产业新动能的任务十分艰巨，需要大量资本金投入。面对新时代的形势与任务，一方面要进一步健全覆盖全部国企的国有资本经营预算制度，不断扩大国有资本经营预算实施范围，全面落实国有资本出资人的收益权；另一方面要牢牢把握国有资本经营预算功能定位，保持国有资本经营预算在政府预算体系中的相对独立性，将有限的预算资金更多投入国企改革发展。在以习近平同志为核心的党中央坚强领导下，可以预见，国有资本经营预算的规模将随着国有经济的壮大和国有企业的发展而不断扩大，国有资本经营预算的安排将贯彻新发展理念不断优化，国有资本经营预算制度必然能够在我国新时代中国特色社会主义的伟大实践中发挥更大作用。

第八章　国有资本布局结构调整优化

国有资本布局结构具有明显的时代特征，不断适应和呈现着不同时期国有经济的历史使命与功能作用。党的十一届三中全会开启了改革开放和社会主义现代化建设的新时期，随着改革的深化，从传统体制的"一大二公"到多种经济形式并存，以公有制为主体、多种所有制经济共同发展的基本经济制度逐步确立，国有资本在不同时期的布局结构也相应进行了调整优化。党的十八大以来，国有企业改革发展坚持"两个毫不动摇"的原则，坚持有利于国有资产保值增值、有利于提高国有经济竞争力、有利于放大国有资本功能的方针，持续推动国有资本向关系国家安全、国民经济命脉和国计民生的重要行业和关键领域、重点基础设施集中，向前瞻性战略性产业集中，向具有核心竞争力的优势企业集中；坚持质量第一、效益优先，以供给侧结构性改革为主线，推动国有经济布局优化、结构调整、战略性重组，推动国有资本做强做优做大。国有经济活力、控制力、影响力、抗风险能力和国际竞争力不断增强，国有经济与其他非公有制经济融合发展更加深入，国有企业作为中国特色社会主义的重要物质基础和政治基础日益夯实。

第一节　2012年以前国有资本布局结构调整优化的重要措施

在从计划经济体制走向市场经济体制的转轨过程中，随着多种经济形式的发展、国企改革的深入，国有资本布局开始产生较大的变化。特别是20世纪90年代中后期至21世纪初的一段时期，"抓大放小"方针的落实，成为国有资本布局调整优化的一条主线。"抓大"主要体现在发展大集团、大公司，推动若干重大行业重组；"放小"主要是放开搞活国有中小企业，尤其是国有中小企业改制退出。

一、"抓大放小"思路的形成

党的十一届三中全会后，在推进扩大企业经营自主权、利改税、实行承包经营责任制等一系列改革后，进入20世纪90年代，国有企业的生产积极性、经营活力有所增强，但在发展速度、盈利能力、资金利用效率、市场开拓能力等方面仍处劣势，再加上历史包袱重、冗员过多、缺乏灵活的体制机制等原因，国有企业亏损严重，经营效益持续下滑。1992年，国有企业亏损面高达1/3；1994—1998年，全国国有及国有控股工业企业利润总额由1356亿元持续下滑至214亿元，降幅达84.2%；地方国有企业利润总额由583亿元持续下滑至－435亿元，增亏1018亿元。相当一批国有企业生产经营困难，甚至出现停产、半停产情况。

其中，国有中小型企业情况尤为严峻。到1994年，全国国有中小企业整体亏损的情况已经出现，当年亏损2.8亿元，尽管额度不太大，但接下来整体亏损的局面非但没有改善，反而愈演愈烈。1996年，全国国有中小企业亏损158亿元，是1994年的70倍；1997年，亏损达204亿元，较上年增亏46亿元，增幅为30%左右。国有中小企业以合计不足35%的总资产占比，却形成了超过60%的亏损总额。全国各地大量国有中小企业停工停产，生产难以为继，大批工人下岗失业，导致社会不稳定因素增加。从表8-1中，可见当时国有中小企业的严峻形势。

表8-1 1996年和1997年全国独立核算的国有工业企业经营情况

年份	企业类型	企业单位数（个）	亏损企业（个）	资产总计（亿元）	负债总计（亿元）	利润总额（亿元）
1996年	大型企业	4946	1590	34223.44	20936.65	571.10
	中型企业	10817	4295	10013.81	7249.57	－77.54
	小型企业	71219	23311	8519.77	6173.77	－80.92
1997年	大型企业	4800	1669	39760.09	24486.52	631.88
	中型企业	10123	4373	10248.66	7468.98	－103.28
	小型企业	59465	22391	9098.86	6683.07	－100.77

数据来源：中国国家统计局。

当时，大部分国有中小企业都背负着极为沉重的债务负担，很多企业每年的利息支出就超过当年利润，发展实在无从谈起。从地方情况看，1999年，武汉市市属国有企业账面资产负债率为88.82%，区属国有企业资产负债率高达104.8%，全市国有企业整体接近资不抵债的边缘。2000年初，长沙市财政局的统计报表显示：长沙市本级国有工业企业资产总额约99亿元，负债总额约97亿元，资产负债率接近100%，3/4的企业停产、半停产。湖北省宜昌市直属的28家工业企业总资产99亿元，负债超过100亿元，整体资不抵债，其中9户企业资产负债率达到200%以上。2000年，山西左权县全县除自来水厂、电业局、邮政局三个单位还能正常经营以外，其余企业基本都是亏损企业，大批企业处于停产、半停产的边缘，大量企业职工闲置在家。

国有中小企业出现大面积亏损和经营困难，从企业自身看，主要是经营机制不灵活、负债率过高、富余人员较多、社会负担沉重等原因。这也体现了企业无法适应外部环境的重大变化。一是在新的市场竞争中不具优势。大批乡镇企业凭着适应市场的灵活机制，在刚刚兴起的市场上如鱼得水。同时，越来越多的外资企业进入中国，它们有着丰富的市场运作经验、科学的管理手段、强大的技术创新能力和资金实力，二者结合，使国有企业在市场竞争中面临巨大压力。其中，国有大型企业依靠规模大、实力强的优势，尚能与民企、外企在激烈的竞争中相抗衡，而在规模、技术、资金、市场、内部机制等多方面都不具优势的国有中小企业则是首当其冲。二是政企关系发生了深刻的变化。在传统体制下，政府凭借掌握的几乎所有资源，对国有企业给予从资金到人才再到技术、产品、市场等全方位支持。而随着城市经济体制改革的启动，从生产资料价格放开，到财税、金融体制改革，政府的权力通过改革逐渐还给了市场，已不可能继续对国有中小企业"输血"。三是市场环境发生了根本性的变化。改革开放后，随着我国经济快速发展、物资日益丰富，供求关系发生了变化，"短缺经济"时代已经过去，由卖方市场转变成买方市场。急剧变化的市场需求，使很多国有企业特别是直接面对消费品市场的国有中小企业一时难以适应。

国有中小企业是国民经济的微小细胞，分布广、数量多，吸纳就业岗位多。据统计，1997年全国独立核算的国有工业企业年平均职工人数为3870万人左右，其中国有中小企业为1907万人，占比近50%。国有中小企业陷入困境，给职工就业和社会保障等带来了较大的影响。

国有中小企业的严峻形势迫使人们逐渐认识到，在确立了建立社会主义市场经济的目标之后，按照市场法则构建国有经济运营体系，已成为搞好国有经济的方向，救活原有的每户国有企业已不现实，必须要从整体上对国有经济布局结构进行战略性调整，确定新的改革思路。

1993年11月，党的十四届三中全会通过的《中共中央关于建立社会主义市场经济体制若干问题的决定》指出，"公有制的主体地位主要体现在国家和集体所有的资产在社会总资产中占优势，国有经济控制国民经济命脉及其对经济发展的主导作用等方面"，要"发展一批以公有制为主体，以产权联结为主要纽带的跨地区、跨行业的大型企业集团，发挥其在促进结构调整，提高规模效益，加快新技术、新产品开发，增强国际竞争能力等方面的重要作用"。这里面传达了两层含义：第一是指出了公有制占主导地位并不意味着越大越公越好，关键是要控制国民经济命脉，并对国民经济的发展起主导作用；第二是国有经济要通过组建大型企业集团，发挥积极作用。这从理论和实践上提出了国有经济布局和结构调整的方向，即要在布局的广度上加以必要的收缩，还要在存在方式上进行优化。

1995年9月，党的十四届五中全会通过的《中共中央关于制定国民经济和社会发展"九五"计划和2010年远景目标的建议》明确指出："要着眼于搞好整个国有经济，通过存量资产的流动和重组，对国有企业实施战略性改组。这种改组要以市场和产业政策为导向，搞好大的，放活小的，把优化国有资产分布结构、企业组织结构同优化投资结构有机地结合起来，择优扶强，优胜劣汰，形成兼并破产、减员增效机制，防止国有资产流失。重点抓好一批大型企业和企业集团，以资本为纽带，连结和带动一批企业的改组和发展，形成规模经济，充分发挥它们在国民经济中的骨干作用。区别不同情况，采取改组、联合、兼并、股份合作制、租赁、承包经营和出售等形式，加快国有小企业改革改组步伐。"

1996年6月，国家体改委印发《关于加快国有小企业改革的若干意见》，明确"进一步放开放活国有小企业是深化国有企业改革的重要内容，是实施国有企业战略性改组的重要措施"。

1997年9月，党的十五大报告指出，"国有经济起主导作用，主要体现在控制力上。要从战略上调整国有经济布局。对关系国民经济命脉的重要行业和关键领域，国有经济必须占支配地位。在其他领域，可以通过资产重组和结构调整，以加强重点，提高国有资产的整体质量。只要坚持公有制为主体，国家控制国民经济命脉，国有经济的控制力和竞争力得到增强，在这个前提下，国有经济比重减少一些，不会影响我国的社会主义性质"，提出"要着眼于搞好整个国有经济，抓好大的，放活小的，对国有企业实施战略性改组"。

1999年9月，党的十五届四中全会审议通过《中共中央关于国有企业改革和发展若干重大问题的决定》，再次强调，从战略上调整国有经济布局和改组国有企业。着眼于搞好整个国有经济，推进国有资产合理流动和重组，调整国有经济布局和结构。坚持"抓大放小"。要着力培育实力雄厚、竞争力强的大型企业和企业集团，有的可以成为跨地区、跨行业、跨所有制和跨国经营的大企业集团。要发挥这些企业在资本营运、技术创新、市场开拓等方面的优势，使之成为国民经济的支柱和参与国际竞争的主要力量。发展企业集团，要遵循客观经济规律，以企业为主体，以资本为纽带，通过市场来形成，不能靠行政手段勉强撮合，不能盲目求大求全。放开搞活国有中小企业。要在突出主业、增强竞争优势上下功夫。要积极扶持中小企业特别是科技型企业，使它们向"专、精、特、新"的方向发展，同大企业建立密切的协作关系，提高生产的社会化水平。要从实际出发，继续采取改组、联合、兼并、租赁、承包经营和股份合作制、出售等多种形式，放开搞活国有小企业，不搞一个模式。对这几年大量涌现的股份合作制企业，要支持和引导，不断总结经验，使之逐步完善。出售要严格按照国家有关规定进行。无论采取哪种放开搞活的形式，都必须听取职工意见，规范操作，注重实效。在国有企业战略性改组过程中，要充分发挥市场机制作用，综合运用经济、法律和必要的行政手段。在涉及产权变动的企业并购中要规范资产评估，防止国有资产流失，防止逃废银行债务及国家税款，妥善安置职工，保护职工合法权益。

二、放开搞活国有中小企业

20世纪90年代初期，随着市场化进程的加快推进，出现了国有、民营和外资等多种经济形式并存和相互竞争的局面。在转轨过程中，多数国有中小型企业在竞争激烈的市场经济中步履维艰。相比于规模大、实力强的国有大中型企业和体制机制灵活、具有管理优势的民营企业和外资企业，国有中小型企业在规模、技术、资金、市场、企业内部机制等各方面均不具优势，受到较为强烈的冲击。由于其产品研发能力弱、产品档次低、成本高，加上市场狭窄，众多的国有中小型企业经营困难。

为解决企业面临的困境，1995年9月，国家体改委印发《关于积极推进国有小型企业改革的意见》，指出：要着眼于从整体上搞活国有经济，搞活国有资本，放活国有企业；强调以经济效益优先，选择多种改革形式，包括组建或加入企业集团、股份合作制、有限责任公司或股份有限公司、租赁、委托经营、出售等。1996年6月，国家体改委印发《关于加快国有小企业改革的若干意见》，明确：放开搞活国有小型企业是深化国有企业改革、实施国有企业战略性改组的重要措施；国有小型企业改革，要着眼于搞活整个国有经济、同经济结构调整相结合，从盘活存量资产入手，推动国有资产重组。国有小型企业改革形式可因企施策，大胆实践。同年7月，国家经贸委印发《关于放开搞活国有小型企业的意见》，明确：放开搞活国有小型企业的权利和责任主要放在地方政府，方向是"实行政企分开、创造条件，使企业自主走向市场；转换经营机制，使企业成为自我经营、自负盈亏、自我发展、自我约束的法人实体"。国家对改革方向的明确，消除了各地的担忧，加上国家经贸委进一步明确国有中小企业改革的责任，各地国企改革热情得到极大的激发。

针对一些地方把出售国有小型企业作为改革的主要形式甚至唯一形式，采取"一卖了之"的做法，导致国有资产流失、银行债务和拖欠税款悬空、职工合法权益受到侵害等问题，1998年7月，国家经贸委印发《关于制止出售国有小企业成风有关问题的通知》；1999年2月，国家经贸委、财政部、人民银行联合印发《关于出售国有小型企业中若干问题意见的通知》，要求坚持从实际出发，因地制宜，因企制宜，采取多种有效形式放开搞活国有小型企业，坚决制止出售企业之风，特别要制止名卖实送、半卖半送、逃废银行债务和拖欠税款以及规避安置职工的错误做法，推动各地放开搞活国有中小企业走向规范。

中小型国有企业大都分布在全国各地，各地政府因地制宜，按照放开搞活的整体部署，对推进改革的方式方法进行了有益探索和尝试：一是股份制改革。对于有条件的企业，可以通过吸收其他投资（包括外商投资）或出售部分存量资产，以及债权转股权等方式，将其改组为股份有限公司或有限责任公司，实施投资主体多元化改造，以存量盘活、增量注入的方式实施国有资本的退出。参与的投资者可以参股，也可以控股。二是股份合作制。将企业净资产全部转让给职工，或者通过其他合适的方式将国有中小企业改组为股份合作制企业。也可根据企业的具体情况和条件，采取先租后售等过渡形式，逐步将国有中小企业改组为股份合作制企业。三是兼并和联合。鼓励有条件的优势企业或大企业实行跨地区、跨行业、跨所有制兼并中小企业和困难企业，通过引入外部资金、技术、人才带动中小企业发展。同时，鼓励企业间进行联合或合并，以实现优势互补、规模经营。四是出售拍卖。将拟出售的中小国有企业，以企业资产评估价为基准并经有关部门批准后，在市场上实行公开竞价或协议定价，综合考虑职工就业和新增投资等因素，向法人、自然人出售拍卖。改革初期的国有中小企业出售大多以行政主导，1998年以后公开拍卖才逐渐成为重要的出售方式。五是租赁、承包经营。将企业全部或部分资产出租或承包给法人、自然人，按照协议将资产经营权赋予租赁、承包人。六是托管经营。将领导班子不得力、管理水平低、经济效益差的中小企业委托给经济实力较强、经营管理水平较高的企业或机构经营。实行托管需通过契约的方式明确托管方与被托管方的责、权、利关系。七是剥离分立。对整体难以盘活、局部有望搞活的企业，在明晰产权、合理承担债务的前提下，实行分立、分块搞活。八是土地置换，易地改造。对具有地理位置优势，但产品落后、经营困难的中小企业通过出让土地使用权，实行搬迁改造，易地重组。有些适合发展第三产业的，可充分利用企业的土地资源优势。九是引资嫁接，合资经营。鼓励中小企业广开渠道引进资金、人才、技术、设备，进行多种形式的嫁接，合资比例不限。十是破产重组。对少数长期经营亏损、包袱沉重、资不抵债、扭亏无望或处于关闭状态的企业，依法实施破产重组。

1996—2005年，全国各省（区、市）几乎都先后出台了针对国有企业及中小企业改革的思路、意见、办法和措施。一些地方在放开搞活中小企业方面形成了鲜活的经验。河北省试点先行，全面推进。1996年5月召开的河北省放开放活国有小型企业工作会议，对国有小型企业改革发展进行全面部署。确定16个"放小"改革试点先行县，并深入各地市调研推动，总结典型做法。在此基础上，于1996年7月制定并印发《河北省人民政府关于进一步放开放活国有小型企业若干问题的通知》，明确国有小型企业改革和发展的指导思想、目标任务、放活形式、配套措施、有关政策和组织引导等内容，全面深化改革。截至1997年底,河北省10780户国有小型企业通过各种方式放开经营,河北省国有小型工业企业资产负债率由上年的77.11%降至72.75%,实现利润4.25亿元,同比增加103.76%。山东省及时总结改革需遵循的方针原则,在调查研究基础上,总结出了"三放两不放"方针、四个应遵循的原则和衡量成败的五条标准。"三放两不放"即:放开生产经营、放开改制形式、下放领导干部管理权限;不放松对国有资产的监管,不放松对企业依法经营、照章纳税的监督管理。四个原则即:坚持正确的改革方向;坚持从实际出发,因地制宜、因企制宜;坚持公有制主体地位,确保国有、集体资产保值增值;坚持稳妥推进、配套进行。五条标准即:一是看国有资产是否增值;二是看企业机制是否转换,广大职工的积极性和创造性是否有所提升;三是看企业结构调整、技术改造和内部管理情况;四是看生产经营效益是否提升;五是看企业对国家的贡献和职工收入是否提高。在地方中小企业改革实践中,山东"诸城模式"产生了较大影响。山东诸城自1992年起从产权制度改革入手,以明晰产权关系为重点,采取股份制、股份合作制、兼并重组等七种形式,对县域企业进行全面改革。在改革过程中,坚持问题导向、分类指导,对具备一定规模的企业,改组为规范的公司,完善出资人制度和母子公司体制。通过企业改制,促使大多数企业由死变活、由亏变盈,改变了企业面貌。福建省聚焦重点难点,推动改革不断深化。重点关注职工安置这一难点问题,要求多渠道多形式解决国有小型企业产权变动涉及的离退休职工费用和富余人员安置费用,规定出售或出租国有产权所得收入以及企业破产后土地使用权转让所得收入,首先用于职工安置和离退休职工的社会保障。允许企业改制、兼并时,拿出部分资产,以不同方式用于解决离退休职工社会保障,原企业欠交的各项社会保障金也可以从企业资产中一次性扣除。制定优惠政策措施,鼓励企业开办劳服企业或第三产业分流人员,支持失业职工和富余职工自谋职业。山西省加强调查研究,明确工作推进思路。一是坚持公平、公开、公正和自愿的产权交易原则,逐步实现国有资产的有序退出;二是维护职工合法权益不受侵犯;三是实事求是、因企制宜、一厂一策;四是分级指导,省级政府对中小企业主要进行宏观指导和重点示范引导,市(地)及以下政府结合本地实际制定具体实施方案。湖南省各地市政府积极创造条件,探索解决重点难点问题。长沙市结合企业实际,分类推进改革,按照"因企制宜、一企一策"的原则,通过了"四个一批"改革企业产权制度,即对资产质量较好、产品有市场的企业,重点实行股份制改造,引导职工、其他法人或国有资本投资组建新的有限责任公司或股份有限公司;对资不抵债、扭亏无望、不能偿还到期债务的企业实施计划内破产或依法破产;对资产债务基本平衡的企业,在安置好职工的前提下,由外来战略投资者承担债务,实行承债式兼并;对停产半停产、生存无望又暂不具备破产条件的企业实行救助安置。岳阳市认真分析国有中小企业的优势和存在的主要问题,从产权体制上突破,从资本营运上着力,从转换经营机制入手,充分发挥资产重组的作用,搞活国有中小企业。岳阳市的中小企业1998年在湖南省率先扭亏为盈,1999年实现利润2600多万元,起到了良好的典型示范作用。临湘市成立覆盖各类中小企业的社保理事会,统一管理退休职工及养老待业保险基金,建立资产经营公司统一经营国有资产。

放开搞活国有中小企业对国民经济发展起到了积极促进作用。一是资源配置更加合理。据统计,全国各类型国有中小企业的数量从1995年的31.8万家降至2006年的11.6万家,减少了2/3左右,其中地方国有中小企业总体改制面达到80%以上。大量国有中小企业从不具备竞争优势的领域退出,让位于更具活力的市场经济主体。有限的资源开始集中到适合由国有控股或经营的重要行业和关键领域,促进了国有资源有效合理配置。国有经济的规模优势得到集中体现,企业竞争力得到增强。二是经济效益明显改善。经过对原本处于亏损状态的中小企业实施兼并重组、拍卖出售、破产关闭等一系列措施,国有企业亏损面逐年缩小,亏损额也逐年下降。1998—2004年,全国国有亏损企业数量从26289家下降到11112家,降幅达58%;亏损企业亏损额从1150.7亿元下降至669.48亿元,降幅达41.8%。

三、三年改革脱困攻坚

党的十四大后,我国加快了社会主义市场经济体制的建设步伐,但因传统计划经济体制机制的惯性,加上1997年爆发的亚洲金融危机的影响,不少国有企业经营上陷入困境。截至1997年,从企业看,全国16874户国有大中型工业企业有6599户亏损,亏损面达39.1%,比1994年增加了10个百分点。这些企业的平均资产负债率达到79.9%,涉及职工1008.9万人,占全部国有大中型工业企业总人数的31.8%。从地区看,全国31个省(区、市)的国有大中型工业企业，有12个省（区、市）净亏损。从行业看，14个重点监测的行业中纺织、有色、煤炭（虚盈实亏）、军工、建材5个全行业亏损。1998年，整个国有及国有控股工业企业亏损面继续扩大、亏损额继续增加，利润同比减少642.8亿元，降幅达75%，成为历史上国有企业亏损最严重的年份。

国有经济运行的持续低迷、国有企业效益的连年下滑，引发了一系列严重问题。一是许多企业大面积停产、半停产；二是许多企业无法按时还贷付息，被强行封厂封账，无法继续经营；三是由于经济效益差、资金紧张，许多企业工资奖金无法按时足额发放，导致职工生活困难，社会不稳定风险加大。

面对严峻形势，党中央、国务院高度重视通过深化改革推动国有企业摆脱困境。党的十五大强调，"深化国有企业改革，是全党重要而艰巨的任务。要坚定信心，勇于探索，大胆实践，力争到本世纪末大多数国有大中型骨干企业初步建立现代企业制度，经营状况明显改善，开创国有企业改革和发展的新局面"。党的十五届一中全会进一步明确，"用三年左右时间，通过改革、改组、改造和加强管理，使大多数国有大中型亏损企业摆脱困境"。

以纺织行业为突破口，打响了改革脱困第一仗。纺织工业是我国传统产业部门，在国民经济中发挥过重要作用，在20世纪90年代中期，总产值占比达到全国工业的1/8，职工占比达到1/7，出口占比达到1/4。然而，从1993年开始，纺织行业逐渐成为全国困难最大、亏损最严重的行业之一。1996年，全行业亏损额达106亿元，亏损面42%；国有大中型纺织企业亏损户、亏损额、职工人数分别占到全国大中型亏损企业的18%、19%、20%；涉及职工180万人。

1997年12月召开的中央经济工作会议，明确提出以纺织工业为改革脱困突破口的具体任务，即：压缩淘汰1000万锭落后棉纺锭，分流安置120万名职工，国有纺织行业整体实现扭亏为盈。

1998年，纺织行业开始了以"压锭、减员、调整、增效"为主要内容的结构大调整。上海率先敲响了全国"纺织压锭第一锤"，首批12万锭落后纱锭实现压锭销毁，拉开了纺织行业脱困攻坚的序幕。1998年，全国共淘汰512万锭落后棉纺锭，分流安置下岗职工66万人，超额完成了任务，棉纺企业市场扩展、装备升级、冗员减少、负担减轻。当年，国有纺织盈利企业实现利润增长28%，亏损企业亏损额下降20%。截至1999年底，全国累计压缩落后锭

906万锭，分流安置职工116万人，全行业实现利润9.5亿元，提前一年完成全行业脱困目标。2000年，全行业实现利润290.1亿元，创历史最好水平。国有纺织企业实现扭亏为盈，盈利67亿元，打了一个漂亮的翻身仗。

按照党中央、国务院决策部署，从1998年开始，开始实施为期三年的改革脱困攻坚，重点通过兼并破产、债转股、技改贴息"三大杀手锏"等有力举措，推动了国有资本布局结构调整优化，推动国有大中型企业改革脱困。

（一）兼并破产

将长期亏损、资不抵债、扭亏无望的企业通过破产退出市场，是消灭亏损最彻底的办法。这个在市场经济国家习以为常的事情，在当时的中国实施起来却十分困难，尤其是国有企业的破产。早在1986年12月，我国第一部企业破产法就已经公布实施，但到1994年以前的8年时间里，却鲜有国有企业破产。

国有企业破产主要有以下四方面障碍。一是观念陈旧。长期以来，国有企业不可能、也不会破产的观念根深蒂固，严重阻碍了国有企业破产的开展。二是产权不清。国有企业产权关系不够清晰、明确，影响、制约破产有效推进。三是债权人缺乏主动性。银行是许多国有企业的最大债权人。国有企业一旦宣布破产，首当其冲受损的是银行，所以银行债权人一般不愿主动申请破产。长此以往，国有企业债务越拖越久，越陷越深，使破产难上加难。四是员工安置困难。国有大中型工业企业破产，涉及职工人数众多，在社会保障体系不健全的情况下，集中下岗分流任务艰巨，社会稳定压力较大。

政府曾经采取"关停并转"等行政措施来解决困难企业的问题，但是这种由企业行政主管部门主持进行的关闭、停产整顿、合并、转产等，只能在一定程度上改变困难企业的处境或行政隶属关系，不能从根本上解决退出机制问题。为建立和完善优胜劣汰机制，解决企业退出问题，我国开始实施国有企业政策性破产，探索首先从优化资本结构试点城市启动。

1994年10月，国务院印发《关于在若干城市试行国有企业破产有关问题的通知》，开始在上海、天津、齐齐哈尔、哈尔滨、长春、沈阳等18个城市进行试点。明确破产企业土地使用权和资产变现所得，首先用来安置职工；同时要求破产企业承担的社会性职能及资产由地方政府承接。1996年7月，在前期试点经验总结的基础上，国家经贸委印发《关于试行国有企业兼并破产中若干问题的通知》，对破产中涉及的债权人权利、分立、破产预案制定、破产清算组人员组成、员工安置、土地出让金、呆账坏账冲销等问题提出了具体要求，试点范围扩大到50个城市。1997年3月，国务院又印发《关于在若干城市试行国有企业兼并破产和职工再就业有关问题的补充通知》，进一步提出了具体规范要求，明确对破产企业要贯彻资产变现、关门走人的原则，防止假破产、真逃债。

国有企业兼并破产中面临一个很大的问题是破产企业职工安置问题。在全国社会保障体系不健全、安置资金有限的情况下，从"企业人"直接转变为"社会人"，许多下岗职工面临较大的生活压力。在探索妥善安置职工的有效途径方面，上海创造性地在全国率先建立了"再就业服务中心"，在国有企业与社会之间架起了一座桥梁，使之成为职工由企业走向社会的中转站：一是职工进入"再就业服务中心"期间，保持国有企业职工的身份，其劳动人事关系仍然由原企业管理，以减少职工的思想震荡。二是发放生活费用，保证职工的基本生活需要。资金来源由政府、企业和社会（保险资金）共同承担。三是开展各种转岗培训和技能培训，为职工彻底走向社会创造条件。这个做法得到了党中央、国务院的高度肯定，很快向全国推广。截至1998年底，有下岗职工的企业都建立了再就业服务中心或类似机构，99%的下岗职工进入再就业服务中心，93.2%的下岗职工基本生活得到保障。1999年，国有企业下岗职工共1174万人，当年走出再就业服务中心和实现再就业的有524万人。

对于一些资产规模大、涉及面广、职工人数众多的重点企业，国家综合实施了分立、破产、重组、下放等措施，使企业的核心业务得到保留，同时减人、减债，为其后续发展壮大创造条件；对于严重亏损、没有后续发展能力的非核心业务，坚决实施破产关闭，彻底消灭亏损源。中国重汽集团所属全资、控股企业和单位共63家，分布在山东、重庆、陕西等地。从1993年底开始陷入困境，到1999年已濒临破产，资产负债率达138.49%，累计亏损83亿元，拖欠各种费用近10亿元。2000年，国务院决定将重汽集团分别下放到山东省、陕西省和重庆市管理，并批准《重汽集团下放山东部分分立重组破产方案》。根据该方案，对重汽集团企业和资产进行分类处理：对资不抵债、亏损严重、不能清偿到期债务的13户企业实施破产。破产企业的资产总额、负债总额、职工人数分别占重汽山东部分的15.4%、16.1%和32.7%。对潍坊柴油机厂等29户企业进行重组、减人、减债，从38535名在职职工中分流出20515人，安置费用由中央财政一次性补贴。同时核销国有银行和金融资产管理公司部分债权，对所欠缴税款挂账处理，对重汽财务公司的债务实行重组。分离重组后的重汽获得了新生，三年迈了三大步，实现了"一年持平、两年盈利、三年发展"的奋斗目标。

经过三年艰苦细致的工作，全国共安排企业兼并破产和关闭项目2334户，核销银行呆坏账准备金1486.6亿元。在6599户重点脱困国有大中型企业中，有29.49%的企业是通过破产关闭实现的。政策性破产工作延续到2008年全面完成，共关闭企业5010户、涉及职工984万人。一大批长期亏损、资不抵债、扭亏无望的困难企业和资源枯竭矿山退出市场。这促进了优胜劣汰机制的形成和人们对结构调整的观念的重大变化，国有企业发展质量明显改善，为国有经济持续健康发展奠定了坚实基础。

（二）债转股

债务负担重是困扰国有企业发展的又一难题。1998年，国有及国有控股工业企业负债率为64.3%，如果考虑企业大量的不良资产和无效资产，实际负债率还要高得多。据测算，国有企业实际负债率高达80%以上。为推动国有大中型企业尽快摆脱困境，1999年3月，国务院决定对部分国有重点企业实行债转股，即将银行与企业的债权债务关系转变为金融资产管理公司与企业的持股与被持股关系。

国有企业债务负担重是20世纪80年代中期逐步形成的。1985年全面实施"拨改贷"后，新建国有企业和原有企业更新改造主要靠银行贷款，国家很少甚至完全没有资本金投入，再加上汇率变化和高额利息，许多企业背上了沉重的债务包袱。有的企业负债率高达100%甚至200%；不少新建企业开工之日就是亏损之时；一些经营状况不错的企业由于债务负担过重、财务费用过高，陷入严重亏损。对这些企业来说，不妥善解决债务过高的问题，就不可能摆脱困境。实施债转股，是切实有效的改革举措，从某种意义上说，也是针对"无本经营"造成国有企业负债过高而采取的一种补救措施。依法收购并处置国有商业银行的不良资产，将不良债权转为金融资产管理公司对企业的股权，不仅有利于降低国有企业债务负担，帮助企业走出困境，还能够盘活商业银行不良资产，使银行债权转股权的资产得到有效保全，有效防范和化解金融风险。实施债转股有利于形成规范的公司法人治理结构，对推动国有企业转换经营机制、加快建立现代企业制度有积极促进作用。

债转股是一项政策性很强的工作，没有现成的经验可以借鉴。有关各方采取有效措施，为债转股工作顺利实施并达到预期目标提供了有力支撑。

1998 年，国家利用特别国债资金向四大商业银行注入 2700 亿元资本金，推动银行核销呆坏账；1999 年，相继成立中国信达、中国东方、中国长城、中国华融四大资产管理公司，分别承担收购、管理、处置从建设银行、中国银行、农业银行、工商银行等商业银行剥离出来的不良资产的主体责任，为启动实施债转股做好准备。同年 7 月，国家经贸委、人民银行联合印发《关于实施债权转股权若干问题的意见》，明确债转股企业必须是对国民经济发展具有举足轻重地位的大型特大型国有企业，特别是在新建、改（扩）建中由于缺乏资本金、主要依靠商业银行贷款建设，负债过重造成亏损或虚盈实亏，通过债转股优化资产负债结构后可转亏为盈的国家重点工业企业。在"五个方面"对企业进行严格限定，即：产品品种适销对路；工艺装备为国内、国际先进水平，生产符合环保要求；企业管理水平较高，债权债务清楚，财务行为规范；企业领导班子强；转换经营机制的方案符合现代企业制度的要求，各项改革措施有力，减员增效、下岗分流任务落实并得到地方政府确认。

此外，国家和地方还建立了监控系统，设立了债转股企业档案数据库，对企业生产经营情况实时监控。国家经贸委多次组织人员到债转股企业，督查债转股重点环节和领域工作进展情况。北京、陕西等 13 个省（区、市）建立了对债转股企业的督导制度和对负责人的奖惩制度，确保债转股工作真正落实落地。

债转股兼顾了财政、银行、企业三方面的利益。银行债权变股权，没有简单勾销债务，而是改变了偿债方式，从借贷关系改变成不需还本的投资合作，既没有增加财政支出，又减轻了企业还债负担。债转股工作的扎实推进，为三年改革脱困目标的实现发挥了重要作用。截至 2000 年 12 月，确定的 580 户拟实施债转股企业全部完成债转股工作，债转股总金额达到 4050 亿元。据测算，这 580 户企业从 2000 年 4 月停息后，共减少利息支出 195 亿元，平均资产负债率由 73% 下降到 50% 以下，80% 的企业当年实现扭亏为盈。首家获准实施债转股的北京水泥厂资产负债率由 117.4% 下降为 32.8%，实施债转股后第一年，实现利润 1532 万元，成功扭亏为盈。债转股总额 145.32 亿元的天津钢管公司，资产负债率从200%下降到2000年的51%，达到年产钢60万吨、无缝钢管50万吨的设计能力。

从后续工作看，债转股实施后资产管理公司股权退出的途径主要有三种：一是企业回购，企业用自有资金按转股前的价值进行100%回购；二是股权转让，资产管理公司向第三方转让股权，转让价格不得低于每股净资产；三是上市退出，通过企业上市，资产管理公司逐步实现股权退出。企业回购是最常用的股权退出方式，90%的债转股协议都把企业回购作为资产管理公司所持股权退出的主要途径。协议约定的回购期大都在十年内，一般前两年不要求回购（或少量回购），后八年开始陆续进行回购；回购价格为转股前的债券价值，不采取溢价回购，也不得折价回购（折价回购需要财政部审核）；回购资金主要来源于企业债转股停息新增的利润和所得税返还及其他自主支配的资金。

（三）技改贴息

因技术改造和技术进步欠账严重导致生产效率不高、产品质量较差，是许多国有企业陷入困境的重要原因之一。由于经营效益不佳，作为技术改造投资的主体，许多企业面临"不搞技改等死，搞技改找死"的死循环。为化解企业困境，推动加快技术进步、优化产业结构、提升"造血功能"，党中央、国务院决定，从国债中拿出一部分资金，加大对骨干企业获得国家批准的技术改造项目银行贷款利息的补贴力度，帮助企业解决实际困难。

国务院成立重点技术改造领导小组，加强对相关项目的支持和统筹领导。大多数省（区、市）也成立了由政府主要负责同志担任组长的领导小组，推动管理责任全面落实。国家经贸委专门成立重点技术改造项目督查办公室，对项目合规性、配套资金落实情况等进行监督，保障项目顺利推进。

国家经贸委会同国家计委、财政部、人民银行先后制定印发《国家重点技术改造项目管理办法》《国家重点技术改造项目国债专项资金管理办法》等一系列政策性文件，从顶层设计上对国债技改项目方案、操作流程、资金管控等事项严格管理。在贴息项目的筛选上，国家经贸委按照"择优扶强"原则，紧紧围绕"质量、品种、效益和扩大出口"筛选技术改造项目，确定了冶金、石化、纺织、机械、有色金属、汽车、电子信息行业和重点造纸企业作为技改贴息的重点领域，并最终从各地方、有关部门上报的5000多个项目中择优选取了880个国债技改贴息项目。国债贴息具体额度方面，1999年，从增发的国债资金中划出 90 亿元，用于企业技术改造和产业升级的贷款贴息，相当于过去中央财政每年技改贴息额的 10 倍。在此基础上，2000 年又分别安排 105 亿元国债专项资金支持企业技术改造，当年完成技改投资同比增长 13.2%，是基本建设投资的 2 倍，迅速扭转了企业技改投资下滑的局面，有效调动了企业积极性。

截至 2000 年底，这 880 个国债技改贴息项目总投资规模达 2400 亿元，其中国债资金 195 亿元，贷款 1459 亿元，相当于 1 元国债资金带动了 12 元社会投资、7 元银行贷款，有效地起到了"四两拨千斤"的引导带动作用。

经过三年努力，国债贴息技术改造成效显著。重点行业、重点企业的技术装备水平得到有效提高。冶金行业全部淘汰平炉炼钢，连铸比由 67.8% 提高到 85% 以上，9 种关键钢材品种新增产能 282 万吨。石化行业聚乙烯、聚丙烯、聚氯乙烯等近 40 个品种专用树脂增产 145 万吨；国内市场急需的电缆用料、家电用树脂、高强度薄膜用料等高档树脂实现国产化。有色金属行业重点铝厂污染问题得到有效治理，铅冶炼每吨能耗从 860 千克标准煤降至 500 千克标准煤，二氧化硫利用率从 0 提高到 92%。机械行业，50 万伏交流输变电设备实现国产化；大型抽水蓄能机组、220 千伏高压电缆、冶金干熄焦设备、汽车制动防抱死系统、聚酯造粒机等，已形成批量生产能力。

重点骨干企业产品结构得到优化调整，核心竞争力大幅提升。如，鞍钢充分发挥老工业基地人才密集、工艺技术和管理基础等优势，统一规划，科学论证，多方筹措资金，加大技术改造力度，启动了以炼钢、轧钢生产系统为主，以烧结、矿山、动力为辅的整体技术改造计划，包括淘汰平炉、实现全转炉炼钢，淘汰模铸工艺、实现全连铸，新建"1780"热轧线等。计划总投资 210 亿元，国债贴息补助 7.24 亿元。到 2000 年底，所有技术改造项目全部完成，实现了 100% 转炉炼钢，100% 连铸钢坯，以及从铁水预处理到转炉的自动吹炼、钢水炉外精炼与真空处理，再到铸坯的高效连铸的当代世界先进生产工艺，形成了年产热轧薄板 55 万吨、冷轧薄板 150 万吨生产能力的大型板材基地。当年实现销售收入 206 亿元、利润 5.1 亿元、税金 26.3 亿元，达到历史最好水平。

三年改革脱困攻坚取得积极成效。国有及国有控股工业企业实现利润大幅度增长。2000 年，国有及国有控股工业企业实现利润 2392 亿元，为 1997 年的 2.9 倍。大多数行业实现了整体扭亏或继续增盈。重点监测的 14 个行业中，有

12个行业利润继续增长或扭亏为盈，仍然亏损的煤炭、军工行业亏损额也大幅度减少。各省（区、市）企业全部实现整体盈利。全国31个省（区、市），12个扭亏为盈，19个继续盈利或盈利增加。大多数国有大中型亏损企业实现脱困。1997年亏损的6599户国有大中型工业企业，已通过多种形式减少4799户，其中有的实现了扭亏为盈，有的通过关闭破产退出了市场，有的被兼并或进行了改制。

四、重大行业性重组

从20世纪90年代中后期至21世纪初的10年间，面向大型企业集聚的电信、电力、民航、石油石化等行业，通过分拆、重组、整合等措施，推动形成合理的企业组织结构和竞争格局，强化竞争意识，是"抓大"的重要体现，是深化国企改革的重要内容和途径。

（一）电信行业重组

电信业是关系国家安全和国民经济命脉的基础性、先导性和战略性行业，在经济发展中发挥着不可替代的作用，在国家安全中扮演着举足轻重的角色。我国电信行业发展过程从完全垄断到引入竞争，从政企合一到政企分开，走过了一条"在发展中改革，在改革中发展"的道路。

1994年，为了引入竞争机制，根据《国务院关于同意组建中国联合通信有限公司的批复》，当时的电子部联合铁道部、电力部、广电部成立了中国联通，作为自主经营、独立核算、自负盈亏，具有法人资格的独立实体，接受邮电部管理，享有长话、市话、无线和电信增值业务营运权。成立中国联通是我国电信行业打破垄断、引入竞争的重大举措，打破了电信业一家垄断的局面，由此拉开了我国电信业改革调整的序幕。

虽然成立了中国联通，但由于资产规模和市场份额的差距，中国电信一家独大的市场格局没有真正改变，再一次对电信企业进行拆分就成了必然选择。1999年，国家决定对中国电信分拆重组。将中国电信的寻呼、卫星和移动业务剥离出去，拆分重组成新的中国电信、中国移动、中国卫通3家企业，寻呼业务并入中国联通，同时，网通公司、吉通公司、铁通公司获得电信运营许可证。我国电信市场由原来一家独大的双寡头垄断转变为中国电信、中国移动、中国联通、网通公司、吉通公司、铁通公司和中国卫通7家运营商分层竞争的基本格局。

经过前期重组调整后，我国电信行业移动通信领域竞争主体有所增加，但固定电信领域垄断与发展矛盾依然突出，电信企业之间实力相差悬殊，阻碍了电信资源优化配置。2001—2002年，按照国务院《电信体制改革方案》要求，又对中国电信进行了南北拆分重组。长江以北10个省（区、市）资产和业务与吉通、网通重组，组建成新的中国网通；长江以南和西北地区21个省（区、市）资产和业务仍归属中国电信，并允许双方在对方区域内建设本地电话网和经营发展业务。此次拆分重组后，我国电信行业形成了新的格局，行业企业包括中国电信、中国网通、中国移动、中国联通、中国铁通及中国卫通。

（二）电力行业重组

电力行业是国民经济支柱性行业。伴随着电力体制改革的推进，电力行业在不同阶段实施了重组整合。

1996年12月，国务院印发《关于组建国家电力公司的通知》。1997年1月17日，国家电力公司挂牌成立。国家电力公司是按照国家有关法律、法规及政企分开原则组建的，由国务院授权经营电力部所属的国有资产，是经营跨区送电的经济实体和统一管理国家电网的企业法人，按照企业集团模式经营管理。组建国家电力公司不仅是电力工业管理体制适应市场经济的需要，也是政府机构改革、促进管理职能转变、实行政企分开的需要。

为解决国家电力公司的垄断问题，引入竞争，提高效率，优化资源配置，促进电力发展，构建政府监管下的政企分开、公平竞争、开放有序、健康发展的电力市场体系，2000年11月，国务院办公厅印发《关于电力工业体制改革有关问题的通知》，明确电力体制改革工作由国家计委牵头，会同国家经贸委、财政部、国务院法制办、国务院体改办、国家电力公司及中国电力企业联合会等有关部门和单位，组成电力体制改革协调领导小组，负责研究制定电力体制改革总体方案并报国务院审批。

在深入研究基础上，2002年2月，国务院印发《电力体制改革方案》，将国家电力公司管理的资产按照发电和电网两类业务划分，并分别进行资产、财务和人员重组：在发电领域，重组国家电力公司管理的发电资产，按照建立现代企业制度要求组建华能集团、大唐集团、华电集团、国电集团、中电投集团

5个全国性独立发电公司，由国务院授权经营，分别在国家计划中实行单列。5大发电集团拥有大体相当的装机容量，且均匀分布在6个区域电力市场，为各个区域发电领域的充分竞争提供了很好的市场主体结构。在电网领域，重组电网资产，设立国家电网公司，由国务院授权，作为原国家电力公司管理的电网资产出资人代表，按国有独资形式设置，在国家计划中实行单列；设立南方电网公司，负责经营云南、贵州、广西、广东、海南5省区电网业务。对国家电力公司系统辅助性业务单位和"三产""多经"企业进行调整重组，有关电力设计、修造、施工等辅助性业务单位，需与电网企业脱钩，进行公司化改造后进入市场；医疗和教育机构实行属地化管理；"三产"和"多经"企业或划归发电企业，或交由地方政府管理。改革完成后，电力行业产业格局由国家电力公司一体化经营，调整为"5大发电集团+2大电网公司"。

（三）民航业重组

中华人民共和国成立以来，我国民航业从无到有，不断发展，保持了良好势头。机场建设加快、数量持续增加、现代化程度有效提升，机队快速更新、规模不断扩大。但同时也面临着行政垄断、运输能力布局分散、成本居高不下、多数机场长期亏损、航空企业过度竞争、服务质量不高等问题，严重制约了行业发展，推进民航业重组成为推动行业健康发展的必然选择。

民航业重组主要包括机场属地化管理、航空运输公司与服务保障企业重组等。1987年，我国政府决定对民航业进行以航空公司与机场分设为特征的体制改革。主要是将原北京、上海、广州、西安、成都、沈阳6个地区民航管理局的航空运输和通用航空相关业务、资产和人员分离出来组建中国国际航空公司、中国东方航空公司、中国南方航空公司、中国西南航空公司、中国西北航空公司、中国北方航空公司6家企业，实行自主经营、自负盈亏、平等竞争。

2002年3月，国务院印发《民航体制改革方案》，继续深化民航业重组。民航运输方面，推动民航总局直属的9家航空公司实施联合重组。以中国国际航空公司为主体，联合中国航空总公司和中国西南航空公司，组建中航集团；以中国东方航空公司为主体，兼并中国西北航空公司，联合云南航空公司，组建东航集团；以中国南方航空公司为主体，联合中国北方航空公司和新疆航空公司，组建南航集团。机场方面，除首都国际机场集团公司所属机场、西藏自治区内机场仍由民航总局管理外，其余民航总局直接管理机场下放地方，实行属地管理。民航服务保障方面,将中国航空结算中心整体并入民航计算机信息中心,组建中国航信,为国内外航空公司、机场、销售代理商提供电子分销、离到港信息和代理结算、清算等方面的服务;将中国航空油料总公司改组为中国航油,负责航空油品采购、运输、存储、监测、销售和加注;将中国航空器材进出口总公司改组为中国航材,主营飞机、发动机、航空器材、各种设备、特种车辆的进出口、租赁、维修、寄售等。

重组整合完成后,中央企业层面形成了国航集团、东航集团、南航集团3大航空公司加中国航信、中国航油、中国航材3家服务保障企业的行业格局。

(四) 石油石化行业重组

石油石化行业重组主要围绕实现上下游一体化展开。1982年成立了中国海洋石油总公司,负责海上油气勘探、开发和对外合作业务。1983年,原石油部所属炼油部分,与化工部、纺织部、地方部分石化企业合并,组建直属国务院领导的中国石油化工总公司,集中管理全国的炼油、石化和化纤企业。1988年,国务院机构改革撤销了石油部,成立能源部,组建了中国石油天然气总公司,负责统一规划、组织、管理、经营全国陆上石油天然气资源勘探、开发、管道运输。由此,我国石油石化行业,形成了中国石油天然气总公司、中国石油化工总公司、中国海洋石油总公司、中国化工进出口总公司4家国有企业实行上下游分割、海陆分家、内外贸分治的经营格局。

1997年11月,国务院印发《关于中国东联石化集团有限责任公司组建方案和中国东联石化集团有限责任公司章程的批复》,原则同意了国家经贸委上报的组建东联集团公司的方案。11月19日,东联集团在人民大会堂举行成立暨揭牌仪式。东联集团的组建是深化国有企业改革的重大举措,有效避免了重复建设,优化了资源配置,壮大了规模经济,是"抓大放小"的生动体现,是第一次跨区域、跨主体重组的积极实践。

1998年,国务院决定对石油石化行业进行战略性重组。中国石化总公司和中国石油天然气总公司以资产划拨和互换的方式,按南北区域划分,分别组建中国石油化工集团公司和中国石油天然气集团公司。以上游勘探开发为主的中国石油天然气总公司将下属的12家油田和输油企业划给了中国石化总公司,而以炼油化工为主的中国石化总公司则将14家炼油化工企业和5家销售公司划给了中国石油天然气总公司。同时,东联集团整体划转中国石油化工集团公司。经过重组调整，中国石油和中国石化分别实现了上下游、内外贸、产供销一体化，完成了产业结构的纵向一体化调整。

（五）钢铁行业重组

钢铁工业是国民经济的重要基础产业，长期以来为国家建设提供了重要的原材料保障，有力支撑了相关产业发展，推动了我国工业化、现代化进程，促进了民生改善和社会发展。

1978年3月11日，国务院决定兴建上海宝山钢铁厂，使中国钢铁工业技术装备水平与世界先进水平的差距大大缩小。1998年，根据国务院领导指示，国家经贸委、中财办、国家计委、体改委、财政部、人民银行、国家国有资产管理局组成联合调研组，对上海地区钢铁企业联合问题进行实地调研。调研组呈报《关于上海地区钢铁企业联合的调研报告》，提出对上海地区钢铁企业联合重组及成立联合筹备组等建议。当年11月，国务院印发《关于组建上海宝钢集团公司有关问题的批复》，原则同意国家经贸委上报的以宝山钢铁（集团）公司为主体、吸收上海冶金控股（集团）公司和上海梅山（集团）有限公司组建上海宝钢集团的方案。重组成立的上海宝钢集团公司是我国钢铁行业第一家跨地区、跨部门的特大型钢铁联合企业，其特点在于把分属中央、地方2个管理层面和3个企业运作主体的资产组合在一起，集中发挥和挖掘了技术、资金、人才和研发的综合优势和潜力，对建立区域性的钢材生产精品基地、优化调整我国钢铁行业结构等具有十分重要的借鉴意义。上海地区钢铁企业进行国有资产战略性重组，是落实党中央、国务院抓大扶强，壮大优势国有企业，优化冶金产业布局的重大举措。实行联合发展，既可发挥宝钢装备先进、高效率、大批量的优势，又融入上海钢铁多品种、多规格、普特钢兼有的长处，有利于充分发挥上海地区科研、技术、人才的潜力，并为形成我国钢铁工业的精品基地，形成我国钢铁行业新工艺、新技术、新材料开发的重要基地，创造了良好条件。

（六）军工行业重组

军工行业是国家安全的支柱，主要承担国防科研生产任务，为国家武装力量提供各种武器装备研制和生产。改革开放以来，结合政府机构改革，核工业部、航天工业部、兵器工业部等部门转企成为5家行业性军工总公司。为了引入竞争机制，1999年5家军工总公司均一分为二，组建十大军工集团公司。具体为：原中国核工业总公司分拆为中国核工业集团、中国核工业建设集团；原中国航空工业总公司分拆为中国航空工业第一集团公司、中国航空工业第二集团公司；原中国航天工业总公司分拆为中国航天科工集团公司、中国航天科技集团公司；原兵器工业总公司分拆为中国兵器工业集团公司、中国兵器装备集团公司；原中国船舶工业总公司分拆为中国船舶工业集团公司、中国船舶重工集团公司。

五、国务院国资委成立后的中央企业主业管理

随着国企改革的持续深入，国有经济整体发展质量和经营水平有了显著提升，但由于历史原因，对国有企业的发展方向没有明确要求，个别企业过度跨业经营、盲目多元化发展等问题比较突出。有的企业为追求短期利益，盲目发展，加剧了行业低水平重复竞争，影响了主营业务做精做深。为引导企业更好地凝心聚力提升核心竞争力、克服国有资本分布过宽过散问题，国务院国资委成立之后，很快开始着手核定监管国有企业的主业。2004年，国务院国资委印发《中央企业发展战略和规划管理办法（试行）》，明确提出企业发展战略和规划要符合国有经济布局和结构的战略性调整方向，突出主业，提升企业核心竞争力，国务院国资委对企业规划进行审核。2006年实施的《中央企业投资监督管理暂行办法》明确，投资项目由企业自主决策，其中主业投资实行备案管理，非主业投资实行审核，国务院国资委重点从投资方向与企业主业的协同度等方面进行把关。国务院国资委分7批核定发布了监管企业的主业范围，一家企业的主业原则上不超过3个，例如：国家电网、南方电网主业为电力供应与生产、相关专业技术服务，中国移动、中国联通、中国电信主业为电信和其他信息传输服务，等等。主业范围明确后，国有企业原有的非主业业务稳步压缩或转让退出，后续发展和新增资源配置不断向主业集中。与此同时，国务院国资委通过加强对企业战略规划和投资活动的监管，保障主业管理落实落地。据统计，2003年中央企业完成总投资约8753亿元，2017年总投资超过4万亿元，其中主业投资占总投资的比重超过99%，主业管理取得显著成效，中央企业发展方向更加明确。

六、国务院国资委成立后的中央企业重组整合

为了推动国有资本布局结构调整优化,国务院国资委打破原来的部门和行业壁垒,通过聚焦主业、强强联合、重组整合多种方式,推动中央企业做强做大,形成了一批具有较强国际竞争力的大公司大集团,进一步推进了国有资本向关系国家安全和国民经济命脉的重要行业和关键领域集中。

(一)有关背景

国务院国资委成立之前,由于国有资产出资人缺位,重组调整主要由各级政府推动。在中央政府层面,重组调整主要是结合垄断行业拆分进行的,其目的主要是打破垄断,形成行业内有效的竞争格局,同时实现政企分开,让企业成为市场竞争的主体;在地方政府层面,则主要以合并重组为主,将本地区分散的国有企业按行业进行重组,最终形成一批具有一定规模的行业性公司。

2003年3月,国务院国资委成立时,履行出资人职责的中央企业共196家。这些企业大致包括几种来源:国家重点投资建设形成的、行业性重组形成的、军队武警部队和党政机关所办经济实体脱钩移交形成的、部委所属事业性科研院所转制形成的等等,在布局结构上存在较多问题。从总体布局看,存在"多"和"散"的问题。行业多:在《国民经济行业分类》的96个大类行业中,中央企业涉足了其中的92个。分布散:2/3以上的企业分布在一般加工制造、商贸等非重要行业和非关键领域;企业之间大小参差不齐,实力差距悬殊(规模较大的企业如国家电网资产超过万亿,规模小的24家企业资产不到10亿元)。从央企整体看,存在"同"和"差"的问题。同质化:企业之间同质化发展,导致重复建设、资源浪费和过度竞争。如2003年底商贸类企业达37家,多数企业规模小、实力弱,业务结构相近或处于产业链上下游,重组整合要求十分迫切。资产质量差:存在一些经营管理不善、负债率高、亏损严重的困难企业,据统计,2003年底,中央企业不良资产合计达到3076亿元。从企业内部看,存在"长"和"弱"的问题。链条长:企业法人数量过多、管理链条过长,导致管理效率低下、资源配置效率不高。竞争力弱:一些企业由于历史沿革、业务结构等原因,核心竞争优势不足,持续发展能力较弱。如:一些科研院所企业规模实力较弱,研发创新资金不足,导致企业科技创新水平不

高；一些商贸类企业业务单一，缺乏核心竞争力，需要加快向实业转型发展，提升可持续发展能力。面对这些问题，需要加大重组整合力度，推动国有经济布局结构的调整优化不断深入。

（二）相关政策

2004年，国务院国资委在广泛调查研究的基础上，起草了《关于中央企业国有经济布局和结构调整若干重大问题的思考》，针对国有经济布局优化与国有经济结构调整的不同内涵和中央企业存在的问题，从战略和全局高度研究提出"五个优化"和"四个集中"的工作指导思想。"五个优化"即：一是优化国有经济在国民经济行业、领域上的分布；二是优化国有经济在区域间的分布；三是优化国有经济在产业内部的分布；四是优化国有经济在企业间的分布；五是优化国有经济在企业内部的分布。"四个集中"指进一步推动国有资本更多地向关系国家安全和国民经济命脉的重要行业和关键领域集中、向具有竞争优势的行业和未来可能形成主导产业的领域集中、向具有较强国际竞争力的大公司大企业集中、向中央企业主业集中。2005年，国务院印发《关于2005年深化经济体制改革的意见》提出，要加快国有经济布局和结构战略性调整步伐，研究提出总体思路，制订国有资本调整和国有企业重组的指导意见，完善国有资本有进有退、合理流动的机制。2006年，国务院办公厅转发了国务院国资委《关于推进国有资本调整和国有企业重组的指导意见》，提出要进一步推进国有资本向关系国家安全和国民经济命脉的重要行业和关键领域集中，加快形成一批拥有自主知识产权和知名品牌、国际竞争力较强的优势企业，中央企业要调整和重组至80—100家。主要措施：一是推进国有企业重组要加快国有大型企业的调整和重组，促进企业资源优化配置；二是积极推动应用技术研究院所与相关生产企业的重组；三是围绕突出主业，积极推进企业非主业资产重组；四是促进中央企业和地方人民政府所出资企业之间的重组。

（三）主要做法

根据深化改革、结构调整的需要，这一阶段的重组主要有以下几种情况：

完善企业产业链。通过推动一批业务关联企业重组，有效发挥协同互补效应。比如五矿集团与邯邢局重组，不仅使五矿集团铁矿储量和产能得到提升，还大大充实了矿业开发的专业队伍和技术经验，加快了五矿集团开发国内紧缺资源和"走出去"的步伐，有力推动了五矿集团的战略转型。如土木工程公司、海外工程公司两个海外"窗口"公司分别并入中国铁建、中国中铁，弥补了各自产业链的薄弱环节，极大提升了两大建筑集团"走出去"实力，效果十分显著。如沈阳化工院并入中化集团，有效促进了农药、染颜料等精细化工产品在研发、生产和市场营销上的有机结合，提高了产品结构档次，增强了产品国际竞争力。

推动优势企业强强联合。重组是培育具有国际竞争力大公司大集团的重要抓手。通过"强强联合"，企业规模实力大幅提升：2003 年国务院国资委成立时，中央企业只有 6 家进入世界 500 强，到 2012 年增长至 43 家。港湾集团和路桥集团通过新设合并方式组建中交集团，整体改制上市，募集资金约 24 亿美元，实现了企业脱胎换骨的变化，经营规模迅速扩张，整体竞争力明显提升，利润快速增长，2007 年在全球最大 225 名承包商中名列第 14 位，进入世界 500 强。原中国联通重组前，同时经营 GSM 和 CDMA 两个移动通信网络，资金实力有限，投资上顾此失彼，两网之间存在"左右手互搏"问题，经营局面比较被动；原中国网通仅经营固话业务，被移动通信替代的趋势无法扭转。2008 年两企业合并重组为新中国联通，有效解决了上述问题，市场竞争力明显提高。

探索企业托管模式。针对一些陷于困境或者发生经营危机的企业，根据实际，由优势企业先行托管，再择机进一步重组，确保了企业的平稳过渡，也探索出一条企业重组脱困的新路径。以中国诚通托管中国寰岛（集团）公司为例，托管之初，中国寰岛（集团）公司出现了严重的债务危机，净资产 –1.23 亿元，亏损 1.27 亿元，诉讼标的 2 亿多元。为有效解决中国寰岛（集团）公司问题，中国诚通在托管后，实施了以快速债务重组、盘活资产为核心的一整套整合工作，取得了积极效果。截至 2007 年底，中国寰岛（集团）公司净资产达到 5 亿元，初步扭转了困难局面；2012 年，中国寰岛（集团）公司通过诚通集团香港上市公司定向发行股票的方式，实现了有效资产境外上市。以国投托管中国高新为例，2008 年 6 月，中国高新控股的上市公司高新张铜因涉嫌发布虚假业绩预增公告，被证券监管部门立案调查，随即被 14 家银行追债，导致资金链断裂，资产被查封，生产经营陷入瘫痪。受此影响，高新张铜的股票被 ST 处理，中小股东以业绩造假为由提起集体诉讼要求巨额赔偿，中国高新面临巨大的生存危机。为妥善解决上述问题，帮助中国高新化解危机、起死回生，国投在对中国高新实施托管期间，采取了积极引入战略投资者、大力调整业务结构、加强风险管理等各项有效措施，并取得了积极效果，2010年、2011年中国高新分别实现利润总额1.79亿元、2.5亿元，与2008年亏损4.95亿元相比，实现涅槃重生。

以国有资产经营公司为平台推进重组。根据推进中央企业经济布局和结构调整、深化国有企业改革、完善国有资产管理体制的需要，2005年国务院国资委先后印发《关于选择中国诚通控股公司进行国有资产经营公司试点有关问题的通知》《关于国家开发投资公司进行国有资产经营公司试点的通知》，确定中国诚通和国投成为国有资产经营公司试点单位，探索以资产经营公司为平台进行专业化、市场化操作，推进不良资产的处置、困难企业的退出和整体上市后存续企业的改革重组。在试点的基础上，2010年专门组建了新的国有资产经营公司——中国国新，进一步推动中央企业布局优化结构调整。中国诚通先后重组了中国普天所属8户企业、中国寰岛（集团）公司、中国唱片总公司、中国国际企业合作公司、中国包装总公司、中商集团等多家中央企业，国投重组了中国投资担保有限公司、中国电子工程设计院、中国高新投资集团等企业，中国国新重组了中国华星集团公司、中国印刷集团公司等企业，为国务院国资委推动中央企业重组整合，实现国有经济布局和结构的优化调整，发挥了重要作用。

推动剥离非优势非主业业务。推动中央企业聚焦主业发展，加快剥离非优势非主业业务和资产。以房地产业务为例，积极推动非主业中央企业退出房地产业务，截至2010年3月，先后确认和公布了16家以房地产为主业的中央企业，三级以上房地产子企业户数由原来的728户减少到373户，集中度明显提高。一些中央企业积极剥离退出房地产业务，发挥了重要的示范效应。如2004年中国华能将14.2亿元的房地产资产划转至中房集团等。此外，国务院国资委也对剥离重组中央企业酒店业务进行了积极探索，专门印发《关于开展中央企业非主业宾馆酒店分离重组工作有关问题的通知》，积极推动宾馆酒店资产向优势企业集中，向企业主业集中。

（四）部分重要行业重组的深化

进入21世纪后，随着我国加入WTO，国际竞争日益加剧，一些行业技术进步加快，对提高企业国际竞争力、重塑行业格局提出了新的要求。国务院国资委成立后,顺应这一要求,在前一时期行业性重大重组的基础上,会同有关部门,进一步推动了电信、电力、钢铁、军工等行业的重组。

1. 电信行业的重组深化

随着世界通信技术快速发展,移动通信业务增长迅猛,电信市场竞争日益加剧,行业发展出现新的问题。一是电信企业竞争格局严重失衡。此前形成的6家电信企业呈现"一强多弱"的局面,并有逐步加剧之势。二是电信企业业务结构不合理。同全球一样,我国电信业发展明显呈现出移动电信对固定电信的替代。从2003年开始,我国移动电话用户数超过固定电话用户数,固话经营企业逐步陷入市场增长空间狭小、收入增长乏力、经济效益下滑的发展困境。三是电信网络资源配置需要调整。中国联通同时运营GSM和CDMA两张互不兼容的移动网络,资金、人员、技术、业务分散,无法形成规模效益,尤其CDMA网络一直处于亏损状态。四是3G牌照发放面临挑战。在3G技术应用日益广泛的形势下,企业和社会对3G牌照如何发放十分关注,除中国卫通外的5家电信企业先后都提出过发放3G牌照的申请,由于3G投入巨大,如果牌照发放过多,势必造成重复建设和资源浪费。

国务院国资委成立后,按照党的十六届三中全会关于继续推进和完善电信行业改革重组的要求,结合电信企业发展实际,积极研究电信企业改革重组。在充分听取有关电信企业负责人、行业专家、中介机构及相关部委意见的基础上,先后多次提出电信改革重组方案,为进一步深化电信体制改革奠定了坚实基础。

2008年5月,工业和信息化部、国家发展改革委、财政部发布《关于深化电信体制改革的通告》,提出要以发展第三代移动通信为契机,合理配置现有电信网络资源,实现全业务经营,形成适度、健康的市场竞争格局,既防止垄断,又避免过度竞争和重复建设。具体操作上,按照《关于深化电信体制改革的通告》明确的主要目标,通过重组整合,推动中国铁通整体并入中国移动、中国卫通基础电信业务划入中国电信;通过市场化操作,完成中国电信收购中国联通C网,中国网通、中国联通红筹公司合并,电信行业资源配置进一步优化,最终形成中国电信、中国联通、中国移动三大运营商竞争格局。

本次电信行业重组,涉及所有6家电信运营企业,交易规模大、业务范围广、操作十分复杂,经历了前所未有的困难和挑战:一是由于主要电信运营企业资产和业务均在上市公司,面临较大资本市场风险。本次重组涉及中国联通出售CDMA网络和联通网通合并两大交易，又涉及集团合并及上市公司合并两方面操作。重组的多项交易均涉及境内外市场的复杂监管要求和需要中小股东的表决通过。如何确保两个交易都能顺利按时获批，是以往任何一次国有大型企业重组所未见的。二是如何将中国联通C/G两网合理有效分拆，既确保两张网能独立使用，又能兼顾中国电信、中国联通双方利益，并为资本市场所认可，是一个重大难题。三是重组涉及2万亿元资产、100多万名职工，交易规模庞大、涉及人员众多、利益主体多，需要统筹协调。四是本次重组中参与的政府部门多、事项杂，需有效协调、统筹推进，合理制定包括企业重组、3G牌照发放、非对称监管和税收减免政策等在内的一揽子改革方案，推进过程十分艰难。

在党中央、国务院坚强领导下，国务院国资委会同有关部门，积极组织中介机构和企业，周密制定操作实施方案，督促企业协商谈判，及时协调解决各种难题，确保了重组的成功实施，一度被称为"世界上难度最高的一次重组"。

2. 电力行业新一轮主辅分离

为继续推动中央电力企业布局结构调整和资源优化配置，增强电力建设企业综合实力，积极开拓海外市场，2010年，国家发展改革委、国务院国资委、电监会、水利部、财政部、能源局等部门共同启动了新一轮电网主辅分离改革。2011年，国务院国资委会同有关部门，研究出台《电网企业主辅分离改革及电力设计、施工企业一体化重组方案》。将国家电网和南方电网所属的勘测设计、施工和修造企业分离出来，与电力顾问集团、水电顾问集团、水电建设集团、葛洲坝集团等4家中央电力设计施工企业重组，组建2家集项目总承包、工程管理、设计、施工等于一体的综合性电力建设集团公司——中国电力建设集团有限公司和中国能源建设集团有限公司。

电网企业主辅分离改革是继续深化电力体制改革的一项重要举措，既有利于电网公司集中精力抓好电网主业的运营和发展，又有利于电网辅业单位"辅业"变主业，通过国有资本合理流动、资源优化配置，全力打造2家具有较强国际竞争力的综合性电力建设集团。

3. 鞍钢与攀钢的重组

2010年，鞍钢集团与攀钢集团重组启动。鞍钢是中华人民共和国第一个恢复建设的大型钢铁联合企业和最早的钢铁生产基地，被誉为"共和国钢铁工业的长子",为国家经济建设作出了重要贡献。攀钢始建于1965年,是我国跨地区的重要钢铁企业,也是钒钛资源综合利用、国防军工配套服务的重要基地和最大的三线企业。推动两企业重组,能够充分发挥鞍钢在资金、技术与管理等方面优势以及国有老企业改革改造的成功经验,支持攀钢的改造与新建,推进攀钢西昌钒钛资源综合利用,促进攀钢加快发展;实现优势互补,充分发挥双方在战略、资源、技术、管理等方面的协同效应,打造竞争实力更强的一流钢铁企业。双方通过联合重组,形成年产近4000万吨钢的生产能力、年销售收入1500亿元以上、资产总额2000亿元以上的规模,对提高我国钢铁产业集中度、优化调整钢铁行业布局结构等具有十分重要的意义。两企业采用联合重组方式,具体操作上,新设鞍钢集团公司作为母公司,鞍钢与攀钢均作为其子公司。

4. 中国航空工业一、二集团重组

2008年推动中国航空工业第一集团公司与中国航空工业第二集团公司实施重组。两家企业自分立组建以来,虽然在经济规模、技术创新等方面取得了一定成绩,但随着我国飞机市场需求急剧扩大,原有相对分散的航空工业体制已经不能适应,必须通过重组整合推动飞机研发、设计、制造资源有效整合。在此背景下,中国航空工业第一、第二集团公司实施战略重组,成立中国航空工业集团公司。新集团的业务几乎涵盖了我国航空工业(尤其是军用航空工业)从发动机研发、设计、制造,到飞机的研发、设计、制造,以及飞机和发动机的维修服务等全过程,为我国飞机制造技术能力加快提升奠定了基础。

(五)主要成效

中央企业的重组调整是一项极富挑战性的工作,经过10年的不断探索、积极实践、大力推进,中央企业重组整合工作取得了积极成效。

国有经济的控制力、影响力、带动力不断增强。国有资本进一步向关系国家安全和国民经济命脉的重要行业和关键领域集中。2012年,在39个工业行业中,有18个行业国有企业总产值占比低于10%,中央企业超过80%的资产集中在石油石化、电力、军工、通信、运输、矿业、冶金、机械等重要行业。各地方根据本地经济社会发展规划,也积极推动国有资本进一步向基础设施、基础产业、城市公用事业、战略性新兴产业、现代服务业和先进制造业集聚,国有资本控制力、影响力、带动力有效提升。

经营情况持续向好。随着布局结构持续优化，中央企业效益快速提升。2003—2012年，营业收入从4.47万亿元增长到20.5万亿元，年均增长19.6%；实现净利润从2068.3亿元增长到9246.8亿元，年均增长18.1%；上缴税金从3619.9亿元增长到1.9万亿元，年均增长20%。资产总额31.6万亿元，所有者权益11.7万亿元，分别是2003年的3.8倍和3.3倍。

企业规模竞争实力有效提升。通过推动中央企业战略性重组，中央企业产业链条更加完善、竞争实力有效增强。2003—2012年，中央企业从196家调整到116家，中央企业户均资产从425亿元增加到2724亿元。通过重组整合，培育了一批规模效益突出、产业引领能力强的一流企业。2012年《财富》世界500强国有企业达到65家，相比2003年的11家增长了近6倍。

资源配置效率不断提升。一些应用性科研院所并入相应行业生产性大型企业后，使大型企业的资金、市场优势与科研院所科研开发能力的优势紧密结合，迅速有效地提升了企业的技术创新能力。如中国建材集团以并入的建材院为基础，将集团所属11个院所整合起来，成立了我国最大的建材技术创新中心——中国建筑材料科学研究总院，实现了科技研发与产业的有效结合，加快了科技成果向现实生产力的转化。重组也推动企业全球配置资源能力和市场开拓能力有效增强，截至2011年底，中央企业境外资产总额3.1万亿元，营业收入3.5万亿元，实现净利润1034.5亿元，分别占全部中央企业的11%、16.9%和11.3%。

行业格局得到优化。以电信行业为例，相关企业从6家调整为3家，有效解决了通信技术更迭、企业历史包袱、竞争格局等方面存在的问题，形成3家拥有全国性网络资源、实力与规模相对接近、具有全业务经营能力和较强竞争力的市场竞争主体，完善了企业的组织功能，形成合理的产业竞争格局。

重组整合积累了宝贵的经验。这一时期的重组，涉及重组规模大、行业技术因素复杂、资本市场要求高、重组目的多样等是以往所没有的，这些重组调整的平稳成功推进，为日后的国有经济战略性重组探索了路径，积累了宝贵经验。

第二节 新时代供给侧结构性改革

新时代，我国经济发展进入新常态，供给侧结构性矛盾突出。供给侧结构性改革是党中央、国务院作出的重大战略决策部署，是当前和今后一段时期我国经济工作的主线。国有企业坚持通过"压缩管理层级、减少法人户数"（以下简称"压减"工作）、化解产能过剩、去杠杆减负债、兼并重组等重大改革措施，有效推进供给侧结构性改革，促进国有经济布局结构调整、优化。

一、压缩管理层级、减少法人户数

《中共中央 国务院关于深化国有企业改革的指导意见》指出，"合理限定法人层级，有效压缩管理层级"。落实这一要求，针对中央企业法人户数多、管理层级多的突出问题，"压减"工作成为近三年国企改革的一项专项任务。

"压减"工作是国有企业改革发展中长期存在的一块"硬骨头"。据统计，1998—2006年，全国国有及国有控股工业企业户数从6.5万户减少到2.5万户，减少了近2/3，但又随着经营规模扩大而增长。2004年，国务院国资委作出"央企清理整合所属企业减少企业管理层次"的工作要求，但到2009年，在减少企业法人户数的同时，随着中央企业快速发展和规模的迅速扩大，又新增了不少企业法人，法人净减少仅完成157户。2016年，本次"压减"工作开展之初，法人多、链条长、机构臃肿、管理效率低等问题仍然较为突出。部分中央企业还呈现出不减反增的态势，层级多、法人多造成管理链条长、内部管控力差、国有资产流失隐患多出血点多，不利于企业核心竞争力的提升，解决企业组织层级过度扩展的问题迫在眉睫。

这一问题在2016年5月国务院召开的第134次常务会议上进行了专题研究，并原则通过了中央企业深化改革瘦身健体方案，其中对"压减"工作进行了专项部署，要求用三年时间，实现多数中央企业管理层级控制在5级以内，法人层级10级（含）以上的企业减少3—5个层级，企业法人户数减少20%左右。国务院办公厅印发的《关于推动中央企业结构调整与重组的指导意见》也明确指出，压缩企业管理层级，对5级以下企业进行清理整合。

为贯彻落实国务院常务会议的决策部署，国务院国资委组织开展了"压减"工作，用两个月左右的时间，组织力量对中央企业各级法人情况进行了逐户梳理核实，同时选择5家企业作为试点先行开展工作、探索路径，在此基础上研究制定并印发《关于中央企业开展压缩管理层级减少法人户数工作的通知》，对工作的目标进度和实施举措提出了明确要求。多次召开现场会议和视频会议进行动员部署，举办中央企业讲习所，交流经验、推进工作。组织专业技术力量，迅速搭建"压减"工作信息系统，对中央企业所属各层级法人情况实施监控，做到月统计、季分析，实现在线监控。各中央企业高度重视、认真落实，普遍成立了由主要领导担任组长的领导小组，通过党委（组）会、董事会等进行专题研究部署，制定工作方案、明确任务目标，建立完善法人管理台账和制度，对重点难点单位进行专项督导，确保"压减"工作扎实落地。

针对部分企业"退出难"问题，国务院国资委主动与国家发展改革委、市场监督总局、税务总局等部门进行了多次沟通，推动相关文件制定出台，减少企业在退出过程中的税收负担和不必要的限定条件，努力打通改革政策措施落地的"最后一公里"。加强与相关改革协同推进，将"压减"工作与"处僵治困"、降杠杆减负债、公司制改制、化解过剩产能、剥离国有企业办社会职能等国企改革有机联动，形成工作合力，叠加政策效果。

为了推动"压减"工作，国务院国资委和中央企业两个层面都加大了考核力度。对于工作任务重、难度大的中央企业，国务院国资委在企业经营业绩考核中增设约束性条款；对于工作推进力度不够、进展缓慢的中央企业，予以适当扣分处理；对于"压减"工作成效显著的中央企业，在中央企业负责人经验交流会上予以肯定，并通过信息简报等平台进行宣传。中央企业普遍将"压减"工作作为重点指标纳入绩效考核，通过"一企一策"分解目标、签订责任书，切实做到任务层层分解、压力逐级传递。

在推动"压减"工作中，中央企业始终坚持党的领导，充分发挥企业党委（党组）领导作用，把方向、管大局、保落实，强化党建工作责任制，建立健全考核评价机制，特别是面对历史问题复杂、工商注销难、处置成本高、维稳压力大等"硬骨头"时，注重发挥基层党组织的战斗堡垒作用和党员先锋模范作用，攻坚克难，综合施策，正确处理改革、发展和稳定的关系，确保中央各项决策部署得到坚决贯彻；同时结合自身实际，创新工作方法，形成了一批可复制、可推广的做法和经验，更在企业发展、提升核心竞争力等方面取得了积极进展。

结合自身功能和战略定位，以"压减"工作为抓手，清理退出了一批非主业企业、重组整合了一批同城同业或存在内部竞争的子企业，国有资本更加聚焦主业发展，专业能力和竞争实力有效提升。如：中航工业将所属近100户地产企业整体转让给保利集团，回笼资金近300亿元，缓解了航空主业发展的资金瓶颈。中国航发累计减少法人户数比例达41%，将更多的资源集中在航空发动机和燃气轮机的科研生产，主业集中度由59%提高至81%。保利集团将从事煤炭业务的保利能源公司及所属25户法人整体无偿划转至中煤集团，划转总资产260亿元，净资产74.3亿元，实现当年利润同比增加6.66亿元，推进了中央企业间煤炭业务的专业化整合。

把握"瘦身为用、健体为本"的工作思路，重点清理处置缺乏价值创造能力、财务杠杆长期过高的法人单位，优化资源配置，提升资产质量。如：中铝集团坚持"企业不消灭亏损，亏损就消灭企业"的理念，将"压减"工作与亏损企业治理紧密结合，并针对100多家长期不分红参股企业同步开展清理退出工作，使企业亏损面从32.3%下降至11.8%，实现了从巨额亏损到大幅盈利的重大转变。中国中铁要求营业收入小于20亿元的综合型工程公司和营业收入小于15亿元的专业型工程公司原则上必须重组整合，改变了长期以来形成的工程类子企业规模小、数量多、资源分散的局面。招商局集团清理232户非实体企业和74户特殊目的公司（SPV），占全部已压减企业的61.1%，处置了110户利润总额小于100万元的微利企业，推动资产向资本回报更高的领域集中。

按照定位准确、职能清晰、流程顺畅、精干高效的要求，结合国务院国资委提出的管理层级界定标准，缩短层级链条、精简管理部门、优化管控模式、提升运营效率。如：国家电网推进所属全资县级供电公司"子改分"，解决了长期以来存在的县公司人员多、效益差、投资能力不足等问题，对促进地方县域经济发展发挥了积极作用，累计减少法人695户，减少比例达44.61%，电网业务基本实现了"两级法人、三级管理"。中广核按照"扁平化"管理模式，搭建"集团总部—产业板块—业务单位"的架构，将集团管理层级控制在三级，打造了精简高效的组织运作体系。中国一重引入"外脑"对公司管控模式与组织结构进行优化，将总部19个管理部门精简至13个，撤销总部业务科室69个，取消二级单位所属制造厂生产工段、行政办及生产管控中心109个，集团管控能力显著增强。

灵活运用设立私募股权基金、进场挂牌交易、引入外部投资者等运作手段，创新方式推进"压减"工作。如：招商局集团房地产板块通过设立专门的私募股权基金，将有关资产注入基金实现出表（涉及9家公司控股权转让），为解决地产尾盘项目"退出难"问题探索了有效路径。中国宝武挂牌转让宝钢气体51%的股权，成交价格相比挂牌价、评估值和账面净值分别高出22.1亿元、30亿元、31.65亿元，转让股权的总投资回报率高达529.12%，既实现了压减23户法人，又确保了国有资本的保值增值。中粮集团对有市场前景但非核心主业的业务，如包装、肉食等业务，通过引入外部投资者的方式，实行混合所有制改革，以让渡控股权的方式减少法人63户。

将"压减"工作与相关改革工作协同推进，取得了"1+1＞2"的改革效果。如：中国远洋海运淘汰了一批高能耗、小吨位、维护成本高的老旧船舶，关闭单船公司188户，同时建造了一批国民经济发展急需的大型LNG船、VLCC船、大型半潜船等高附加值、高技术船舶，平均船龄从8.9年降低到8.2年，船队进一步向年轻化、大型化、绿色化和专业化转变，有效增强了市场竞争能力。国投将"压减"工作与"处僵治困"、降杠杆减负债等工作有机结合，加大对盈利能力差、价值创造能力弱特别是长期微亏企业的清理退出力度，推动负债率下降1个百分点，净资产收益率保持在10%以上。东风公司通过与国药集团战略合作，将所属东风医疗资产整体无偿划转至国药医疗健康产业，实现了剥离企业办医疗机构的改革目标。

将推进"压减"工作和优化管控紧密结合，建立完善长效机制。如：中国宝武围绕"体系、机制、技术、协同"四项核心能力建设，制定了《法人管理规定》，运用节点、色标、预警、验收等方法和信息化手段，稳步推进法人压减、持续优化集团管控，增强了"压减"工作与企业战略发展的契合度。国投以价值创造、资本回报等为重点，从战略匹配度、持续经营能力、资本回报水平等维度对各层级的控股和参股企业的经营质量和效率进行综合定量评价、实施差异化管理，实现业务有进有退、企业优胜劣汰。中国建筑对子企业经营效率进行底线管理，将各业务板块"收入净利率"和"净资产收益率"两项指标的三年平均值作为衡量子企业经营效率水平的"及格线",在此基础上动态制定"管控红线",要求低于"管控红线"的子企业限期进行整改或予以重组、注销。

截至2018年底,本次"压减"工作开展两年多来,聚焦高质量发展,不断提升管理效率,取得了显著成效。中央企业累计减少法人户数12829户,减少比例达24.6%,超额完成法人户数减少20%的目标,法人总数降至44558户,及时止住了亏损"出血点",成本费用得到有效控制,资产质量持续夯实,劳动生产率持续提升,合计减少人工成本261.7亿元,减少管理费用217.05亿元。法人层级10级(含)以上企业已由17家减少到10家,90%企业的法人层级控制在10级以内;管理层级最长由8级减少到6级,6级(含)以上的管理单位减少了3600户,减少比例达98%。随着管理链条的缩短,企业的运行效率得到提升,有效增强了对国有资产的管控力。两年多来,在国务院国资委和中央企业共同努力下,解决了长期想解决而没有解决的压减难题,得到各级领导和社会各界的充分肯定。"压减"工作成效被列入《政府工作报告》,多次被《人民日报》、新华社等媒体专题报道。

二、化解过剩产能

化解过剩产能是深化供给侧结构性改革的重要任务。截至2015年底,受国际市场持续低迷、国内需求增速放缓等影响,我国部分产业供过于求的矛盾日益凸显,传统制造业产能普遍过剩。钢铁、煤炭、水泥、电解铝、造船、炼化等高消耗、高排放行业产能利用率在70%左右,值得特别关注的是,钢铁、煤炭等行业仍有一批在建、拟建项目,产能过剩呈加剧之势。如不及时采取有效措施加以化解,势必会加剧恶性竞争,造成行业亏损面扩大、企业职工失业、银行不良资产增加、能源资源瓶颈加剧、生态环境恶化等问题,直接危及产业健康发展,甚至影响民生改善和社会稳定大局。

党中央、国务院多次召开会议并对推进供给侧结构性改革、做好去产能工作作出重要指示,要求各地区、各部门把思想和行动统一到党中央的决策部署上来,重点推进"三去一降一补",坚定不移地把供给侧结构性改革工作向前推进。

2016年是化解钢铁煤炭过剩产能工作的启动年。中央经济工作会议指出,要积极稳妥化解产能过剩,按照企业主体、政府推动、市场引导、依法处置的办法，研究制定全面配套的政策体系，因地制宜、分类有序处置，妥善处理保持社会稳定和推进结构性改革的关系。要提出和落实财税金融支持、不良资产处置、失业人员再就业和生活保障等专项政策。《政府工作报告》提出，要着力化解过剩产能和降本增效。重点抓好钢铁、煤炭等困难行业去产能，坚持市场倒逼、企业主体、地方组织、中央支持，运用经济、法律、技术、环保、质量、安全等手段，严格控制新增产能，坚决淘汰落后产能，有序退出过剩产能。要完善财税金融等支持政策，采取兼并重组、债务重组或破产清算等措施，积极稳妥处置"僵尸企业"。中央财政安排1000亿元专项奖补资金，重点用于职工分流安置。

同年2月，国务院印发《关于钢铁行业化解过剩产能实现脱困发展的意见》和《关于煤炭行业化解过剩产能实现脱困发展的意见》，明确了钢铁和煤炭行业化解过剩产能的总体要求、工作目标、主要任务和政策措施，对今后一个时期化解钢铁煤炭行业过剩产能、推动钢铁煤炭企业实现脱困发展作出全面部署。要求钢铁行业在2016年起用5年时间压减粗钢产能1亿—1.5亿吨（中央企业计划压减2137万吨），行业兼并重组取得实质性进展，产业结构得到优化，资源利用效率明显提高，产能利用率趋于合理，产品质量和高端产品供给能力显著提升，经济效益趋于好转，市场预期明显向好。要求煤炭行业用3—5年时间，退出产能5亿吨左右（中央企业计划退出1.12亿吨）、减量重组5亿吨左右（中央企业计划减量重组7000万吨），较大幅度压缩煤炭产能，适度减少煤矿数量，煤炭行业过剩产能得到有效化解，市场供需基本平衡，产业结构得到优化，转型升级取得实质性进展。

为加强组织领导、强化统筹协调和协作配合、形成工作合力，经国务院批准，建立了由国务院国资委、财政部、人力资源社会保障部等25个部门组成的化解钢铁煤炭过剩产能和脱困发展工作部际联席会议制度。为强化政策引导，财政部、人力资源社会保障部、国土资源部、环境保护部、人民银行、税务总局、质检总局、安全监管总局、银监会、煤矿安监局等部门，先后研究制定印发了财税支持、金融支持、职工安置、奖补资金、国土、环保、质量、安全等8个专项配套政策文件。国务院国资委成立了中央企业化解过剩产能和脱困发展工作领导小组，提出把中央企业化解钢铁煤炭过剩产能与处置"僵尸企业"、结构调整、转型升级等有机结合的工作思路，研究部署了中央企业钢铁煤炭去产能工作任务，实现了压力层层传递，责任层层落实。

2017年是化解钢铁煤炭过剩产能工作的攻坚年。中央经济工作会议指出，要继续推动钢铁煤炭行业化解过剩产能。要抓住处置"僵尸企业"这个"牛鼻子"，严格执行环保、能耗、质量、安全等相关法律法规和标准，创造条件推动企业兼并重组，妥善处置企业债务，做好人员安置工作。要防止已经化解的过剩产能死灰复燃，同时用市场、法治的办法做好其他产能严重过剩行业去产能工作。《政府工作报告》提出，要扎实有效去产能，全年再压减钢铁产能5000万吨左右，退出煤炭产能1.5亿吨以上。同时，要淘汰、停建、缓建煤电产能5000万千瓦以上，以防范化解煤电产能过剩风险，提高煤电行业效率，优化能源结构，为清洁能源发展腾空间。部际联席会议提出要充分运用市场化法治化手段，统筹处理好去产能与稳定供应、优化结构、转型升级的关系，更加科学精准、有序有效去产能。

2018年是化解钢铁煤炭过剩产能工作的深化之年。中央经济工作会议指出，要深化供给侧结构性改革，深化要素市场化配置改革，重点在"破""立""降"上下功夫，大力破除无效供给，把处置"僵尸企业"作为重要抓手，推动化解过剩产能。《政府工作报告》提出，全年再压减钢铁产能3000万吨左右，退出煤炭产能1.5亿吨左右，淘汰关停不达标的30万千瓦以下煤电机组。加大"僵尸企业"破产清算和重整力度，做好职工安置和债务处置。

各地区和有关部门认真贯彻落实党中央、国务院关于供给侧结构性改革的决策部署。一是严控新增产能。钢铁方面，各地区、各部门不得以任何名义、任何方式备案新增产能的钢铁项目，各相关部门不得办理土地供应、能评、环评审批和新增授信支持等相关业务。煤炭方面，从2016年起，3年内原则上停止审批新建煤矿项目、新增产能的技术改造项目和产能核增项目；如确需新建煤矿，一律实行减量置换。煤电方面，严控新增产能规模，煤电项目规划建设风险预警为红色和橙色的省份，不再新增煤电规划建设规模，确需新增的按"先关后建、等容量替代"原则淘汰相应煤电落后产能，2020年底前已纳入规划基地外送项目的投产规模原则上减半；清理整顿违规项目，全面排查煤电项目的建设情况，对未核先建、违规核准、批建不符、开工手续不全等违规煤电项目一律停工、停产，并根据实际情况依法依规分类处理。二是化解过剩产能。钢铁方面：①依法依规退出，严格执行环保、能耗、质量、安全、技术等法律法规和产业政策，达不到标准要求的钢铁产能要依法依规退出。坚决依法彻底取缔"地条钢"违法违规产能。②引导主动退出。完善激励政策，鼓励企业通过主动压减、兼并重组、转型转产、搬迁改造、国际产能合作等途径，退出部分钢铁产能。煤炭方面：①加快淘汰落后产能和其他不符合产业政策的产能。②引导有序退出过剩产能。对达不到安全与技术要求、长期亏损、资不抵债的煤矿实施关闭退出。煤电方面，从严淘汰落后产能，严格执行环保、能耗、安全、技术等法律法规标准和产业政策要求，依法依规淘汰关停不符合标准的30万千瓦以下的煤电机组（含燃煤自备机组）。三是严格执法监管。钢铁方面，严格依法处置环保不达标、生产工序单位产品能源消耗不达标的钢铁企业，严厉打击无证生产等违法行为，依法查处不具备安全生产条件的钢铁企业。煤炭方面：严格控制超能力生产，全面实行煤炭产能公告和依法依规生产承诺制度；严格治理违法违规建设，对基本建设手续不齐全的煤矿，一律责令停工停产；严格限制劣质煤使用，停止核准高硫高灰煤项目，按照有关规定继续限制劣质煤进口。四是妥善安置职工。指导有关中央企业依法依规制订职工分流安置方案，按照有关规定履行民主程序，将妥善分流安置职工作为去产能的主要重点工作来抓，依法依规操作，完善各项制度，确保职工分流安置过程公平、公正、公开，保障职工合法权益。有关中央企业狠抓落实，多渠道创新方式方法妥善安置职工。鞍钢积极筹措配套资金7.4亿元，华润集团自筹配套资金4.12亿元，为妥善安置职工提供了资金保障。中国宝武积极探索创新多渠道人员分流安置方式，通过培训转岗、支持自主创业、劳务输出、内部退养和协议解除劳动关系等渠道妥善分流安置职工，努力做到"转岗不下岗、转业不失业"。五是优化资源配置。以去产能为契机，国务院国资委积极推动钢铁煤炭煤电行业中央企业优化资源配置，提高产业集中度，促进高质量发展。钢铁方面，推进宝钢和武钢联合重组后，两公司化解钢铁过剩产能任务由1362万吨调整至1542万吨。中国宝武组建四源合股权投资管理有限公司，成立钢铁产业结构调整基金，成功重整重钢股份。煤炭方面，按照做强做优做大专业煤炭公司，煤炭一体企业资源优化配置，其他涉煤企业原则退出煤炭行业的目标，国务院国资委组织成立中央企业煤炭资产管理平台公司即国源公司。国源公司成立后，按照"市场化、法治化、企业自愿、成熟一户移交一户"的原则，积极开展中央企业煤炭整合优化工作。六是加强督促检查。按照国务院和部际联席会议部署,从 2016 年开始,国务院国资委先后组成督查组,对有关地方和中央企业钢铁煤炭去产能、淘汰落后产能、取缔"地条钢"、防范化解煤电产能过剩风险等工作开展专项督查、验收和抽查,督促地方政府和有关中央企业加大工作力度,加快工作进度,确保按时完成目标任务。

截至 2018 年底,化解过剩产能工作任务扎实推进,成效显著。一是钢铁煤炭煤电企业去产能工作完成阶段性目标任务。全国共退出粗钢产能 1.56 亿吨(其中中央企业 1614 万吨)、出清"地条钢"1.4 亿吨;退出煤炭产能 8.1 亿吨(其中中央企业 1.07 亿吨);淘汰关停落后煤电产能 1712.8 万千瓦(其中中央企业 1085.7 万千瓦);分流安置职工 110 余万人(其中中央企业 11.7 万人)。二是企业质量效益逐步好转,布局结构得到调整优化。钢铁方面,中国宝武利润大幅增长,鞍钢扭亏为盈。通过推进中央钢铁企业结构调整,进一步优化了布局结构和资源配置,提高了产业集中度,形成了以中国宝武和鞍钢两家专业公司为主、新兴际华以铸管为特色的"2+1"中央钢铁企业新格局。煤炭方面,中煤集团扭亏为盈,国家能源集团利润大幅增长。以国源公司为平台,先后整合了国投、中铁工、中航工业、保利集团、华润集团、中国电建、国家电投 7 家中央企业煤炭资源,涉及煤炭产能 2 亿吨,资源储量 497 亿吨。通过资源整合,改变了中央企业煤炭资源分布散、同质化经营、重复建设的局面,基本实现了非煤主业企业原则退出煤炭行业的目标,初步形成了专业煤炭企业做强做优做大、电煤一体企业资源优化配置的格局。

三、开展"处僵治困"

近年来,随着经济下行压力加大,一些企业经营困难,矛盾和问题逐步显现和暴露,产品结构不合理,不适应市场需求变化,主要产品产能过剩严重,竞争力较差,效益增长缓慢,2015 年效益出现下滑态势,连续亏损、资不抵债等困难企业增多。这些困难企业主要分布在产能过剩行业和产业低端领域,形成大量"僵尸企业",挤占了宝贵的经济资源,给企业带来沉重负担,严重制约了结构调整、转型升级和创新发展。

2016 年以来,国务院国资委落实党中央、国务院部署,结合对中央企业困难子企业的摸排情况,从生产经营、财务状况、市场前景等方面,研究提出"僵尸企业"和特困企业的界定标准、工作目标和工作措施,将中央企业所属

2041户困难子企业纳入专项治理工作范围，明确中央企业要用三年时间基本完成"僵尸企业"和特困企业处置治理任务（以下简称"处僵治困"），研究制定了中央企业处置"僵尸企业"工作方案和开展特困企业专项治理工作方案，报经中央财经领导小组和国务院常务会议审定同意后印发实施。

在党中央、国务院的坚强领导下，国务院国资委把处置"僵尸企业"作为工作的重中之重，通过清单管理、多级分工、动态监测、挂牌督导和政策支持，有力推动了中央企业"处僵治困"各项工作措施落地。各中央企业及时制定具体工作方案，明确牵头部门、分解目标任务、细化工作措施，按照"三个一批"总体安排，积极推进"处僵治困"工作，纳入专项工作范围的2041户"僵尸企业"和特困企业，生产经营明显好转，2018年实现整体盈利。截至2018年底，有关中央企业已累计完成1954户"僵尸企业"处置和特困企业治理的主体任务，总体工作进展达95.7%。

通过推进"处僵治困"工作，有效夯实了中央企业高质量发展基础。一是多数"僵尸企业"和特困企业止住了出血点，恢复了造血能力。"处僵治困"工作开展以来，通过瘦身健体提质增效、业务重组整合等措施，已有600多户企业实现市场出清，800多户企业实现扭亏为盈，300多户企业实现大幅减亏。二是积极化解过剩产能，促进中央企业加快结构调整转型升级。中央企业把处置"僵尸企业"作为去产能工作的重要抓手，与结构调整、转型升级、深化改革等工作有机结合起来，从供给端做"减法"，以钢铁、煤炭两个最困难的行业为重点，并进一步扩展到其他产能过剩行业，有效释放了错配资源，提高了生产效率，促进了转型升级。三是主动化解债务风险，助力中央企业降杠杆防范风险。"僵尸企业"和特困企业普遍存在高杠杆和高亏损问题，占用集团资本和信贷资源，长期消耗着上级补助资金，给集团整体经营带来沉重负担，也给金融系统带来隐患和风险。中央企业加快低效、无效、负效资产和企业的重组整合及市场出清，释放有效的经济资源，有效防范局部金融风险的爆发，为稳定金融和减少银行不良资产作出重要贡献。2018年底，"僵尸企业"和特困企业平均资产负债率比2015年末下降6.1个百分点，金融债务规模下降近23%，有300多户企业扭转了资不抵债的困难局面。四是多措并举安置职工，推动中央企业减负增效和谐发展。"处僵治困"工作累计稳妥安置富余人员78.2万人，除了采取协议解除劳动合同、内退等传统方法外，还积极探索集团跨区转岗、组织对外劳务派遣、协商离岗自主创业等方法，其中富余人员实现跨区转岗安置近50%，基本完成"转岗不下岗、转业不失业"工作目标，维护了社会稳定大局。

四、推进降杠杆减负债

2005年以来，我国宏观杠杆率水平快速增长，从142.6%上升至2016年的255.3%，其中2012—2016年均增长14.8个百分点。为遏制杠杆率快速攀升势头，防范化解重大风险，落实党中央供给侧结构性改革的重大部署，"去杠杆"成为深化国企改革的重要任务要求。2017年，党的十九大和中央经济工作会议明确今后3年要重点抓好决胜全面建成小康社会的"三大攻坚战"，其中防范化解重大风险作为首要战役。

针对国有企业杠杆率水平较为突出的问题，党中央、国务院明确提出国有企业是去杠杆的重点，要求坚持全覆盖与分类管理相结合，完善内部治理与强化外部约束相结合，通过建立和完善国有企业资产负债率约束机制，强化监督管理，做到标本兼治，促使高负债国有企业资产负债率尽快回归合理水平。

为贯彻落实党中央、国务院防范化解重大风险的工作要求，2017年8月，国务院国资委召开中央企业降杠杆减负债工作动员部署会，要求各中央企业坚决贯彻落实党中央、国务院关于国有企业降杠杆的指示要求，全面开展降杠杆减负债工作，全力以赴落实降低负债率工作目标。同年11月，国务院国资委在原有资产负债率管控线的基础上，制定更加严格的资产负债率警戒线，要求高负债企业降至管控线或警戒线以下，并提出了四方面具体工作措施：一是强化内部管理。通过完善公司治理结构、持续开展瘦身健体提质增效、加快产业转型升级、加大联合重组、盘活存量资产、严控"两金"占用规模增长，进一步增强企业自我经营积累能力；通过加大资金集中管理力度、积极开展资产证券化、优化资金使用标准、加大工程建设保证金清理、加强预收账款管理，加快资金融通提高资金使用效率；协调产业链企业开展同业授信、票据互认、保函互认等业务，指导境外经营主体有效规避境外小币种汇兑损失。二是优化资本结构。通过整体或分业务板块上市，设立股权投资基金、发行优先股、股权债权置换，推进混合所有制改革，多渠道多方式开展股权融资；积极拓展重大建设项目资本金融资渠道，引入各类股权资本进行融资，进一步落实重点建设项目资本金来源，提高重大建设项目自有资金投入和股权性融资比例，建立多渠道降低企业债务的机制。三是充实资本规模。积极稳妥开展市场化债转股，推动有意向的条件较好的中央企业积极开展工作，已签订框架协议的企业抓紧落实，推动企业与银行、实施机构加强沟通，探索创新市场化债转股模式，鼓励国有资本运营、投资公司参与；通过发挥国有资本投资运营平台作用，有效盘活中央企业上市公司存量股权资源，通过设立股权投资基金等方式，将国有资本经营预算资金投向主要用于支付改革成本任务完成后，适当增加对重点企业和重点项目的资本金注入，扩大股权融资规模。四是管控债务风险。通过严格投资管理、压减费用支出、严格高风险业务管理，进一步强化高负债中央企业风险管控机制；通过增强经营活动创现能力、严控债券发行比例、加强债券监测预警，严防中央企业发生重大财务危机和债券兑付风险；通过加快去产能、"僵尸企业"及特困企业处置，以市场出清、债务重组、债转股等方式实现市场化削债、减债和减负，主动化解债务风险。2018年4月，国务院国资委召开供给侧结构性改革视频会议，对中央企业降杠杆工作进行再动员再部署。2018年7月，国资委国资委组织召开中央企业降杠杆减负债工作推进会，进一步深化降杠杆减负债动员部署工作，会上国务院国资委与部分中央企业代表现场签署降杠杆减负债专项工作目标责任书，并要求企业提高认识、加强组织，坚决完成既定工作目标。同时，国务院国资委推动企业加强资金管理，缓解债务压力，积极稳妥推进市场化债转股工作。

通过上述措施，中央企业降杠杆减负债工作取得积极成效，截至2018年底，中央企业资本结构持续优化，带息负债比率较2015年下降1.8个百分点；整体负债率65.7%，较2015年末下降1个百分点。有63家负债率比2015年下降，冶金、火电、建筑等产能过剩及高负债行业负债率明显下降，军工、通信等部分发展势头良好的行业负债率也持续改善。

五、完善主业管理

习近平总书记指出，做企业、做事业，不是仅仅赚几个钱的问题。做实体经济，要实实在在、心无旁骛地做一个主业，这是本分。党的十八大以来，我国经济转向高质量发展新阶段，供给侧结构性改革全面推进，国有企业坚持聚焦主责主业，不断提升发展质量效益和核心竞争力。为适应新时代新变化新要求,推动企业加快转型升级,主业管理方式方法也在不断完善。企业主业实行动态调整,引导企业立足主业优势,选取有良好技术、人才、市场基础的新产业新业态进行培育。部分中央企业主业经国务院国资委核定有所调整,例如中国黄金主业增加了贵金属伴生金属的资源开发、冶炼、加工、贸易,中国通号主业增加了轨道交通技术在市政与房屋建筑工程上的应用等;建立了规范董事会的企业可选择1—2个非主业探索发展,国务院国资委视同主业管理,例如新兴际华集团将应急产业作为拟发展产业,国药集团探索发展医疗健康服务业等。另外,中央企业投资监管制度也作出了重大调整,2017年修订实施的《中央企业投资监督管理办法》改变了审核非主业项目的做法,改为由国务院国资委核定企业的非主业投资控制比例,企业可在比例范围内,按照企业战略规划选取有利于支撑主业发展的项目自主决策。与此同时,探索建立了中央企业境内境外投资项目负面清单制度,严格限制不符合企业战略规划、超过非主业投资控制比例以及境外的非主业投资项目,为中央企业投资行为划定了红线,明确了监管底线。对于个别企业脱离主业开展金融类、房地产类业务的意向,国务院国资委通过企业战略规划审核、投资计划备案管理等举措,加强重点监管,坚决予以制止,有力引导企业聚焦主业、做精做优实业。2019年4月,国务院印发《改革国有资本授权经营体制方案》,提出授权国有资本投资、运营公司根据出资人代表机构的战略引领,自主决定发展规划和年度投资计划,投资公司围绕主业开展的商业模式创新业务可视同主业投资,并将强化事中事后监管,定期评估效果,采取扩大、调整或收回等措施动态调整。通过主业管理以及规划投资管理模式的与时俱进,既有效激活了国有企业发展活力,使企业转型升级步伐持续加快、新增长点不断涌现,又有力落实了国资监管机构职责,引领企业聚焦主业不断做强做优做大,使国有资本布局结构更趋合理、更加适应高质量发展要求。

六、推动兼并重组

(一)有关背景和政策

经过前期的重组整合,至党的十八大前,中央企业数量已从国务院国资委成立时的196家调整至117家,处于一般竞争性领域的中央企业数量明显减少,军工、石油石化、电网电力、电信、煤炭、民航、航运等重要行业和关键领域的中央企业国有资本已占到全部中央企业的近80%。国有经济更多向重要行业、关键领域集中，中央企业布局结构不断优化。但总体看仍存在一些突出问题：一是国有资本仍然存在战线过长、分布过广、力量分散的问题；二是部分行业低端产能过剩、高端产能不足、产业集中度低，结构性问题十分突出，推动产业转型升级的任务仍十分艰巨；三是部分企业间重复投资、同质化发展、无序竞争等问题十分突出，资源配置率低下，无法形成协同合力；四是不少企业内部资源分散，缺乏有效的资源整合，资本流动性不强，企业发展质量和效益亟待提升。面对上述问题，需进一步加大重组整合工作力度，推动中央企业布局结构优化调整。

2015年8月，《中共中央 国务院关于深化国有企业改革的指导意见》提出，要以管资本为主推动国有资本合理流动优化配置，坚持以市场为导向、以企业为主体，有进有退、有所为有所不为，优化国有资本布局结构，增强国有经济整体功能和效率。紧紧围绕服务国家战略，落实国家产业政策和重点产业布局调整总体要求，优化国有资本重点投资方向和领域，推动国有资本向关系国家安全、国民经济命脉和国计民生的重要行业和关键领域、重点基础设施集中，向前瞻性产业集中，向具有核心竞争力的优势企业集中。

2016年7月，国务院办公厅印发《关于推动中央企业结构调整与重组的指导意见》，明确了中央企业结构调整与重组的主要目标：到2020年，中央企业战略定位更加准确，功能作用有效发挥；总体结构更趋合理，国有资本配置效率显著提高；发展质量明显提升，形成一批具有创新能力和国际竞争力的世界一流跨国公司。提出要统筹"走出去"参与国际竞争和维护国内市场公平竞争的需要，稳妥推进装备制造、建筑工程、电力、钢铁、有色金属、航运、建材、旅游和航空服务等领域企业重组，集中资源形成合力，减少无序竞争和同质化经营，有效化解相关行业产能过剩；鼓励煤炭、电力、冶金等产业链上下游中央企业进行重组，打造全产业链竞争优势，更好发挥协同效应。提出了巩固加强一批、创新发展一批、重组整合一批、清理退出一批等4个方面的重点工作。

2017年10月，党的十九大报告明确指出，要加快国有经济布局优化、结构调整、战略性重组，促进国有资产保值增值，推动国有资本做强做优做大。

(二) 主要做法

稳妥推进中央企业集团层面重组。 党的十八大以来，面对新形势、新环境、新要求，以做强做优做大、培育世界一流企业为目标，按照"成熟一户、推进一户"的原则，通过"横向联合""纵向整合"等方式，截至2018年底，先后完成中国南车与中国北车、宝钢与武钢、中国国电与神华集团、中核集团和中核建设集团、武汉邮科院和电信科研院等20组38家企业重组，中央企业调整至96户。2017年9月27日，第188次国务院常务会议专题听取重组工作情况汇报，对中央企业重组整合工作取得的成绩给予充分肯定。

大力推进专业化整合。 专业化整合有利于减少同质化竞争、提升资源配置效率，能够让专业的企业干专业的事，对于提高企业核心竞争力具有重要意义。党的十八大以来，国务院国资委以业务做强做精为目标，打破企业边界，通过资产重组、股权合作、资产置换、战略联盟等方式，推动企业之间的专业化整合。探索"铁塔模式"。以"共享竞合"为目标，将铁塔等通信基础设施从电信运营商中剥离，由铁塔公司整合共建共享，以此推动新建铁塔共享水平大幅提升，重复建设大幅降低。"资产转让"模式。国务院国资委积极推动中央企业加快剥离非主业非优势业务，实现专业化整合。保利集团将培育多年的优质煤炭板块资产（资产总额约260亿元）移交至中煤集团，中航工业将房地产业务（资产总额约1000亿元）转让给保利集团，推动资源向主业企业集中，资源效率不断提升。

督导企业做好重组后的整合融合。 实施重组只是发生了"物理反应"，完成整合融合才能催生"化学反应"，真正实现重组目标。遵循"前期过程和后期效果并重、重组过程和整合结果并重"的原则，2016—2018年，国务院国资委每年均对上一年实施重组的企业开展了重组整合专项督查。通过与集团领导座谈、听取职能部门汇报、深入基层企业调研等方式，督促企业进一步加强内部整合融合，加快实现"1+1>2"的重组目标。截至2018年底，已完成国家电投、保利集团、国家能源集团等14家重组企业的专项督查。

深入推进兼并重组试点。 作为"十项改革试点"之一，选择国家电投、中国远洋海运、中国建材3家重组企业，开展兼并重组专项试点。在深入推进3家企业试点工作基础上，对总部整合、业务整合、上市公司整合、加强党的建设等6个方面的好做法好经验进行深入总结，为其他中央企业重组提供有益借鉴。深入分析重组企业在税收、上市公司整合等7个方面面临的困难，积极协调有关部门，切实帮助重组企业解决问题。

不断创新重组手段方式。借助深化国资国企改革的有利时机，积极探索创新重组工作的有效方式，推动中央企业重组整合向深入推进。先后推动中粮集团重组华粮集团、华孚集团、中纺集团等企业，推动保利集团整合工艺集团和中轻集团，切实发挥国有投资试点企业在整合产业资源的重要抓手作用。指导中国诚通、中国国新两家国有资本运营公司，分别发起设立3500亿元的国有企业结构调整基金和2000亿元的国有资本风险投资基金，打造资本运作的专业平台，以市场化方式推动企业结构调整和重组整合。推动中国航材、三大航空公司、中国国新成立航材保障共享平台公司，增强航材资产的有效性和流动性；推动中国国新、中国诚通、中煤集团、神华集团组建煤炭资产管理平台公司，对中央企业煤炭资源实施减量重组和业务整合。

（三）重大重组事例

1. 中国铁塔组建

整合三大电信运营商的铁塔及相关附属资源，组建中国铁塔，对于解决通信铁塔重复建设问题意义重大。铁塔公司于2014年7月正式成立，注册资本100亿元，中国移动、中国联通、中国电信、中国国新分别持股38%、28.1%、27.9%、6%。铁塔公司的成立改变了铁塔站址以往由电信企业各自建设、竞价入场的模式，调整为中国铁塔统筹需求、统一建设、专业化运营，4G移动通信网络建设进度大大加快。2018年8月，铁塔公司完成首次公开募股，在香港联交所主板挂牌上市，圆满完成了国务院在公司成立之初明确的"快速形成新建能力、完成存量铁塔资产注入、择机上市并实现混合所有制"的"三步走"目标。

2. 宝钢与武钢重组

宝钢前身为上海宝山钢铁厂，是改革开放初期建设的特大型现代化钢铁企业。武钢始建于1955年，是中华人民共和国第一个特大型钢铁企业。两企业重组，是扎实推进供给侧结构性改革、大力调整优化国有资本布局结构的重要举措，对深入推动我国钢铁产业结构优化、转型升级，有效推动我国钢铁行业更好地服务国民经济发展，加速提升我国钢铁行业国际竞争力等，具有十分重要的意义。2016年,两企业实施重组,具体方式上,宝钢集团更名为"中国宝武"后,武钢整体无偿划入中国宝武。

3. 中国南车与中国北车重组

中国北车、中国南车是2000年9月在原中国铁路机车车辆工业总公司基础上分别组建而成的中央企业。在我国轨道交通行业快速发展的大背景下,实现了较快发展,但也存在业务结构高度趋同、目标市场高度重叠、重复建设和恶性竞争突出等问题,制约了企业持续健康发展。两企业重组,有利于解决恶性竞争和重复建设等突出问题,集中力量打造中国品牌,拓展海外市场;有利于整合研发资源,加快核心技术突破和商业模式创新,提升核心竞争力,培育世界一流企业;有利于在实施"中国制造2025"、建设制造强国中发挥积极作用,更好地服务"一带一路"等国家重大战略。

4. 中核集团与中核建集团重组

中核集团、中核建设集团均成立于1999年,前者由原中核总公司改组而来,拥有完整的核军工、核燃料和核电科研生产体系;后者是以原中核总公司的建工局为主体组建,主要从事军工核设施和核电建造安装的企业。中核集团、中核建设集团都是我国主要核能企业,承担着推进我国战略核力量建设和核能开发利用的重要使命。2018年,两企业实施重组,中核建设集团整体无偿划转进入中核集团。这一重组有利于加快我国战略核力量建设,更好统筹中核集团的"华龙一号"和中核建设集团的高温气冷堆研发建设,减少无序竞争,优化核电行业竞争格局;有利于两企业在技术、资金、信息等方面实现优势互补,形成资源合力,是推动企业做强做优做大、优化资源配置的必然要求,也是加快我国战略核力量建设、推动核电"走出去"的重大举措。

(四) 中央企业兼并重组的成效

党的十八大以来,国务院国资委和中央企业认真贯彻党中央、国务院重大决策部署,中央企业布局结构优化调整全面提速,重组工作取得积极成效。

企业规模实力快速提升。中国北车、中国南车合并成中国中车后,经营规模稳居全球轨道交通装备行业第一,销售收入超过庞巴迪、阿尔斯通、西门子3家总和。中国远洋与中国海运合并成中国远洋海运后,综合运力、干散货船队、油轮船队和杂货特种船队等规模实现多个世界第一,集装箱船队规模进入全球第一梯队，成为平衡全球航运格局的重要力量。中储粮重组中储棉后，业务影响范围扩展至整个大宗农产品市场，成为全球最大的农产品储备集团。宝钢武钢联合重组后，钢铁产量位居世界第二，高端碳钢产品的产量将由2000万吨增长到3000万吨，具备与韩国浦项和日本新日铁住金等世界一流企业相当的实力。

重组企业全面推进业务、资产、机构、管理、人员等整合融合，协同效应有效释放。有效解决了重组前的重复投资、恶性竞争、力量分散等问题，"1+1>2"的协同效应不断显现。中国宝武钢铁主业2017年共推进77个协同项目，实现协同效益20.33亿元，比预期目标增加100.33%。原武钢股份燃料比、高炉休风率、废次降发生率等核心技术指标大幅下降，员工劳动效率提升11.2%，经营业绩创造历史最优。中国中车集团将解决国外的过度竞争作为整合第一要务，通过制定规则、加强统筹等举措，2015—2017年累计实现境外销售收入646.65亿元，比重组前3年增加34.9%。中国远洋海运全面推进同类业务整合，打造4个专业化的上市平台，有效解决了同质化发展和同业竞争等问题。2017年，仅集装箱板块就因协同增效47亿元。

技术创新能力得到增强。中国中车时速350公里标准动车组"复兴号"投入运营，被习近平总书记誉为"迈出从追赶到领跑的关键一步"。国家电投牵头的CAP1400研发设计任务全面完成，申请专利1529项，发布123项国家和行业标准，形成了支持核电自主化发展和"走出去"的标准体系。中国航发"两机"专项全面实施，重大型号研制有力推进，为铸就航空动力"中国心"打下良好基础。

资源配置效率持续提升。通过新组建铁塔公司整合三大电信运营商的铁塔及相关附属资源，有效减少了重复投资，实现了共建共享。铁塔公司成立以来，累计共享存量铁塔53.1万座，并推动新建铁塔共享水平由过去14.3%迅速提升到目前的70%以上，基本杜绝了铁塔领域的重复建设，相当于减少新建铁塔62.8万座，节约投资1120亿元、土地3.1万亩。2015年以来，铁塔公司累计投资1464亿元，交付铁塔站址设施约180万个，承建高铁、地铁公网覆盖总里程分别超13700公里、1900公里，承建室内分布系统总覆盖面积超10亿平方米。铁塔站址4年建设量相当于行业过去30年的建设总量，为加快建设网络强国，推动信息消费、数字经济和新兴产业发展提供了有力支撑。

产业链实现优势互补。中国国电与神华集团重组,实现煤电一体化运营,探索解决长期以来困扰行业发展的煤电矛盾。中国五矿与中冶集团重组,具备资源勘探、工程建设、矿山运营、资本运作、国际化经营的全产业链优势,"走出去"能力明显增强。中粮集团与华粮集团重组,实现粮食外贸、内贸、物流业务的统一整合,保障市场有效供给、服务宏观调控的能力明显增强。

第三节　从集团试点到培育具有全球竞争力的世界一流企业

20世纪80年代后期,始发于横向经济联合的企业集团,经过90年代两批试点,建立母子公司体制,完善集团公司功能,逐步成为"抓大放小"中"抓大"的主要抓手,成为参与国际竞争的主要力量,成为结构调整的重要平台。集团公司也是几轮授权经营改革的对象,是政企界面关系的载体。随着资本纽带的建立和完善,进入21世纪,原有企业集团的概念逐渐淡化,更多地使用大企业、集团公司的概念。一批具有全球竞争力的集团公司逐渐成长,为提高我国综合实力、国际地位发挥了举足轻重的作用。我国企业集团改革演变的历程,反映了国企改革的各个时期许多重大措施的综合效果,成为我国国企改革中相对独立完整、值得单独记述的一条重要脉络。

一、企业集团的产生

企业集团作为一种企业组织形态,是随着我国经济体制改革的不断深入,在横向经济联合的基础上发展起来的。党的十一届三中全会确定了实行经济体制改革和对外开放的总方针,决定对国民经济管理体制进行重大改革,让地方和工农业企业在国家统一计划指导下有更多的经营管理自主权,精简各级经济行政机构,实行按经济规律办事。党的十一届三中全会后,在工业、商业等企业进行了扩大企业自主权的试点,推行多种形式的经济责任制,实行"利改税"改革。一些部门和地区按专业化协作的要求,组建了一批专业公司,在地区之间、地区与部门之间进行了多种形式的联合,相继组建了一些经济联合体，这对打破由传统计划经济体制造成的地区封锁和部门分割，改革企业组织结构上"大而全""小而全"的现象，发展专业化协作和规模经济，促进经济调整等起到了重要作用。

为了促进经济联合体的健康发展，1980年7月，国务院印发《关于推动经济联合的暂行规定》，明确了"扬长避短、发挥优势、保护竞争、促进联合"的方针，提出了企业实行横向经济联合发展的新思路，规定了企业横向经济联合的概念、定义、原则、组织管理、政府作用以及有关政策问题等。国家陆续出台了一系列方针政策，鼓励和促进横向经济联合的发展。1984年10月，党的十二届三中全会通过的《中共中央关于经济体制改革的决定》对联合协作的方向、原则更加明确，提出"要在自愿互利的基础上广泛发展全民、集体、个体经济相互之间灵活多样的合作经营和经济联合"，"按照扬长避短、形式多样、互利互惠、共同发展的原则，大力促进横向经济联系，促进资金、设备、技术和人才的合理交流，发展各种经济技术合作，联合举办各种经济事业，促进经济结构和地区布局的合理化，加速我国现代化建设的进程"。经国家批准，东风汽车工业联营公司成立，解放、重型联合公司等一批联营公司迅速发展起来。这一阶段企业联合的方式主要体现在生产、销售等组织上的联合，资金、技术、劳动力、产品和零部件等生产要素上的联合，以及"全民"与"全民"、"全民"与"集体"、"集体"与"集体"等所有制间的联合，但所有制、隶属关系和财务关系仍维持不变。

1986年3月，国务院印发《关于进一步推动横向经济联合若干问题的规定》，即经济体制改革史上著名的"横向经济联合30条"，提出了企业之间的联合是横向经济联合的基本形式，是发展的重点，提倡以大中型企业为骨干，以优质名牌产品为龙头进行组织，并指出联合可以是紧密型的、半紧密型的，也可以是松散型的。可以采取合资经营、合作生产、来料加工等多种形式，通过企业之间的横向经济联合，逐步形成新型的经济联合组织，发展一批企业群体或企业集团。这是我国第一次在正式文件中提出"企业集团"的概念，也是第一次提企业集团的多层次结构形式，标志着企业集团这一企业组织形态在我国正式明确下来。

二、推进第一批大型企业集团试点

作为我国政府发布的第一个关于发展企业集团的规范性文件，1987年12月，国家体改委、国家经委印发的《关于组建和发展企业集团的几点意见》明确提出，企业集团是适应社会主义有计划商品经济和社会化大生产的客观需要而出现的一种具有多层次组织结构的经济组织，其核心层是自主经营、独立核算、自负盈亏、照章纳税、能够承担经济责任、具有法人资格的经济实体；是以公有制为基础，以名牌优质产品或国民经济中的重大产品为龙头，以一个或若干个大中型骨干企业、独立科研设计单位为主体，由多个有内在经济技术联系的企业和科研设计单位组成；它在某个行业或某类产品的生产经营活动中占有举足轻重的地位，有较强大的科研开发能力，具有科研、生产、销售、信息、服务等综合功能。

在党和国家政策引导和推动下，我国现代意义上的企业集团开始组建，不少地方政府和企业率先进行扩大企业自主权以及组建企业集团的试点工作，逐步形成了以资产为联结纽带、以主导产品生产技术协作为联结纽带、以技术开发为联结纽带、以项目成套为联结纽带的4种企业集团类型。这些企业集团虽然处于初创阶段，但已经显示出优势和发展潜力。1989年12月，国家体改委在深圳召开国务院有关部委参加的企业集团组织与管理座谈会，会议充分肯定了发展企业集团的重大意义，也对企业集团的概念与特征有了基本共识。企业集团是以资产为主要联结纽带的多层次法人企业联合体，即：具有母公司性质的集团公司作为核心企业，起着主导作用；由集团公司控股、参股的企业构成紧密层、半紧密层；同集团公司有固定契约关系的企业，形成松散层。然而，大多数企业集团却并未形成资产联结纽带，而是以行政计划纽带为主。

1991年12月，国务院批转国家计委、国家体改委、国务院生产办《关于选择一批大型企业集团进行试点的请示》，提出企业集团是适应我国社会主义有计划商品经济和社会化大生产的客观需要而出现的一种新的经济组织。按照有利于发展生产力、开发新产品、提高效益、合理配置资源和技术力量的原则，以资产和生产经营为纽带，组成一个核心企业与紧密层企业之间建立资产控股关系的有机整体。试点企业集团必须具备以下条件：一是必须有一个实力强大、具有投资中心功能的集团核心企业。二是必须有多层次的组织结构，除核心企业外，必须有一定数量的紧密层企业，最好还要有半紧密层和松散层企业。三是企业集团的核心企业与其他成员企业之间，要通过资产和生产经营的纽带组成一个有机的整体。核心企业与紧密层企业之间应建立资产控股关系。四是企业集团的核心企业和其他成员企业，各自都具有法人资格。试点企业集团核心企业对紧密层企业的主要活动实行"六统一"：一是包括发展规划、年度计划，由集团的核心企业统一对计划主管部门；二是实施承包经营的，由集团的核心企业统一承包，紧密层企业再对核心企业承包；三是重大基建、技改项目的贷款，由集团的核心企业对银行统贷统还；四是进出口贸易和相关商务活动，由集团的核心企业统一对外；五是紧密层企业中国有资产的保值、增值和资产交易，由集团的核心企业统一向国有资产管理部门负责；六是紧密层企业的主要领导干部，由集团的核心企业统一任免。为促进企业集团健康发展，国务院决定选择第一批 57 家企业集团进行试点。

第一批企业集团试点工作取得了积极进展，基本达到了试点的目的，主要表现在：进行了以资本为联结纽带、理顺企业集团内部关系的探索；扩展了企业集团功能，壮大了集团实力，初步形成了一批在市场上具有一定竞争力的企业集团，对促进结构调整和提高规模效益起到了一定的积极作用；深化了企业集团内部改革，促进了企业经营机制的转变，提高了企业经营管理水平；通过试点，对全国企业集团的建设、发展起到了一定的示范作用。

三、进一步深化大型企业集团试点

1992 年 10 月，党的十四大确立社会主义市场经济体制的改革目标。1993 年 11 月，党的十四届三中全会明确建立现代企业制度是国有企业改革的方向，明确要按照现代企业制度的要求，全国性行业总公司要逐步改组为控股公司，发展一批以公有制为主体、以产权联结为主要纽带的跨地区、跨行业的大型企业集团，发挥其在促进结构调整，提高规模效益，加快新技术、新产品开发，增强国际竞争能力等方面的重要作用。1994 年财税、金融、外汇等宏观体制改革顺利推行，使我国在建立社会主义市场经济体制方面迈出了关键的一步。按照建立社会主义市场经济体制的要求，国有企业改革从以往的放权让利、政策调整进入转换机制、制度创新阶段。国务院和各地先后选择 2700 多户国有企业进行建立现代企业制度试点，推行公司制、股份制改革，为建立现代企业制度进行了有益探索，出现了邯郸钢铁总厂等一批在市场竞争中经济效益连年提高的先进典型。

1995年9月，党的十四届五中全会通过《关于制定国民经济和社会发展第九个五年计划和2010年远景目标的建议》，提出要实现从传统的计划经济体制向社会主义市场经济体制、从粗放型增长方式向集约型增长方式的两个根本转变，要着眼于搞好整个国有经济，通过存量资产的流动和重组，对国有企业实施战略性改组。重点抓好一批大型企业和企业集团，以资本为纽带，联结和带动一批企业的改组和发展，形成规模经济，充分发挥它们在国民经济中的骨干作用。为适应建立社会主义市场经济体制的要求、贯彻落实国有企业"抓大放小"的战略部署、进一步推进企业集团试点工作，1997年4月，国务院批转国家计委、国家经贸委、国家体改委《关于深化大型企业集团试点工作的意见》，将试点企业集团从原有的57家扩大到120家。

第二批试点的主要目的：一是在国民经济的关键领域和重点行业中形成一批大型企业集团，积极发挥大型企业集团在国民经济中的骨干作用。二是到20世纪末，大型企业集团母、子公司初步建立现代企业制度，成为自主经营、自负盈亏、自我发展、自我约束的法人实体和市场竞争主体，建立以资本为主要联结纽带的母子公司体制。三是推动生产要素的合理流动和资源的优化配置，联结和带动一批企业的改组和发展，形成规模经济，增强在国内外市场上的竞争力。四是提高国有资产的营运效率和效益，确保国有资产的保值增值。五是转变政府职能，逐步实现政企分开。促进跨地区、跨行业的经济联合，增强国家宏观调控的能力。

在企业集团组织形式方面，建立以资本为主要联结纽带的母子公司体制。一是试点企业集团母公司及其成员企业在清产核资、界定产权的基础上，按照《中华人民共和国公司法》有关规定进行规范或改建，逐步理顺集团内部产权关系，形成以资本为主要联结纽带的母子公司体制。二是明确试点企业集团母公司的出资人，建立出资人制度。三是建立科学、民主的领导体制和决策体制。试点企业集团母公司、子公司要按照我国公司法建立法人治理结构，形成权力机构、经营机构和监督机构相互分离和制衡的机制。四是试点企业集团要根据建立现代企业制度的要求和国家有关规定，进行劳动、人事、工资制度的改革，加强内部管理等。

在企业集团功能方面，进一步增强试点企业集团母公司的功能，发挥试点企业集团母公司在制定集团发展战略、调整结构、协调利益等方面的主导作用，逐步成为集团投融资、科技开发、对外贸易和经济技术交流等重大经营活动的决策中心。一是增强试点企业集团母公司的投资功能，固定资产投资小型和限额以下项目，符合国家产业政策、布局政策的，由试点企业集团母公司决策，报有关行业主管部门备案。二是增强试点企业集团母公司的融资功能，经国务院有关主管部门批准，试点企业集团母公司可以在国内外金融、证券市场进行融资，享有对外融资权、对外担保权。三是试点企业集团母公司享有自营进出口权。四是建立技术中心，提高技术创新、消化吸收引进技术及新产品开发能力。

在企业结构调整方面，多渠道增补试点企业集团资本金，发挥其在结构调整中的作用。试点企业集团母公司要按专业化分工的要求，进行集团内部组织结构、产业结构和产品结构的调整，提高结构效益和规模效益。合理调整试点国有企业集团负债结构，建立资本金注入制度，试点企业集团母、子公司无资本金或资本金未达到有关规定的，应由其出资人注入资本金。积极支持试点企业集团对国有资产存量进行重组。

为了促进企业摆脱条块束缚、增强企业活力，制定了一系列配套政策支持企业集团发展。一是实行计划单列。1987年4月，国务院批转国家计委《关于大型工业联营企业在国家计划中实行单列的暂行规定》，明确包括企业联合体、大型工业联合企业和基本建设集团项目可以在国家计划中实行单列；国家计委、国家体改委、国务院经贸办制定了《关于试点企业集团实行国家计划单列的实施办法（试行）》，这是计划体制改革的一项重要内容。二是合并纳税。为了支持企业集团的发展、增强集团母公司的凝聚力，国家税务局明确凡是属于国务院批准的试点企业集团的母公司与其全资子公司，经批准可以合并缴纳所得税。由此企业集团的成员可以盈亏相抵后纳税，为企业集团母公司留有一定的资金支配权。三是设立财务公司。随着我国企业财务制度的改革、企业可自由支配的资金开始增多，一些大型企业非常重视如何提高部分沉淀资金的使用效益、调剂集团成员企业资金的余缺。在这种情况下，一些特大型企业及企业集团成立服务集团内部的财务公司，以提高内部资金的使用效益。此外，试点企业集团还享有一定的外贸自主权和外事审批权等，有关工商登记管理、统计、合并会计报表、资本金管理等配套办法也相继明确。

第二批企业集团试点工作取得了积极成效。一是试点工作得到深化。按照国家经贸委《关于国家大型企业集团制订试点方案有关问题的通知》要求，试点企业集团制定、上报了试点方案和发展战略。制定方案使试点企业集团理清了改革和发展的思路，推动了集团内理顺产权关系，建立母子公司体制，试点工作逐步深化。二是产生了明显的示范效应，企业集团成为中央管理企业采取的一种主要组织形式，作为各地结构调整的主要措施。在上海、广东等一些改革开放较早的地区，多数集团内部母子公司体制已经形成，管理初步走向规范，治理结构逐步完善。三是取得了较好的经济效益。截至1999年底，120家国家试点企业集团完成营业收入2.05万亿元，同比增长20.97%，比面上企业集团增长高7.4个百分点；利润总额329.83亿元，同比增长48.06%，比面上企业集团增长高27.2个百分点；资产利税率4.34%，比面上企业集团高0.86个百分点；劳动生产率为18.20万元/人，比面上企业集团高0.02万元/人；资产负债率为58.91%，比面上企业集团低1.26个百分点。四是在企业发展战略研究、投融资、技术开发、市场营销等方面积累了一些重要经验。[①]

四、适应国际竞争要求积极发展大公司大集团

随着我国对外开放不断扩大、经济全球化趋势不断增强，发展一批具有国际竞争力的企业集团，不但是我国对经济结构实施战略性调整、推动产业结构升级的实际需要，也是加入世贸组织、应对国内市场竞争国际化、参与国际竞争的迫切要求。1997年9月，党的十五大报告明确提出，要以资本为纽带，通过市场形成具有较强竞争力的跨地区、跨行业、跨所有制和跨国经营的大企业集团。2001年3月，《国民经济和社会发展第十个五年计划纲要》，提出要"形成一批拥有著名品牌和自主知识产权、主业突出、核心能力强的大公司和企业集团"。同年11月，国务院办公厅转发国家经贸委等部门《关于发展具有国际竞争力的大型企业集团的指导意见》，提出按照有利于经济结构调整和产业升级，以企业为主体、市场为导向，立足体制创新和机制创新，提高企业集

[①] 国家经贸委经济研究中心课题组：《中国企业集团成长研究》，中国城市出版社，2002年版，第47页。

团核心竞争力,逐步符合国际通行规则的工作原则,发展一批具有较强竞争力的大公司和企业集团,其主要特征是:技术创新能力强,主业突出,拥有知名品牌和自主知识产权;市场开拓能力强,有健全的营销网络,拥有持续的市场占有率;经营管理能力强,有适应国际化经营的优秀管理人才队伍和现代化管理手段;劳动生产率、净资产收益率等主要经济指标达到国际同行业先进水平;规模经济效益好,具有持续的盈利能力和抗御风险能力。同时分别从企业和政府两个层面提出重点任务。

从企业集团角度,要加快改革和发展的步伐,提高国际竞争力,重点要做好7项重点工作:一是建立现代企业制度,完善公司治理结构,建立健全科学的决策程序,落实可追溯的决策责任制度,建立产权管理制度,保证资产的安全和增值。二是加强和完善战略管理,建立发展战略研究和管理机构,强化在重大决策、投融资、财务监控、产权管理、技术创新、技术改造、人力资源开发等方面的功能,实施企业集团发展战略。三是提高技术创新能力,建立技术开发中心,提高研究开发费用在企业销售收入中的比重,建立有利于技术创新和科技成果转化的有效运行机制,以市场为导向开发新技术、新产业,提高科研开发成果的转化率。四是提高市场营销能力,建立适合本企业特点的营销网络和售后服务体系,加大市场营销投入的力度,建立健全适合营销队伍特点的管理、考核和激励制度。五是推进内部改革,推进三项制度改革,完善内部激励机制,加大对企业集团核心技术开发、管理创新及市场开拓等领域有突出贡献和起关键作用的人才激励力度。六是加强企业管理,加强成本管理、质量管理、合同管理、采购和营销管理等各项管理工作。要采用现代管理技术、方法和手段,加强现代信息技术的运用,提高管理效率和管理水平。七是突出主业,做好企业集团内部重组和分离分流工作。

从政府角度,提出8项政策为提高企业集团国际竞争力创造公平竞争的环境和必要的条件。一是实行授权经营,对具备条件的企业集团国有资产实行授权经营,明确和规范政府与企业集团的管理,建立国有资产经营责任制度,使企业成为投融资、结构调整和技术创新的主体。二是支持企业集团上市和多渠道融资,支持具备条件的企业集团整体或主营业务在境内外资本市场发行股票,对具备偿债能力的企业集团可在国家批准的额度内发行企业债券,或经国家批准可在境外发债。三是改革项目审批办法和支持技术创新,选择一批大型的重点骨干企业集团,其中长期总体发展规划,经国务院或有关部门批准后,除国家另有规定或规划变更外,其具体投资项目不再审批,由企业集团按规划分步实施,报国务院有关部门备案。鼓励具备条件的企业集团进行技术创新试点。四是改革工资总额管理办法,对符合条件的企业,经国家有关主管部门批准,有关部门不再审批企业集团工资总额,由企业集团参照当地政府颁布的工资指导线和社会平均工资,根据经济效益自主决定工资分配,建立和完善企业激励和约束机制。五是支持分离分流,对历史负担比较重的企业集团,在分离办社会职能、分流富余人员、处置不良资产、内部重组等方面,各级政府要给予支持。六是鼓励开发国际市场和跨国经营,对具备发展前景好、建立现代企业制度、信用等级较高、开拓国际市场成效显著等条件的企业集团,在授信额度、出口信用保险、境外投资和外汇管理方面,通过简化手续、提高效率等方式给予支持。七是充分利用国际国内两种人才资源,营造吸引人才、用好人才的良好环境,建立健全经营管理人才、技术人才的激励、约束机制。八是建立政府有关部门与企业集团定期沟通渠道。

五、做强做优与管理提升

国务院国资委成立后,认真贯彻落实《中共中央关于完善社会主义市场经济体制若干问题的决定》关于发展具有国际竞争力的大公司大企业集团的要求,通过多种形式积极推进中央企业重组调整,实现资源优化配置。在此期间,一些国有企业整体素质和实力进一步提高,竞争力明显增强,不但居于国内同行业的领先地位,在国际上也有较大影响。

为贯彻落实党中央、国务院决策部署,国务院国资委明确提出中央企业改革发展的"一五三"总体思路,"一个核心目标"即做强做优中央企业、培育具有国际竞争力的世界一流企业,实施转型升级、科技创新、人才强企、国际化经营和和谐发展"五大战略",做好动力、体制和组织"三大保障"。2011年12月,印发《推进中央企业做强做优、培育具有国际竞争力的世界一流企业总体工作思路的意见》,对核心目标的内涵特征、推进工作的指导思想、基本途径和组织保障进行了细化。为发挥、强化典型引领作用,确定了10家基础条件较好、具有代表性的企业作为重点联系企业,边实践边出经验。2013年,国务院国资委印发《中央企业做强做优、培育具有国际竞争力的世界一流企业要素指引》，梳理归纳出公司治理、人才开发与企业文化、业务结构、自主研发、自主品牌、管理与商业模式、集团管控、风险管理、信息化、并购重组、国际化、社会责任、绩效衡量与管理等13项要素，分别明确目标、指导原则、关键举措、途径选择、支撑保障、要素关联度等内容，增强针对性、指导性和有效性，助推中央企业打造一流核心能力体系；同步印发《中央企业做强做优、培育具有国际竞争力的世界一流企业对标指引》，指导中央企业有效运用对标管理这一有效工具，全面分析评价企业自身、全方位多层次开展对标、健全激励约束机制，把世界一流企业作为标杆对象对标学习，不断超越自我，持续追求卓越。

为促进企业持续健康发展、加快转变发展方式、提升核心竞争力，2012年3月，国务院国资委在中央企业组织开展"管理提升年"活动，围绕"强基固本、控制风险，转型升级、保值增值，做强做优、科学发展"主题，力争用两年时间，通过"全面启动、自我诊断""专项提升、协同推进""持续改进、总结评价"三个阶段六个环节，全面开展管理提升活动，加快推进中央企业管理方式由粗放型向集约型、精细化转变，全面提升企业管理水平，夯实发展基础，努力实现"做强做优、世界一流"目标。各中央企业通过精益化管理降成本、新技术运用增收益，进一步提升了企业发展的质量效益；坚持问题导向，解决大批管理短板和瓶颈问题，进一步夯实了企业科学发展的基础；通过精益管理、优化工作流程、改进商业模式，进一步提高了企业管理现代化水平；依托《中央企业全面风险管理指引》，加强风险管理考核，不断完善重大风险预警指标体系和动态预警机制，进一步增强了防范和抵御风险能力。114家中央企业通过开展管理诊断、重心下移，帮助基层企业查找出管理问题6177个，制定整改措施3807项，其中大部分问题得到了有效解决，取得了基础管理明显加强、管理现代化水平明显提升、管理创新机制明显完善、综合绩效明显改善的改革成效。

六、培育具有全球竞争力的世界一流企业

党的十八大以来，中国特色社会主义进入新时代，党和国家事业全面开创新局面、经济建设取得重大成就。2010年，我国跃居为世界第二大经济体，中国特色社会主义制度更加完善、国家治理体系和治理能力现代化水平明显提

高，人民生活不断改善、获得感显著增强。积极促进"一带一路"国际合作，国际话语权和影响力不断彰显，日益走近世界舞台中央。党的十九大站在新的历史起点上对国有企业改革发展作出重大部署，明确提出做强做优做大国有资本、培育具有全球竞争力的世界一流企业目标。

作为贯彻落实党的十九大报告的一项重要改革措施，2018年8月，中央全面深化改革委员会明确要求，制定培育具有全球竞争力世界一流企业的指导意见。按照党中央要求，国务院国资委、国家发展改革委、财政部等有关部门积极开展工作，加强组织领导，成立指导意见起草小组，深入企业和基层调研，广泛听取有关企业和行业协会的意见建议，研究起草了指导意见初稿。同时，为探索培育具有全球竞争力世界一流企业的有效途径，国务院国资委开展中央企业创建世界一流示范企业工作，作为加快推进培育具有全球竞争力世界一流企业的重要抓手。同年12月，国务院国资委印发《中央企业创建世界一流示范企业名单》，明确航天科技、中国石油、国家电网、中国三峡集团、国家能源集团、中国移动、中航集团、中国建筑、中国中车集团、中广核等10家中央企业为创建世界一流示范企业，要求示范企业坚持加强党的全面领导，坚持以供给侧结构性改革为主线不动摇，坚持目标和问题导向，对标世界一流企业，聚焦主业和优势业务，明确工作目标，研究制定实施方案，落实责任和工作举措，力争用3年左右时间在部分细分领域和关键环节取得实质性突破，在整体上取得显著成效，形成可复制可推广的经验做法。

培育具有全球竞争力的世界一流企业，是以习近平同志为核心的党中央从党和国家事业发展全局出发，准确研判国际国内形势变化、统筹国际国内两个市场作出的重要战略部署，是建设社会主义现代化强国的重要基础，是推进经济高质量发展的重要力量，也是实现人民美好生活的重要保障。国有企业特别是中央企业，是深入推进供给侧结构性改革的重要力量，是新时代适应经济全球化新趋势、促进我国产业迈向全球价值链中高端和增强国际竞争力的重要主体。支持国有企业深入开展国际化经营，不断加大开放合作力度，在"一带一路"建设中推动优势产业"走出去"，带动中国装备制造、技术、标准和服务走向世界，充分利用国际国内两个市场、两种资源，培育一批国际化经营人才，形成一批在国际资源配置中占主导地位的领军企业。大力实施创新驱动发展战略，鼓励国有企业以市场为导向持续加大研发投入，突破和掌握一批关键核心技术，培育一批高附加值的尖端产品，打造一批国际知名的高端品牌，形成一批引领全球行业技术发展的领军企业。加快推进产业升级，在一些优势行业和领域，向价值链高端迈进，努力在国际市场竞争中占据有利地位，形成一批在全球产业发展中具有话语权和影响力的领军企业。

第四节　国有资本布局结构的变化与趋势

改革开放40年来，随着国有企业改革和重组调整工作的持续深入推进，国有资本布局结构也在不断调整和优化，总体呈现规模快速增长、布局持续优化、重点更加突出的特点。

一、国有资本总量增长，结构发生重大变化

改革开放极大解放和发展了社会生产力，国有企业发展积极性被有效调动起来，国有经济保持高速增长态势，国有资本进一步向重要行业、关键领域和优势企业集中，在企业总体数量减少的同时，规模实力不断增强，发展质量和效益明显提升。以工业领域为例，据匡算，国有及国有控股工业企业总产值[①]由1978年的0.3万亿元增长到2017年的26.5万亿元，年均增长12.2%（未剔除通货膨胀因素，下同）；国有及国有控股工业企业总资产[②]由1993年的3.3万亿元增长到2017年的44万亿元，年均增长6.9%。与此同时，各种形式的非公有制经济不断涌现，在多个行业领域发展壮大，部分中小国有企业改组改制成为非公有制企业，国有及国有控股工业企业主营业务收入占全国工业企业比重从1978年的77.6%下降至2017年的23.4%，企业数量占比由24.0%下降至5.1%，多种所有制经济之间呈现优势互补、协同合作的良好局面。

---

① 由于《中国统计年鉴》调整了统计口径，2011年以后采用主营业务收入代替工业总产值，经历史数据对比，两指标替代对长期趋势判断无显著影响。
② 1992年11月，财政部颁布《企业会计准则》和《企业财务通则》以及13项行业会计制度和10项行业财务制度，此后开始统计企业资产等相关指标。

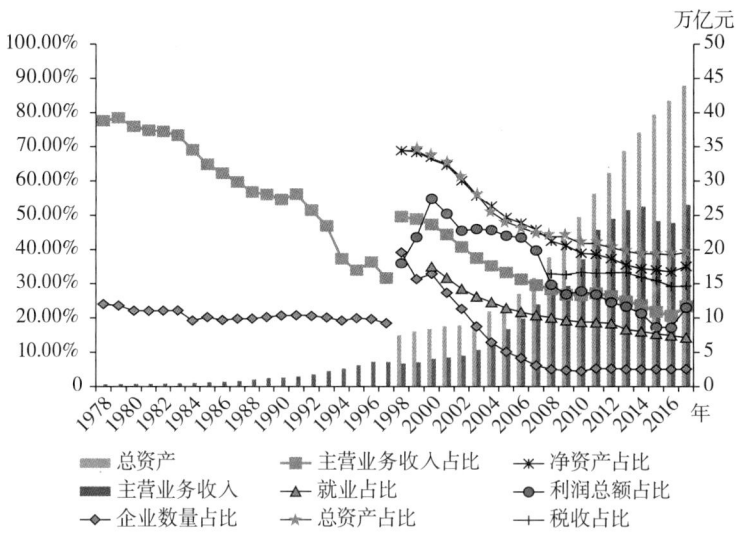

图8-1 改革开放以来规模以上国有工业企业主要指标变化大致趋势①

资料来源：根据《中国统计年鉴》和财政部公布数据整理。

国有资本总量结构变化过程大致分为4个阶段：

（一）改革开放以来至党的十四届五中全会

1979年4月，中央工作会议确定要扩大企业经营自主权，增强企业活力，到1980年6月，全国试点工业企业发展到6600户，约占全国预算内工业企业数的16%、产值的60%、利润的70%。1984年10月，党的十二届三中全会通过《中共中央关于经济体制改革的决定》，提出"增强企业的活力，特别是增强全民所有制的大、中型企业的活力，是以城市为重点的整个经济体制改革的中心环节"。这一阶段的改革重点主要聚焦在企业内部经营机制的转换，以激活企业内生活力为着力点，国有资本在行业间、企业间以及不同所有制之间的流动配置相对较少。其间国有工业企业数量由1978年的8.4万户增长到1996年的11.4万户，在全国占比稳定在20%左右，工业总产值由3289亿元增长到3.6万亿元，年均增长14.2%，全国占比由78%降至36%，主要由于其他所有制经济成分的出现和发展，打破了公有制经济一统天下的格局。

---

① 图8-1中，1997—1998年间企业数量占比、主营业务收入占比的阶跃变化是由1998年统计口径发生变化造成的，该阶跃变化不具有对比意义。1998年后统计口径仍有几次调整，但经数据验证未影响变化趋势分析。

(二) 党的十四届五中全会至党的十六大

1995年9月，党的十四届五中全会首次提出着眼于搞好整个国有经济，通过存量资产的流动和重组，对国有企业实施战略性重组，并提出"抓大放小"的改革思路。1997年9月，党的十五大正式提出把国有企业改革同改组、改造和加强管理结合起来，着眼于搞好整个国有经济，抓好大的，放活小的，一方面对国有企业实施战略性改组，通过市场形成具有较强竞争力的跨地区、跨行业、跨所有制和跨国经营的大企业集团，另一方面采取改组、联合、兼并、租赁、承包经营和股份合作制、出售等方式，加快放开搞活国有小型企业的步伐。1999年9月，党的十五届四中全会通过《中共中央关于国有企业改革和发展若干重大问题的决定》，进一步为国有经济布局结构调整优化确立了方向，首次明确国有经济需要控制的重要行业和关键领域包括"涉及国家安全的行业，自然垄断的行业，提供重要公共产品和服务的行业，以及支柱产业和高新技术产业中的重要骨干企业"。

党的十四届五中全会正式开启了加快布局结构调整优化的国企改革新阶段，实现了国企改革导向从搞好每一个国有企业向搞好整个国有经济的重大转变。这一时期，在"从战略上调整国有经济布局"指导思想的指引下，国有资本进一步向关系国家安全和国民经济命脉的重要行业、关键领域和优势企业集中。其间国有工业企业数量由1996年峰值时的11.4万户，锐减至2003年的3.43万户，年均减少1.1万户。与此同时，企业户均产值由0.3亿元增长至1.5亿元，国有经济布局更加优化，初步培育了一批具有较强竞争力的大企业集团。

(三) 党的十六大至党的十八大

2002年11月，党的十六大提出了建立国有资产管理新体制的要求，我国国有企业改革从此进入了新的历史阶段。党的十六大报告提出，要在坚持国家所有的前提下，充分发挥中央和地方两个积极性，建立中央政府和地方政府分别代表国家履行出资人职责，享有所有者权益，权利、义务和责任相统一，管资产和管人、管事相结合的国有资产管理体制。2003年以后，中央和省市（地）国有资产监督管理机构相继成立。2006年12月，国务院办公厅转发国务院国资委《关于推进国有资本调整和国有企业重组的指导意见》。在各级国资委主导下,国有资本布局结构调整优化和国有企业整合重组的步伐不断加快,在电信、电力、民航等多个领域推进实施了一系列重大调整,国有资本进一步向重要行业、关键领域和优势企业集中,非主业、辅业业务稳步实现退出。其间中央企业数量从2003年的196家下降至2012年的116家,年均减少近9家,而进入《财富》世界500强的国有企业户数从11家快速增长至65家(其中中央企业从6家增长至43家),企业规模效益、发展质量和核心竞争力明显增强,国有资本的控制力、影响力得到巩固和加强。这一时期,全国国有工业企业总资产由2003年的9.5万亿元增长到2012年的31.2万亿元,年均增长14.1%;总产值由5.3万亿元增长到24.5万亿元,年均增长18.5%;利润总额由0.4万亿元增长到1.5万亿元,年均增长15.8%,总体实现了跨越式发展。

(四)党的十八大以来

党的十八大以来,以习近平同志为核心的党中央高度重视国有企业改革发展。2013年11月,党的十八届三中全会提出,国有资本投资运营要服务于国家战略目标,更多投向关系国家安全、国民经济命脉的重要行业和关键领域,重点提供公共服务、发展重要前瞻性战略性产业、保护生态环境、支持科技进步、保障国家安全。积极发展混合所有制经济,混合所有制经济是基本经济制度的重要实现形式。2015年8月,党中央、国务院印发《关于深化国有企业改革的指导意见》,提出要紧紧围绕服务国家战略,落实国家产业政策和重点产业布局调整总体要求,优化国有资本重点投资方向和领域,增强国有经济整体功能和效率。2016年7月,国务院办公厅印发《关于推动中央企业结构调整与重组的指导意见》,明确巩固加强一批、创新发展一批、重组整合一批、清理退出一批的重点工作任务。2016年10月,习近平总书记在全国国有企业党的建设工作会议上强调,要使国有企业成为党和国家最可信赖的依靠力量,成为坚决贯彻执行党中央决策部署的重要力量,成为贯彻新发展理念、全面深化改革的重要力量,成为实施"走出去"战略、"一带一路"建设等重大战略的重要力量,成为壮大综合国力、促进经济社会发展、保障和改善民生的重要力量,成为我们党赢得具有许多新的历史特点的伟大斗争胜利的重要力量。[①]

---

① 《坚持党对国有企业的领导不动摇 开创国有企业党的建设新局面》,《人民日报》,2016年10月12日,第1版。

习近平总书记的重要讲话和一系列文件的出台，为新时代国有资本布局结构调整优化指明了方向。

与此同时，外部环境也在发生剧烈变化。世界经济复苏乏力，局部冲突和动荡频发，全球性问题加剧，我国经济发展进入新常态，正处在转变发展方式、优化经济结构、转换增长动力的攻关期。2015年10月，党的十八届五中全会提出要牢固树立并切实贯彻创新、协调、绿色、开放、共享的发展理念。不久之后，党中央正式提出推动供给侧结构性改革，明确了去产能、去库存、去杠杆、降成本、补短板五大阶段性重点任务。2017年10月，党的十九大提出，必须坚持质量第一、效益优先，以供给侧结构性改革为主线，推动经济发展质量变革、效率变革、动力变革，推动国有资本做强做优做大。这些要求对国有企业改革发展提出的新目标和新要求，是国有资本布局结构调整观念的重大变革和理论的重大创新。外部环境的变化和宏观政策的调整，要求国有资本结构调整优化更加聚焦高质量发展要求，着力推动国有资本做强做优做大，加快培育具有全球竞争力的世界一流企业。

经过艰苦努力，2012年以来国有企业改革发展和国有资本布局结构调整克服了重重困难，取得了显著成效。国有企业规模实力明显提升。财政部公布数据显示，2018年全国国有及国有控股企业营业总收入58.8万亿元，同比增长10.0%，相比2012年年均增长5.6%；利润总额3.4万亿元，同比增长12.9%，相比2012年年均增长7.5%；资产总额178.7万亿元，同比增长8.4%，相比2012年年均增长14.2%；国有企业上缴税费在全国占比高于同期主营业务收入及利润总额占比，为支撑国民经济发展作出重要贡献。

二、国有资本进一步向重要行业和关键领域集中

改革开放之前，公有制经济在国民经济中占据绝对主导地位，国有资本几乎遍布国民经济体系的所有行业。随着经济体制改革的不断深入，多种所有制经济蓬勃发展，国有资本坚持有进有退、有所为有所不为，在保持关系国家安全和国民经济命脉的重要行业和关键领域控制力的同时，广大国有企业积极主动参与市场竞争，实现了优胜劣汰、良性发展。

从国有资本在不同行业领域的占比演变看，各行业国有资本增长速度和比重变化趋势差异明显，国有资本在石油石化、电力、煤炭等重要行业和关键领

域的发展速度远高于纺织、食品、建材等行业领域，国有资本明显向重要行业和关键领域集中。1993年国有资产总额占比超过70%以上的行业包括石油和天然气开采业（99.9%）、烟草制品业（96%）、燃气生产和供应业（95%）、石油加工炼焦及核燃料加工业（93%）等14个，2017年则只有烟草制品业（99%）、石油和天然气开采业（95%）、电力热力生产和供应业（87%）、水的生产和供应业（82%）、煤炭开采和洗选业（76%）等5个行业占比在70%以上，其他行业国有资本比重均有不同程度的下降。

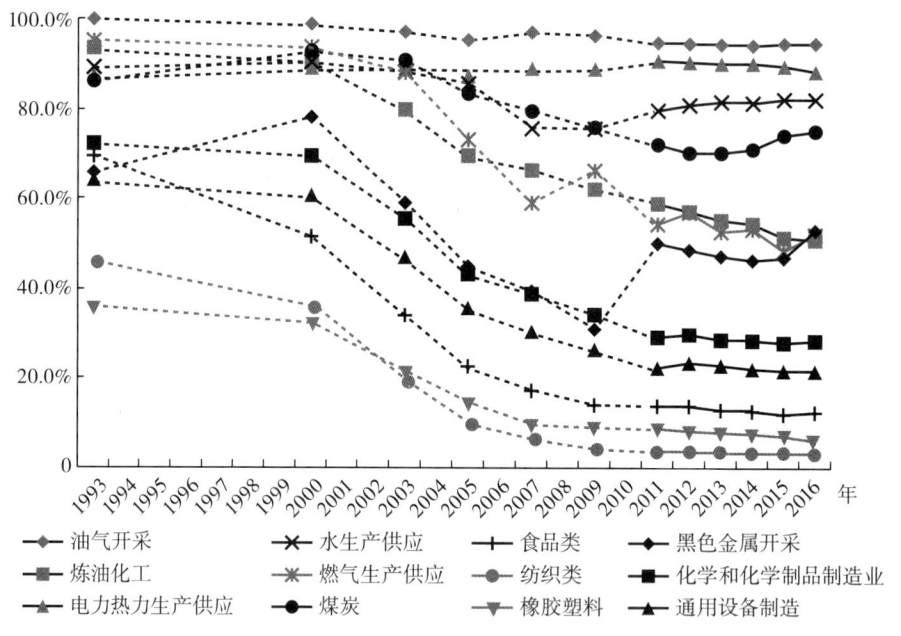

图8-2　国有企业资产总额在代表性行业占比变化情况

资料来源：根据《中国统计年鉴》数据整理。其中食品类包括国民经济中的农副食品加工业，食品制造业，酒、饮料和精制茶制造业；纺织类包括纺织业，纺织服装、服饰业，皮革、毛皮、羽毛及其制品和制鞋业。

（一）国有资本保持在重要行业、关键领域和重点基础设施等方面的控制力

国有经济在国民经济中的主导地位，集中体现在国有经济在关系国家安全、国民经济命脉以及国计民生的重要行业和关键领域的主导地位。保持国有资本在这些行业领域的控制力和影响力，是长期以来党中央、国务院关于国有资本布局结构调整工作的一贯要求，也是国有企业改革发展的重要原则。

改革开放以来,国有资本在国防军工、石油石化、电力、电信、煤炭、燃气、市政水务等行业和领域布局力度相对较大,行业占比始终维持在较高水平,为保障国家安全、促进经济社会发展、满足人民生活需要提供了根本保障。

国防军工行业。改革开放以来,按照"军民结合,平战结合,军品优先,以民养军"的指导思想,原先承担国防军工科研生产任务的国务院部门陆续改组改制为专业化国有企业。改组改制之后,军工国有企业成为国防建设与经济发展之间的桥梁,中核集团、航天科技等军工企业加大改革发展力度,推进改革脱困,2002年实现全行业扭亏为盈后,发展质量和效益持续提升,同时积极投入军品科研生产,实现了军民结合、以民养军的预期成效,发挥了国有企业的顶梁柱作用。为进一步促进国防军工事业发展,国防军工领域对各类社会资本的开放程度不断加大,2016年党中央、国务院、中央军委印发《关于经济建设和国防建设融合发展的意见》,多种所有制资本加快进入国防军工领域,以国有大型军工企业为核心、以各类所有制中小型企业为协作的全要素、多领域、高效益发展格局正在形成。

石油石化行业。改革开放以来,我国石油石化产业逐步政企分开,原石油部等部委机关及相关隶属单位陆续改组改制,培育形成了以中国石油、中国石化、中国海油为骨干的产业体系,有效促进了油气产业的快速发展,国内原油年产量由1.0亿吨增长至最高2.1亿吨,天然气年产量由137亿立方米增长至最高1400亿立方米,境外权益油达到1.5亿吨。这一时期,油气开采领域国有企业资产总额由1993年的2005亿元增长到2017年的1.8万亿元,年均增长9.6%,行业占比从99.9%略微降至95%,始终保持绝对控制力和影响力。与此同时,竞争属性更强的中游炼油化工领域,相关国有企业资产总额由1993年的1008亿元增长到2017年的1.5万亿元,年均增长11.9%,行业占比由93.4%下降至51.8%,非公有制炼化企业的规模和实力明显增强,国有资本进一步向上游领域集中。

电力行业。改革开放以来,我国电力体制先后经历了政企分开、厂网分离、主辅分离、输配分离等多轮改革。与之相应,国有电力企业也在多轮拆分与重组中不断发展壮大,推动我国电力系统实现了跨越式发展。我国是过去20年全球唯一没有发生大面积停电事故的大国,电源装机总规模、电网规模、全社会用电量跃居世界第一，特高压输电、煤电清洁高效利用等技术水平全球领先，国有电力企业为经济社会发展和人民生活提供了坚实稳定的电力能源供应。据统计，国有电力企业资产总额由1993年的3522亿元增长到2017年的12.4万亿元，年均增长16.0%，行业占比始终保持在88%左右。

与此同时，这些在国民经济中处在基础和保障地位的国有企业，坚持以促进经济社会发展为己任，主动承担更多民生保障任务，积极向全社会让利。党的十八大以来，国有石油石化企业承担进口天然气价格倒挂压力，全力以赴保障民生采暖供气；国有电网企业大力推进农村电网改造升级，全面消除全国无电人口；国有发电企业多措并举降低电价，不断降低全社会用电成本。

（二）积极参与市场竞争

经过40年来的改革发展，致力于解决历史遗留下来的分布过宽过散问题，一方面深化国有企业改革，探索建立适应市场化竞争需要的体制机制，与其他所有制企业公平竞争、共同发展；另一方面坚决从不具备发展优势的一般加工业等行业和领域稳步退出，占比明显下降。食品行业，国有企业资产总额由1993年的2322亿元增长到2017年的8657亿元，年均增长5.6%，同期全行业年均增长13.1%，国有企业在行业占比由69.4%下降至13.3%。橡胶塑料行业，国有企业资产总额由1993年的463亿元增长到2017年的1688亿元，年均增长5.5%，同期全行业年均增长12.8%，国有企业在行业占比由35.6%下降至7.2%。纺织行业，国有企业资产总额由1993年的2241亿元下降到2017年的1660亿元，年均下降1.2%，同期全行业年均增长9.4%，国有企业在行业占比由45.5%下降至3.9%。房地产行业，国务院国资委自2010年起着力引导国有资本退出房地产行业，取得了积极进展，2018年中国房地产综合实力百强企业中的国有企业占比明显低于民营企业，国有建筑业总产值占全行业比重仅为12.3%。

另外，国有资本在各行业中低端领域的布局也在不断收缩，如：国有电力企业"上大压小"（上大发电机组，关停小发电机组），单机容量大幅提高，单位能耗和污染排放持续降低；国有钢铁企业聚焦航天用钢、无缝钢轨等高端产品研制，加快退出低端无效产能。通过长期的国有资本布局结构调整优化，在竞争领域一大批具有较强核心竞争力的优势国有企业在激烈的市场竞争中成长起来，同时也呈现出多种所有制经济合作互补、共荣共生的良好态势。

(三) 积极发展战略性新兴产业

战略性新兴产业代表新一轮科技革命和产业变革的方向，是培育发展新动能、获取未来竞争新优势的关键领域。2010年10月，国务院印发《关于加快培育和发展战略性新兴产业的决定》，提出要使节能环保、新一代信息技术、生物、高端装备制造、新能源、新材料、新能源汽车七大产业用20年达到世界先进水平。2016年11月，国务院印发《"十三五"国家战略性新兴产业发展规划》，提出要把战略性新兴产业摆在经济社会发展更加突出的位置，大力构建现代产业新体系，推动经济社会持续健康发展。战略性新兴产业对国家发展具有极其重要的战略性意义，同时又存在风险高、周期长、投入巨大、不确定性和外部性较强等特点，客观上要求国有资本必须在促进战略性新兴产业发展中当好先锋队和领军者。

《中共中央 国务院关于深化国有企业改革的指导意见》明确提出，要落实国家产业政策和重点产业布局调整总体要求，推动国有资本向前瞻性战略性产业集中，同时要求发挥国有企业在实施创新驱动发展战略和制造强国战略中的骨干和表率作用。近年来，国有资本进一步优化战略投向，以直接出资、战略入股、发起设立创投基金等多种形式大力支持战略性新兴产业发展。高端装备制造领域，国有企业在载人航天、探月工程、北斗系统、深海探测、高速铁路、大飞机、特高压输变电等方面实现了一系列标志性成果，部分领域接近或达到世界领先水平，成为我国参与国际经济合作的"亮丽名片"。新一代信息技术领域，国有电信企业持续加大基础设施和技术研发投入，极大地推动了我国信息通信领域的跨越式发展，为移动支付、共享单车等互联网应用的兴起奠定了基础条件；航天云网等工业互联网平台快速发展，行业影响力和技术实力不断提升。新能源领域，国有发电企业下大力气调整电源结构，清洁能源装机比重从2015年的37.7%快速上升到2017年的41.2%，清洁电源投资占电源类总投资的比重接近80%。节能环保领域，以光大集团、中国节能等为代表的国有企业加快节能环保领域布局，在废水废气废物处理、工业节能、建筑节能、环境监测等方面建设运营了一大批标志性项目。新材料领域，国有企业加大攻关力度，突破和掌握了一系列核心关键技术，为国防军工、高端装备制造、基础科研等领域的发展提供了有力支撑。新能源汽车领域，北汽、长安、上汽、广汽等国有企业跻身新能源汽车第一梯队，研发生产了多款广受消费者认可的优质产品。生物领域,华润集团、国药集团、中化集团等发挥自身技术资金优势,大力投入生物医药、优良育种等事关长远的重要行业和领域。据不完全统计,2017年近70%的中央企业涉足战略性新兴产业领域,相关营业收入同比增长17.2%,利润总额同比增长18.9%,中央企业下属专门从事战略性新兴产业的子企业有1000余户,全年累计完成相关投资超过6000亿元。

三、贯彻区域发展战略,促进地方经济社会发展

国有资产是全体人民的共同财富。国有企业肩负着促进区域协调发展、保障和改善民生的重要使命。改革开放以来,按照党和国家总体部署,国有企业贯彻西部开发、东北振兴、中部崛起、东部率先的区域协调发展战略,结合各区域的发展特点和需求,完成农业、水利、电力、通信、铁路、公路等一系列重大基础设施建设。进入新时代,习近平总书记指出:"要发挥各地区比较优势,促进生产力布局优化,重点实施'一带一路'建设、京津冀协同发展、长江经济带发展三大战略,支持革命老区、民族地区、边疆地区、贫困地区加快发展,构建连接东中西、贯通南北方的多中心、网络化、开放式的区域开发格局,不断缩小地区发展差距。"① 国有企业持续为各区域的经济社会发展和人民幸福提供了基础支撑和重要保障。

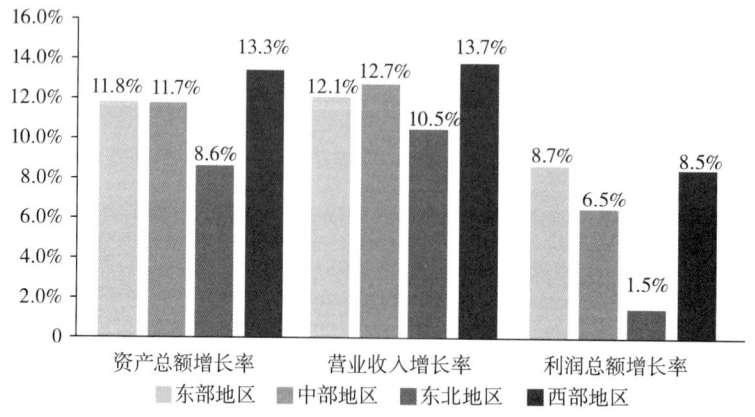

图8-3 改革开放以来各区域国有经济主要指标年均增长情况

资料来源:根据《中国统计年鉴》数据整理。2011年起,国家统计局将我国的经济区域划分为东部、中部、西部和东北四大地区。2011年以前数据已按照新口径重新整理。

---

① 习近平:《在省部级主要领导干部学习贯彻党的十八届五中全会精神专题研讨班上的讲话》,《人民日报》,2016年5月10日,第2版。

（一）东部地区

改革开放以来，区域发展政策开始向区位优势更好的东部沿海地区倾斜。1979 年，党中央、国务院批准广东、福建在对外经济活动中实行"特殊政策、灵活措施"，决定在深圳、珠海、厦门、汕头试办经济特区。招商局集团作为最早在深圳特区的投资者，为蛇口工业区建设作出卓越贡献，特别是在基建工作、管理体制、干部制度、用工制度、工资制度等方面的改革实践，当时对深圳特区建设乃至全国国有企业的改革发展都产生了较大影响。随后长江三角洲、珠江三角洲、闽东南地区和环渤海地区相继开辟经济开放区。宝山钢铁公司联合重组上海冶金控股公司和上海梅山公司，成立宝钢集团有限公司，先后参与承建上海新国际博览中心、为卢浦大桥建设供应钢板等项目，全方位参与浦东开发。上海市金桥有限公司按照浦东新区建设的规划要求，进行了高强度投入和高标准建设，是全国开发区中第一家做到"九通一平"的企业。进入新时代，从雄安新区到海南自由贸易试验区，以中国中铁、中国联通、中国节能为代表的国有企业坚决按照党中央、国务院的决策部署，坚持世界眼光、国际标准、中国特色、高点定位，推进规划建设发展各项工作。1978—2017 年，东部地区国有工业企业资产总额年均增长 11.8%，主营业务收入年均增长 12.1%，利润总额年均增长 8.7%，东部地区国有经济发展取得了长足进步，与非公有制企业共同促进了东部地区率先发展。

（二）中部地区

中部地区是沟通全国东西区域的重要桥梁，是承接东部地区产业转移、西部资源输出的枢纽。2004 年 3 月，《政府工作报告》首次明确提出促进中部地区崛起。2006 年 4 月，党中央、国务院印发《关于促进中部地区崛起的若干意见》，各部委陆续出台系列政策措施，交通部编制发布《促进中部地区崛起公路水路交通发展规划纲要》，铁道部明确到 2020 年中部地区新建铁路 6500 公里。2016 年 12 月，《促进中部地区崛起"十三五"规划》正式发布，提出全国重要先进制造业中心、全国新型城镇化重点区、全国现代农业发展核心区、全国生态文明建设示范区、全方位开放重要支撑区的"一中心、四区"战略定位。以中粮集团、中国建材、中交集团、中国三峡集团以及各省高速集团、能源集团等为代表的国有企业按照规划部署，积极投入促进中部地区崛起。

1978—2017年，中部地区国有工业企业资产总额年均增长11.7%，主营业务收入年均增长12.7%，利润总额年均增长6.5%。

（三）东北地区

东北地区是我国重工业、基础工业和大中型国有企业最集中的地区。改革开放初期，国有企业是东北地区发展的重要支柱，1993年，东北地区国有工业企业资产总额占区域工业企业总量的77%，主营业务收入占总量的74%，创造了全区域近60%的利润。党的十六大明确提出支持东北地区等老工业基地加快调整和改造，2004年4月，国务院正式成立振兴东北地区等老工业基地办公室，全面启动了东北地区等老工业基地振兴战略。2014年8月，国务院印发《关于近期支持东北振兴若干重大政策举措的意见》，支持东北在国有企业改革方面先行先试。2017年10月，国务院办公厅专门印发《加快推进东北地区国有企业改革专项工作方案》，提出：要发挥国有企业在东北振兴中的龙头作用，深化体制机制改革，着力解决活力不足问题；优化布局加快调整，着力解决结构不合理问题；重视人才培养激励，着力解决人才短缺问题；扩大对内对外开放，着力解决经济开放性不足问题；减轻企业负担，着力解决历史遗留问题。鞍钢集团着力推进供给侧结构性改革、推进企业改革发展、推进干部作风转变，生产经营实现重大突破，全集团2017年实现利润15亿元，同比增利110亿元，一举结束连续5年亏损历史。辽宁省国有企业东北制药集团深化改革，2017年实现销售收入65.4亿元，同比增长23%；实现经营利润1.1亿元，同比增长近3倍。1978—2017年，东北地区国有工业企业资产总额年均增长8.6%，主营业务收入年均增长10.5%。

（四）西部地区

改革开放以来，西部地区的发展经历了几个重要的历史阶段，国有企业的发展与区域整体发展息息相关。为缩小东西部经济差距、挖掘西部地区资源优势，1999年党中央正式提出西部大开发战略，2000年国务院成立西部地区开发领导小组和办公室，密集出台了《关于西部大开发若干政策措施的实施意见》等一系列政策措施。2000—2008年，西部地区生产总值年均增长11.6%，全社会固定资产投资年均增长22.9%，均超过同期全国平均水平。为进一步落实西部大开发战略，2013年西部地区新开工重点工程20余项，总投资超过

3000亿元，其中中国石油云南1000万吨/年炼油项目、神华集团宁煤煤炭间接液化示范项目、酒泉钢铁集团循环经济等大多数项目均由国有企业牵头。国有企业在青藏铁路、西气东输、西电东送、农网改造以及机场、铁路、公路建设等方面作出了卓越贡献。特别是党的十八大以来，国有大型骨干企业积极承担定点扶贫任务，有力支撑了国家"三位一体"扶贫大格局，其中中央企业投入定点扶贫和无偿援疆援藏援青资金超过110亿元，40多家中央企业在三地开展了各类援助帮扶工作。1978—2017年，西部地区国有工业企业资产总额年均增长13.3%，主营业务收入年均增长13.7%，利润总额年均增长8.5%。

启示与前瞻

改革开放40年来，国有资本布局结构的调整优化，一方面极大释放了国有经济活力和内生动力，一大批具有较强竞争力的大公司大企业集团脱颖而出，国有经济的活力、控制力、影响力、国际竞争力和抗风险能力不断提升；另一方面打通了国有资本合理流动和优化配置的有效渠道，按照有进有退、有所为有所不为的原则，通过合资合作、产权转让、混合所有制改革等多种方式，实现了公有制经济与非公有制经济间的优势互补和协同发展，巩固和发展了我国的基本经济制度。同时也要看到，国有资本布局结构仍存在不少问题，行业分布不尽合理、结构性过剩与不足并存，还需要下大力气予以解决。面向未来，国有企业要以习近平新时代中国特色社会主义思想为指导，根据国有资本在国民经济发展中的功能定位，牢固树立和贯彻落实新发展理念，按照高质量发展的要求，以深化供给侧结构性改革为主线，加快布局优化、结构调整、战略性重组，作好发展长期规划，持续推动国有资本向关系国家安全、国民经济命脉和国计民生的重要行业和关键领域集中，向战略性新兴产业集中，向产业链价值链高端集中，向高端服务业集中，向具有核心竞争力的优势企业集中，毫不动摇做强做优做大，为推动经济社会发展和满足人民美好生活需要作出新的更大贡献。

THE COURSE OF
CHINESE STATE-OWNED
ENTERPRISE REFORM

国企改革历程
1978—2018

国企改革历程编写组 编

（下）

中国经济出版社
CHINA ECONOMIC PUBLISHING HOUSE
北京

分 论 ... 367

第九章 国有企业混合所有制改革 ... 369

第一节 国有企业混合所有制改革政策演变和实践探索 ... 369
一、发展混合所有制经济相关政策的演变 ... 370
二、通过多种方式开展混合所有制改革实践探索 ... 375

第二节 新时代积极稳妥推进国有企业混合所有制改革 ... 378
一、混合所有制经济成为基本经济制度的重要实现形式 ... 379
二、推进混合所有制改革的政策配套与贯彻落实情况 ... 381
三、中央企业混合所有制改革进展 ... 385
四、地方国有企业混合所有制改革进展 ... 388
五、国有企业混合所有制改革主要经验 ... 389

第三节 混合所有制企业员工持股 ... 391
一、2012年以前国有企业员工持股历史沿革 ... 391
二、新时代混合所有制企业员工持股试点 ... 395

启示与前瞻 ... 398

第十章 加强国有资产监督 ... 400

第一节 企业内部监督 ... 400

一、企业治理结构监督 ··· 401
　　二、企业内部审计监督 ··· 402
　　三、职工代表大会监督 ··· 403
　　四、厂务公开监督 ··· 405
　　五、企业内部责任追究 ··· 406
第二节　国有资产监督管理机构监督 ····································· 407
　　一、财务审计监督 ··· 407
　　二、产权监督 ··· 415
　　三、外派监事会监督 ··· 425
　　四、推进信息化监管 ··· 431
第三节　信息公开监督 ··· 433
　　一、国有企业信息公开的相关政策 ··································· 433
　　二、国有企业信息公开的探索实践 ··································· 434
第四节　全国人大的监督 ··· 436
　　一、全国人大常委会听取国有资产管理专项工作报告沿革 ··············· 437
　　二、建立国务院向全国人大常委会报告国有资产管理情况制度 ··········· 437
第五节　健全完善责任追究制度体系 ····································· 440
　　一、责任追究工作的早期探索 ······································· 440
　　二、责任追究制度的逐步推进与实践 ································· 440
　　三、进一步健全责任追究制度体系 ··································· 441
启示与前瞻 ··· 443

第十一章　剥离国有企业办社会职能和解决历史遗留问题 ················· 444
第一节　探索分离国有企业办社会职能 ··································· 444
　　一、以撤销国有企业办公安机构为起点 ······························· 445
　　二、在优化资本结构试点城市中的探索 ······························· 446
　　三、在全国推进国有企业分离办社会职能 ····························· 448
　　四、推进中央企业分离办社会职能 ··································· 451
第二节　新时代深入推进剥离国有企业办社会职能 ························· 453
　　一、分离移交国有企业职工家属区"三供一业" ························· 456

二、剥离国有企业办教育医疗等公共服务机构 ………………………… 457
　　三、推进退休人员社会化管理试点 ………………………………………… 459
第三节　开展厂办大集体改革 ………………………………………………… 460
启示与前瞻 ………………………………………………………………………… 462

第十二章　坚持党的领导、加强党的建设 ………………………………… 464
第一节　推动国有企业党的工作中心转移 …………………………………… 464
　　一、开展真理标准大讨论 ………………………………………………… 465
　　二、在国有企业推进全面整党 …………………………………………… 466
　　三、突出党组织保证监督作用 …………………………………………… 466
　　四、按照"四化"方针建强干部队伍 …………………………………… 468
第二节　发挥国有企业党组织政治核心作用 ………………………………… 469
　　一、突出抓好领导班子建设 ……………………………………………… 470
　　二、发挥党组织政治核心作用 …………………………………………… 471
　　三、开展"三讲"教育 …………………………………………………… 472
　　四、推进国有企业纪律检查工作 ………………………………………… 473
第三节　建设与国有资产监管相适应的党建工作体制 ……………………… 474
　　一、开展保持共产党员先进性教育活动 ………………………………… 475
　　二、创建"四好"领导班子 ……………………………………………… 476
　　三、弘扬抗震救灾精神 …………………………………………………… 477
　　四、实施人才强企战略 …………………………………………………… 478
　　五、学习实践科学发展观 ………………………………………………… 480
　　六、开展创先争优活动 …………………………………………………… 481
　　七、加强纪检巡视工作 …………………………………………………… 482
第四节　坚持和加强党对国有企业的全面领导 ……………………………… 484
　　一、贯彻落实全国国有企业党的建设工作会议精神 …………………… 486
　　二、开展党内主题教育 …………………………………………………… 490
　　三、实施国有企业党建工作责任制 ……………………………………… 492
　　四、加强宣传思想工作 …………………………………………………… 493
　　五、加强纪检监察工作 …………………………………………………… 497

六、不断深化巡视监督 ·· 500
　　七、坚持全心全意依靠工人阶级 ·· 502
　启示与前瞻 ·· 505

典型案例　507

　地方政府推动国有企业改革案例 ·· 509
　中央企业改革案例 ·· 552
　地方国有企业改革案例 ·· 616

主要参考文献　652

附　录　659

　附录1　国务院国资委监管的96家中央企业名单（2018年12月31日）
　　　　　·· 659
　附录2　国企改革"1+N"文件（部分）（截至2019年4月） ········ 661
　附录3　国务院国资委令（现行有效） ································ 662
　附录4　2005—2008年国务院国资委确定实行董事会试点的19户中央企业名单 ·· 663
　附录5　1997年国务院确定的111个企业"优化资本结构"试点城市名单 ·· 664
　附录6　1991年、1997年国务院分两批确定的120家大型企业集团试点名单 ·· 665
　附录7　1994年国务院确定的百户现代企业制度试点企业名单 ······ 670

后　记　672

国企改革历程 1978—2018
案例目录

地方政府推动国有企业改革案例   509

上海分类改革 管好资本 激发企业内生活力（2016.7）	509
广东着力优化结构 坚持市场导向 推动创新发展（2016.7）	512
重庆以管资本为主 全面增强国有企业活力和效率（2016.7）	515
山东完善公司治理 激发企业活力 构建监管新机制（2016.7）	519
北京着力激发企业发展活力 优化国有经济布局（2017.7）	523
黑龙江盯重点持续攻坚 推试点破冰清障（2017.7）	525
河南狠抓责任落实 全面深化改革（2017.7）	528
江苏稳妥推进混改 优化布局结构 完善考核激励（2017.7）	531
四川完善公司治理 推动向管资本转变（2017.7）	534
湖南创新四种机制 搭建四个平台（2017.7）	536
福建创新驱动 结构调整 放管结合 激发活力（2017.7）	539
江西推进混改 完善体制 剥离企业办社会职能（2017.7）	542
深圳完善国资体制 着力激发企业活力和竞争力（2017.7）	545
辽宁推动战略性重组与混改 促进高质量发展（2018.10）	548

中央企业改革案例   552

东风汽车集团发展企业横向经济联合（1992.1）	552
许继集团深化三项制度改革 促进经营机制转变（2001）	555

I

招商局集团依托市场化改革 推进世界一流企业建设（2016.7）	557
国投以试点为契机重塑管理体制机制（2016.7）	561
兵器装备集团聚焦主业推动领先发展（2016.7）	564
中国电科海康威视围绕人才做好激励文章（2016.9）	567
中国海油打出改革"组合拳"推动绿色发展（2016.9）	569
国家电网依托技术管理优势"走出去"（2016.9）	572
东航集团全方位创新 提升企业经营业绩（2016.9）	573
中国三峡集团打造中国水电"走出去"升级版（2016.9）	575
中国中车集团推进重组整合打造全球领先企业（2016.9）	577
中国电子以市场化机制打造网络安全和信息化国家队（2017.7）	580
航天科工改革创新党建同频共振促国际一流公司建设（2017.7）	583
中国石油加快结构调整和转型升级（2017.7）	585
新兴际华集团落实董事会选人用人权激发企业新活力（2017.7）	588
中国建材以"四化"转型促主业发展（2017.7）	591
中交集团实施"五商中交"促进转型升级（2017.7）	593
中国宝武化解过剩产能推动转型发展（2017.7）	596
中铝集团发挥党建独特优势 打赢扭亏脱困翻身仗（2018.10）	599
中国联通努力打造国企混改标杆企业（2018.10）	603
中国诚通打造国有资本市场化运作专业平台（2018.10）	605
中国远洋海运深化重组整合 服务"一带一路"建设（2018.10）	608
中国铁塔"共享竞合、集约高效"模式（2019）	611

地方国有企业改革案例　　616

邯钢推行模拟市场核算 实行成本否决（1996）	616
亚星集团创新购销比价管理 降本增效成绩斐然（1999）	619
福建电子集团做好"加减乘除"坚持"两个创新"（2016.7）	621
物产中大集团推进混改+整体上市 把市场机制引进门（2016.7）	625
首旅集团产权流转试点与跨境并购（2016.7）	628
东北制药激活机制体制 推动调整再造（2017.7）	630

上汽集团创新转型优化激励 推动党建与公司治理相结合（2017.7）	634
粤海控股集团打造国有资本投资公司（2017.7）	636
陕煤集团以转型战略为先导推动结构调整（2017.7）	639
北汽集团推动党的建设与经营生产深度融合（2018.10）	642
烟台万华改革体制机制 坚定不移走自主创新之路（2018.10）	645
重庆钢铁全力推进司法重整 百年重钢涅槃重生（2018.10）	648

国企改革历程
1978—2018

分 论

第九章 国有企业混合所有制改革

党的十八届三中全会提出要积极发展混合所有制经济,指出:"国有资本、集体资本、非公有资本等交叉持股、相互融合的混合所有制经济,是基本经济制度的重要实现形式,有利于国有资本放大功能、保值增值、提高竞争力,有利于各种所有制资本取长补短、相互促进、共同发展。"习近平总书记强调:"这是新形势下坚持公有制主体地位,增强国有经济活力、控制力、影响力的一个有效途径和必然选择。"① 改革开放40年来,我国经济所有制结构从单一公有制逐步发展为公有制为主体、多种所有制共同发展,与此相伴,国有企业产权结构从一元化的国有出资发展为国有资本为主、引入非国有资本实现多元化、混合化,国有企业混合所有制改革随之不断推进。特别是党的十八大以来,以习近平新时代中国特色社会主义思想为指导,混合所有制改革成为国有企业改革的重要突破口,改革措施不断深化,分层分类积极推进混改成效显著,重要领域混改试点迈出实质性步伐,国有资本和其他各类所有制资本取长补短、相互促进、共同发展的良好局面不断深化。同时,混合所有制企业员工持股在系统总结前期经验教训的基础上进行了试点深化。

第一节 国有企业混合所有制改革政策演变和实践探索

改革开放后,国有资本、集体资本和非公有资本伴随着社会主义市场经济快速发展而不断壮大,并在实践中探索以多种形式开展合资合作,推动着混合

---

① 习近平:《关于<中共中央关于全面深化改革若干重大问题的决定>的说明》,《论坚持全面深化改革》,中央文献出版社,2018年版,第32页。

所有制经济由小到大、由点到面，逐步成为我国基本经济制度的重要实现形式。党中央关于不同所有制经济共同发展的理论逐步丰富深化，对混合所有制经济的政策日益清晰完善。伴随国有企业放权让利、建立现代企业制度、国有经济战略性调整和布局优化、国企改革全面深化等国企改革进程，混合所有制改革实践不断深化，国有资本与非国有资本的合作、融合不断深入，混合所有制改革在国企改革中的地位越来越重要。党的十八大以来，混合所有制改革成为国企改革的重要突破口。[①]

一、发展混合所有制经济相关政策的演变

党的十一届三中全会为调整所有制结构打开突破口。1978年12月召开的党的十一届三中全会恢复了"实事求是"的思想路线，把党的工作中心转移到经济建设上来，并确定了改革开放的方针；明确"社员自留地、家庭副业和集市贸易是社会主义经济的必要补充部分，任何人不得乱加干涉"，农村个体经济发展正式得到了认可，为调整所有制结构打开了突破口；提出"在自力更生的基础上积极发展同世界各国平等互利的经济合作，努力采用世界先进技术和先进设备"，为引入外资发展"三资"企业[②]扫清了政策障碍。

以解决就业为出发点开始所有制结构局部改革。党的十一届三中全会后，以家庭联产承包责任制为标志，农村改革率先取得突破，城市经济改革以扩大企业自主权为主要内容逐步展开，同时开始所有制结构局部改革。1979年起，党中央、国务院果断采取支持城镇集体经济和个体经济发展的方针，允许多种经济形式同时并存。1980年8月，党中央召开全国劳动就业工作会议并印发《进一步做好城镇劳动就业工作》，明确提出解决城镇就业问题，必须大力扶持兴办各种类型的自负盈亏的合作经济，鼓励和扶持城镇个体经济的发展。这一政策有力促进了城镇个体经济发展。1979年前后，安徽芜湖个体经营者年广久，一个自称"傻子"的人，炒的瓜子香脆可口，生意越做越火。到1982年，工厂雇佣100多人，远远超过当时个体户雇工8人以下的界限，有人主张取缔。对此，邓小平同志明确提出，"如果你一动，群众就说政策变了，人心就不安

---

① 《2016年中央经济工作会议公报》，人民网，2016年12月16日。
② "三资"企业即在中国境内设立的中外合资经营企业、中外合作经营企业、外商独资经营企业三类外商投资企业。

了","让'傻子瓜子'经营一段,怕什么?伤害了社会主义吗?"①这个明确表态及一系列相关政策的出台,打消了人们对发展个体经济及多种经济成分的顾虑,促进了多种经济成分的迅速发展。公开资料显示,1978—1985年,全国城乡个体工商户从十几万户发展到1100多万户。在浙江温州,1985年全市登记发证的个体工商户超过13万户,家庭作坊遍布全区。

多种经济成分并存成为党的一项战略决策。1980年9月,国务院体改办印发《关于经济体制改革的初步意见》,明确提出我国现阶段的社会主义经济,是生产资料公有制占优势、多种经济成分并存的商品经济,首次提出了"多种经济成分并存"。在发展多种经济形式解决劳动就业取得显著成绩的情况下,1981年10月,党中央、国务院印发的《关于广开门路,搞活经济,解决城镇就业问题的若干决定》指出:"在社会主义公有制经济占优势的根本前提下,实行多种经济形式和多种经营方式长期并存,是我党的一项战略决策,决不是一种权宜之计。"这一新的概括,提出了我国经济结构应是公有制为主体、多种经济形式长期并存的宏观构想和基本政策思想,正确反映了我国还处在生产力落后、商品经济不发达的社会主义初级阶段的特征。在新的政策思想指引下,集体经济、个体经济又有新的快速发展,还出现全民、集体和个体联营的经济形式。在广东、福建两省,中外合资、中外合作和外资独营的经济形式也涌现出来。1982年9月,党的十二大明确指出我国"在很长时期内需要多种经济形式的同时并存",提出"在农村和城市,都要鼓励劳动者个体经济在国家规定的范围内和工商行政管理下适当发展,作为公有制经济的必要的、有益的补充"。首次明确个体经济是公有制经济的必要的、有益的补充。

鼓励个体经济、私营经济发展。1984年10月,党的十二届三中全会通过的《中共中央关于经济体制改革的决定》明确提出:经济体制改革的目标是要"发展社会主义商品经济""在公有制基础上的有计划的商品经济";进行经济建设,要在国家经济政策和计划指导下,"实行国家、集体、个人一起上的方针,坚持发展多种经济形式和多种经营方式;在独立自主、自力更生、平等互利、互守信用的基础上,积极发展对外经济合作和技术交流";指出个体经济

---

① 邓小平:《在中央顾问委员会第三次全体会议上的讲话》,《邓小平文选》(第三卷),人民出版社,1993年版,第91页。

是社会主义经济必要的有益的补充，吸引外商来我国举办合资经营企业、合作经营企业和独资企业，也是对我国社会主义经济必要的有益的补充；明确"要在自愿互利的基础上广泛发展全民、集体、个体经济相互之间灵活多样的合作经营和经济联合，有些小型全民所有制企业还可以租给或包给集体或劳动者个人经营"。从意识形态上解决了错误认为计划等同社会主义、商品经济和计划经济不相容的问题；对个体经济、"三资"企业在社会主义经济中的作用，作了全面、系统的评价；明确提出了鼓励全民、集体、个体等不同所有制经济合作，客观上促进了混合所有制经济发展。1987年10月，党的十三大报告指出："在初级阶段，尤其要在以公有制为主体的前提下发展多种经济成分，在以按劳分配为主体的前提下实行多种分配方式"；"社会主义初级阶段的所有制结构应以公有制为主体。目前全民所有制以外的其他经济成分，不是发展得太多了，而是还很不够。对于城乡合作经济、个体经济和私营经济，都要继续鼓励它们发展"；在社会主义条件下，私营经济一定程度的发展，"是公有制经济必要的和有益的补充。必须尽快制定有关私营经济的政策和法律，保护它们的合法利益，加强对它们的引导、监督和管理"。为合作经济、个体经济、私营经济发展提供了有力支撑。

为贯彻党的十一届三中全会、十二大、十三大关于发展个体经济、私营经济的精神，一系列政策规定陆续出台，包括1981年7月国务院印发的《关于城镇非农业个体经济若干政策性规定》和1984年2月国务院印发的《关于农村个体工商业的若干规定》。1982年12月，五届全国人大五次会议通过的《中华人民共和国宪法》明确规定："在法律规定范围内的个体经济、私营经济等非公有制经济，是社会主义市场经济的重要组成部分。国家保护个体经济、私营经济等非公有制经济的合法权利和利益"；"国家依照法律规定保护公民的私有财产和继承权"；"中华人民共和国允许外国的企业和其他经济组织或者个人依照中华人民共和国法律的规定在中国的投资，同中国的企业或者其他经济组织进行各种形式的经济合作"。1988年《中华人民共和国宪法修正案》规定："国家允许私营经济在法律规定的范围内存在和发展。私营经济是社会主义公有制经济的补充。国家保护私营经济的合法的权利和利益，对私营经济实行引导、监督和管理。"私营经济在我国社会主义初级阶段中的法律地位，在宪法中确定下来。

随着"多种经济成分并存"的提出和相关政策的出台,以及家庭联产承包责任制的推行,20世纪80年代后,一批农村劳动力从土地上解放出来,从事工业、商业和服务业,农村中的集体、个体和私营企业如雨后春笋般成长起来。如:浙江萧山万向节厂原为一家不知名的乡镇小企业,凭着机制灵活和技术优势跻身品牌行列。1987年,全国乡镇企业产值达到4764亿元,占1987年农村社会总产值的50.51%;全国私营企业总数已经达到22.5万户,从业人员总数为360万人。1991年,《人民日报》总结了1979年以来我国经济体制改革取得的六方面突破性进展,其中包括:在坚持全民所有制经济占主导地位的前提下,积极发展城市集体经济和农村乡镇企业,适当发展个体、私营和其他非公有制经济成分,改变了与现实生产力水平不相适应的单一公有制结构;合理改革公有制经济单位的组织形式和经营方式。① 1992年,我国城镇私营企业从业人员和个体劳动者达830万人,国民经济中各类所有制经济占比情况发生重大变化,所有制结构的这种变化,对发展经济、方便人民生活和扩大就业起到了积极作用。

表9-1 各类所有制经济在工业总产值中的比重

所有制性质	经济成分	1978年	1992年
公有制经济	国有及国有控股企业	77.6%	51.5%
	集体企业	22.4%	35.1%
非公有制经济	城乡个体经济、私营经济、合资、外商独资等	0	13.4%

首次提出财产混合所有这一新的财产所有制结构。随着个体经济、私营经济、集体经济和国有经济的发展,联合经营、混合经营开始出现。1992年1月18日—2月21日,邓小平同志先后到武昌、深圳、上海等地考察,发表了重要讲话。这次讲话从理论上深刻回答了长期困扰和束缚人们思想的重大问题,是把改革开放和现代化建设推向新阶段的又一个解放思想、实事求是的宣言书。1992年10月,党的十四大报告明确提出"我国经济体制改革的目标是建立社会主义市场经济体制";在所有制结构上提出"以公有制包括全民所有制和集体所有制经济为主体,个体经济、私营经济、外资经济为补充,多种经济成分长期共同发展,不同经济成分还可以自愿实行多种形式的联合经营。国有

---

① 《经济体制改革12年获突破性进展 我国经济建设取得前所未有成就》,《人民日报》,1991年2月27日,第1版。

企业、集体企业和其他企业都进入市场,通过平等竞争发挥国有企业的主导作用"。首次提出"建立社会主义市场经济",坚持公有制为主体、多种经济成分共同发展是党的十四大勾画的社会主义市场经济体制基本框架的重要组成部分。1993年11月,党的十四届三中全会指出:"坚持以公有制为主体、多种经济成分共同发展的方针。在积极促进国有经济和集体经济发展的同时,鼓励个体、私营、外资经济发展,并依法加强管理。随着产权的流动和重组,财产混合所有的经济单位越来越多,将会形成新的财产所有制结构。"首次提出了"财产混合所有"这一新的财产所有制结构,可以理解为混合所有制经济的理论雏形。

明确提出混合所有制经济概念。在世纪之交的关键时刻,党的十五大承前启后、继往开来,明确回答了中国改革开放和社会主义现代化建设的一系列重大理论和实践问题。党的十五大对我国社会主义初级阶段的所有制结构和公有制实现形式等重大问题作出新的阐述,指出,公有制为主体、多种所有制经济共同发展,是我国社会主义初级阶段的一项基本经济制度,公有制经济不仅包括国有经济和集体经济,还包括混合所有制经济中的国有成分和集体成分。这是党的文件中首次提出"混合所有制经济"这一概念。党的十五届四中全会进一步提出,"国有大中型企业尤其是优势企业,宜于实行股份制的,要通过规范上市、中外合资和企业互相参股等形式,改为股份制企业,发展混合所有制经济,重要的企业由国家控股"。这是党的全会文件中首次明确发展混合所有制经济。

到2000年,我国成功实现了由计划经济体制向社会主义市场经济体制的转变,在公有制经济进一步发展的同时,私营经济、个体经济得到较快发展,多种所有制经济共同发展的格局迅速形成。2002年,党的十六大报告明确提出"两个毫不动摇"原则,即:必须毫不动摇地巩固和发展公有制经济,必须毫不动摇地鼓励、支持和引导非公有制经济发展,各种所有制经济完全可以在市场经济竞争中发挥各自的优势,相互促进,共同发展;明确提出"除极少数必须由国家独资经营的企业外,积极推行股份制,发展混合所有制经济"。

推动大力发展混合所有制经济。2003年10月,党的十六届三中全会提出,"要适应经济市场化不断发展的趋势,进一步增强公有制经济的活力,大力发展国有资本、集体资本和非公有资本等参股的混合所有制经济,实现投资主体多元化，使股份制成为公有制的主要实现形式"；明确提出"产权是所有制的核心和主要内容。建立归属清晰、权责明确、保护严格、流转顺畅的现代产权制度，有利于维护公有财产权，巩固公有制经济的主体地位"。2004年，《政府工作报告》提出，要"大力发展混合所有制经济，逐步使股份制成为公有制的主要实现形式……进一步研究制定鼓励非公有制企业参与国有企业改组改造，进入基础设施、公用事业及其他行业和领域的具体办法"。为此，2005年2月，国务院印发《关于鼓励支持和引导个体私营等非公有制经济发展的若干意见》。2007年10月，党的十七大提出"以现代产权制度为基础，发展混合所有制经济"。

随着我国经济发展，党和国家对混合所有制经济的认识和实践不断深化，并明确提出发展混合所有制经济，这一过程是艰难而曲折的，重要节点如下：

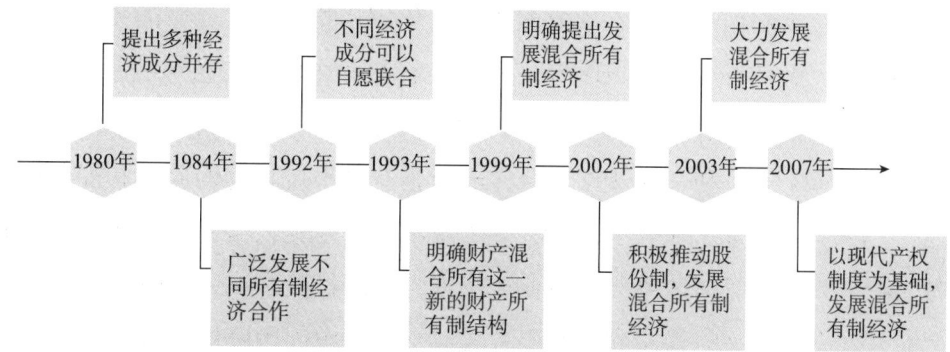

图9-1　混合所有制经济认识和实践重要节点示意

二、通过多种方式开展混合所有制改革实践探索

党的十一届三中全会后，从思想观念、政策上破除所有制问题上的传统束缚，逐步为非公有制经济发展打开了大门，国民经济从计划经济向市场经济过渡、从单一公有制经济发展为允许多种所有制经济并存。随着国有经济、个体经济和私营经济的发展以及外资的大量涌入，企业产权层面通过"三资"企业、公司制股份制、上市等多种途径探索实践了混合所有制经济的实现方式。

"三资"企业的设立开创了不同所有制合作的先河。改革开放初期，"三资"企业是不同所有制合作的初步尝试，在当时产生了较大影响。随着对外开放的起步、经济特区的试办，外商和港澳台等私人资本与大陆的社会主义公有制经济进行合作、合资,开创了利用资本主义国家的私人资本、技术设备发展社会主义经济、开展不同所有制合作的先河。

党的十一届三中全会作出的对外开放重大决策,为"三资"企业迅速发展创造了条件。1981年11月,五届全国人大四次会议进一步明确提出:"实行对外开放政策,加强国际经济技术交流,是我们坚定不移的方针。"1982年,对外开放政策又被写入《中华人民共和国宪法》,明确为我国的基本国策。直接利用外资是实现对外开放政策的一项重要内容,对引进资金、设备、技术和管理,实现结构优化和技术升级,增加就业、进出口贸易和财政收入,以及促进市场取向的经济改革,都有很重要的意义。在各种利用外资的形式中,中外合资企业发展最为迅速。1978年10月,邓小平同志在一份简报上批示:"合资经营可以办。"[1] 1979年10月,邓小平同志在全国各省(区、市)第一书记座谈会上,明确表示利用外资的"主要方式是合营"[2]。推动合资经营的关键,是制定相关法律,做到有法可依。1979—1984年就此颁布的重要法律法规有:《中华人民共和国中外合资经营企业法》(1979年)、《中华人民共和国外国企业所得税法》(1981年)和《关于中外合作经营企业进出口货物的监督和征免税的规定》(1984年)等。随着一系列法律法规出台,合资经营开始在我国从无到有地发展起来,并且对改革开放事业产生多方面的积极影响。1980年,我国第一个合资企业——北京航空食品有限公司成立,由中国国际航空公司(原中国民航北京管理局)和香港中国航空食品有限公司合资成立;当年,我国批准成立20家中外合资企业。1983年,我国汽车工业第一家合资企业——北京汽车制造厂与美国汽车公司合资设立的北京吉普汽车有限公司成立;此后,上海大众、广州本田等合资企业纷纷成立。截至1991年底,我国已登记注册的"三资"企业达37215家,注册资金460亿美元,1991年产值增长55.8%,产值占全国工业总产值的比重由1989年的1%增长到3%;在沿海地区和经济特区比重更大,深圳"三资"企业产值占全市工业总产值的66.3%,工业出口产值占全市工业出口产值的78.3%。[3] "七五"时期,"三资"企业的工业产值年均增

---

[1] 《国门初开的岁月》,《人民日报》,2008年12月18日,第13版。
[2] 邓小平:《关于经济工作的几点意见》,《邓小平文选》(第二卷),人民出版社,1993年版,第198页。
[3] 《三资企业发展的若干理论思考》,《财经理论与实践》,1992年,第4期。

长达74%。①

国有中小型企业放开搞活，企业产权层面混合所有制快速发展。20世纪90年代初，股份制改革逐渐成为国企改革的主要形式。股份制改革过程中，国有企业引入职工股、社会股、外资股等非国有资本，初步探索混合所有制改革。根据国家统计局第二次全国基本单位普查数据，2001年底，我国股份制企业共30多万家，较1997年增长3.2倍，年均增长33.1%；实施股份制改制的企业注册资本11437亿元，其中国家投入7383亿元，集体资本、法人资本、个人资本、外商资本等投入4054亿元，分别占64.6%、35.4%。20世纪90年代中后期，我国逐渐明晰国企改革"抓大放小"方针，进一步推动小型国企通过引入非国有资本、职工参股、兼并重组、经营承包、资产出售等多种手段实现产权层面混合。在相关方针和政策指导下，1998—2000年，几十万户国有小型企业走上产权混合的道路，改革效果显著。据统计，1998—2002年，国有小型企业户数减少近5万户，减少1/4，其中与非国有资本合资合作是"放小"的主要方式。

从1978年党的十一届三中全会到2002年，我国多种所有制经济共同发展的格局基本形成，混合所有制经济在各类经济成分并存过程中得到自发、初步发展，党和国家对发展混合所有制经济的认识不断深化，国企股份制改革和国有经济战略性调整过程中出现与非国有资本的合资合作。截至2002年，股份制企业和"三资"企业在我国规模以上工业企业增加值中的占比达62%，其中非国有经济占比达45%；此外，非国有经济创造的增加值占GDP的比重、城镇非国有企业从业人员占比、非国有经济创造的税收占比均超过60%。② 个体经济、私有经济和"三资"企业的快速发展，为后续混合所有制改革深入推进创造了客观条件。

经过三年改革脱困、"抓大放小"等一系列改革，国有企业尤其是大型国有企业经营状况明显好转，市场竞争力得到提升。在党中央关于大力发展混合所有制经济、使股份制成为公有制的主要实现形式决策指导下，伴随着国资监管体制改革、资本市场功能逐步完善，国有企业开始了以改制上市为主要途径

---

① 《中华人民共和国国家统计局关于"七五"时期国民经济和社会发展的统计公报》。
② 《中国统计年鉴》《2002年国民经济和社会发展统计公报》《中国市场经济发展报告2003》。

的新一轮改革,带动混合所有制经济快速发展,成效显著,上市公司成为混合所有制的重要形式。

资本市场是我国国企改革的重要平台,可以解决国企面临的融资问题、激励不足问题和法人治理问题。2004年1月,国务院印发《关于推进资本市场改革开放和稳定发展的若干意见》(即"国九条"),对我国资本市场的发展作出了全面规划。"国九条"出台后,国家将大力发展资本市场作为一项战略任务,着力解决股权分置改革、上市公司清欠和证券公司综合治理等困扰资本市场多年的历史遗留问题。从2005年开始,证监会、国务院国资委推动国有企业股权分置改革,2006年底基本完成,实现了全流通,从根本上改变了资本市场运行的基础,为国有企业改制上市提供了客观条件。

改制上市有助于实现企业股权多元化、管理规范化、经营市场化,是推进混改的重要途径。通过改制上市发展混合所有制经济的部分,主要是经营能力较好的国有企业优良资产,也是市场认可度相对较高的资产。上市方式大体形成了分拆上市和整体上市两种。截至2012年底,国有控股上市公司共953家,占我国A股上市公司数量的38.5%,市值合计13.71万亿元,占A股上市公司总市值的51.4%;其中,据汇总口径测算,中央企业控股上市公司资产总额、所有者权益、营业总收入、利润总额在中央企业全部资产、收入、利润的占比分别为48.7%、49.1%、63.5%、65.7%。通过改制上市,国有企业混合所有制改革取得显著成效。

这一阶段,许多大型国有企业借助资本市场实现产权混合,并建立起现代企业制度,逐步与国际企业管理、运营接轨,为参与全球竞争创造了条件。存在的问题主要是市场化经营机制和三项制度改革等体制机制改革有待进一步深化,重要领域混合所有制改革有待进一步深化探索。

第二节　新时代积极稳妥推进国有企业混合所有制改革

经过改革开放30多年的发展,一批国有企业通过公司制股份制改制、上市等途径发展成为混合所有制企业,截至2013年,中央企业混合所有制企业户数占比超过50%。2013年以来,面对日益激烈的国际竞争和挑战,国有企业需要通过深化混合所有制改革,完善现代企业制度,健全企业法人治理结构,提高国有资本配置和运行效率,优化国有经济布局,增强国有经济活力、控制力、影响力和抗风险能力,实现高质量发展。与此同时,各种所有制经济的共同发展,为深化混合所有制改革打下了坚实基础:一方面非公资本大量积累,需要进一步拓宽投资渠道;另一方面在国有经济和非公有制经济迅速发展过程中,各自优势更加凸显,国有企业在人才储备、资源储备、资金实力、管理水平等方面具有优势,非公有制经济虽然起步晚,但用人制度、薪酬制度等经营机制灵活,具有较高的活力和较强的创造力。二者的结合具有现实性和必然性,有助于取长补短、优势互补。党中央、国务院对发展混合所有制经济提出新的更高要求。在此背景下,国有企业混合所有制改革进入以探索重要领域混合所有制改革和转变体制机制为主要内容的新阶段。

一、混合所有制经济成为基本经济制度的重要实现形式

2013年11月,党的十八届三中全会明确作出国有资本、集体资本、非公有资本等交叉持股、相互融合的混合所有制经济是以公有制为主体、多种所有制经济共同发展的基本经济制度的重要实现形式的论断,首次将混合所有制经济提升到基本经济制度重要实现形式的高度。

2015年8月,党中央、国务院印发《关于深化国有企业改革的指导意见》,这是统领国企改革全局的顶层设计,系统提出了深化国企改革的指导思想、基本原则、目标任务和重大举措,为全面深化国企改革指明了方向,其中,用一章的篇幅对混合所有制改革进行了阐述。

为落实党中央决策部署和《指导意见》相关要求,2015年9月,国务院印发《关于国有企业发展混合所有制经济的意见》(以下简称《混改意见》),这是《指导意见》的重要配套文件,具体明确了国有企业发展混合所有制经济的要求和措施,成为新时代国有企业混合所有制改革的纲领性文件。

《混改意见》明确提出分层分类推进混合所有制改革。分层方面,要求探索集团公司层面混合所有制改革,引导子公司层面有序推进混合所有制改革。集团公司层面:在国家有明确规定的特定领域,坚持国有资本控股,形成合理的治理结构和市场化经营机制;在其他领域,鼓励通过整体上市、并购重组、发行可转债等方式,逐步调整国有股权比例,积极引入各类投资者,形成股权结构多元、股东行为规范、内部约束有效、运行高效灵活的经营机制。子公司

层面，强调以研发创新、生产服务等实体企业为重点引入非国有资本，加快技术创新、管理创新、商业模式创新，同时要明确股东的法律地位和权利。分类方面，对于主业处于充分竞争行业和领域的商业类国有企业，原则上都要实行公司制股份制改革，充分运用整体上市等方式，积极引入其他国有资本或各类非国有资本实现股权多元化，国有资本可以绝对控股、相对控股，也可以参股。对于主业处于关系国家安全、国民经济命脉的重要行业和关键领域、主要承担重大专项任务的商业类国有企业，要保持国有资本控股地位，支持非国有资本参股。对于公益类国有企业，可以采取国有独资形式，具备条件的也可以推行投资主体多元化，还可以通过购买服务、特许经营、委托代理等方式，鼓励非国有企业参与经营。

《混改意见》专门用一个部分来阐述"建立健全混合所有制企业治理机制"，明确：要通过改革，进一步确立和落实企业市场主体地位；要建立科学规范的公司法人治理结构，依法保护各类股东产权；要规范企业股东（大）会、董事会、经理层、监事会和党组织的权责关系，建立市场导向的选人用人和激励约束机制，严格职业经理人聘用期管理和绩效考核，加快建立退出机制。

《混改意见》提出："开展不同领域混合所有制改革试点示范。结合电力、石油、天然气、铁路、民航、电信、军工等领域改革，开展放开竞争性业务、推进混合所有制改革试点示范。在基础设施和公共服务领域选择有代表性的政府投融资项目，开展多种形式的政府和社会资本合作试点，加快形成可复制、可推广的模式和经验。"

《混改意见》明确"严格规范操作流程和审批程序"，国有企业产权和股权转让、增资扩股、上市公司增发等，应在产权、股权、证券市场公开披露信息，公开择优确定投资人，达成交易意向后应及时公示交易对象、交易价格、关联交易等信息，防止利益输送。国有企业实施混合所有制改革前，应依据本意见制定方案，报同级国有资产监管机构批准；重要国有企业改制后国有资本不再控股的，报同级人民政府批准。国有资产监管机构要按照本意见要求，明确国有企业混合所有制改革的操作流程。要充分保障企业职工对国有企业混合所有制改革的知情权和参与权，涉及职工切身利益的要做好评估工作，职工安置方案要经过职工代表大会或者职工大会审议通过。

2016年12月，中央经济工作会议强调，混合所有制改革是国企改革的重要突破口,要按照完善治理、强化激励、突出主业、提高效率的要求,在电力、石油、天然气、铁路、民航、电信、军工等领域迈出实质性步伐。① 2017年10月,党的十九大提出"深化国有企业改革,发展混合所有制经济,培育具有全球竞争力的世界一流企业",对混合所有制改革提出新的要求。2018年10月,全国国有企业改革座谈会强调,突出抓好混合所有制改革,夯实基本经济制度的重要实现形式。

党的十八大以来,党和国家对发展混合所有制经济的定位进一步提高,提出了新的更高要求,重要节点如下:

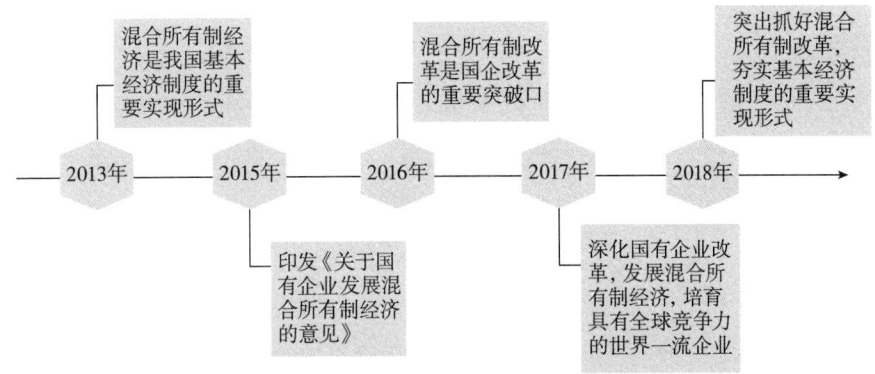

图9-2 党的十八大以来对发展混合所有制经济提出新要求重要节点示意

二、推进混合所有制改革的政策配套与贯彻落实情况

党的十八大以来,有关部门和国有企业坚决贯彻落实党中央和国务院的部署,按照"完善治理、强化激励、突出主业、提高效率"的方针,坚持"政府引导、市场运作,完善制度、保护产权,严格程序、规范操作,宜改则改、稳妥推进"的原则,稳妥有序推进国有企业混合所有制改革工作。

(一)完善混合所有制改革的配套措施

按照《混改意见》要求,国务院国资委陆续制定出台了一系列配套文件,为国有企业混改提供操作规范和指引,优化各类资本参与混改的阳光市场平台。

2015年10月,与国家发展改革委、财政部、人力资源社会保障部联合印

---

① 《中央经济工作会议在北京举行》,《人民日报》,2016年12月17日,第1版。

发《关于鼓励和规范国有企业投资项目引入非国有资本的指导意见》，明确提出拓宽合作领域、完善引资方式、健全体制机制、优化发展环境等方面的16项具体举措。2015年12月，印发《关于国有企业功能界定与分类的指导意见》，并完成中央企业及各级子企业的功能界定与分类，确定商业二类子企业名单，为分类推进混合所有制改革奠定基础。2016年6月，印发《企业国有资产交易监督管理办法》，明确要求国有企业增资扩股、产权转让应通过产权市场公开进行，明确了中央企业通过产权市场实施混改的具体操作流程和实施细则，使国有企业在引入各类社会资本开展混改过程中资产定价市场化、操作流程阳光化，防止因混改可能导致的国有资产流失。2016年12月，印发《中央企业实施混合所有制改革有关事项的规定》，明确了中央企业混合所有制改革的操作流程、审核批准程序、改革方案重点内容及关键环节等，为中央企业实施混改提供操作指引。其中关于混改审核程序，明确提出：中央企业集团公司的混合所有制改革方案，由国务院国资委审核报国务院批准；中央企业中主业处于关系国家安全、国民经济命脉的重要行业和关键领域、主要承担重大专项任务的子企业混合所有制改革方案，由中央企业审核报国务院国资委批准，其中报国务院批准的按照有关法律、行政法规和国务院文件规定执行；中央企业其他子企业的混合所有制改革方案，由中央企业批准。2017年12月，针对调研中发现的资产评估、员工持股、国有土地处置等重点难点问题，与国家发展改革委、财政部、人力资源社会保障部、国土资源部、税务总局、证监会、国防科工局等部委联合印发《关于深化混合所有制改革试点若干政策的意见》并制定具体任务分工方案。2018年5月，与财政部、证监会联合印发《上市公司国有股权监督管理办法》，要求国有股东所持上市公司股份公开征集转让不得对受让方资格条件设定指向性或违反公平竞争要求的条款，明确了中央企业通过股票市场实施混改的具体要求和操作细则，为上市公司国有股权阳光流转提供保障，为各类投资者通过股票市场参与国有企业改革提供公平的机会。2018年12月，出台办法明确混改企业可以探索更加灵活高效的工资总额管理办法。

（二）充分发挥资本市场平台作用开展混合所有制改革

《企业国有资产交易监督管理办法》《上市公司国有股权监督管理办法》明确要求国有企业增资扩股、产权转让等应通过资本市场公开进行，为各类社会资本参与国有企业混合所有制改革提供了公开、公平、公正的市场途径。通过充分发挥市场在资源配置中的决定性作用，也客观上起到平等保护各类资本参与国有企业混合所有制改革的效果。

为进一步优化资本市场功能，提升各类市场平台服务国有企业混改的能力，2013年以来，国务院国资委不断推动完善国有产权交易流转规则和科学合理定价机制。通过加强对产权交易机构和企业的调研、指导和业务培训，指导产权交易机构完善交易规则和操作细则，升级信息系统，解决增资扩股业务中的重点难点问题，为国有企业通过产权市场转让国有股权、增资扩股开展混改提供良好服务；研究制定国有控股上市公司合理持股比例确定办法等配套政策，为国有企业通过上市公司资产重组实施混改提供了操作指引；指导北京产权交易所、上海联合产权交易所设立了"中央企业混改服务专区"，将中央企业在产权交易机构公开挂牌的、涉及混改的项目信息进行集中再发布，便于社会资本集中、全面了解中央企业混改项目情况，也有利于产权交易机构为社会资本参与中央企业混改提供更专业的服务。

产权市场已经成为中央企业开展混合所有制改革的重要平台。中央企业不断通过转让部分股权、增资扩股等方式引入合作者，2013—2018年共成交500多宗，引入非公资本超过1200亿元。上市公司成为中央企业混合所有制改革的主要载体，2013—2018年，中央企业及所控股上市公司共实施IPO、增发、配股、发行优先股和可转债等融资事项300多项，股权融资9000多亿元。各地通过产权市场、股票市场开展混改的主动性不断增强。

（三）推进中央企业混改试点为国有企业混改提供引领示范

党的十八届三中全会后，国务院国资委选择中国建材和国药集团作为试点企业开展了中央企业混改试点工作。试点以来，两家企业认真落实试点方案确定的改革举措，组织开展了大量工作。截至2017年底，中国建材和国药集团混改企业户数占比分别超过85%和90%，营业收入占比分别超过70%和90%。同时，两家企业在探索和非公有资本有效合作方式、完善混合所有制企业治理结构和监管机制、深入推进三项制度改革和充分发挥党组织作用等方面取得了积极进展，形成了一批可复制、可推广的经验。中国建材在探索发展混合所有制经济过程中，进一步践行并完善"央企市营"模式，努力实现与多种所有制经济共生多赢。实践操作中总结形成了8个方面的经验和做法，分别为：以促进发展为目的；以规范操作为前提；以产权改革为基础；以联合重组为主线；以转换机制为核心；以创新驱动为手段；以企业文化为纽带；以加强党建为保障。国药集团各试点企业紧密围绕解决混合所有制企业的现有体制机制问题，以归属国药集团国有权益逐年增长为核心目标，在现行法律法规和中央改革精神的框架内，突出问题导向，稳妥把握改革的次序、节奏和力度。通过试点实践总结了三方面的成熟经验：坚持依法合规，在中央有关改革精神的框架内积极、稳妥、有序推进；坚持市场化导向，通过进一步完善现代企业制度，强化企业市场主体地位，真正建立有效激励与对等约束机制，充分激发企业家精神；落实党在混合所有制企业中的法定地位，把党的领导融入混合所有制企业公司治理的各环节，把企业党组织内嵌到公司治理结构之中，充分发挥党组织在混合所有制企业中的领导作用。

国务院国资委在完善混改相关配套措施和指导其他企业制定混改方案时，对试点经验进行了充分吸收和借鉴，并组织在中央企业范围内进行了多次推介和交流。部分中央企业赴两家试点企业现场进行了交流、学习。两家公司试点经验对中央企业混改工作起到重要引领作用，为其他混合所有制企业优化股权结构、引入具有协同效应的战略投资者、健全市场化激励约束机制、加强党建等提供了重要参考和借鉴。

（四）推动重要领域混改试点取得积极进展，带动国有企业重要领域子企业开展混改

按照《混改意见》要求，2016年国家发展改革委和国务院国资委启动重要领域混改试点工作。截至2018年底，已确定3批共50户试点企业，完成了前两批19户试点企业（包括18户中央企业所属子企业和1户中国铁路总公司所属子企业）实施方案审批；第三批31户试点企业中中央企业所属子企业10户，地方国有企业21户，国家发展改革委已陆续批复10户中央企业试点子企业中9户企业的试点方案。

前两批试点企业中，中国联通、东航物流等企业已经完成引入战略投资者、重组上市、新设公司等工作，引入各类投资者50多家、资本超过1000亿元，不少企业同步优化公司治理结构、深化三项制度改革、创新商业模式，发展质量和效益显著提升。打造了中国联通、东航物流、内蒙一机、中金珠宝等具有示范性和标杆意义的试点。2018年底已启动第四批试点，将进一步拓宽试

点范围。

以重要领域混改试点为契机，国务院国资委推动商业二类中央企业子企业积极开展混改。如：中国电子、中国电科这两家电子信息领域企业通过增资扩股、合资新设、上市公司资产重组等方式实施混改，引入非公资本超过100亿元；航空工业集团所属沈飞集团重组注入上市公司，实现核心军工资产上市混改。

三、中央企业混合所有制改革进展

党的十八大以来，随着混合所有制改革配套政策和市场平台逐步完善，中央企业积极通过市场化方式引进各类社会资本，实现与社会资本较大范围的混合；民营企业、外商企业、股权投资基金、地方国有企业等各类资本采用投资入股、收购股权、参与央企上市公司重组等方式积极参与中央企业混改，并充分发挥在体制机制、技术、管理经验等方面的优势促进混改企业发展，取得积极进展。

（一）整体情况

2012年底，中央企业及各级子企业中混合所有制企业户数约23000户，占比约为52%。[①] 党的十八大以来，国务院国资委和中央企业以习近平新时代中国特色社会主义思想为指引，坚持党的领导，坚持正确工作原则，大力推进混合所有制改革，呈现出步伐加快、领域拓宽的良好态势。截至2018年底，中央企业及各级子企业中混合所有制企业户数超过34000户，占比超过七成，与2012年底相比，中央企业混合所有制企业户数增加超过1万户，占比提高近20个百分点。总体上看，中央企业混合所有制改革取得积极进展，在产权层面已与社会资本实现了较大范围的混合。

（二）中央企业混合所有制改革主要特点

从所有者权益情况看，截至2018年底，中央企业所有者权益总额19.95万亿元，其中归属于母公司的所有者权益总额12.68万亿元，吸引社会资本形成的少数股东权益7.27万亿元，占比36.44%。从行业分布看，建筑、房地产、

---

① 统计口径为产权层面引入了非国有资本的企业及其下属企业。下同。

制造、通信、批发零售业5个行业企业混合程度较高，混合所有制企业户数占比分别为86.80%、79.99%、75.23%、74.34%、71.64%，科学研究和技术服务、交通运输与仓储和邮政、租赁和商业服务3个行业混合所有制企业户数占比较低，均低于60%。从企业层级看，层级越低混合程度越高。中央企业集团公司有上海贝尔和华录集团2家为混合所有制企业；一级子企业混合所有制企业户数占比为25.96%；从二级子企业往下，混合所有制企业户数占比超过50%并逐级提高，四级以下子企业中超过85%的企业实现混合。上市公司已成为中央企业混合所有制改革的主要实现形式。据汇总口径测算，2018年，中央企业控股的上市公司资产总额、所有者权益、营业总收入、利润总额占中央企业的比重分别为58.4%、53.3%、65.9%、67.2%。

（三）各类资本积极参与中央企业混合所有制改革

民营资本是参与中央企业混改的主体力量。2013—2018年，民营资本等各类社会资本通过证券市场、产权市场参与中央企业混改，投资金额超过1万亿元。百度、腾讯、阿里巴巴、京东、苏宁云商等民营互联网企业以认购中国联通发行股票方式参与混改，投资金额300多亿元。民营企业积极参与招商局集团招商公路增资，投资金额105亿元。20多家民营企业参与中国石化销售公司增资，投资金额1050亿元，助力销售公司拓展新兴业务、提供全方位综合服务。

外资参与中央企业混改活跃。外资通过受让部分股权、参与增资等方式参与中央企业混改，投资额超过300亿元，其中厚朴投资入股中国茶叶，持股25%。中国宝武通过产权市场转让所持宝钢气体51%控股权，经过77轮竞价，外资企业太盟投资集团以41.66亿元成功摘牌，较挂牌价增值近30亿元。全球最大的航空公司美国航空认购南航股份2.7亿股H股，双方将实施资源共享、客户开发、联合营销等业务合作。美国医药行业巨头入股国药集团所属国大药房，持股40%，投资27.67亿元，共同推动国大药房创新商业模式、弥补发展短板、提升国际化经营能力。

股权投资基金成为参与中央企业混改的新生力量。各类股权投资基金充分发挥资金雄厚、行业管理经验丰富、体制机制灵活的优势，积极参与中央企业混改，各类混改专项基金不断出现，为混改企业带来人才、技术、管理经验等相关资源。公募基金嘉实基金、兴全基金分别参与中石化销售公司混改和中国联通混改，前海基金、复星集团中国动力基金、天府弘威军民融合基金等行业领先的产业基金参与中国联通、华录文化、中石化销售公司、中国电科所属中电科航发投资发展（四川）有限公司混改，中粮集团在中粮资本增资、境外并购中引入弘毅资本、澳洲政府基金、淡马锡、渣打私募投资等知名基金公司共同参与。

（四）中央企业以多种方式入股非国有企业

中央企业采用投资并购、联合投资、上市公司资产重组、股权基金投资等多种方式，在高新技术、生态环境保护和战略性产业等重点领域，与非国有企业进行股权融合、战略合作、资源整合。

截至2018年底，中央企业对外参股的混合所有制企业超过6000户，其中，中国电子、中国移动、中国电信、中国节能、国机集团等在信息技术、节能环保、高端装备等领域投资参股民营企业，户数超过500户。中广核所属核技术公司、中国节能所属太阳能公司、航天科技所属彩虹无人机科技有限公司和航天神舟飞行器有限公司、华润集团所属华润医疗等与民营上市公司实施资产重组，推动优质资产上市的同时与民营企业实现优势互补、资源共享。中国建材所属南方水泥收购上百家民营水泥公司，将央企的经济、技术实力和民营企业的市场优势、经营活力有机结合，大幅提高行业集中度和生产效率，10年来实现税收近300亿元、净利润170亿元。中国能建所属葛洲坝集团与拥有核心技术的龙头民营企业在分布式能源、再生资源利用、高端环保等产业合资新设公司，结合发展战略开展并购加快产业链优化布局，5年时间发展为环保行业领军企业。

中央企业投资基金在混改中发挥重要作用。中国国新所属国有资本风险投资基金等对数十项非国有项目进行了投资，投资金额超过300亿元，通过混改加快布局新一代信息技术、节能环保、生物科技、新能源汽车、高端装备等战略性新兴产业。中国诚通所属国有企业结构调整基金通过直接投资、子基金投资等方式，投资了十余个非国有项目，累计投资金额约90亿元，广泛覆盖智能制造、互联网、新能源汽车等具有良好发展前景的新经济领域。华润集团将发展产业基金作为混改重要方式，共组建22只基金，完成投资224亿港元，投资领域主要是能源、大健康、高科技等集团主业业务板块。国投通过股权投资基金参与国企上市、重组整合、国际并购、投资高风险高收益业务，5家私募股权投资基金规模超过 1500 亿元，可撬动社会资本 5000 多亿元。

四、地方国有企业混合所有制改革进展

各地健全混改工作领导机制和配套制度，北京、福建、云南等地建立国资、发改、财政、组织、人力资源等共同参与的混改工作协调机制；上海、广西、重庆等 20 多个省（区、市）根据国务院文件精神，结合自身实际出台了本地区发展混合所有制经济的指导性意见；河南、湖北、江西等地出台混改工作操作指引；广东、贵州、山东等地在党的建设、引入战投、员工持股、董事会管理等方面出台政策和操作指引。

截至 2017 年 3 月底，省级国资委出资企业及各级子企业中混合所有制企业户数占比达到 47%，江西、安徽、天津等地 126 家一级企业集团层面完成了混合所有制改革。北京、内蒙古、上海、江苏、安徽、江西、厦门、深圳等 11 个地方混合所有制企业占比超过 60%。山西、湖南、广西、海南等 7 个地方混合所有制企业占比低于 40%，其他地方占比在 40%—60% 之间。从地域分布看，东部及沿海地区混合所有制企业占比普遍偏高，平均值接近 60%，中部地区次之，平均值接近 50%，西部地区平均值不足 40%。2013—2017 年，各地实施混合所有制改革超过 4000 项，引入非公资本超过 5000 亿元。①

混改方式方面，以市场化运作为主要途径，不断创新混改方式。上海整体上市或核心业务资产上市的市管企业占竞争类企业总量的 2/3；北京以提升国有资本效益效率为目标、以上市为主要方式推进竞争类企业混改，所属上市公司超过 60 家；山东、江苏所属上市公司超过 40 家；深圳、福建、江苏、安徽等地成立混改母基金引导社会资本参与混改；广东、四川、云南等地还运用产权市场、门户网站等多种渠道，公开披露国企混改项目，广泛吸引国内外社会资本。

体制机制改革方面，各地推动混合所有制企业在完善公司治理、深化三项制度改革、加强党建等方面积极探索。深圳国有企业收购民营上市公司后，按市场化、合同制管理原企业管理层。厦门推进"有机混改"，即以资本为纽带、资产证券化为抓手，完善产业价值链条、现代企业制度，着力放大国有资本功

---

① 数据来源为国务院国资委 2017 年 6 月国企改革吹风会。

能。各地把开展党建工作作为混改的必要前提，探索党组织在混合所有制企业经营管理中发挥作用的有效途径。

从混改效果看，北京、上海、深圳等地反映，企业混改后经营业绩稳步增长，成为当地国有企业资产、利润的主体和国有企业改革发展中的亮点。如：北京2013年以来，有1712家市属国企开展了混合所有制改革，引进非公有资本合计1842.53亿元，截至2017年底，混合所有制企业占比达70.5%，混改后企业营业收入总额增长11.87%，利润总额增长35.68%；上海2017年底混合所有制企业5176户，占比71.7%，占全部监管企业资产总额、营业收入、净利润的比例分别是86.6%、90.1%、91.4%，成为当地国有企业中最有活力、最有实力、最具发展潜力的部分。

五、国有企业混合所有制改革主要经验

国有企业积极引进各类战略投资者，以引资本促进转机制，初步建立了有效制衡的公司法人治理结构和灵活高效的市场化经营机制，企业活力得到增强，经营效益不断提升，取得了积极进展和成效。

以完善治理为导向，优化股权结构，充分发挥非国有战略股东积极作用。中央企业2013年以来实施的混改项目中，混改后非公资本平均持股比例为37%，60%项目非公资本持股比例超过33%。不少混合所有制企业按照混改后股权结构改组董事会，吸收非国有股东参与公司治理，在保证国有股股东控制权的同时，对于投资人最为关注的管理层人员聘用、关联交易等重大事项，保证了非国有股股东依法行使的否决权，充分发挥和保障董事会在公司法人治理结构中的决策作用，形成定位清晰、权责对等、运转协调、制衡有效的法人治理结构。中国黄金所属中金珠宝混改后中国黄金持股43%，优化股权结构的同时落实董事会重大决策、选人用人、薪酬分配等权利；中国三峡集团在新能源行业推动国有控股股东不谋求绝对控股，但发挥积极主动作用，着重把握企业的战略发展方向，非国有股股东持股比例接近40%，拥有了相当程度的话语权，充分调动了非国有股股东参与公司决策的积极性。

以强化激励为突破，转换经营机制，充分激发企业发展活力和动力。不少企业混改过程中深入推进三项制度改革，建立市场导向的选人用人和激励约束机制，探索员工持股，取得积极成效。东航物流按照市场化原则，所有员工

"脱马甲"，转换国有企业员工身份，在中高层管理人员中推行职业经理人制度，对职业经理人和全体员工实行完全市场化薪酬考核机制，切实实现职工工资能增能减，充分调动职工创效主动性和积极性，不断增强企业活力和市场竞争力。深圳将二、三级企业长效激励审批权限下放到企业，市管企业副总以下人员基本实现市场化选聘，推进薪酬预算分类调控和弹性调整，鼓励企业开展多元复合激励，实施限制性股票激励、股票期权、中长期业绩奖金等方式，推动深创投在全国率先探索实施项目跟投机制。

以突出主业为目标，创新商业模式，切实提高发展质量和效益。大部分中央企业围绕主业、坚持问题导向甄选战略投资者，充分发挥与战略投资者协同作用，推动产业链、价值链关键领域业务重组整合，实现布局结构调整、商业模式创新，不少企业发展质量和经营效益均得到显著提升。中国联通与战略投资者在互联网线上触点、新零售、云计算、金融支付等创新领域广泛合作，发挥各自优势，打造发展新动能，2018年上半年利润同比增长133.4%，产业互联网收入成为带动业务增长的新动能，资产负债率由2016年的62.6%降至43.5%，财务费用下降92%。山东交运引入全球领先的物流基础设施和服务提供商普洛斯，促进自身对传统客运、城市出租车及物流产业进行结构优化调整、经营模式创新升级；引入首汽集团，拓展网约车业务。

以规范运作为前提，严格遵守政策规定，有效防止国有资产流失。习近平总书记强调："发展混合所有经济，基本政策已明确，关键是细则，成败也在细则。要吸取过去国企改革经验和教训，不能在一片改革声浪中把国有资产变成谋取暴利的机会。改革关键是公开透明。"[1]实践证明，严格执行相关法律法规，公开、阳光、规范运作，是混改中保障各方权益的前提。中国石油、兵器工业集团、兵器装备集团、中国中车集团、中国恒天等多家中央企业按照党中央、国务院改革文件和国务院国资委《中央企业实施混合所有制改革有关事项的规定》要求制定了本企业混合所有制改革的制度方案。国有企业在混合所有制改革中加强组织领导，严格规范操作流程和审批程序，充分利用市场化定价手段，加强内外部监督，既实现了和社会资本的良好合作，也促进了国有资产保值增值。

以加强党建为统领，强"根"固"魂"，充分发挥党组织领导作用。混改

---

[1] 《习近平总书记参加安徽代表团审议侧记》，中国共产党新闻网，2014年3月10日。

工作推进到哪里，党的领导、党的建设要同时覆盖到哪里，是确保混改正确方向的政治保障。党的领导逐步融入混合所有制企业公司治理，国有绝对控股混合所有制企业"党建进章程"工作整体取得显著进展，"双向进入、交叉任职"稳步落实，党组织发挥作用组织化、制度化、具体化。中国联通混改始终坚持发挥党组在混改进程中"把方向、管大局、保落实"的领导作用，围绕混改工作召开党组会40余次、研究混改议题50多个。兵器装备集团所属内蒙一机作为重要军工企业，混改过程中始终坚持党领导一切，做到"四同步""四对接"，坚持党管干部原则和发挥市场机制作用相结合。江西混改过程中坚持党组织牵头，围绕"为什么改、跟谁改、怎么改、改到什么程度"等核心问题，从"做大主业、混活机制、放大功能"的高度做好顶层设计。

第三节　混合所有制企业员工持股

员工持股是国有企业发展混合所有制的一种形式，同时也是加强员工激励约束的重要手段。20世纪80年代以来，部分国有企业职工陆续通过参与股份制改造、承接国有资本退出、集资入股解决企业资本金短缺等多种方式持有国有企业股份。党的十八届三中全会后，国有企业根据新形势、新要求，开展了员工持股试点工作。

一、2012年以前国有企业员工持股历史沿革

作为国企改革历程中出现的一种重要的制度设计，国有企业员工持股在国企改革发展的不同阶段发挥了不同的功能与作用，呈现出不同的特点。

（一）参与国有企业股份制改造

1984年10月召开的党的十二届三中全会提出，要建立自觉运用价值规律的计划体制，发展社会主义商品经济。在国有企业改革方面，主要的措施是实行厂长（经理）负责制，并在大多数国有企业实行承包经营责任制，对一些小型国有企业实行租赁经营，并在少数有条件的全民所有制大中型企业中开始了股份制改造和企业集团化的改革试点。但在当时的历史条件下，社会资本并不

充裕，外部投资者匮乏，因此，股份制改造的试点企业基本上都采取了发行内部职工股的方式。这就是我国改革开放后最早出现的国有企业职工持股。1984年7月25日，北京天桥百货股份有限公司成立，并向职工发行了内部职工股，成为国内首家通过职工持股实现股份制改造的国有企业。1986年底，试点开始扩大到国有大中型企业。截至1988年底，全国共有3800家股份制企业，其中除60家发行了股票之外，大部分企业的股份制改造都采取了员工持股的方式。1992年，国家体改委等有关部门又陆续出台了一些引导股份制健康发展的文件，允许有限度地进行职工持股或发行内部职工股。

虽然内部职工股是当时历史条件下的现实选择，但是，在当时的内部职工股的发行过程中，出现了较严重的超范围、超比例发行及内部股社会化、法人股个人化等问题。1993年4月，国务院办公厅转发国家体改委等部门《关于立即制止发行内部职工股不规范做法意见》并发出紧急通知，提出要对不规范的内部职工股进行清理，对新要求成立内部职工持股的定向募集股份有限公司要暂缓审批。之后，仅不到一年的时间，国家体改委又印发了《关于立即停止审批定向募集股份有限公司并重申停止审批和发行内部职工股的通知》，禁止批准设立定向募集公司。自此，采用内部职工股的方式推行股份制改革被禁止。同时，拟上市的定向募集股份公司内部职工股的合法性及清理状况也成为公司上市时关注的重点。1996年，证监会印发《关于股票发行工作若干规定的通知》，要求凡采取募集设立的股份公司，本公司职工可按不超过社会公众股10%的比例认购股票，但人均不得超过5000股，并未完全禁止内部职工股。然而，由于有些公司内部职工持股混乱，超范围超比例现象严重，公司设立的合法性难以得到确认，影响了公司上市进程。1998年11月，为推进证券市场的规范化建设，内部职工股也被叫停。

这一阶段的员工持股，是作为实现股份制的一种手段而出现的。它既是当时特定历史条件下的现实选择，也具有一定的积极意义。但是，由于一开始就出现了不规范行为，所以不仅没有起到完善公司治理的作用，也无法发挥员工持股本应有的激励约束作用，其被叫停也是必然。

（二）承接国有资本退出及MBO

20世纪90年代，国有企业由体制机制原因导致的竞争力低下问题愈益突出，开始出现大面积亏损。到了90年代后期，国有企业亏损情况更加严重。

在此背景下，国务院提出三年改革脱困目标，并制定了一系列重要改革措施。在微观层面上，提出政策性关闭破产、债转股等；从宏观层面上，则提出要对国有经济布局结构进行调整，也就是按照"抓大放小"的原则，使国有资本从国有大型企业辅业企业、国有中小企业退出。在这一过程中，国有企业员工成为中小企业国有股权的主要受让主体。改制过程中，既有部分企业由全体或部分员工出资受让国有产权，也有部分企业将应支付给员工的经济补偿金等转换为改制后企业股权。这项工作主要由地方政府推动，地方国有企业职工持股成为一种普遍的现象。此后，部分国有大中型企业改制过程中也引入了管理层和员工持股，出现了一些管理层收购的案例。1999年，北京四通集团率先开始尝试管理层收购，成为我国第一个完成MBO的公司。随后，TCL集团的管理层为收购集团股份而新设立TCL控股公司，抓住国有股减持政策的机遇，推行集团股权多元化改革。之后，美的集团、万家乐、恒源祥以及丽珠等集团相继开始探索管理层收购，全国掀起了一阵MBO热潮。

以承接国有资本退出为目的的员工持股工作推行前期，由于国有资产出资人缺位，存在信息不对称和内部人控制等问题，出现了一些自买自卖、恶意压低国有资产价格等不规范甚至违法违规行为，导致国有资产流失，也引发全社会对国有企业实施MBO的争议。

2003年国务院国资委成立之后，首先开展的重要工作之一就是规范国有企业改制和完善国有产权管理，先后出台了相关政策文件，叫停了国有大型企业的MBO，并对中小型国有企业的管理层持股作出严格限制。国务院办公厅转发国务院国资委《关于规范国有企业改制工作意见》《关于进一步规范国有企业改制工作实施意见》，分别对管理层收购、以增资扩股方式持有本企业股权等提出限制性条件。《企业国有产权向管理层转让暂行规定》明确大型国有和国有控股企业及所属从事该大型企业主营业务的重要全资或控股企业的国有产权和上市公司的国有股权不得向管理层转让，对中小型国有和国有控股企业向管理层转让国有产权则提出了更为具体明确的要求。

（三）员工集资入股解决资金短缺问题

从20世纪90年代末至21世纪初期，我国进行财政体制改革和金融体制改革，取消了对国有企业的经营性亏损补贴和行政指令性贷款，切断了政府对国有企业的"输血"渠道。1998年亚洲金融危机爆发，更使得很多国有大中型企业陷入资金短缺的困境。为解决资金困难，一些企业采取了动员职工集资入股、筹集发展资金的办法。这类员工入股一般采取自愿原则，对人员不设条件，总体持股比例较低，个人出资金额较少。由于持股人数较多，多采取委托代持、职工持股会或持股公司的形式。

向员工筹集的资金在特定的历史背景下确实起到了支持企业发展的作用，但由于股权分散、持股人数众多，持续激励作用不明显。还有一些企业向职工承诺固定回报或托底回购，没有真正建立员工与企业风险共担的有效机制。更为严重的是，由于对入股人员条件不作限制，造成很多遗留问题，有的直至今日仍难以解决。许多持股人还将股份私下转让给企业外部人员，给股权管理造成较大麻烦，激励约束机制更是无从谈起。

（四）安置国有企业富余职工及电力职工持股的规范

这种类型的职工持股制度安排，最初主要集中在电力企业，出发点是用于安置国有企业富余职工。这一方式实际上可追溯到20世纪80年代中期。当时，为安置回乡青年和解决富余职工问题，电力企业成立了一些"三产"和"多经"企业[1]，为主业提供服务。随后，电力系统职工开始通过电力多经企业投资发电机组，形成电力企业员工持股的雏形。此后，我国实行多元投资、集资办电和还本付息电价，一大批集资电厂、中外合资电厂等先后建成，电力行业员工持股的现象随之逐渐增多。1999—2001年，电力企业职工投资发电企业成为非常普遍的现象。采取的方式主要是成立员工持股公司，持股公司再去持有发电企业股权。这时，这种类型的员工持股已经不仅以安置富余职工为目的，更逐渐具有增加员工福利等其他性质。由于这些发电企业与电网企业主业存在紧密的业务联系，持股公司一般会取得非常丰厚的分红回报。后来，这种方式又陆续延伸到其他行业的国有企业，其共同特征是由国有企业职工成立持股公司，持有与主业有紧密业务联系（如上下游或关联业务）的企业股权。

这种类型的员工持股制度设计，在一定程度上调动了员工的积极性，但是，由于被持股企业的主要业务收入、利润都来自国有企业，出现了很多不正当的利益输送行为，引起社会广泛争议。为杜绝不当利益输送事件继续发生，国务院国资委、国家电监会等有关部门按照党中央要求，重点针对此类持股行

---

[1] 当时，"三产"企业多指非主营业务企业；"多经"企业指多种经营企业。

为进行集中清理规范。2003年8月，国务院国资委、国家发展改革委和财政部联合印发《关于继续贯彻落实国务院有关精神 暂停电力系统职工投资电力企业的紧急通知》，暂时叫停电力行业新增这种类型员工持股。2008年1月，国务院国资委、国家发展改革委、财政部和国家电监会联合印发《关于规范电力系统职工投资发电企业的意见》。同年9月，国务院国资委印发了《关于规范国有企业职工持股、投资的意见》，对国有企业职工持股、投资的行为进行全方位规范，对不符合规定的职工持股提出了清退要求。按照文件规定，截至2012年底，在4年时间里，共有53家中央企业清理了5352户子企业的不规范员工持股，涉及资金482亿元，员工112万人（其中中层以上管理人员6.8万人）。

（五）调动科研和经营骨干积极性

随着我国市场经济的不断发展，人才对于企业保持竞争优势的作用日益突出，人们对人才重要性的认识日益深刻。为调动科研人员积极性、促进科技成果转化，2002—2007年，财政部、科技部、国务院国资委等有关部门相继出台一系列鼓励高新技术企业、转制科研院所实行经营者和科技人员持股的政策措施。例如：国务院办公厅转发财政部、科技部《关于国有高新技术企业开展股权激励试点工作指导意见》，对高新技术企业科研人员奖励股份的比例和转让作出具体规定；国务院办公厅转发国务院体改办等部门《关于深化转制科研机构产权制度改革若干意见》，鼓励员工入股，并允许经营管理人员和科技人员持有较大比重的股份；2007年，国务院国资委、财政部和科技部联合印发《中央科研设计企业实施中长期激励试行办法》，对中央科研设计企业员工认购股权作出相应规定。在这些政策的引导下，一批国有企业特别是高新技术企业和院所转制企业通过实施科技骨干持股，取得了很好的效果，有效提升了人员积极性，激发了企业活力。

二、新时代混合所有制企业员工持股试点

党的十八届三中全会明确提出允许混合所有制经济实行企业员工持股，形成资本所有者和劳动者利益共同体。在这一精神指引下，全国各地陆续有国有企业开始实施员工持股。以习近平同志为核心的党中央高度重视员工持股，经中央全面深化改革领导小组审议通过，国务院国资委、财政部和证监会于2016

年8月联合印发《关于国有控股混合所有制企业开展员工持股试点的意见》（即133号文），明确了新时期混合所有制企业员工持股试点的要求。

133号文印发后，国务院国资委坚持以习近平新时代中国特色社会主义思想为指引，深入贯彻落实新发展理念，稳妥有序推进首批试点工作。截至2018年9月底，按照"成熟一户，推进一户"的原则，全国共选取了首批员工持股试点企业192家。其中国务院国资委于2016年底选取了国机集团所属中国电器院等10家中央企业子企业作为首批试点。

本次试点是在充分吸取以往国有企业员工持股经验教训基础上，按照新时代全面深化国有企业改革的要求，贯彻落实新发展理念，组织开展的一次全新改革探索。不同于以往的员工持股，本次试点呈现以下几个特点：

强调骨干员工持股。过往实践充分证明，全员持股或平均持股容易造成新的"大锅饭"，企业也无法真正转换经营机制、提升经营管理水平，有的甚至企业经营业绩大幅下滑，国有资产受到了严重损害，入股员工利益也受到了很大损失。本次试点吸取这一教训，不允许实施全员持股或平均持股。要求必须是骨干员工持股，从而真正将持股员工利益与企业有效绑定。

强调股权必须动态调整。过往员工持股主要问题之一，是股权缺乏变化，旧的持股人员离职、退休后仍持有股份，新进人员无法获得股份，造成持股固化僵化。本次试点要求股权必须动态调整，离岗离职必须退股，并为新进员工预留股份，真正实现让符合条件的员工持有股权，持续调动骨干员工的积极性、主动性和创造性。

强调采取增量引入。有别于过往转让存量国有股权的方式，本次试点采用通过增资扩股、企业与员工共同出资新设等方式引入员工持股，在保证国有控股的前提下，不仅不减少存量国有资本，反而使国有企业的规模进一步扩大，有利于国有企业做强做大，更好地放大国有资本功能，切实防止国有资产流失。

强调非公有资本股东参与。要求试点企业科学合理设置股权结构，必须有非公有资本股东，且能够有效参与公司治理，以资本为纽带将国有股股东利益与非公有资本股东利益有机结合，从而既充分发挥各方股东优势，实现国有资本与非公有资本取长补短、相互促进、共同发展，又加强不同背景的股东和管理者之间的监督和制衡，避免因股权过于集中、监督约束机制虚置而导致内部人控制等问题。

强调严格防止国有资产流失。过往的员工持股实践中，曾出现过由于操作不当导致国有资产流失情况，如入股时人为压低价格，低价受让国有股权，或通过关联交易、提供商业机会等方式向员工持股企业输送利益等。本次试点充分吸取历史教训，始终坚持防止国有资产流失的底线，从企业条件、入股方式、股权定价、资金来源、股权分红、审批管理、监督检查等各个环节进行防范，从制度上切实防止国有资产流失。

强调综合改革效应。要求试点企业不能只停留在股权结构变更，要以员工持股为契机，打改革"组合拳"，优化股权结构，理顺管理架构，完善公司治理，落实"三能"机制，真正将体制机制改革落到实处。

试点开展以来，试点企业严格按照规定开展方案制定、战投洽谈、资产评估、进场交易、出资入股等工作，通过建立有效的激励约束机制，不断激发企业活力、强化企业管理，带动企业深化体制机制改革，让企业更好适应市场经济要求。经过两年多的实践，国有企业员工持股试点改革效果初步显现，形成了一批可复制可推广的经验，在调动员工积极性主动性创造性、促进企业改革发展等方面发挥了重要作用，初步实现了招人和留人并举、引资和转制并举、改革和发展并举，员工持股制度优势逐步显现，促进企业迈向高质量发展。

吸引和留住人才作用开始显现。员工持股对吸引人才、用好人才发挥积极作用，试点企业员工流失率明显降低，引进专业短缺人才数量快速增长，员工归属感和凝聚力显著增强。部分试点企业曾离职的部分骨干还主动回归企业。

员工创新创业意识有效激发。试点企业通过开展员工持股，推动员工与企业成为利益共同体、价值共同体和命运共同体，共享改革发展成果、共担市场竞争风险，持股员工的"主人公"意识和创新创业意识明显增强，参与企业经营管理的积极性大大提高。有的试点企业改单纯完成上级分配的任务为"撸起袖子加油干"，工作效率明显提升。部分试点企业经营团队自我加压，主动提高年度经营目标。

企业经营机制进一步转换。员工持股不仅为企业引入资金和投资者，实现股权结构上的"混"，还给企业带来了制度上的"改"。试点企业通过一系列改革措施，完善企业内部制度，加强党的领导，提高企业经营管理水平，有效促进了企业经营机制转换。有的试点企业由地方政府选派优秀党建干部进入企业党委班子，以业绩和岗位重要性为导向调整优化组织结构；有的试点企业进一步完善企业内部管理制度，使企业管理更细致、更全面、更市场化。

企业发展和经营绩效明显提升。试点企业在开拓业务市场、取得技术突破、提高行业地位、创造新的利润增长点等方面取得了积极成效，改革红利不断释放，经营业绩普遍提升。不少试点企业开展员工持股后，主营业务收入和利润皆同比大幅增长，有的企业产品销量达到同类产品的全球前列。

混合所有制改革有效促进。员工持股试点受到社会广泛关注，民营资本、外资等非公资本积极参与。中央企业试点企业中，半数以上同步引入了具有战略协同效应的外部投资者，实现了股权混合、业务合作和治理机制融合，有的还通过混改取得市场突破，为企业发展带来新的增长点。

新时代国有控股混合所有制企业实施员工持股试点改革，改革的着眼点已从初期解决资金短缺、承接国有资本退出等，转变为完善收入分配制度，加大管理、科技等要素参与分配力度，实现关键岗位、核心人才个人利益和企业利益长期绑定，充分激发企业活力。随着改革的深化，员工持股将与国有控股上市公司股权激励、科技型企业股权和分红激励等激励方式，共同构成国有企业关键岗位、核心人才中长期激励体系，进一步丰富国有企业中长期激励工具箱和政策包。后续工作中，国务院国资委将指导企业综合运用混合所有制企业员工持股、上市公司股权激励、科技型企业股权和分红激励等中长期激励措施，因企制宜选择中长期激励的路径和工具，充分调动企业内部各层级干部职工积极性。

启示与前瞻

改革开放 40 年来国有企业混合所有制改革的政策和实践表明，发展混合所有制经济是社会主义市场经济逐步发展、各类资本优势互补的客观结果，是完善我国基本经济制度的重要着力点，是国企改革的重要突破口，是提高国有企业发展质量和效益的重要举措，是长远之计而非权宜之计。党的十九大对混合所有制改革提出明确要求，下一步，国有企业将继续坚决贯彻落实党中央、国务院要求，积极稳妥推进混合所有制改革，坚持市场机制、依法合规，按照

"完善治理、强化激励、突出主业、提高效率"的原则，稳妥推进电力、石油、天然气、铁路、民航、电信、军工等重要领域混合所有制改革试点，总结重要领域混合所有制改革的特殊性和规律性，加大面上推进充分竞争行业和领域的商业类国有企业混合所有制改革的力度，推动混合所有制企业以"混"资本促进"改"机制，不断完善公司治理结构、健全市场化经营机制。坚持"国有资本在哪里，党的建设就要跟到哪里"的根本原则，主动适应企业股权结构和利益主体多元化、经营方式市场化等特点，突出政治建设统领，注重提升发展实效，不断探索加强混合所有制企业党建工作新路径。继续做好混合所有制企业员工持股试点工作，及时总结经验，把成熟的经验在更大范围内推广复制。通过混合所有制改革促进国有企业转换经营机制、促进国有资本做强做优做大，实现各种所有制资本取长补短、相互促进、共同发展，夯实社会主义基本经济制度的微观基础。

第十章　加强国有资产监督

习近平总书记强调,国有企业改革要先加强监管,防止国有资产流失,这一条不做好,国有企业其他改革就难以取得预期成效。加强国有资产监督是国资国企改革的重要内容,更是确保各项改革顺利推进的前提。改革开放40年来,社会主义市场经济体制不断完善,国家管理国有企业、国有资产的方式不断调整完善,国有企业的股权结构、经营方式、经营机制不断创新和变化,国有资产监督体制也相应地完善和优化。党的十八大以来,国有企业改革全面深化,强调以国有资产保值增值、有效防止国有资产流失为目标,坚持问题导向,立足体制机制制度创新,加强和改进党对国有企业的领导,切实强化企业内部监督、出资人监督和审计、纪检监察、巡视监督[①]以及社会监督,正式建立国务院向全国人大报告国有资产管理情况制度,严格责任追究,加快形成全面覆盖、分工明确、协同配合、制约有力的国有资产监督体系,充分体现监督的严肃性、权威性、时效性,促进国有企业持续健康发展。

第一节　企业内部监督

《中共中央 国务院关于深化国有企业改革的指导意见》专门将强化企业内部监督列为一条,要求完善企业内部监督体系,增强制度执行力。企业内部监督既是防止国有资产流失的第一道防线,也是国有企业落实国有资产保值增值责任的有效举措。企业内部监督,这里重点介绍企业治理结构监督、企业内部审计监督、职工代表大会监督、厂务公开监督以及企业内部责任追究等。对企

---

① 有关纪检监察、巡视监督的内容详见第十二章。

业集团，还要从母子公司体制角度，按出资关系加强母公司对子公司的监督。

一、企业治理结构监督

企业治理结构作为有效配置资源的一整套制度安排，体现了所有者对企业经营管理和绩效进行的监督、激励、控制和协调。改革开放初期，为明确国营工业企业应尽的责任，加快工业发展，1983年4月，国务院颁布《国营工业企业暂行条例》，明确企业的生产行政工作，实行统一领导、分级负责，主要管理权力集中在厂部；厂长对企业的生产经营活动和行政工作统一指挥，全面负责；企业的职工代表大会行使民主管理和监督的职权。

为保障全民所有制经济的巩固和发展，明确全民所有制工业企业的权利和义务，保障其合法权益，增强其活力，1988年4月颁布的《中华人民共和国全民所有制工业企业法》（以下简称《全民所有制工业企业法》）明确企业实行厂长（经理）负责制，并规定党在企业中的基层组织，对党和国家的方针、政策在本企业的贯彻执行实行保证监督；企业工会组织职工参加民主管理和民主监督。

20世纪90年代初，为转换国有企业经营机制、规范主要市场竞争主体的组织和行为，1993年12月，八届全国人大常委会第五次会议通过《中华人民共和国公司法》（以下简称《公司法》），对公司法人的治理结构作出了具体的规定，明确了股东会、董事会、监事会、经理层和其他利害相关者的责任和权利。其中，监事会行使下列职权：检查公司财务，对董事、高级管理人员执行公司职务的行为进行监督，当董事、高级管理人员的行为损害公司的利益时，要求董事、高级管理人员予以纠正等。

《公司法》的实施，进一步明确了法人治理结构的规范运作及有效监督。2003年3月国务院国资委成立后，深入推进外部董事占多数的董事会建设，加强董事会内部的制衡约束；依法规范董事会决策程序和董事长履职行为，落实董事对董事会决议承担的法定责任；切实加强董事会对经理层落实董事会决议情况的监督；设置由外部董事组成的审计委员会，建立审计部门向董事会负责的工作机制，董事会依法审议批准企业年度审计计划和重要审计报告，增强董事会运用内部审计规范运营、管控风险的能力。

同时，国务院国资委也在进一步指导和督促国有企业内设监事会建设。中央企业逐步建立了子企业监事会主席由上级母公司依法提名、委派的制度，提高专职监事比例,增强监事会的独立性和权威性。加大监事会对董事、高级管理人员履职行为的监督力度,进一步落实监事会检查公司财务、纠正董事及高级管理人员损害公司利益行为等职权,保障监事会依法行权履职,强化监事会及监事的监督责任。

2016年10月,习近平总书记在全国国有企业党的建设工作会议上指出,中国特色现代国有企业制度,"特"就特在把党的领导融入公司治理各环节,把企业党组织内嵌到公司治理结构之中,明确和落实党组织在公司法人治理结构中的法定地位,做到组织落实、干部到位、职责明确、监督严格。① 这里习近平总书记强调了监督的问题。落实总书记的重要讲话精神,全面加强党对国有企业领导,明确国有企业党委(党组)在公司治理结构中的法定地位,强调国有企业党组织的领导作用,把方向、管大局、保落实,确保党的意图贯穿企业改革发展和生产经营全过程,其中党组织通过纪检、巡视、巡察等多种途径发挥着重要的监督保障作用。要把加强党的领导和完善公司治理统一起来,落实党组织在党风廉政建设和反腐败工作中的主体责任和纪检机构的监督责任,充分发挥巡视、巡察作用,确保企业决策部署及其执行过程符合党和国家的方针政策、法律法规,防止国有资产流失。

二、企业内部审计监督

20世纪80年代初期,我国经济体制改革步伐加快,国有企业经营自主权不断扩大,但一些企业自我约束机制不健全,经济效益较差,违反财经法纪的现象时有发生。为加强对财务收支以及经济活动的审计监督,严肃财经法纪,提高经济效益,1988年11月,国务院颁布《中华人民共和国审计条例》,明确了国家设立审计机关,实行审计监督制度;规定全民所有制大中型企业可根据需要设立内部审计机构或者审计工作人员。党的十四大明确了经济体制改革的目标是建立社会主义市场经济体制,国有企业的改革和发展进入快车道。为适应国有企业改革发展的新形势,1993年4月,审计署、国家体改委、国家经贸委等3部委联合印发《全民所有制工业企业转换经营机制审计监督规定》,明确了企业内部审计应当在厂长(经理)领导下,依照国家法律、法规和企业管

---

① 习近平:《习近平谈治国理政》(第二卷),外文出版社,2017年版,第176页。

理制度，对本单位及下属单位的财务收支及其经济效益进行审计，促使其做到账实相符，如实反映经营成果和企业财产保值增值情况。

内部审计是对本单位及所属单位经济活动等实施独立、客观的监督、评价和建议，以促进单位完善治理。1994年8月，八届全国人大常委会第九次会议通过了《中华人民共和国审计法》，规定国有企业应当按照国家有关规定建立健全内部审计制度，国有企业的内部审计应当接受审计机关的业务指导和监督。1995年7月，审计署《关于内部审计工作的规定》实施，对内部审计职责范围和权限、义务都作了具体要求，内部审计工作步入法制化、规范化轨道。

以1999年5月中共中央办公厅、国务院办公厅印发的《国有企业及国有控股企业领导人员任期经济责任审计暂行规定》为标志，国有企业内部审计从查错纠弊为主的传统财务收支审计，逐步转向以资产负债损益的真实性审计为基础，以经济责任审计为重点，以"摸家底、揭问题、促发展"为主线的路子，围绕企业会计信息、重大经济决策、内部控制和遵守财经法规等，客观评价国有企业领导人员任期经济责任，促进企业加强和改善经营管理，保障国有资产保值增值。

党的十八大以来，国有企业审计以维护国有资产安全、促进国有企业科学发展为目标，通过对国有企业贯彻落实国家重大政策措施情况的审计，促进政令畅通；通过揭示和反映国有经济运行中的风险隐患，维护国有资产安全；通过从体制机制制度层面揭示问题、分析原因和提出建议，促进深化改革；通过加强对国有资产运营相关权力和责任的监督和制约，促进健全权力制约和监督机制；通过全面监督国有企业财务收支的真实、合法和效益，促进企业经营管理制度建设；通过揭露重大违规违纪违法问题，促进廉政建设。2018年3月，审计署修订后的《关于内部审计工作的规定》施行，规定了内部审计对财务收支、经济活动、内部控制、风险管理实施独立的监督、评价和建议，在促进国有企业完善治理、实现目标的过程中，不断提升内部审计工作质量，充分发挥内部审计作用。

三、职工代表大会监督

为调动企业的积极性，改善经营管理，1979年7月，国务院印发《关于扩大国营工业企业经营管理自主权的若干规定》，规定企业在主管部门的领导下，在职工代表大会的监督下，正确使用自己的权限，严格履行义务。1981年5

月，全国总工会召开全国企业民主管理座谈会，提出当前职工代表大会应对干部有监督权，逐步实行选举、罢免权。1982年1月，党中央、国务院颁布《国营工厂厂长工作暂行条例》，明确工厂实行党委领导下的职工代表大会制。厂长要尊重职工代表大会的职权，支持职工代表大会的工作，接受职工代表大会的监督。

职工代表大会是职工实施民主管理的机构。1986年9月，党中央、国务院颁布《全民所有制工业企业职工代表大会条例》，规定了保障与发挥工会组织和职工代表在审议企业重大决策、监督行政领导、维护职工合法利益等方面的权利和作用。1988年4月，七届全国人大一次会议通过的《全民所有制工业企业法》，明确了职工代表大会是企业实行民主管理的基本形式，是职工行使民主管理权力的机构。此后，企业相继制定和完善了职工代表大会条例及实施细则，完善职工代表大会制度。1999年9月，落实职工代表大会的各项职权，使基层单位职工代表大会审议企业重大决策逐步走上了规范化、程序化、经常化的轨道。

1993年11月，党的十四届三中全会通过《中共中央关于建立社会主义市场经济体制若干问题的决定》，指出改革和完善企业领导体制和组织管理制度要全心全意依靠工人阶级，工会与职工代表大会要组织职工参加企业的民主管理，维护职工的合法权益。1999年9月，党的十五届四中全会通过《中共中央关于国有企业改革和发展若干重大问题的决定》，要坚持和完善以职工代表大会为基本形式的企业民主管理，切实维护职工合法权益。

进入21世纪，国有企业积极推进平等协商、集体合同等制度，努力推动职工代表大会等多种形式民主管理的不断发展，注重引导和探索增强职工代表大会工作的系统性、整体性、协同性和有效性，将公司工会年度工作报告、公司负责人履职待遇、业务支出、年度预算执行情况及年度预算报告、公司改革发展议案等重要事项提交职工代表大会审议。为充分维护职工合法权益，2003年11月，国务院办公厅印发《关于规范国有企业改制工作的意见》，明确国有企业改制方案和国有控股企业改制为非国有企业的方案，必须提交职工代表大会或职工大会审议，充分听取职工意见。2007年7月，国务院国资委党委印发《关于建立和完善中央企业职工代表大会制度的指导意见》，要求中央企业结合实际情况，坚持行使和落实职工代表大会的监督评议权，职工代表大会应在企业党组织领导下,在有关部门的指导和参与下,每年或定期组织职工代表听取企业领导班子成员或已建立规范法人治理结构的企业的经营班子成员报告履行职责和廉洁自律的情况,并由职工代表进行民主评议。

党的十八大以来,国有企业按照健全以职工代表大会为基本形式的民主管理制度,保障职工参与管理和监督的民主权利的要求,以坚持推进基层民主政治建设、坚持促进企业发展、坚持推进现代企业制度建设、坚持促进劳动关系和谐为主要原则,充分落实职工代表大会各项职权。国有企业以扎实做好职工代表大会提案工作为切入点,引导职工把关注点更多地放在事关企业的大事上,真正发挥广大职工群众的聪明才智,职工代表提案工作已成为广大职工参与民主管理的重要途径。

四、厂务公开监督

厂务公开是保障和落实职工当家做主的民主权利,维护职工合法权益的重要举措,有助于保护、调动和发挥广大职工的主人翁积极性。1997年9月,党的十五大报告要求扩大基层民主,保证人民群众直接行使民主权利,依法管理自己的事情。厂务公开制度是落实职工群众对厂务的知情权,实现职工参与企业民主决策、民主管理和民主监督的有效制度。

为了更好地扩大基层民主、保证人民群众直接行使民主权利,落实全心全意依靠工人阶级的指导方针,巩固、深化和规范厂务公开工作,促进企业的改革、发展和稳定,2002年6月,中共中央办公厅、国务院办公厅印发《关于在国有企业、集体企业及其控股企业深入实行厂务公开制度的通知》,明确了厂务公开的重要意义、指导原则和总体要求,规定了厂务公开的主要内容、实现形式、组织领导等。2007年10月,党的十七大明确要求推进厂务公开,支持职工参与管理,维护职工合法权益。2012年2月,中央纪委联合多个部委印发《企业民主管理规定》,明确要求企业将生产经营管理的重大事项、涉及职工切身利益的规章制度和经营管理人员廉洁从业相关情况,按照一定程序向职工公开,听取职工意见,接受职工监督。

党的十八大以来,中央企业按照扩大有序参与、推进信息公开、加强议事协商、强化权力监督为重点,拓宽范围和途径,丰富内容和形式的要求,不断深化厂务公开工作,不断健全厂务公开的领导体制和工作机制,完善厂务公开的内容和方式，提高厂务公开的实效，引导厂务公开向基层一线延伸，确保除国家法律法规规定的保密事项和企业科技、商业秘密外，企业重大事项都向职工公开。

五、企业内部责任追究

企业内部责任追究是企业内部监督工作的闭环。1981年4月，国务院召开全国工业交通工作会议，提出建立和实行经济责任制的要求。实行经济责任制其中的一个重要环节就是要处理好企业内部的关系，解决好职工干好干坏一个样的问题。但在企业积极性被充分调动起来的同时，也出现了不顾国家利益搞本位主义，只顾追求利润，忽视质量、品种，违反国家政策、法令和财经纪律等现象。

为了引导经济责任制健康向前发展，1982年1月，党中央、国务院作出《关于国营工业企业进行全面整顿的决定》，提出要完善经济责任制，整顿财经纪律，坚决制止违法和违反财经纪律的行为；通过认真清查财经制度的执行情况等，进一步健全财务会计制度，严格执行财经纪律；特别要求企业领导干部和财务人员要以身作则，模范地遵守财经纪律，如果违反则加重处罚，追究经济责任直至法律责任。1982年4月，国务院颁布《企业职工奖惩条例》，其中处分的规定包括警告、记过、降级、撤职、留用察看、开除，同时可以给予一次性罚款。

建立社会主义市场经济体制后，国有经济日益壮大，"会不会造成国有资产流失"便成为每一轮国企改革关注度最高的问题，防止国有资产流失也就自然成为国企改革的重要要求。2008年8月，国务院国资委印发《中央企业资产损失责任追究暂行办法》，明确企业及各级子企业经营管理人员及相关人员未按规定履行职责形成的损失要依法追究责任，旨在增强企业资产责任意识、推动企业经营管理者正确履行职责、层层落实资产经营管理责任。

随着国有企业生产经营环境的不断变化，一些国有企业在改革过程中逐渐暴露出管理不规范、内部人控制严重、企业领导人员权力缺乏制约等问题，部分问题涉及金额巨大、性质恶劣，手法也越来越隐蔽化，链条错综复杂。

2013年11月，党的十八届三中全会明确指出，强化国有企业经营投资责任追究。2016年8月，国务院办公厅印发《关于建立国有企业违规经营投资责任追究制度的意见》。该意见从集团管控、购销管理、工程承包建设、转让产权、固定资产投资、投资并购、改组改制、资金管理、风险管理等若干方面明确追责范围，并明确了资产损失认定、经营投资责任认定、责任追究处理等措施。中央企业通过开展问责追责，不但促进了各方面发现问题的整改，实现了闭环管理，提升了公司整体经营管理水平；而且还有效发挥警示教育作用，提高了各级企业经营管理人员的合规经营意识，促进了企业持续健康发展。

为进一步加强和规范责任追究工作，2018年7月，国务院国资委印发《中央企业违规经营投资责任追究实施办法（试行）》，明确中央企业要组织开展本级企业发生的一般或较大资产损失，二级子企业发生的重大资产损失或产生严重不良后果的较大资产损失，以及涉及二级子企业负责人的责任追究工作。要求中央企业结合企业实际情况，积极制定、修订相关责任追究制度，明确责任追究工作职能部门或机构。同时，各地方国资委也要建立健全本地区责任追究相关制度规定，以进一步推动国有企业规范开展违规经营投资责任追究工作。

第二节　国有资产监督管理机构监督

国有资产监督管理机构的监督，是维护国有资产国家所有者权益的直接体现。国有资产监督管理机构坚持履行出资人职责和国有资产监管职责的有机统一，主要通过加强出资人监督、建立健全国有企业国有资产管理各项规章制度，并加强对各项规章制度执行情况进行监督。[①] 进入新时代，国务院国资委着力推动以管资本为主完善国有资产管理体制，改革国有资本授权经营体制，履行好出资人职责，不断完善国有资产监管，加强事中事后监督，推进实时在线监管，提升监管效率，推进监管模式不断创新。

一、财务审计监督

财务监督和审计监督是国有资产监管体系的重要组成部分，是国务院国资委履行出资人职责的基础手段。

---

① 《国务院办公厅关于加强和改进企业国有资产监督防止国有资产流失的意见》指出，完善国有资产监管机构监督。国有资产监管机构要坚持出资人管理和监督的有机统一，进一步加强出资人监督。健全国有企业规划投资、改制重组、产权管理、财务评价、业绩考核、选人用人、薪酬分配等规范国有资本运作、防止国有资产流失的制度。鉴于上述方面的部分监管内容已在本书其他章节阐述，本节着重从财务审计监督、产权监督、外派监事会监督、推进信息化监管等方面阐述，其他方面的监督可参本书相关章节。

(一) 国有企业清产核资

国有企业清产核资是根据国家专项工作要求，在特定时期、特定情况下针对特定范围企业的一项制度安排，主要是通过账务清理、财产清查、价值重估、产权界定、损溢认定、资金核实等措施，以核实国有权益，夯实企业资产质量，推动企业实现账实相符。

2003年9月，为贯彻落实国务院提出的关于清产核资工作"制度化、规范化、经常化"的要求，确保清产核资工作有法可依、有章可循，依据《中华人民共和国企业国有资产法》（以下简称《企业国有资产法》）和《企业国有资产监督管理暂行条例》等有关规定，在认真总结前五次国有企业清产核资工作经验基础上，国务院国资委印发《国有企业清产核资办法》，并先后印发工作规程、损失认定、资金核实、经济鉴证、账销案存、财务核销等6个配套文件，并结合清产核资的新情况、新问题，制定了4个具体问题解答以及审批流程、结果复核等多个内部工作规范，形成了1个办法、6项配套政策、4个具体问题解答和多项内部操作规范等点面结合的制度体系。

为全面摸清企业"家底"，核实企业资产质量，加强企业财务监督，规范企业会计核算，有效解决企业历史遗留问题，并为落实国有资产经营责任和促进国有资本保值增值奠定基础，国务院国资委于2003年9月在中央企业范围内全面组织开展清产核资工作，共涉及企业181家。

随着各地国资委的陆续组建，相关地方也将清产核资作为各地国资委履行出资人职责的首要基础工作，在所出资企业范围内开展了清产核资工作，摸清了纳入监管范围地方国有企业的资产和财务状况，为履行各项监管职责奠定了基础。

为确保清产核资操作规范，损失认定合法合规，各地国资委对清产核资工作严格把关，严防国有资产流失。首先，严把立项关。对于企业发生分立、重组、改制等经济行为涉及资产、产权发生重大变动的，会计信息严重失真、账实严重不符或企业财务状况出现严重异常的，才允许企业申请立项。其次，严把审核关。企业申报结果要经过集团自审、中介鉴证、国资委组织专家复核，对于不符合损失认定标准的，一律不予确认。最后，严把核销关。按照同股同权同责，对于清产核资损失由全体股东按比例承担，明确不得由国有股股东独自承担。

从国有企业层面看,按照国资委清产核资工作要求,各企业进一步完善内部管理制度,严防国有资产流失。一是建立"账销案存"管理制度,明确了管理责任,组织力量加强对账务核销资产的清理与追索,尽可能收回残值,减少损失。二是建立了责任追究制度,按照销账不销责原则,对因工作失职、渎职或者违反规定,造成损失的人员进行责任追究和处理,确保做到"问题整改不到位不放过、长效机制未建立不放过、责任人没处理不放过"。三是针对清产核资过程中暴露出的问题,认真分析资产损失的原因,制定和完善投资、资金、往来款项、存货、担保、抵押等方面的管理规章,及时堵塞管理漏洞,有效避免了前清后乱等问题,促进了国有资产管理水平的提升。

(二) 国有企业财务预算监督

根据《公司法》《企业国有资产监督管理暂行条例》等有关规定,出资人应履行对企业财务预算监督管理职责。多年来,国务院国资委不断完善财务预算管理制度体系,从预算编制、组织、原则、执行等方面作出相应规定,已经形成了每年9月对中央企业下年度预算工作进行布置,次年1月底收集年度预算报告,4月底前完成对各中央企业预算审核及复函,并通过财务快报等方式对预算执行情况进行动态监控的预算闭环管理体系。一是建立健全预算管理制度体系。2007年5月,国务院国资委制定印发《中央企业财务预算管理暂行办法》,要求企业建立财务预算管理制度,组织开展内部财务预算编制、执行、监督和考核工作,完善财务预算工作体系,推进实施全面预算管理。二是建立预算报告管理体系。形成了包括预算报表、预算调整表和预算情况说明书等在内的较为完整的预算报告体系,并每年召开预算布置会,制定下发年度预算报表通知,明确预算报表的编制规则、编制内容、上报时间和报送范围,以及预算调整规定。三是建立预算审核与执行监控闭环管理体系。对中央企业上报的年度预算报告进行逐户审核,提出明确的预算管控目标和预算管理改进重点,并逐户复函企业。同时,强化预算执行监控,结合企业快报信息和日常监管工作,建立预算跟踪分析和预警机制,及时了解并与企业沟通预算偏差原因,要求制定应对措施,提高运行质量,防范风险。在预算年度结束后,对企业预算执行情况进行通报,并对执行结果偏差较大、预算改进措施不到位的企业,在下年预算复函中提出整改要求,督促企业持续改进。

为促进中央企业不断改进预算管理、充分运用全面预算管理工具、推动企业实现高质量发展，国务院国资委不断加强对中央企业持续深化全面预算管理体系建设的指导和推动工作。

2011年11月，制定并印发《关于进一步深化中央企业全面预算管理工作的通知》，要求中央企业完善全面预算管理组织体系，树立全面预算管理理念，改进预算编制方法，积极推动对标管理，加强关键指标预算控制，强化预算刚性约束，加强预算执行结果考核，大力推进信息化建设，不断提升全面预算管理水平。

2012年，开展了全面预算管理提升，按照"先进引路、分类推进"的原则，确定了"可总结推广经验、关键指标管控、全面开展提升"3大类共40家全面预算管理提升重点联系企业，通过"抓两头、促中间"分类推进中央企业全面预算管理工作。召开了全面预算管理提升专题会，开展了全面预算管理诊断基层行，组织编写《中央企业全面预算管理辅导手册》，先后对80余家企业的预算管理工作开展了广泛调研，并选择了8个行业共28户重点企业进行逐户研究分析，提出了7大类168项改善效益状况措施建议，有针对性地指导中央企业切实提升全面预算管理水平。

自2013年起，编写下发年度预算指导意见，从预算工作的指导思想、基本原则、总体目标、重点任务、编制要点、重点行业和关键指标以及预算管理工作等方面，有针对性地提出建议目标及有关要求，有效指导企业科学把握大势，有效落实出资人意图，强化关键指标的预算管控，弥补自身管理短板，科学、合理开展年度预算工作，不断提高运行质量，促进企业管理水平的持续提升。

（三）国有企业财务决算监督

国有企业财务决算监督是加强国有企业财务监督，全面了解和掌握企业资产质量、经营效益状况的重要手段，是如实反映企业财务状况、经营成果和现金流量，更好地满足经济决策和国资监管的迫切需要。

中央企业财务决算工作，最早可追溯到改革开放之初的财政部国营企业决算，重点在于建立和健全经济核算的基础工作和财务会计制度，加强各项专用资金的监督，发挥资金使用效果。1982年8月，国务院批转财政部《关于加强国营企业财务会计工作的报告》的通知，提出，从各地开展企业财务检查的情况看，多数国有企业不同程度地存在着财务管理水平低，会计账目不清楚，财产、资金、成本核算不准确等问题，所有企业必须对财务工作进行一次彻底的整顿。

针对国有企业存在的诸多问题,从20世纪80年代起,按照国有企业行业分类,财政部每年均专门印发《国有企业财务决算编审工作的通知》,要求国有企业认真抓好年度财务决算编审工作,严格执行国家的各项财税政策和财务会计制度规定,保证决算质量,按时完成汇编上报任务。

2003年,国务院国资委成立,根据国务院授权,依法履行国有资产出资人职责,通过统计、稽核对国有资产的保值增值情况进行监督。为深入开展国有资产统计评价工作,加强所出资企业的财务监督,全面掌握企业资产质量、经营效益状况,2004年2月,国务院国资委印发《中央企业财务决算报告管理办法》,对中央企业财务决算工作加以规范。国务院国资委对中央企业财务决算的监督管理主要包含以下内容:一是结合财务监督工作重点,对企业年度财务决算报表进行修改完善。二是对中央企业布置财务决算工作,对财务决算监督工作提出具体要求。三是为做好企业经营成果的核实及认定工作,对企业财务决算合并范围、重大财务事项、重大会计政策调整等事项进行备案审核。四是进一步加强会计信息质量管理,查找经营管理问题、落实问题整改责任以及评估决算审计质量等,并就企业保值增值结果、国有资本收益上缴、业绩考核结果、工资等事项进行清算认定。五是对财务决算发现问题进行持续跟踪,在日常财务监督工作中重点关注问题的整改进展和结果,通过提示函等多种方式督促企业持续改进,形成闭环管理。

国务院国资委成立后,在原财政部绩效评价体系的基础上,2006年研究制定《中央企业综合绩效评价管理暂行办法》和《中央企业综合绩效评价实施细则》,建立了中央企业综合绩效评价体系。开展中央企业绩效评价,旨在综合反映企业资产运营质量,通过评价分析影响企业整体财务绩效的主要因素和经营管理中存在的薄弱环节,诊断企业生产经营中存在的问题,进一步引导中央企业提高资本回报水平,规范经营行为。国务院国资委财务绩效评价体系,包括8个基础指标和14个修正指标,分别从企业的盈利能力、运营能力、偿债能力以及发展能力4个方面,对企业特定经营期间的财务绩效进行综合评判。

(四)国有企业审计监督

根据中央经济责任审计部际联席会议职责分工,审计署和国务院国资委根据干部管理权限分工开展经济责任审计工作,即:中央组织部管理的企业领导人员由中央组织部委托审计署开展经济责任审计,国务院国资委党委管理的企业领导人员由国务院国资委开展经济责任审计。通过经济责任审计手段对企业领导人员履职情况作出评判,是建立和完善新型国有资产管理体制、建立和规范企业负责人任期目标管理、促进企业改进和提高经营管理水平、加强干部监督管理和预防腐败的重要制度安排。

依据《公司法》《企业国有资产法》《企业国有资产监督管理暂行条例》等法律法规,国务院国资委先后制定《中央企业经济责任审计管理暂行办法》《中央企业内部审计管理暂行办法》《中央企业经济责任审计实施细则》《关于加强中央企业经济责任审计工作的通知》《中央企业财务决算审计工作规则》《关于加强中央企业财务决算审计工作的通知》《关于加强中央企业内部审计工作的通知》《关于进一步加强中央企业内部审计工作的通知》,基本构建完成了出资人审计监督的制度体系;组织开展企业负责人经济责任审计,审计形式涵盖离任、任中及企业重组审计,审计方式除一般审计外,探索离任审计调查和同步经济责任审计;不断加强财务决算审计监督和审计质量管理,大力规范中央企业选聘审计机构行为,加强对审计质量的检查处理,推动企业内部审计工作有序开展和不断深入。

党的十八届三中全会以来,党中央、国务院对国有企业审计工作高度重视,习近平总书记作出重要批示,要求建立健全国有企业国有资本审计监督体系和制度。《中共中央 国务院关于深化国有企业改革的指导意见》《国务院关于加强审计工作的意见》《国务院办公厅关于加强和改进企业国有资产监督防止国有资产流失的意见》等文件也都对加强审计工作提出了明确要求。为贯彻落实党中央、国务院相关精神,根据深化国有企业改革重点任务分工,审计署、国务院国资委共同牵头负责"健全国有资本审计监督体系和制度,实现企业国有资产审计监督全覆盖"。2017年,中共中央办公厅、国务院办公厅印发深化国企国资审计监督的意见,标志着国有企业和国有资本审计监督体系和制度进一步完善。根据文件精神,国务院国资委在认真组织做好对中央企业的内部审计工作的同时,下大力气加强审计问题督导整改和追责问责力度,形成监管合力,推动中央企业充分运用和转化审计成果,推动标本兼治,建立和完善长效机制,增强监督检查力度,切实维护国有资产安全,防范国有资产流失。

2018年4月,按照党和国家机构改革规定,国有企业领导干部经济责任审计职责划入审计署。

(五) 国有企业重大财务事项监督

国有企业担保监管。担保是国有企业经营管理中普遍而又容易导致风险的重大财务事项。为规范中央企业担保行为，加强担保监管，2008年国务院国资委印发《关于加强中央企业资金管理防范财务风险的紧急通知》，要求中央企业加强担保管理，严格控制对集团外担保，对代偿风险较高的担保事项及时采取应对措施；2011年印发《关于进一步做好中央企业资金保障防范经营风险有关事项的紧急通知》，要求中央企业采取反担保等措施降低担保风险，严格控制对集团外企业出借资金和担保；2012年印发《关于加强中央企业资金管理有关事项的补充通知》，要求中央企业切实加强担保管理，严格控制对集团外企业提供担保，对集团外企业提供担保的，应当报国务院国资委批准。2014年，按照简政放权要求，印发《关于开展落实中央企业董事会职权试点工作的通知》，明确董事会职权试点企业的担保事项由企业董事会进行管理。

国有企业金融衍生业务监管。2001年起，证监会对国有企业开展境外期货套期保值业务实行许可证制度，先后审核批准31家国有企业开展境外套期保值业务。2008年，国航集团、东航集团、中远集团发生重大衍生业务亏损事件，为加强中央企业金融衍生业务监管，国务院国资委印发《关于进一步加强中央企业金融衍生业务监管的通知》，明确中央企业金融衍生业务监管要求，规定金融衍生业务持仓规模不得超过同期保值范围现货的90%，以前年度金融衍生业务出现严重亏损或新开展企业，两年内持仓规模不得超过50%；同时建立了金融衍生业务季度监测和紧急报告制度。2010年，为解决中央企业境外商品套期保值问题，报经国务院同意，国务院国资委会同证监会、商务部、外汇局等部门建立了中央企业金融衍生业务临时监管机制，明确对中央企业境外商品衍生业务实行评议核准制度。2015年，按照简政放权要求，考虑多数中央企业已建立了规范董事会，经国务院同意，国务院国资委印发《关于取消中央企业境外商品衍生业务核准事项的通知》，明确由中央企业董事会或有关决策机构负责对本企业金融衍生业务进行决策核准，国务院国资委对该事项的监管方式由事前核准转为事中监控和事后检查。

国有企业总会计师履职监管。总会计师是企业经营和财务管理的关键岗位。改革开放以来，国有企业总会计师管理一直是完善国有企业公司治理、提高财务监管水平的重要工作。1985年国家颁布《中华人民共和国会计法》（以下简称《会计法》），规定"大、中型企业事业单位和业务主管部门可以设置总会计师"。1990年颁布的《总会计师条例》对总会计师的设置、定位和职责作出明确规定，"全民所有制大、中型企业设置总会计师"，"总会计师组织领导本单位的财务管理、成本管理、预算管理、会计核算和会计监督等方面的工作，参与本单位重要经济问题的分析和决策"。1999年修订后的《会计法》进一步规定"国有的和国有资产占控股地位或者主导地位的大、中型企业必须设置总会计师"。2006年，国务院国资委制定《中央企业总会计师工作职责管理暂行办法》，对国务院国资委出资企业总会计师的工作职责和管理要求作出了明确规定，要求建立和完善总会计师管理制度，明确集团可以对各级子企业委派总会计师。党的十八届三中全会以来，国务院国资委进一步着力深化中央企业总会计师委派制度，于2015年首次设置国务院国资委总会计师职务，并成立总会委派办公室，在借鉴部分中央企业和地方经验、参考国内外知名企业做法基础上，印发《关于在中央企业开展总会计师委派试点工作的意见》，启动中央企业总会计师委派试点工作，委派总会计师代表股东参与企业重大经营决策和日常管理，加强出资人财务监管。截至2018年底，国务院国资委已向35家中央企业委派总会计师。

资金集中监管。资金管理是企业经营管理的重要一环，通过财务公司、资金结算中心等实施集团资金集中管理，对搞活企业集团内部资金融通、促进产业结构调整、增强企业集团的凝聚力具有十分重要的意义。为支持大中型国有企业发展，解决企业内部资金分散、使用效率低下与企业发展对金融和资金的迫切需要之间的矛盾，人民银行于1987年批准设立了中国第一家企业集团财务公司——东风汽车工业财务公司。1991年，国务院批转国家计委、国家体改委、国务院生产办《关于选择一批大型企业集团进行试点的请示》，明确试点企业集团要逐步建立财务公司。截至1992年，人民银行已先后批准17家企业集团试办财务公司。同年，人民银行、国家计委、国家体改委、国务院经贸办联合印发《国家试点企业集团建立财务公司的实施办法》，明确继续积极稳妥扩大财务公司试点；2000年又印发《企业集团财务公司管理办法》，进一步规范企业集团财务公司行为。2003年国务院国资委成立以后，积极支持企业设立财务公司和资金结算中心，不断加大资金集中管理力度。党的十八大以来，国务院国资委将资金集中管理作为推动中央企业做强做优实现世界一流的重要举措,持续予以推进。截至2017年底,已有95家中央企业开展资金集中管理工作,共设立财务公司70家,中央企业整体资金集中度已提升至70%左右,中央企业资金监管水平不断提高,集团化管控能力、资金保障能力、经营创现能力、资源配置能力显著增强。

融资性贸易业务监管。融资性贸易业务是以贸易业务为名,实为出借资金、无商业实质的违规业务。2012年7月,因大宗商品价格持续下跌、银行收紧信贷,市场爆发华东钢贸风险事件。对此,国务院国资委于2013年4月发出紧急通知,首次明文规定禁止中央企业开展无商业实质的融资性贸易业务,明确了管控红线。2014年12月,对前期违规开展融资性贸易的中央企业集中予以通报批评,之后又先后分批通报了多家企业,并严肃问责,2016年、2017年先后组织对中国铁物等企业开展融资性贸易专项审计调查和责任追究。2017年3月,对中国铁物进行公开通报,对6名领导班子成员采取开除党籍和行政处理。2017年底再次重申禁令,组织彻底清理中央企业融资性贸易业务风险。经过5年多来的高压监管,中央企业融资性贸易业务风险已基本得到遏制。

二、产权监督

企业国有产权监督是出资人监督的基础性、枢纽性工作,是以管资本为主加强监管的重要内容和重要手段,是做强做优做大国有资本、防止国有资产流失的坚实保障。经过40年国企改革实践,产权监督体系逐步建立健全,产权监督手段不断创新发展,产权监督效果更加突出显现。

(一)产权监督体系

1. 产权监督总体思路

党的十六届三中全会通过的《中共中央关于完善社会主义市场经济体制若干问题的决定》提出,"产权是所有制的核心和主要内容","建立归属清晰、权责明确、保护严格、流转顺畅的现代产权制度","要依法保护各类产权,健全产权交易规则和监管制度,推动产权有序流转";首次在党的文件中完整阐述了现代产权制度的内涵,在改革理论中将产权放到更加重要的位置。党的十八届三中全会通过的《中共中央关于全面深化改革若干重大问题的决定》再次强调,"产权是所有制的核心。健全归属清晰、权责明确、保护严格、流转顺畅的现代产权制度"。党的十九大报告中进一步明确,"经济体制改革必须以完善产权制度和要素市场化配置为重点,实现产权有效激励、要素自由流动、价格反应灵活、竞争公平有序、企业优胜劣汰"。按照党中央有关文件精神,结合国资国企改革实践经验,逐步形成了一套较为完善的指导工作实践的产权监督理论体系。2011年3月,中央企业产权管理工作会议首次提出,要遵循"依法合规、市场机制"的工作理念,把握"推动流转、防止流失、优化配置、提升价值"的工作定位,以推动国有企业建立健全现代产权制度为工作主线和主要任务,服务国资国企改革中心工作。这一要求在实践中不断丰富完善,逐渐成为指导全国国有企业产权监督管理工作的总体思路。

2. 产权监督制度体系

制度化是产权监督最基本的特征,产权监督制度适用于包括中央企业、地方国有企业在内的全部国有企业,是全国经营性国有资产统一监管的重要保障之一。经过40年改革实践,国务院国资委努力建立健全适应出资人监管特点和市场经济要求的制度体系,涵盖了产权登记、产权流转、资产评估等各项重点工作,填补了中国特色社会主义市场经济条件下国资监管制度的空白,为防止国有资产流失、推动国有资本做强做优做大提供了制度保障。国务院国资委成立以来,在产权监督方面,已经出台了《企业国有资产评估管理暂行办法》《中央企业境外国有产权监督暂行办法》《国家出资企业产权登记管理暂行办法》《企业国有资产交易监督管理办法》《上市公司国有股权监督管理暂行办法》等5个国务院国资委令和30多个规范性文件。对已经出台的制度,国务院国资委进一步制定工作指引,将有关要求细化、标准化、程序化,提高监督管理工作的规范性和可操作性。目前,已经出台了3项工作指引。上述部门规章、规范性文件及工作指引,与国家有关法律、法规一起,共同组成了相对完整的产权监督制度体系,构成了产权监督工作的基本依据和操作标准,保障了产权监督各项工作在制度化、程序化、信息化、规范化的基础上有序运行。

3. 产权日常动态监督

信息化是提高产权日常动态监督工作的重要保障。国务院国资委自成立以来,陆续组织开发了一批产权监督信息系统,包括企业国有产权交易信息监测系统、上市公司国有股权管理信息系统、产权登记管理信息系统、资产评估管理信息系统、中央企业发债信息管理系统等5个信息系统，有效提升了监管效率。2017年11月，产权监督管理综合信息系统正式上线运行，原来的5个信息系统融为一体，中央企业各项产权监督管理业务均通过综合信息系统进行办理，进一步提高了产权监督工作的关联性和时效性。

综合信息系统以产权登记管理为基础，对资产评估、进场交易、债券发行、上市公司国有股权管理等经济行为进行监管，形成了覆盖全面、互联互通、业务协同、信息共享的产权监督信息化监管平台。综合信息系统将各类经济行为划分为发起决策、审计或评估定价、实施等三大过程环节，所有业务办理过程均在系统中留痕，并设置了逐级审核功能，借助信息化手段将产权监督职能和工作责任通过管理链条向下传导延伸，形成了对企业的有力约束，实现了对产权监督业务全流程的实时监控、动态监管。在满足中央企业日常业务办理需要的同时，综合信息系统还构建了产权监督领域的"大数据"，相关信息数据可在综合信息系统的用户之间根据管理的实际需要进行共享，为下一步在更大范围推动数据共享应用、加强监管协同打下了良好的基础。

4. 产权监督专项检查

产权登记核查与资产评估专项检查是产权监督工作的重要内容。通过现场检查，及时发现问题，督促企业整改完善，形成监督管理闭环，促进国有资产保值增值，防止国有资产流失。

产权登记核查。产权登记全面记录了企业国有产权的产生、变化和消亡的过程，这项工作本身经历了多次的改革和演变，在国有资产监督管理的不同阶段，都体现了国资监管工作的基本原则，满足了国资监管要求。

1990年7月，《国务院关于加强国有资产管理工作的通知》首次提出要对国有资产进行产权登记，也是对国有资产开展产权登记工作的依据。1990年12月，国家国有资产管理局会同财政部、国家工商行政管理局印发《国有资产产权登记管理办法（试行）》，明确了国资监管部门制发的产权登记表是占有、使用国有资产的法律凭证；1996年1月，国务院印发《企业国有资产产权登记管理办法》，以行政法规的形式对产权登记工作进行统一规范，提高了产权登记管理的法律层级，加强了产权登记的法律权威。为适应新的管理体制和监管要求，国务院国资委于2012年4月印发《国家出资企业产权登记管理暂行办法》，立足于出资人监管职能，将产权登记的工作定位由界定权属的行政确权行为转变为对政府授权管理的国家出资企业的产权及其分布状况进行登记管理的行为。

为及时、真实、动态、全面了解中央企业产权监督状况，国务院国资委从2014年开始对中央企业开展产权登记核查，以产权登记核查为抓手，对中央企业产权监督整体情况进行检查。产权登记核查采取企业全面自查和国务院国资委检查相结合的方式进行，国务院国资委检查由产权局组织，实现三年一轮全覆盖。检查的主要内容为产权登记工作制度建设情况、业务办理情况、数据分析与应用情况等，在摸清家底的同时，重点对各企业在开展国有资本运营过程中贯彻落实相关产权监督制度情况进行监督检查。针对检查情况，国务院国资委向企业下发产权登记核查通报，主要包括检查的基本情况、发现的问题、下一步的工作建议等。企业根据核查通报，向国务院国资委上报整改报告，对核查发现的问题的处理情况和整改措施进行说明。通过检查，产权登记工作质量从2014年开始逐年提高，登记准确率由96%提高至97.75%，数据完整率从95.4%提高至99.8%；中央企业产权监督工作水平也得到了显著提升。

资产评估专项检查。国有资产评估管理工作肩负着发现价值、防止流失的重要职责。1991年，国务院印发《国有资产评估管理办法》，规定了国有资产占有单位应当进行资产评估的情形、组织管理、评估程序、评估方法和法律责任，该制度的建立为防止国有资产流失发挥了重要作用。国务院国资委成立以来，陆续出台《企业国有资产评估管理暂行办法》《关于规范中央企业选聘评估机构工作的指导意见》《关于建立中央企业资产评估项目公示制度有关事项的通知》《关于加强中央企业评估机构备选库管理有关事项的通知》等一系列文件，初步建成了一套资产评估监管制度体系。

从2004年开始，国务院国资委每年重点抽选4—8户中央企业开展资产评估专项检查。检查的主要内容包括资产评估管理工作方面的制度建设、人员配置及工作流程、评估机构库使用情况、信息系统使用情况，同时对重点项目进行抽查。必要时，对个别项目进行现场核查。检查完成后，向企业下发检查通报，包括检查的基本情况、发现的问题、下一步的工作建议等。企业根据检查通报,对发现问题进行处理和整改。通过检查,中央企业资产评估管理制度体系逐步建立健全,备案流程基本完整,动态调整的评估机构库基本建立,大部分中央企业对重大资产评估项目实现专家审核把关,提高了资产评估管理工作水平和效率。党的十八大以来,中央企业评估核准、备案项目28766项,净资产评估值9.78万亿元,评估增值率67.26%,有效发挥资产评估价值门槛和防止流失的功能。

(二)国有资产交易监督

一直以来,防范国有资产在交易环节流失是产权监督工作的重中之重。2014年3月,习近平总书记在参加全国两会安徽代表团审议时指出:"要吸取过去国企改革经验和教训,不能在一片改革声浪中把国有资产变成谋取暴利的机会。改革关键是公开透明。"按照习近平总书记要求,各级国资监管机构和国有企业遵循"使市场在资源配置中起决定性作用和更好发挥政府作用"的改革精神,持续加强对国有资产交易流转的监督,确保国有资产不流失。

市场决定资源配置是市场经济的一般规律。依托产权市场和证券市场,国资监管机构和国有企业不断建立健全国有资产的市场化流转制度,利用公开、透明的资本市场平台对国有资产交易实施全过程监督,有效防止了国有资产流失,推动了国有资产保值增值,也为促进国资国企改革发挥了重要作用。《关于深化国有企业改革的指导意见》明确提出"支持企业依法合规通过证券交易、产权交易等资本市场,以市场公允价格处置企业资产,实现国有资本形态转换,变现的国有资本用于更需要的领域和行业",进一步指明了各级国资监管机构要借助证券市场、产权市场等资本市场加强对国有企业监督。

1. 依托产权市场加强企业国有资产交易监督

20世纪80年代,按照党的十三大提出的"一些中小型全民所有制企业的产权,可以有偿转让给集体和个人"精神,一些地方探索开展国有企业产权有偿转让,由此催生出国内首批产权交易机构。1989年2月,国家体改委、财政部、国家国有资产管理局联合印发《关于出售国有小型企业的暂行规定》;同年8月,又联合印发《关于企业兼并的暂行办法》,积极鼓励国有企业利用产权市场开展国有资产交易。2003年，国务院国资委会同财政部印发《企业国有产权转让管理暂行办法》，要求国有产权转让强制进入产权市场公开进行。经过30多年发展，国有资产进场交易制度逐步建立健全，国有企业积极通过产权市场优化资源配置，有力推动了国企改革发展。

以防流失为关键，建立企业国有资产进场交易制度。国有企业公司制股份制改革之初，社会各界对国有产权尤其是非上市企业国有产权对外转让过程不公开、不透明，存在国有资产流失风险的质疑较多。为了解决以上问题，杜绝"暗箱操作"，促进国有产权的有序流转，有效防止国有资产流失，按照党的十六届三中全会提出建立"归属清晰、权责明确、保护严格、流转顺畅"的现代产权制度的决策部署，2003年12月，国务院国资委、财政部印发《企业国有产权转让管理暂行办法》，坚持"应进必进、能进则进、进则规范、操作透明"的原则，在全国范围建立了企业国有产权进场交易制度。按照"依法合规、市场机制"的工作理念，发挥公开市场平台发现买主、发现价格的功能，逐步实现了企业国有产权的阳光化流转，解决了多年来企业国有产权流转中"卖给谁""卖多少钱"的难题，有效推进了国有企业改革的步伐。在日常监督中，一方面，建立了产权交易机构定期向国务院国资委报告制度，并会同财政部、国家发展改革委、监察部、国家工商总局、证监会等有关部门建立了针对京、津、沪、渝4家中央企业产权交易机构的综合评审检查工作机制，平均每两年开展一次评审检查，截至2017年已经开展了6次，通过评审检查及时总结经验、发现问题，督促产权交易机构提出整改措施，不断提高产权交易机构的规范化服务水平；另一方面，利用信息化手段提高监督效能，国务院国资委于2007年开发了企业国有产权交易信息监测系统，与各省级国资委和产权交易机构实现联通，两级国资委可以利用信息系统实现对国有资产交易情况的动态监控，及时发现每笔国有资产信息披露或交易过程中存在的问题，对不合规的交易在第一时间进行纠正。根据监测系统统计，2008—2018年，国有企业通过产权市场流转的各类国有产（股）权、资产共计1.65万亿元，在评估值基础上实现增值2664亿元，平均增值率20%，90%以上的项目在评估值基础上实现了保值增值。进场交易制度为防止国有资产流失发挥了关键作用。

防流失与促改革并重，进一步完善企业国有资产进场交易制度。随着进场

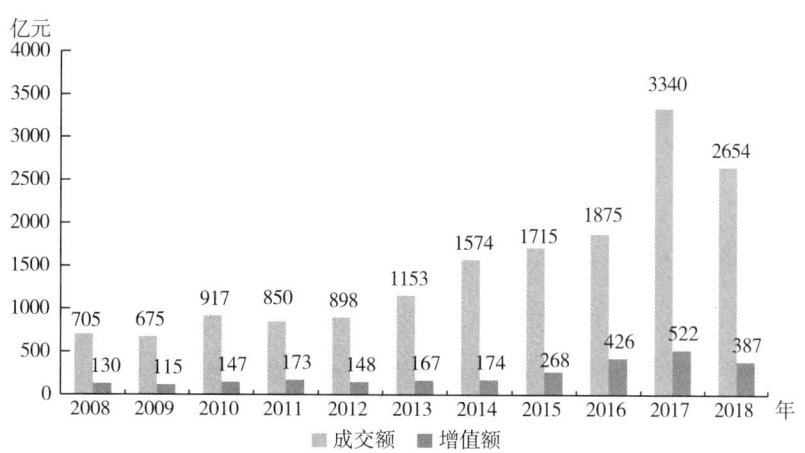

图 10-1 全国国有企业产权在产权市场交易情况

交易制度基本建立及国有企业进入新的发展阶段，如何通过规范国有资产市场化交易流转实现国有资源优化配置，从而促进国有企业改革不断深化、推动国有企业高质量发展，成为产权监督的新课题。2016 年 6 月，按照中央深改办"修订完善企业国有资产交易流转办法和实施细则"的工作部署，国务院国资委会同财政部印发《企业国有资产交易监督管理办法》，进一步健全了国有资产交易规则，完善了市场定价机制，由过去侧重防流失，转为防流失与促改革并重，更加突出发挥市场配置资源的决定性作用。党的十八大以来，中央企业通过产权市场转让部分股权或增资扩股等方式积极稳妥实施混合所有制改革，引入超过 1200 亿元非公资本参与国有企业改制重组，涉及 550 余户企业，在公开、规范引入外部资本的同时，助力国有企业对接先进技术、管理经验和市场渠道，有效提升企业综合竞争力；中央企业通过产权市场转让低效无效资产 2885 亿元，通过处置亏损企业控股权，实现减亏 268 亿元，退出非主业投资项目 1069 宗，回收资金 1356 亿元，盘活存量资产回笼资金，加快转型升级和发展战略新兴产业，不断提高国有企业市场竞争力。

为企业国有资产交易流转营造良好的市场环境。进场交易制度的核心是发挥市场配置资源的决定性作用，产权交易市场的能力和水平直接影响进场交易制度的实施效果。国务院国资委从各省级国资委选择的交易机构中，选择了操作较为规范、有一定区域影响力的京、津、沪、渝 4 家产权交易机构从事中央企业的产权交易业务，并选择其中交易量最大的京、沪 2 家交易机构从事中央企业增资业务，确保中央企业国有资产交易的市场效果。日常工作中，国务院国资委指导全国各产权交易机构统一信息披露、统一交易规则，统一交易系统、统一过程监控，不断提高国有资产交易规范性。加强行业自律管理，推动成立了中国企业国有产权交易机构协会，为促进产权市场发展发挥了积极作用。

从进场交易制度10多年来的实践情况看，进场交易制度得到较好的执行，解决了过去国有企业资产交易过程中的不公开和不透明问题，有效防止了国有资产流失，得到社会各方的肯定和认可。事实证明，企业国有资产进场交易制度是符合中国国情的，是有利于促进国有企业改革发展的。

2. 依托股票市场加强上市公司国有股权监督管理

对上市公司国有股权监督管理制度、方式的探索和完善在股权分置改革之后基本成熟。早期，国家国有资产管理局出台了一系列文件对国有企事业单位发起设立股份有限公司、股份公司上市、股份公司配股、增发等事项中国有单位行使股东权利和国有权益保值增值等进行了规定。国家国有资产管理局撤销并入财政部后，国有股权管理职责也相应并入。随着证券市场的不断发展和日趋活跃，财政部国有股权管理的重点逐步转向上市公司国有股权转让、国有股减持试点等方面。2003年国务院国资委成立后，依据国务院部门职责分工，上市公司国有股权管理职责交由国务院国资委行使，管理对象和范围调整为金融企业以外的国有企业、事业单位、部门、机构持有的上市公司股权，但基本延续了此前的管理方式。2005年5月开始，我国证券市场启动了上市公司股权分置改革，在新的市场环境下，国务院国资委及时转变监管思路：一是在监管对象上，从对上市公司国有股权的管理转变为对上市公司国有股股东的监管；二是明确了国有股股东所持上市公司股份转让的市场化定价原则；三是明确国有股股东所持上市公司股份必须公开转让信息。为此，2007年，国务院国资委联合证监会印发《国有股东转让所持上市公司股份管理暂行办法》，基本实现了国有股权的市场化流转，受让主体和受让价格从行政审批转向市场确定，国有股权价值大为提升。此后，又陆续出台多个配套文件，对国有股股东与上市公司进行资产重组、国有控股上市公司发行证券等行为进行规范，进一步健全了相关制度体系。随着国企国资改革的进一步深化，为满足党中央关于以管资本为主加强国有资产监管的要求，按照简政放权和市场化配置资源的原则，从体现管资本为主和分层分类管理的角度，国务院国资委在梳理《国有股东转让所持上市公司股份管理暂行办法》及相关配套文件的基础上，2018年联合财政部、证监会印发《上市公司国有股权监督管理办法》，对上市公司国有股权监督管理制度作了以下修改完善：一是整合现有的上市公司国有股权管理制度体系，将散落于不同文件的相关规定集中形成统一制度；二是按照国有资产分级管理原则，将地方上市公司国有股权管理职责下放地方；三是按照简政放权、放管结合的原则，将部分内部事项和非重大事项授权国家出资企业管理，同时通过信息化手段加强管理；四是调整完善了部分规则，细化了操作流程。

在不断修改完善上市公司国有股权监督管理制度的基础上，国务院国资委重点管住管好重大事项，对重大上市公司国有股权变动事项进行严格审核把关，同时通过信息系统对上市公司国有股权变动事项实施统一监管；国家出资企业对所授权事项进行管理，但须通过信息系统进行备案，信息系统出具的具有唯一编号的备案表是企业办理相关手续的必备文件。通过以上措施，较好地实现了促进上市公司国有股权有序流转和有效防止国有资产流失两大管理目标之间的平衡，既有利于提高企业自主性，也可有效确保放而不乱。同时，国务院国资委以规范上市公司运作专题工作小组为平台，加强与证监会、交易所、地方证监局等证券监管部门的沟通协作，共享监管信息、形成监管合力，联合开展内幕交易综合防范和上市公司年度财务报告检查等工作，不断健全监督检查工作机制，强化对上市公司国有股权变动的协同监管，共同促进国有股股东及所控股上市公司不断提高规范运作水平，坚决防范各类风险，切实维护资本市场长期健康稳定发展。

从多年来的实践情况看，上市公司国有股权管理体系对促进上市公司国有股权市场化、规范化流转发挥了重要作用。在这套不断健全完善的管理体系下，国有企业以上市公司为平台整合优质资源、盘活存量资产，不断提高自身发展质量和效益。党的十八大以来，中央企业以所控股上市公司为平台，通过IPO、非公开发行、配股等方式多渠道开展股权融资9508亿元，有效实现去杠杆、降成本。

经过多年发展，中央企业的大部分核心资产已经实现上市。截至2018年底，中央企业公司制改革基本完成，中央企业控股上市公司达到406户，央企控股上市公司主要财务指标占央企整体的比重逐年提高，进一步凸显出上市公司对中央企业改革发展的"压舱石"作用。

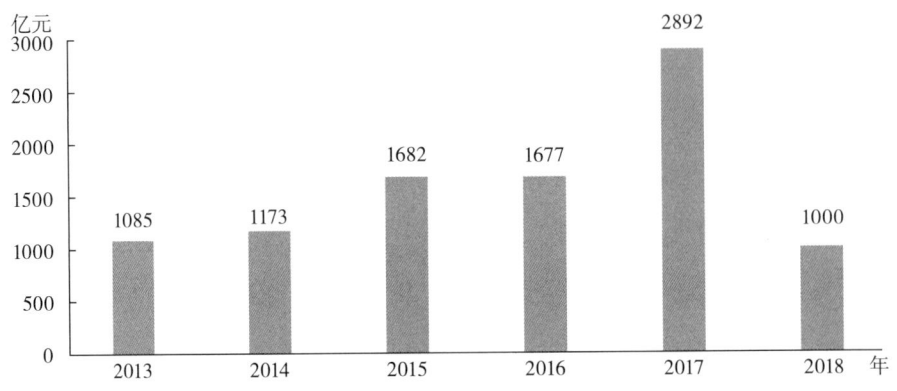

图 10-2 央企控股上市公司股权融资情况

3. 用好出资人产权管理手段规范国资系统内国有资产交易

非公开协议转让是国资监管机构和国家出资企业推动国有资产在国资系统内部交易流转的重要手段。涉及主业处于关系国家安全、国民经济命脉的重要行业和关键领域企业的重组整合，对受让方有特殊要求，企业产权需要在国有及国有控股企业之间转让的，或者同一国家出资企业及其各级控股或实际控制企业之间因实施内部重组整合进行产权转让的，在履行必要的出资人决策审批程序后，可以采取非公开协议方式转让。目前，非公开协议转让的工作依据主要为《企业国有资产交易监督管理办法》。审批主体主要为各级国资监管机构，但国家出资企业内部的非公开协议转让由国家出资企业审批。对非公开协议转让的监督重点，在于采用协议方式而不是市场方式转让产权的必要性，及转让价格是否以经评估或审计确认的净资产值为基础确定等。

（三）产权监督工作成效

产权监督是国资监管的基础工作，是以管资本为主加强监管的重要内容和主要手段，在国资国企改革 40 年实践中，为防止国有资产流失、推动国资国企改革发挥了基础保障作用。一是夯实了国资监管的基础工作。产权登记作为国资监管的基础工作，在摸清企业家底、理顺产权关系、明确国有资产管理边界方面发挥着重要作用。资产评估在国企改革发展中充分发挥了价值门槛作用，为维护国有资本安全提供了坚强保障。二是保障了国有资产市场化交易流转。公开、透明是防止国有资产流失的关键。进场交易制度为市场化配置国有资产探索出一条具有中国特色的有效途径，减少了因行政审批而可能产生的寻租空间,避免了暗箱操作,有效预防了腐败。三是服务供给侧结构性改革。充分运用多层次资本市场筹资金、去杠杆、降成本。党的十八大以来,中央企业通过产权市场、股票市场股权融资11268亿元,通过债券市场融资近10万亿元,稳步提高直接融资比重,充实资本金,降低负债率;盘活低效无效存量资产,提高国有企业发展质量和效益。中央企业通过产权市场处置资产4958亿元;灵活运用多种产权处置方式,实现减亏止损,通过产权市场退出低效无效资产2885亿元,实现减亏超过268亿元,为实现瘦身健体、调结构、转方式作出了积极贡献。

三、外派监事会监督

(一)外派监事会制度的历史沿革

我国的国有企业外派监事会制度以1998年建立的稽察特派员制度为起点,经历了管理体制的变革和工作方式的调整,始终围绕法律法规赋予的国有资产监督职责,适应国资国企改革发展的要求,不断加强和改进监督工作,其发展历程可以大致分为以下4个阶段:

1. 萌芽阶段(1992—1997年)

我国在公司制企业中引入监事会制度始于1992年出台的《股份有限公司规范意见》和《有限责任公司规范意见》。这两个规范意见明确了在股份有限公司和有限责任公司"可以设立监事会"。1993年11月,党的十四届三中全会通过的《中共中央关于建立社会主义市场经济体制若干问题的决定》提出,"进一步转换国有企业经营机制,建立适应市场经济要求,产权清晰、权责明确、政企分开、管理科学的现代企业制度","当前国有资产管理不善和严重流失的情况,必须引起高度重视。有关部门对其分工监管的企业国有资产要负起监督职责,根据需要可派出监事会,对企业的国有资产保值增值实行监督","要健全制度,从各方面堵塞漏洞,确保国有资产及其权益不受侵犯"。1993年12月,八届全国人大五次会议审议通过的《公司法》,引入了治理结构概念,并规定了在股份有限公司和有限责任公司设立监事会的内容。1994年7月,国务院颁布的《国有企业财产监督管理条例》提出,"在国务院统一领导下,国有资产实行分级管理,分工监督,国务院有关部门对国务院指定由其监督的企业和企业集团履行派出监事会的职责"。1995年4月,国家经贸委按照

《国有企业财产监督管理条例》的规定，印发《关于监督机构对国有企业派出的监事会工作规范意见》，并于7月在国务院授权的31个监督机构内，选择了20个部门和机构所属的20家企业作为首批派出监事会试点企业，国有企业外派监事会工作开始开展起来。此后，根据国家经贸委和国家国有资产管理局有关决定，1996年拟依据《国有企业财产监督管理条例》向144个国有企业派出监事会。但由于当时人们对企业国有资产监督管理的体制、国有企业改革等问题的认识还不尽一致，国有企业外派监事会虽然在形式上产生了，却并没有达到预期的效果和作用。

2. 始创阶段（1998—2000年）

1998年3月，九届全国人大一次会议审议通过《国务院机构改革方案》，明确国务院向国有重点大型企业派出稽察特派员，负责监督企业资产运营和盈亏状况。同年5月，国务院印发《国务院向国有重点大型企业派出稽察特派员方案的通知》，对其工作性质、职责等作出明确规定；7月，国务院颁布《国务院稽察特派员条例》，对稽察特派员的派出，稽察特派员和特派员助理的任职条件、职责、工作方式、工作纪律及稽察报告等作了具体规定，正式建立了稽察特派员制度。国务院设立稽察特派员总署，由人事部代管。稽察特派员不参与、不干预企业经营管理活动，其主要职责分为两个方面：一是通过财务稽察，发现问题，防止国有资产的贬值和流失；二是以财务分析为基础，对经营者的经营业绩作出评价，并对主要负责人提出奖惩、任免建议。从1998年4月起，国务院分批任命了38位稽察特派员，人事部从中央国家机关有关部门和在京国有重点大型企业中遴选了160名稽察特派员助理。截至2000年12月底，共完成了对62家国有重点大型企业的稽察工作，发现了如东方锅炉、白银集团、猴王集团等一批重大案件，有效地遏制了国有企业管理混乱的状况。1999年3月，中央电视台《焦点访谈》栏目连续3天，以"历史使命""出战必胜""任重道远"三集节目，报道了稽察特派员制度和稽察特派员的工作情况，在社会上引起了较大影响。

3. 完善阶段（2000—2003年）

1999年9月，党的十五届四中全会通过《中共中央关于国有企业改革和发展若干重大问题的决定》，指出："公司法人治理结构是公司制的核心。要明确股东会、董事会、监事会和经理层的职责，形成各负其责、协调运转、有效制衡的公司法人治理结构"；"发挥监事会对企业财务和董事、经营者行为的监督作用"；"要按照国家所有、分级管理、授权经营、分工监督的原则，逐步建立国有资产管理、监督、营运体系和机制，建立与健全严格的责任制度"；"继续试行稽察特派员制度，同时要积极贯彻十五大精神，健全和规范监事会制度，过渡到从体制上、机制上加强对国有企业的监督，确保国有资产及其权益不受侵犯"。同年12月，党中央决定成立中共中央企业工作委员会，将原来有多个部门和单位分散管理的国有重要骨干企业，统一纳入中央企业工委领导和管理。国务院稽察特派员更名为国有企业监事会，由中央企业工委负责日常管理工作。2000年3月，《国有企业监事会暂行条例》颁布实施，明确规定国有重点大型企业监事会由国务院派出，对国务院负责，代表国家对国有重点大型企业国有资产保值增值状况实施监督。监事会根据有关规定，以财务监督为核心，对企业的财务活动及企业负责人的经营管理行为进行监督。《国有企业监事会暂行条例》的颁布标志着国有企业监事会制度的正式建立。2000年8月，国务院向100家国有重点大型企业派出第一批监事会，首批27位监事会主席开始监督检查工作。

4. 发展、调整变革阶段（2003—2018年）

党的十六大在总结了改革开放以来经验的基础上，提出深化国有资产管理体制改革的重大任务，强调要"建立中央和地方政府分别代表国家履行出资人职责，享有所有者权益，权利、义务和责任相统一，管资产和管人、管事相结合的国有资产管理体制"。2003年3月，国务院国资委成立；5月，国务院颁布《企业国有资产监督管理暂行条例》。该条例第三十四条规定："由国务院国有资产监督管理机构代表国务院向其所出资企业中的国有独资企业、国有独资公司派出监事会。监事会的组成、职权、行为规范等，依照《国有企业监事会暂行条例》的规定执行。"新的国有资产监管体制确立后，监事会工作成为国有资产监督管理工作的重要组成部分，监事会监督成为出资人监督的重要形式。为适应国有资产监管体制和国有企业改革发展的需要，进一步增强监督的时效性，在总结稽察特派员制度和监事会制度成功经验和有效做法的基础上，2006年9月，国务院国资委印发《关于加强和改进国有企业监事会工作的若干意见》，决定从2007年开始，监事会由当年检查企业上年度情况逐步调整为检查当年情况,实行当期监督,核心是由事后改为事中监督,以期实现对企业的实时动态监督,目的是提高监督的时效性、有效性和灵敏性。2018年3月,根据十三届全国人大一次会议批准的国务院机构改革方案,"不再设立国有重点大型企业监事会,相关职责划入审计署"。随后,296名相关工作人员转隶到审计署。

(二) 各地方外派监事会制度的建立和执行情况

全国37个省、自治区、直辖市、计划单列市和新疆生产建设兵团国资委,均对所监管的企业建立了外派监事会制度。市区级层面,28个省、自治区的200多个地市国资委,对所监管的2800多家企业派出了监事会。

从派出模式来看,多数省(区、市)监事会由同级政府派出,对同级政府负责。在此基础上,针对整体上市的企业,北京、青岛等地探索通过法定程序,由国资委推荐外派监事会主席兼任上市公司监事会主席。结合地区和企业实际,上海、广东、重庆、深圳等地,探索了"外派内设"模式,国资委对国有独资公司或控股公司委派监事会主席或专职监事(监事会主席或专职监事除国家工作人员外,更多的可以是企业的负责同志或是市场化选聘的专业人士),作为国有股东代表,与其他监事会成员一起组成监事会,作为企业内设机构常驻企业,履行《公司法》和公司章程赋予的职责。

(三) 监事会的履职情况

1. 履职依据与工作职责

20年来,国务院派驻中央企业监事会坚持依法监督履职的主要依据是"两法""两规""一意见":"两法"是《公司法》和《企业国有资产法》,"两规"是《国有企业监事会暂行条例》和《企业国有资产监督管理暂行条例》,"一意见"是国务院国资委2006年印发的《关于加强和改进国有企业监事会工作的若干意见》。《国有企业监事会暂行条例》对监事会的定位、职责、报告、履职、组成等内容作出了明确规定:监事会由监事会主席、专职监事、兼职监事和相关工作人员组成;其中,监事会主席由副部长级国家工作人员担任,专职监事由司(局)级、处级国家工作人员担任,兼职监事由企业职工代表大会民主选举产生的职工代表担任。监事会编制为330人,其中司局级职数85个,内设办事处,每个监事会主席领导1—2个办事处工作,每个办事处负责 3—5 家中央企业的监事会相关工作。监事会每届任期 3 年，届满经国务院批准换届调整。自 2000 年第一届任期开始，共经历 5 次换届，2018 年机构调整前正处于第六任期。

监事会在任期内主要行使下列 4 项职责：一是检查企业贯彻执行有关法律、行政法规和规章制度的情况；二是检查企业财务，查阅企业的财务会计资料及与企业经营管理活动有关的其他资料，验证企业财务会计报告的真实性、合法性；三是检查企业的经营效益、利润分配、国有资产保值增值、资产运营等情况；四是检查企业负责人的经营行为，并对其经营管理业绩进行评价，提出奖惩、任免建议。国有独资公司监事会还要按照《公司法》第五十三条、第五十四条和第七十条的有关规定履行职责。

2. 履职情况与监督成效

监事会由国务院派出，向国务院负责，代表国务院对国有重点大型企业的国有资产保值增值状况实施监督。国务院常务会议多次听取国务院国资委关于监事会对中央企业监督检查情况的汇报。监事会不断探索建立完善监督检查机制，由事后监督过渡到当期监督，由境内检查延伸到境外检查。监事会的当期和事中监督，有日常监督和集中检查两种形式。日常监督是指监事会深入企业一线开展监督检查，及时掌握企业重大决策和运营情况，其监督的范围不限于企业总部，也将重要子企业纳入检查范围。集中检查是指根据日常监督情况，发现和梳理重点企业、重要业务、关键环节以及可能存在的问题线索和风险源点，在每年最后一个季度集中力量开展针对性检查。日常监督和集中检查相互结合，互为补充。在持续深化当期监督的同时，监事会还探索开展集中重点检查和境外国有资产检查，以及根据国资委监管中心工作需要，开展系列专项检查，进一步增强监督的针对性和有效性。

监督实践中，监事会常驻企业，以财务监督为核心，以问题和风险为导向，以防止国有资产流失、促进国有资产保值增值为主线，"一企一策"制定检查方案。围绕重大决策、企业财务、运营过程中的重要事项和关键环节，董事会和经理层依法依规履职情况，执行国资监管制度情况，以及企业内部控制体系的完整性和有效性等重点，综合运用列席会议、听取汇报、调阅资料、查阅账簿、访谈座谈、受理举报等多种方式，有效利用国家审计等成果，开展当期和事中监督。逐步扩大集中重点检查和境外国有资产检查的范围，聘请会计师事务所等中介机构协助，集中力量、集中时间对有关中央企业一段时期内的相关内容进行比较全面和系统的重点检查。2011年9月，国务院国资委制定《中央企业综合分析机制工作办法（试行）》，进一步综合运用监管资源，提高企业国有资产监督管理工作的及时性、针对性和有效性。2012年11月，印发《关于建立〈监事工作专报〉制度有关事项的通知》，建立了"监事工作专报制度"，开辟了监事会向国务院反馈企业重要情况和监事会监督检查情况的重要渠道。

监事会监督检查成果主要体现为：每年向国务院和国务院国资委定期报送年度监督检查报告，综合反映企业年度经营管理和改革发展总体情况、存在问题及处理建议、企业负责人业绩评价及奖惩任免建议等；及时上报《监事工作专报》，聚焦反映中央企业的共性问题和重大事项；不定期上报《专项（情况）报告》，及时向国务院国资委反映有关情况。发现需要企业自行整改的问题，向企业印发监督检查情况通报、提醒函或整改通知，并持续跟踪督促，直到问题解决；需要国务院国资委内外相关部门解决的问题，按程序移交落实；涉嫌违法违纪的问题线索，按照干部管理权限移交有关部门处置，注重发挥监督合力，推动形成发现问题、报告问题、解决问题的工作闭环。建立监事工作专报制度以来，监事会上报了114份《监事会工作专报》，其中《P3网络准入将对我国航运与经济安全带来重大影响》《电网企业开放塔杆安装电信天线设备经济效益巨大亟需有关部门协调推进》等数十项专报引起国务院的高度重视，并批示相关部门研究落实，专报反映的相关问题得以快速有效解决，防止了国有资产损失。此外，2015年监事会配合中央巡视工作，17位监事会主席担任中央巡视组副组长，分3批参加对52家企业和单位的专项巡视工作，发挥了监事会主席熟悉企业情况等优势，工作得到中央领导同志和中央巡视办的充分肯定。

3. 制度建设和行为规范

20年来，监事会制度建设从无到有，逐步规范完善，共形成总体指导、方法手段、检查内容、组织方式、监督成果、工作保障、综合管理等一系列工作制度，保障监督工作有序开展、监督工作人员依规履职。监事会重视培养提升监督人员业务素质，始终重视贯彻执行"六要六不"行为规范。"六要"为：要坚持以马克思列宁主义、毛泽东思想、邓小平理论、"三个代表"重要思想、科学发展观为指导，深入贯彻习近平总书记系列重要讲话精神，在思想上政治上行动上同以习近平同志为核心的党中央保持高度一致。要坚持原则，清正廉洁，严于律己，公道正派，光明磊落。要依法办事，敢于讲真话，不怕得罪人，勇于同弄虚作假和违反国家政策、财经法规的行为作斗争，自觉维护国家利益。要努力学习，不断提高政治素养、政策水平、业务能力。要正确行使监督权力，实事求是，客观公正地评价和反映企业的经营、财务状况和负责人工作业绩。要严格履行《国有企业监事会暂行条例》和《企业国有资产监督管理暂行条例》赋予的职责，恪尽职守，埋头苦干，深入实际，广泛听取各方面意见，努力提高监督检查工作质量和工作效率。"六不"为：不得泄露检查结果和企业商业秘密。不得参与、干预企业的经营决策和经营管理活动。不得擅自向所监督企业发表结论性意见。不得让企业承担应由个人负担的费用和接受企业的任何馈赠、报酬和福利待遇。不得吃请受礼、借机游山玩水和参加有可能影响公正履行公务的活动。不得在所监督企业兼职、购买股票和为自己、亲友及他人谋取利益。

四、推进信息化监管

近年来，国资监管机构和国有企业深入推进国资监管信息化建设，逐步实现对国有企业重要领域的信息化监管。通过不断提高信息化监管水平，改进国资监管方式，提高监管履职能力，促进国有资产保值增值，推动国有资本做强做优做大，有效防止国有资产流失。

从国资监管机构层面看，2018年，国务院国资委加快推进国资监管信息化建设，启动实施国资监管信息化建设"三年行动计划"，努力实现国资监管向实时动态转变。"三年行动计划"的总体目标是整合信息资源，统一工作平台，畅通共享渠道，打造实时在线的国资监管平台，建立纵向到底、横向到边的信息化监管体系，不断优化监管方式，对重大国有资产流动等关键环节实施实时监控、动态监管，确保国有资本投到哪里、监管就延伸到哪里，努力消除监管空白点，实现监管无盲区，切实解决信息不对称、监管不到位的问题。2018年为试点推动年，初步建成国资国企在线监管系统，以中央企业"三重一大"决策和运行为着力点，探索加强事中事后监管；加快实现大额资金动态监测，实现所有央企集团全面接入。2019年为全面建设年，全面建成国资国企在线监管系统，初步构建实时动态监管体系。2020年为巩固提高年，持续优化国资国企在线监管系统，为实时动态监管提供全面支撑。

2018年上半年,深入贯彻落实党中央、国务院决策部署,持续推进国务院国资委机关政务信息系统整合共享,在实现委内信息系统"网络通"的基础上,积极推进"数据通""业务通"。一是构建了统一的数据共享交换中心,分类整合了数据入口和出口,系统解决了数据从哪来、怎么管、怎么看的问题。二是初步建立起以信息资源目录为统领的信息共享体系,已编制目录、上传数据366条、20273项。三是组织委内有关厅局定期做好9项已纳入数据共享责任清单的信息资源的数据保障工作,有序向委外其他部门开展信息共享。四是编制国资监管信息系统建设、信息资源共享管理办法,逐步建立健全统一系统建设、统一信息共享的长效机制。

2018年下半年,在政务信息系统整合共享成果基础上,初步建成国资国企在线监管系统,实现以下主要功能:一是贯彻落实习近平总书记重要指示批示主题。对国务院国资委和中央企业贯彻落实习近平总书记重要指示批示精神,落实党中央决策部署的情况进行跟踪监督,做到事事有落实、件件可稽查。二是"三重一大"监管功能。对中央企业"三重一大"事项决策制度、规则、清单、程序实施在线监管,掌握企业贯彻落实党中央决策部署情况,推进中央企业加强"三重一大"决策和运行信息化管控,促使中央企业进一步完善国有企业现代公司治理,严格执行"三重一大"集体决策机制,健全重大决策失误和失职、渎职责任追究倒查机制。三是构建重大专项工作落实监管功能。在动态监测国资国企日常业务的同时,对党中央重大决策部署落实情况进行专题监管,如建立中国特色现代国有企业制度专题,供给侧结构性改革中去产能、"处僵治困"、降杠杆减负债、压减法人层级专题,"一带一路"建设投资专题,高质量发展中关键核心技术攻关专题,国家能源安全智能化管理专题等。四是综合业务监管功能。基于统一数据共享中心,构建中央企业党的建设、中央企业领导班子和职工队伍建设、中央企业投资监管、中央企业财务动态、国务院国资委系统监管企业国有资产统计、中央企业生产经营运行动态、中央企业产权管理、中央企业产权交易监测情况、国有资本投资、运营公司和产融结合、企业职工分配调控与企业负责人薪酬管理等监管功能,实现对国资监管主要业务的实时动态监测与展示。五是防范风险功能。通过安全网络通信技术与中央企业集团资金管控系统对接,每日自动接收各中央企业前一日资金流出总额以及每笔超过限额的资金支出金额、流向和用途等信息,快速达到央企集团对其子企业资金监测的水平，实现央企集团能见即国务院国资委能见，能够有效监管央企实际负债状况和人为造成的资金异动，防止风险和腐败。

从企业层面看，中央企业着力强化信息技术与集团管控的融合，通过加快集团管控信息系统建设，深化集成应用，实现集团集中管控水平进一步提升，企业生产运营智能化水平和境外风险管理能力进一步提高。据统计，截至2018年，中央企业资金集中管控比例达到85%，财务集中结算比例达到80%，超过半数企业集中开展财务、人力和资产等业务运营信息集中实时监测工作。此外，在提升生产经营自动化水平、以信息技术引领创新发展、增强网络安全和信息化保障能力等方面也取得了长足进步。

第三节　信息公开监督

在2015年党中央、国务院印发的《关于深化国有企业改革的指导意见》中，首次明确提出了"实施信息公开加强社会监督"的工作要求。工作要求提出以后，国有企业信息公开作为专项工作取得了新的进展。

一、国有企业信息公开的相关政策

党的十八届三中全会通过的《中共中央关于全面深化改革若干重大问题的决定》提出，"探索推进国有企业财务预算等重大信息公开"。

党中央、国务院印发的《关于深化国有企业改革的指导意见》第六部分"强化监督防止国有资产流失"第二十二条"实施信息公开加强社会监督"提出，"完善国有资产和国有企业信息公开制度，设立统一的信息公开网络平台，依法依规、及时准确披露国有资本整体运营和监督、国有企业公司治理以及管理架构、经营情况、财务状况、关联交易、企业负责人薪酬等信息，建设阳光国企"。该意见清晰界定了信息公开的工作定位，即信息公开是加强社会监督的重要举措，目的是加强监督防止国有资产流失。同时明确了信息披露内容并提出具体工作要求。

国务院印发的《关于改革和完善国有资产管理体制的若干意见》第二部分"推进国有资产监管机构职能转变"第六条"改进国有资产监管方式和手段"

从国资监管角度对国有资产和国有企业信息公开重申了有关要求，调整了信息披露的内容，增加"企业国有资产保值增值情况、经营业绩考核总体情况、国有资产监管制度和监督检查情况"等3项内容，并对公开的内容不得涉及国家秘密和企业商业秘密进行了强调。

国务院办公厅印发的《关于加强和改进企业国有资产监督防止国有资产流失的意见》第四部分"实施信息公开加强社会监督"第十三条"推动国有资产和国有企业重大信息公开"提出，"建立健全企业国有资产监管重大信息公开制度，依法依规设立信息公开平台，对国有资本整体运营情况、企业国有资产保值增值及经营业绩考核总体情况、国有资产监管制度和监督检查情况等依法依规、及时准确披露。国有企业要严格执行《企业信息公示暂行条例》，在依法保护国家秘密和企业商业秘密的前提下，主动公开公司治理以及管理架构、经营情况、财务状况、关联交易、企业负责人薪酬等信息"。该意见把国有资产监督划分为企业内部监督、企业外部监督和社会监督3类，并再次强调要"实施信息公开加强社会监督"。同时对国资监管信息公开和国有企业信息公开分别提出不同要求，明确了国有企业开展信息公开的主体地位。

国务院办公厅转发的《国务院国资委以管资本为主推进职能转变方案》第三部分"改进监管方式手段"中提出强化依法监管、实施分类监管、推进阳光监管、优化监管流程4方面要求。其中在推进阳光监管方面，提出"指导中央企业加大信息公开力度"，赋予了国务院国资委指导中央企业开展信息公开的职能。

二、国有企业信息公开的探索实践

在开展国有企业信息公开专项工作之前，国有企业按照不同要求以不同形式不同程度地进行了相关信息的公开，比如上市公司信息披露、企业信息公示、发布社会责任报告，开通企业网站等。"实施信息公开加强社会监督"的要求提出之后，在此前工作的基础上，又进行了一些新的探索和尝试。

党中央、国务院提出"探索推进国有企业财务预算等重大信息公开"意见之后，各级国资监管机构积极探索推进。国务院国资委开展了中央企业信息公开相关软课题研究，参考借鉴OECD公司治理原则中"信息披露与透明度"有关内容，以及政府信息公开、上市公司信息披露、企业信息公示等有关内容，对如何开展中央企业信息公开进行了理论探索和研究。各地国资监管机构也相继采取措施。山西印发《山西省属国有企业财务预算等重大信息公开办法（试行）》，按照年度公开、中期公开、季度公开的分类对公开内容分别作出规定。深圳研究制定《深圳市市属国有企业年报公开工作指引》，对所属企业年报公开工作的做法以文件的形式进行了明确等。

为贯彻落实《中共中央 国务院关于深化国有企业改革的指导意见》精神，2016年2月，国务院国资委、国家发展改革委、人力资源社会保障部联合召开发布会向社会公告，经国务院国有企业改革领导小组研究决定开展国企改革"十项改革试点"，其中即包括"国有企业信息公开试点"。根据改革试点要求，国务院国资委一方面加强信息公开制度体系建设，一方面制定中央企业信息公开试点工作实施方案，选取试点企业，抓紧推进试点工作。2016年6月，中央企业信息公开试点正式启动，中粮集团、中国建筑作为试点企业开展为期一年的试点。同年9月，增加国家电投、南航集团为试点企业进行试点。截至2017年9月，4家试点企业先后完成了试点任务，并按要求对试点情况进行了总结评估。从试点整体情况看，各试点企业探索建立了一套信息公开的工作经验和模式：一是建立完善了信息公开工作机制，分别成立试点工作领导机构，制定试点实施方案并组织实施，明确牵头部门以及其他各相关部门职责，制定形成了以信息公开工作实施办法为纲，以公开公司基础信息、经营信息、财务信息、人事劳资信息等各领域的配套细则为目，以保密审查、风险评估、考核测评等各环节规定为支撑的较为完备的企业信息公开制度体系。二是梳理明确了信息公开内容。试点企业把法律法规和行政规范性文件明确要求公开的内容作为信息公开的"必选项"，把根据企业所处行业及自身经营管理需要主动向公众公开的内容作为信息公开的"自选项"，把原则上要求公开但目前仍处于尝试探索阶段的内容作为信息公开的"探索项"，梳理形成本企业信息公开目录，依法依规向社会公开，主动接受社会监督。三是细化规范了信息公开工作流程。结合企业实际，探索解决了信息公开的发起、审核、批准、发布等流程问题，并突出强调了保密审查和风险评估等重点环节，切实处理好公开与保密的关系，以及对敏感信息公开进行事前评估、事后监测、及时解读、加强引导等。四是搭建丰富了信息公开平台。把企业网站作为本企业信息公开的第一平台，打造成信息发布的权威渠道，同时利用现代信息传播技术，发挥微博、微信、客户端等优势，通过平台建设与时代脉搏同频、与技术发展同步，实现传统渠道与新渠道相互支撑、共同发力，达到企业与公众良性互动的公开模式。2017年9月，在对试点进行总结评估的基础上，国务院国资委举办了由各中央企业参加的首期信息公开工作培训班，交流推广中央企业信息公开试点经验，为在中央企业全面推开信息公开工作打下基础。

经过近一年的总结推广，国务院国资委办公厅于2018年7月印发《关于全面推进中央企业信息公开工作的通知》，在中央企业集团层面全面推开信息公开工作。要求各中央企业集团进一步明确信息公开主体意识，指导所属分、子公司信息公开工作；在全面梳理法律法规和规范性文件对本企业信息公开要求基础上，建立健全本企业集团层面信息公开目录，明确主动公开的信息内容、形式、载体，公开时间和频次，责任部门等。具备条件的中央企业，可同步制定本企业不予公开信息目录；充分发挥企业门户网站"第一公开平台"作用，在门户网站设立信息公开专栏或专题，按照信息公开目录要求集中发布企业信息。中央企业信息公开工作按照有关要求正在有序推进。

第四节　全国人大的监督

依据宪法和法律，国务院代表国家行使国有资产所有权并负有管理职责，全国人大及其常委会负有国有资产监督职责。向全国人大常委会报告国有资产管理情况是国务院的一项重要工作，也是全国人大常委会依法履行监督职责的重要手段。在党中央集中统一领导下，国务院向全国人大常委会报告国有资产管理情况工作取得积极进展。全国人大常委会加强国有资产立法和监督，颁布实施企业国有资产法，初步建立国有资本经营预算制度、国有自然资源保护和利用制度，多次就国有资产管理听取国务院专项工作报告，加强全国人大国有资产监督职能。国务院不断加强国有资产管理，国有资产产权日益明晰，国有资产管理机制逐步理顺，会计统计等基础工作显著加强。进入新时代，为了进一步加强全国人大对国有资产的监督，2013年党的十八届三中全会通过的《中共中央关于全面深化改革若干重大问题的决定》明确提出"加强人大国有资产监督职能"。

一、全国人大常委会听取国有资产管理专项工作报告沿革

2003年以来，国务院国资委曾于2005年、2012年、2016年3次受国务院委托向全国人大常委会作专题工作报告。2005年，在国资监管体制机制搭台构架阶段，全国人大常委会明确的报告主题是国资委成立以前问题比较严重的国有资产流失问题。国务院国资委报告了之前国有资产流失的主要情形和国务院国资委成立以后在规章制度、监督检查和进场交易等方面做的主要工作。2012年，党的十六大确定的国有资产管理体制改革满10年，改革取得明显成效，全国人大常委会明确的报告主题是国有企业改革发展情况。国务院国资委从布局结构、政企分开、经营机制、运营情况4个角度介绍了国企改革取得的成果，提出了完善体制、转型升级、解决历史遗留问题、加强党建等7方面提升措施。2016年，党的十八届三中全会确定的全面深化国企改革框架基本形成，改革文件逐步落地实施，全国人大常委会明确的报告主要内容是国有资产管理与体制改革情况。国务院国资委报告了改革主体框架基本形成、国资监管体制机制不断完善、现代企业制度不断健全、国有资本布局不断优化、国企党建工作不断加强等方面的工作进展。这三次由国务院国资委代表国务院进行的报告，都有力促进了国资国企的改革发展，对改进和提升国资监管工作发挥了十分重要的作用。

但也要看到，这几次报告的主要是国务院国资委监管企业的国有资产管理情况，还没有完全覆盖其他企业国有资产，特别是金融企业国有资产、行政事业性国有资产、国有自然资源等国有资产管理情况，尚未列入制度化的报告范畴。

二、建立国务院向全国人大常委会报告国有资产管理情况制度

建立国务院向全国人大常委会报告国有资产管理情况制度，是实现人大国有资产监督的制度化、规范化，是加强人民当家作主制度保障、加强人大国有资产监督职能的重要举措，有利于切实摸清国有资产家底，向全国人大和全国人民报告全口径国有资产的"明白账"；有利于提高国有资产管理公开透明度，提升国有资产管理公信力，推动规范和改进国有资产管理；有利于推进国有资

产治理体系和治理能力现代化，全面贯彻党的理论和路线方针政策，认真落实党中央关于国有资产的重大决策部署，使国有资产更好服务发展、造福人民。

党的十八届三中全会提出，要加强人大国有资产监督职能。按照党中央部署，全国人大常委会预算工委牵头，财政部、国务院国资委参与承担了"建立国务院向全国人大常委会报告国有资产管理情况的制度"的改革任务。在广泛调查研究和听取意见的基础上，全国人大常委会预算工委研究提出了《关于建立国务院向全国人大常委会报告国有资产管理情况制度的意见》。2017年11月20日，习近平总书记主持召开十九届中央全面深化改革领导小组第一次会议，审议通过《关于建立国务院向全国人大常委会报告国有资产管理情况制度的意见》（以下简称《意见》）。2017年12月30日，党中央印发《意见》。这是贯彻落实党的十八届三中全会"加强人大预算决算审查监督、国有资产监督职能"改革任务，贯彻党的十九大强调的加强国有资产监督管理的一项重要改革举措。《意见》明确规定，国务院每年向全国人大常委会报告国有资产管理情况，并对报告框架、报告重点、审议程序、审议重点、组织保障等提出了明确要求。

《意见》明确了报告和审议国有资产管理情况的制度设计。一是采取综合报告和专项报告相结合方式。国务院国有资产管理情况的年度报告采取综合报告和专项报告相结合的方式。综合报告全面反映各类国有资产基本情况，专项报告分别反映企业国有资产（不含金融企业）、金融企业国有资产、行政事业性国有资产、国有自然资源等国有资产管理情况。在每届全国人大常委会任期内，届末年份国务院向全国人大常委会提交书面综合报告并口头报告；其他年份在提交书面综合报告的同时就1个专项情况进行口头报告。二是在借鉴现有的法律规定确定审议程序的基础上，强化监督力度。为便于报告制度与现行实践有机衔接，《意见》主要根据监督法关于听取和审议专项工作报告的程序，制定国有资产管理情况报告的审议程序，并明确全国人大常委会视情况需要可以综合运用专题询问、质询和特定问题调查等方式。必要时，可依法作出决议。在此基础上，为进一步加大监督力度，增强监督实效，《意见》明确规定国务院要将全国人大常委会的审议意见分解细化到相关部门研究处理和整改，要健全问责机制，加大问责力度，对涉嫌违纪违法的依法依规严肃处理，并在6个月内向全国人大常委会报告研究处理情况以及存在问题整改和问责情况。

三是明确了报告重点和审议重点。《意见》明确提出,要根据各类国有资产性质和管理目标,确定各类国有资产管理情况报告重点。企业国有资产(不含金融企业)、金融企业国有资产报告重点是:总体资产负债,国有资本投向、布局和风险控制,国有企业改革,国有资产监管,国有资产处置和收益分配,境外投资形成的资产,企业高级管理人员薪酬等情况。行政事业性国有资产报告重点是:资产负债总量,相关管理制度建立和实施,资产配置、使用、处置和效益,推进管理体制机制改革等情况。国有自然资源报告重点是:自然资源总量,优化国土空间开发格局、改善生态环境质量、推进生态文明等相关重大制度建设,自然资源保护与利用等情况。审议重点包括:①贯彻落实党中央有关国有资产重大决策部署和方针政策情况;②有关法律实施情况;③全国人大常委会有关审议意见和决议落实情况;④完善国有资产管理体制,落实党中央有关国有资产和国有企业改革方案情况;⑤国有资本服务于国家战略目标,提供公共服务、发展重要前瞻性战略性产业、保护生态环境、支撑科技进步、保障国家安全等情况;⑥国有资本保值增值,防止国有资产流失制度的建立和完善,国有企业兼并重组、破产清算等国有资产处置以及国有资产收益分配情况;⑦推进绿色发展和生态文明建设情况;⑧有关审计查出问题整改情况;⑨其他与国有资产管理有关的重要情况。

按照全国人大常委会2018年监督工作计划,2018年10月24日召开的十三届全国人大常委会第六次会议审议了《国务院关于2017年度国有资产管理情况的综合报告》和《国务院关于2017年度金融企业国有资产的专项报告》。这是在《意见》印发后,国务院首次向全国人大常委会报告国有资产管理情况。此次提请审议的综合报告全口径、全覆盖地摸清了国有资产"家底",报告了各类国有资产的基本情况、现行国有资产管理体制、主要管理工作和改革进展等。根据报告,2017年全国国有企业(不含金融企业)资产总额共183.5万亿元,国有金融企业资产总额共241万亿元,全国行政事业单位国有资产总额共30万亿元。根据《意见》的要求,审议报告后,全国人大常委会组织将审议意见送国务院研究处理。国务院将在2019年4月底前(6个月内),向全国人大常委会报告研究处理以及存在问题的整改和问责情况。

第五节　健全完善责任追究制度体系

改革开放以来，国有企业在不断改革发展壮大的同时，一些国有企业违规经营投资损失事件也时有发生。为维护国有资产安全，对国有企业经管管理人员违规经营投资损失的责任追究工作也不断改进和完善。

一、责任追究工作的早期探索

改革开放初期，国务院印发《关于扩大国营工业企业经营管理自主权的若干规定》，明确了企业有权根据职工的表现给予奖惩，对严重违反劳动纪律，破坏规章制度，屡教不改，造成重大经济损失的，可给予开除处分。该规定有了责任追究的概念，责任追究的主体是企业，责任追究的对象是企业职工，追究的依据是劳动纪律等规章制度。

《公司法》对企业经营管理人员的行为提出了明确要求，规定董事、监事、经理应当遵守公司章程，忠实履行职务，维护公司利益，不得利用在公司的地位和职权为自己谋取私利。

落实党的十五届二中全会精神，1998年5月，国务院印发《国务院向国有重点大型企业派出稽察特派员的方案》，派出稽察特派员对国有重点大型企业贯彻执行党的路线方针政策和国家法律法规情况、国有资产保值增值情况等进行检查，对企业领导人员的奖惩、任免提出建议，体现了责任追究的基本原则和精神。

二、责任追究制度的逐步推进与实践

国务院国资委成立后，按照履行出资人职责要求，不断推进中央企业资产损失责任追究工作。2003年9月，组织开展了中央企业清产核资，清查处理了以前年度形成的各类资产损失，从资产损失形成的原因分析看，多数是有关人员违反国家规定和企业规章制度、未履行或未正确履行职责造成的损失。

2008年8月，国务院国资委印发《中央企业资产损失责任追究暂行办法》，

明确了国务院国资委和中央企业在资产损失责任追究工作中的主要职责和开展资产损失责任追究的工作流程，为中央企业经营投资责任追究工作提供了主要依据。

2008年以来，国务院国资委查处了一批中央企业违规经营投资造成国有资产重大损失的案件，并根据案件违规情况和损失程度，对相关责任人进行了责任追究。2017年3月，国务院国资委党委、中央纪委驻国资委纪检组对查处的中国铁路物资（集团）总公司（以下简称中国铁物）、中国冶金科工集团有限公司（以下简称中冶集团）两起国有资产重大损失案件进行通报。对严重违反政治纪律和工作纪律，主导并推广中国铁物违规开展融资性贸易，拒不执行党和国家的方针政策和重大工作部署，对子企业疏于管理、放纵风险发生，造成巨大经济损失的相关责任人，对严重违反工作纪律，在中冶集团并购过程中违规决策和操作，造成巨大经济损失的相关责任人，进行追责问责，对有关人员开除公职，移送司法机关处理。

三、进一步健全责任追究制度体系

党的十八届三中全会明确提出建立长效激励约束机制，强化国有企业经营投资责任追究。2015年8月，党中央、国务院印发《关于深化国有企业改革的指导意见》，要求建立健全国有企业重大决策失误和失职、渎职责任追究倒查机制，建立和完善重大决策评估、决策事项履职记录、决策过错认定标准等配套制度，严厉查处侵吞、贪污、输送、挥霍国有资产和逃废金融债务的行为。2016年8月，国务院办公厅印发《关于建立国有企业违规经营投资责任追究制度的意见》，要求严格问责、完善机制，构建权责清晰、约束有效的经营投资责任体系，在2020年底前，全面建立覆盖各级履行出资人职责的机构及国有企业的责任追究工作体系，形成职责明确、流程清晰、规范有序的责任追究工作机制，对相关责任人及时追究问责，国有企业经营投资责任意识和责任约束显著增强。

2018年7月，国务院国资委印发《中央企业违规经营投资责任追究实施办法（试行）》，进一步明确了中央企业违规经营投资责任追究的范围、标准、责任认定、追究处理、职责和工作程序等。一是针对违规经营投资问题集中的领域和环节，明确了集团管控、风险管理、购销管理、工程承包建设、资金管理、固定资产投资、投资并购、改组改制、境外经营投资和转让产权、上市公司股权、资产以及其他责任追究情形等11个方面72种责任追究情形。二是落实"违规必究、从严追责"的精神,按照"制度面前一律平等,一把尺子量到底"的思路,明确了中央企业资产损失程度划分标准。三是规定违规经营投资责任包括直接责任、主管责任和领导责任,并根据资产损失程度、问题性质等,对相关责任人采取组织处理、扣减薪酬、禁入限制、纪律处分、移送国家监察机关或司法机关等方式进行责任追究处理。四是清晰界定国务院国资委和中央企业的责任追究工作职责,明确责任追究工作程序,包括受理、初步核实、分类处置、核查、处理和整改等。

《中央企业违规经营投资责任追究实施办法(试行)》既强调严肃追究违规经营投资责任,又注重保护中央企业广大经营管理人员开展正常生产经营活动的积极性。认真贯彻落实"三个区分开来"重要要求、党的十九大关于建立容错纠错机制的要求和《中共中央 国务院关于营造企业家健康成长环境弘扬优秀企业家精神更好发挥企业家作用的意见》精神,把违规经营投资和正常生产经营区分开来,明确建立容错机制,主要体现在:一是明确了贯彻落实"三个区分开来"重要要求,保护企业经营管理有关人员干事创业的积极性的有关原则;二是借鉴纪律处分、刑事处罚等关于从轻、减轻或免除处理的有关规定,进一步明确了"从轻、减轻处理"的7种情况,增加了关于免除处理的有关内容。

各级地方国资委和中央企业认真贯彻《关于建立国有企业违规经营投资责任追究制度的意见》《中央企业违规经营投资责任追究实施办法(试行)》,积极探索实践,逐步积累违规经营投资责任追究工作经验;落实改革任务,逐步完善责任追究制度体系;加强组织建设,逐步建立责任追究组织体系;严肃追责问责,逐步强化震慑作用;坚持纠建并举,逐步形成整改长效机制,为服务出资人以管资本为主职能转变、维护国有资产安全、推动国有企业高质量发展发挥了积极作用。

启示与前瞻

　　加强监管是搞好国有企业的重要前提和保障。党的十八大以来国有资产监督力度空前加强，国有资产监督各项措施有效落实落地，国有资产监督体系日益完善，有效扼制了国有资产流失和腐败现象发生。但也应看到，国有资产监督工作还存在一些问题和困难，包括监督协同有待进一步加强、重复监督与监督缺位、不到位的问题同时存在，现代化监督手段运用不充分等，需要在未来的工作中研究解决。要以管资本为主进一步加强完善国有资产监督工作，要着力提高监管效能，加强国有企业内部监督、国有资产监管、出资人监督和审计、纪检监察、巡视监督以及社会监督，推动各项监督的协同配合，有效整合监督资源，加快建立更有效的国有资产监督体系。加快推进信息化与监管业务有机融合，强化事中事后监管，进一步整合国有企业产权、投资、财务等监管信息系统，打造实时在线的国有企业国资监管平台和统一高效的信息化公开网络平台。国资监管体制本身也要与时俱进、完善创新，要坚持生产力优先标准，加强对微观主体的服务工作，提高专业化能力和水平，进一步提升监管的针对性、有效性和系统性。

第十一章 剥离国有企业办社会职能和解决历史遗留问题

计划经济体制下，国有企业承担大量办社会职能，弥补政府基本公共管理服务的不足，为保障职工群众生活、促进企业和公共事业发展、维护社会稳定发挥了重要作用。随着计划经济体制向社会主义市场经济体制转轨，国有企业逐步成为独立的市场主体，企业办社会职能带来的矛盾和问题逐步显现。党的十四届三中全会明确提出要减轻企业办社会的负担。党的十五届四中全会提出，分离企业办社会的职能，切实减轻国有企业的社会负担。分离企业办社会职能成为国有企业改革的一项重要内容。从20世纪90年代起，国家先后出台了一系列支持政策，分离国有企业办社会职能取得了阶段性成效。党的十八大以来，党中央、国务院要求加大政策支持力度，加快解决国有企业办社会负担和历史遗留问题。各有关部门、各地、各国有企业强化工作组织，攻坚克难，剥离国有企业办社会职能和解决历史遗留问题取得了新突破。

第一节 探索分离国有企业办社会职能

社会主义建设起步阶段，国营企业按照国家计划组织生产活动，也自然承担了大量本应由政府承担的社会职能，特别是一些大型独立工矿区先有企业后有政府，在相当长的一段时期内实行政企合一的管理体制。国有企业办社会职能为企业职工提供了所需的各项公共管理服务，也为当地群众提供必要的服务，解除了职工群众的后顾之忧，增加了社会就业，促进了企业发展，为发展公共事业和维护社会稳定发挥了重要作用。国有企业办社会职能主要包括公安、检察院、法院、消防，企业办全日制普通中小学、中等高等院校、职业教育、幼儿园等教育机构，医院及卫生防疫、公共卫生等医疗卫生机构，公共交通、市政道路、城市清洁卫生、市政园林绿化、城市环境综合治理和市容监督、社区管理，供水、供电、供热、供气、排水、排洪、通信管网等生活服务机构，社会保险和退休人员管理等服务保障机构，个别企业甚至还有监狱、火葬场。20世纪90年代初，国有企业办义务教育阶段的学校占全社会城镇同类学校的1/3左右，国有企业办医院约占全社会医院数量的40%，病床数约占1/3。据有关方面统计，1994年，全国3.4万户地方国有工业企业共办有各类学校16783所，医疗卫生机构3619个，每年支付的教育经费15亿元，医疗卫生费20亿元，支付所办学校、医院职工工资20亿元，支付离退休统筹170亿元。

随着政府公共管理服务体系不断完善，国有企业改革逐步深化，企业办社会职能的矛盾和问题越来越凸显：一是企业办社会负担重，影响国有企业公平参与市场竞争，使国有企业难以真正成为独立的市场主体，这也是20世纪90年代中期一些国有企业亏损的重要原因之一；二是企业办社会分散了企业资源和精力，降低了资源利用效率，使国有企业"大而全、小而全"的问题更加突出；三是企业办社会游离于政府公共管理服务体系之外，难以与当地公共事业统一规划、同步发展，服务质量和水平差异较大，特别是一些困难企业生产经营难以为继，企业办社会更难以为职工群众提供有效服务保障。这些矛盾和问题，使分离企业办社会职能成为国有企业改革的一项重要任务，也加大了企业改革改制、调整重组的难度和成本。

1993年11月，党的十四届三中全会通过的《中共中央关于建立社会主义市场经济体制若干问题的决定》提出减轻企业办社会的负担，开启了国有企业分离办社会职能的序幕。分离办社会职能是当时国有企业实现扭亏脱困最直接的手段之一，更是企业长远发展的需要，同时，也有利于社会资源的合理配置，可促进政府转变职能和社会事业的发展。

一、以撤销国有企业办公安机构为起点

为推进企业事业单位设立公安机构的体制改革，1994年4月，国务院批转公安部《关于企业事业单位公安机构体制改革意见》，明确公安机关是国家政权的组成部分，是武装性质的治安行政力量和刑事执法力量，企业事业单位不应设立公安机构，已经设立的应按照政企、政事职责分开的原则，从实际出

发，分别予以撤销或调整理顺关系。按照党中央、国务院的要求，企业事业单位设立的公安机构原则上予以撤销，可以恢复保卫处（科）或设立其他形式的内部治安保卫组织。位于偏远地区治安情况复杂的大型厂矿区、油气田作业区和重要国防工业、科研基地以及大型水利工程枢纽、防洪险段，以大型企业为依托兴建起来的实行政企合一体制的城市或单独的城区等少数特殊情况，具有社会性质的生活区或生产、生活区交错在一起难以分开进行治安管理的，将企业事业单位公安机构改变隶属关系，根据不同情况划归所在省、市、县公安厅局建制，列入地方公安机关序列。

截至2001年6月，辽宁、上海、浙江、重庆、西藏、宁夏6个省（区、市）完成了企业事业单位公安机构体制改革工作任务。同年8月，针对各地进展不平衡问题，国务院办公厅印发《关于抓紧做好企业事业单位公安机构体制改革工作的通知》，进一步要求地方各级人民政府要高度重视企业事业单位公安机构体制改革工作，统一思想，提高认识，增强紧迫感，从讲政治的高度认真抓好落实，对工作中遇到的难点问题，要积极研究对策，及时加以解决；有关部门要各司其职，各负其责，积极配合，相互支持；有关方面要主动做好被撤销机构人员的思想工作，解决好善后问题，并采取有力措施，进一步加强企业事业单位内部安全保卫工作。截至2007年底，全国国有企业设立的公安机构体制改革工作基本完成。

二、在优化资本结构试点城市中的探索

为贯彻落实党的十四届三中全会精神，国务院决定在若干城市进行企业优化资本结构试点，要求在整体推进转换国有企业经营机制的前提下，在补充资本金、减轻债务负担、加快技术改造、分流富余人员、分离社会职能、实施破产等方面实现重点突破。1994年10月，国务院印发《关于在若干城市试行国有企业破产有关问题的通知》，明确：破产企业的职工住房、学校、幼儿园、医院等福利性设施，原则上不计入破产财产，由破产企业所在地的市或者市辖区、县的人民政府接收处理，其职工由接收单位安置。《研究辽宁部分有色金属和煤炭企业关闭破产有关问题的会议纪要》和中共中央办公厅、国务院办公厅《关于进一步做好资源枯竭矿山关闭破产工作的通知》进一步明确，关闭破产矿山等企业所办的学校、医院、公安、消防、供水、供电等生活和公用服务

单位，其设施和职工成建制移交给地方政府管理，所需费用按关闭破产矿山上年实际支付费用水平，由中央财政给予3年的补助，3年后对经费保障有困难的老工业基地和经济欠发达地区，可适当延长补助年限或一次性增加补助额。1995年5月，国家经贸委、国家教委、劳动部、财政部、卫生部等5部门联合印发《关于若干城市分离企业办社会职能分流富余人员的意见》，明确发展社会主义市场经济要逐步减轻企业办社会负担，分离企业办社会的职能，分流富余人员。优化资本结构试点城市应积极探索分离企业自办中小学校、医院、后勤服务等单位的途径和分流企业富余人员的渠道；多数企业应先将自办中小学校、医院、后勤服务等单位在内部分离，独立核算，待条件具备后再逐步推向社会交由政府管理；独立工矿区企业应视实际情况稳妥地进行工作；各试点城市可选择少数企业进行分离自办中小学校、医院的试点，并探索彻底分离的途径。同时明确国务院确定的百户现代企业制度试点企业可参照本办法开展分离、分流工作。具备分离条件的企业，都要通过改革，将自办的中小学、医院、后勤服务单位分离出去，力求在企业办社会等难点问题上有所突破。

关于企业自办学校，经当地政府批准的试点企业，可将自办的中小学移交当地政府办学，学校资产整体无偿划拨，经政府和企业协商，一般可将企业原承担的经费确定为基数，由企业继续负担，以后增加的部分由地方财政负担，有条件的地区可以根据地方财力状况和企业实际情况采取多种形式协商解决。移交条件尚不具备的多数企业应继续办好中小学，并实行独立核算，定额补贴，确保办学经费。企业自办的职业、技术学校和成人教育学校主要为企业培养人才，可采取"企业为主，政府支持"的办学形式，也可采取社会各方联合办学的形式继续办好。

关于企业自办卫生机构，与社会医疗保险制度改革相结合，根据《医疗机构管理条例》和企业实际情况，采取不同形式分离。企业认为无必要自办且当地政府同意接收的医院，可将资产、人员成建制移交当地政府，纳入当地卫生服务网络。经政府和企业协商，一般可将企业原承担的经费确定为基数，由企业继续负担，以后增加的部分由地方财政负担，有条件的地区可以根据地方财力状况和企业实际情况，采取多种形式协商解决。企业认为无必要自办而当地政府确有困难无法接收的医院和其他医疗卫生机构可缩小规模、减少投入或者停办。企业也可将医院作为投资与其他企业、事业单位联合办医，组建独立的事业法人。独立矿区企业和暂不具备分离条件的企业可以继续自办医院,但应实行经济独立核算,内部自主管理,服务面向社会,优先企业职工就医。企业自办的防疫站、专科防治所、疗养院、门诊部等卫生机构原则上由企业决定是否分离。以防治职业病为主的卫生机构可以继续保留在企业。

关于企业其他后勤服务单位,企业自办的食堂、浴室、托儿所、招待所、车队等后勤服务单位采取多种形式与企业生产经营主体分离。企业职工住房的管理机构与生产经营主体分离。

优化资本结构试点城市结合实际情况制定配套措施,积极探索,采取多种方式分离企业办社会职能,取得一定成效。截至1995年底,18个城市共分离学校、医院、幼儿园等非生产性机构4218所,企业减少支出8.28亿元。随着优化资本结构试点城市逐步扩大到111个,分离企业办社会职能不断取得进展。

三、在全国推进国有企业分离办社会职能

分离国有企业办社会职能涉及面广、情况复杂,是一项难度非常大的改革任务。这项工作在优化资本结构试点城市方面虽然有了初步进展,但全国国有企业办社会负担依然较重。据教育部统计,1998年底全国企事业单位办中小学1.9万所,在校生813万人,教职工69.5万人,大约占全国学校的1/3,其中,企业办的学校约为1.7万所,在校生732万人,教职工63万人。据卫生部统计,1997年底全国国有企业和其他部门自办医疗卫生机构91081个,拥有病床62万张,工作人员112万人,其中医院7297个、床位60万张、工作人员79万人,大体占全国医疗卫生机构的1/3。按卫生部门对医院补助标准计算,企业每年需投入约31亿元。

党的十五届四中全会通过《中共中央关于国有企业改革和发展若干重大问题的决定》,要求分离企业办社会的职能,切实减轻国有企业的社会负担,各级政府要采取措施积极推进这项工作。位于城市的企业,要逐步把所办的学校、医院和其他社会服务机构移交地方政府统筹管理,所需费用可在一定期限内由企业和政府共同承担,并逐步过渡到由政府承担,有些可以转为企业化经营;独立工矿区也要努力创造条件,实现社会服务机构与企业分离。为贯彻落实党的十五届四中全会精神,1999年10月,国家经贸委在福建南平召开全国

国有企业分离办社会职能工作座谈会，研究如何在推进国有企业改革和发展的过程中，进一步做好分离企业办社会职能、减轻企业办社会负担工作，并将福建省、长沙市等地的做法作为典型经验加以介绍推广。2000年9月，国务院办公厅转发国家经贸委《国有大中型企业建立现代企业制度和加强管理的基本规范（试行）》，对分离企业办社会职能提出了相关要求。2001年11月，国务院办公厅转发国家经贸委等部门《关于发展具有国际竞争力的大型企业集团的指导意见》，强调把逐步分离企业办社会职能、分流富余人员作为政府支持企业集团提高国际竞争力的工作重点，要求按照提高企业集团核心竞争力的原则，精干主业，分离辅业和社会职能，集中力量发展核心业务；对历史负担比较重的企业集团，在分离办社会职能、分流富余人员、处置不良资产、内部重组等方面，各级政府要给予支持。

随着社会主义市场经济体制的建立和完善，特别是我国加入世界贸易组织，国有企业面临巨大压力和挑战，为国有企业参与市场竞争创造平等条件的任务愈加紧迫。2002年4月，国家经贸委、财政部、教育部、卫生部、劳动和社会保障部、建设部联合印发《关于进一步推进国有企业分离办社会职能工作的意见》，提出分离企业办社会工作要坚持多种形式、分类指导、分步实施的原则，经济发达地区的大中城市地方国有大中型企业自办的普通中小学校、医院等公益型机构一般应在2—3年内从企业中分离；经济欠发达地区的大中城市和工业、交通、建筑等独立工矿区地方国有大中型企业自办的普通中小学校、医院等公益型机构一般应在3—5年内从企业中分离出去；少数处于偏远地区独立工矿区的地方国有企业分离办社会职能的时限可根据实际情况确定；进行中央企业分离办社会职能工作试点。为加强工作组织，要求各地加强对分离企业办社会工作的领导，成立强有力的工作班子；结合当地实际，制定具体的实施方案和配套措施；实行责任制度，落实目标责任；企业要紧紧抓住改革的有利时机，加快分离办社会职能工作的步伐。

贯彻《国务院关于基础教育改革与发展的决定》的有关精神，遵循有利于国有企业改革、有利于基础教育发展、有利于社会稳定的原则，自2002年起企业管理的中小学校逐步移交给当地政府。移交时，学校的资产整体无偿划拨；学校人员的移交以移交前在职人员为基础，教师参照当地教育行政部门确定的编制标准并按国家规定的教师资格审定合格后接收，非教学人员按当地同类学校编制比例划转。多渠道筹措资金，落实企业分离自办普通中小学校所需经费，保障分离工作顺利进行。分离办学后的办学经费可采取企业与财政共同分担、逐年过渡的办法解决。对少数偏远地区独立工矿区企业暂不能分离的义务教育阶段学校（部分），可通过适当返还教育费附加或有条件的地方政府给予适当补助等办法予以扶持，保证企业基础教育健康发展。

按照《关于城镇医药卫生体制改革的指导意见》，结合城镇职工医疗保险制度改革，自2002年起符合当地区域卫生规划的企业自办医疗机构，可从企业分离出来实行产业化经营，也可按照自愿的原则，由企业与当地政府协商移交，将医疗机构的资产、人员成建制移交当地政府，由当地政府统一管理。当地政府接收有困难的，企业可单独或与其他企事业单位联合办医，组建独立的法人单位。凡不符合当地区域卫生规划要求的企业自办医疗机构，可以停办或撤院改建成为企业内设卫生所（卫生室、医务室）、门诊部。企业自办医疗机构分离后，医疗机构自负盈亏确有困难的，企业可以根据自身经济能力，在一定时期内实行定额补贴或逐年递减补贴的办法，予以资金支持。

企业自办的后勤服务等机构由福利型转为经营型，由无偿服务转为有偿服务，由单纯为企业服务转为面向社会服务，不断扩大服务领域、提高服务质量、改善经营方式，成为独立核算、自主经营、自负盈亏的经济实体。分离后具有独立法人资格的子企业要规范运作。有条件的企业把住房建设和维修管理职能从企业中分离出来，实现住房分配货币化、住房商品化和管理社会化。企业可将现行的住房管理机构改建为独立从事住房开发、建设和物业管理等业务的经济实体。

考虑到各地的经济发展水平和承受能力的差异，为更加积极稳妥地实施这项改革，2002年8月，国家经贸委、财政部印发《关于进一步推进国有企业分离办社会职能有关问题的补充通知》，提出各地区根据当地实际情况，在充分考虑各方面承受能力、确保社会稳定的前提下，统筹规划，精心组织，分步实施，切不可片面追求进度，不搞一刀切。同时提出中央企业分离办社会职能工作量大面广，涉及的人员、机构、资产比较复杂，需要与地方政府有关部门进行沟通和衔接，必须稳步推进，不能急于求成；必须先试点，取得经验后逐步推开。关于中央企业分离办社会试点工作，国家经贸委、财政部研究具体实施办法，报请国务院批准后，再选择部分有条件的企业组织实施。

与此同时,按照 2002 年 11 月国家经贸委、财政部、劳动部、国土资源部、人民银行、税务总局、工商总局、全国总工会印发的《关于国有大中型企业主辅分离辅业改制分流安置富余人员的实施办法》,对部分国有企业办幼儿园、医疗机构和后勤服务机构进行了改革改制,与企业实现了分离。

分离国有企业办社会职能逐步在全国推开,成效不断显现。继福建在 2000 年末率先基本完成全省企业办中小学、居委会、派出所等机构的分离移交后,截至 2003 年底,北京也基本完成国有企业办中小学的移交,河北基本完成 29 家省属企业 188 个中小学、医院、公安机构的分离移交,重庆完成 83 家市属企业 152 所自办中小学的移交,河南分离省属企业办中小学的 97%。在"十五"期间,全国共有 4000 多所企业办中小学、400 多个公检法机构、2000 多所医院与企业主体实现了分离。

四、推进中央企业分离办社会职能

在地方国有企业分离办社会职能取得积极进展的基础上,经国务院同意,2004 年 3 月,国务院办公厅印发《关于中央企业分离办社会职能试点工作有关问题的通知》,明确中国石油、中国石化、东风公司进行中央企业分离办社会职能试点。从 2004 年 1 月 1 日起,试点企业将所属的全日制普通中小学和公安、检察、法院等职能单位,一次性全部分离并按属地原则移交地方管理。企业办医院、市政机构、消防机构、社区机构、生活服务单位等分离问题,由企业和地方政府根据实际情况协商决定,鼓励企业办社会机构通过市场化改革进行分离。移交地方管理的中小学、公检法机构,按照"移交资产无偿划转"的原则,以 2003 年企业财务决算数为依据,实行成建制移交。移交前已发生的债务不移交地方政府,仍由原企业承担。移交人员以 2003 年 12 月 31 日的在职人数为依据,符合有关职(执)业资格条件的,在规定编制内经地方政府核定后,纳入移交范围。移交中涉及的机构编制事宜,按有关规定和程序办理。移交地方政府管理的中小学、公检法以及中小学离退休教师的经费补助,按照 2003 年企业实际补助金额,经中央财政专项核定后,由中央财政给予补助。2005 年 1 月,国务院办公厅印发《关于第二批中央企业分离办社会职能工作有关问题的通知》,启动中核集团等 74 家中央企业开展分离办社会职能工作。同时明确移交地方管理的中小学、公检法以及中小学离退休教师所需经费补助,在2005—2007年的3年过渡期内，由企业和中央财政共同承担；从2008年起，全部由中央财政承担。

2005年1月，国务院召开了第二批中央企业分离办社会职能工作电视电话会议，对第二批74家中央企业分离办社会职能进行部署，要求抓住有利时机，深化国企改革，积极推进中央企业分离办社会职能工作。2005年1月底，财政部、国务院国资委在京召开第二批中央企业分离办社会职能工作培训会议。2005年2月，财政部、国务院国资委印发《关于做好第二批中央企业分离办社会职能工作的通知》，提出第二批中央企业分离办社会职能工作，总体上分3个阶段：第一阶段为核对确认阶段，主要任务是由地方政府与企业核对并确认移交单位、人员、资产及经费支出情况，这项工作应在5月底前完成；第二阶段为签署移交协议阶段，主要任务是有关省（区、市）和中央企业将核对的基础数据书面报经财政部确认，经审核同意后正式签署移交协议，这项工作应于9月底前完成；第三阶段为办理移交阶段，主要任务是办理移交文件批复手续，办理具体交接手续，提交工作总结报告，这项工作应在年底前完成。第二批中央企业分离办社会职能工作原则上包括6个步骤：第一步组建办事机构，制定工作方案；第二步广泛宣传动员，组织人员培训；第三步详细调查摸底，具体组织测算；第四步认真核对协商，报批基础数据；第五步签署移交协议，申报批复文件；第六步办理交接手续，开展工作总结。2005年8月，财政部、国务院国资委印发《关于中央企业先期移交办社会职能机构有关政策问题的通知》，明确在国家统一组织实施中央企业分离办社会职能工作之前，3户试点中央企业、第二批74户中央企业主动与地方政府协商，先期移交的全日制普通中小学和公安、检察院、法院，按原移交协议签署的当年经费补助基数，不再重新调整，由中央财政作为补助基数划转地方财政；先期移交中小学的仍然留在企业的离退休教师，可以比照第二批中央企业分离办社会职能工作的相关政策，按属地原则一次性移交所在地政府管理，离退休教师养老金低于当地政府规定的同类人员标准的，按当地政府规定的标准执行，所需资金，由中央财政作为补助基数划转地方财政。2004年1月，国务院办公厅印发《关于妥善解决国有企业办中小学退休教师待遇问题的通知》。2011年5月，国务院国资委、教育部、财政部、人力资源社会保障部联合印发《关于妥善解决国有企业职教幼教退休教师待遇问题的通知》，进一步明确了国有企业办中小学、职教幼教退休教师待遇的相关政策。

在各级地方政府的大力支持下,中央企业分离办社会职能工作取得积极进展。中央企业财务决算数据显示,截至2007年底,中央企业分离各类办社会职能机构3593个,占全部中央企业办社会职能机构总数的41%;移交在职职工22万多人,占全部办社会职能机构职工总数的42%;每年为企业减轻负担50多亿元。其中,中央企业分离中小学和公检法机构2445个,移交在职人员16万多人,离退休教师7.4万人,中央财政每年补助92.8亿元。与此同时,地方国有企业分离办社会工作也取得较大进展。2002—2007年,全国国有企业分离办社会职能机构11044个,分离办社会职能机构人员72.24万人。

经过10多年的艰苦努力,分离国有企业办社会职能工作克难求进,取得阶段性成效,特别是基本完成了国有企业办普通中小学和公检法的分离移交工作。但是,分离国有企业办社会职能仍然任重道远。国有企业还承担着不少办社会职能,制约着国有企业的改革发展,受到社会各界高度关注。全国人大代表、全国政协委员多次就解决国有企业办社会职能等历史遗留问题提出了不少建议和提案,党中央、国务院领导多次作出重要批示。2011年,中央政治局常委会专门听取了包括国有企业历史遗留问题在内的有关信访突出问题的情况汇报。国家有关部门按照党中央要求,抓紧研究进一步推进解决国有企业历史遗留问题的政策措施。

第二节 新时代深入推进剥离国有企业办社会职能

党的十八大以来,党中央、国务院要求加快剥离国有企业办社会职能和解决历史遗留问题。习近平总书记多次作出重要指示,2014年中央全面深化改革领导小组将加快剥离国有企业办社会职能和解决历史遗留问题作为深化国有企业改革的重点任务,提出了部署要求。国务院领导多次作出具体部署,国务院国有企业改革领导小组多次专题研究此项工作。2015年8月,党中央、国务院印发《关于深化国有企业改革的指导意见》,要求完善相关政策,建立政府和国有企业合理分担成本的机制,多渠道筹措资金,加快剥离企业办社会职能和解决历史遗留问题,为国有企业公平参与市场竞争创造条件。2016年3月,国务院就加快剥离国有企业办社会职能和解决历史遗留问题提出工作方案，提出坚持市场导向、政企分开，分类指导、分步实施，多渠道筹资、合理分担成本，以人为本、维护稳定等基本原则。按照市场化原则，探索政府购买服务等方式，推进公共服务专业化运营，提高服务质量和运营效率，国有企业不再承担与主业发展方向不符的公共服务职能。针对不同企业特点，因地制宜、分类处理，不搞"一刀切"，采取分离移交、重组改制、关闭撤销、政府购买服务、专业化运营管理等不同方式，剥离办社会职能和解决历史遗留问题。改革思路清晰、条件成熟的地区可以率先推进，改革情况复杂的地区可以试点先行、逐步推进。建立政府和国有企业合理分担成本的机制，多渠道筹措资金，国有企业作为责任主体，承担主要成本；财政予以适当补助，根据企业分级监管关系及历史沿革等因素，由中央财政和地方财政分别承担。认真做好职工分流安置工作，维护职工合法权益，做好社会保障、就业培训等相关政策的统筹衔接。

建立中央、省、市县、企业上下联动、协同推进的工作机制，为剥离国有企业办社会职能和解决历史遗留问题提供了坚强的组织保障。在国务院国有企业改革领导小组统一领导下，2016年成立了国务院国资委、财政部、中央组织部、国家发展改革委、教育部、公安部、民政部、人力资源社会保障部、住房城乡建设部、卫生计生委、银监会、国防科工局等12个部门组成的剥离国有企业办社会职能和解决历史遗留问题专项小组。各级地方政府、各国有企业也成立了相应工作组织机构。专项小组研究制订年度工作计划，组织召开专题会、培训会进行动员部署，明确工作要求，及时协调解决工作中的重点难点问题，加强督促指导，推动各项改革措施落地见效。对占全国任务总量60%的山西、陕西等10个重点省市，对占央企任务总量60%的中国石油、中国石化等10家重点中央企业，进行重点督导。10个重点省市、10家重点中央企业工作走在了全国前列，有效带动了全国整体工作进度。多数省级政府将剥离国有企业办社会职能工作纳入对地市政府业绩考核，对省属企业考核与企业领导人员薪酬挂钩，多数中央企业加强了对所属企业的考核，层层传递压力，切实做好具体组织实施工作。根据国务院国有企业改革领导小组部署要求，2017年在中国石油大庆油田、中国石化胜利油田、东风汽车十堰基地、河北开滦集团古冶矿区、陕西有色控股集团金堆城钼业矿区开展独立工矿区剥离办社会职能综合改革试点，实行挂牌督导，分别成立了5个独立工矿区综合改革试点协调小组和工作小组。有关部门深入研究独立工矿区剥离办社会职能共性问题,国务院国资委办公厅、国家发展改革委办公厅、财政部办公厅联合印发《关于进一步推进国有企业独立工矿区剥离办社会职能有关事项的通知》,进一步明确了有关具体政策和工作要求。5个独立工矿区综合改革试点取得了突破性进展,探索了有益经验。地方政府成立专业化平台承接相关办社会职能,解决接收主体问题;工矿企业与电网企业成立股份公司,解决生产生活用电相互交错、供电设施难以分离移交问题;引入跨地区专业化企业作为接收主体,既解决办社会职能分离移交问题,又促进当地公共服务能力提升;积极探索"大物业管理"模式,一揽子承接独立工矿区物业管理、供水、供热等社会职能。2018年7月,国务院国资委在胜利油田组织召开部分独立工矿区剥离办社会职能工作座谈会,总结推广5个独立工矿区综合改革试点经验做法。

新时代剥离国有企业办社会职能和解决历史遗留问题的主要任务包括国有企业职工家属区"三供一业"分离移交,国有企业管理的市政设施、职工家属区的社区管理职能移交地方以及对企业办消防机构的分类处理工作,国有企业办医疗、教育机构深化改革,国有企业退休人员社会化管理,厂办大集体改革。此外,集中解决少数国有大中型困难企业问题,按照供给侧结构性改革的部署要求,纳入"僵尸企业"处置和特困企业治理工作中统筹推进。按照应交尽交、能交则交、不交必改的总体要求,凡属于政府公共管理、基本公共服务职能的,如国有企业管理的面向社会开放、提供公共服务的市政设施,企业承担的社区管理、退休人员管理、市政公共消防等职能,交由政府承担;企业办普通中小学、学前教育、全日制普通本科高校,移交地方管理;"三供一业"交给专业化的企业实行社会化管理。经协商一致,地方政府同意接收的企业办职业教育机构、医疗机构移交地方管理;不能协商一致的,交专业化的公司或平台进行资源整合、集中管理;难以移交的企业办教育机构、医疗机构,积极引入专业化有实力的社会资本,按市场化原则,有序规范进行重组改制,运营困难、缺乏竞争优势的予以关闭撤销,妥善做好职工分流安置工作。据统计,截至2011年底,全国国有企业涉及职工家属区"三供一业"1513万户;截至2015年底,全国国有企业需要关闭撤销或移交地方的消防机构125个,国有企业办市政设施12730个,社区管理等机构1949个,教育机构1913个,医疗机构2540个,国有企业管理服务的退休人员1369万人,厂办大集体企业

2.2万户。

一、分离移交国有企业职工家属区"三供一业"

2012年，黑龙江率先开展国有企业职工家属区"三供一业"分离移交试点，探索出了一条成功之路，作出了开创性贡献。同年8月，国务院国资委印发《关于进一步推进驻黑龙江省中央企业分离移交"三供一业"工作的指导意见》。2014年4月，印发《关于推进驻河南省、湖南省和重庆市中央企业分离移交"三供一业"工作的指导意见》，试点工作扩大到湖南、河南、重庆，2015年进一步扩大到辽宁、吉林、广东、海南、四川、贵州。国务院国资委分别与这10个省市政府签订了工作协议，明确职责分工，共同推进"三供一业"分离移交试点工作。10个省市试点工作取得积极成效，在全国发挥了示范引领作用。2015年12月，国务院第115次常务会议要求2016年在全国全面推开"三供一业"分离移交。

2016年6月，国务院办公厅转发国务院国资委、财政部《关于国有企业职工家属区"三供一业"分离移交工作的指导意见》，提出2016年开始在全国全面推进国有企业职工家属区"三供一业"分离移交工作，对相关设备设施进行必要的维修改造，达到城市基础设施的平均水平，分户设表、按户收费，交由专业化企业或机构实行社会化管理，2018年底前基本完成。2019年起，国有企业不再以任何方式为职工家属区"三供一业"承担相关费用，不得在工资福利外对职工家属区"三供一业"进行补贴。2016年7月，国务院国资委和财政部共同组织召开全国国有企业"三供一业"分离移交工作视频会议，进行工作动员部署。各省（区、市）政府高度重视"三供一业"分离移交工作，结合实际细化工作措施，明确责任分工，制定具体工作方案，分解目标任务，协调推动当地中央企业、地方国有企业开展工作。涉及的333个地市政府制定明确"三供一业"维修改造标准，完善工作办法，协调落实接收单位，研究解决具体问题。国有企业集团公司加强组织协调，积极推进所属企业做好"三供一业"分离移交工作。有关接收机构和从事"三供一业"专业化运营的国有企业树立大局意识，积极参与"三供一业"分离移交接收工作，国家电网、南方电网等参与有关职能接收的中央企业发挥示范带头作用。

移交企业和接收单位根据"三供一业"设备设施的现状，共同协商维修改造标准及组织实施方案等事项，签订分离移交协议。接收单位为国有企业或政府机构的，依据规定对分离移交涉及的资产实行无偿划转。分离移交涉及的相关设施维修维护费用，基建和改造工程项目的可研费用、设计费用、旧设备设施拆除费用、施工费用、监理费等费用由企业和政府共同分担。中央企业的分离移交费用由中央财政（国有资本经营预算）补助50%，中央企业集团公司及移交企业的主管企业承担比例不低于30%，其余部分由移交企业自身承担。原政策性破产中央企业的分离移交费用由中央财政（国有资本经营预算）全额承担。地方国有企业分离移交费用由地方政府明确解决办法，其中1998年1月1日以后中央下放地方的煤炭、有色金属、军工等企业（含政策性破产企业）分离移交费用由中央财政给予适当补助。截至2018年底，中央财政（中央国有资本经营预算）已累计拨付"三供一业"分离移交补助资金1000多亿元。"三供一业"分离移交工作对企业经营业绩考核指标产生较大影响的，经营业绩考核时予以适当考虑。

截至2018年12月底，全国国有企业"三供一业"正式协议签订率99.6%（地方国有企业99.3%，国务院国资委监管的中央企业99.8%），基本完成分离移交的占任务总量的91.3%；其中：供水基本完成分离移交89.7%，供电95.3%，供热88%，供气96%，物业管理89.7%。

二、剥离国有企业办教育医疗等公共服务机构

经国务院同意，2017年5月，国务院国资委、公安部、财政部联合印发《关于国有企业办消防机构分类处理的指导意见》，国务院国资委、民政部、财政部、住房城乡建设部联合印发《关于国有企业办市政、社区管理等职能分离移交的指导意见》；2017年7月，国务院国资委、中央编办、教育部、财政部、人力资源社会保障部、卫生计生委联合印发《关于国有企业办教育医疗机构深化改革的指导意见》，明确了国有企业办消防机构分类处理、市政社区管理等职能分离移交和教育医疗机构深化改革的具体政策措施。2018年7月，国务院国资委办公厅印发《关于进一步推进中央企业办医疗机构深化改革有关事项的通知》，对中央企业办医疗机构深化改革提出具体要求，明确从2019年起中央企业不得以任何方式为医疗机构提供补贴。

国有企业办消防机构分类处理，按照依法建立和职能归位相结合的原则，

划分企业依法履行消防安全职责与政府提供消防安全公共服务的责任界限，对于企业保障自身消防安全、按照现行《中华人民共和国消防法》等法律法规仍需设立的消防安全管理机构和专职消防队，予以保留；对于企业办的承担公共消防管理服务职能的市政消防机构和专职消防队，予以撤销，其中符合当地城乡消防规划不能撤销的消防队（站）划转当地政府接收。

国有企业办市政社区管理等职能分离移交坚持政企分开的原则，国有企业配合承担的公共管理职能归位于相关政府部门和单位，与主业发展方向不符的国有企业承担的公共服务职能移交地方政府实行集中统一管理。国有企业管理的面向社会开放、提供公共服务的市政设施，包括道路桥梁及相应照明设施、环境卫生设施、市政管网及附属设施、生活污水处理设施、生活垃圾处理设施、城市供水设施、公共绿化设施、公共交通设施、公园、广场等，移交地方政府管理。中央企业或省属国有企业所属与主业发展方向不符的，承担生活供水、供热、污水处理、垃圾处理等公共服务的企业，原则上划转地方政府管理。地方政府不能接收的，企业可自行关闭撤销或重组改制。国有企业为职工服务的文化、体育设施，经与地方政府协商一致，可移交地方管理，也可由企业根据实际情况妥善处置，面向社会开放可按市场化方式合理收费。已经建立的职工家属区街道办事处等机构、依法选举产生的社区居民委员会与企业完全脱钩，现有办公场所、服务场所及设备设施一并移交。仍未建立管理机构或未依法选举产生社区居民委员会的国有企业职工家属区，按区域划片移交区县政府、街道办事处管理。地方各级财政部门将移交的国有企业办市政设施、社区服务设施的建设与管理、社区工作以及信息化建设等方面的合理经费需求纳入接收部门等相关预算。国有企业办市政、社区管理等职能移交涉及的资产，依据规定实行无偿划转。

国有企业办教育、医疗机构深化改革，贯彻落实教育事业发展要求和健康中国建设战略部署，统筹谋划、协调推进，既减轻国有企业办社会负担，激发国有企业活力，又通过供给侧结构性改革促进职业教育、健康产业发展，扩大教育、医疗健康服务有效供给，提升服务效率。企业办教育医疗机构主要采取4种方式分类改革：一是对企业办的普通中小学、学前教育、全日制普通本科高校原则上移交地方管理，经协商地方政府同意接收的企业办职业教育机构、非营利性医疗机构移交地方管理。二是对运营困难、缺乏竞争优势的企业办教育医疗机构，有序实施关闭撤销。三是整合资源集中管理，继续发挥国有企业职业教育重要办学主体作用，对与企业主业发展密切相关、产教融合且确需保留的企业办职业院校，由国有企业集团公司或国有资本投资运营公司进行资源优化整合，探索集中运营、专业化管理。以健康产业为主业的国有企业或国有资本投资运营公司，通过资产转让、无偿划转、托管等方式，对国有企业办医疗机构进行资源整合，实现专业化运营和集中管理。四是引入实力强、专业化的社会资本参与国有企业办职业教育机构、医疗机构重组改制。

截至2018年12月底，全国国有企业办消防机构分类处理全面完成；已移交企业办市政设施11564个，占任务总量的93.5%；移交、与企业完全脱钩的社区管理机构1706个，占任务总量的86.7%；已关闭撤销、移交、改制或专业化管理的办教育机构1744个，占任务总量的91.1%；已关闭撤销、移交、改制或专业化管理的办医疗机构2284个，占任务总量的90.1%。

三、推进退休人员社会化管理试点

2003年6月，中共中央办公厅、国务院办公厅转发劳动和社会保障部等部门《关于积极推进企业退休人员社会化管理服务工作的意见》，提出要按照党中央、国务院完善社会保障体系的有关目标和要求，以深化企业改革、维护社会稳定和不断提高企业退休人员生活质量为宗旨，因地制宜，分类指导，积极探索推进社会化管理服务工作的有效途径和方法，加大工作力度，逐步完善和规范管理服务办法，充分利用城市社区资源，努力实现企业退休人员老有所养、老有所医、老有所教、老有所学、老有所为、老有所乐，使他们共享经济和社会发展的成果。各地制定具体政策措施，积极稳妥推进企业退休人员社会化管理服务工作，取得一定成效。目前非国有企业退休人员已基本实现社会化管理，但80%的国有企业退休人员仍由企业自行管理。

国有企业退休人员社会化管理情况复杂，是剥离国有企业办社会职能和解决历史遗留问题的一个难点。按照党中央要求，采取先试点后推广的方式，2020年底前完成国有企业退休人员社会化管理，集中力量将尚未实现社会化管理的国有企业已退休人员移交社区实行属地管理，由社区服务组织提供相应服务；新办理退休人员管理服务工作与原企业分离，统一交由当地社区实行社会化管理。经国务院同意，2017年1月，国务院办公厅印发《关于在部分城市开展国有企业退休人员社会化管理试点工作的通知》，明确在上海、重庆、大连、鸡西、长沙5个城市开展国有企业退休人员社会化管理试点工作。有关部门密切配合，加强试点工作指导。5个试点城市积极探索国有企业退休人员社会化管理的有效途径，做好社会保障管理服务衔接、党员组织管理接转、人事档案集中管理等工作，完善管理服务功能，提升企业退休人员社会化管理服务水平，妥善解决退休人员统筹外费用等问题。截至2018年12月底，全国国有企业已完成社会化管理的退休人员501.1万人（地方国有企业446.1万人，中央企业55万人），占全部国有企业退休人员的37.1%。

第三节　开展厂办大集体改革[①]

20世纪七八十年代，国有企业资助兴办了大量集体企业，为安置城市待业青年、国有企业职工家属就业、维护社会稳定、支持主办国有企业发展等发挥了积极作用。国有企业办集体企业（以下简称厂办大集体）在资金、技术、人员及生产经营方面依附于主办企业，主要向主办企业提供辅助性产品或服务。随着改革的深入推进，厂办大集体产权不清、管理不善、竞争力不强的问题逐步暴露出来，多数厂办大集体陷入停产、半停产状态，大量职工离岗失业，基本生活、社会福利缺乏保障，矛盾十分突出。2003年10月，党中央、国务院在东北地区等老工业基地振兴战略中首次提出"妥善解决厂办大集体问题"。2004年12月，国务院召开会议，确定按照"先试点、再推开"的原则，逐步解决东北地区厂办大集体改革问题。2005年11月，国务院同意东北地区部分城市和中央企业开展厂办大集体改革试点，取得经验后再全面推开，成立由财政部、国务院国资委、劳动保障部、振兴东北办负责同志组成的领导小组，负责试点的组织协调工作。按照要求，吉林长春、四平、白山和黑龙江哈尔滨以及中国石化、中国一汽、东方电气、葛洲坝集团和攀钢开展了试点工作。2011年3月，国务院第148次常务会议决定在全国范围内推开厂办大集体改革。同

[①] 厂办大集体是指由国有企业批准或资助兴办的，以安置回城知青和职工子女就业为目的，主要向主办企业提供配套产品或劳务服务，由主办企业委派人员或领导参与生产经营并在工商行政机关登记注册为集体所有制的企业。

年 4 月，国务院办公厅印发《关于在全国范围内开展厂办大集体改革工作的指导意见》（即 18 号文），要求各有关省（区、市）人民政府和有关中央企业加强组织领导，明确职责分工，在确保稳定的前提下，使厂办大集体与主办国有企业彻底分离。坚持从实际出发，着力化解主要矛盾，解决重点问题；坚持分类指导，通过多种途径安置职工，处理好劳动关系和社会保险关系；坚持统筹兼顾各方面的承受能力，由厂办大集体、主办国有企业、地方财政和中央财政共同分担改革成本。对能够重组改制的厂办大集体，按照有关法律法规和政策规定，通过合资、合作、出售等多种方式，改制为产权清晰、面向市场、自负盈亏的独立法人实体。对不具备重组改制条件或亏损严重、资不抵债、不能清偿到期债务的厂办大集体，可实施关闭或依法破产。18 号文进一步加大了政策支持力度，提高经济补偿金中央财政补助比例，同时按照"奖补结合"原则建立了激励机制，调动地方政府的改革积极性；支持地方政府加大解决厂办大集体职工社会保障问题的力度；明确中央财政补助资金可以统筹用于安置厂办大集体职工。国务院国资委印发《关于做好中央企业厂办大集体改革工作的通知》，要求中央企业充分认识厂办大集体改革的重要意义，加强组织领导，周密制定方案，确保企业和社会稳定。

2015 年 8 月，党中央、国务院印发《关于深化国有企业改革的指导意见》要求继续推进厂办大集体改革；2016 年 3 月，国务院就加快剥离国有企业办社会职能和解决历史遗留问题提出工作方案，进一步明确了厂办大集体改革的政策措施和工作要求。同年 8 月，国务院国资委、财政部、人力资源社会保障部联合印发《关于加快推进厂办大集体改革工作的指导意见》，对厂办大集体改革的政策进一步补充完善，允许统筹使用中央财政补助资金，具体范围由各地和中央企业根据实际情况合理确定。要求厂办大集体改革各责任主体各司其职、密切配合、互不推诿，共同推进改革工作。同年 11 月，国务院印发《关于深入推进实施新一轮东北振兴战略加快推动东北地区经济企稳向好若干重要举措的意见》，明确 2017 年底前推动东北地区厂办大集体改革取得实质性进展。2017 年 10 月，国务院办公厅印发《加快推进东北地区国有企业改革专项工作方案》，提出对东北地区厂办大集体改革给予进一步政策支持。

经过多年努力，厂办大集体改革取得了一定成效。截至 2018 年底，全国已完成厂办大集体改革 6418 户，妥善安置在职职工 66 万人。一些地方和企业攻坚克难，探索形成了一些好的经验和做法。黑龙江采取顶层设计、全面推进的方式在全省范围内整体推进厂办大集体改革。黑龙江是厂办大集体改革难度最大的省份之一，涉及企业2645户、职工44.85万人，改革资金缺口大，省委、省政府高度重视，多次召开专题会议，完善政策保障，于2017年基本完成了全省厂办大集体改革。中央企业按照厂办大集体经营状况分类推进改革。对于经营情况较好的集体企业进行混合所有制改革。如中国一汽有厂办大集体企业130户，职工总数24617人，通过整体打包进行混合所有制改革，成立了一汽富晟集团有限公司，以企业净资产减去改革成本后的资产出资占25%股份，员工集体持股35%，引入三家民营外部资本分别持股20%、10%、10%，一次性完成了全部厂办大集体改革工作。对于集体企业总体上经营困难、分散多地的，采取整体制定改革方案、给予主办企业一定自主权的方式，一企一策改革退出。如中国能建167户厂办大集体企业，分布在17个省市，共有职工10153人，通过这种方式基本实现了改革退出。对于集体企业总体上经营困难、分布较为集中的，依托地方、统筹推进。如中国一重67户厂办大集体企业，共有职工12406人，主要集中在齐齐哈尔市，中国一重主动对接地方，和地方厂办大集体改革政策紧密结合，协调统一推进，经过两年集中攻坚，基本实现了改革退出。

启示与前瞻

剥离国有企业办社会职能和解决历史遗留问题是国有企业改革必须闯过的"一道关"。这项改革方向明确，成效显著，对促进国有企业瘦身健体、减轻负担、逐步消除"大而全、小而全"的弊端、公平参与市场竞争发挥了重要作用，也对推动完善基本公共管理服务体系、有效弥补民生短板、改善职工生活条件和居住环境发挥了积极作用。但是，由于涉及利益主体多、情况复杂、区域差别大，全面完成剥离国有企业办社会职能和解决历史遗留问题任务仍然十分艰巨。同时，贯彻落实党的十九大精神，全面深化国有企业改革，加快剥离国有企业办社会职能和解决历史遗留问题，更是一项紧迫的任务。以习近平新时代中国特色社会主义思想为指导，贯彻落实党中央、国务院决策部署，坚持改革的系统性、整体性、协同性，统筹谋划，以钉钉子精神狠抓落实，做好"三供一业"和市政社区管理等职能分离移交、教育医疗机构深化改革收尾工作，在全国逐步推进国有企业退休人员社会化管理，积极稳妥推进厂办大集体改革，确保2020年前基本完成剥离国有企业办社会职能和解决历史遗留问题，将为国有企业真正成为独立的市场主体、聚焦主业优化资源配置、实现高质量发展奠定更加坚实的基础，为加快基本公共服务均等化、满足职工群众日益增长的美好生活需要、不断提升获得感幸福感创造更加有利的条件。

第十二章　坚持党的领导、加强党的建设

中国共产党的领导是中国特色社会主义最本质的特征，是中国特色社会主义制度的最大优势。党政军民学，东西南北中，党是领导一切的。坚持党的领导、加强党的建设是国有企业的"根"和"魂"，是国有企业的独特优势。我国国有企业改革发展史，就是一部坚持党的领导、加强党的建设的历史。改革开放以来，我们党领导国有企业进行艰辛改革，企业党组织教育引导广大党员、干部职工倾力支持改革、积极投身改革，为国有企业改革发展作出了巨大贡献，形成了"要治厂、先治党"的光荣传统。党的十八大以来，我们党对深化国有企业改革作出重大部署，企业党组织和广大党员、干部职工凝聚共识、汇集力量，充分发挥了党委（党组）的领导作用、党支部的战斗堡垒作用、党员的先锋模范作用，为国企改革啃硬骨头、过险滩提供了坚强保证。特别是2016年10月，党中央召开全国国有企业党的建设工作会议，习近平总书记发表重要讲话，开启了新时代国有企业坚持党的领导、加强党的建设新征程。

第一节　推动国有企业党的工作中心转移

1978年12月，党的十一届三中全会决定，全党工作的着重点从1979年开始转移到社会主义现代化建设上来。1981年6月，党的十一届六中全会通过《关于建国以来党的若干历史问题的决议》，实事求是地总结了中华人民共和国成立以来党的基本经验和教训，进一步指明了适合我国国情的社会主义现代化建设的正确道路。党的十二大就国有企业改革发展提出，在"六五"期间，要继续坚定不移地贯彻执行调整、改革、整顿、提高的方针，把全部经济工作转到以提高经济效益为中心的轨道上来。国有企业贯彻落实党中央重大决策部

署，教育引导干部职工积极解放思想，全面整顿党风，服务中心工作，推动国有经济快速恢复和发展。

一、开展真理标准大讨论

1978年5月11日，《光明日报》发表特约评论员文章《实践是检验真理的唯一标准》。文章一经发表便在广大干部群众中引起强烈反响，引发了关于真理标准问题的讨论。国有企业响应党中央号召，组织职工群众深入开展真理标准的大学习、大讨论，在充分思想准备的基础上，推动国有企业党的建设工作从"以阶级斗争为纲"转到以生产为中心的轨道上来。

深化对思想政治工作的认识。1979—1980年，国有企业党组织纷纷召开企业政治工作会议，组织开展大讨论，带领干部职工深入讨论思想政治工作在新时期的地位、作用、内容、方法，引导党员领导干部、职工群众正确认识转折时期的思想政治工作。如：1980年，航空工业沈阳所党委为加强对思想政治工作的领导，成立党委办公室，将原政治部组织科、宣传科改建为党委组织部、党委宣传部；1982年又印发《思想政治工作细则（试行）》，以制度形式明确思想政治工作的根本任务和基本内容。

严肃党内政治生活。这一时期，国有企业党委集中主要精力抓党建思想政治工作，以学习贯彻党的十一届五中全会《关于党内政治生活的若干准则》为中心内容，紧紧围绕坚持和改善党的领导这个主题，全面加强党对政治工作的领导。通过开办学习班、举办党的基础知识讲座、落实党课制度等加强对党员的理想信念教育，激发党员认真工作的积极性，弘扬工人阶级主人翁精神，使广大党员在生产建设中发挥先锋模范作用。在国有企业党组织的领导下，国有企业的工会、共青团等群团组织得到进一步加强和完善，下属各级工会和共青团的基层组织恢复了工作。

结合企业生产工作重点开展工作。许多国有企业党组织系统总结过去的工作经验，在实践中注意防止和克服政治工作和经济工作互相脱节的问题，把思想政治工作融入企业各个领域中，融入生产全过程，有针对性地开展思想教育，促进生产技术和各项工作的全面进步。如：交通部第四航务工程局（为现中交集团四航局前身）党委在深圳特区建设中面对施工困难，挑选政治素质硬的党员干部打先锋，形成强有力的领导体系和敢打敢拼的党员先锋队伍，为特区建设炸山劈石；东北轻合金加工厂（为现中铝集团东轻公司前身）党委坚决执行"把工作重点转移到社会主义现代化建设上来的战略决策"，带领企业在短时间内顺利走上改革发展的新路。

二、在国有企业推进全面整党

1983年10月，党的十二届二中全会通过《中共中央关于整党的决定》，决定从1983年下半年开始，用三年时间对党的作风和组织进行一次全面整顿。国有企业各级党组织和广大党员贯彻执行党中央决定，分批进行全面整党。

国有企业党组织组织广大党员系统学习党中央规定的整党文件，联系实际，认真解决在整党各个阶段暴露的思想认识问题，使广大党员坚定了信心，增强了紧迫感和自觉性。如：航空工业昌飞党委组织全厂党员以《党员必读》为主，认真学习整党文件，自觉在政治上与党中央保持一致。针对党员队伍中存在的主要问题，重点进行了共产主义远大理想教育、全心全意为人民服务根本宗旨教育、坚持社会主义方向教育，提高了广大党员的政治思想素质。坚持按党员标准进行组织处理和党员登记，纯洁党的组织，保证整党质量。国有企业各级领导班子和领导干部，带头清理和纠正不正之风。许多国有企业制定了端正党风的规章制度，促进了党风的好转。国电谏壁电厂党委制定《关于领导作风和工作方法的八项规定》，其中明确规定了党委委员要做到"六要""四不"，推动了领导作风的改变。

三、突出党组织保证监督作用

1984年10月，党的十二届三中全会通过的《中共中央关于经济体制改革的决定》明确指出："现代企业分工细密，生产具有高度的连续性，技术要求严格，协作关系复杂，必须建立统一的、强有力的、高效率的生产指挥和经营管理系统。只有实行厂长（经理）负责制，才能适应这种要求。企业中党的组织要积极支持厂长行使统一指挥生产经营活动的职权，保证和监督党和国家各项方针政策的贯彻执行，加强企业党的思想建设和组织建设，加强对企业工会、共青团组织的领导，做好职工思想政治工作。在实行厂长（经理）负责制的同时，健全职工代表大会制度和各项民主管理制度，充分发挥工会组织和职工代表在审议企业重大决策、监督行政领导和维护职工合法权益等方面的权利和作用，体现工人阶级的主人地位。这是社会主义企业的性质所决定的，绝对不容许有任何的忽视和削弱。"党中央要求，全党同志要站在改革时代潮流的前列，拥护改革、支持改革、参加改革，并带动广大职工一道进行改革。国有企业积极贯彻党中央决定，推进改革工作，开展厂长（经理）负责制试点工作，同时对分配制度的"大锅饭"、领导制度的"终身制"、用工制度的"铁饭碗"、机构体制的"大、肿、全"等弊端进行改革，并积累了一些好的改革经验。

1986年9月，党中央、国务院颁布《全民所有制工业企业厂长工作条例》《中国共产党全民所有制工业企业基层组织工作条例》《全民所有制工业企业职工代表大会条例》，明确规定企业实行生产经营和行政管理工作厂长（经理）负责制，并规定了厂长、党组织和职工代表大会三者各自的职责范围和相互关系。同年11月，党中央、国务院又印发《关于认真贯彻执行全民所有制工业企业三个条例的补充通知》，强调从党委领导下的厂长（经理）负责制到厂长（经理）负责制的转变，是企业领导体制的重大改革。1987年10月，党的十三大指出："企业党组织的作用是保证监督，不再对本单位实行'一元化'领导，而应支持厂长、经理负起全面领导责任。"同时，这次大会通过的《中国共产党章程》在第三十三条第一段前面增加一段："企业和实行行政首长负责制的事业单位中党的基层组织，对党和国家的方针政策在本单位的贯彻执行实行保证监督。这些基层党组织应以主要精力加强党的建设，做好思想政治工作和群众工作；支持行政负责人按规定充分行使职权，并对重大问题提出意见和建议。"这为国有企业党组织作用的发挥明确了方式方法。

国有企业党组织积极适应厂长（经理）负责制改革，加强对企业思想政治领导，从过去"以党代政"、包揽日常生产行政事务转到了搞好保证监督上来，把工作重心放到积极支持厂长实现经营目标和统一指挥生产经营活动上来，放到保证监督党和国家各项方针、政策的贯彻执行上来，放到加强党的建设和思想政治工作上来。各级党组织以改革的精神，通过创造性的工作，不断总结经验，探索与领导体制改革相适应的新的工作方法，从过去习惯于直接拍板定案和前台组织指挥，到主要依靠思想政治工作，调动职工群众积极性、主动性、创造性。同时，党委对职工代表大会实行思想政治领导，保障职工代表大会行使规定权利；通过职工代表大会宣传党的路线、方针、政策，发挥党员职工代表的先锋模范作用，把党的号召变成群众的自觉行动，教育职工不断提高责任感，支持、引导职工代表正确地行使权利和履行义务。

四、按照"四化"方针建强干部队伍

1982年9月，党的十二大通过的《中国共产党章程》规定："党按照德才兼备的原则选拔干部，坚持任人唯贤，反对任人唯亲，并且要努力实现干部队伍的革命化、年轻化、知识化、专业化。"1983年7月，全国组织工作座谈会提出："以改革的精神加速领导班子的革命化、年轻化、知识化、专业化建设，进一步加强和改善党的领导，提高党组织的战斗力。"1984年8月，全国企业领导班子建设座谈会提出5条意见：继续改善骨干企业领导班子的结构，进一步提高领导干部的素质；尽快把40岁左右的优秀干部提拔起来挑重担；大胆改革，把企业干部的管理工作搞得更好、更活；企业领导班子调整后，要抓紧领导干部的培养和提高；要改变组织部门不熟悉经济系统的干部工作的状况。

从1984年至1985年上半年，全国国有企业党组织遵照"四化"方针，对基层党政领导班子普遍进行了调整。在工作中对干部选拔、任用等都进行了一些新的探索。国有企业党政领导亲自进行考核，坚持群众路线，进行民主推荐，把组织考核同群众推荐结合起来；拓宽视野，不拘一格，多渠道、多层次地发现和选拔人才；遵循"尊重知识，尊重人才"的指导思想和干部"四化"标准，积极从知识分子中选拔一大批中青年干部。比如：1984年4月，中央组织部、辽宁省委、冶金工业部党组和鞍山市委组成联合工作组，在鞍钢党委协助下调整了鞍钢公司的领导班子。鞍钢新班子有党委正副书记、公司正副经理10人，平均年龄45.4岁，比原来降低了10.6岁，除留任的两名副经理分别为54岁和52岁外，新提拔的8人中，40多岁的6人，39岁的2人。领导成员都具有大专文化程度，其中高级工程师1人，专业比较配套。新任党委书记48岁，经理44岁，都是大学文化程度的工程师，均在二级厂矿担任过较长时间的领导工作，有基层工作经验。新提拔的干部在原来的工作岗位上都作出了比较显著的成绩，得到群众拥护。在选配党政干部的同时，配齐了总工程师、总会计师、总经济师，他们对经理负责，有职有权。截至1985年2月，全国3000多个大中型骨干国有企业领导班子，已调整好62%。调整后的国有企业领导班子中，党政正副职领导干部具有大专以上文化程度的达70%；40多岁的约占60%，50岁和30岁左右的各占1/5，基本形成了梯形年龄结构。

1988年5月，中央组织部、人事部印发《关于全民所有制工业企业引入竞争机制、改革人事制度的若干意见》，对改革国有企业人事制度提出了具体意见，从组织上保证了竞争机制的落实。该意见实施后，全国实行各种形式经营责任制的国有企业，积极引入竞争机制，通过公开选聘方式产生企业经营者，并逐级聘用企业管理人员，使国有企业人事制度发生了一场深刻的变革，改变了长期沿用管理党政机关干部的办法管理企业干部的传统模式，一定程度上克服了干部能上不能下的弊端和用人上的不正之风，为大批精明强干、勇于开拓的企业经营人才在市场竞争中脱颖而出创造了条件。经过普遍调整，国有企业原来领导班子年龄偏高、文化偏低的状况有了很大改善，知识结构、专业结构发生了明显变化，实现了新老交替。在调整领导班子的同时，许多国有企业党组织还注意抓好第三梯队的建设，初步建立起一支后备干部队伍，为领导班子正常交替和长期稳定创造了条件。

第二节　发挥国有企业党组织政治核心作用

20世纪80年代末90年代初，东欧剧变和苏联解体带来很多经验和教训，中国共产党不断深化对社会主义建设规律的认识，对国有企业党的建设作出新的部署。1993年9月21—23日，中央组织部、中央政策研究室在北京燕山石油化工公司召开全国国有企业党的建设工作座谈会。会议强调，必须全面贯彻"充分发挥国有企业党组织政治核心作用，坚持和完善厂长（经理）负责制，全心全意依靠工人阶级"的"三句话"方针，紧紧围绕生产经营开展国有企业党建工作，加强国有企业领导班子建设；必须保留和建设一支精干有力的国有企业党的工作者队伍。

1993年11月，党的十四届三中全会通过的《中共中央关于建立社会主义市场经济体制若干问题的决定》强调，坚持和完善厂长（经理）负责制，保证厂长（经理）依法行使职权。实行公司制的企业，要按照有关法规建立内部组织机构。企业中的党组织要发挥政治核心作用，保证监督党和国家方针政策的贯彻执行。1996年12月11—14日，中央组织部、中央政策研究室、国家经贸委、国家体改委、全国总工会联合召开全国国有企业党的建设工作会议，明确推进国有企业党的建设工作的措施，提高国有企业党建工作水平，以促进企业面向市场，转换机制，加快技术进步，强化内部管理，提高经济效益，促进国民经济持续、快速、健康发展和社会全面进步。会议强调，必须坚持党对国有企业的政治领导、必须充分发挥国有企业党组织的政治核心作用、必须坚持企业党建工作的正确指导思想等重大方针和原则，明确了国有企业党组织参与企业重大问题决策、坚持党管干部原则的职责任务和方法途径。1997年9月，党的十五大进一步强调，建立现代企业制度是国有企业改革的方向。1999年9月，党的十五届四中全会通过的《中共中央关于国有企业改革和发展若干重大问题的决定》提出，坚持党的领导，发挥国有企业党组织的政治核心作用，是一个重大原则，任何时候都不能动摇；并明确了企业党组织发挥政治核心作用的若干方面的具体体现。同年12月，党中央印发《关于成立中共中央企业工作委员会及有关问题的通知》，决定撤销中央大型企业工作委员会，成立中共中央企业工作委员会，这对进一步加强国有重要骨干企业领导班子建设，充分发挥企业党组织的作用提供了力量支撑。

一、突出抓好领导班子建设

1995年8月，中央组织部、国家经贸委、人事部联合印发《关于加强国有企业领导班子建设的意见》；1996年4月，中央组织部印发《关于在现代企业制度百家试点企业中加强和改进党的工作的意见（试行）》。国有企业党组织积极贯彻"三句话"方针、落实两个意见，抓好领导班子建设。

把思想政治建设放在领导班子建设的首位。国有企业党组织对本级党组织工作规则、制度等进行修改完善，增加了学习制度、民主生活会制度和廉洁自律制度。通过加强对邓小平建设有中国特色社会主义理论的学习，坚持正常的党内民主生活，强化自我约束，搞好思想政治建设，使各级领导班子进一步增强了事业心和责任感。

健全领导干部的监督约束机制。国有企业党组织认真贯彻执行《中国共产党党员领导干部廉洁从政若干准则（试行）》，强化对领导干部在用人决策、资金运作和廉洁自律等方面的监督，把对领导干部的监督纳入经常化、制度化和规范化的轨道。坚持从严治党的方针,在严格干部考核的基础上,制定实行谈话制度、告诫制度和请示报告制度等一系列制度,形成了自上而下、自下而上的强有力的监督机制。

重视和加强各级领导干部的政治业务培训。国有企业党组织普遍制订各级领导干部政治业务培训计划。培训内容重点围绕邓小平建设有中国特色社会主义理论和社会主义市场经济知识,同时还结合了企业实际,培训内容扩展了开拓市场、提高市场竞争力等,有针对性地培养了一批党政工作经验兼备的复合型人才。

培养和选拔优秀年轻干部。国有企业党组织把培养和选拔优秀年轻干部,努力造就跨世纪担当重任的领导人才,作为加强领导班子建设的重要措施,有计划地安排一批有发展潜力的优秀年轻干部,到艰苦和困难多的单位和岗位去工作,锻炼提高年轻干部本领。

发挥职工代表大会监督作用。国有企业党组织积极贯彻落实"全心全意依靠工人阶级"方针,加强职工代表大会对各级领导班子和领导干部的民主评议工作。部分国有企业实行厂长(经理)离任审计制度、招待费向职工代表大会报告制度和公务回避制度等,使各级领导班子和领导干部增强了党性观念、法制观念和群众观念,更好地履行职责,充分发挥职工代表大会监督作用。

1997年3月,中央有关部门联合组成全国加强国有企业领导班子建设协调小组,指导各地开展了一次大规模的国有企业领导班子考核工作。此项工作历时3年,共考核企业领导班子22.6万个,考核企业领导班子成员91万人,调整领导班子8.46万个,占已考核总数的37.4%,使国有企业领导班子建设得到进一步加强。

二、发挥党组织政治核心作用

1994年9月,党的十四届四中全会通过的《中共中央关于加强党的建设几个重大问题的决定》指出:"国有企业建立现代企业制度,要坚持发挥党组织的政治核心作用,在实践中积极探索,逐步完善企业领导制度,改进和加强党的工作。"1997年1月,党中央印发《关于进一步加强和改进国有企业党的建设工作的通知》,系统回答了新形势下企业党建工作的指导思想和方针原则、如何坚持党对国有企业的政治领导、企业党组织的职责任务、企业党建工作的目标等一系列问题。同时，对国有企业党组织参与重大问题决策的内容、途径和方法，依靠职工群众办好国有企业的措施，做好国有企业社会主义精神文明建设和思想政治工作等也作出了明确规定。

国有企业党组织积极贯彻落实《关于进一步加强和改进国有企业党的建设工作的通知》精神，经过理论探索和实践努力，党建工作取得了显著成效，在企业改革工作中充分发挥了党组织政治核心作用，主要体现在：不少国有企业党组织较好地参与了企业重大问题的决策，建立了党组织讨论重大问题的议事制度；党管干部的原则在多数大中型骨干企业得到坚持；企业党组织担负起了领导思想政治工作和精神文明建设的职责；开展了形式多样的活动，较好地发挥了党支部和党员在企业生产经营中的战斗堡垒和先锋模范作用。如中国一汽党委通过开展"我是一汽人"大讨论，对全体职工进行中国特色社会主义理论的思想体系教育，结合一汽发展历史和发展战略，提高一汽人对自身所处的历史地位和历史责任的正确认识，增强党员职工队伍的凝聚力、向心力和战斗力，加强政工队伍建设，提高党务政工队伍的政治业务素质，在全心全意依靠职工群众办好企业上取得新进展。

三、开展"三讲"教育

1998年11月，党中央印发《关于在县级以上党政领导班子、领导干部中深入开展以"讲学习、讲政治、讲正气"为主要内容的党性党风教育的意见》，决定在县级以上党政领导班子和领导干部中，深入开展以"三讲"为主要内容的党性党风教育。2001年，中共中央办公厅印发《关于在国有大中型企业领导班子及成员中开展以"讲学习、讲政治、讲正气"为主要内容的学习教育活动的意见》；2001年3月，中央组织部、中央企业工委管理的国有大中型企业领导班子及成员"三讲"学习教育活动工作会议召开。会议强调，在国有大中型企业中开展"三讲"学习教育活动，是党中央在新时期加强国有企业党的建设、提高国有企业领导班子及成员的整体素质特别是思想政治素质、加快国有企业改革与发展步伐的重大举措。要以邓小平理论和"三个代表"重要思想为指导，按照党中央的要求，扎扎实实地开展"三讲"学习教育活动，切实解决企业领导班子及成员存在的影响企业改革与发展的突出问题，抓住重要环节，突出工作重点。加强组织领导，周密部署，做到学习教育活动与企业生产经营

"两不误、两促进"。

根据党中央部署，国有企业党组织按照"思想发动、学习提高，自我剖析、听取意见，交流思想、开展批评，认真整改、巩固成果"四个阶段，分批扎实开展"三讲"学习教育活动。国有企业党组织普遍首先在集团级领导班子及成员中开展"三讲"学习教育，在巩固成果基础上，把学习教育活动延伸至下属单位子企业领导班子和成员，取得了显著成效，领导干部普遍受到了一次深刻的马克思主义教育，提高了坚持党的基本路线和基本纲领、同党中央保持高度一致的自觉性，领导班子的综合素质特别是思想政治素质得到明显提高。

国有企业党组织为巩固"三讲"成果、落实整改方案，普遍专门成立由党政主要领导担任组长、班子全体成员参加的落实整改方案领导小组，制定落实整改措施推进表，把整改措施落实到责任部门、责任人，建立监督机制，做到组织落实、责任落实、监督检查落实。通过整改落实，国有企业领导班子的创造力、凝聚力和战斗力有了明显增强，职工群众面貌有了明显变化，党的建设和思想政治工作得到进一步加强，企业管理水平和市场竞争力有了新的提高。

四、推进国有企业纪律检查工作

1990年11月，中央纪委印发《关于全民所有制工业企业纪律检查工作的暂行规定》，明确了企业中党的纪检工作的指导思想、基本任务，规范了组织机构和干部配备，规定了工作职责和权限。1995年5月，中央纪委印发《关于国有企业领导干部廉洁自律"四条规定"的实施和处理意见》，明确"四条规定"适用范围，提出"八个不准"。2000年11月，中央纪委、监察部印发《关于中央纪委第四次全会重申和提出的国有企业领导人员廉洁自律有关规定的解释》，对中央纪委第四次全会重申和提出的关于国有企业领导人员廉洁自律五项规定进行了详细解释，解释了国有企业领导人员的范围，对五项规定涉及的具体内容进行了详细规定。

国有企业党组织认真贯彻党中央和中央纪委关于党风廉政建设及反腐败斗争工作要求精神，实行党风廉政建设责任制，围绕企业生产经营、改革改造及长远发展等中心工作，突出领导干部廉洁自律、查处违纪违法案件、效能监察三个重点。通过强化对权力的制约，保证国有企业技术改造招标、材料采购、各项重大工程顺利进行。通过加强对资金的监管工作，坚持重大投资和大额度资金由集体决定，建立资金管理检查、审核、批准的制度。通过加强对选人用人的监督管理，加强干部廉政考核及全面考核工作。通过建立有效监督机制，发挥信息畅通、协调配合、优势互补、监督有力的作用，党风廉政建设取得显著成效，腐败问题得到有效遏制，为国有企业改革发展创造了良好环境。

第三节 建设与国有资产监管相适应的党建工作体制

进入21世纪，党的十六大通过的《中国共产党章程》第三十二条提出："国有企业和集体企业中党的基层组织，发挥政治核心作用，围绕企业生产经营开展工作。保证监督党和国家的方针、政策在本企业的贯彻执行；支持股东会、董事会、监事会和经理（厂长）依法行使职权；全心全意依靠职工群众，支持职工代表大会开展工作；参与企业重大问题的决策；加强党组织的自身建设，领导思想政治工作、精神文明建设和工会、共青团等群众组织。"

党的十六大作出了改革国有资产监督管理体制的重大决策，成立国务院国有资产监督管理委员会。2003年3月，党中央印发了《中共中央关于成立中共国务院国有资产监督管理委员会委员会有关问题的通知》，成立中共国务院国有资产监督管理委员会委员会（以下简称国务院国资委党委），标志着我国国有重要骨干企业党的领导体制得到了进一步改进和完善。2004年10月，中共中央办公厅转发中央组织部、国务院国资委党委《关于加强和改进中央企业党建工作的意见》，明确指出加强和改进中央企业党建工作的重要性和紧迫性，从"正确认识和把握加强和改进中央企业党建工作的重要意义、指导思想、目标任务"，"建立健全企业党组织发挥政治核心作用、参与企业重大问题决策的体制和机制"等9个方面，对加强和改进国有企业党建工作作出了全面部署和安排。2009年8月17—18日，中央组织部、国务院国资委党委召开全国国有企业党的建设工作会议，提出要主动适应深化公司制股份制改革和建设现代企业制度的新要求，主动适应参与国际化竞争和扩大对外开放的新特点，主动适应企业党员职工队伍思想观念和利益诉求发生的新变化，以改革创新精神加强国有企业党建工作，更好地为国有企业改革、发展、稳定提供坚强的思想保证、政治保证和组织保证。

这一时期，国有企业改革发展驶入快车道，2003—2012 年，营业收入从 4.47 万亿元增长到 20.5 万亿元，年均增长 19.6%；实现净利润从 2068.3 亿元增长到 9246.8 亿元，年均增长 18.1%；上缴税金从 3619.9 亿元增长到 1.9 万亿元，年均增长 20%。资产总额 31.6 万亿元，所有者权益 11.7 万亿元，分别是 2003 年的 3.8 倍和 3.3 倍；进入世界 500 强企业的国有企业数目从 11 家增加到 65 家，其中中央企业数目从 6 家增加到 43 家。在青藏铁路、三峡工程、西气东输、南水北调等重大工程建设中，在国庆阅兵、奥运会、世博会等重大活动保障中，在抗击南方雨雪冰冻灾害、汶川和玉树地震、西南特大旱情和应对国际金融危机等严峻挑战面前，中央企业都发挥了不可替代的关键作用，作出了重要贡献。

一、开展保持共产党员先进性教育活动

2004 年 11 月，党中央印发《关于在全党开展以实践"三个代表"重要思想为主要内容的保持共产党员先进性教育活动的意见》，决定从 2005 年 1 月开始，用一年半左右的时间，在全党开展以实践"三个代表"重要思想为主要内容的保持共产党员先进性教育活动。2005 年 1 月，国务院国资委保持共产党员先进性教育活动领导小组召开会议，全面部署中央企业和国务院国资委机关及直属单位保持共产党员先进性教育活动。

国有企业党组织认真贯彻落实党中央、国务院国资委党委及上级党组织部署，高度重视，切实加强领导，广大党员以饱满的政治热情积极参加，职工群众大力支持和拥护，完成了先进性教育活动各项任务，切实提高了党员的先进性和党组织的战斗力，为推进国有资产管理体制改革和国有企业改革发展稳定提供了有力保证。

国有企业各级党组织切实加强领导。领导干部发挥带头作用，以中央领导为榜样，认真履行领导职责，并以普通党员的身份参加先进性教育活动，带头参加学习，带头讲党课、作报告，带头查找问题，带头开展批评与自我批评，带头进行整改。领导干部的表率作用有力地影响和带动了教育活动的顺利开展。

抓住学习实践"三个代表"重要思想这条主线，扎实抓好学习动员。国有企业各级党组织采取多种有效方式，积极引导广大党员深入学习"三个代表"重要思想，坚定理想信念，增强党性观念和执政意识。

以正面教育、自我教育为主,认真搞好分析评议。国有企业各级党组织注意启发党员的自觉性,激励党员积极参加活动,自己发现问题,分析问题根源,增强自我提高、自我净化的能力。如,航天八院党委开展"凝聚力"工程,牢固树立群众观念,极大地调动了广大干部职工为发展中国航天事业建功立业的积极性,有力保证了各项科研生产任务的圆满完成。

坚持边学边改、边议边改、边整边改。国有企业各级党组织从解决影响改革发展稳定的突出问题抓起,从群众意见最大、反映最强烈的问题改起,从群众最急需的服务做起,坚持把整改贯穿活动的全过程。如,国家电网在全系统推出"十个不准"、三公调度"十项措施"和供电服务"十项承诺",展示了中央企业服务社会、服务人民群众的决心和形象。不少企业总部推行了岗位责任制、服务承诺制等,提高了办事效率,改进领导机关的工作作风。

建立健全党员"长期受教育、永葆先进性"的长效机制。认真贯彻落实中共中央办公厅印发的《关于加强党员经常性教育的意见》《关于做好党员联系和服务群众工作的意见》《关于加强和改进流动党员管理工作的意见》《关于建立健全地方党委、部门党组(党委)抓基层党建工作责任制的意见》等4个长效机制文件,着力抓好整改提高和保持共产党员先进性长效机制的完善和落实工作。

通过先进性教育活动,提高了国有企业广大党员学习实践"三个代表"重要思想的自觉性和对党的先进性建设的思想认识,增强了基层党组织的凝聚力和战斗力,解决了一些职工群众关注的热点难点问题和涉及职工群众切身利益的实际问题,进一步密切了党群干群关系,进一步提升了中央企业的良好形象。

二、创建"四好"领导班子

2004年11月,全国国有企业领导班子思想政治建设座谈会提出,要努力把国有企业领导班子建设成为政治素质好、经营业绩好、团结协作好、作风形象好的坚强领导集体。2005年4月,中央组织部和国务院国资委党委联合印发《关于在国有企业开展"四好"领导班子创建活动的意见》,在全国国有企业中全面开展"四好"领导班子创建活动。

活动中,国有企业党组织密切联系实际,围绕"四好"要求,着力在解决领导班子存在的突出问题、促进企业改革发展上下功夫。很多企业研究制定了"四好"领导班子考核评价办法。如，中航集团党委形成了从评比考核、年度表彰、结果反馈到培训提升的闭环式管理，把"四好"领导班子创建活动打造成特色党建品牌工程。同时，许多国有企业把创建活动纳入企业管理运行控制体系中，与生产经营和管理工作同步部署、同步检查、同步考核，实现了创建活动与实施企业发展战略相结合、与企业经营管理相结合、与巩固扩大先进性教育活动成果相结合、与建立完善领导班子建设长效机制相结合，形成了争创"四好"班子的生动局面，显著提高了战略决策、经营管理、市场竞争、推动企业创新、应对复杂局面等五种能力和水平。2006年11月，中央组织部、国务院国资委党委印发《关于表彰全国国有企业创建"四好"领导班子先进集体的决定》，授予航天科技、鞍钢股份公司等117个国有企业领导班子"全国国有企业创建'四好'领导班子先进集体"荣誉称号。通过"四好"领导班子创建活动，国有企业领导班子整体呈现出健康向上的精神风貌，带动了国有企业经营效益稳步增长。

三、弘扬抗震救灾精神

2008年5月12日，四川汶川发生8.0级特大地震。国务院国资委和中央企业认真贯彻落实党中央、国务院的部署，紧急行动，积极组织，全力投入抗震救灾和灾后重建工作，千方百计抢救人民群众生命财产，奋力抢修电力、通信、交通等重要基础设施，迅速筹集和紧急调运救灾物资，为抗震救灾作出了重要贡献，集中体现了万众一心、众志成城，不畏艰险、百折不挠，以人为本、尊重科学的伟大抗震救灾精神，充分彰显了中央企业的政治素养和大义担当。

2008年7月，为表彰先进、大力弘扬抗震救灾精神，国务院国资委、国资委党委决定，授予国家电网四川省电力公司等199个单位"2008年抗震救灾先进集体"荣誉称号，授予中国东方电气集团公司东方汽轮机有限公司主机一分厂厂长喻刚等271名同志"2008年抗震救灾先进个人"荣誉称号，授予中国水电十局医院党委等136个基层党组织"2008年抗震救灾先进基层党组织"荣誉称号，授予中国化工德阳昊华清平磷矿有限公司党委书记、董事长、总经理向平等178名同志"2008年抗震救灾优秀共产党员"荣誉称号。

中央企业认真总结汶川抗震救灾斗争中企业领导带领广大职工不畏艰险、排除万难，奋起自救、实施互救，支援国家和地方救灾的宝贵经验，认真总结抗震救灾和恢复重建工作中涌现出来的先进集体、先进个人、先进基层党组织、优秀共产党员的模范事迹和崇高精神，把这些宝贵经验和崇高精神转化为企业改革发展的强大精神动力，丰富了中央企业文化，提升了中央企业核心竞争力。同时，中央企业把抗震救灾和恢复重建作为"党员尽义务，企业尽责任""长期受教育、永葆先进性"的重大契机，进一步激励广大职工坚定信心、顽强拼搏、友爱互助，为夺取抗震救灾斗争和经济发展的新胜利贡献智慧和力量。

四、实施人才强企战略

2002年12月，全国组织工作会议首次提出要按照党管人才原则，建立党的干部工作和人才工作统筹规划、协调发展的运行机制。2003年12月，党中央、国务院印发的《关于进一步加强人才工作的决定》进一步指出，"大力实施人才强国战略，必须坚持党管人才原则"，并对党管人才原则的内涵作了明确论述。

国务院国资委党委认真贯彻党中央、国务院的决策部署，推动中央企业大力实施人才强企战略，全面加强人才队伍建设，2004年5月召开中央企业人才工作会议，专门部署实施人才强企战略工作。同年6月，国务院国资委党委召开纪念建党83周年暨中央企业党建工作会议，提出加强和改进中央企业党建7个重点工作之一就是加快建立符合现代企业制度的选人用人新机制，全面实施人才强企战略。随后印发《关于加强和改进中央企业人才工作的意见》《"十一五"中央企业人才队伍建设规划纲要》等指导性文件，推动中央企业人才强企战略落地见效。

中央企业党组织按照党中央、国务院国资委党委部署要求，加快建立符合现代企业制度的选人用人新机制，坚持走人才强企之路，坚持把人才工作放到做强做大主业、参与国际竞争的背景下去谋划、去推动，为企业改革发展提供了人才支撑，取得了明显成效。

人才选聘市场化步伐不断加快。截至2009年底，中央企业通过公开招聘、竞争上岗等市场化方式选聘的各级经营管理人才，从2004年的33.4万人增加到了52.1万人，增长了56%。通过市场化选聘，一方面扩大了选人用人视野，实现了好中选优、优中选强，保证了选人用人权在阳光下运行，提高了选人用人公信度；另一方面，一大批优秀人才脱颖而出，走上领导岗位，他们的新知识、新理念在实践中正逐步转化为改革的新动力、竞争的新优势，促进了企业科学发展。

企业领导人员管理的基础规章全面建立。国务院国资委党委牢牢把握出资人定位，始终坚持按制度管人，大力推进企业领导人员管理制度创新，联合中央组织部印发《中央企业领导人员管理暂行规定》《关于董事会试点中央企业董事会选聘高级管理人员工作的指导意见》《董事会试点中央企业董事会、董事评价办法》《中央企业领导班子和领导人员综合考核评价办法》等。中央企业党组织结合企业实际，也普遍制定了体现本企业特点的领导人员管理办法。这些基础规章的建立，为建设高素质的领导人员队伍提供了坚强的制度保证。

落实中央"千人计划"工作取得重要进展。2008年党中央部署"千人计划"后，中央企业党组织高度重视、迅速行动，采取有力措施，加快引进了一批企业急需特需的海外高层次人才。两年时间，引进海外人才近400名，其中92人列入中央"千人计划"，成为国家特聘专家。国务院国资委根据国家产业发展政策和国家中长期科技发展规划，围绕增强企业自主创新能力，积极推动中央企业建设国家级人才创新创业基地。2010年，23家中央企业建设人才基地，其中神华集团、鞍钢等14户企业在北京集中建设未来科技城。

有效的人才激励机制逐步形成。国务院国资委党委始终坚持业绩导向和市场化改革方向，推动中央企业逐级建立以经营业绩考核为基础、物质激励和精神激励相结合的激励机制。各中央企业积极完善了"以岗定薪、按绩取酬、岗变薪变"的内部分配制度，部分企业还根据不同类别人才的特点，制定了有针对性的激励措施，并且普遍采取多种方式，强化对优秀人才的精神激励，有效激发了各类人才的创新精神和创造活力。

分层分类加大人才培养培训力度。国务院国资委党委和中央企业党组织紧密结合改革发展需要，广泛开展人才培养培训工作，针对性、有效性不断提高。对外部董事，注重提高他们的职业素养和战略决策能力，组织境外培训，实现了外部董事国际培训率达100%的工作目标。对经营管理人才和党群工作者，以提高现代企业经营管理能力、加强和改进党建工作能力为重点，组织企业领导人员到中央党校等国家级干部培训机构研修,有力促进了中央企业的管理创新。2005—2009年全国企业管理创新成果一等奖,50.3%由中央企业获得。对科技人才,通过组织他们参与重大项目联合攻关、重大工程技术改造,着力提升他们的创新创造能力,取得了一大批重大科技成果。2005—2009年国家科技进步一等奖,53.3%由中央企业获得;2006—2009年国家科技进步特等奖,全部由中央企业获得。对技能人才,重点强化职业技能培训和岗位练兵,提高他们解决关键生产技术难题、掌握运用新技术新工艺的能力。如,中国一重党委鼓励党员学技术、搞革新,承担重大生产、科研、管理攻关项目。2004—2010年中央企业共有1683万人参加了各类技能大赛和岗位练兵活动,128万人晋升了职业资格。

五、学习实践科学发展观

党的十七大作出在全党开展深入学习实践科学发展观活动的战略部署。2009年3月,国务院国资委党委召开中央企业开展深入学习实践科学发展观活动动员大会,对中央企业学习实践活动进行动员部署,并印发《中央企业开展深入学习实践科学发展观活动实施意见》。

同年4月,中央组织部、国务院国资委党委召开中央企业学习实践科学发展观活动座谈会,强调国有企业是国民经济的重要支柱,能不能科学发展直接关系我国经济发展的质量和水平,关系国计民生和国家战略安全。各级党委和国有企业党组织要切实增强责任感,把学习实践活动作为解决企业突出问题、完善企业体制机制的有效手段,作为应对国际金融危机、促进企业科学发展上水平的重要机遇,坚持高标准、高质量,确保活动取得明显成效。[①]

中央企业党组织严格按照党中央、国务院国资委党委部署,历时6个月,紧紧围绕企业科学发展上水平这一核心目标,突出中央企业在科学发展全局中的支撑和引领作用,突出应对国际金融危机,保增长、保民生、保稳定、调结构、促改革的实践特色,扎实有效地推进学习实践活动各项工作,取得丰硕成果。

---

① 习近平:《高标准高质量抓好国有企业学习实践活动》,《人民日报》,2009年4月15日,第1版。

六、开展创先争优活动

2010年4月,中共中央办公厅转发中央组织部、中央宣传部《关于在党的基层组织和党员中深入开展创先争优活动的意见》,决定以学习实践科学发展观为主题,深入开展创建先进基层党组织、争做优秀共产党员的创先争优活动,组织基层党组织和广大共产党员在推动科学发展、促进社会和谐、服务人民群众、加强基层组织的实践中建功立业。国务院国资委党委积极贯彻党中央部署,于2010年5月召开中央企业深入开展创先争优活动动员部署会,正式启动中央企业创先争优活动。

中央企业党组织在央企创先争优活动领导小组的领导下,紧密结合央企实际,突出央企特色,把创先争优活动作为学习实践活动的继续和延伸,围绕企业科学发展中心任务工作扎实开展,普遍采取了集中部署、广泛动员,加强领导、扎实推进,围绕中心、选准载体,典型示范、营造氛围,党群共建、齐争共创,分类指导、注重实效等实践措施,涌现出一批先进典型,营造了浓厚的活动氛围,呈现出组织创先进、党员争优秀、职工提素质、企业上水平的良好局面。

推动学习实践科学发展观向深度和广度发展。中央企业党组织注重把创先争优活动与学习实践活动整改后续工作有机衔接,认真落实学习实践活动中形成的科学发展思路、规划和举措,把整改落实过程转变为深化思想认识、解决突出问题、转变工作作风的过程,建立促进企业科学发展的长效机制,全面兑现对职工群众的承诺。如,中国三峡集团等企业党组织把学习实践活动后续整改项目作为创先争优承诺、践诺的主要内容。

构建企业科学发展的长效机制。各中央企业党组织把创先争优融入企业生产经营的各项工作中,融入企业改革发展的全过程,深入研究和解决事关企业科学发展的全局性、战略性、前瞻性问题,把党员干部的劲头凝聚在"干"字上,企业发展的方向和目标进一步明确。如,中国建筑等企业党组织以凝心聚力、助推发展,争创"十百千"标兵为主线,着力在制定企业发展战略、提升集团管控水平、创新可持续发展模式、实施国家"走出去"战略等8个方面创先争优。

充分发挥中央企业在国民经济发展中的支撑和引领作用。中央企业大多处在关系国家安全和国民经济命脉的重要行业和关键领域。活动中,各中央企业牢记历史的责任和光荣的使命,在积极履行政治责任、经济责任、社会责任中创先争优,努力增强企业核心竞争力,打造世界一流企业,在建设创新型国家、落实国家宏观调控政策、应对重大自然灾害、保障国家重大任务完成等方面发挥了"顶梁柱"作用,彰显了中央企业报效祖国、奉献社会的良好形象。

提升中央企业党建工作。中央企业党组织把创先争优活动与经常性党建工作融为一体,抓基层、打基础,把领导班子建设与基层党组织建设有机结合,把党建工作与业务工作有机结合,把"四好"领导班子创建活动和"四强"党组织、"四优"共产党员创建活动、实施人才强企战略有机结合,通过创先争优活动整合、提升、深化、创新经常性党建工作,激发了党建工作活力。如:中国电子、鞍钢等一些中央企业党组织在创先争优活动中召开了集团党建工作会议,研究部署加强和改进企业党建工作的思路、措施、办法,不断提高企业党建工作科学化水平;航天五院党委在嫦娥二号试验队开展"共产党员闪亮"活动,激发党员发挥先锋模范作用。

七、加强纪检巡视工作

这一时期,各级党委认真执行中央重大决策部署,国有企业党风建设和反腐倡廉工作在继承中发展创新,取得了新的明显成效,为国有企业改革发展的健康顺利进行提供了有力保证。2004年3月,国务院国资委印发《关于加强中央企业效能监察工作的意见》,积极促进国有企业管理创新和效益提高。2005年1月,中央纪委、中央组织部、监察部、国务院国资委联合印发《国有企业领导人员廉洁从业若干规定(试行)》等,对国有企业领导人员廉洁从业问题提出了明确要求。同年3月,国务院国资委印发《关于加强中央企业企业文化建设的指导意见》,把廉洁文化建设融入企业文化建设之中,廉洁从业的良好风尚进一步形成。2005年初,党中央印发《建立健全教育、制度、监督并重的惩治和预防腐败体系实施纲要》。2008年5月,党中央印发《建立健全惩治和预防腐败体系2008—2012年工作规划》。国务院国资委党委、纪委认真落实党中央关于推进惩治和预防腐败体系的一系列工作要求和部署,于2005年和2008年相继出台《国务院国资委关于贯彻落实<建立健全教育、制度、监督并重的惩治和预防腐败体系实施纲要>的具体意见》《关于贯彻落实<建立健全

惩治和预防腐败体系2008—2012年工作规划＞的实施意见》，并建立工作领导小组，把惩防体系建设纳入企业改革发展和生产经营之中统一部署和考核。2012年，国务院国资委党委印发《关于加强中央企业廉洁风险防控工作的指导意见》。

各级纪检监察机关和国有企业纪检监察机构针对国有企业违纪违法案件出现的新情况、新问题，进一步突出办案工作重点，注重依纪依法办案，充分发挥查办案件治本功能，促进国有企业堵塞漏洞、完善管理。广大国有企业结合国有资产管理体制等重大改革和深化国有企业改革的重大举措，以制度建设为核心，科学配置权力，完善监督制约机制，制定修订反腐倡廉相关制度，权力制约和监督机制逐步健全。结合建立现代企业制度的要求，以国有资产保值增值为目标，以规范权力运行为主线，以加强企业风险管理、推进内控机制建设为重点，扎实推进惩防体系建设。紧紧围绕生产经营管理的关键环节和重点部位开展效能监察，查找管理漏洞和薄弱环节，注意发现和解决效能问题背后隐藏的不正之风和腐败现象，从事后监察向事前、事中、事后全程监察延伸，效能监察工作长效机制逐步形成。开展反腐倡廉教育，把领导人员廉洁从业的要求纳入企业章程，尤其是经营业绩考核体系，廉洁从业的制度保障进一步健全。

党的十六大提出，改革和完善党的纪律检查体制，建立和完善巡视制度。随后党中央和各省、自治区、直辖市以及新疆生产建设兵团党委相继设立专门巡视机构开展巡视工作。2006年3月，中央纪委、中央组织部组建了第一个企业巡视组，对国有重要骨干企业中国国电、中国五矿、中国远洋海运等进行试点巡视。2007年10月，党的十七大将巡视工作写入党章，规定"党的中央和省、自治区、直辖市委员会实行巡视制度"。2009年初，中央巡视工作指导小组强调，要进一步完善对国有企业的巡视制度，逐步扩大巡视范围和层次，对中央企业的巡视以国务院国资委为主有计划地开展，中央巡视组有选择地对国有重要骨干企业开展巡视。2009年7月，党中央颁布《中国共产党巡视工作条例（试行）》，对巡视工作的指导思想、基本原则、机构设置、工作程序、人员管理、纪律与责任等作出明确规定，是巡视工作发展的重要里程碑。2009年10月，国务院国资委党委组建2个巡视组，开展对中央企业的巡视试点工作。2010年12月，中央编办正式批复国务院国资委党委设立巡视工作领导小组办公室,成立6个巡视组,核定行政编制48个。2012年4月,中央纪委、中央组织部、中央巡视办授权国务院国资委党委对所管理的中央企业进行巡视,并受中央巡视工作领导小组委托对部分中央管理的国有重要骨干企业进行巡视。

截至党的十八大召开前,中央巡视组共完成30家国有重要骨干企业的巡视,国务院国资委党委巡视组共完成32家中央企业的巡视(含4家国有重要骨干企业)。巡视发现中央企业在领导班子建设、党风廉政建设和反腐败工作中存在的一系列突出问题,为党中央重大决策以及国务院国资委党委和有关职能部门有效履行职责提供了参考依据,对促进国有企业改革发展发挥了重要作用。

第四节　坚持和加强党对国有企业的全面领导

党的十八大以来,中国特色社会主义进入新时代,我们党紧密结合新的时代条件和实践要求,以全新的视野深化对共产党执政规律、社会主义建设规律、人类社会发展规律的认识,进行艰辛理论探索,取得重大理论创新成果,形成了习近平新时代中国特色社会主义思想。以习近平同志为核心的党中央高度重视国有企业的改革发展,从进行伟大斗争、建设伟大工程、推进伟大事业、实现伟大梦想的战略高度,对国有企业坚持党的领导、加强党的建设、全面从严治党提出了一系列新思想新观点新论断,为新时代国有企业党的建设提供了思想武器和行动指南,为国有企业改革发展提供了坚强领导。

2015年8月,党中央、国务院印发《关于深化国有企业改革的指导意见》,明确提出坚持党对国有企业的领导是深化国有企业改革必须坚守的政治方向、政治原则,要贯彻全面从严治党方针,充分发挥企业党组织政治核心作用,加强企业领导班子建设,创新基层党建工作,深入开展党风廉政建设,坚持全心全意依靠工人阶级,维护职工合法权益,为国有企业改革发展提供坚强有力的政治保证、组织保证和人才支撑。同年9月,中共中央办公厅就在深化国有企业改革中坚持党的领导、加强党的建设作出要求。同年12月,中央组织部、国务院国资委党委召开中央企业党的建设工作座谈会,对新时期国有企业坚持党的领导、加强党的建设提出指导意见和明确要求。

2016年10月10—11日，党中央召开全国国有企业党的建设工作会议，习近平总书记亲自出席会议并发表重要讲话。这在我们党的历史上是第一次，在国有企业改革发展和党的建设历史上具有划时代和里程碑意义，为新时代国有企业坚持党的领导不动摇、开创国有企业党的建设新局面提供了根本遵循。习近平总书记在会上强调，国有企业是中国特色社会主义的重要物质基础和政治基础，关系公有制主体地位的巩固，关系我们党的执政地位和执政能力，关系我国社会主义制度。强调国有企业为我国经济社会发展、科技进步、国防建设、民生改善作出了历史性贡献，功勋卓著！功不可没！强调坚持党要管党、从严治党，紧紧围绕全面解决党的领导、党的建设弱化、淡化、虚化、边缘化问题，坚持党对国有企业的领导不动摇，发挥企业党组织的领导核心和政治核心作用，保证党和国家方针政策、重大部署在国有企业贯彻执行；坚持服务生产经营不偏离，把提高企业效益、增强企业竞争实力、实现国有资产保值增值作为国有企业党组织工作的出发点和落脚点，以企业改革发展成果检验党组织的工作和战斗力；坚持党组织对国有企业选人用人的领导和把关作用不能变，着力培养一支宏大的高素质企业领导人员队伍；坚持建强国有企业基层党组织不放松，确保企业发展到哪里、党的建设就跟进到哪里、党支部的战斗堡垒作用就体现在哪里，为做强做优做大国有企业提供坚强组织保证。

2017年10月，党的十九大通过的《中国共产党章程（修正案）》明确了新时代国有企业党组织地位和作用，在第三十三条中提出："国有企业党委（党组）发挥领导作用，把方向、管大局、保落实，依照规定讨论和决定企业重大事项。国有企业和集体企业中党的基层组织，围绕企业生产经营开展工作。保证监督党和国家的方针、政策在本企业的贯彻执行；支持股东会、董事会、监事会和经理（厂长）依法行使职权；全心全意依靠职工群众，支持职工代表大会开展工作；参与企业重大问题的决策；加强党组织的自身建设，领导思想政治工作、精神文明建设和工会、共青团等群团组织。"

在以习近平同志为核心的党中央坚强领导下，国有企业党组织坚持以习近平新时代中国特色社会主义思想为指导，强"根"固"魂"，牢固树立"四个意识"，坚定"四个自信"，坚决维护习近平总书记党中央的核心、全党的核心地位，坚决维护党中央权威和集中统一领导，始终在思想上政治上行动上同以习近平同志为核心的党中央保持高度一致，不忘初心、砥砺奋进，改革创新、攻坚克难，在不断做强做优做大国有资本的实践中毫不动摇地始终坚持党的领导、加强党的建设，充分发挥了党组织的领导作用，把方向、管大局、保落实，开展了积极的卓有成效的探索。

一、贯彻落实全国国有企业党的建设工作会议精神

为抓好贯彻落实习近平总书记在全国国有企业党的建设工作会议上的重要讲话精神，国务院国资委党委和中央企业党组织深入学习贯彻习近平新时代中国特色社会主义思想，同中央组织部一起将习近平总书记全国国企党建会讲话要求细化为30项重点任务，国务院国资委党委明确23项重点工作，坚持围绕生产抓党建，抓好党建促发展，以高质量党建引领高质量发展，使习近平新时代中国特色社会主义思想成为中央企业强大生产力，使党的建设成为培育世界一流企业的独特优势。先后研究制定中央企业党建工作责任制、调整中管企业领导人员管理体制、激发和保护企业家精神等方面政策文件，并开展了专项督查。国有企业坚持以习近平新时代中国特色社会主义思想为指导，学习贯彻会议精神态度坚决、措施有力，把扎实推进会议部署的重点任务落地落实作为贯彻落实新时代党的建设总要求的重要实践，弱化、淡化、虚化、边缘化问题得到有效解决，抓党建促发展的氛围日益浓厚，管党治党意识明显增强，国有企业党的建设工作呈现出良好发展态势。

加强国有企业党的政治建设。国务院国资委党委把贯彻落实习近平总书记重要指示和党中央重大决策部署作为政治建设的重要标准，对党的十八大以来，习近平总书记重要指示、党中央重要文件落实情况，按照"有没有学习研讨、有没有贯彻措施、有没有督导推动、有没有跟踪问效"进行全面检查督导。把严守政治纪律政治规矩、落实请示报告制度作为政治建设的重要内容。专门印发通知，明确规定凡涉及全局的重大事项或作出的重大决定，都按规定向党中央请示报告，执行党中央重要决定的情况要专题报告。建立健全民主生活会严守政治纪律政治规矩对照检查制度、违反政治纪律政治规矩问责通报制度。强化政治巡视，实现中央企业巡视全覆盖。2017年8月，针对中央"机动式"巡视发现有的中央企业"四个意识"不强、巡视整改不到位等问题，国务院国资委党委成立12个督查组，用两个月时间，对所有中央企业开展巡视整改专项督查，查处通报一批违反政治纪律政治规矩典型案件。

学习贯彻习近平新时代中国特色社会主义思想。党的十九大胜利闭幕后，国务院国资委党委迅速制定宣贯方案，要求中央企业做到学习宣贯全覆盖，对企业各级领导班子和党员干部集中培训。经中共中央办公厅批准编印《习近平关于国有企业改革发展和党建论述摘编》，纳入"两学一做"学习教育①常态化制度化，纳入党委（党组）中心组学习，纳入党员领导干部培训，纳入"不忘初心、牢记使命"主题教育。在联系实际上做文章。国务院国资委党委把学习贯彻习近平总书记重要思想同研究解决改革发展党建重大问题结合起来，系统梳理习近平总书记关于国企改革发展和党的建设重要思想，初步概括为"九个坚持"，即：坚持国有企业在党和国家发展中的重要地位不动摇，使国有企业成为党执政兴国最可信赖的依靠力量；坚持把加强党的领导和完善公司治理统一起来，建设中国特色现代国有企业制度；坚持全面深化国有企业改革，不断增强国有企业内生活力和发展动力；坚持以供给侧结构性改革为主线，加快推动国有经济高质量发展；坚持创新驱动发展战略，不断提高企业核心竞争力；坚持推进国际化经营，加快培育具有全球竞争力的世界一流企业；坚持以管资本为主加强国有资产监管，坚决守护好人民的共同财富；坚持党管干部原则，建设高素质国有企业领导人员队伍；坚持党的全面领导、加强党的建设，为国有企业改革发展提供坚强保证。努力把新时代新思想对国有企业的新要求，转化为培育世界一流企业的生动实践。国务院国资委党委制定贯彻落实党的十九大精神的总体思路和工作方案，以习近平新时代中国特色社会主义思想为指导，牢固树立和践行新发展理念，着力提高发展质量和效益，着力推动国企改革政策措施落实落地，着力推进供给侧结构性改革，着力实施创新驱动战略，着力提升中央企业党的建设质量，努力实现党的十九大提出的做强做优做大国有资本，培育具有全球竞争力的世界一流企业的奋斗目标。

贯彻落实"两个一以贯之"，加强党对国有企业的全面领导，建设中国特色现代国有企业制度。国务院国资委党委认真贯彻落实习近平总书记重要讲话精神，把加强党的领导和完善公司治理统一起来，建设中国特色现代国有企业制度，明确落实党组织在公司法人治理结构中的法定地位，2017年1月，印发《关于加快推进中央企业党建工作总体要求纳入公司章程有关事项的通知》，指

---

① "两学一做"学习教育，指"学党章党规、学系列讲话，做合格党员"学习教育。

出需要在公司章程中进一步明确三个问题：一是明确党委（党组）发挥领导核心和政治核心作用，把方向、管大局、保落实，明确党组织的机构设置和基本保障；二是明确董事会决定公司重大问题，应当事先听取公司党委（党组）的意见；三是明确党委（党组）设置及主要职责。国务院国资委党委落实党章第三十三条要求，坚持将党的领导与公司治理有机融合，建设中国特色现代国有企业制度，明确党委（党组）发挥领导作用，把方向、管大局、保落实，依照规定讨论和决定企业重大事项。推动中央企业集团全部完成"党建进章程"，全部实现党委（党组）书记、董事长"一肩挑"，全部落实党组织研究讨论作为公司决策重大事项前置程序，全部落实党管干部原则，由党委（党组）会议研究决定干部工作，确保了党对干部人事工作领导权和重要干部管理权。这些工作，明确了党组织在公司治理结构中的法定地位，巩固了党委（党组）发挥领导作用的制度基础。一些基层单位结合实际，积极探索将党的领导融入公司治理的途径和方式。如：福建省高速公路集团有限公司党委创新党建统领企业治理、实现管理融合，统领基础夯实、实现组织融合，统领队伍先进、实现任务融合，统领改革发展、实现责任融合的"四统领四融合"工作机制，焕发党建活力，实现公司综合效益和总体实力的全面提升；辽宁省交通建设投资集团党委把党的领导融入公司治理各环节，坚持企业重大事项由党委研究讨论作为董事会、经理层决策的前置程序。

培育高素质专业化企业家，加强企业领导人员队伍建设。国务院国资委党委按照"政治家＋企业家"标准，着力培养讲政治的企业家和管企业的政治家。落实习近平总书记国企领导人员"20字"标准，与中央组织部一起修订中央企业领导人员管理规定，坚持党管干部原则，突出政治标准，严格"凡提四必"，政治不过硬、德行有问题、廉洁不过关的坚决不用，已经在领导岗位的坚决调整下来。大力选拔基层经历丰富、实绩突出的优秀干部，统筹用好各年龄段干部，优化班子结构，增强班子整体功能。落实党中央《关于进一步激励广大干部新时代新担当新作为的意见》，推动中央企业建立容错纠错机制、完善考核激励政策，使想干事、能干事、干成事的干部有收益、有荣誉、有地位。如：航天科工、兵器工业集团、中国石油、中国华电等建立选人用人全程纪实制度，防止"带病提拔"；国务院国资委党委在新兴际华集团开展董事会选聘总经理试点，公开遴选中国电子、中煤集团等中央企业班子副职。

推进"三基建设",加强党建基层基础工作。国有企业党组织坚决落实"四同步""四对接"要求,坚持和落实党的建设和国有企业改革同步谋划、党的组织及工作机构同步设置、党组织负责人及党务工作人员同步配备、党建工作同步开展,实现体制对接、机制对接、制度对接和工作对接,确保党的领导、党的建设在国有企业改革中得到体现和加强。落实习近平总书记关于全面从严治党在国企落地必须从基本组织、基本队伍、基本制度严起的重要指示,着力破解机构编制、人员经费等长期困扰基层党建的"老大难"问题。国务院国资委党委通过在2017年开展"中央企业党建工作落实年",在2018年开展"中央企业党建质量提升年"活动,大力推动中央企业基层党建提档升级。国有企业党组织坚持抓基层打基础不放松,通过健全组织体系、严格组织生活、打造过硬书记队伍、融入生产经营创新活动方式等,抓好基本组织、基本队伍、基本制度,充分发挥基层党组织战斗堡垒作用和党员先锋模范作用。中央企业集团全部配备主抓党务工作的专职副书记,集团党务部门全部达到部门平均编制,全部按不少于在岗职工总数1%配备党务干部,全部按不低于职工工资总额1%保障党组织工作经费。积极推进基层党组织"应建必建"、按期换届"应换尽换",境外党建"盲区"基本消除。实现企业关键岗位有党员领着、关键环节有党员把着、关键时刻有党员顶着,党组织和党员作用充分发挥。如:中国远洋海运将支部建到远洋船舶上,为船舶配备政委,让党旗在"流动的国土"上飘扬;鞍钢采取了党校教师与基层党务工作人员联合授课的"A+B"授课方式,实现了党支部书记轮训全覆盖;东风公司运用事业计划管理方式,对支部工作每月汇总、诊断问题、靶向推动;中国航发实施党建"铸心"工程,成立"铸心"新长征党员突击队,铸造航空装备之心、理想信念之心、干事创业之心;中国商飞、华润集团等开展"党员责任区""一个党员一面旗"等活动。

开展"两优一先"表彰,充分发挥战斗堡垒作用和先锋模范作用。党的十八大以来,国务院国资委党委坚持开展中央企业优秀共产党员、优秀党务工作者和先进基层党组织评选表彰活动,激励中央企业广大党员、党务工作者和各级党组织坚持围绕中心、服务大局,把推动企业可持续发展作为党建工作的出发点和落脚点,把党的政治优势转化为企业的创新优势、发展优势和竞争优势,大力深化改革加快发展,积极承担经济责任、政治责任、社会责任,充分发挥基层党组织战斗堡垒作用和党员先锋模范作用,打造了一大批团结带领职工群众推进企业改革发展的坚强战斗堡垒,造就了一支支经得起困难和风险考验、为企业改革发展稳定发挥先锋模范作用的党员队伍。

二、开展党内主题教育

党的十八大以来,国有企业开展了一系列党内主题教育,从"关键少数"向全体党员拓展,从集中性教育向经常性教育延伸,环环相扣、层层深入,持续发力、久久为功,为国有企业改革发展提供了源源动力。

(一)开展党的群众路线教育实践活动

2013年6月—2014年10月,全党深入开展党的群众路线教育实践活动。按照党中央部署,国务院国资委党委和中央企业党组织按照"照镜子、正衣冠、洗洗澡、治治病"的总要求,以落实中央八项规定精神为切入点,聚焦作风建设,紧密结合企业实际,扎实推进教育实践活动各项工作。活动中,中央企业始终坚持高标准严要求,始终坚持为民务实清廉,始终坚持做到与党中央认识一致、要求一致、行动一致,收到了显著成效。

深化了对党的作风建设新思想、新观点的认识,增强了同以习近平同志为核心的党中央保持高度一致的自觉性坚定性。国有企业领导班子认真学习借鉴习近平总书记督导的河北省领导班子民主生活会经验,召开专题民主生活会,勇于开展批评与自我批评,动真碰硬,揭短亮丑,对作风之弊、行为之垢作了一次大排查、大检修、大扫除,更加自觉践行"两个维护"。

增强了党的群众观念,密切了党群干群关系。活动中,中央企业领导班子成员分别带队深入联系单位进行调研,面对面倾听职工群众意见,实打实解决职工群众最关心、最直接、最现实的利益问题,用服务群众、转变作风、解决问题赢得了职工群众的信任支持,增进了党员干部同职工群众的思想感情。航空工业集团沈飞党委以焦裕禄、雷锋、郭明义和罗阳为镜,加强理想信念、党性党风党纪和道德品行教育,引导党员干部增强践行党的群众路线的自觉性和坚定性。

坚持正风肃纪,解决了一批社会关注度高、人民群众反映强烈的突出问题。国有企业以贯彻落实中央八项规定精神为切入点,重点查找解决社会关注度高、人民群众反映强烈的"四风"问题。党组织普遍建立健全了党员干部直接联系群众制度、干部考核评价制度、畅通职工群众诉求反映渠道制度等。

(二) 开展"三严三实"专题教育

2015年5月，按照党中央统一部署，在国务院国资委党委领导下，中央企业党组织坚持严的要求、实的态度，扎实开展"三严三实"① 专题教育，把学习贯彻习近平总书记系列重要讲话精神作为首要任务，聚焦解决不严不实突出问题，引导和促使党员干部做忠诚干净担当的好干部，取得了突出成效。

以上率下，高质量讲好专题党课。按照党中央精神和国务院国资委党委部署，中央企业各级党组织书记带头讲专题党课，做到了讲清楚"三严三实"的重大意义和丰富内涵，讲清楚"不严不实"的具体表现和严重危害，讲清楚践行"三严三实"的具体措施。

紧扣主题，从严从实开展专题学习研讨。中央企业党组织召开"三严三实"专题教育集体学习会和"严以修身""严以用权""严以律己"专题学习研讨会。深研细读《习近平谈治国理政》《习近平关于党风廉政建设和反腐败斗争论述摘编》《优秀领导干部先进事迹选编》和《领导干部违纪违法典型案例警示录》等重点书目，通过学习教育打牢思想根基，以思想自觉引领行动自觉，增强自我净化、自我完善、自我革新、自我提高能力。

落实要求，着力查摆"不严不实"问题。中央企业党组织紧紧围绕践行"三严三实"主题，紧密联系思想和工作实际，查摆不严不实突出问题，认真组织开好民主生活会，既达到了相互教育、相互警醒的效果，也达到了交流思想、推动工作的目的。如，中航集团北京飞机维修工程有限公司党委紧扣思想、作风、能力提升，不断强化领导班子建设，激励广大干部干事创业的决心和信心。

坚持边学边改、立行立改，扎实推进专项治理工作。国务院国资委党委建立巡视工作整改领导小组工作机制，加强日常督促，推动践行"三严三实"要求实现了制度化、常态化、长效化。中央企业党组织强化问题意识，突出问题导向，结合群众路线教育实践活动整改的问题，结合巡视组巡视工作中反馈的突出问题以及审计和监事会工作中发现的问题，列出清单、专项整改，立说立行、边学边改，建立机制、督促整改，上下结合、联动整改，立规执纪、刚性整改。

---

① "三严三实"，是指严以修身、严以用权、严以律己，谋事要实、创业要实、做人要实。

(三) 推进"两学一做"学习教育常态化制度化

从 2016 年 2 月开始，按照基础在学、关键在做的要求，中央企业党组织在全体党员中展开"两学一做"学习教育，坚持全覆盖、常态化、重创新、求实效，突出了问题导向和以上率下，实现了常态化和制度化，进一步筑牢中央企业各级党组织和广大党员同以习近平同志为核心的党中央保持高度一致的思想根基。

夯实"学"的基础。中央企业通过定期开展专题研讨、党委理论学习中心组学习、宣讲团宣讲、专家辅导、党组织书记联系点讲党课、党委委员包保支部讲党课、支部委员参加党小组学习、融入"三会一课"、分类重点培训、督查指导等，做到了学习教育组织全覆盖、党员全覆盖，实现了入脑入心入行。国家能源集团党组构建党员学习教育信息化平台，打造了"空中大学堂、支部小课堂、指尖微课堂"学习品牌，在职党员平均学习 86 小时。

筑牢"做"的关键。中央企业党组织教育引导全体党员自觉把贯彻落实习近平新时代中国特色社会主义思想和党的十九大精神贯穿于产业结构调整、契约化经营、规范法人治理结构等重点工作实践，各级党组织和全体党员在"学"和"做"中进一步树牢了"四个意识"，坚定了"四个自信"，坚决做到"两个维护"，自觉做到"四个合格"。

突出"带"的重点。中央企业党组织充分发挥"关键少数"和先进典型的示范带动作用，形成整体联动的带动效应和持久动力，推动学习教育常态化制度化。中央企业班子成员率先垂范，主动抓好个人自学，积极参与中心组学习和专题研讨，带头学党章党规，重点学习习近平新时代中国特色社会主义思想和党的十九大精神等，提高思想政治素养和理论水平。把推进学习教育常态化制度化与深入开展向先进同志学习活动等结合起来，选树了一批企业职工身边"学"的典型、"做"的楷模，引导广大党员见贤思齐，营造出学先进、赶先进、当先进的浓厚氛围。

三、实施国有企业党建工作责任制

党的十八大以来，以习近平同志为核心的党中央从协调推进"四个全面"战略布局、巩固党的执政基础的高度，对国有企业全面从严治党作出一系列重要决策部署，明确要求建立党建工作责任制，从根本上解决管党治党不明确责任、不落实责任、不追究责任的问题。国务院国资委党委坚决贯彻落实习近平总书记关于国资监管、国企改革发展党建重要指示精神,担负起从严从实管党治党的政治责任,2017年初,同中央组织部一起制定《中央企业党建工作责任制实施办法》,以中共中央办公厅文件印发,首次以党内法规形式明确中央企业党委(党组)主体责任、书记第一责任、专职副书记直接责任、其他班子成员"一岗双责"的具体内容,以及追责问责的情形和程序,为中央企业实施党建工作责任制提供了根本遵循。同时,与之相配套,国务院国资委党委制定《中央企业党建工作责任制考核评价暂行办法》,把习近平总书记重要指示、党中央重大决策部署、全国国企党建会重点任务,细化为6个一级指标17个二级指标44个评价要点,把党对中央企业的全面领导从"原则要求"转化为可考核、能量化的"刚性标准"。并于2017年末首次开展党建考核,组建12个考核组,对中央企业党建工作进行现场考核,发现问题,查找短板。把现场考核情况与日常掌握情况结合起来,形成考核结果。考核结束后,国务院国资委党委一对一向企业反馈,并提出整改要求,将考核结果与领导人员奖惩任免挂钩。中央企业全部制定整改方案,普遍反映这次考核落实了习近平总书记既报经济账又报党建账重要要求,解决了多年来国企党建考核难、难考核问题,推动党建工作从"要我干"到"我要干"。中央领导同志和中央党建领导小组给予充分肯定,《党建要报》专题刊发这次党建考核经验。同时,国务院国资委党委还实施了三项制度,即中央企业党委(党组)向国务院国资委党委报告年度党建工作,国务院国资委党委听取中央企业党委(党组)负责人党建现场述职,中央企业普遍开展基层党组织书记抓党建述职评议考核工作。

中央企业党组织积极贯彻落实《中央企业党建工作责任制实施办法》,以责任制为抓手,层层落实管党治党责任,构建了以明确责任、履行责任、考核责任、追究责任为主要环节的党建工作责任体系,推动习近平新时代中国特色社会主义思想和全国国有企业党的建设工作会议精神以及全面从严治党各项要求在中央企业落地生根,实现了党建工作明显提升和实质性加强。

四、加强宣传思想工作

党的十八大以来,以习近平同志为核心的党中央高度重视宣传思想工作,宣传思想工作取得了历史性成就和历史性变革。2013年8月19—20日,全国宣传思想工作会召开，习近平总书记出席会议并发表重要讲话。习近平总书记指出，宣传思想工作一定要把围绕中心、服务大局作为基本职责，胸怀大局、把握大势、着眼大事，找准工作切入点和着力点，做到因势而谋、应势而动、顺势而为。习近平总书记在讲话中强调，经济建设是党的中心工作，意识形态工作是党的一项极端重要的工作。[①] 2018年8月21—22日，全国宣传思想工作会议召开，习近平总书记出席会议并发表重要讲话，站在全局和战略的高度，深入总结了党的十八大以来宣传思想工作的历史性成就和历史性变革，概括一系列新思想新观点新论断，提出"九个坚持"，系统阐述了新时代我们党领导和推进宣传思想工作的使命任务和重点工作，深刻回答了事关全局和长远的一系列重大问题，对做好当前和今后一个时期工作作出全面部署。

党的十八大以来，在以习近平同志为核心的党中央坚强领导下，国务院国资委和中央企业深入学习贯彻习近平新时代中国特色社会主义思想，宣传思想工作紧紧围绕中心、服务大局，把握时度效、增强主动性，唱响主旋律、弘扬正能量，宣传思想工作提升到了一个新水平、跃上了一个新台阶，国资国企改革发展的舆论环境不断优化，国资国企意识形态领域形势与全国形势一样同步向上向好，发生了根本性的扭转，呈现出焕然一新的良好态势，为国资国企改革发展和党的建设凝聚起了强大力量。

思想政治建设更加坚实。把党的政治建设摆在首位，坚持不懈抓好理论武装。2017年，组织编写《习近平关于国有企业改革发展和党建论述摘编》，把学习宣传贯彻习近平新时代中国特色社会主义思想的工作不断引向深入。积极发挥中心组学习龙头作用，深入组织开展"三严三实""两学一做"等学习教育活动，示范带动、教育引导广大党员干部持续深化政治理论学习、增强党性修养。进一步深化与《求是》杂志等理论阵地战略合作，组织刊发一大批有思想、有分量、有影响的理论文章和课题研究成果。加强理论研究，2013年以来政研课题研究工作参与度不断提高，共立项开展1739项课题研究，评选出一等奖课题130个，多项重点课题在中国思想政治工作研究会、全国党建研究会获奖。兵器工业集团、中国电科、南方电网等企业坚持完善中心组学习制度、

---

① 习近平:《胸怀大局把握大势着眼大事 努力把宣传思想工作做得更好》,《人民日报》,2013年8月21日,第1版。

着力增强学习质量和效果。航天科技、国家电网、东航集团等企业在主流理论阵地发表多篇重要文章。中国一重、中国铝业、中国宝武等企业认真落实意识形态工作责任制。通过加强思想政治建设，习近平新时代中国特色社会主义思想在中央企业更加深入人心，中央企业广大干部职工不断增强"四个意识"，更加坚定"四个自信"，坚决做到"两个维护"。

国企舆论环境更加优化。大力宣传党中央、国务院关于国资国企改革发展和党的建设的方针政策，大力宣传中央企业改革发展的新举措新成效、砥砺奋进的新气象新风貌，大力宣传中央企业作为大国重器的责任担当。2016年以来，每年举办国企改革记者会，成为全国两会亮点；2017年以来，每季度发布中央企业经济运行情况，成为国家经济运行情况发布体系的重要组成部分；多次举办各种高峰论坛和研讨活动，主动引导舆论走向。2018年起，每月开展专题发布，围绕高质量发展、参与"一带一路"建设、创新体制机制等，积极展示国资国企改革发展进展成绩。国务院国资委和中央企业领导多次接受境内外媒体专访，参加各类国际活动，充分展示中央企业改革开放的良好形象。如：国家电网、中国三峡集团、中国商飞、中广核等企业围绕国家重大工程、重大项目、重大成就精心组织系列发布；中国建筑、招商局集团、中国铁建等企业利用中外媒体积极宣传"一带一路"建设重大进展和成果；中国石化、中化集团、东风公司等企业推动网上网下融通，形成宣传合力。据第三方监测反映，党的十八大以来，中央企业整体公共舆论形象显著提升，社会认知度、认可度、认同度大幅增长。

文明文化建设更加有力。指导推动中央企业不断深化文明文化建设工作，在广大干部职工中大力倡导践行社会主义核心价值观，加强爱国主义、集体主义、社会主义教育，进一步坚定共产主义远大理想和中国特色社会主义共同理想。中央企业精神文明创建活动连创佳绩，文明单位创建工作持续深入，目前中央企业系统获得全国文明单位荣誉称号的单位达到1294家，2013年以来，共有143家单位通过国务院国资委系统申报获得全国文明单位荣誉称号。开展"时代楷模""央企楷模"选树表彰和学习宣传活动，2012年以来，中央企业系统共有8人（或团队）被确立为全国重大典型或授予"时代楷模"荣誉，2016年以来评选3届"央企楷模"共30人（或团队），涌现出以航空工业集团罗阳、国家电网张黎明、中船重工第七六〇所抗灾抢险英雄群体等为突出代表的一大批先进典型。国家电投、中国中车集团、中国远洋海运等企业着力推进文化融合，国家能源集团、中国航油、中国电建等企业积极开展精益文化、质量文化、安全文化等专项文化建设，助力企业重组整合、转型升级、提质增效。中核集团、中国石油、中国中铁等企业大力弘扬国企先进精神。鞍钢、中国化工、中国能建等企业加强典型宣传。中国华能、国机集团等企业开展"大国顶梁柱"宣讲。保利集团、华录集团、华侨城集团等文化企业不断壮大文化产业。通过各种主题鲜明、丰富多彩、卓有成效的工作，精神文明创建和企业文化建设为中央企业改革发展汇聚起了强大的精神力量。

宣传思想工作效果更加明显。2012年，国务院国资委加强宣传力量，整合资源组建新闻中心。2017年以来，国务院国资委推进官网改版升级，整合官网、"国资小新"两微一端、《国资报告》等资源，加强融媒体建设和产品生产传播。加强与主要新闻媒体的沟通协调。进一步强化工作协同，建立中央企业媒体矩阵，实行网络媒体信息发布联动，形成了声势、扩大了影响。如：航空工业集团、中国海油等企业推动思想政治工作与生产经营深度融合；中国电信、中国联通、中国移动等企业积极开发运用新媒体渠道；中国石化、中粮集团、中广核等企业深入推进"国企开放日"系列活动。通过改革创新，中央企业宣传思想工作理念思路、方式方法与时俱进，效果效能明显提升。

宣传思想战线组织力战斗力更加强劲。进一步加强对宣传思想工作的领导，重视研究部署，配强工作力量，拓展平台渠道，加大工作指导推动力度，形成国资国企大宣传格局。国务院国资委党委围绕意识形态工作责任制、中心组学习、国有企业宣传工作、境外企业文化建设等制定出台了一系列文件，建立健全了宣传思想工作制度体系，于2018年专门成立网络安全和信息化领导小组。国务院国资委党委每年举办多期宣传思想工作培训班，有针对性地加强宣传干部政治理论素养和专业知识学习。中船重工、国投、中交集团等企业整合内外资源，推进了宣传工作统一管理、机构优化。航天科工、中国大唐等企业成立新闻中心，充实宣传思想工作力量。中国华电、中国五矿、中国有色集团等企业将政工队伍作为一支重要人才队伍，通过政工业务技能大赛、政工职称评定等工作推进队伍能力建设。

五、加强纪检监察工作

2003年,根据党中央《关于成立中共国务院国有资产监督管理委员会委员会有关问题的通知》,成立国务院国资委纪委,与驻委监察局合署办公,接受中央纪委和国务院国资委党委的双重领导。2015年,依据党中央《关于全面落实中央纪委向中央一级党和国家机关派驻纪检机构的方案》规定,国务院国资委纪委改为中央纪委驻国务院国资委纪检组。2018年,适应国家监察体制改革,更名为"中央纪委国家监委驻国务院国资委纪检监察组"。驻国务院国资委纪检监察组在中央纪委国家监委的直接领导、统一管理下,围绕监督执纪问责,重点监督驻在部门领导班子及其成员和司局级干部,履行党的纪律检查和国家监察职能,督促行使公权力的公职人员依法履职、秉公用权。

党的十八大以来,国资国企各级纪检监察机构结合深化国企国资改革,认真落实党中央、中央纪委历次全会和全国国有企业党的建设工作会议部署,推动国资国企全面从严治党向纵深发展。2013年,国务院国资委纪委组织中央企业开展反腐倡廉管理专项提升工作,编印《企业反腐倡廉管理辅导手册》,介绍中央企业反腐倡廉管理的经验做法和主要成效,进一步规范反腐倡廉工作。2014年,国务院国资委纪委协助党委制定印发《中央企业纪律检查体制改革实施方案》。2017年,驻国务院国资委纪检组制定印发《关于加强中央企业境外廉洁风险防控的指导意见》。

强化政治监督,督促国务院国资委党委和中央企业各级党组织深入学习贯彻党的十八大、十九大精神和全国国企党建工作会精神,坚持用习近平新时代中国特色社会主义思想武装头脑,加强政治建设、强化政治意识、坚决做到"两个维护",不折不扣抓好党中央、中央纪委决策部署的贯彻落实。牢牢把握派驻监督职能定位,强化对驻在部门的监督,制定《关于中央纪委驻国资委纪检组加强对驻在部门日常监督的实施意见》,针对全面从严治党方面存在的突出问题,坚持每季度与国务院国资委党委交换意见、每半年与国务院国资委党委及班子成员沟通情况,提出监督建议,推动国务院国资委完善委内厅局业务管控制度,督促推动主体责任落实取得新进展。在机关各厅局设立党风廉政监督员,将监督的"探头"延伸到基层,精准查找并推动解决党建与业务"两张皮"、党内政治生活不规范、纪律意识淡薄等突出问题;建立与国务院国资委直属机关纪委日常工作定期会商机制,实行日常工作定期会商协同、重要情况及时通报和联合开展执纪审查,实现派驻监督与内设纪检力量协同监督的联通互动;落实管党治党政治责任,会同国务院国资委党委每年召开中央企业党风廉政建设和反腐败工作会议,定期约谈中央企业党委(党组)书记、纪委书记(纪检组组长),推动落实"两个责任"。

始终保持惩治腐败高压态势,持续加大执纪审查工作力度。建立完善问题线索集中管理、集体研究、集体排查工作机制,实行案件调度会制度,进一步规范问题线索管理处置和审查调查工作;对在办问题线索进行全面梳理,聚焦党的十八大以来不收敛不收手、问题线索反映集中、群众反映强烈,政治问题和经济问题交织的腐败案件,重点查处了利用职务便利为他人谋取利益并收受财物、滥用职权致使国家利益遭受重大损失、违规提供担保骗取银行贷款,坚决查处违规开展融资性贸易造成国有资产重大损失等违纪违法问题;主动加强与地方纪委监委的协作配合,形成工作合力,实现纪法贯通、法法衔接;制定出台对领导人员进行提醒谈话、谈话函询、诫勉谈话的实施办法,监督执纪由"惩治极少数"向"管住大多数"拓展。一体推进不敢腐、不能腐、不想腐,制定《关于中央企业构建"不能腐"体制机制的指导意见》,推动国务院国资委完善国资监管法规制度,促进中央企业用制度管权管人管事。坚持在每年召开的中央企业党风廉政建设和反腐败工作会上通报违纪案件,深入剖析典型案例,拍摄中央企业领导人员违纪案件警示教育片,强化党风廉政教育。

持之以恒纠正"四风",紧盯年节假期,坚持一个节点一个节点抓落实,反复重申纪律要求,划定行为"红线",把日常检查和集中督查结合起来。严肃查处公款吃喝、超标准乘坐交通工具、公款购买高档烟酒等问题,结合查处的问题,督促国务院国资委修订完善中央企业负责人履职待遇、业务支出管理等相关规定,督促企业严格按照中央八项规定精神修订完善相关制度,不断健全作风建设长效机制。逐月汇总国务院国资委和中央企业查处违反中央八项规定精神问题数据,在国务院国资委网站通报,对典型问题通报曝光。开展委管企业领导人员亲属和其他特定关系人所办企业与本企业业务往来专项整治,切断利益输送链条,切实解决"靠企吃企"问题,为企业改革发展营造风清气正的良好政治生态。

积极探索创新中央企业纪检监察体制改革，研究制定《关于深入推进国务院国资委党委管理领导班子中央企业纪检监察体制改革的实施意见》，坚决落实查办腐败案件以上级纪委领导为主，建立了中央企业纪检监察机构查处违纪违法案件情况通报等制度；落实纪委书记、副书记的提名和考察以上级纪委会同组织部门为主，制定中央企业纪委书记（纪检组组长）、副书记（纪检组副组长）提名和考察工作办法；探索实践中央企业纪委书记履职专项考核以上级纪委为主，完善考核指标体系，为纪委书记（纪检组组长）敢于监督提供制度保障。坚持聚焦主业、持续深化"三转"，打造忠诚干净担当的纪检监察队伍。

中央企业对标习近平总书记在全国国企党建会上的重要讲话，在深度融合和自觉行动上下功夫，企业党的领导、党的建设弱化、淡化、虚化、边缘化问题有了明显改进，党的领导更加坚强，党的建设不断加强，全面从严治党不断深入。推进"两个责任"制度化、具体化，航天科技、兵器工业集团印发落实全面从严治党主体责任和监督责任的意见，对组织、人员的职责进行厘清和界定；中国三峡集团开发"两个责任信息统计系统"，实现党风廉政建设各项重点工作的信息化管理。把落实中央八项规定精神作为加强作风建设的切入点，开展"四风"整治"回头看"，职工群众感到了新变化，看到了新气象，中国中车集团等下达"公务活动禁酒令"，东方电气集团等企业对执纪审查中发现的"四风"问题先于其他问题查处和通报。不敢腐的氛围已经形成，中央企业紧盯重点领域和重点问题，严肃查处靠企吃企、利益输送问题以及产权转让、资产重组、工程建设、违规开展融资性贸易、违规选人用人等问题。不能腐的体制机制框架不断健全，结合完善中国特色现代国有企业制度，着力构建权力运行制约和监督机制，兵器工业集团等企业建立采购电子商务平台，实现交易过程规范、阳光、可追溯；中国石油等企业开发联合监督电子监察信息系统，实现对主要业务领域在线监督；中国一重、国投等企业制定党员干部干事创业容错纠错机制。不想腐的思想堤坝初步构筑，中央企业狠抓党风廉政教育，持续唤醒党员意识，推进廉洁文化建设，教育引导党员干部筑牢拒腐防变的思想防线。

全国国资国企系统深入贯彻落实全面从严治党。国务院国资委纪委（中央纪委国家监委驻国务院国资委纪检监察组）每年召开地方国资委纪委书记（纪检组组长）研讨会，全国各省、自治区、直辖市及计划单列市、新疆生产建设兵团国资委纪检监察机构负责同志，围绕贯彻中央八项规定精神、深化"三转"、把纪律挺在前面、实践"四种形态"、构建"不能腐"的体制机制、提高纪检监察工作质量等主题，交流经验、分析问题。黑龙江、天津、河北坚持稳中求进，在提高监督效能上下真功。山东、江苏积极探索创新省国资国企派驻监督工作。广东建立省属企业区域廉政建设联席会议制度，助推全面从严治党向基层企业延伸。上海坚持惩与治同向、同步、同进，一体推进不敢腐不能腐不想腐建设。党的十八大以来，国资国企各级党组织和党员领导干部管党治党责任意识明显增强，党的纪律建设全面加强，不敢腐不能腐不想腐的体制机制初步构建，反腐败斗争取得压倒性胜利。

六、不断深化巡视监督

党的十八大后的巡视理论、实践和制度创新。党的十八大以来，以习近平同志为核心的党中央高度重视巡视工作，习近平总书记多次发表重要讲话，对加强和改进巡视工作作出一系列决策部署，巡视工作在坚持中深化、在深化中坚持，定位越来越精准，成效越来越明显，充分发挥了利剑作用，得到了全党和全社会的充分肯定。国务院国资委党委全面贯彻中央巡视工作方针，深化政治巡视，发现问题、形成震慑，推进改革、促进发展，有效发挥了利剑作用。

2013年，党中央印发的《中央巡视工作规划（2013—2017年）的实施意见》中明确提出了"一个中心"[1]"四个着力"[2]的巡视工作定位，突出强调震慑作用。2014年1月，国务院国资委党委制定印发《国资委党委巡视工作规划（2013—2017年）》，对党的十八大以来的5年内国务院国资委党委和中央企业巡视工作作出安排。2015年8月，党中央对《中国共产党巡视工作条例（试

---

[1] "一个中心"，是指聚焦党风廉政建设和反腐败工作这个中心开展巡视监督。
[2] "四个着力"，是指着力发现是否存在形式主义、官僚主义、享乐主义和奢靡之风等违反中央八项规定的问题，着力发现领导干部是否存在权钱交易、以权谋私、贪污贿赂、腐化堕落等违纪违法问题，着力发现领导干部是否公开发表违背中央决定的言论、散布违背党的理论和路线方针政策的意见、搞"上有政策、下有对策"等违反政治纪律的问题，着力发现是否存在买官卖官、拉票贿选、突击提拔干部等选人用人上的不正之风和腐败行为。

行)》进行修订，条例充分体现了党中央对巡视工作的新部署新要求，强调纪律建设是反腐败的治本之策，全面从严治党必须把纪律挺在前面。中央巡视组在工作实践中发现了一批省部级领导干部严重违纪违法问题，这一阶段，巡视工作强调紧扣"六项纪律"，深化"四个着力"，注重抓早抓小、防微杜渐、惩前毖后、治病救人，突出强调遏制作用。

2013年5月，十八届中央第一轮巡视对中储粮总公司、中国出版集团公司两家中央企业进行了巡视；2014年巡视了包括中国南方航空集团公司在内的10家央企；2015年中央完成了对其余43家央企的巡视，实现了对中管企业的巡视全覆盖。2013—2016年在巡视央企过程中，发现了一批突出问题，查处了一批腐败分子，这充分显示出党的十八大以来中央对国有企业反腐败决心之强、力度之大、成效之显著，充分发挥了震慑、遏制、治本作用，推动了央企的健康发展。

2016年初，习近平总书记明确提出政治巡视的要求，强调巡视是政治巡视不是业务巡视，要聚焦党的领导、党的建设、全面从严治党等突出问题。同年10月，全国国有企业党的建设工作会议召开，习近平总书记就国有企业改革发展和党的建设发表重要讲话。国务院国资委党委全面贯彻落实国有企业党的建设工作会议精神，持续深化政治巡视，坚持在思想观念、体制机制、制度建设、政治生态和基础工作等方面与习近平总书记国有企业党的建设工作会议的重要讲话一一对标，着力发现和解决国有企业党的领导和党的建设弱化、淡化、虚化、边缘化等突出问题。

在党的十八大以来的5年内，国务院国资委党委对违反政治纪律、风气不正、经营不善的13户企业15名主要负责人进行了调整；对履行"两个责任"不力的一家中央企业原党委书记和纪委书记，严肃处理，公开通报；对违反政治纪律、违规决策造成巨大损失的中央企业有关人员从严处理，开除党籍。驻委纪检监察组对巡视移交的657件问题线索，初核96件，立案23件，给予党政纪处分28人，移交司法机关10人。通过巡视发现各类问题2340个，向企业移交问题线索2284件，对31人进行立案查处，其中11人移交司法，对加强国有资产监管、防止国有资产流失发挥了重要作用。国务院国资委党委在对委管中央企业巡视全覆盖的基础上，还对12家中央企业进行了巡视"回头看"，对两家中央企业开展了"机动式"巡视。针对中央企业巡视整改有关问题，国务院国资委党委联合中央组织部有关局,在中央企业开展自查自纠基础上,对全部102户中央企业进行了巡视整改情况专项督查,充分发挥国有资产忠诚卫士的作用,促进了中央企业巡视整改进一步取得实效。

党的十九大以来政治巡视的巩固深化发展。2017年10月,党的十九大着眼于推动全面从严治党向纵深发展,对巡视工作提出更高要求,大会修订的《中国共产党章程(修正案)》专列一条对巡视巡察工作制度作出规定。2017年12月,党中央制定《中央巡视工作规划(2018—2022年)》,对党的十九大后5年内的巡视工作作出全面部署,强调要坚定不移深化政治巡视,督促各级党组织强化管党治党政治责任,推动新时期党的建设新的伟大工程。国务院国资委党委贯彻党中央关于巡视工作的新定位新部署新要求,制定印发了《国资委党委巡视工作规划(2018—2022年)》,对今后5年巡视工作作出了安排。

2018年,国务院国资委党委对中国钢研等12家中央企业开展巡视,根据巡视反映情况,调整和处理了7名国务院国资委管理企业领导班子成员。其中对3名主要负责同志和1名副职予以免职,给予3名领导班子成员党内严重警告和警告处分。充分释放从严治党永远在路上的强烈信号。

各中央企业内部巡视巡察工作稳步向前推进。截至2018年底,46家国务院国资委管理的企业全部设立巡视办,其中38家作为党委职能部门独立设置;共组建巡视组179个,配备常设专职巡视干部169名。2018年共巡视二级企业409户,发现问题6254个,移交问题线索784个,给予党纪政务处分255人次,初步形成了中央巡视、国务院国资委党委巡视与中央企业内部巡视巡察上下联动、同频共振、横向到边、纵向到底的巡视巡察监督网络,有力推动了全面从严治党向基层延伸。

七、坚持全心全意依靠工人阶级

2015年7月,中央召开党的群团工作会议,习近平总书记强调"中国特色社会主义事业是亿万人民的事业,党的群团工作肩负着庄严使命。工会、共青团、妇联等群团组织一定要坚持解放思想、改革创新、锐意进取、扎实苦干,切实保持和增强党的群团工作和群团组织的政治性、先进性、群众性,组织动员广大人民群众更加紧密地团结在党的周围,把广大人民群众对美好生活的追求汇聚成强大动力"。① 同月,党中央印发《关于加强和改进党的群团工作的意见》。2016年10月,习近平总书记在全国国有企业党的建设工作会议上强调,坚持全心全意依靠工人阶级的方针,是坚持党对国有企业领导的内在要求。要健全以职工代表大会为基本形式的民主管理制度,推进厂务公开、业务公开,落实职工群众知情权、参与权、表达权、监督权,充分调动工人阶级的积极性、主动性、创造性。企业在重大决策上要听取职工意见,涉及职工切身利益的重大问题必须经过职代会审议。要坚持和完善职工董事制度、职工监事制度,鼓励职工代表有序参与公司治理。②

国务院国资委党委认真贯彻落实中央党的群团工作会议和全国国有企业党的建设工作会议精神,不断加强党对群团工作的领导,持续完善党建带群建制度机制,把党建带群建作为党建工作责任制的重要内容,坚定不移走中国特色社会主义群团发展道路,坚持围绕中心、服务大局,切实保持和增强群团工作的政治性、先进性和群众性,切实把职工群众组织起来、动员起来、团结起来,充分发挥群团组织在促进企业改革发展稳定中的重要作用。

推动国有企业民主管理工作。国有企业党组织始终坚持全心全意依靠工人阶级的方针,健全以职工代表大会为基本形式的民主管理制度,推进厂务公开、业务公开,落实职工群众知情权、参与权、表达权、监督权。经过大力推动,中央企业逐步形成了以职工代表大会制度、职工董事(监事)制度、厂务公开制度等为主要内容的企业民主管理体系,进一步畅通了职工知情渠道、参与渠道、管理渠道和监督渠道。截至2017年底,中央企业集团职工代表大会建制率为76%,二级企业职工代表大会建制率超过98%;厂务公开制度基本实现了全覆盖;50多家中央企业董事会设立了职工董事,职工监事制度也得到较好落实。在涉及国有企业改革发展的重大问题上,国有企业群团组织积极代表职工群众提出意见和建议,依法组织职工群众参与企业管理,协助和配合企业党组织科学决策、民主决策、依法决策。

团结动员职工建功新时代。国有企业群团组织切实保持和增强政治性、先进性、群众性,组织动员广大职工群众更加紧密团结在党的周围,将深化企业

---

① 习近平:《习近平谈治国理政》(第二卷),外文出版社,2017年版,第306页。
② 习近平:《习近平谈治国理政》(第二卷),外文出版社,2017年版,第177页。

改革、推动转型升级、促进和谐发展作为发挥作用的主战场，充分发挥建功立业的积极性、主动性、创造性，把工人阶级主力军、青年生力军、女职工半边天作用，转化为促进企业发展的强大力量。国务院国资委每5年联合人社部评选表彰一批中央企业劳动模范和先进集体，对重大工程、重点项目中的先进集体和个人进行及时表彰，大力弘扬中央企业劳模精神和大国工匠精神。中国核电工程公司党委和群团组织在"华龙一号"工程中，针对项目中的"硬骨头"，成立"党员突击队""青年突击队"，做到哪里有硬仗、哪里就有党员、青年的身影。航天科技八院党委以解决急难险重任务为出发点，以型号链和业务链为纽带，组成跨班组、跨部门，甚至跨单位的党员责任团队开展项目攻关。中铝集团山铝党委开展"全员创优，党员登高"活动，明确创优的"标尺"，调动员工的工作干劲和创业激情。

维护职工合法权益。国有企业群团组织始终坚持以职工为中心的工作导向，抓住职工群众最关心最直接最现实的利益问题，认真履行维护职工合法权益、竭诚服务职工群众的基本职责。各级工会组织坚持做好工资集体协商制度，规范签订集体劳动合同，保障广大职工工资合理有序增长。认真落实直接联系职工群众制度，坚持开展大走访、大下访，密切联系职工群众，通过"一帮一""群帮一"，努力做好困难职工的帮扶工作，把党组织的关怀和温暖传递给职工。鞍钢工会在"面对面、心贴心、实打实服务职工在基层"活动中，积极向广大职工宣讲企业面临的形势和主要任务，统一职工思想，凝聚企业发展力量。

支持青年创业创新。国有企业各级共青团组织积极响应"大众创业、万众创新"号召，开展"创新发展，青年担当"主题实践活动，激发青年创新创造活力。搭建青年"双创"学习平台，举办青年大讲堂、创新沙龙、创新培训班。中国电科、武钢举办"名家大讲堂""院士与青年面对面"活动，邀请知名专家院士与青年分享创新体会、教授创新方法。搭建青年"双创"实践平台，通过创新工作室、创客空间、孵化器等平台，发挥集聚创新、协同互联作用，加速实现"创意（创新）—技术—产品—创业（产业）"。航天科工以航天云网为依托，打造众创、众包、众扶、众筹社会化"双创"大平台，促进互联网和智能制造深度融合。搭建青年"双创"保障平台，积极筹集青年"双创"基金。航天科技针对30岁以下青年设立"钱学森青年创新基金"，鼓励一线青年科技人员创新创业。搭建青年"双创"展示平台,注重加强展示交流,带动小微企业创业创新、共同打造创新生态系统。中央企业团工委组织28家中央企业青年创新团队开展"大手拉小手、央企助小微——中央企业与小微'双创'基地对接活动"。搭建青年"双创"动力平台,借势深化改革,构建与创新创业相适应的激励机制、分配机制,在成果共享、收益分享上迈出重要步伐,破解"双创"动力难题。华侨城集团对创新平台采用特殊化考核办法,在工资总额和人才激励方面予以倾斜。

启示与前瞻

坚持党的领导、加强党的建设是国有企业的"根"和"魂",是我国国有企业的独特优势。要坚持和加强党对国有企业的全面领导,国有企业党委(党组)发挥领导作用,把方向、管大局、保落实,依照规定讨论和决定企业重大事项。国有企业改革发展党建,要坚持以党的政治建设为统领,坚决维护习近平总书记党中央的核心、全党的核心地位,坚决维护党中央权威和集中统一领导;要坚持习近平总书记"两个一以贯之"重要思想,把加强党的领导和完善公司治理统一起来,建设中国特色现代国有企业制度。坚持党的领导、加强党的建设,要坚持服务生产经营不偏离,把提高企业效益、增强企业竞争实力、实现国有资产保值增值作为国有企业党组织工作的出发点和落脚点,以企业改革发展成果检验党组织的工作和战斗力;要坚持把建强班子抓好干部队伍摆在重要位置,把国有企业领导人员队伍建好、用好、管好,建设高素质专业化企业领导人员队伍;要坚持加强基本组织、基本队伍、基本制度"三基建设",着力加强组织体系建设,不断增强党组织的政治领导力、思想引领力、群众组织力和社会号召力;要坚持压紧压实党建工作责任,完善党建工作责任制,用好考核评价这个指挥棒,推动国有企业把管党治党政治责任、治企兴企经营责任一并落实落地。面向未来,国有企业要坚持以习近平新时代中国特色社会主义思想为指导,全面贯彻落实党的十九大精神,按照新时代党的建设总要求,始终坚持和加强党对国有企业的全面领导,践行新时代党的组织路线,深化落实全国国有企业党的建设工作会议各项部署，建设中国特色现代国有企业制度，提升国有企业党建质量，为深化国有企业改革、做强做优做大国有资本提供坚强保证，以高质量党建引领高质量发展。

国企改革历程
1978—2018
典型案例

编者按 为了集中反映国企改革典型经验做法，我们主要从 2016 年、2017 年、2018 年国务院国有企业改革领导小组召开的国企改革座谈会（经验交流会）发言材料中收集整理了以新时代为主的 49 个案例，其中包括地方政府推动改革、中央企业改革、地方国企改革三个方面。同时，将 20 世纪 90 年代国企改革的典型案例，如邯钢模拟市场成本否决、许继三项制度改革、亚星比价采购、东风公司横向经济联合等案例也收录其中。所有案例尽量利用原有素材原汁原味反映当时改革的情况。

地方政府推动国有企业改革案例

上海分类改革 管好资本 激发企业内生活力[①]

2014年以来,上海市认真贯彻党的十八大和十八届三中、四中、五中全会,以及习近平总书记系列重要讲话精神,全力落实《中共中央 国务院关于深化国有企业改革的指导意见》(以下简称《指导意见》)和上海市委、市政府《关于进一步深化上海国资改革促进企业发展的意见》,通过分类定责分类改革、管好资本加强监管、加快企业创新转型等重点领域改革,初步实现"以宽广的视野,构筑宽心的体制机制;以宽松的管制,营造宽容的氛围环境"的目标,切实提高国有经济的活力和竞争力。2016年1—5月,上海地方国有企业实现营业收入11300亿元、利润总额1049亿元,增幅超过全国地方国有企业平均水平。

一、分类定责分类改革,提高国资监管针对性有效性

按照《指导意见》关于"分类推进国有企业改革"的要求,上海根据企业的市场属性,兼顾股权结构、产业特征和发展阶段,按照资产、营收、利润和人员占企业总值的比例,将市管企业分为竞争、功能和公共服务三类。在对所有市管企业法定代表人实行任期制契约化管理,认真落实经理层任期管理和目标考核的基础上,对不同类型的企业分类定责明确发展目标、分类设置法人治理结构、分类明确改革路径和考核要求,切实提高监管的针对性和有效性。

竞争类企业,目标导向上以效益最大化为重点;治理结构上加强董事会建设,董事长为法定代表人,原则上兼任党委书记,与总经理分设;深化改革上以公众公司为主要实现形式发展混合所有制经济;日常监管上引入市场对标机

[①] 该案例根据2016年7月全国国有企业改革座谈会发言材料整理而成。

制，重点考核股东价值、主业发展和持续能力。竞争类企业是上海地方国有企业的主体，企业户数占72%、资产总额占89%、从业人员占86%、利润总额和营业收入均达到96%。目前，竞争类企业已基本完成公司制改革，整体上市和核心业务资产上市的企业分别达到竞争类产业集团总数的1/3，到"十三五"末，整体上市企业将占竞争类企业总量50%以上。

功能类企业，目标导向上以完成战略任务或重大专项任务为重点；治理结构上配强监事会，党政分设，总经理兼执行董事；深化改革上以公司制股份制改革为重点；日常监管上引入政府主管部门评价机制，重点考核功能作用、运营能力。目前，功能类企业承担的国际旅游度假区、虹桥商务开发区、上海迪士尼乐园、世博央企总部集聚区等重大城市功能区域建设进展顺利。

公共服务类企业，目标导向上以确保城市正常运营、实现社会效益为重点；治理结构上配强监事会，党政分设，外派财务总监；深化改革上引入市场机制，按市场规则运行；日常监管上引入政府主管部门和社会第三方评价机制，重点考核服务水平、成本控制、持续能力。目前，公共服务类企业已初步形成市场化运营模式，市民满意度排名相关行业前列。

混合型企业，重点做好跨类业务的分别认定、分业核算和分类考核。2015年，上海对14户企业42项跨类业务进行了认定，并实行分业考核。根据企业发展实际，着眼促进企业成为市场主体动态调整分类，对竞争类企业要求调整为功能类或公共服务类的严格把关，对功能类和公共服务类企业要求调整为竞争类的积极支持。

二、聚焦重点管好资本，实现国资合理流动优化配置

坚持从上海实际出发，认真落实《指导意见》关于"完善国有资产管理体制"要求，依法履行出资人职责，通过抓好四个重点，管好资本加强监管，形成"市国资委负责资本监管、国资流动平台负责资本运作、企业集团负责日常经营"的格局。

管好资本布局。通过加强战略和目标管控，在产业布局上聚焦价值链高端，提高国资在战略性新兴产业等重点领域的集中度；在空间布局上面向两个市场、用好两种资源，以开放性市场化联合重组为载体，服务"一带一路"倡议和长江经济带国家战略。目前上海70%的国资已集中在战略性新兴产业等重

点领域,境外资产总额超过3000亿元,年均增长52.3%。到"十三五"末,国资集中度将超过85%。

规范资本运作。以国际集团、国盛集团为主搭建国资流动平台,成为部分国有股权的持股主体、国资运营的执行主体、部分一般性竞争领域国资退出的主要通道。截至目前,两家平台公司累计持有股权涉及资产总额约500亿元,通过纵向整合与横向联动,引入市值管理、"ETF"等新型金融工具,盘活资本近400亿元,其中以上海建工为标的发行的可交换公司债创造了国内证券市场可交换公司债最大规模。

提高资本回报。进一步理顺国资监管体制,2016年上半年对金融企业国资实行统一监管,探索"实体经济(产业)+虚拟经济(金融)+技术经济(互联网)"新模式,实现产融结合。同时利用多层次资本市场放大国资带动效应,2014年以来,在证券市场上,57家上市公司融资或注资3557.61亿元;在债券市场上,约60余家(次)企业集团新发行各类债券18038.88亿元。

维护资本安全。加强"四大管理",构建融"经济运行监测、风险预警跟踪、科学评估评价、事中事后监管"为一体的监管体系:加强章程管理,规范各治理主体权责关系;加强契约管理,明确企业领导人员任期期限、任期目标、权利义务和考核奖惩;加强清单管理,形成并落实权力、责任和事中事后监管清单;加强协同管理,搭建政府委办、社会第三方参与平台,落实对功能类和公共服务类企业的服务和监管。

三、强化市场主体地位,激发企业内在创新动力活力

按照《指导意见》关于促进国有企业成为独立市场主体的要求,结合落实党中央对上海建设具有全球影响力的科技创新中心要求,坚持以市场化、专业化、国际化为导向,建立一整套激发企业内在动力活力的考核、激励和评价机制。

以创新为导向的考核评价体系,对研发投入、创新转型、跨国经营等费用视同于考核利润,对尚未实现回报的境外投资在考核中予以单列。近年来,30家市管企业近280亿元创新研发等费用视同于考核利润,48.36亿元国资收益支持国家级创新项目。以企业为主体的创新投入机制,每年安排不低于30%的国资收益资金,重点支持主动承接国家或部市级重大专项的企业,带动企业加

大创新投入。近年来市管企业已连续保持每年约 3000 亿元的增量投资，其中研发投入累计约 1100 亿元。2016 年企业集团新增投入共 4048 亿元，同比增长 17%。以活力为追求的创新人才制度，设置首席工程师、技术总监等专业岗位，匹配相应的薪酬分配制度，形成技术性创新人才实现价值的新通道。以长效为核心的激励约束机制，实行"激励基金+个人购股"计划。以分享为重点的成果转化制度，包括以协议方式转让技术类无形资产、创投企业实行跟投、成果转化激励不列入工资总额等。以容错为关键的宽容宽松机制，上海市人大通过《关于促进改革创新的决定》，明确改革创新项目因客观因素未实现预期目标，在考核评价和经济责任审计时不作负面评价。上汽集团等将容错机制写入公司章程，从企业层面落实营造支持改革、鼓励创新的氛围环境。

广东着力优化结构 坚持市场导向 推动创新发展[①]

广东省委、省政府高度重视国有企业改革发展，认真贯彻落实党中央、国务院决策部署，多次召开专题会议学习贯彻习近平总书记关于国企改革的重要讲话精神，制定贯彻落实《中共中央 国务院关于深化国有企业改革的指导意见》的实施意见，按照改革走在全国前列的要求，连续 3 年将国企改革列为重点改革任务之首，明确提出，坚持"两个毫不动摇"是国有企业改革的根本要求，增强国有经济活力、控制力、影响力、抗风险能力是国有企业改革的根本目标，扎实推进国企改革取得积极成效。截至 2015 年底，全省国资监管企业资产总额 5.92 万亿元。2015 年，省、市两级国资委监管企业实现利润 1470.3 亿元，同比增长 17.5%，比营业收入增幅高 18 个百分点。其中，省属企业实现利润 217.6 亿元，同比增长 5.5%，比营业收入增幅高 14.1 个百分点。

一、坚持优胜劣汰，着力优化国有资本布局结构

广东紧密结合供给侧结构性改革，按照优化存量、引导增量、主动减量的思路，积极优化国有资本布局结构，推动国有企业优胜劣汰、有进有退，增强

[①] 该案例根据 2016 年 7 月全国国有企业改革座谈会发言材料整理而成。

国有经济整体功能和效率。一是优化国有资本投向。加快推动国有资本向基础性、公共性、平台性、资源性、引领性等关键领域和具有核心竞争力的优势产业,以及未来可能形成主导产业的行业集中。目前准公共性行业资产总额超过6000亿元,约占省属企业资产总额的54%。二是加快国有企业调整重组。按照主业聚集、方向清晰的要求,坚持市场化运作,以交叉持股、产业链延伸、设立合资公司等方式,推动国有企业之间的资源整合。加快跨区域、跨所有制的兼并重组,有效整合企业资源,打造一批主业突出、核心竞争力强的大企业集团。如对分散在若干家省属企业的商贸、旅游资产进行重组,组建商贸控股、旅游控股两大集团,多数省属企业都对内部同质资产、业务进行重组。三是加快出清重组国有"僵尸企业"。制定全省国有企业出清重组"僵尸企业"、促进国资结构优化的指导意见以及省属国有企业实施方案,明确国有企业作为出清重组的责任主体,调查摸清全省国有"僵尸企业"底数,并划分为关停企业和特困企业两大类,力争用2—3年时间完成全省出清重组任务。相继出台省属企业出清关停企业工作指引和全省国企优化重组特困企业的实施意见,全省各地市、各省属企业均已成立工作小组,制定具体实施方案,正在抓紧推进目标任务层层落实。目前,处置工作已初见成效,仅省属国企2016年以来就已出清重组"僵尸企业"70多户,妥善安置员工1000多人。2016年底前,将实现全省国有关停企业基本出清,300户以上特困企业脱困,亏损总额较2015年减少30%以上。

二、坚持市场导向,有效激发国企核心竞争力

广东以市场为导向、企业为主体,实施多项创新举措,不断健全现代企业制度。一是推进公司制股份制改革。推动省属企业集团全部完成公司制改革,二、三级全民所有制企业公司制改革有望在2016年全面完成。省属二、三级企业基本上以增资扩股方式引进战略投资者并试行员工持股。2014年以来,广东省属境内外上市公司均开展重组、定增或并购等工作,取得3家上市公司的控股权,成立各类基金近10只,募集各类资金达700亿元。目前,全省(含深圳市)国资控股的上市公司共78户,其中省属企业所持上市公司共26户,股权总市值约3000亿元。二是完善法人治理结构。落实董事会的各项权利,对规范法人治理结构的企业董事会下放授予高级管理人员任免权以及所监管企

业有关部门和二级企业正职任免、负责人经营业绩考核和任期奖惩、领导班子和外部董事的综合考核评价等4项管理事项,接下来将在省属企业全面推行外部董事制度,授予更多自主权。三是改革选人用人机制。出台推进市场化选聘省属企业高级管理人员工作的指导意见,从2012年开始,省属企业新选任的经理班子成员均实行任期制和聘任制,聘期3年。省属企业2015年共引进职业经理人30多名。同时,开展市场化选聘产权交易集团整个经理班子的试点,经理班子的管理权和考核权下放给企业董事会。四是建立激励约束机制。出台深化省属企业负责人薪酬制度改革的实施方案,积极探索期股期权、增量奖股、分红权等中长期激励机制,着力解决收入差距过大、激励机制不完善的问题。同时,注重建立完善约束机制,如严格执行审计制度、巡视制度、重大项目投资审批制度等,强化责任追究。

三、坚持平等竞合,务实稳妥推进混合所有制改革

广东注重营造企业发展的公平环境,积极促进国有资本、集体资本、非公有资本等交叉持股、相互融合,务实稳妥推进混合所有制改革。一是分类分层推进。坚持以增量为侧重,重点在2000多户省属二、三级企业中择优选取50户企业开展试点。明确企业要根据自身实际,制定具体改革实施方案,科学谋划、稳妥推进,混合与不混合、混合什么、与谁混合、怎么混合,要确保可行性、合理性和有效性。二是探索多种形式。根据所处行业、资产规模、骨干队伍等情况,探索企业发展混合所有制的多种方式,包括引入战略投资者、探索企业员工持股、吸引股权投资基金入股、搭建与非国有资本对接平台、引导各类资本支持公共项目建设等。目前已举办两场混合所有制项目对接活动,推出对接项目200多个,引入民间资本超过800亿元。三是加强规范管理。推进信息公开化、评估规范化、竞价制度化、交易平台化,不片面追求指标、进度,不搞"花架子",坚守"确保职工利益不受损、确保国有资产不流失"两条底线。2014年以来,全省国有混合所有制企业户数和注册资本金分别增加284户、958亿元,增幅为8%和19.53%。其中,省属企业混合所有制新增户数和注册资本金分别增加了128户和115.65亿元,增幅为11.3%和5.9%。

四、坚持创新发展，不断促进国有经济提质增效

广东针对国企自身短板，不断加强国有企业科技创新、管理创新和商业模式创新，促进国有经济提质增效。一是建立健全促进创新机制。出台省属企业实施创新驱动战略加快转型升级的指导意见，建立综合排名和单项奖励、项目跟投、创新企业（项目）国有股东超股比担保、容错、集团对下属企业的清单管理、项目贴息、超额研发投入后补助等七大机制。省级国有资本经营预算近年来共安排7亿元，用以支持省属企业自主创新、转型升级。二是积极培育新的经济增长点。着力发展战略性新兴产业，并在业绩考核、预算管理、资本配置等方面予以支持。成功举办"广东省－中央企业'十三五'战略合作对接会"，共签订合作项目超过400个、投资规模超过3万亿元，主要布局于现代产业、基础设施、技术创新、能源资源、绿色环保、社会事业等领域。三是大力发展"互联网＋"。鼓励国有企业以信息化、智能化手段改造提升传统产业，积极发展电商平台等"互联网＋"新业态、新产业。通过这一系列举措，进一步提高了国有经济质量效益。2016年1—5月，广东省、市两级国资委监管企业实现营业收入5014亿元，同比增长4.7%，归属于母公司所有者的净利润225亿元，同比增长5.8%。

重庆以管资本为主 全面增强国有企业活力和效率[①]

党的十八大以来，重庆认真贯彻落实党中央、国务院深化国企改革精神，突出以管资本为主这条主线，围绕增强国有企业活力、提高国有资本运营效率，不断深化国资国企改革，改革红利得到有效释放。2016年5月，市属国有企业资产总额2.74万亿元，同比增长10.1%；实现利润总额135亿元，同比增长10%。

---

① 该案例根据2016年7月全国国有企业改革座谈会发言材料整理而成。

一、以管资本为主改组组建国有资本投资运营公司，探索国有资本运营的有效模式

遵循市场经济规律和企业发展规律，以资本为纽带，以产权为基础，积极探索以管资本为主国有资本运营的有效模式。

分类搭建国有资本投资运营平台。按现有集团改组为主、新设为辅，搭建了国有资本投资运营"3+3+1"平台。将渝富集团、水务资产公司、地产集团3户企业改组为股权类国有资本运营公司。其中，渝富集团主要负责金融类和战略新兴产业投资运营；水务资产公司主要负责水务、固废、静脉等大环保产业投资运营；地产集团主要负责教育文化、养老健身等公共服务产业投资运营。将机电集团、化医集团、商社集团3户企业改组为产业类国有资本投资公司。其中，机电集团主要向中国制造2025、高端智能装备等先进制造业进行投资；化医集团主要向生物医药、高分子材料等精细化工产业进行投资；商社集团主要向现代服务业进行投资。新设立1户渝康资产经营管理公司，专司不良资产的处置和经营管理。

理清国资监管机构与国有资本投资、运营公司的权责边界。市国资委按照"一企一策"原则，通过公司章程明确对国有资本投资、运营公司的授权内容、范围和方式，将企业重大决策、董事会依法聘任或者解聘经理层、经营层薪酬管理等权利授予国有资本投资、运营公司。这两类公司依法自主开展国有资本运作，对所出资企业按授权依法行使股东职责，并承担国有资产保值增值的责任。

探索国有资本投资运营的有效管控模式。3户股权类国有资本运营公司，以财务性持股为主，建立财务管控模式，通过股权运作、价值管理、有序进退等方式，重点关注国有资本流动和增值状况，促进国有资本合理流动，实现保值增值。3户产业类国有资本投资公司，以对战略性核心业务控股为主，建立以战略目标和财务效益为主的管控模式，通过开展投资融资、战略性新兴产业培育和资本整合等方式，重点关注所出资企业执行公司战略和资本回报状况，推动产业集聚和转型升级，优化国有资本布局。1户资产经营管理公司，对承接企业改制重组剥离的资产，通过市场化的方式进行收购、营运和处置。

目前，重庆渝富集团已初具国有资本运营公司雏形。该集团通过运用资本

市场、基金、AMC等运营工具,按照"有投资不控股、有股权不并表、有资产不负债"的股权投资管控模式,推动集团由单一的资产管理职能向股权管理、流动增值和优化布局等资本运营功能转变,成为重庆国有股权市场化运作专业平台。目前,渝富集团通过股权投资,参控股企业55户,管控资产规模达926亿元,净资产收益率达8%左右。

二、以管资本为主改进国资监管方式,激发国有企业活力

以管资本为主科学界定国有资产出资人监管边界,推进企业所有权和经营权分离,建立企业市场化经营管理机制,全面激发国有企业活力。

健全以董事会建设为重点的公司法人治理结构。市属国有重点企业全部建立了"三会一层"法人治理结构,修订完善公司章程,进一步厘清股东会(国资委)、董事会、经理层的职责边界。加强制度建设,出台《市属国有独资公司章程指引》等多个文件,建立市属国有独资公司外部董监事制度,设立外部董监事人才库,实现市属国有独资公司外部董监事委派的全覆盖。通过委派的外部董事、监事,依法表达出资人的意愿,实现从管资产到管资本的转变。强化董事会专门委员会建设,已有17户市属国有重点企业成立了66个董事会专门委员会。分步落实董事会职权,依法建立起市属国有重点企业董事会考核经营层的薪酬分配体系。建立董事会季度报告、专项工作检查以及外部董事诫勉谈话等日常运行动态监督机制。

深化企业薪酬分配体制改革。落实企业内部薪酬分配自主权,将市属国有重点企业工资总额管理权限全面下放。明确国企市场化选聘的高级职业经理人薪酬不受企业工资总额限制,不搞层层降薪。对于银行和证券类金融企业,适度调整负责人薪酬分配系数,使其薪酬水平与本地金融行业基本接近。分别制定了主要负责人经营业绩、监事会主席履职考核及薪酬管理等考核办法,体现了差异化考核。全面推行全员业绩考核,形成了员工薪酬能高能低的分配体系。积极探索中长期激励机制,在重庆银行开展了中层管理人员和骨干员工以延期兑现绩效薪酬购买本公司股票的中长期激励试点工作。

加大企业市场化选人用人探索。把党管干部与董事会依法选择经营者和经营者依法行使用人权有机结合起来,按照"党组织推荐、董事会选择、市场化选聘、契约化管理"的原则,积极开展市场化选聘职业经理人试点,其人选来

源不分体制内外，最终由董事会比选确定。同时，还建立了以经营指标为核心的业绩考核体系和与人员选任方式相匹配的差异化薪酬管理办法。深化企业内部市场化用人改革，制发企业中层管理人员选任流程图，明确民主推荐、竞争上岗、公开招聘、市场选聘等四种选任路径，建立健全"以合同管理为核心、以岗位管理为基础、以业绩考核为导向"的市场化用工和考核管理机制。目前，在部分市场化程度较高的二级企业采取总经理市场化选聘方式，取得积极效果。

三、以管资本为主优化国有资本布局，促进国有资本合理流动

通过市场化方式大力去除无效供给，以资本为导向积极培育新供给，优化国有资本布局，促进国有资本合理流动。

以市场化方式去除无效供给。积极稳妥开展去过剩产能、去房地产库存、去"僵尸""空壳"企业、压缩企业层级、剥离企业办社会职能移交等五项专项行动。实施"四个一批"去除无效供给，即：关闭去除一批，坚决将小煤矿以及钢铁、化工等落后陈旧的设施设备彻底关停拆除，防止死灰复燃；优化调整一批，通过技术改造、延伸产业链、功能置换等方式，优化调整产品结构；兼并重组一批，对仍有发展前景的企业，鼓励龙头企业开展跨地区、跨所有制兼并重组；破产关闭一批，对不符合国家控制标准、扭亏无望的企业和"僵尸""空壳"企业，依法启动司法程序，实施破产关闭。在实施过程中，配套了三项措施：依托渝康资产管理公司，打包承接一批银行债权和企业债务，以市场化方式实现平稳出清；对接中央政策，出台富余人员分流配套政策；设立重庆国企改革稳定专项资金。

截至2016年上半年，重庆能源集团关闭矿井8对，小火电2户，压减煤炭产能186万吨，平稳分流减员2.4万人；重钢集团压缩产能180万吨；化医集团减少产能276万吨。将32户市属国有房地产企业重组整合为3家，消化房地产库存9万平方米。2016年计划完成"僵尸""空壳"企业分类处置200户，已完成73户；计划压缩企业120户，已完成48户；124户厂办大集体已启动改革68户；完成了280户市属国有企业"三供"分离，占总量的80%。

引导资本布局战略性新兴产业，增加有效供给。坚持瞄准市场需求的新变化，紧盯产业和科技发展方向，通过以战略性新兴产业股权投资基金、中新互

联互通投资基金为龙头的基金群为运营工具，引导资本向战略性新兴产业优化配置，培育新的有效供给。目前，重庆市属国有重点企业共组建各类基金38只，规模达到2300亿元，重点投向智能制造、航空旅游、生物医药、信息通信等十大战略新兴产业，已投资京东方8.5代液晶面板、同方碳产业、AOS芯片等11个项目，投入342亿元，带动项目总投资1367亿元。

山东完善公司治理 激发企业活力 构建监管新机制[①]

党的十八届三中全会后，山东省委、省政府认真贯彻落实党中央、国务院决策部署，把国企改革作为全面深化改革的重点任务。省委、省政府主要负责同志先后对国企改革作出50多次批示，省委常委会、深改领导小组及时研究国企改革重大问题，2014年以来制定出台《关于深化省属国有企业改革完善国有资产管理体制的意见》等18份国企改革文件，基本搭建起全省新一轮国企改革的制度框架。2015年8月《中共中央 国务院关于深化国有企业改革的指导意见》印发后，山东于9月底迅速召开近年来省内规格最高的深化国有企业改革工作会议，各市市长、组织部部长、分管副市长以及国有资产存量较大的县级政府主要负责同志参加会议，省政府主要负责同志对贯彻落实中央文件精神作出安排部署。截至2016年上半年，省属国企改革70项任务中，除员工持股办法需等待中央明确相关政策外，其余69项已全部完成预定的目标任务。各市参照省属国有企业改革做法，积极推动改革向纵深发展，青岛、烟台等市在完善公司治理、推进混合所有制改革、加强企业家队伍建设等方面形成了可复制可推广的经验。国企改革的深入推进，为企业提质增效、转型升级注入了新动力。2015年，全省地方国有企业资产总额43275亿元，比上年增长18%；利润总额538亿元，比上年增长0.8%。省管企业在煤炭、钢铁等产品价格大幅下滑的情况下，全年实现利润172亿元，与上年持平。

[①] 该案例根据2016年7月全国国有企业改革座谈会发言材料整理而成。

一、坚持以协调运转、有效制衡为基本目标，积极探索建立科学规范的国企治理新结构

优化董事会、党委会和监事会人员组成和功能定位，着力建立健全现代企业制度。董事会层面，理顺了董事委派、选派体制，董事会按照非执行董事占多数的原则配备。2015年以来，山东省管企业新配董事167名，董事会成员基本配齐。健全董事会制度体系，形成了董事选聘、管理、考核、激励、追责的制度闭环。党委会层面，制定出台《省管国有资本投资运营公司领导人员管理暂行办法》，确定企业改革发展重大事项由党委事先研究、董事会和经理层按法定程序决策的议事规则。监事会层面，改进监事会设置，每户企业监事会由公务员身份监事、外部监事和职工监事共同组成，目前已实现省管企业监事会全覆盖。

以建立市场化的选聘、考核和薪酬分配机制为重点，着力推行企业高管人员契约化管理。山东先后在23户企业实行高管人员契约化管理，占全部省管企业的77%。这些企业高管人员一般不在董事会、党委常委会担任职务，其选聘、考核和薪酬分配权均由董事会行使。截至2016年，推行契约化管理中涉及的53名高管人员中，有49名选择了契约化身份，在企业中产生了强烈的思想冲击。从已完成选聘、签订契约合同的企业情况看，经理层契约目标普遍高于省国资委对董事会的考核指标，高管人员普遍反映工作压力增大，"本领恐慌"增强。

着眼于面向全社会广纳人才，着力建立外部董事、监事和职业经理人人才库。制定了人才库管理办法，开发建设了人才库信息管理系统，目前三个人才库已初具规模。经严格评选审核，111人进入外部董事候选人人才库，19人进入外部监事候选人人才库；1954人申请进入职业经理人人才库。入库人选分布地域广、层次水平高、专业能力强，111名外部董事候选人中，有博士42名，教授、研究员36名。目前，已从人才库中遴选25名外部董事、8名专职监事向省管企业派出。

二、坚持以市场规律、制度创新为基本遵循，不断激发国企市场化经营新活力

持续深化企业内部改革。研究制定优化企业组织结构、压缩管理层级的意见，推动企业扁平化，管理层级原则上压缩到三级以内。指导企业大力推行内部市场化改革，将职工个人利益与企业效益紧密挂钩，实现从"发工资"到"挣利润"的转变。3年来，兖矿集团、山东能源两户企业累计减少各类用工6.2万人。2015年，山钢集团钢铁主业企业实发工资总额同比下降18%。

完善对管理层激励措施。制定省管企业负责人薪酬制度改革实施方案，推动部分上市公司实施了股权激励，启动非上市公司中长期激励试点工作。制定授予省属企业负责人公益捐赠额度的意见，探索创新对企业负责人的激励方式。出台关于支持和鼓励省管企业改革创新、建立考核免责机制的意见，建立改革创新容错机制，努力为企业负责人开拓创新、干事创业营造良好环境。

加大省管企业供给侧结构性改革力度。制定用3年时间清理321户"僵尸企业"的工作计划，2016年计划完成125户，目前已经完成清理40户。积极推动济钢产能调整和山钢集团转型升级、山东能源肥矿集团改革重组，妥善解决凯远集团和省工业设备安装公司改制等久拖不决的老大难问题。建立企业经营绩效综合评价制度，计划用3年时间，组成专家组对全部省管企业经营管理等方面问题进行"问诊把脉"，推动企业提高管理水平。

推动企业带头实施创新驱动战略。出台关于实施创新驱动战略、提升企业科技创新能力的意见，实行"四视同三激励一奖励"的鼓励政策。2015年，省管企业在营业收入同比下降12%的情况下，科技支出同比增长8.3%。山东重工大力推进自主创新、开放创新、协同创新，建成国内规模最大、功能最全的发动机研发试验基地，先后推出国内首台拥有完全自主知识产权的高速大功率蓝擎发动机、首套自主ECU电控系统等高端技术创新成果。

稳妥发展混合所有制经济。出台省属国有企业发展混合所有制经济的意见，首批选择58户企业开展试点，目前已有10户企业制订了混改方案。为吸引非国有资本参与混改，研究起草关于充分发挥混合所有制企业中小股东作用的指导意见；设立山东国惠改革发展基金，一期将形成200亿元规模；建立混改工作信息发布平台，广泛引入外部投资者。

三、坚持以公开透明、依法合规为基本要求，努力构建协同配合的国有资产监管新机制

积极探索以管资本为主加强国资监管。改革国有资本授权经营体制，改建、新建11户省属国有资本投资、运营公司。按照"分层分类、有序划转、因企制宜、分类监管"的原则，积极推进省属经营性国有资产统一监管。充分考虑文化产业的特殊性，组建山东省国有文化资产管理理事会。制定省属企业功能界定与分类方案，对国企实行分类改革、分类监管。强化责任追究，出台《省管企业经营投资责任追究暂行办法》。

努力加强企业财务监管和审计监督。推动省属企业健全财务管理制度，以上市公司标准规范财务管理和会计核算。完善企业财务管理体制，形成财务总监全覆盖，逐级委派、垂直监管、层层负责的财务监管体系。建立常态化审计机制，每3年对省属国有企业及其权属企业开展一次全面审计。加强内部审计，建立内审部门直接向董事会、监事会报告工作制度。

积极推进企业重大信息公开。建立省管企业财务等重大信息公开披露制度，各企业向社会公开了财务预决算、"三重一大"事项等方面信息。2015年，山东省国企被上海财大评价为透明度最高的国有企业。从2016年开始，省属企业必须参照上市公司标准进行信息公开，进一步拓展公开范围，提高公开标准和质量，积极打造"阳光国企"。

着力解决国企利益输送问题。创新实施企业领导人员任职回避、公务回避和报告说明制度，企业领导人员在本企业内一律实行亲属回避，亲属从事生产经营活动不得与本企业发生经济关系。目前，已有7户企业对5名企业领导人员和11名中层管理人员的不当任职问题进行了纠正。制定省管企业关联方交易监管办法、招投标监管办法和职工民主评议招投标制度，从根本上切断利益输送的通道。

切实发挥企业党组织的政治核心作用。深入开展企业党委书记抓基层党建述职评议，层层压实党建工作责任。强化党风廉政建设责任制考核，推动落实"两个责任"。改革省管企业纪检领导体制，规范企业纪委书记、副书记提名考察和职责分工。坚持严格执纪，保持惩治腐败高压态势。创新监督检查方式，实施省管企业巡察、巡回检查制度。整合纪委、监事

会、财务总监等监督资源，建立监督检查联席会议制度，全力维护国有资产安全。

北京着力激发企业发展活力 优化国有经济布局[①]

长期以来，北京市委、市政府高度重视国资国企改革工作，始终坚持以习近平总书记两次视察北京重要讲话精神为根本遵循，全面贯彻落实党中央、国务院关于国资国企改革系列决策部署，努力做强做优做大国有企业，实现国有经济较快增长、收入利润逐年提升。特别是2016年，市属企业实现全面盈利，主要经济指标保持两位数增长，增速明显高于全国国有企业平均水平。2017年上半年，继续保持良好发展势头。

一、坚持市场化方向，激发企业发展活力

坚定推行市场化改革，推动市属企业成为真正的市场主体。以董事会建设为核心完善现代企业制度，完成首钢总公司改制，下属一级企业全部完成公司制改革。将加强党的领导和完善公司治理有机统一，分类开展深化董事会建设试点。以健全考核评价、激励约束和责任追究体系为基础，向集团董事会授予20多项权利，企业董事会在主业经营决策、经理层副职选聘、业绩考核及薪酬管理等方面拥有自主权。以增量方式委派外部董事，竞争类企业基本实现外部董事占多数。建立出资人（扩大）会议制度，创新政府相关部门、人大代表、政协委员和公众代表对公共服务和特殊功能类企业的综合监督评价机制。以混合所有制改革为突破口放大国有资本功能，把公司上市作为推动混合所有制改革的主要形式，成功实施金隅集团、郊旅公司两家一级企业整体上市，完成中信建投、数字认证等企业首发上市，市属国有上市公司达到58户，股票63支，混合所有制企业占企业总数的近70%。积极引入社会资本参与国有企业改革，发起设立100亿元水环境投资基金，推动首都生态环境建设；运用"PPP+委托运营""PPP+股权融资"等模式引入社会资本420亿元，支持地铁14号线、

[①] 该案例根据2017年7月全国国有企业改革经验交流会发言材料整理而成。

16号线建设，创新轨道交通市场化投融资机制。以"管资本"为着力点优化监管职能，制定出资人监管权力和责任清单，审批事项由40余项精简至31项，将由企业自主经营决策的事项归位于企业。创新监管方式，打造出资人监管信息化平台。参照上市公司信息披露标准，建立国有企业向出资人信息报告制度，推进企业财务、投资、重点任务建设等28项重大事项公开，保障股东知情权。

二、主动融入国家战略，优化国有经济布局

将"转改开创"作为"十三五"时期国有经济调整的四大主题，制定企业中长期调整重组方案，开展国有资本投资、运营公司试点，力争2020年底前将80%以上国有资本集中到公共服务、基础设施建设、前瞻性战略性产业等领域。围绕京津冀协同发展优化空间布局，积极打造首都产业转移承接平台，加快推动重大产业项目向津冀布局。曹妃甸协同发展示范区已签约项目18个，总投资额达327亿元；京津合作示范区开工建设，一批重大产业项目在津冀落户投产；实施金隅股份与冀东集团战略重组，是京津冀产业协同发展的一次有益尝试，得到习近平总书记"方向十分准确"的高度评价。建设区域协同创新体，加快首都科技创新资源向津冀辐射，天津滨海中关村科技园、石家庄中关村科技新城加速建设。聚焦产业链高端优化资本布局，积极推动国有企业由"大而全""小而全"向"专而精"转变，加快国有资本向优势企业和产业链价值链高端聚集。开展并购重组，市属企业收购德国最大废物能源利用公司，并购美国电源管理芯片设计公司，获取关键技术、核心资源，提高国际竞争力。开展轨道交通装备产业、通用航空产业的专业化整合，延伸产业链，提升资源配置效率。着眼去除无效供给优化产业布局，以供给侧结构性改革为主线，打出转移疏解、重组整合、清算注销、破产关闭"组合拳"。加快淘汰煤炭、钢铁等过剩产能，关停在京水泥企业，提前完成国家下达的目标任务；关闭18个区域性批发市场，积极退出不符合首都功能定位的低端业态；大力压缩企业管理层级，退出"僵尸企业"，近5年累计退出404户劣势企业。

三、服务"四个中心"建设，强化体制机制创新

围绕首都城市战略定位，发挥国有企业资源优势，以体制机制创新为依托，推动企业疏解提升谋发展。创新资源整合机制，构建"平台型"国企。搭建土地腾退整合平台，加强对企业疏解腾退土地的统筹利用管理，重点用于创新创业和转型发展；研究设立金融资金支持平台，发挥国有资本引导和放大作用，加大对疏解重点项目的资金支持力度；搭建静态交通管理平台，以大数据整合调配停车资源，推动首都城市治理向纵深发展。创新市场化运作机制，解决企业历史遗留问题。稳妥推进企业设立社保平台、政府购买服务实现退休人员社会化管理试点工作；加快组建全市统一的非经营性资产集中管理处置平台，对本市国有企业非经营资产实行专业化管理；设立京国瑞国企改革发展基金，利用改革红利弥补改革成本，减轻企业历史包袱。构建开放合作机制，激发企业创新动力。创新资本对新经济的支持模式，构建科技金融生态体系，服务全国科技创新中心建设；搭建市属企业与央企协同创新平台，发起设立中关村京企云梯科技创新联盟，已达成合作项目128项；市属企业在美国、德国、日本设立海外研发机构，布局扩展至全球49个国家及地区；打造"1+1+N"全球招才引智新模式（1个海外办公室+1个中关村研究所+N个项目公司），吸引世界顶级华人科学家进行离岸孵化，已签约8位全球顶尖科学家。

黑龙江盯重点持续攻坚 推试点破冰清障[①]

党的十八大以来，黑龙江省委、省政府坚决贯彻落实党中央、国务院的决策部署，特别是习近平总书记对黑龙江两次重要讲话的有关要求，将国有企业改革发展作为经济体制改革和供给侧结构性改革的核心任务，作为奋力走出黑龙江全面振兴发展新路子的重要路径，举全省之力进行推动，一些改革措施初见成效，经济形势企稳向好。2017年1—5月，省国资委出资企业累计实现营

---

① 该案例根据2017年7月全国国有企业改革经验交流会发言材料整理而成。

业收入173.8亿元，上缴税费11.7亿元，同比分别增长18.2%、46.9%，实现利润总额8.2亿元，同比扭亏增利21.2亿元。

一、坚持问题导向真抓实干

针对全省国有企业普遍存在的体制机制不活、内生动力不强、市场活力不足、党组织功能作用弱化等问题，着力深化改革。一是着眼激发企业活力充分放权。对于管了不该管的、管了也管不好的15项管理事项，全部取消、下放或授权；公布32项权力清单和责任清单及45项工作流程，8项负面清单之外的投资项目由企业自主决策，赋予企业充分的投资决策权。二是着眼完善治理结构加快混改。在省属企业层面，推进30户出资企业子公司混改，已完成19户；在驻省央企层面，推进5家科研院所混改。三是着眼有效激励约束完善考评。将改革目标纳入综合业绩考评，制订3年滚动改革规划，既看企业赚了多少，又看企业改了多少，初步建立"目标科学、考核规范、兑现刚性"的综合业绩考核体系和差异化分配的激励约束机制。四是着眼加强党的建设全面补短。从严落实管党治党责任，针对企业党建工作"四个化"问题全面整改。组织企业修改公司章程，开展三级党组织书记抓基层党建述职评议，加强对企业领导人员日常监督管理，组织企业查找并重新联系失联党员800余名，补缴党费4200余万元，处分违规违纪党员62名，调整任免8户企业30名领导人员。

二、盯住重点企业持续攻坚

对重点企业，一企一策、对症下药。一是持续抓好龙煤集团改革脱困。省委、省政府多次专题研究龙煤集团改革，并成立以省政府主要领导为组长的领导小组和龙煤改革脱困督导组，省直各部门成立9个专项工作组，持续推进体制改革、三项制度改革、剥离企业办社会职能等10个方面36项改革任务。截至2017年5月末，龙煤集团总部机关机构和管理人员精简78%和59%；2015—2016年分两批采取组织化分流方式安置职工4.06万人；完成四个矿业公司"两供一业"分离移交，完成30户辅业单位改制任务，以市场化方式转让6家医院85%股权；关闭退出省内10个煤矿，退出752万吨产能；多渠道筹资全部兑付 2012 年以来滚存的 82 亿元债券，化解资金链断裂风险。2017 年1—5 月，龙煤集团盈利 8.1 亿元，6 月开始实现当期现金流平衡，50% 以上的煤矿已经扭亏。二是稳妥推进北满特钢破产重整。受母公司东北特钢破产重整等因素影响，省国资委参股的北满特钢于 2016 年底进入破产重整法律程序。正在积极稳妥的运用法律手段处置债务、运用市场化方式寻求战投，力求职工满意、社会稳定，重新焕发企业的生机与活力。三是全力支持驻省央企加快改革。省委、省政府始终高度重视与驻省央企的融合发展，2016 年合作交流活动中，对接 38 家央企，签约 60 个项目，其中 54 个已落地，项目成活率达 90%。

三、选准试点领域破冰清障

黑龙江在全国率先开展驻省央企"三供一业"分离移交试点。在全面深化改革中，继续选准难点问题，用试点求突破。一是全省厂办大集体改革已基本完成。截至 2017 年 6 月 20 日，3357 户企业范围界定全面结束，51.67 万人员身份认定总体完成。在 2710 户企业中，已发放经济补偿金财政补助资金 48.01 亿元，分别完成企业户数和人数的 90.2%、86.3%；已接续养老保险关系 2089 户、19.43 万人，分别完成企业户数和人数的 90.5%、57.3%。目前，正按财政部专员办的安排，开展清算工作。二是退休人员社会化管理顺利组织推进。2017 年 1 月，国务院确定鸡西市为 5 个国有企业退休人员社会化管理试点城市之一。全省已编制完成试点工作实施方案，待省政府审定后，即可报送国务院国资委备案，前期准备工作已基本就绪。三是国有企业兼并重组试点初见成效。完成省投资总公司与龙兴集团重组，成立省投资集团，实现省级投融资平台的整合。把中煤国际公司划转建设集团，与西藏拉萨城投公司合作，盘活了资质，仅 3 个月就新签合同额近 100 亿元。正在加快推进经营性国有资产集中统一监管，首批 11 个省直部门的 180 户所属企业、451.4 亿元资产将纳入国资监管体系。四是国有资本投资、运营公司作用明显。将辰能集团改组为国有资本投资公司，发挥引领带动作用，积极服务龙江发展；与穗甬控股公司共同设立 100 亿元规模的振兴东北混合所有制改革促进基金，充分利用基金功能，放大国有资本影响力。

四、围绕提质增效加强监管

黑龙江始终把提质增效作为检验改革成效的试金石,眼睛向内、加强监管、盯住市场、推动创新。一是狠抓资源整合优化监管体系。整合财务审计监督、产权监督、薪酬及履职待遇监督、项目投资监督及纪检监察监督等职能,建立监督工作联席会议制度,每季度听取情况,强化当期和事中监督。同时,强化监督检查成果运用,通过会议推进、约谈企业主要负责人等不同形式落实整改。二是狠抓减员增效实现瘦身健体。省政府印发提质增效工作方案,要求亏损企业2018年底前全面扭亏,盈利企业每年增盈10%以上。各企业主动与同行业先进企业对标,狠抓管理提升,挖掘降本潜力,实现瘦身健体,管理层级控制在四级以内。航运集团由成立之初的7087人减至2024人,减幅71%;辰能集团拿效益最好的风险投资公司开展全员竞聘试点,70%人员重新上岗,30%人员进入创业培训中心。三是狠抓创新驱动提升竞争优势。加快科技创新步伐,探索国有资本运营创新途径,依靠转型升级培育发展新动能。建设集团2016年投入3500万元用于科技创新,获发明专利4项,实用新型专利34项,省级工法39项,实现新签合同额超400亿元的历史性突破。省联交所哈尔滨股权交易中心科技创新板正式启动上线,2016年累计挂牌企业302户,总注册资本112.42亿元,累计完成融资29.53亿元。

河南狠抓责任落实 全面深化改革[①]

党的十八大特别是十八届三中全会以来,河南省委、省政府认真贯彻落实党中央、国务院关于深化国企改革的重大决策部署,深入学习习近平总书记系列重要讲话精神,针对省国企改革相对滞后、产业结构不尽合理、历史包袱沉重、工业企业亏损严重等突出问题,树立"改革则活、不改则死"的意识,增强责任感、紧迫感,全面打好国企改革攻坚战,部分领域实现重大突破,企业效益稳步回升。2017年1—5月,河南省管企业实现营业收入1640.5亿元,同

---

① 该案例根据2017年7月全国国有企业改革经验交流会发言材料整理而成。

比增长 10.5%；实现利润 27.3 亿元，同比增利 66.2 亿元。

一、围绕建立工作推进机制，夯实主体责任抓改革

明确各责任主体职责分工，加强协同，确保工作有人抓、抓得牢、一抓到底。省委、省政府主要领导亲力亲为，把国企改革摆在关键位置，亲自上手、一线指挥，多次深入企业调研，广泛听取意见；部署相关部门组成专项工作组，历时3个月对省管工业企业开展清产核资，摸清了家底；主持召开各类会议40多次，研究推进国有企业改革工作；对标国有企业改革"1+N"文件，主持制定50多项改革实施文件，基本形成与中央改革政策全面对接、符合河南实际的国有企业改革政策体系。紧盯主体责任。抓住牵头部门、企业一把手等关键少数，省国资委认真履行改革办职责，组成9个专题工作组，赴企业现场办公；各省管企业均成立由党委书记、董事长、总经理挂帅的改革推进机构；各市县党委、政府也成立了改革领导机构。加强协同联动。成立河南省深化国有企业改革领导小组，陈润儿省长担任组长，30个省直部门主要负责同志任小组成员，领导小组下设6个工作组和4个企业改革指导组，最大限度凝聚合力。营造改革氛围。通过各种会议宣讲国企改革重大意义，媒体掀起宣传热潮凝聚改革共识。建立激励机制、容错纠错机制，为改革者撑腰，为创新者鼓劲，为担当者担当。

二、围绕推进混合所有制，做好"四个结合"抓改革

试点探索与全面推进相结合。2014年以来，分两批选择17户省管企业二、三级子公司进行试点，2015年筛选9户企业开展员工持股试点。在试点基础上，又启动一批省管企业子公司的混改工作。省管企业子企业实现混合所有制改革比例达到61%。分类推进与分层推进相结合。在竞争类企业全面推进混合所有制改革；在功能类、公益类企业保持国有控股的前提下积极引入社会资本，实现产权多元化。在集团公司层面，引导金融证券、装备制造企业率先通过引进战略投资者、整体上市等方式，形成混合多元的产权结构；在子公司层面，重点推进创新研发、生产制造服务等领域企业引入社会资本。内部整合与外部重组相结合。推进省管企业与外部企业、省管企业之间、省管企业内部三

个层面的重组整合，合并同类项、整合关联项，加快资源资本向价值链和产业链高端聚集。引入资本与转型升级相结合。以混合所有制改革促结构调整，平煤神马集团通过在新上项目、新设企业发展混合所有制，构建起以焦煤、尼龙、新能源新材料为核心、多业并举协同发展的产业新格局。

三、围绕完善法人治理结构，注重"五个突出"抓改革

突出董事会建设。在符合条件的企业全部配备外部董事，在机械装备集团开展落实董事会职权改革试点，将省国资委部分出资人职责授权董事会行使。突出规范公司管理体制。推进集团公司向国有资本投资、运营公司转型，指导省管企业主动放权、充分授权，调动子企业的积极性。突出下放干部管理权限。省委下放骨干企业正职管理权，省国资委党委下放经理层管理权，企业集团下放子企业人事管理权。突出差异化薪酬分配机制。对组织任命的企业领导人员，合理确定基本年薪、绩效年薪和任期激励收入；对市场化选聘职业经理人，由董事会按市场化水平确定薪酬。突出市场化选聘经理层。对市场化程度较高的新设企业一律实行经理层市场化选聘，在8户企业探索推行职业经理人制度。

四、围绕完成供给侧重点任务，坚持"两个同步"抓改革

把深化改革和落实供给侧结构性改革结合起来，以改革促转型。同步推进化解煤炭过剩产能。建立"四位一体"工作机制，由省、市、县区和企业共同推进，地方政府负总责、煤炭企业负主体责任、政府部门分工负责。把妥善安置职工作为重中之重，畅通劳务输出、内外部转岗、内部退养、退休等多种渠道，确保职工"转岗不下岗、转业不失业"。2016年，省管煤炭企业关闭矿井75对，退出产能1860万吨，安置人员5.4万人。同步推进瘦身健体。省管工业企业精简法人单位64户，集团总部职能处室普遍精简至10个左右，管理层级压减至3级。

五、围绕剥离省属企业办社会职能，紧扣"四项任务"抓改革

紧扣"三供一业"维修改造、公共服务机构分类处置、社区管理组织移交、退休人员社会化管理等任务，全面推进剥离企业办社会职能。企地同责、

压实责任。要求各地算清政治账、经济账、良心账，明确企业是移交主体，当地政府是接收主体。对企业和地方建立同等督导考核机制，每天进行工作信息汇总，每周对企业、市县工作进度进行通报，每月进行工作协调调度。分步实施、稳步推进。对企业办教育、办医疗机构，采取分离移交、资源整合、重组改制或关闭撤销等方式处置，对"三供一业"项目，在现场勘察基础上，分项目、分小区进行工程设计和项目预算，实现市场化运营、社会化服务和专业化管理。积极稳妥、注重实效。在退休人员社会化管理中坚持"两确保、三不变"，即确保服务质量不下降、合法权益不受损，服务人员不变、活动场所不变、待遇不变。截至 2017 年 6 月底，省属企业这项工作已总体完成，比国家要求的时限提前了一年半。

六、围绕加强国有企业党的建设，推进"四项工作"抓改革

推进党建工作总体要求进章程。研究制定党建工作要求进章程的政策文件，2016 年底前省管企业全部完成章程修订工作，确保党组织在决策层面发挥把关作用、在执行层面发挥推动作用、在监督层面发挥主导作用。推进基层党组织建设。建立党建工作联席会议制度，推动党委书记抓基层党建述职评议工作常态化。指导和推动 2035 个到期应换届基层党组织完成换届任务。推进企业领导班子建设。全面推行"双向进入、交叉任职"领导体制，基本实现党委（党组）书记、董事长"一肩挑"。推进党风廉政建设。夯实"两个责任"，运用执纪监督"四种形态"，加大案件查办力度，营造风清气正的改革氛围。安钢集团探索出了"四个三"党建经验，为企业解危脱困提供了强大动力。

江苏稳妥推进混改 优化布局结构 完善考核激励①

党的十八届三中全会以来，江苏省委、省政府深入贯彻落实党中央关于全面深化国有企业改革的决策部署，相继制定出台国有企业改革"1+N"文件 33 个，形成由 126 个文件构成的国有企业改革和国有资产监管工作制度体系，

---

① 该案例根据 2017 年 7 月全国国有企业改革经验交流会发言材料整理而成。

持续推进结构调整、创新发展、布局优化，全省国有企业规模实力不断壮大，发展质量稳步提升。截至2016年末，全省国有及国有控股企业资产总额92281亿元，归属于母公司所有者权益30275亿元；全年完成营业收入10181亿元，实现利润906亿元。2017年1—5月，省、市国资委监管企业营业收入增长7.7%，利润增长8.4%。

一、以上市为主要路径，稳妥推进混合所有制改革

坚持把混合所有制改革作为国有企业改革的突破口，通过多种途径推动国有企业改革。一是大力推动企业上市。积极推动企业引进战略投资者、实施股权多元化改造，创造有利条件，加快企业上市步伐。2014年以来，江苏国信、汇鸿集团、江苏有线、江苏银行、无锡华光等13户国有企业相继实现首发上市或重组上市，平均每年4户以上。省国资委监管企业集团层面已有3户实现了混合所有制改革。通过上市，共吸引各类社会资本459亿元，资产增值1030亿元。截至2017年5月末，全省国有控股上市公司50户，总市值9048亿元。目前，正在培育的上市企业39户。二是多渠道实施混合所有制改革。对于达不到上市条件的国有企业各级子公司，鼓励和支持其通过产权交易所公开竞价、骨干持股等规范化手段推进混改。按照党中央改革试点意见，2016年选择了10户国有企业开展员工持股试点。目前，省国资委监管企业各级子公司60%以上完成混合所有制改革，南京、无锡市已超过70%。通过混合所有制改革，既增强了国有企业活力，又带动了大量社会资本，放大了国有资本的影响力和控制力。以江苏高科技投资集团为例，2014年该集团在二级子公司层面成立管理层持股65%的毅达资本，组建时毅达资本管理的资产规模仅40亿元，2016年末超过470亿元，3年增长10倍。三是配套推进其他改革。以华泰证券、江苏高科技投资集团为试点，实行市场化选人用人机制，目前企业中层及中层以下已做到管理人员能上能下、员工能进能出、收入能增能减，取得了较好效果。

二、加快资源重组整合，优化国有资本布局结构

坚持把国有经济布局结构的优化调整作为推进供给侧结构性改革、提质增效的重要抓手，不断优化资源配置。一是聚焦主业，优化国有资本布局结构。

从严管控非主业投资，推动各类资源向主业集聚，切实压降辅业占用资源比例。近3年来，省国资委监管企业围绕主业新增投资1216亿，96%以上集中在基础设施、能源资源、现代服务业、高新技术产业和战略性新兴产业等领域。二是盘活存量，加大企业重组力度。从2006年开始，江苏省就积极推动全省国有企业内部资源整合，省国资委监管企业先后实施15次集团层面重组，企业从44户降至23户。2017年，又整合全省沿江沿海港口资源，组建了江苏省港口集团，已挂牌运营。三是清理整合，加快退出劣势企业和低效投资。2014年以来，通过产权转让、兼并重组、清算注销等方式清理退出低效无效投资及企业420多户。按照"停业停产、连续三年以上严重亏损且资不抵债"的"僵尸企业"标准，2017年又排出了170多户，计划2018年底前全部出清。

三、改革考核办法和激励机制，推动企业聚力创新

坚持把提高自主创新能力作为国有企业的核心战略，不断增强国有企业核心竞争力。一是注重政策引导。改革国有企业经营业绩考核办法和激励机制，明确"企业技术开发费用全额视同利润，不受管理费用总额限制"的政策，极大增强了国有企业创新投入动力。近3年全省国有企业累计投入研发经费198亿元，承担国家级科技计划项目103项、省级项目283项。二是积极引进人才。实施"十大领域海内外引才行动计划"，2015年以来先后赴美、英、法等国开展金融、文化等领域专场招聘会，引进高端人才和项目团队。近3年仅省级层面就引进、聘用和培养创新人才5400多人。三是发挥创投机构作用。支持企业按市场化方式设立产业创投基金，建立各类孵化器、创新创业基地和网上众创空间；加大对战略性新兴产业、高科技产业的投资，提高种子期、初创期项目的投资比例。其中，仅江苏高科技投资集团就累计投资科技型企业700多户，助推108户企业在境内外上市。

四、不断完善监管机制，推动国有企业持续健康发展

坚持创新监管方式和手段，紧盯薄弱环节，努力提高监管的科学性和有效性。一是积极转变职能。2014年以来，省国资委先后三次精简规范出资人审批事项，共取消、下放14项，保留20项，精简幅度达41%。二是规范改革流

程。加强改革全过程监督，对关键环节提出规范性要求，就国有企业领导人员组织实施改革作出了"13个不得"的禁止性规定，为国有企业改革划定底线红线，确保国有资产不流失。三是强化风险防控。着眼防控市场风险、投资风险、财务风险、廉洁风险，推行重大事项必须由内部法务人员和外聘法律顾问双重审核的制度。发挥党组织领导核心和政治核心作用，强化党组织监督，审慎做好重大投资决策。强化非主业投资管控，特别监管类项目由省国资委直接组织论证，仅省国资委监管企业就及时终止非主业高风险投资500多亿元。

四川完善公司治理 推动向管资本转变[①]

党的十八大以来，四川省委、省政府坚持以习近平总书记系列重要讲话精神和治国理政新理念新思想新战略为统揽，全面贯彻落实党中央、国务院关于深化国企国资改革的决策部署，理直气壮做强做优做大国有企业，打出体制改革、机制创新"组合拳"，推动重点领域、关键环节改革实现新突破。坚持以管资本为主完善国有资产监管体制，提高国有资本效率，增强国有企业活力，加强国有企业党的建设，强化符合中央精神和四川实际的顶层设计，构建国资国企改革"1+25"政策体系，全省国有企业呈现出体制机制更活、质量效益更优、动力活力更强的良好态势。截至2016年底，全省国有企业资产总额达6.6万亿元，是2010年底的2倍；所有者权益2.4万亿元，是2010年底的2倍；实现营业收入1.3万亿元，利润447亿元。国有经济总量、从业人数、投资额、上缴税费占全省的比重均超过40%，为全省经济社会发展作出了重要贡献。

一、健全完善现代企业制度，不断增强国有企业活力竞争力

推进法人治理去行政化。大力推动国有企业建立健全权责对等、运转协调、有效制衡的决策执行监督机制，实现规范的公司治理。推进董事会建设"由虚入实"，明确出资人、董事会、经理层的权责利关系，落实董事会在重大决策、薪酬考核、选人用人等方面的职权。优化集团管控模式，以产权为纽

[①] 该案例根据2017年7月全国国有企业改革经验交流会发言材料整理而成。

带，构建以战略目标和财务效益为导向、以股权关系为核心的集团管控模式，形成充分市场化、充满生机活力的经营管理机制。

推进选人用人市场化。落实董事会选人用人职权，制定省属企业董事会选聘高级管理人员管理办法，建立职业经理人约束机制。78户国有企业市场化选聘150余名高管人才，四川长虹、泸州老窖面向全球市场化招聘总经理。2017年开始，四川按照"新人新办法、老人老办法"原则，对新出缺经理层成员全部实行市场化选聘，现有经理层成员包括总经理年内全部与董事会签订契约合同，届满后均参加市场化选聘转换为市场化身份，未被聘用的由企业重新安排岗位，基薪可保留原有水平，绩效按新岗位确定。

推进激励约束契约化。建立与企业选人用人方式相匹配、与企业功能性质相适应的差异化薪酬制度，实现员工收入与岗位价值、个人贡献和企业效益挂钩，打破"大锅饭"，对没有达到责任目标的倒扣基薪。企业负责人收入最高与最低的相差超过10倍，如四川商投集团子公司经理层成员最高年薪超过150万元，最低年薪不足10万元。探索建立中长期激励机制，开展混合所有制企业员工持股试点、省属非上市企业实施中长期激励试点等。

推进产权多元化。省属企业一级公司层面已全部完成公司制改造，近两年新设立的省属二、三级国有企业基本实行产权多元化，省属一级以下法人公司混合所有制企业占比达51%。四川航空通过混合所有制改革，大幅提升了决策效率，有力推动企业健康可持续发展，资产总额从42亿元增长到280亿元，机队规模从13架发展到123架，迈入全国性中型航空公司前列。

二、提高国有资本效率，扎实推进供给侧结构性改革

优化调整国有资本投向。引导国有资本向战略性新兴产业、先进制造业、现代服务业等重要领域和关键行业集中，向产业链价值链中高端集聚，先后设立60余只产业发展和基础设施基金，带动产业投资10000亿元。

加快企业重组整合。设立首期规模500亿元的国企改革投资基金，着力培育打造一批资产规模过千亿元乃至过万亿元的大企业大集团。围绕打造金融控股、产业投资引领、企业改革三位一体的国有资本运营平台，实施四川发展（控股）转型改革；围绕打造全国知名、西部一流的国有综合性商贸流通企业，对四川商投集团进行二次重组；围绕打造西南地区最大的旅游产业投资平台，

整合川旅集团与锦弘集团,组建四川旅投集团。

果断从缺乏竞争优势领域退出。扎实推进"三去一降一补",依托国有资本运营平台,通过市场化手段处置一批低效亏损的企业资产。2016年,川煤集团退出435万吨产能,目前已连续盈利8个月,正努力走出困境。川化股份退出化肥生产,转向新型化工贸易和新能源新材料产业,目前已扭亏为盈,正积极推动恢复上市工作。

推动企业科技创新和"走出去"。近年来,省属企业获得国家级科技进步奖16项,申请专利1130多项,牵头组建的产业技术联盟近60个。主动融入国家"一带一路"倡议,设立首个海外综合投融资平台公司,推动实施境外项目120多个,总投资达1000多亿美元。

三、创新国资监管体制机制,积极推进从管资产向管资本转变

加快国资监管机构职能调整,精简优化监管职能,科学界定国有资产出资人监管边界,制定出资人审批事项管理办法,公布38项监管权力清单和责任清单,首批取消或下放权力事项14项。出台具有四川特色的国有企业功能界定与分类监管指导意见,科学设定企业目标任务,有效提高改革的针对性、监管的有效性、考核评价的科学性。建立监管权力责任清单和监管信息平台,完善企业内部监督制度和监督会商机制,加大外派监事会工作力度,形成了具有四川特色的国资监管体系。推进国有资本授权经营体制改革,改组组建了一批国有资本投资、运营公司,通过市场机制实现国有资本良性循环。

湖南创新四种机制 搭建四个平台①

党的十八大以来,湖南省全面贯彻落实习近平总书记系列重要讲话精神和党中央、国务院关于深化国资国企改革的重大决策部署,着力在加强国企改革机制建设上做文章,以机制的完善保障改革的落实。结合湖南实际,创新四种机制,搭建四个平台,精准推进国有企业改革,全省国有经济发展呈现良好态

---

① 该案例根据2017年7月全国国有企业改革经验交流会发言材料整理而成。

势。2016年，全省国有企业资产总额达2.55万亿元，同比增长17%；净资产1.01万亿元，同比增长14%；实现营业收入3764亿元，同比增长21%；实现利润162亿元，同比增长98%。截至2017年6月底，省属监管企业资产总额为6900亿元，同比增长5%；净资产2100亿元，同比增长9%。2017年1—6月，实现营业收入1850亿元，同比增长25%；实现利润26亿元，同比扭亏增利33亿元。

一、创新领导机制，搭建高位推动的组织平台

湖南省委、省政府高度重视国有企业改革工作。省委主要领导多次对深化国资国企改革发展，促进国有企业做强做优做大提出指示和要求。2017年4月，湖南成立省属国有企业改革领导小组，省政府主要领导任组长，负责全省国企改革的组织领导和指导协调；领导小组下设办公室，协调相关部门，形成改革合力。6月，省属国有企业改革领导小组召开第一次会议，审议通过《省属国有资本布局结构调整和企业整合重组2017年实施计划》和《关于制定出台深化国企改革有关配套政策及其任务分工的意见》等政策文件，为下一步深化国企改革明确了方向。2016年11月，新一届省委决定由1名省委常委任省国资委党委书记，重点抓好全省国有企业改革发展工作。

二、创新调度机制，搭建常态化的协调平台

湖南建立国资国企改革双周调度会议制度，每两周召开1次会议，坚持问题导向、突出注重时效，及时跟踪、调度重大改革事项进展情况，协调解决改革推进中的重大问题。一方面，通过双周调度实施督促、协调、检查，倒逼国有企业积极主动加快自身改革步伐。特别是针对2017年明确的推进资本布局优化和企业重组整合、公司制改制、"压减"工作等五大重点改革事项，通过"双周一调度，一月一报告"，督促相关企业自我加压，制定实施方案，落实责任主体，倒排任务进度，细化到每月、每周，改革工作节奏明显加快。另一方面，通过对双周调度发现的问题进行归类和汇总，有针对性地协调省直相关部门协同推进解决。2017年6月，针对公司制改制、"压减"工作中存在的税务清算、工商注销手续繁多、程序复杂等问题，省国资部门组织工商、税务等部

门召开专题协调会，共同研究解决方案，相关部门为国企改革启动简易程序、开辟绿色通道，促进改革工作效率明显提升。

三、创新联点机制，搭建"一对一"的联络平台

2017年5月，湖南召开全省国资委系统深化国企改革工作推进会，明确2017年深化国企改革的重点工作任务，包括推进公司制改制、压缩管理层级减少法人单位、资本布局优化与企业重组整合、"僵尸企业"处置等。为有效开展工作，建立国资部门联点企业深化改革制度，并以清单的方式将任务和责任落实到每个企业、每个处室、每个人。通过构建"一对一"的联点工作机制，形成齐抓共管推进改革的良好格局，使各项工作取得明显成效。公司制改制方面，2017年上半年完成3户一级企业、6户二级企业的改制工作。至此，全省全面完成了省属一级企业层面的公司制改制任务。"压减"工作方面，已完成15户企业将管理层级控制在3级以内的目标，完成总任务的43%；按照2017—2018年法人单位减少20%的要求，已减少法人单位37户，减少非法人单位45户。资本布局优化与企业重组整合方面，制定《省属国有资本布局结构调整与企业整合重组总体方案》，按照"主业归核、资产归集、产业归位"的要求，对监管企业的金融投资、房地产开发、酒店经营等业务进行了全面清理，通过重组整合聚焦主业发展。完成4家企业集团的重组整合工作，累计整合24户企业（含政企政资分开企业），到2017年底，省一级监管企业将从37户整合至30户以内，到2019年底整合至20户左右。"僵尸企业"处置方面，拟定《省属企业处置"僵尸企业"工作方案》，通过兼并重组、债务重整或破产清算等方式，用2年左右时间完成"僵尸企业"清理任务。

四、创新督导机制，搭建强有力的促进平台

建立国资部门联点督导市州办社会职能分离移交工作制度，坚持每个季度至少开展一次现场督查，加强与市州、企业及相关单位的沟通与协调，共同研究、支持解决国企办社会职能分离移交工作中存在的困难和问题。通过加强沟通、协调与服务，做到项目全覆盖、人人有分工、个个有责任，确保分离移交工作落地落细见实效。作为中央企业"三供一业"分离移交全国试点省份，湖

南这项工作取得明显进展。驻湘央企层面,"三供一业"分离移交已全面铺开,有 110 户央企已启动实施,其中 34 户企业完成供水改造、26 户企业完成供电改造、4 个社区移交地方管理。省属企业层面,"三供一业"分离移交工作已全部启动,共涉及 23 户省属企业 159 个项目,已完成供水改造项目 38 个、供电改造项目 27 个。到 2017 年底,可基本完成省属企业、驻湘央企供水供电分离移交任务,2018 年底基本完成国有企业"三供一业"分离移交工作。

福建创新驱动 结构调整 放管结合 激发活力[①]

党的十八大以来,习近平总书记站在党和国家发展全局的战略高度,对国资国企改革发展作出系列重要指示批示,为全面深化国有企业改革提供根本遵循。福建与国有企业改革有着特殊的渊源,1984 年福建 55 位厂长经理有关"松绑放权"倡议,成就我国经济体制改革的一段佳话。2014 年,福建 30 位企业家联名致信习近平总书记并获亲笔回信,再次掀起一轮国企改革新热潮。近年来,福建深入贯彻落实习近平总书记系列重要讲话精神和治国理政新理念新思想新战略,坚持党对国有企业的领导,以推进供给侧结构性改革为主线,推动国有企业改革取得阶段性成效。2017 年 1—5 月,全省非金融国企资产总额 37926 亿元,同比增长 18.6%;实现营业收入 4354 亿元,同比增长 35.3%;实现利润总额 159 亿元,同比增长 22.3%;上缴税收 195.4 亿元,同比增长 20.4%。

一、坚持创新驱动,培育国有经济新动能

培育壮大新产业。福建省委、省政府认真贯彻习近平总书记对新福建建设提出的"机制活、产业优、百姓富、生态美"的重要指示,创新举措激发国有企业活力,围绕重大龙头项目,做好上下游产业链延伸,加快新兴产业集聚发展。加快推进混合所有制改革,形成适应市场经济要求的管理体制和经营机制,让国有企业真正成为具有竞争力的市场主体。在集成电路、新型显示、大数据、物联网等重点领域,集聚一批优势企业,初步形成龙头带动、链条延伸

---

① 该案例根据 2017 年 7 月全国国有企业改革经验交流会发言材料整理而成。

的集群发展态势。省电子信息集团与台资企业合作的"填芯补屏"系列项目投资超过1000亿元，努力打造东南沿海重要的电子信息产业基地。其中，28纳米芯片代工项目达产可实现产能5万片/月，产品可有效替代进口；月产6万片的DRAM存储器芯片项目2018年投产，规划产能24万片/月；月产4.5万片铟镓锌氧化物－液晶触控面板项目2017年6月已投产，规划产能9万片；月产1.7万片的砷化镓芯片项目开始试生产，规划产能5万片/月。

推动发展新技术。将科技创新工作纳入企业负责人经营业绩考核体系，推进股权和分红权激励，鼓励科技型、创新型企业实行骨干员工持股，激发企业创新内生动力，催生一批新产品、新技术、新业态。厦门钨业加强自主创新，稀土永磁材料、储氢材料技术成为行业领跑者，超细晶硬质合金产品占全球市场27%，储氢材料占全球市场20%；车用锂电池正极材料占全球市场30%，推动打造锂电新能源千亿产业集群。星网锐捷坚持将销售收入的14%投入研发，各类技术人员占比超过50%；瘦客户机国内市场占有率43.6%，连续15年国内销量第一，企业无线局域网络设备（WLAN）国内市场占有率22%。船舶集团注重高端产品研发创新，正在建造的全国第一艘深海采矿船，列入国家高技术船舶科研计划；研制的船舶深海养殖平台实现渔业养殖的智能化、工业化，能抵抗17级台风，将带动形成超过3000亿元的市场。

二、坚持供给侧结构性改革，促进国有经济新发展

改造传统产业优化产品结构。按照省委九届十四次全会对推进产业转型升级的部署要求，推动国有企业在服务国家和地方战略中走前头、作表率。大力实施两化融合、"机器换工"和新一轮技改工程，提升传统动能；加快产品结构和产业结构调整，推动制造业主辅分离，促进传统产业沿着智能制造、服务型制造、绿色制造方向发展，实现70%的传统产业企业转型发展；转型后的国有企业有市场、有效益、有税收，核心竞争力持续提高。省能源集团发展风电、燃气发电、工业园区集中供热等清洁高效能源，煤炭营业收入占比从"十五"时期的近90%降至目前的7.1%。省冶金控股公司推动钢铁、铝业、钨业等传统产业的改造升级，钢铁进一步提高金属制品材、板材等工业用材的质量，填补省内高端产品研发的空白；高附加值的工业铝合金型材比重逐步提高到60%以上。三钢集团实施全流程降成本，实现全员、全要素、全过程的成本

管控，2017年上半年实现利润27.5亿元，同比增长246%。厦门建发推动传统贸易主业的转型升级，创新经营和盈利模式，做优做强供应链运作、金融、平台及投资等"四位一体"的供应链运营，2016年净资产收益率13.3%，资产保值增值率122.3%。

淘汰落后产能推动转型升级。全面落实国家"三去一降一补"重点任务，推进钢铁、煤炭行业去产能，2016年全省共处置6家钢铁企业、退出49家煤矿企业；关闭化工、造纸、纺织、铸造等一批落后产能国有企业，妥善做好职工转岗安置，办理好社会保险接续手续，2017年历史遗留问题基本解决，实现安定稳定。引导企业积极转型，国有企业在先进制造业、战略性新兴产业、现代服务业中的引领作用更加凸显，在基础设施与民生领域的支撑和保障作用更加凸显。

三、坚持放管结合，激发企业主体新活力

福建省委、省政府主要领导在省全面深化改革领导小组会议、省国企党建工作会议上强调，要坚持市场化改革方向，进一步简政放权、放管结合、优化服务，激发国有企业市场主体活力。

放权到位。2016年，福建共取消32项出资人审批审核事项。同时，制定权力和责任两个清单，清单之外无审批，主业投资事项全部由企业自主决策，有效激发企业活力。厦门市坚持"管好管少管住管活"，加快推进董事会授权试点工作，成效显著；加大帮扶企业力度，积极收集企业反映的各类问题，在提供政策指导服务、推动企业上市、拓宽企业融资渠道、提高企业人才队伍素质、优化工作流程等方面开展服务。

监管到位。2016年以来，福建陆续出台加强国有资产监督防止国有资产流失的实施办法等40多份政策措施。建立监督协同机制，整合出资人监管、外派监事会监督与审计、纪检监察、巡视等监督力量，严格落实"三重一大"事项决策制度，2016年外派监事会监督国有企业"三重一大"决策事项3015项。注重发挥审计监督作用，抓住监督重点，2016年开展"项目建设、商贸业务、非主业投资、高风险业务"四大专项审计；省国资委与省审计厅联合开展省属企业高风险业务专项清查，追回高风险贸易逾期资金17.2亿元。加大对违法违规决策、以权谋私、利益输送等造成国有资产重大损失案件的追责力度，2016年立案91件，党纪政纪处分58人。

江西推进混改 完善体制 剥离企业办社会职能[①]

党的十八届三中全会以来，江西认真贯彻落实习近平总书记系列重要讲话精神和党中央关于深化国企改革的决策部署，切实按照国务院领导同志关于"打造国企改革'江西样板'"的要求，紧扣重点领域和关键环节，持续推进国企改革攻坚，各项工作取得积极成效。截至2017年6月底，全省国有资产总额22500亿元，实现利润总额80亿元，分别同比增长15.5%、10.6%。其中，省出资监管企业资产总额10285.3亿元，实现利润总额53.2亿元，分别同比增长13%、43.6%。

一、自觉担负打造国企改革"江西样板"光荣使命，多管齐下推动改革落地见效

一年多来，江西以打造国企改革"江西样板"为新使命，始终坚持更高标准、更严要求，坚决打好国企改革攻坚战。一是立足全局抓改革部署。省委、省政府先后召开省委常委会、省政府常务会议、国企改革领导小组会议、国企改革工作会议等各类会议近20次，专题研究国企改革发展，为深化国企改革定盘子、理路子、开方子。二是完善制度抓改革推进。形成"1+23"国资国企改革配套文件体系，特别是专门出台《关于打造国有企业改革"江西样板"的实施意见》，提出在6个方面打造"江西样板"的21条具体措施。目前正在制定打造国企改革"江西样板"（2017—2018年）攻坚计划，着力推进各项工作。三是强化督察抓改革落地。省委、省政府主要领导亲自督察，建立健全领导挂点、督察通报和考核评价等机制，层层压实责任。省国企改革领导小组全程跟进、按月督察、定期通报，强化督察结果运用，推动国资国企改革任务落地生根、开花结果。全省国企改革工作计划87项重点台账任务均按照既定目标要求结项。四是加强党建抓责任落实。认真贯彻落实全国国有企业党的建设工作会议精神，组织开展"国企党建怎么看、怎么改、怎么干"主题大讨论，坚持"党建+改革"，着力解决江西国企党建存在的突出问题，凝聚改革共识，

[①] 该案例根据2017年7月全国国有企业改革经验交流会发言材料整理而成。

激发改革动能，汇集改革合力，为深化国企改革提供坚强有力的保障。

二、积极稳妥发展混合所有制经济，着力提高国有资本运营效率、增强企业发展活力

坚持因地制宜、因企施策，成熟一个、推进一个，规范有序推进国有企业混合所有制改革，制定《混合所有制改革操作指引》，打造省建工集团、中国瑞林、江盐集团、旅游集团和招标咨询集团等"混改样本"，初步形成一套可借鉴、可复制、可推广的经验做法。一是统筹推进省属集团混合所有制改革。坚持企业改革主体，由企业自下而上提出混改总体规划和方案，再统筹谋划改革目标步骤，实现省属集团层面横向有序试点，地市及省属子企业纵向稳步推进。截至 2017 年，省国资委 14 家出资监管企业中，除 3 家投资运营公司外，有 4 家实行了混改，3 家正在推进，4 家已实现或正实现核心资产整体上市。省属国企整体混改率达 71.3%。二是严把引进战略投资者和员工持股"两个关键环节"。在引进投资者方面，优先引入运作规范、效益良好、认同企业发展战略和企业文化、能与企业产生协同效应的战略投资者。在员工持股方面，坚持核心员工持股，不搞普惠制；坚持同股同价，不搞特殊待遇；坚持"股随岗设、岗变股变、人走股退"，不搞终身制，使企业与核心骨干员工结成利益共同体。三是坚持分层分类、多种模式稳妥推进混改。探索形成合资新设、增资扩股、重组控股民营企业、参股民营企业和股改上市等 5 种混改方式，打造多个混改样本。江盐集团混改是江西新一轮积极探索混改和员工持股的"第一单"，企业自我改革意愿强烈，改革抓得早、推得快，为应对盐业体制改革争取了发展时间和空间。2016 年，江盐集团经济效益大幅提升，实现利润同比增长 23.7%。省旅游集团混改是企业管理团队和员工的一次集体自我革命，下定决心与企业命运捆绑，主动申请降为省属二级企业管理，实现资本、治理、业务、团队结构的优化。

三、不断完善国资监管体制机制，积极推进科学行权履职

坚持放管结合，积极转变职能，初步实现监管体制定型、监管方式转型、监管服务水平明显提升的改革目标。一是在"放"字上做文章。制定公布省国

资委履职事项清单、权力清单和责任清单，分三批取消和下放39项审批核准事项，将不该管、管不了、管不好的事项彻底下放给企业，保障企业经营自主权。二是在"改"字上下功夫。在三家省属企业开展试点，下放资本运营、投融资、利润分红等40项股东职权给董事会，督促企业建立高效运转的市场化运行机制和风险管理体系。大成国资公司改组为投资运营平台两年来，成功整合组建了3大产业集团，初步形成了1家主业上市公司、3家培育上市企业的梯度发展格局。三是在"督"字上下力气。构建完善企业内部监督、外部监督和社会监督"三位一体"的监督体系，有效防止国有资产流失。四是在"服"字上出实招。建立领导联系企业制度、困难企业对口帮扶机制，协调解决企业改革发展中遇到的资产处置、划拨土地转增资本金等各类困难和问题，努力为企业创造良好发展氛围。

四、加快剥离国有企业办社会职能，努力为企业改革发展创造良好环境

坚持"谁监管谁负责移交""企业在哪里，哪里负责接收"，下大力气分离企业办社会职能，全面完成省属国有企业1027个社区的移交工作，移交人员76.6万人。一是着力解决推动难。省委、省政府专门出台政策，主要领导亲自给地方政府、省直部门、省属企业下达"任务书"，签订"军令状"，并派出包括监察部门在内的省联合督察组，开展经常性督察，保证移交工作顺利进行。二是着力解决资金缺。通过国有资本经营收益、企业自有资金、依法出让部分国有资产、列入地方政府整体搬迁规划、资源枯竭矿山闭矿自然退出、改制后企业自筹资金、供水供电企业在实施水电改造时按保本微利原则支持等方式筹措资金150多亿元。三是着力解决交什么。为使移交干净彻底、不留尾巴，要求做到社区管理职能、档案资料、党团组织关系、办公和社区活动场所、社区工作人员和办公设备、社区公用设施管理移交"六个到位"，将企业承担的社会管理职能彻底属地化。

深圳完善国资体制 着力激发企业活力和竞争力[①]

党的十八大以来，深圳经济特区深入贯彻习近平总书记系列重要讲话精神和关于国企改革发展的重要论述，认真落实《中共中央 国务院关于深化国有企业改革的指导意见》等系列改革部署，制定出台深化国企改革"1+12"文件，着力做强做优做大国有企业，努力为全国国企改革探索新路。截至2016年底，深圳市属国企总资产1.1万亿元，比年初增长7%；实现营业收入1492亿元，利润341亿元，同比增长9%和20%，国有资产证券化率、国有企业成本费用利润率和资产负债率等财务指标均位居全国前列。

一、坚持以深度市场化改革为主攻方向，进一步激发国企发展活力

在较早推行市场化改革的基础上，主动对标世界一流企业，以产权改革为基础、以公司治理为核心、以选人用人为关键、以激励约束为保障，推动深圳国企市场化改革向纵深发展。一是深度推进混合所有制改革。制定全系统混合所有制改革方案，重点支持高新技术企业、科技服务型企业等率先突破，通过引进战略投资者、推进管理层与核心骨干持股等，不断优化股权结构，放大国有资本功能。近两年，深圳完成9户企业混改，引入民间资本68亿元，市属国企混合所有制比例达到75%。二是健全公司法人治理结构。组建外部董事占多数，内部董事、专职和兼职外部董事互补的董事会，实行直管企业财务总监"全外派"，做实各治理主体功能，形成健全高效、相互制衡的现代企业治理机制。深圳地铁、盐田港等5户企业外部董事人数占比已经超过2/3。三是强化市场化选人用人导向。坚持市场化选聘与组织选拔相结合，2016年以来选择2户直管企业和13户中小企业开展经营班子整体市场化选聘试点，并通过猎头等方式选聘5名专职外部董事。同时，明确组织任命企业领导人员的7种予以免职或降职和5种予以辞退情形，真正实现"能上能下""能进能出"。四是改革激励考核机制。根据企业类别、选任方式、岗位职责、经营

[①] 该案例根据2017年7月全国国有企业改革经验交流会发言材料整理而成。

业绩等统筹推进薪酬改革,对市场化选聘的职业经理人实行市场化薪酬,不搞层层限薪,对二级以下企业下放长效激励审批权限至直管企业,对10户商业类直管企业和30余户二级及以下企业开展长期激励,对取得显著经济或社会效益的企业给予专项奖励。

二、坚持以"管资本"为主线,着力完善国有资本监管运营体制

落实由"管企业"转向"管资本"的改革要求,重点通过"一张清单、一个基金、三类平台",持续完善国有资产管理机制,确保国有资本保值增值。"一张清单":编制国资监管权责清单,厘清政府与市场、出资人与企业的权责边界,累计取消22项国资部门事权,仅保留17项出资人监管权限,将未列入清单事项交由企业依章程自主决策。"一个基金":打造覆盖企业全生命周期的国资基金群,为管好国有资本、推进国企改革提供强大资金池和金融支持。目前,深圳发起设立了1500亿元的国资改革与战略发展基金,出资160亿元参与设立国家国有资本风险投资基金,到2020年基金群规模将超过5000亿元,撬动社会资本比例超过50%。与全球领先的移动芯片设计提供商ARM公司等设立厚安创新基金,推动ARM(中国)总部落户深圳。"三类平台":根据国有资本的商业属性、公共服务属性和政府功能属性,搭建投资运营、公益类和功能类平台,分类管好资本。对标新加坡淡马锡,推进深投控的国有资本投资公司综合改革试点,努力在监管体制、风险管控、投资管理等方面寻求突破。

三、坚持以提高质量效益为中心,着力提升国企市场竞争力

按照做优增量、盘活存量、主动减量"三管齐下"的思路,优化国资布局,加强资源整合,推动国资做强做优做大。一是向整合优化要更高效益。围绕资产重组、资源整合、资本运作,制定整合重组"1+N"方案,并将2017年作为国企"资源整合年",积极推进公交、能源、水务、地产、金融等板块整合。2016年以来,完成深圳湾科技与高新建、天健与粤通等重组,推动深圳地铁收购万科股权以及深投控收购天音控股和信达财险,同时出清57户关停企业,脱困22户特困企业。二是向创新驱动要更强动力。出台《促进市属国

有企业创新发展的若干措施》，明确将创新企业研发投入占营业收入的比例提高到5%以上，研发团队科研负责人、骨干技术人员分享收入比例提高到50%以上，激励企业加大创新力度。深圳创投、担保类国企累计扶持创新型企业和项目5万个，其中创新投扶持企业上市121户和新三板挂牌企业89户。三是向开放发展要更广市场。主动服务"一带一路"倡议和粤港澳大湾区建设，制定实施国企"走出去"发展战略，推进马来西亚产业园、中越经贸合作区、巴新投资以及乌鲁木齐综合物流园、喀什综合保税区等项目建设，加强与美国、法国、以色列等国的海外孵化器和基金合作。深圳市属国企在全国布局461个项目，在"一带一路"沿线等18个国家布局36个项目。

四、坚持以加强党对国企领导为根本遵循，着力强化企业党组织的核心作用

全面落实全国国有企业党的建设工作会议精神，同步推进国企改革和党建工作，努力打造以"大党建""大抓支部""大监督"为特色的国企党建品牌。一是构建"大党建"格局。将党建工作纳入公司章程，把党建责任融入国企经营考核目标，推行党委书记、董事长"一肩挑"和党委副书记进入企业董事会，充分发挥党组织在"三重一大"等决策事项中的领导核心作用。二是开展"大抓支部"建设。着力抓好1761个基层党组织建设，编制国企基层党建"十三五"规划和《国企基层党支部标准化手册》，成立市国资委党校和团工委，搭建"智慧党建"云平台，开展11期基层党支部书记全员轮训，推进从严治党、教育培训、群众工作、财力物力向支部下沉。三是打造"大监督"体系。探索推行纪委书记兼任监事会主席模式，明确直管企业必须单独设置纪检监察室，不断健全监事会、财务总监、纪检监察、审计、风险、内控等监督资源协同的"六位一体"的"大监督"体系，实现党内监督与出资人监督有机结合，有效破解同级监督难题。

辽宁推动战略性重组与混改 促进高质量发展[①]

辽宁省委、省政府坚持以习近平新时代中国特色社会主义思想为指导,认真学习贯彻习近平总书记参加十二届全国人大五次会议辽宁代表团审议时的重要讲话精神,持之以恒落实"四个着力""三个推进"要求,全面落实国企改革"1+N"系列文件,着力落实《东北地区国企改革专项工作方案》,出台了《推进国有企业改革发展的实施意见》和《加快推进全省国资国企改革专项工作方案》及三年攻坚计划,全面加强党对国有企业的领导,不断深化改革,促进国有企业高质量发展。截至2017年末,全省国有企业资产总量28595.5亿元,所有者权益11620.6亿元,较2012年翻一番。截至2018年8月末,全省212户重点企业累计实现营业收入2710.2亿元,同比增长14.3%;实现利润总额118.6亿元,同比增长31.7%,连续20个月实现"双增长",在辽宁新一轮振兴中的龙头作用进一步显现。

一、推动战略性重组,优化国有经济布局结构

坚持把战略性重组作为做强做优做大国有资本的重要抓手,"加减法"并举,不断优化资源配置。一是积极推进省属企业集团间整合重组。2015年以来先后推动5家集团注入新组建集团或整合到其他企业集团,实现优势互补。改组组建2户国有资本投资公司,市场化推动产业集聚和转型升级。目前正在推进煤炭等9户能源类企业重组整合,打造省级能源产业投资平台。二是整合组建新企业集团。结合经营性资产集中统一监管,按照现代企业制度要求,围绕整合健康、旅游、金融等产业,全省组建了91家新企业集团。截至2018年8月末,省属新组建集团实现营业收入194.2亿元,利润6.7亿元。三是与央企重组合作力度不断加大。省政府已与14家央企签订了战略合作协议,完成了辽宁盐业与中盐集团重组。通过优化重组整合,80%以上国有资产集中到先进装备制造业、能源资源等领域。

[①] 该案例根据2018年10月全国国有企业改革座谈会发言材料整理而成。

二、深化混合所有制改革,加快体制机制转换

坚持把混合所有制改革作为深化国有企业改革的关键和突破口,企业内生动力和发展活力不断显现。一是引资合作力度不断加大。2016年以来,持续改善营商环境,通过深化对口合作、举办民企500强峰会等平台,采取增资扩股、项目合资等方式,全省国有企业引入各类资本1600多亿元。二是放开股权比例限制,同步推进集团层面和各级子企业混改。完成了中天证券公司增资扩股、华晨集团与法国雷诺合资等一批企业混改;东北制药实施"二次混改",建立健全市场化经营机制,经营效益大幅提升;沈阳机床推进内部资源整合,吸引社会资本及实施市场化债转股,企业经营企稳向好;本钢集团混改初步方案已经省委、省政府审议通过,在集团层面增量引入外部投资者,一揽子解决历史遗留、机制不活等突出问题,相关工作力争年底前完成。三是各项试点工作梯次展开。国家混改试点和员工持股试点企业均已形成方案。华晨集团、交投规划院、沈阳机床、凌钢集团综合改革纳入国家"双百行动",相关工作正积极推进。四是改革方式不断创新。采取增资扩股与国有股权转让同步操作的方式,推进益康生物改制重组,成交价较评估值增值38.15%,既成功引入产业投资者,促进企业做强做优做大,又增强了国有资本流动性;渤海轮渡采取员工持股与限制性股票激励计划同步操作方式完成员工入股,企业内生动力进一步增强。

三、推进政企分开,实现经营性资产集中统一监管

全面开展了政企脱钩、事企分开、事转企改革工作,推动经营性资产集中统一监管。一是切实加强组织领导。省政府主要领导亲自挂帅,建立工作协调和上下联动机制,明确操作流程,强化督查督办。二是制定完善相关政策。出台《省直经营性国有资产集中统一监管实施方案》,分"三步走"推进政府部门和事业单位出资企业脱钩移交。编制了事业单位转企改制、脱钩移交工作流程和组建集团有关政策汇编,形成了"政策包"和"工具箱"。出台事转企人员安置和社保接续,以及组建集团有关土地房产权证办理和资产处置等政策,维护职工队伍稳定,确保资产权属清晰。三是全面落实国有资产保值增值责

任。在清产核资的基础上，各部门与省国资委签订资产移交协议，将脱钩改制企业、事业单位转制企业全部纳入国资监管体系，实现经营性资产监管集中化、规范化。2016年以来，全省600多户企事业单位脱钩移交基本完成，共涉及资产总额8500亿元，撤销事业人员编制1.6万个。其中，省级整合省直部门企事业单位416户，组建了交通投资、水资源等12家新企业集团，化解政府债务1185亿元，推动重大民生工程建设向政府引导、市场化运作、企业经营方式转变。

四、加快解决历史遗留问题，推动国有企业高质量发展

历史遗留问题、企业负担沉重是制约东北国企发展的重要瓶颈。因此，辽宁把加快解决历史遗留问题作为重中之重，促进企业瘦身健体、提质增效，为深化国企改革，促进高质量发展创造良好条件。一是扎实推进厂办大集体改革工作。制定并印发《辽宁省厂办大集体改革工作实施方案》，成立工作领导小组，出台"1+8"配套政策体系。2018年8月末，全省14个市厂办大集体改革方案全部经省政府审议通过并组织实施，计划于2019年10月底前基本完成。二是加快推进"三供一业"分离移交。驻辽央企和省属企业基本签订"三供一业"分离移交协议。其中：驻辽央企已完成管理权移交424个，完成总数的87%；省属企业已完成管理权移交51个，完成总数的69%；市属企业基本完成。2018年底全省将全面完成分离移交工作。另外，通过组建健康产业集团，省级企业办医疗机构分离工作也已完成。三是稳步推进"处僵治困"。成立工作领导小组，建立相关部门工作联动机制，开通"僵尸企业"退出销号的绿色通道，以工商注销和企业扭亏减亏为标准，加大"僵尸企业"处置力度。目前全省已完成处置210户，占总任务的66%，2019年底将全部完成。2016年以来，省属煤炭企业关闭煤矿10户，化解产能1260万吨，安置人员3.7万人。四是主动化解防控债务风险。健全企业债务风险监测预警机制，通过增加资本积累、吸引社会资本、债转股等方式，压降企业资产负债率，防范和化解企业债务风险。截至2018年8月末，全省国有企业推进市场化债转股445亿元，省属企业平均资产负债率压降至58.9%。东北特钢集团通过公开引入战投和市场化债转股实施破产重整，企业上半年实现扭亏为盈。

在推进国企改革过程中,辽宁始终坚持党对国有企业的绝对领导,按照"四同步""四对接"要求,加强党的基层组织建设,把党的领导与法人治理结构有机结合,充分发挥各级党组织在国企改革发展中的把关定向作用,全面从严落实管党治党责任。

中央企业改革案例

东风汽车集团发展企业横向经济联合[①]

东风汽车工业联营公司（东风汽车集团，以下简称东风集团）成立于1981年4月，是我国汽车行业第一家企业集团。从1981—1991年，随着专业化改组改造的深入、经济联合程度的深化，东风集团走过了生产联合、经营联合和资产联合三个阶段。经过10年发展，东风集团已成为一个实力雄厚的汽车产业集团。截至1991年，东风集团已从联合初期的8家企业，发展成为拥有148家企业的企业集团。其中（除二汽）专门从事汽车改装的企业共有30家，专门从事汽车总成生产的企业有23家，专门从事汽车零部件生产的企业有45家，专门从事协作生产的企业有17家，专门从事配套件生产的企业有32家。还有遍布全国的东风汽车服务站（点）122家，定点协作厂122家，各联营厂组织的二次协作生产厂、点几百家。整个二汽集团工业总产值达50亿元，实现利润10亿元，占整个汽车行业的1/3。

一、坚持正确指导思想，制定集团中长期发展战略

东风集团在联合初期就确立了"联合为提高东风系列产品竞争力，为发展我国汽车工业服务"的指导思想，并以这个宗旨作为处理集团与国家、社会及成员企业间关系的准则和基本出发点。集团实现了从办好一家企业到办好一家企业集团的转变，形成"二汽离不开成员厂，成员厂离不开二汽"的一种"融合"关系，力争更好地把自身的发展同民族汽车工业的振兴结合起来，把自身的完善同聚集社会生产力结合起来，把追求自身的利润同追求社会的效益结合起来。

---

① 根据1992年1月全国工业企业转换经营机制工作座谈会典型经验材料整理而成。

二、制定有利于资源优化配置的方针和符合商品经济发展的政策

发展联合的具体政策,是联合指导思想的体现。东风集团坚持按商品经济规则处理集团内部关系,坚持联合的自愿、平等、协商、互利原则;采取跨部门、跨行业、跨地区、跨所有制进行联合的方针,择优组织企业联合;坚持对国家、地方、成员厂、二汽(集团)"四有利"的方针,协调各方利益关系;采取"联合与改组、改造并举"的方针;采取"对内不搞集团性保护,对外不搞盲目竞争"的既联合又竞争的方针,零部件实行"择优选点、集中订货、鼓励竞争""货比三家、弹性合同"的政策;鼓励专业化"小型巨人"的方针,二汽零部件厂实行"背靠二汽,面向全国,走向世界";采取"放虎下山"的政策;采取从"三不变"到"三突破"的灵活方针。这些方针政策对鼓励和推动专业化改造、改组起了重要作用。

三、坚持联合、改组、改造,设计可操作的过渡方案,发展专业化生产

对进入集团的企业,首先要解决"吃饭"、定向和发展的问题,即做到"眼前有饭吃、长远有方向"。因此,东风集团采取了一系列扶植政策,同时按集团的总体目标,结合各成员企业的特长,通过产品扩散或开发新的经营领域,使其按专业化方向实施技术改造,形成集团的优势互补;并依据其产品、市场和资产的结合程度,形成集团的不同联合形式。"联合不改组,等于白辛苦"。东风集团始终坚持改组、改造的方针,从而较有效地运用存量资产,并通过适当的增量投入,引导存量资产发挥更大的效益。云、柳、新、杭四厂10年累计投入1.2亿技改资金,很快形成5万辆装配能力。联合、改组、改造,走的是一条内涵扩大再生产的道路,是实施产品结构、企业组织结构调整的有效途径。

四、壮大核心企业力量,提高成员企业素质

核心层企业的产品竞争力、市场吸附力和资本的辐射力,是集团经济实力的体现,也是得以带动一大批成员企业的经济基础。东风集团通过"请进来、派出去"的方式,支持成员企业全面提高素质:10年累计举办各类培训班63期,培养"种子队员"3000多人次;还通过岗位代培,训练了数千名生产骨

干。通过培训,把二汽现代管理的观念、制度、技法,移植到成员企业。对一些重点企业则派出专家服务组,进行现场指导、咨询,有效地提高了成员企业的管理水平。

五、发挥多种联结纽带功能,强化经济纽带作用

东风集团通过核心企业的牵动力,形成了产品、市场和资产三种主要联结纽带。这三种联结纽带的有机结合,体现了商品经济的内在规律性,也是企业集团区别于行政性公司的重要标志。多年来,二汽以联合技术开发、生产协作、扩大集团内部市场,以东风车100万辆保有量和参股、控股的资产关系等多种联结纽带,保持和发展集团凝聚力。其中资产联结纽带对建立"一荣俱荣、一损俱损"的利益共同体具有决定作用。二汽以1.2亿元的投资、参股、控股,带动了30多家企业5亿元以上资产,围绕集团发展目标运转,形成了集团的中坚。

六、发展资金横向融通

金融的结合是企业集团发展的必然要求。企业横向经济联合,需要资金横向融通加以推动。1987年东风集团在国家支持下,成立集团非银行金融机构——东风汽车工业财务公司,承担集团内借贷、担保、贴现和对外融资业务,4年资金累计收付量约36亿元,营业额18.1亿元。这对加速资金周转、推动集团发展起到了拾遗补阙的作用。

七、大型企业集团在国家实行计划单列

大型企业集团在国家实行计划单列,是现阶段推动企业集团发展的重要措施。东风集团于1986年提出了建议,并在国务院各部门支持下,从1987年开始实行计划单列,有了较大的经营自主权。这有利于提高决策效率,有利于增强集团核心层实力,有利于发挥跨地区、跨部门、跨所有制横向联合的集团优势,加快产品结构和企业组织结构调整的步伐,有利于通过实行国家订货,最终平稳过渡到建立社会主义市场经济体制和运行机制。

东风集团经过10年发展,显示出企业横向经济联合的强大生命力,取得

了丰硕成果：调整了产品结构，发展了系列品种；建立了专业化大生产体系，改变了"大而全""小而全"的生产格局；发挥骨干企业的优势，推动了技术进步；改造了企业组织结构，逐步向联合竞争型体制过渡；建立销售服务体系，增强了市场竞争力；发展了生产，取得了较好的社会效益；推动了企业转型，对国家经济体制改革作出了贡献。

许继集团深化三项制度改革 促进经营机制转变[①]

1985 年以来，许继集团紧紧抓住改革开放的机遇，以"自我否定、自我加压、自我完善、快速发展"为指导思想，把不断深化人事、劳动、分配制度改革作为转换企业经营机制、增强企业市场竞争力的重要切入点和突破口，极大地调动了广大员工的积极性、主动性和创造性，促进了企业经营机制转变和整体素质提高，走上了持续、健康、快速发展的轨道，取得了显著的效果。1985 年以来，许继集团主要经济效益指标以年均 35% 的速度递增，企业的国有资产从 1970 年的 1200 万元发展到 1999 年的 2816 亿元，增值达 238 倍，在激烈的市场竞争中实现了跨越式发展。

一、公开竞聘、量化考核的人事制度改革

中层管理者和子公司经营管理者实行"招标竞聘制"。所有中层管理者和子公司经营管理者（以下简称中层经营管理者）实行"招标竞聘制"，竞聘条件是接受并承诺完成所竞聘单位或部门的工作指标。这些指标犹如招标的"标的"，同时打破了干部和工人的身份界限与部门界限，使符合条件的员工都可以自愿报名竞标。从 1985 年以来，许继集团经营管理人员一律实行招标竞聘，不再直接任命。

中层经营管理者实行单一领导（经理）负责制。结合招标竞聘工作，大幅精简中层经营管理者职数，将管理或生产经营权责统一交给竞聘上岗的单一正

[①] 根据国家经贸委企改司调研组相关材料整理而成。原载于《中国经贸导刊》，2001 年，第 10 期，第 14 - 16 页。

职,由其对所在部门或单位的业绩完全负责。由于职责更加明确,极大地激发了中层经营管理者工作热情与敬业精神,确保各项指标保质保量完成。实行单一领导负责制后,为避免形成"一言堂"或其他不规范行为,许继集团加强了民主监督管理。一是完善职代会制度,形成了民主管理与监督的制度体系;二是积极发挥基层党组织战斗堡垒作用和保证监督作用;三是加强党风党纪检查和审计,每半年一次党纪抽查,每年一次普查,中层管理人员离任都要审计。

任期制、年度考评制与比例淘汰制。竞聘上岗的中层经营管理人员实行三年任期制。任期届满职务自行解聘,可以和符合条件的其他竞聘者同等条件参加新一轮的招标竞聘。

建立后备经营管理人才的培养和选拔制度。在工作中给后备干部压担子,适时鼓励他们竞聘领导岗位。在竞聘上岗的中层经营管理人员中,有70%是从后备干部中产生的。

二、以落实全员劳动合同制为基础的劳动用工制度改革

二次聘约制。员工除与集团公司签订统一劳动合同外,还必须同用人单位签订二次聘约合同,进一步明确岗位责任、权利、义务及待遇。员工违反聘约要求,用人单位有权将其转入公司劳务市场或在本单位降低待遇使用。二次聘约制给了用人单位必要的用人自主权,对所有员工形成较强的激励和约束。

竞争上岗制。对所有管理岗位制定岗位工作标准、技能要求,上岗条件,符合条件的员工均可报名竞聘。同时抓住全员竞争上岗的机会,精简机构、减员增效。如下属模具公司通过内部整改,人员从160人减到69人,工作效率显著提高,经济效益明显改善。

员工末位淘汰制。按工作业绩、技术水平、遵纪守法、团结协作等指标,对所有员工每年进行量化打分考评,打分最低者实行末位淘汰。先后有160余名管理人员被从管理岗位淘汰,1/3的产品研发人员分流到其他岗位,300多名员工下岗(内退)或降低使用待遇。

职工培训制。一是岗前培训,新进人员都必须先培训、后上岗。二是开办职工高等教育,与高等学院联合办学培养企业所需的各类人才。三是选送优秀科研、管理人员到高等院校深造。四是鼓励员工立足岗位自学成才,给予晋升工资的奖励。

三、向贡献倾斜、向人才倾斜的分配制度改革

更新观念,明确改革的指导思想和原则。破除论资排辈升工资、人均有份的"大锅饭"体制,坚持以按劳分配为基础,将技术、资本要素纳入分配范畴。其分配制度改革的要点是调整传统的收入分配结构,合理拉开职工收入中基本工资部分与直接同贡献挂钩的浮动工资部分的比例,逐步达到后者大于前者。2001年,这一比例已达到4:6。

灵活多样的分配形式。生产人员实行以工时定额为主、计件为辅的考核分配办法。员工全月完成基本工时定额可得到基本工资,超额部分按基本工时定额一倍的工资价格付酬。同时,实行质量、成本对工时定额及工资分配的否决制度。管理人员实行定量考核为主并与定性考核相结合的考核分配办法。高中级管理人员以单位的各项指标完成的质和量作为考核分配依据;一般管理人员(处室工作人员)认真核定每人每月的工作量及每一项工作的分值,按百分制进行考核,考核结果作为收入分配的依据。销售人员实行包销售定额、包费用、包资金回笼的"三包"政策,年终按销售总额与实际货款回笼比例提取所得收入。完不成任务的只拿基本生活费甚至被淘汰。销售比例提成制度和末位淘汰制度在保证销售队伍不断壮大的同时,也不断提升人员素质。科技人员实行与市场相适应的新产品实现价值提成等有效分配形式。许继集团从1989—1995年实行销售收入提成奖励制;从1995—1997年实行四年"利润比例提成+比例股权配奖"的办法;从1998年开始参照专业人才市场价格实行职能工资制,根据专业差异和人才紧缺状况设定了从1.5万—18万元6个年薪层次,每年能够吸收二三百名国家重点院校毕业的优秀专业人才。

招商局集团依托市场化改革 推进世界一流企业建设[①]

招商局集团有限公司(以下简称招商局集团)认真贯彻落实国有企业改革"1+N"系列文件精神,确立并围绕"建设具有国际竞争力的世界一流企业"

---

① 该案例根据2016年7月全国国有企业改革座谈会发言材料整理而成。

的战略目标,以市场化为核心不断深化改革,实现了持续健康发展和竞争力的提升。剔除并表招商银行等金融业务因素,2015年实现营业收入、利润总额同比分别增长30.8%、45%;2016年继续保持较快增势,1—5月营业收入、利润总额同比分别增长38%、22%。招商局集团以市场化为核心推进改革的探索实践主要有以下几方面:

一、依照市场化机制改进选人用人方式

国有企业的生产要素大都已经与市场接轨,难点在于选人用人。为此,招商局集团在落实党管干部原则下,依照市场化机制,创新高级管理人才的选聘与激励。

在选人用人方面,对重要二级子公司的总经理实行全球公开招聘,完全按任期制、契约化管理。三年一个任期,达不到业绩目标即辞退或转岗。各公司通过市场化方式选聘的高级管理人员都严格进行任期考核,执行相当比例的淘汰率。其中一家经营不善的二级公司,公开招聘的总经理被辞退。

在激励约束方面,对各产业板块的考核分配实行"跑赢大市、好于同行"的鲜明业绩导向。与市场先进水平持续对标,各二级公司经理人基本都以市场对标结果定薪,业绩所处的市场分位即为其薪酬分位,从而拉开了收入差距,同一级别相差数倍之多;同一个经理人,企业业绩好时与差时的收入也相差很大,如招商轮船总经理业绩较差的2013年与业绩较好的2015年相比,其薪酬水平相差2倍多。

通过市场化的选人用人,强化"能进能出、能上能下、能增能减"的机制,大大增强了各级领导班子和人才队伍的活力,既集聚了人才,又传导了压力,更激发了动力。

二、运用市场化手段优化资源配置和提升资本效率

充分利用资本市场,运用市场化手段,加强对外兼并收购、对内重组整合,有力地促进了资源的优化配置和资本效率的有效提升。

对外兼并收购,做强优势主业。两年来,集团累计对外投资665亿元用于兼并收购,把资源不断集中到更有能力的经营者手中。如:2014年兼并重组了

因连续4年亏损被暂停上市交易的中国外运长航油轮业务,此举不仅盘活了一家濒临破产的企业(其2015年由亏损转为盈利6亿元),保全了200多亿元的巨额银行资产,还使得招商局VLCC船队规模、效益跃居世界第一,运营成本显著低于国内国际同行,2015年实现利润总额同比增长320%。2015年底,经国务院批准,中国外运长航又整体并入招商局集团。

对内重组整合,释放潜在价值。招商局集团相继推进了集团港口、物流、贸易等业务的重组整合,涉及资产近2500亿元,都取得了较好的整合效益。特别是2015年完成园区与地产开发业务的重大重组,该业务原来由两家公司经营,存在严重的关联交易、同业竞争,内耗较大,经重组整合后,公司市值由原来的755亿元提升到1700亿元;利润总额也由重组前的90多亿元上升到重组后的104亿元,2016年预计实现利润155亿元,2017年利润可以保持两位数的增长,重组效益逐步显现。

三、采取市场化方式推进创新转型

创新不等同于"出点子",而需要久久为功。招商局集团在认真研判市场发展趋势的基础上,深入实施创新驱动发展战略,建立市场化的创新长效机制,积极推动业务转型升级。

搭建平台。集团利用旗下的产业园区搭建开放式创新平台,实现创新资源的集聚。蛇口工业区原来主要是"三来一补"的加工制造业,近年陆续推动旧的工业厂房改造成网络信息、高端装备、生物技术、节能环保、文化创意等"双创"基地。目前入驻各类"双创"企业400多家,每平方米土地年产值由2010年的不足2000元提高至5万元。2016年5月,国务院将招商局集团列为首批7家企业"双创"示范基地之一。

嫁接资本。利用产融结合的优势,搭建起了覆盖天使投资、VC投资、PE投资以及上市服务等各个环节的创新创业投资金融服务体系,已经为创新创业的中小微企业提供了3000多亿元的融资。2015年,设立了规模50多亿元的产业互联网投资基金,协助集团传统产业向产业链高端转型。

制度创新。包括鼓励创新投入、建立容错机制和跟投机制。例如:创新支出双倍加回并相应调增净利润;把"互联网+"领域的创新创业项目都集中到专门设立的平台公司上进行投资,通过总体投资组合收益,平衡单个项目投资失败所造成的影响;把 PE 行业中成熟的跟投机制复制到创新项目投资上;等等。

四、遵循市场化规律加快国际布局

招商局集团重点围绕国家提出的"一带一路"倡议,加快了海外布局的步伐。在推动国际化进程中,始终注重研究国际市场,遵循国际市场规律,谋定而后动,避免冲动盲动。

积极构建"一带一路"港口网络。招商局集团在全球投资的港口网络分布于 18 个国家 31 个港口,大多是"一带一路"沿线国家的重要港口,包括科伦坡国际集装箱码头(CICT)、吉布提港(DJIBOUTI)、土耳其康普特码头(Kumport)、尼日利亚庭堪国际集装箱码头(TICT)、多哥洛美集装箱码头(LCT)等。

推进中白工业园项目和中欧物流大通道建设。招商局集团利用多年工业园区开发经验,参与了"一带一路"的标志性项目——中白工业园的开发和运营管理。同时,着力推进"津新欧""粤新欧"等中欧物流大通道的建设工作,目前"粤新欧"已开通每周四班到欧洲和中亚的固定班列。

复制"前港—中区—后城"的蛇口模式到海外。集团入股吉布提港后,为其建设了新港,推动了老港区搬迁,开发大自贸区,得到各方的高度认可。今后,将继续在海外复制这一模式,打造国际产能合作的平台。

海外业务的发展正在成为招商局集团新的增长动力源。以港口业务为例,2013—2015 年,海外集装箱吞吐量复合增长率达到 46.1%,远高于国内项目4.1% 的增速。

经过近几年的发展,招商局集团在体量上进入万亿级资产企业行列,企业活力、控制力、影响力、抗风险能力大大增强,国有资本运营效率明显提高,实现了较大的跨越。

国投以试点为契机重塑管理体制机制[①]

2014年7月,国家开发投资集团有限公司(以下简称国投)被国务院国资委确定为国有资本投资公司改革试点。两年来,国投认真贯彻落实国企改革"1+N"系列文件精神,以问题为导向,以制度创新为支撑,先行先试,努力探索国有资本投资公司的功能定位、体制机制和运营模式等重大问题。改革试点工作已取得阶段性成果,主要业务向"命脉"和"民生"领域集中,以基金投资引领的战略性新兴产业加快发展;分类授权改革取得成效,激发了子公司的活力和发展动力;瘦身健体,重塑职能,"小总部、大产业"初步形成。

一、明确业务方向,服务国家战略

国投是改革的产物。2003年"二次创业"以来,国投依靠不断地改革和创新,连续13年年均利润增长27%,实现了健康快速发展。

国有资本向重要行业集中。国投原有业务比较传统,电力、煤炭、港口业务比重较大,前瞻性战略性产业发展不足。试点以来,国投按照国有资本要"更多投向关系国家安全、国民经济命脉的重要行业和关键领域"的要求,梳理调整现有业务,重点发展基础产业、前瞻性战略性产业、金融及服务业和国际业务,推动国有资本向"命脉"和"民生"领域集中,提升服务国家战略的能力。

基础产业在调整中发展。电力业务大力发展清洁能源,加快开发海外业务,投资10亿美元建设印尼火电项目,投资1.85亿英镑收购西班牙雷普索尔公司下属风电企业,拓展海外市场迈出了坚实的一步;推动煤炭公司向矿产资源开发企业转型,未来5年将全部退出煤炭业务;结合"一带一路"沿线国家资源优势,加大战略性稀缺性矿产资源投资力度;立足"长江经济带"战略,加大港口资源整合力度。

前瞻性战略性产业在创新中发展。2015年,国投重组中国高新和国投高

[①] 该案例根据2016年7月全国国有企业改革座谈会发言材料整理而成。

科，打造前瞻性战略性产业投资平台，将分散在不同板块的各类基金业务，组建为5个基金管理公司和1个股权投资公司，推进专业化投资管理。先后发起了国投先进制造产业投资基金、国投科技成果转化创业投资基金、国家新兴产业创业投资引导基金和海峡产业投资基金、贫困地区产业发展基金。募集资金1100亿元，可引导5000亿元左右社会资本进入前瞻性战略性产业，推动创业创新，助力"中国制造2025""互联网+"。

加快布局发展养老产业，积极应对人口老龄化的挑战，服务"失能、半失能、失智老人"的两个养老项目已经开工建设。为保障京津水资源有效供给，积极推进海水淡化产业发展，天津北疆电厂一期日产20万吨海水淡化项目已投产，淡化水已进入市政管网，二期在建的30万吨海水淡化项目投产后，将形成日产50万吨淡化水产能。积极参与检验检测行业改革，服务制造业强国战略。

二、管好国有资本，放活投资企业

公司现行的管控体系，决策权过多集中在总部，责任边界不清，子公司活力不足；某些管理职能延伸到三级以下企业，管的过多过细，存在"越位""缺位"现象；同体监督偏软、问责不到位等。改革试点中，同步推动授权改革和监督体系改革；建立容错机制，为改革创新保驾护航；分类制定人才标准，实施差异化管理和激励。推动子公司成为依法自主经营、自负盈亏、自担风险、自我约束、自我发展的独立市场主体，有效激发释放了企业活力。

分类授权，落实责任。按照"一企一策、试点先行"的原则，以国投电力为授权改革试点，除体现股东权利及责任、有外部监管要求和需要加强的事项外，做到应放全放、能放则放，将原来由总部决策的70个事项授权国投电力董事会，推动决策责任归位和管理责任到位。授权以来，国投电力积极应对市场变化，主动发展的活力增强，决策更加科学高效。多年没有进展的海外业务取得突破；结构调整成效显著；管理的责任更加到位；对总部的依赖意识减弱，主动担当意识增强。2016年1—5月，实现利润同比增长9%。

推行股权董事改革，做实子公司董事会。国投绝大部分子公司建立了董事会，但重大事项名为董事会决策，实为总部决策。在授权改革中，把做实子公司董事会作为授权改革的重要保障，推动子公司董事会成为决策和责任主体，确保授权"授得下、接得住、行得稳"。总部派出董事由兼职改为专职;由总部代行决策改为独立决策;董事对决策终身负责。为此,公司制定了《子公司董事管理暂行办法》,清晰界定股权董事的任职资格、工作职责、履职程序和考核办法。制定了《董事库建设方案》,打造一支素质优良、经验丰富、职业化程度高的股权董事队伍。改革以来,股权董事主动深入一线了解情况的多了,坐办公室听汇报的少了;主动分析行业风险、寻求对策的多了,被动听指令的少了;主动与职能部门沟通、报告情况的多了,等待职能部门提意见的少了;董事会充分讨论论证的多了,一团和气的少了。

整合监督力量,建立大监督体系。针对监督资源分散问题,推行监督体系改革,推进专业监督与职能监督结合,业务监督与纪检监督结合,确保授权到哪监督跟到哪。针对同体监督偏软问题,推行审计集中改革,审计监督权上收总部,并设立审计中心,子公司原则上不设审计机构;按外部监管要求必须设的,业务服从总部领导,审计负责人以总部考察推荐为主。针对问责不到位问题,强化审计部门向董事会负责的工作机制,设立稽查办公室,加大整改和问责力度。针对"事后诸葛亮"问题,推行外派监事会向内设监事会改革,发挥监事会过程监督与审计事后监督的合力。

三、重塑职能,"小总部、大产业"初步形成

根据国有资本投资公司的功能和定位,国投提出"重心下沉、激发活力、重组整合、重塑职能"的改革思路,确立了"小总部、大产业"的改革目标。

按照下放部分职能、整合交叉职能,推动服务共享、加强核心职能的改革路径,重塑优化总部职能,理顺与子公司权责边界。将产业经营职能下沉,能放的、该放的逐步下放子公司,该整合的职能有效整合,缩减管理岗位;推行管服分离、实现服务共享,压缩管理边界;该加强的职能切实加强,着重提升总部战略决策能力、资源配置能力、资本运作能力、监督评价能力和加强党的建设能力。

总部职能重塑优化后,将建立起与管资本相匹配的组织机构和决策体系,形成决策科学高效、责任权利明确、监督全面深入、激励约束到位、发展富有活力的管理体制。总部的职能部门由 14 个减少到 9 个,处级机构精简一半以上,总部人员减少 1/3。"小总部、大产业"初步形成。总部主要通过公司治

理机制，对所出资企业履行出资人职责，行使股东权利，全面落实国有资本经营责任。

兵器装备集团聚焦主业推动领先发展①

中国兵器装备集团有限公司（以下简称兵器装备集团）深入贯彻党的十八大、十八届三中、四中、五中全会精神和习近平总书记系列重要讲话精神，认真落实深化国有企业改革"1+N"政策体系，全面推进深化改革各项工作，有力促进业务提质增效升级。2015年，兵器装备集团实现营业收入4343亿元，同比增长2.31%；利润总额282亿元，同比增长66.45%。2016年1—5月，实现营业收入1861亿元，同比增长7.38%；利润总额143亿元，同比增长8.94%，继续保持稳健增长态势。

一、深入贯彻落实国企改革"1+N"政策体系，积极谋划统筹推进深化改革工作

兵器装备集团坚决贯彻落实党中央决策部署，深刻理解把握深化国有企业改革系列文件精神，以强烈的责任感紧迫感谋划推进改革发展。

强化组织领导。第一时间成立集团公司全面深化改革领导小组，建立健全工作机制，强化整体谋划，加强顶层设计。在制定年度重点工作任务时，将改革任务进行细化分解，明确责任单位和完成期限，并在每季度的经济运行分析会上进行检查、分析和安排，确保各项工作有效落实。

抓好专项领域改革。成立7个由集团公司党组成员担任组长的专项改革小组，分别就军工、现代企业制度、发展混合所有制经济、国有资本投资运营、三项制度、纪检监察、企业办社会和历史遗留问题等7个重点领域的改革作了系统安排，明确了路线图、任务书和时间表，确保改革举措落地，特别是按照中央和国家深化国防和军队改革的要求，加强了军工改革的谋划推进。

在深化改革中坚持党的领导、加强党的建设。坚决贯彻全面从严治党要

---

① 该案例根据2016年7月全国国有企业改革座谈会发言材料整理而成。

求,完善党建工作机制,健全机构职能,完善党组织参与重大决策的机制。强化"两个责任"落实,形成责任分解、检查监督、倒查追究的完整链条。加强干部监督管理,强化对企业领导人员履职行为的监督,对重点关注的企业、问题、班子及领导人员实施清单管理。扎实开展好"三严三实"专题教育和"两学一做"学习教育,为深化改革提供坚强的政治保证。

二、积极推进供给侧结构性改革,推动国有资本进一步向主业聚焦

强化供给侧结构性改革,深入实施创新驱动发展战略,持续优化产业布局,坚决做强做优做大军品、汽车产业,重点发展输变电、装备制造、光电信息和金融服务四大产业,着力构建"2+4"先进军工和现代产业体系。

适应国防和军队改革需要,大力推进先进军工体系建设。时刻牢记军工姓"军",始终把军工改革发展放在首位。不断加大内部资源整合力度,合并重组两家枪械制造企业,系统提升整体研制水平和能力,推出了具有国际先进水平的新一代轻武器;积极推进西南大弹基地和压制火炮资源整合,持续优化军品科研生产能力布局。加强开放型军品科研体系建设,与国防科技大学共同建立研发中心,有力促进了制导化、智能化发展。创新研发机制,逐年加大科研投入力度,建立军品研发基金先期投入机制,每年提取固定比例的军品销售收入用于先期开发研究,支撑了一批重大项目的先期开发,增强了军品发展后劲。大力推进军工核心能力建设,涉及的军品领域已初步具备成体系、成系统发展能力。

强化创新驱动、优化资源配置,大力推进汽车等现代产业体系建设。汽车产业充分利用全球优质资源,加强自主创新体系建设,已构建起中、美、英、意、日等五国七地协同研发体系;积极引进"千人计划"专家,强化创新团队建设;加大科技投入,确保年度科技投入占销售收入比重不低于5%。长安汽车技术创新能力连续多年位居国内行业前列,研发和制造水平大幅提升,产品质量持续提高,品牌价值连年攀升,实现了从自主品牌向合资企业输出技术和产品。2015年,实现整车销量278万辆,其中,自主品牌乘用车销量达到118万辆,居国内行业首位。长安汽车成为国内首家自主品牌汽车累计产销突破千万辆、自主乘用车年产销过百万辆的企业。创新产业发展机制,不断深化调整输变电、光电信息等产业,积极培育高端智能装备、现代金融服务等新兴

产业。

紧紧围绕提高国有资本运营效率，瘦身健体，加快清理退出低效无效资产和过剩产能。在国务院和国务院国资委等上级机关的关心支持下，推进天威集团破产重整，对输变电产业和新能源产业实施分业管控，目前已取得实质性进展。推动摩托车产业轻装减负、解危脱困，不断加大重组力度，盘活存量资源。通过深化与福特公司战略合作，完成对重点亏损企业哈飞汽车的重组。2015年，8个"三供一业"分离移交项目获得批复，9户企业棚户区改造有序推进，剥离企业办社会职能和解决历史遗留问题取得新进展；完成各类低效无效资产清理15亿元，清理三级及以下子公司23家，国有资本运营效率和保值增值能力进一步提升。

三、大力深化企业内部改革，充分激发活力动力

坚持市场化导向，着力转换经营管理机制，不断提升管理的价值创造作用。

不断完善现代企业制度。作为首家规范董事会建设试点的军工集团，持续推进集团公司董事会规范运转，大力推进子公司董事会建设，截至目前，89%的直管企业建立了董事会工作制度，规范运作水平持续提升。建立完善片区监事会制度，强化监事会监督检查，组建专职监事队伍，实现了监督全覆盖。推行实施总会计师委派制度，探索推行总会计师市场化选聘，为企业健康持续发展提供有力支撑。

进一步深化三项制度改革。在干部"能上能下"方面，撤除"天花板"，取消初聘年龄限制；打通"隔离墙"，破除学历职称门槛，畅通到龄退休、最高任职年龄退出、问责处理、调整不适宜担任现职领导人员、健康原因调整和违纪违法免职等6种退出渠道。在员工"能进能出"方面，分类指导企业严把进口、畅通出口，合理控制用工总量。在收入"能增能减"方面，构建按净资产收益率与行业对标、自身改善等综合确定绩效等级的机制，深化人工成本预算管理，实现绩效与薪酬联动。2013—2015年，党组管理的领导人员退出30人；依法解除劳动合同1.5万余人，全员劳动生产率年均增长29.8%；职工年人均工资最大增幅20%，最大降幅10.6%。

探索推进分类考核、分类管理。充分发挥考核的牵引作用，将所属工业企

业分为保军企业、盈利民品企业和亏损民品企业三类，制定实施各有侧重的管理和考核评价办法，激发各类企业的活力动力。

中国电科海康威视围绕人才做好激励文章①

多年来，海康威视始终围绕"人才"这个高科技企业发展中最为宝贵的资源做文章，紧扣"核心技术""平台""领军人物"三要素，持续改革，持续创新，走出了一条国有混合所有制企业的创新发展之路。

一、坚持以技术创新为驱动，在自主核心技术领域和创新体系支撑上深耕细作

所有的企业都有自己的成长曲线，每个产品也是。海康威视早期的板卡产品到现在已经没有市场，但后续的产品一个一个不断地研发出来。产品叠加，海康威视的发展曲线始终是上扬的，这得益于海康威视始终坚持以技术创新为驱动，在自主核心技术领域和创新体系支撑上深耕细作。

海康威视在视频监控产业向数字化、网络化、高清化、智能化方向发展的过程中，始终保持高额的研发投入（占营业收入7%—8%）来保障持续技术创新，其研发人员和技术服务人员约占总员工人数的50%。海康威视以系统业务中心、产品研发中心和海康威视研究院三者为主体构建的分层研发体系，保障新技术、新产品快速迭代，形成了以杭州为中心，基于网络系统协同研发的技术创新机制，以整合跨区域研发资源，这套机制为实现公司创新发展提供了基础保障。正因为有了这样的体系支撑，海康威视的产品一直都能快速响应并占领市场。对走技术创新道路的坚守，是海康威视保持持续创新能力、实现持续发展的重要原因。

在自主核心技术方面，海康威视至今共申请专利5247项，其中发明专利2700项，国际专利286项；获得授权专利2443项，其中发明专利424项，国际发明67项。同时，海康威视研究院也正在向世界顶级研究机构看齐。这支

---

① 该案例根据2016年9月《国企改革简报》整理而成。

年轻的智能算法团队为海康威视视频智能化应用奠定坚实的基础。

二、坚持创业平台优化，激发创新活力，为企业改革发展提供内在动力

高科技企业最大的特点是围绕"人"。人才是企业尤其是高科技企业发展过程中必须面对的重要课题。海康威视坚持以激发人才"在状态"、保持人才的创造性为目的对平台进行优化，激发企业创新活力。

2007年，战略投资者将其个人所持有的共计16%股权拿出来激励当时的管理层及核心团队，稳定了团队，激发经营层及核心团队的创业热情，为公司持续发展打下了坚实的基础。2012年、2014年和2016年，海康威视连续实施三期限制性股票计划，分别占授予时点公司总股本的0.43%、1.32%和0.86%。海康威视的激励对象更倾向于基层骨干员工，激励范围覆盖了员工4654人次，受激励员工分别占上一年公司员工人数的9%、12%和19%；部分骨干员工有机会连续三次参与激励。较好的股票收益有效补充了公司薪酬的竞争力，在员工稳定方面发挥了重要作用。2016年，海康威视实施了创新业务跟投计划，海康威视的互联网视频（萤石）、机器人、汽车电子、红外传感、智慧存储等数个创新业务正加快成长为新的战略业务，并呈现出比较好的经济和社会效益。创新业务跟投机制的实施，开启了公司内部员工创业的先河，基于内部创业、创新的风险共担、利益分享的长效机制，为海康威视战略业务成长、新的增长极的打造，快速持续发展奠定了坚实的基础。

三、重视企业家队伍、领军人物和核心骨干队伍建设，为他们提供更多发展机遇和更大发展空间

发现、培养、使用优秀的领军人物是关键。海康威视注重领军人物的选拔、培养、使用和管理。在人才引进的形式方面，对于少量高端人才、领军人物，海康威视委托猎头招聘，推进"人才资源+事业平台"的人才引进模式；对于新项目或急需突破的项目，大胆启用团队引进，推进"人才资源几何式增长"的引进模式，有效提高公司在新领域的发展速度和发展进度。随着海外业务的拓展，注重引进和培养国际化人才，目前在海康威视海外分支机构中，本

土员工的比例达到50%。在人才的培养方面,专门组建了由公司高层领导、人力资源专家、高级顾问组成的"人才评鉴发展中心",通过对每个人的分析,迅速发掘有核心发展潜力的员工,为公司人才池储备核心人才,对核心人才进行一对一教练辅导和培养。对不同的员工设计了不同的成长计划,如"鹰系列—飞鹰计划、鹞鹰计划""孔雀翎—翎眼、翎心、翎羽"等人才培养机制,构建了涵盖培训需求识别、培训计划制定与执行、效果评价与改进等环节的完整培养体系。

注重经营团队建设,建设高素质的企业家队伍。海康威视经过10多年的快速发展,已经给当年的创始团队带来了非常不错的财务回报,但团队成员目前大部分仍坚守在各自岗位上,为公司的创新和发展继续贡献自己的力量。公司成立之初的28人创业团队中有3人分别领衔了公司创新业务跟投平台中的3个项目(机器人业务、互联网业务和汽车电子)。很多创始团队成员,依然保持着当初创业时的初心和激情,投身新业务的探索中,去面对未知的风险,拥抱新一轮的创业。这得益于公司始终在积极弘扬企业家精神,努力营造尊重和激励企业家干事创业的氛围,通过做好制度和机制保障工作,完善激励和考核机制,充分激发企业家干事创业的热情,鼓励企业家干事业、支持企业家干成事业、激发企业家成就事业。

中国海油打出改革"组合拳" 推动绿色发展[①]

中国海洋石油集团有限公司(以下简称中国海油)紧紧围绕建设"中国特色的国际一流能源公司"的战略目标,准确把握全球能源转型契机,全面深化改革,打出天然气业务、节能减排、科技创新的改革"组合拳",扎实推进公司绿色发展。"十二五"期间,节能减排累计投入资金17.53亿元,累计节能189万吨标准煤,平均每年实现经济效益9.74亿元。万元产值能耗逐年下降,2015年为0.2731吨标准煤,同比降低3.9%。主要产品单位能耗继续呈下降趋势,处于国内领先水平,部分居于国际领先水平。

---

① 该案例根据2016年9月《国企改革简报》整理而成。

一、改革天然气业务体制机制,推动绿色能源转型

一是深耕天然气产业。中国海油聚焦天然气产业几十年,在液化天然气(LNG)领域具有一定的先发优势,已成为全球LNG第三大进口商,天然气业务分布全国24个省级行政区的78个地市。天然气发电总装机容量708万千瓦,位于全国第三,累计生产"绿色"电力1347亿千瓦时。二是加强改革顶层设计。2015年,中国海油制定《天然气业务协调发展机制改革方案》,以体制优化解决机制中存在的问题,不断提高清洁能源的供应比重,确保公司可持续发展。确立以市场开发为导向、业务驱动型的管理体制,赋予"总买总卖"新内涵,理顺产业关系,健全保障体系。坚持"专业化分工,市场化运作,以销定产,产销结合"原则,加大战略、规划、市场、资源等方面的统筹力度,推动业务的转型升级。三是提出"六大举措"推动改革落地。中国海油通过推动明晰各主体的界面、建立四气合一的供应互补和保障体系、建立市场化的运作机制、理顺天然气定价和补偿机制、建立市场统筹信息共享的协调机制、建立公平科学的考核机制等6项举措,建立"统管、统筹、统协"的机制,实现天然气资源与市场相衔接、相匹配,提高天然气业务市场竞争力。2015年,中国海油实现天然气产量251亿立方米,同比增长14.2%;天然气发电量创历史新高,达到223亿千瓦时,同比增长25%,继续保持国内LNG领军地位。

二、改革节能减排管理机制,推动传统产业绿色改造

一是积极贯彻《中华人民共和国环境保护法》,拓宽环境管理内容和范围。依托中国海油环保管理信息系统,推动以严格环评管理、污染物排放达标与总量控制管理、统筹减排管理为重点的环境保护全过程管理。二是实施新建与改造环保项目管理办法,推动环保项目见实效。采取公开招标的方式,通过不限定技术路线招标和中标方垫资建设的方式,激发专业环保公司主动性,并使其共担达标排放的技术风险,有效降低环保项目前期研究的时间成本和经费投入,推动节能减排工作和污染物治理。天津分公司生活污水处理设施改造项目节省预算投资50%以上。三是实施生态环境损害责任追究管理办法,落实主体

责任。对违反现行环境保护法律法规和公司节能减排管理制度的行为进行责任追究,对项目环境影响报告书未获批先开工、违规或超标排放污染物、未完成减排指标等15项违法违规行为进行追责。四是强化所属单位节能减排考核,确保守法达标和约束性指标完成。节能减排指标在所属单位年终经营业绩考核中占有较高比重,重点考查守法合规情况、标准及指标完成情况、精细化管理、项目支撑等内容。五是采用合同能源管理的市场化节能机制,促进节能改造项目的实施。"十二五"期间7个试点项目均取得良好效果,"渤中26-3"油田将放空伴生气增压后外输到管网促减排,高峰期每年可回收天然气7560万立方米,相当于减少15万吨二氧化碳排放。

三、改革科技体制机制,探索构建绿色能源新体系

一是实施科技体制改革,完成上下游科研机构的优化整合。优化研究总院和油田研究院职能分工,组建炼化公司炼油化工研究院,健全高效、协同的科技创新机制。二是改革科技成果转化机制,突破产业核心技术。2012—2014年,已验收科研项目成果转化率达70%,突破深水、稠油、低孔低渗、非常规油气、LNG关键技术国产化,重质油加工利用等一批核心关键技术。三是积极构建"产学研"开放式科技创新体系,创新科研管理模式。与上海交通大学合作建设国家能源深水油气工程技术研发中心,提升深水油气工程建设能力。四是加强先导创新,持续研究海洋新型能源。高度重视可燃冰、海洋能、海上核电等战略性海洋新型绿色能源的基础研究,建设科技研发基地支撑技术研发和孵化。中国海油承担的"500千瓦海洋能独立电力系统示范工程"结题,平稳运行时间超过850天,累计发电约10.3万千瓦时,实现潮流能、风电和太阳能等多种能源互补。五是探索产业创新,做强做优绿色产业。陆续开发10余个CCER项目,涉及光伏、生物质、风电等领域,覆盖福建、新疆、内蒙古、山东等地区,碳资产开发和管理能力明显提高。积极推进所属8家企业纳入碳交易试点,圆满完成碳配额履约任务,为在全国开展碳交易工作积累了经验。

国家电网依托技术管理优势"走出去"[①]

国家电网有限公司（以下简称国家电网）以电网领域为重点，依托特高压、智能电网核心技术和管理优势，积极推进国际化战略。国家电网已成功运营菲律宾、巴西、葡萄牙、澳大利亚、意大利、希腊等国家和中国香港地区的骨干能源网，境外投资总额约210亿美元，境外资产总额达650亿美元，境外投资项目全部盈利。

一、坚持战略引领，夯实国际业务开展基础

一是加强顶层设计。制定国际业务发展规划，推进发展战略、业务布局、管理标准、资源配置等全方位国际化。二是完善制度体系。制定国际合作业务管理规定、境外投资和境外工程承包等管理办法，完善开展国际业务的制度基础。三是完善人才培养机制。发掘具备国际化潜质的人才，培养具有专业知识、管理经验、跨文化沟通能力的复合型人才。构建有利于国际化人才发展的职业晋升机制，吸引国内外优秀人才，打造强大的国际业务实施团队。

二、完善体制机制，确保国际业务有序推进

一是完善国际业务决策机制。加强国际业务风险管理，重点选择经营稳健、产业带动力大和控制力强的项目进行投资。对每个项目投资环境、收益、运营等关键环节严格把关，召开党组会集体决策，从源头上控制项目风险，确保合理的投资回报。二是强化风险管控机制。出台一系列国际业务风险管控办法，通过聘请国际知名投资银行、律师事务所、会计师事务所、公关公司等外部顾问全面防范法律风险、财务风险、监管风险、廉政风险。科学设置海外项目管控治理结构，争取项目关键岗位的设置权、管理人员的提名权、规章制度的制定权，派出关键岗位高管参与所投资公司管理，确保管控力，维护股东权

[①] 该案例根据2016年9月《国企改革简报》整理而成。

益。三是拓展海外融资渠道。连续获得国际三大评级机构国家主权级评级，在国际资本市场建立了良好信誉。通过项目融资、境外发债等多种方式，有效保障了国际业务发展的资金需求。

三、优化全球布局，推动国际业务取得实效

一是整合内部资源。重组整合公司内部资源，成立国际公司、中电装备公司、海外投资公司作为境外投资、境外工程承包和国际融资的专业平台；设立10个驻外办事处作为对外交流的窗口，加强对国际业务的专业化管理和集中管控。二是优化市场布局。针对各国市场差异，采取不同投资策略，不断优化海外业务布局。对欧美、大洋洲等市场环境较好，业务收益稳定的地区，积极开展股权投资并购；对南美洲、非洲等能源资源丰富、开发潜力大但技术和资金不足的地区，采取绿地项目开发、工程总承包等模式。收购新加坡淡马锡集团所属的澳洲资产公司和澳网公司部分股权，在澳洲资产规模显著提升；收购中国香港港灯电力投资有限公司股权，有效保障香港电力供应。三是国际业务成果显著。与巴西电力公司联合成功投资建设运营巴西美丽山水电特高压直流送出一期项目，成为我国在海外的首个特高压输电项目；中标巴西美丽山水电特高压直流送出二期项目，首次独立实现特高压投资、建设、装备、运营一体化"走出去"。

东航集团全方位创新 提升企业经营业绩[①]

中国东方航空集团有限公司（以下简称东航集团）通过体制机制、经营管理和商业模式等方面的改革创新，推动企业经营发展取得新的突破。2015年实现利润62.4亿元，较2014年增长103.9%，创历史新高。

一、聚焦业务创新，开辟企业发展新天地

一是探索建立"互联网+航空"新业务。组建东航电商公司，采用"互联网+航空"模式，集成吃、住、行、娱、游、购，不断提升机票的增值收益。

---

① 该案例根据2016年9月《国企改革简报》整理而成。

目前出境 WIFI 设备、接送机等 7 个集成产品已完成上线，年收入增幅达 70%；定制游、海外购等 10 大类共 32 种重点产品陆续投放市场。二是推动物流业务实现新发展。完成"跨境电商物流业务系统"自主开发，为跨境电商提供物流解决方案；探索尝试 O2O 新模式，快速供应链平台"东航产地直达"得到市场好评；第三方物流业务已步入正轨，2015 年高端医药航材等直客业务收入达到 5.6 亿元。通过业务创新，东航物流 2015 年实现盈利 3 亿元。三是实现转型发展新突破。探索民航维护维修业务市场化转型，依托 3D 打印制造客舱部件技术，一年间新增国际国内客户近 30 家，市场竞争力显著提升。将所属中国联航转型为首家国有低成本航空公司，建立"多层次、差异化"的航空产品与服务能力。

二、推动体制机制创新，聚焦企业发展新动能

一是深化分配制度改革。完善企业薪酬管理制度，进一步扩大市场化薪酬管理试点范围，加大浮动工资收入比重，实现收入"能增能减"。在 IT 等部门建立年薪制，由公司核定薪酬总额，相关部门根据市场用工行情，制定相应的薪酬标准和激励机制，增加激励措施的灵活性。二是探索市场化选聘职业经理人。探索适合企业特点的市场化职业经理人选聘机制。通过与知名招聘网站及猎头公司合作，为物流公司、电商公司等招聘职业经理人，并采用年薪制方式谈判定薪。根据营销中心的需求，招聘高层次、高素质海外雇员。三是打造创业孵化平台推动企业内部创新。建立"锐启创业项目孵化服务平台"，成为国内民航界首个内部创业孵化服务平台。通过"项目孵化＋天使投资＋内部猎头"的运作方式，鼓励创新思维，激发创业激情，为员工提供创业实践平台。创立"极客联盟"，鼓励员工将技术、业务或爱好钻研到极致，鼓励先试先行，把自身培养成某个领域专家，并通过资源及政策的扶持形成专家养成长效机制。活动启动至今得到了公司员工的积极响应，各类技术专家根据特长及专业纷纷建立了技术联盟，大屏联动、MDM 等技术已经运用到了实际业务中。

三、推进管理创新，激发企业发展新活力

一是探索建立分类管控体系。根据各业务板块所处行业状况和发展前景，划分为核心支柱产业（航空运输）、战略发展产业（航空金融、航空地产、配

餐食品）和转型发展产业（航空传媒、免税品、通用航空）三大类，实现资金预算、人力资源及其他战略性资源的有效配置，切实提高投资效益，确保集团总体战略目标的实现。二是不断提升精益管理水平。以标准化、制度化、流程化和信息化的"四化"建设为抓手，强化基础管理，实现降本增效。制定降本增效年度工作目标，逐级分解任务，确保工作措施到位、考核责任到人。通过全过程预算管理，航空运输业务吨公里完全成本由4.16元下降至3.71元。2015年完成五期共180亿元超短期融资券发行工作，综合融资成本低于同期市场基准利率0.85%—1.6%，共节约财务费用1.1亿元。落实国务院国资委"提直降代"要求，2015年直销收入达到279亿元，同比增长61.7%。分阶段实施国内基础代理费取消方案，代理费从3%降到0，全年节约代理费8.4亿元。三是强化关键岗位管理。研究制定关键岗位认定标准，加强对集团公司内部以及所属企业的管理人员（如战略、财务、经营、信息等）和专业人员（如机长、乘务长、班组长）认定为关键岗位人员的管理，确保各类人才发挥业务特长，保障了人员队伍的稳定。

中国三峡集团打造中国水电"走出去"升级版[①]

中国长江三峡集团有限公司（以下简称中国三峡集团）通过完善体制机制，整合优势资源，国际市场战略布局初步形成，国际影响力显著提升，已成为世界最大的水电公司和中国最大的清洁能源公司。

一、完善体制机制，推动"走出去"有序开展

一是改革管理体制机制，保障国际业务迅速发展。完善党组会、董事会等法人治理制度，完善决策制度与决策流程，提升对国际业务重大项目决策的科学水平，形成了科学高效的决策体系；系统对标国际先进能源公司，根据国际业务的特点以及目标市场所在国的实际情况，差异化设计组织机构、管控模式和激励约束机制。二是完善风险管控机制，确保国际业务持续健康发展。充分

---

① 该案例根据2016年9月《国企改革简报》整理而成。

认识市场差异，建立涵盖国家风险、汇率风险、行业及项目风险的评价体系，科学做好项目风险评价；坚持本土化，主动融入当地市场，注重保护当地环境资源，促进地方经济社会发展，尊重当地宗教文化和风俗习惯，降低社会风险和文化冲突风险。三是创新商业模式，形成了6种比较成熟的国际化经营模式。①整合产业链、编队出海、EPC总承包的马来西亚模式；②规划入手、高端进入、获取整个流域开发权的巴基斯坦模式；③股权并购、搭建平台、借船出海的葡电模式；④参股项目，并购为主，扩大规模，逐步升级的巴西模式；⑤整合产业链，打造集群优势，共同开发全球战略性大型水电项目的"英加3"模式；⑥EPC总承包、投贷结合，建营一体化的几内亚模式。

二、整合优势资源，打造"走出去"新空间

一是整合国内优势资源组团出海。强化产能和装备制造合作，积极打造水电"走出去"升级版。中国三峡集团通过整合国内电站建设企业、电网企业组成中方联合体，整合缅甸和泰国企业组成外方联合体，积极参与缅甸孟东水电站项目，实现资源、市场、收益、风险的优化配置；整合国内电网、建设、设计、银行等全产业链资源，全力争取刚果（金）"英加3"项目。二是整合国外资源开拓业务新领域。收购葡萄牙电力公司（以下简称葡电公司）21.35%股权，现已增持至23.27%，平均年税后投资收益率达到8.4%，同时带动一批中资企业到葡萄牙投资发展。依托葡电公司全球业务网络、资源和管理优势，打破了欧美发达国家贸易壁垒，成功进入意大利、波兰陆上风电市场和英国、法国海上风电市场，并购了德国稳达海上风电项目，为中国三峡集团成为国内海上风电引领者提供经验借鉴；成功进入水电资源富集的巴西市场，快速获得了巴西加利（Jari）、卡什瑞拉（Cachoeira Caldeirao）和圣马诺埃尔三个水电站开发权超过50万千瓦的权益装机等一系列优质资源；与葡电公司合资设立环球水电公司，致力于全球中小水电的投资与开发。三是抢抓时机并购优质资产。紧紧抓住巴西经济持续低迷、政府为应对财政赤字出售资产的机遇，2015年以最优价竞拍中标巴西朱比亚和伊利亚两座水电站30年特许经营权，两电站总装机近500万千瓦；2016年底收购美国杜克能源在巴西的227.4万千瓦装机的水电资产。目前三峡巴西公司的装机规模已超过800万千瓦，占巴西全国总装机的5%，成为巴西第三大发电企业。

三、完善战略布局，开辟"走出去"新格局

一是坚持"有所为有所不为"，集中优势资源稳步拓展目标市场业务。近年来，中国三峡集团通过绿地投资、股权收购和工程承包等形式，广泛参与海外能源合作，形成海外清洁能源领域的投资、建设、运营、咨询四大国际业务板块，全球资源配置和国际竞争能力显著增强。二是紧跟国家战略，优化国有资产海外布局。中国三峡集团在建工程承包和EPC总承包项目80多个、合同金额超过150亿美元，海外投资运营的可控和权益装机约1700万千瓦，落实和跟踪资源超过5000万千瓦，其中一半以上都分布在"一带一路"沿线国家。紧跟"中巴经济走廊"建设，将巴基斯坦确立为重点海外投资市场。通过协助巴方政府制定中长期电力发展规划，从项目策划阶段就开始介入，成功获得了吉拉姆河3个梯级电站近300万千瓦，完成印度河上游2000万千瓦水电资源的规划。2015年，由中国三峡集团主导投资的巴基斯坦卡洛特水电站（72万千瓦）项目正式开工，项目成功引入国际金融公司（IFC）和丝路基金作为战略投资者，成为丝路基金投资首单，2018年已完成大江截流。三是强化合作广度与深度，创造良好外围环境。积极协助目标市场所在国政府制定能源整体规划，并通过技术咨询、培训交流等方式分享中国三峡集团"建好一座电站，带动一方经济、改善一片环境、造福一批移民"的水电开发理念，在当地产生了广泛的影响和品牌效应，赢得了良好的声誉。

中国中车集团推进重组整合打造全球领先企业[①]

原南北车于2000年由中国铁路机车车辆工业总公司分设组建，业务高度同质化。过去15年，两集团在经营规模不断扩大、自主创新能力显著增强、国际影响力明显提升的同时，也存在重复开发、重复建设和过度竞争等问题。为落实制造强国战略、加快高端装备"走出去"、打造世界一流跨国企业，南北车实施重组整合势在必行。

---

① 该案例根据2016年9月《国企改革简报》整理而成。

一、落实国家战略，围绕"一个目标"，顺利推进重组整合

原南北车经营规模已连续多年稳居全球轨道交通装备行业前两名，但在技术实力、国际化经营等方面与国际同行先进企业还存在较大差距。为打造全球领先的轨道交通装备全面解决方案供应商，成为中国高端装备制造的典型代表，2014年9月18日两集团成立筹备组，按照"先股份后集团"的顺序，统筹推进重组整合。2015年9月28日，中国中车集团有限公司（以下简称中国中车集团）正式挂牌成立，标志着南北车合并工作顺利完成。

坚持国家战略与企业目标高度统一。南北车重组整合，既是贯彻落实党中央、国务院关于深化国有企业改革、优化国有经济布局和发展壮大国有经济战略部署的重大举措，也是推动供给侧结构性改革、做强做优做大中央企业的实际行动，还是适应全球竞争、打造世界一流高端装备制造企业的具体表现。两集团从落实国家战略、促进行业发展的高度认识重组整合，围绕"成为以轨道交通装备为核心，全球领先、跨国经营的一流企业集团"为目标，谋划未来发展，为顺利实施重组整合奠定了坚实的思想基础。

坚持以管资本为主构建高效的管控体系。按照《中共中央 国务院关于深化国有企业改革指导意见》精神，中国中车集团定位为国有资本投资平台和高端装备产业投资集团，围绕业务发展和职能管理两条主线，设置机构，配置人员，合并前后，总部减少部门12个、员工17人；按照"全覆盖、差异化"的原则，明确部门职责，既承接好国资监管要求，又保证上市公司的独立性；认真研判国有企业改革方向，明确产业发展路径，搭建轨道交通装备、战略性新兴产业、类金融等6个业务发展平台。

坚持市场化方向打造充满活力的市场主体。坚持社会主义市场经济改革方向，立足存量资源、放眼未来发展，着力培育新动力、发展新产业、打造新主体。依托6大业务平台，培育一批真正的市场主体，形成多元发展的新引擎，不断建立新机制、注入新活力。

坚持创新驱动提升跨国经营能力。以提升质量和效益为中心，积极推动技术、管理和模式创新，破解发展难题。统筹科技资源，积极构建"开放、协同、一体化和全球布局"的创新体系。建立适应国际化经营、多元化发展的体制机制；重视价值创造，突出业绩考核，推动运营机制深刻变革。加快两化融合、产

融结合、服务转型和商业模式创新。

厚植共享理念促进业务协同发展。在做强做优轨道交通装备的同时，发挥高铁创新优势，优化业务结构，改变过度依赖"两条钢轨"的局面，提升中国中车集团在高端装备领域的地位，增强价值创造能力。建立机制，促进协同发展。

二、加速各项融合，重组整合的协同效应得到释放

中国中车集团承继了南北车全部业务和资产，是全球规模最大、产品齐全、技术先进的轨道交通装备供应商，拥有完善的产业体系，成为我国高端装备"走出去"的亮丽名片。集团成立后，业务、市场和区域协同明显增强，研发制造资源集聚优化，中车股份市值稳中有升，在国内A股市场排前20名，始终位居机械行业第一位。2015年实现营业收入2437亿元，同比增长8.3%；利润总额163亿元，同比增长17.4%，顺利实现"1+1>2"。建立集采平台，加大集采力度，2015年降低成本24亿元。2016年一季度，营业收入与去年同期基本持平，利润增长2%。2015年压缩固定资产投资16亿元，2016年预计研发费用、固定资产投资同比减少10%。

制定并严格执行规则，迅速规范市场秩序。中国中车集团把规范市场秩序作为重要任务，成立后不到一个月，就推出了一系列措施，2016年一季度末，在手订单同比增长22%。针对海外市场，制定《国际业务管理办法》，按照"统筹协调、一致对外、内部不竞争"的原则，从市场连续性、技术先进性、质量可靠性、合同兑现率等维度评估，对242个项目提出协调意见，有效遏制内部无序竞争，既保证了企业的经济利益，又维护了国家形象。针对国内城轨市场，制定《关于进一步规范国内城轨车辆市场竞争秩序的指导意见》，杜绝投资换市场，控制重复投资；制定并组织签署国内城轨市场自律规则，坚持有序竞争、协调发展，恶性竞争有效遏止。

统筹利用科技资源，提升自主创新能力。中国中车集团拥有10个国家级行业研发机构、20家国家级企业技术中心和9家海外研发中心。设立中车工业研究院，统筹利用科技资源，自主创新能力大大增强，时速350公里中国标准动车组复兴号成功下线，大功率半导体器件IGBT、列车网络控制系统等关键技术取得重大突破，形成了从重要部件、关键系统到整机集成、试验验证和检

修服务完整的产业链。拥有专利量较上年增长 26%，其中国外专利增长 70%。持续推进两化融合，已有 9 个项目纳入国家首批"智能制造新模式"示范项目。科技部已明确中国中车集团承担国家重点研发计划"轨道交通专项"10 项中的 7 项，确定中国中车集团为高速列车国家技术创新中心建设单位。

大力开拓海外市场，国际化经营换挡加速。认真落实"走出去"战略，推动产品、资本、技术和服务组合出口，以地铁车辆和机车等中高端产品为主，先后获得马其顿动车组、美国芝加哥地铁等订单，欧美等发达国家市场取得重大突破（2015 年海外收入占比超过 26%），实现从产品"走出去"到产能"走进去"、品牌"走上去"的转变。出口白俄罗斯的高寒机车，成为中白两国经济领域深度合作的重要成果，得到习近平总书记的高度肯定。为巴西提供的地铁车辆，不仅成为巴西世界杯一道夺目的中国元素，而且深深融入当地人日常生活。产品进入全球六大洲 101 个国家和地区，覆盖世界上 83% 拥有铁路的国家，2015 年海外签约 58 亿美元，实现收入 42 亿美元。

中国电子以市场化机制打造网络安全和信息化国家队①

党的十八大以来，中国电子信息产业集团有限公司（以下简称中国电子）认真学习领会习近平总书记系列重要讲话精神，特别是关于网信事业发展和国有企业改革的战略思想，深入贯彻落实党中央、国务院关于深化国有企业改革的指导意见和政策要求，在国务院国资委指导下，紧紧围绕打造网信产业国家队，精心谋划推进改革工作，力求在自身条件有限的情况下，以市场化机制创造性地把网信产业"组织起来"，切实解决核心技术怎么突破、高端人才怎么选用、干事动力怎么增强这三个环环相扣的关键问题，在实践中收到了较好的阶段性成效。

---

① 该案例根据 2017 年 7 月全国国有企业改革经验交流会发言材料整理而成。

一、改革技术创新模式，探索从封闭式创新向开放式创新转变，逐步破解自主核心技术薄弱的问题

根据习近平总书记关于网信核心技术研发"不仅要把冲锋号吹起来，而且要把集合号吹起来"的指示精神，中国电子在CPU、网络交换芯片、存储芯片、操作系统等业界公认的重点难点领域进行产业布局，并主动突破过去"各自为政"、不成体系的封闭式创新路径，以积极开放的互联网思维，全面加强联合创新，在联合创新中逐步凝练形成和巩固强化网信产业核心能力。例如，与知名高校建立了紧密的研发合作关系，并牵头组建计算机国产基础软硬件联合攻关基地，联合业内100多家企业（其中80%多是民营企业）共同构建了生态圈。通过全面加强联合创新，针对计算机系统中最为重要也是难度最大的关键核心问题，在技术路线上实施"换道超车"，取得了重大突破：自主研发的64核服务器CPU芯片兼容移动生态，代表世界未来技术潮流；第4代万兆级网络交换芯片性能达到了当今国际最先进水平，填补了国内技术空白；计算机缓存控制器性能水平和市场份额均居世界首位；国产计算机网络用户体验已达到甚至部分超过国外主流产品水平；全球首个基于云架构的城市公共安全指挥系统在南美多国推广应用，被习近平总书记誉为"中拉高科技领域合作的一张名片"。同时，坚持以网络安全核心能力（"金刚钻"）带动各领域信息化业务（"瓷器活"）发展，如创新实施全球使用人数和运行资金规模最大的信息系统"金税"三期。

二、改革人才选用机制，探索从行政化选用向市场化选用转变，逐步破解高端人才严重匮乏的问题

中国电子认真领会习近平总书记关于网信领域"要不拘一格降人才""对待特殊人才要有特殊政策"的指示精神，大胆探索打破传统的行政化选人用人思维和方式，不断加大市场化选人用人力度，创新市场化选人用人方法。根据所属企业层级偏多、不少优秀人才沉淀在基层企业的实际，中国电子在人才选用中适当淡化"层级"，更加注重能力素质。集团总部和核心企业有多名干部被"跨级"聘用，如特别优秀的三级企业总经理直接被选拔任命为核心二级企业总经理，在广大干部员工中"一石激起千层浪"。着力改进和完善专业技术

人才职务序列，探索实行集团公司首席科学家在履职待遇上等同于集团领导正职，成功引进我国网络安全权威专家、中国工程院院士方滨兴全职担任中国电子首席科学家，突破了国内院士可兼职不可调动的惯例。大力引进境外人才为我所用，一些重大项目核心团队大量聘用来自我国台湾地区和日本的专家。随着市场化选人用人意识的深入人心和配套政策的完善，一些传统意义上的国企干部主动转轨成为职业经理人。通过调整干部队伍结构，集团公司党组管理干部数量从230人减少到156人，减少了32%；6名党组管理干部转轨成为职业经理人，二级企业经营班子成员中，职业经理人已达25人。

三、改革企业混改方式，探索从制衡性混改向激励性混改转变，逐步破解发展活力相对僵化的问题

中国电子认真领会习近平总书记关于网信领域"要建立灵活的人才激励机制"的指示精神，在网信领域人才竞争十分激烈、国有企业面临一定"劣势"的背景下，积极探索将人才激励与企业混改相结合，避免单纯强调股东制衡、为混而改的"1.0版混改"，努力推进强调人才激励、为改而混的"2.0版混改"，并严格按照相关政策要求，精心设计混改方案，确保改革有力、有度、有效。既针对传统企业建立股权激励机制实施混改，也针对新设企业引进行业高端人才实施混改。例如，中国电子联合战略合作伙伴与职业经理人共同投资组建中电长城网际系统应用有限公司，职业经理人出资占股20.3%，其他管理人员和技术骨干成立的有限合伙持股企业出资占股12.6%。近年来该公司发展势头很好，集中100多家企业的安全防护资源建立了国家级聚合式信息安全云服务平台，成为国内第一个通过公安部增强级云安全认证的云安全防护平台，并圆满完成G20杭州峰会等国家重大活动的网络安全保障任务。截至2016年底，从企业性质看，中国电子控股的630余户企业中，已实施混改（含股权多元化）的企业有510户，占比约80%；从资产性质看，混合所有制企业的资产总额约占全集团资产总额的90%；从激励范围看，已有58户企业实施骨干员工持股，持股员工数量占相关企业员工总数的9%，员工股权在本企业股权结构中的平均占比为29%。

通过以市场化机制"组织起来"，中国电子打造网信产业国家队迈出坚实有力步伐，基于"飞腾CPU+麒麟OS"的产品得到广泛使用并逐渐成为主流，中国电子也与ARM、谷歌、微软一同成为相关国际标准的主要制定者。

航天科工改革创新党建同频共振促国际一流公司建设[①]

按照党中央、国务院关于深化国有企业改革的总体部署,中国航天科工集团有限公司(以下简称航天科工)以问题为导向,以创新促改革,全面加强企业党的建设,坚定不移做强做优做大,加快实现"建设国际一流航天防务公司"战略目标。

一、把改革作为发展的最大动力

2013年初,国内外经济下行压力越来越大,产业发展环境越来越差,企业完成年度发展目标越来越难。有些单位表示,无论怎样努力都无法完成年度任务。党组认真分析之后判断,航天科工遇到了发展路径与发展方式问题,需要通过深刻的创新和变革,从根本上解决问题。经认真研究,在当年的战略管理委员会上,党组提出了推进转型升级、"二次创业"的一整套改革与创新措施,拉开了"聚焦发展主业,狠抓技术创新、商业模式创新、管理创新(三创新),调整发展路径与发展方式"的改革序幕。在国家陆续出台国有企业改革政策的强大推动与支持下,改革逐步从单项突破向综合发力过渡。企业求生存、谋发展的创新和改革,正逐步成为全体干部员工的自觉行动和基本动力。

航天科工先后出台60余项改革文件,形成7大领域22项重点任务改革框架;规范董事会建设,公司法人治理结构进一步完善;管控模式向"集团全局战略管控+重大业务运营管控"的复合型集团化转变;将所属企业划分为制造类、平台类、"制造+平台"类,一企一策确定改革发展思路;推动所属84家事业单位分类改革,首批10家军工科研院所转制扎实推进;探索混合所有制企业运行规则,境内外8家上市公司规范运行,一家二级单位获批国家军工领域混改试点;实施了60多户全民所有制企业改制,压减近700户企业,企业层级由6级压缩到4级并始终保持;深化人事制度改革,实施基于实际绩效的薪酬激励机制,混合所有制企业的分配逐步走向薪酬与分红

[①] 该案例根据2017年7月全国国有企业改革经验交流会发言材料整理而成。

相结合的机制。

虽然航天科工具有企事业单位并行、国有独资与多元投资单位并行、中资与中外合资企业并行、境内与境外企业并行、保密与非保密单位并行等高度复杂的组织结构、人员结构、资本结构和业务结构，但是采取在制度设计上谋求不同类别单位、人群、资本、业务之间的最大公约数，以及用统一的企业基本价值观与企业文化基因引导员工等办法，逐步将全体员工的话语统一到通过创新和变革实现企业发展目标这个体系中来。

二、把创新作为改革的最大特色

为防止改革走空、走虚、走偏，航天科工以"一主两翼三创新"作为推行各项改革措施的载体。"一主"就是大力发展航天防务主业；"两翼"就是在信息技术产业和高端装备制造业两个领域有所作为；同时以"三创新"形成综合性、系统性创新格局，承载各项改变发展路径与发展方式的战略措施有效实施。

围绕"一主两翼三创新"，先后实施了"成本工程与价值工程"，推行"薪酬收入与实际绩效挂钩、投资额与EVA挂钩、员工数与全员劳动生产率挂钩"政策，在提升产品质量方面实施"四个两100条"控制措施，在产业结构调整上推动"五重大"、N重点项目落地实施，在改变企业运行方式与新动能催化方面，推进"智慧企业运行平台、智能制造内部平台、智能制造社会平台"三大平台建设与运行，狠抓"五个新一代"产品"四类基础技术"创新，把"双创"作为一项事业来推动，推动"新三化"（结构功能一体化、系统与分系统集成化、软件与硬件相互渗透化）、微系统技术普遍运用，加快改变战争规则的武器装备技术颠覆式创新等。这些举措看似是抓技术创新，但本质是在深层次上，结合具体业务创新推动企业运行体制机制、发展理念、发展方式变革。

航天科工将"信息化、社会化、市场化、国际化"作为创新与改革的大方向，将自身定位为"社会总体院、总体部、总装厂"，带动产业创新，吸引民企参与，以新的商业模式整合社会资源，扎实推进军民融合发展；建立"三创新特区"，增加扶持原始创新的政策供给，通过管理创新涵养新业态体系，培育新经济、新动能。

三、把党建作为改革的最强保障

航天科工始终坚持党的领导、加强党的建设,做到党把握方向、引领方向。狠抓党建基本组织建设,新收并购的16家企业实现党组织"应建必建",2844个基层党组织全部按期换届实现"应换必换";全级次单位落实党建工作要求进企业章程,将党组织研究讨论作为董事会、经理层决策重大问题的前置程序,做到不缺位、不越位。狠抓党建基本队伍建设,2015年起开展"从严治党、能力提升"三年专项工作,打造"学习型、创新型、活力型、增值型"干部队伍;全面推行党委书记、董事长"一肩挑";以挺起"理想、信念、情怀和使命感、责任感"精神脊梁为主题,围绕"严慎细实快,协拓效善诚"开展作风建设。狠抓党建基本制度建设,制定党建工作责任制实施办法及党建工作考核评价办法;建立党组织书记抓党建工作长效机制,1236名党组织书记参加述职评议,每季度召开党委书记例会,指名道姓通报具体问题,不断强化书记的党员意识、书记身份和党建工作第一责任人责任。

在全体干部员工的共同努力下,航天科工保持了持续较快健康发展。2016年相较2012年,营业收入、利润总额分别增长51.9%、66.9%;高附加值业务大幅增长,主业集中度由66.7%增至80.5%,产业结构不断升级,企业战略地位持续提升。

中国石油加快结构调整和转型升级[①]

中国石油天然气集团有限公司(以下简称中国石油)发展历史上经历过多次重大改革,1998年石油石化两大集团重组,随后集团内部重组改制,成立股份公司并在资本市场上市,初步建立了现代企业制度。党的十八届三中全会以来,中国石油全面贯彻落实党中央、国务院关于深化国有企业改革、推进供给侧结构性改革和油气体制改革的决策部署,服务国家"四个全面"战略布局,牢固树立"五大发展理念",围绕建设世界一流综合性国际能源公司目标,坚

---

① 该案例根据2017年7月全国国有企业改革经验交流会发言材料整理而成。

持战略引领,坚持问题导向,坚持市场化方向,坚持党的领导,突出顶层设计、强化统筹协调,制定公司全面深化改革实施意见和"十三五"改革专项规划,陆续出台一批具有重大牵引作用、"四梁八柱"性质的专项改革方案,搭建形成中国石油改革"1+N"基础框架,全面推进重点领域改革取得阶段性成效。

一、突破传统管控束缚,打造与世界一流公司相适应的管理体制

中国石油资产规模大、产业链条长、管理的单位和层级多,单一的管控模式难以有效发挥集团整体优势和市场竞争优势。针对这一问题,中国石油制定出台管理体制改革方案,按照做精总部、做优专业分公司和做实专业子公司、做强地区公司的思路,完善"集团公司—专业公司—地区公司"三级管理架构,实行"集团公司对专业公司""专业公司对地区公司"两级授权管理;针对不同业务特点实施差异化管控,主要是对产业链衔接紧密的生产导向型业务实行运营管控,其他业务实行战略偏运营管控或战略管控。按照管理体制改革要求,率先对总部机关进行机构改革,优化部门职能,在"五定"基础上全员竞聘上岗,机关处室编制和员工总量同步压缩了20%,为基层作出了示范;深入推进机关简政放权,分4批调整下放管理审批权限95项,选择8家企业开展扩大企业经营自主权改革试点,对5家装备制造企业实施自主经营、自负盈亏等"五自"经营改革,增强基层活力、提高运行效率。

二、加快结构调整和转型升级,在供给侧结构性改革中发挥引领和带动作用

围绕"做优原油和天然气两条业务链,优先发展勘探开发、有效发展炼化与销售、加快发展天然气与管道、协调发展服务业务"的定位,严格落实国家"三去一降一补"的各项举措。超前谋划实施油气管输和天然气销售业务改革,目前已实现分开运营,为落实国家油气体制改革奠定了重要基础。加快业务结构调整,相继关停9座小型炼厂,淘汰落后炼油产能1105万吨/年。扎实推进亏损企业治理、"僵尸企业"处置等专项工作,亏损企业户数、亏损额分别减少46.6%和97.7%,减少法人206户。稳步推进以"三供一业"分离移交和

医疗、托幼业务社会化为重点的矿区业务改革，53.8万户供热、58.4万户供水、64.1万户供电、10.5万户物业、38家医疗机构和72所幼儿园实现分离移交和社会化，"三供一业"分离移交完成总量的40%。深入开展开源节流降本增效，3年累计创效968亿元，投资总额、员工总量、销售管理费、主要成本指标实现硬下降。

三、推进混合所有制改革，提高国有资本控制力影响力

研究制定《混合所有制改革指导意见》，稳妥有序、分类推进各领域混合所有制改革。引入战略投资者，成功实现工程建设和金融业务重组改制上市，共融资250亿元，成为中国石油近年来重组改制最大亮点。落实国务院关于鼓励引导民间投资参股建设管道储运设施的要求，陆续开展西气东输一线、二线、三线等合资合作，资产总量达2480亿元，特别是中亚天然气管道合资合作成功开辟了海外项目权益融资新渠道。积极探索企业与地方融合发展新模式，与新疆、四川、陕西等地方政府及央企、外企和社会资本，在油气勘查开采、炼油化工、成品油销售等领域开展50个合资合作项目，引入外部资金270亿元，在新疆的混合所有制改革更是走在了自治区前列。

四、发挥中国石油党建优势，为改革发展提供强大保障

在深化改革进入关键阶段之际，充分发挥中国石油抓生产从思想入手、抓思想从生产出发等行之有效的优良传统，大力弘扬以"苦干实干""三老四严"为核心的石油精神，在全体员工中持续开展重塑良好形象大讨论，在70万党员中开展"四合格四诠释"岗位实践活动，凝聚起了积极支持改革、参与改革的强大力量。加强党的基层组织建设，努力保证党组织健全率100%、党员教育管理覆盖率100%，特别是在境外38个国家95个油气合作项目中，按单位规模、项目合作方式等6种模式健全完善党组织。深化企业党的建设制度改革，制定实施《关于落实全面从严治党要求加强党的建设的意见》等16项制度文件，组织开展党委书记抓党建述职评议和落实党建责任专项督查，管党治党的制度体系、责任体系和保障体系建设加快推进，党建工作的研究平台、交流平台和信息平台正在完善，党委统一领导下的"大党建"

格局基本确立。

企业内部改革的全面深化有效凝聚了广大职工群众的力量、激发了企业活力,对公司稳健发展发挥了积极作用。近两年来,在投资规模分别压减35%和19%、结算油价分别下降49%和21%的情况下,累计实现营业收入3.87万亿元、利润1314亿元,上缴税费6506亿元,超额完成国务院国资委下达的业绩考核指标。2017年上半年,中国石油国内外油气产量当量、利润同比大幅增长,主要生产经营指标实现时间过半、完成任务过半。

新兴际华集团落实董事会选人用人权激发企业新活力①

新兴际华集团有限公司(以下简称新兴际华集团)作为2005年首批规范董事会建设单位,进行了十余年的探索和实践;2014年入选落实董事会职权试点单位,认真贯彻落实中发〔2015〕22号和中办发〔2015〕44号文件精神,按照"党组织推荐、董事会选择,市场化选聘、契约化管理"的思路,在中央企业率先完成了全部经理层的市场化选聘,并深入推广到二、三级企业。

一、发挥党委核心作用,层层推进市场化选聘

层层完善制度,充分保障企业党组织的法定地位。在试点初期就做到"党建进章程",集团公司和二、三级企业全部都在章程中明确了党组织的治理主体地位。以"层级权责清单化"为抓手,在纵向的资产纽带关系的单位之间和横向的包括党委会、董事会、经理层在内的各治理主体之间梳理出5大类39大项108小项权责,并明确界定,做到"集权有道、分权有序、授权有章、用权有度","隐蔽的权力公开化、集中的权力分散化",落实了党委研究讨论是董事会、经理层决策重大问题的前置程序。

严把"四管三关",充分发挥党组织核心作用。党委"严四管",就是管标准、管程序、管纪律、管考察。管标准,党委严格审核选聘经理层人员的资格条件、工作职责;管程序,党委严格审核、监督选聘方案的各关键环节;管

---

① 该案例根据2017年7月全国国有企业改革经验交流会发言材料整理而成。

纪律，党委、纪委全程参与、全程监督组织纪律和程序落实；管考察，党委牵头组织考察组对拟聘人选进行深度考察。党委"把三关"，就是人选入围关、考察关和推荐关。入围关，党委严格筛查后向董事会推荐入围人选；考察关，党委考察经面谈选拔出的人选；推荐关，党委形成拟聘人选意见并推荐给董事会，由董事会确定拟聘人选并报上级党委进行任前备案。

坚持引领示范，层层实现经理层"身份"市场化。集团示范与三级落实相衔接，确保层层落实。在国务院国资委的指导下，2015年10月，新兴际华集团董事会主导完成了集团总经理的市场选聘工作，进而推广到全部经理层。2016年10月，完成全部二级公司的经理层市场化选聘，包括6名总经理、31名经理层副职；截至2017年6月底，完成了92家约90%的三、四级企业374名经理层成员的市场化选聘，其余企业2017年7月将全部完成。坚持市场化比选与身份转换相结合，确保选出的是"实干家"而不是"考试专家"。一方面，针对业绩较好的班子，以身份转换为主，按市场化方式"站起来再坐下"，面谈题目更侧重于国际视野、改革创新等综合能力素质。另一方面，针对发展需要，部分经理层采用全社会公开招聘。如新兴际华投资（二级公司）原有经理层全部落选，新聘5名经理层人员全部来自其他企业。

二、强化激励约束机制，层层实现契约化管理

强化业绩考核，打造契约化管理制度体系。两年多来，新兴际华集团探索完善了"两合同、一书、两办法"的契约化管理文件和程序，为董事会与经理层之间依法建立契约关系奠定了基础。以《劳动合同》约定劳动关系，以《岗位聘用合同》约定岗位权责、任务目标、退出条件，实现了经理层"能进能出"。如集团公司总经理的《岗位聘用合同》就规定"乙方当年考核没有完成年度生产经营利润目标，或者业绩考核在C级以下且无董事会认可的正当理由，甲方有权解除本合同"。以《年度经营业绩考核责任书》《业绩考核办法》《薪酬管理办法》明确规定了每名经理层成员年度及任期目标、任务、奖惩等条款，"秋后算账"，该不该"下"、挣多挣少自己都能算出来，真正实现了"能上能下、能高能低"。

加大考核力度，建立灵活有效的激励约束机制。推行强激励、硬约束。新兴际华集团全面推行了"利润确定总薪酬、关键指标严否决"；年度利润指标

完成考核值70%以下,只能拿基本生活费并解聘;任期拟推行"30%年薪留存追索、任期业绩连乘"的办法,薪酬与业绩紧密挂钩,收入与职业风险相对匹配,从根本上破除了平均主义和"旱涝保收",岗位靠竞争、收入凭贡献。同时做到结合实际、灵活有效。如:铸管股份(二级公司)把提质增效指标有机结合进契约体系中,生产岗位全部实现了日成本、日利润、日工资;新兴重工(二级公司)针对一些成长性企业、拓展性业务,推行新增出口利润、新增新产品利润的10%直接奖励高管团队,引导企业国际化、技术创新和转型升级。

三、落实董事会职权,层层有效激发活力

管理角色更加清晰,有效提高企业科学决策水平。董事长能够把更多精力投入到管战略、谋长远、抓督导上;总经理也有充分的经营自主权,更加专注于生产经营。新兴际华集团董事会按照国务院《关于加快应急产业的发展意见》,进一步充分整合和挖掘后勤军需保障装备、产品、服务和布局优势,链接冶金、重工、军需三大业务板块,提出打造国际一流的应急救援科技产业研发及生产基地。经理层抓住"京津冀一体化"战略机遇,积极投身"雄安新区"建设,以高端装备制造和天然气清洁能源产业为基础,加快天然气非管网在全国布局,大力推进绿色物流产业发展和"美丽乡村"建设,深度参与到地下管网、城市综合管廊、海绵城市管网建设中,实现了制造业向制造服务业转型,业务更贴近国计民生。

创业动力更加强劲,有效推动企业经营业绩上台阶。2016年,新兴际华集团实现营业收入、利润总额同比增长7.68%和6.62%,全面完成国务院国资委和集团公司董事会确立的目标;2017年上半年,实现营业收入同比增长10.2%,利润总额同比增长30.5%。

思想解放更加深入,有效提高企业职工市场化意识。新兴际华集团形成了广泛改革共识,契约精神不断增强。经理层都实现了市场化、契约化,企业职工的"三能"改革更加顺畅。

中国建材以"四化"转型促主业发展[①]

中国建材集团有限公司(以下简称中国建材)认真贯彻落实党中央、国务院决策部署及国企改革"1+N"系列文件要求,敢于担当、勇于创新,争做国有企业改革发展铺路石。中国建材承担了国务院国资委4项改革试点任务,其中兼并重组试点全面展开、成效初显,员工持股试点方案确定、加快推进,混合所有制试点完成阶段性总结,落实董事会职权试点稳步实施。集团通过积极有序推进改革试点工作,加快创新转型,努力建设世界一流企业。

一、兼并重组试点工作有力有序推进

中国建材认真贯彻国务院国资委在重组大会上提出的要求,重组不到一年,规模实力和创新能力不断增强,行业领先地位得到巩固,市场竞争力和国际影响力明显提升。

完成集团层面机构职能"四大优化"。优化集团战略,打造"基础建材、国际产能合作、三新产业、国家级材料科研、国家级矿山资源、金融投资运营"六大业务平台,确定业务发展"精耕细作基础建材、大力发展新型材料、积极培育研发及技术服务等新业态"的"三条曲线"。优化总部机构,将原"两材"总部27个部门、269人,调整优化为12个部门、定编150人(含领导班子成员),实现总部精干高效。优化二级企业,将原"两材"32家二级企业整合成16家,同时进行瘦身健体,截至2017年5月31日,清理法人企业186户、压减比例达10.6%,超额完成任务。优化制度体系,全面修订管理制度和工作流程,形成公司治理、安全生产、党建工作、员工手册等4个部分的规章制度,实现无缝对接。

推进业务层面上市公司及内部资源"六大整合"。品牌文化整合,倡导包容文化,继续延用原中建材CNBM标识,保留并在国际工程领域推广原中材SINAMA标识,全级次宣贯新视觉识别系统(VI)手册,各级企业认同新集团

[①] 该案例根据2017年7月全国国有企业改革经验交流会发言材料整理而成。

文化，迅速融合。上市公司整合，整合方案涉及多家上市公司的多步资产注入及置换，将按照业务归核化思路，每个子公司围绕核心业务形成一个大产业、争取做到全球前三，打造若干专业化中大型上市公司。水泥业务整合，积极发挥大企业作用，带头淘汰32.5低标号水泥、带头关闭富余产能、带头不新建生产线、带头执行错峰限产、带头稳定市场价格，在湖南、江苏等业务重合区域成立管委会或以托管工厂的方式，整合资源、稳定价格，做维护行业健康发展的中流砥柱。国际工程业务整合，原"两材"14家工程服务公司常打乱仗、大量内耗。重组后成立协调工作组，提出减少家数、划分市场、集中协调、适当补偿、加快转型的思路，各企业优势互补，互利双赢，扎实有效展开合作。产融整合，充分发挥财务公司功能，提高企业资金归集度；与中保投合作设立总规模160亿元的产业发展基金，与农行、交行签署市场化法制化债转股协议。产研整合，重组后有3.8万名科技人员。集团正以建材总院、南玻院、工陶院为平台，打造行业"中央研究院"，投入基础性、共性、前瞻性技术和多元化新兴产业研究，构建具有国际竞争力的技术创新体系。

二、内部体制机制关键改革不断深化

中国建材将改革聚焦在企业产权制度、公司制度和内部机制改革，以关键改革带动企业全面深化改革工作。一是深入推进产权多元化改革。积极推进二级公司证券化，坚持"相对控股""第一大股东""三分之一多数"等前提，引入1—2个积极股东，既不搞一股独大，又防止股权过于分散、内部人控制。二是加快公司制改革。目前公司制企业占比88%左右。2017年将按要求完成全级次公司制改制。同时以落实董事会职权试点为抓手，进一步规范公司治理结构，将党建工作纳入章程，探索建立职业经理人制度。三是积极开展内部机制改革。探索多种分配激励：以中材国际为试点，在上市公司设置股票期权；以中建材衢州金格兰为试点，在非上市科技型企业开展分红权试点；中材电瓷入选国务院国资委首批员工持股试点，已按要求完成相关工作。

三、"四化"转型促进企业发展

改革的目的是促进企业发展。基于企业的发展需要和面临的新环境新机遇，中国建材积极推进"四化"转型。一是高端化。水泥、玻璃装备技术全球领先,提供了全球65%的大型成套装备。自主研发核电、大坝、油井、港口等多系列特种水泥并实现工业化生产;研发生产0.15mm液晶显示基板玻璃;碲化镉薄膜组件光电转换效率达17.6%,铜铟镓硒薄膜组件光电转换率达17.9%,刷新世界纪录;T800碳纤维在国内率先实现千吨级产业化生产。二是绿色化。在原料采用上,年消纳工业废弃物1亿吨,消纳脱硫石膏近2000万吨。在生产过程中,追求废水、废气和废物的零排放。在产品应用中,注重节能环保、舒适健康,推出综合运用地热、光热、光电、家庭风电、沼气的加能源5.0房屋。建设了一批"绿色小镇"。三是智能化。建设了世界第一个工业4.0智能化水泥工厂,吨产品能耗节约20%,人均劳动生产率提高80%,各项指标达到世界先进水平。建设年产36万吨玻璃纤维智能制造基地,每年节省成本1000万元以上。整合检验认证资源,组建国检集团并挂牌上市,发布5项国际标准。四是国际化。在75个国家和地区承接了312个水泥项目,实施了33个投资项目,有25个海外仓、运营了14家海外建材连锁超市。正在深入研究参与"一带一路"倡议建设的整体战略和投资体系,确定了到2020年实现做10个迷你工业园、10家海外仓、10个海外区域检认中心、100家建材连锁分销中心、100个智慧工厂管理、100个EPC项目的"6个1"计划。

中交集团实施"五商中交"促进转型升级①

中国交通建设集团有限公司(以下简称中交集团)深入贯彻落实党的十八大及十八届三中、四中、五中、六中全会精神,以国有资本投资公司试点为契机,谋划发展新蓝图,加快实施结构调整、创新驱动等一系列深化改革举措,为企业发展不断增添动力、激发活力。2011年,中交集团全年新签合同额4838亿元、完成营业额2891亿元、实现利润总额136.7亿元、公司资产总额3945亿元;2016年,新签合同额9508.82亿元、营业收入4552.70亿元、利润总额240.52亿元、资产规模近万亿。党的十八大以来,中交集团各项主要经济指标持续保持较快增长态势。总体上,中交集团用不到五年的时间再造了一个中交。

---

① 该案例根据2017年7月全国国有企业改革经验交流会发言材料整理而成。

一、以国有资本投资公司试点为契机确立新定位

"十二五"以来,中交集团实施"五商中交"战略,推动公司由工到商、工商融合发展,确立了将企业发展与政府责任、国家战略、经济社会发展紧密结合的"三者"新发展理念,推动公司实现跨越式发展。2016年7月,被确定为国有资本投资公司试点后,中交集团将试点改革作为寻求更高突破发展的历史性机遇,按照国务院国资委试点工作部署,坚持问题导向和目标导向,以供给侧结构性改革为抓手,制订试点工作方案,确立了"一台六柱"到"一台多柱"的改革总框架,即以支持服务国家"交通强国""海洋强国""中国制造2025""乡村振兴""新兴城镇化""美丽中国"等重大战略及"一带一路"倡议为目标,将中交集团打造成为基础设施领域的投资控股集团平台,并以原有优势产业为基础,通过资本、股权运作、产业培育孵化,打造世界领先的交通基础设施、城市综合开发、装备制造及海洋重工、疏浚环保及海洋经济、国际产能合作平台及园区投资建设运营服务以及具有鲜明特色的产业金融服务九大产业集团,规划了改革的发展蓝图。

二、以结构调整为重点打造核心竞争力

调整组织结构,打造投资公司控股架构。加快投资控股总部平台建设,聘请国务院发展研究中心作为外脑,共同制订设置方案。未来总部重点开展产业培育、资本整合。六大支柱产业集团初现雏形,以中国交建为核心,深耕传统主业市场,进一步通过改革释放活力,作为投资控股平台"压舱石";成立中国城乡控股集团,打造"向城市进军"、承载中交集团新兴业务发展的一体化新平台;成立中交产业投资控股公司,落实和孵化海外园区项目,导入相关优势产业;推进疏浚集团、振华重工产权和业务调整,打造世界一流的海洋环保产业集群和中国装备制造民族品牌;参与组建中国民航机场建设集团,打造世界领先、具有全球竞争力的机场投资设计运营集团;成立中国交通信息科技集团,打造全球领先的智慧城市基础运行产业集团;完成中交金融企业持股平台初步设置方案,正在进行内部资源整合和寻求外部并购资源,发挥以融促产、以产带融协同效应,大力支持主业发展。

调整产业结构，优化国有资本布局。围绕"一台六柱"产业布局，加快进行资源整合和产业链上下游延伸。巩固交通基建领域优势，培育海洋产业、生态环保产业、智慧交通、城乡产业、北斗民用化等新兴业务；发挥重大装备设计制造、服务集成能力，整合海上风电等新能源装备、城市智能管理装备系统业务；布局城市公用基础设施资源，向城市运营、垃圾污水处理等不断延伸；发展海洋经济，进军岛礁综合开发、海洋旅游等，积极拓展环保市场。目前，新兴产业迅猛发展。

调整资产结构，提升企业可持续发展能力。通过PPP等多种投融资形式在码头航道、轨道交通、海底隧道、生态城市等多方面，形成了一大批可持续的经营性资产；工业园区、产业开发区、路港、城市综合开发运营等经营性资产近2500亿元，占总资产的25%，成为中国最大的交通基础设施投资运营商。大力推进"压减"工作，累计压减法人户数240户，管理层级从7级压缩至3级，法人层级从10级压缩到7级，累计减少人工成本4.74亿元、管理费用3.19亿元，超额完成压减任务。提升资产发展质量，加快"僵尸特困企业"处置，6家"僵尸企业"全部脱困，全面完成国务院国资委"处僵治困"工作任务。加快"三供一业"等企业办社会职能移交，"三供一业"分离移交协议签订率达100%。与陕西、湖北、河南等9个省市签订151份分离移交协议，涉及7万户，进一步实现提质增效，可持续发展能力明显增强。

三、以创新驱动为抓手增强新活力

创新选人用人机制，激发队伍活力。近三年，组织3次大规模公开招聘，发现和使用37名优秀干部。真正落实"能上能下"制度，着力调整不在状态、贯彻公司决定不坚决、业绩欠缺、管理混乱、合作不力、群众意见反映大的领导团队。近三年，免职干部8名，16名干部改任部门或企业咨询，交流干部百余人次。健全完善以契约化管理为核心的市场化用人机制，在房地产板块推行市场化选聘、市场化薪酬改革试点，研究制定关于高端紧缺人才的协议薪酬制度。健全差异化的绩效考核和薪酬分配机制，严格执行薪酬与绩效挂钩办法，切实做到"收入能增能减"。

创新商业发展模式，构建发展新体系。从传统的项目竞标，向投资、资本导入、建营一体化等方面转变。创新利用EPC+F、DBO、DBFO、BOT、SOT、

PPP、特许经营、产能合作等模式，为客户提供定制化方案，实现政企合作互利共赢。实施"联合出海"，构建了"中央企业＋地方政府＋境外园区＋境外企业"的价值链条，跟踪运作海外园区超过20个，带动国内产业"走出去"，国外产业"引进来"。参与国有企业结构调整基金，为集团产业布局调整寻求支持。

创新海外优先发展，提升国际化经营水平。在海外优先发展"1＋30"制度体系框架下，通过海外发展责任、激励约束等6项机制23项内容给予政策倾斜和措施保障。完善经营网络，在全球118个国家和地区设立了229个驻外机构，在全球155个国家和地区开展实质性业务。"一带一路"倡议提出五年来，中交集团在沿线国家和地区参与投资建设857个项目，新签合同额630亿美元，投资总规模近50亿美元，成为共建"一带一路"的重要参与者、建设者和贡献者。以中交质量、中交速度、中交产品、中交服务在全球打响中国路、中国桥、中国港、中国岛、中国装备等"中国名片"，在全球范围内重新定义了中国基建内涵。中马友谊大桥等"一带一路"标志性项目竣工，蒙内铁路等3项工程荣获ENR年度全球最佳及优秀工程项目奖。完成蒙内铁路建设并承担全部运营及维护，开创中国铁路"走出去"新模式，推动公司由海外承包商向运营商、服务商转变。

中国宝武化解过剩产能推动转型发展[①]

中国宝武钢铁集团有限公司（以下简称中国宝武）自2016年12月成立以来，认真学习贯彻落实习近平总书记系列重要讲话精神和党中央、国务院关于全面深化国有企业改革文件精神，根据新定位、新使命和新目标，以国有资本投资公司试点为契机，进一步完善改革体系，陆续出台了25项改革配套文件，明确了改革总体架构和实施路径，形成了上下贯通、齐抓共管、有效推进的良好局面。公司坚持以供给侧结构性改革为主线，加快推进整合融合，充分发挥协同效益，大力化解过剩产能，瘦身健体提质增效，以改革促发展。2017年上

[①] 该案例根据2017年7月全国国有企业改革经验交流会发言材料整理而成。

半年实现营业收入 2204 亿元、利润总额 86.6 亿元，分别同比增长 61%、100%，持续保持业界最优。

一、明确战略定位和产业组合，加快整合融合

结合国有资本投资公司试点方案和新一轮战略发展规划，中国宝武明确了"1+5"产业组合，通过整合聚焦、转型升级，打造以绿色精品智慧的钢铁产业为基础，新材料、现代贸易物流、产业金融、工业服务和城市服务等相关产业协同发展的格局，建成具有国际竞争力的世界级企业集团。在此基础上，切实加快各产业的整合融合。

加快推进钢铁主业重组整合。2017年2月底，宝钢股份和武钢股份实现合并，确定了三个阶段的推进路线。一是通过百日初步整合（到2017年6月底），实现管理对接、获取快赢收益；二是通过年度阶段整合（到2017年底），基本实现职能管理全覆盖，采购、销售等部分业务集中统一，协同效益达到10亿元；三是通过三年深度整合（到2020年），全面实现采购、销售、研发、财务、信息化的统一，建立多制造基地的管控模式，达到协同效益30亿元，同时，实现企业文化融合。2017年上半年已完成百日初步整合，完成任务291项，实现快赢项目效益2.15亿元。

稳步推进非钢多元产业跨单元协同整合工作。按照"试点先行、双向整合"的原则，明确了首批34项协同支撑项目，各单位以战略规划为指引，聚焦优势业务，通过产业基金等方式加快孵化和培育，拓宽向外发展机遇。中国宝武按"赛马机制"推动具有潜力的同类业务整合，退出与战略不符且不具竞争力的业务，为落实"千百十"工程创造条件。

二、化解过剩产能，优化钢铁产业布局

基于集团钢铁区域布局优化和产品结构优化两大因素，中国宝武坚决贯彻落实党中央、国务院关于供给侧结构性改革和化解钢铁过剩产能的重大决策，精心部署落实集团公司与国务院国资委签订的目标责任书，主动调压生产规模，实行提质减量经济运行，压减过剩产能。按照"减量、增效、调整、发展"的转型方针，坚决关停亏损产线，退出低效无效产能；优化钢铁产业布

局,推进绿色制造;融合城市发展,实现转型升级。

2016年,实际化解过剩产能997万吨,超额完成了年度计划任务。2017年将进一步压减545万吨,力争三年目标两年完成。上半年已完成300万吨,累计已达到三年化解目标的84.1%,预计到2017年7月底可以全部完成,即完成化解过剩产能1542万吨,是上报国务院国资委化解过剩产能目标1362万吨的113.2%。在化解过剩产能的过程中,坚持"转岗不下岗、转业不失业"的原则,通过建立六大退出渠道,搭建员工转岗就业平台,妥善安置富余人员,工作过程平稳有序。

三、推进瘦身健体,助力企业发展

中国宝武将"治僵""压减"工作作为现阶段企业发展的内在需求予以推进。2017年初召开专题动员大会,提出"企业不消灭亏损,就消灭亏损企业"的基本思路,成立由公司领导亲自挂帅的专项工作团队,设定了三年任务两年完成的总体目标和半年、年度两阶段推进安排,形成"天天跟踪、单周例会、双周汇报、月度小结"的工作机制。推进过程中强调三个结合:

将"压减"工作与扭亏增盈工作相结合。各子公司根据扭亏增盈目标,"一企一策"落实压减任务,原则上除战略培育性子公司外,连续三年以上亏损的全部"压减"。

将"压减"工作与整合融合工作相结合。结合公司新一轮战略规划,通过专业化、区域化整合减少法人户数,聚焦发展,大幅提升集团内资源配置效率。

将"压减"工作与提高资本回报相结合。加大对参股公司股权的梳理力度,逐家分析参股公司经营状况,按照投资项目的利润水平、EVA状态、分红情况进行分析处置。

截至2017年5月底,各单位按照简易注销、清算注销、吸收合并和股权调整4种压减处置方式,净压减法人户数59户,占总法人户数的9.3%,超额完成国务院国资委下达的目标,涉及资产总额84.83亿元。同时,力争到2017年底34户企业能达到国务院国资委的完成标准,完成集团公司设定的挑战性工作目标,完成率为92%,超进度完成国务院国资委三年任务进度目标。

四、多措并举,全力推进降本增效工作

2017年,中国宝武以"一切成本皆可降"的理念为指导,聚焦重点和难点,逐级细化降本增效攻关项目,以项目化方式落实责任,力争实现降本增效目标90亿元。

宝钢股份主动适应新环境和新形势,果断提出"成本侧"改革,以刚性费用削减为抓手,以管理变革及效率提升为手段,力争三年实现成本削减170亿元。从费用削减、效率提升、投资降本、精益制造、技术降本、经济运行、采购降本等7个方面全方位推进落实,2017年上半年成本削减41亿元。

针对前期严重亏损的八一钢铁和韶关钢铁,集团公司按照"嵌入式"支撑、项目化管理方式,抽调专业力量常驻八一钢铁、韶关钢铁,通过实施22个协同支撑项目,大幅提升成本竞争力。2017年上半年八一钢铁、韶关钢铁分别实现盈利2.3亿元、7.4亿元。其他公司通过多种方式降本增效,成效显著,如武钢集团2016年精简优化2.1万人,大幅降低人工成本。

2017年上半年,中国宝武累计实现降本增效61亿元,完成年度目标的67%。近年来,集团公司以"中国制造2025"为指引,加大物联网、大数据等新技术与全供应链的深度融合,构建集智能装备、智能工厂、智慧运营于一体的智慧制造体系。

中铝集团发挥党建独特优势 打赢扭亏脱困翻身仗[①]

坚持党的领导、加强党的建设,是我国国有企业的独特优势。中国铝业集团有限公司(以下简称中铝集团)作为中央管理的国有重要骨干企业、我国有色行业的龙头企业,2008年金融危机爆发后,陷入连续严重亏损,2014年被媒体称为"亏损王"。2014年10月以来,中铝集团新一届党组坚决贯彻党中央关于全面从严治党的决策部署,充分发挥党组领导作用,落实"两个责任",筑牢"根"和"魂",政治生态得到净化,党风企风明显好转,员工面貌焕然一

---

① 该案例根据2018年10月全国国有企业改革座谈会发言材料整理而成。

新,促进了集团改革发展。2015年大幅减亏,2016年扭亏为盈,2017年盈利20.5亿元,2018年1—8月盈利36亿元,实现了起死回生扭亏为盈的重大转折。

一、坚持党的领导,筑牢企业之"根"

中铝集团党组认为,企业出现巨亏虽然有外部市场竞争因素的影响,但主要原因在内部,归根到底是党的领导弱化,必须以问题为导向,坚持"两个一以贯之",筑牢企业发展根基。一是狠抓党组班子政治建设。坚持以习近平新时代中国特色社会主义思想为指导,提高政治站位,强化"四个意识",坚定"四个自信",做到"两个维护",坚决把党中央关于国有企业"六个力量"的要求落实到位。二是落实党组织法定地位。集团公司党组将集团和全级次363家企业党建要求纳入公司章程,明确了党组织在公司法人治理结构中的法定地位。明确党组织研究讨论是董事会、经理层决策重大问题的前置程序,健全完善党组织议事规则、"三重一大"决策实施办法等,有效发挥了把方向、管大局、保落实作用。坚决不让党委书记当配角,在46家重要骨干企业全面实行"党政一肩挑"领导体制,在规模较大的11家企业配备了专职党委副书记,配强了党建力量。三是实现深度融合。创新实施了党建工作和生产经营"双百分"考核制度,把党建工作和生产经营各设定为100分,两者互为系数,两项工作的考核结果相乘得出各企业年度考核结果,促使各级党政领导干部既报经济账,又报党建账。创新开展了"两带两创"活动,党组织带党员创效3926个项目,党员带群众创新5283个课题,增强了党建与生产经营的融合力,实现效益20多亿元。四是强化战略引领。按照党的十九大提出的"培育具有全球竞争力的世界一流企业"要求,集团公司党组两次专题研究,对标世界一流企业,确定了"两步走"的战略目标。提出做强做优铝、铜、铅锌、稀有稀土四大核心产业,加快发展工程技术、工服物业、资本金融、贸易物流四大协同产业,积极培育环保节能、创新开发、海外发展、智能制造四大新兴产业,形成了"4+4+4"的高质量发展新格局,发挥了党组织的把关定向作用。

二、从严管党治党,重塑企业之"魂"

集团公司党组坚决落实全面从严治党的部署要求,强化思想作风建设,党员领导干部以上率下,形成了万众一心、扭亏脱困的强大合力。一是狠抓思想建设。对习近平总书记重要讲话精神和党中央重大决策部署，集团公司党组及时跟进学习、坚决贯彻落实。三年来，党组中心组学习80余次，做到了固本培元、补钙壮骨，增强思想和行动自觉。二是扭住关键少数。集中整治干部队伍中存在的"庸懒散拖"等不良风气，要求坚决扭掉习惯性麻木、习惯性回避、习惯性推脱、习惯性上交"四个坏习惯"，落实讲忠诚、讲尽责、讲拼搏、讲实效的"四讲"要求，督促"关键少数"带头做到"状态要好、节奏要快、力度要大、办法要多、效果要好"。从2015年9月开始，集团公司党组建立了班子和成员企业负责人参加的早调会制度，每天早上七点半，参会者共同利用仿真视频会议系统调阅数据，现场研讨，现场解决，为干部员工作出了表率。三是坚持从"三基"严起。严格基层党组织建设，做到"应建必建""应换尽换"。严格基本队伍管理，找回失联党员1590名，组织处理问题党员49名。严格基本制度，制定了《党建工作责任清单》等规章制度，层层压实"两个责任"。创新"一岗双责"述职随机法，形成了书面述职全提交、现场述职全随机、考核评价全覆盖的工作机制。四是从严干部管理。严格按照"对党忠诚、勇于创新、治企有方、兴企有为、清正廉洁"的要求选拔任免干部，三年来共有19名党组管理干部降职、免职和改任非领导职务。集团公司党组通过仿真视频系统，每年对下属30多户实体企业领导班子开展专题谈心谈话，互动了解掌握干部思想动态、工作状态，谈出了凝聚力、战斗力。发动群众开展闲官闲岗专项治理，清理闲官213名、闲岗108个。通过厚爱严管，使干部员工的状态发生了明显变化，干事创业的劲头不断增强。

三、严格执纪问责，实现正风肃纪

坚决贯彻落实习近平总书记关于加强国有企业党风廉政建设和反腐败工作的重要讲话精神，严格落实主体责任，正风肃纪。一是坚决惩治腐败。根据中央巡视和集团公司党组巡视线索，重点查处一批重大腐败案件，挽回和避免损失50亿元，收缴违纪款近6000万元。集团公司党组常设5个巡视组、3个区域监督中心，整合力量开展政治巡视、机动巡视、专项巡视和执行力问责巡视，发现问题、及时查处。二是坚决抓好巡视整改。建立"反馈—整改—再反馈—再整改"的工作机制，党组书记、副书记和纪委书记全程参与、逐一督促，确保整改不拖时间、不留死角。三是扎紧制度笼子。制定从严管理制度70个，使干部员工从"不敢腐""不能腐"向"不想腐"转变。针对领导人员亲属经商办企业问题，在央企率先制定《中铝集团禁止与干部亲属所办企业发生业务往来暂行规定》。四是坚持开展警示教育和日常监督。连续18次召开警示教育大会，通报违规违纪案例609起，问责1888人次，用身边事教育身边人。推动纪检干部"接地气"，实体企业纪检干部深入车间班组一线，及时发现基层党纪党风问题，提醒告诫，防微杜渐。通过对现场管理、安全环保质量、"两金压降"等开展巡察，共发现问题9104项，督促完成整改7019项。

四、践行科学方法，加快转型升级

集团公司党组在解决集团面临的结构性矛盾和经营困难中，总结提炼形成了加减乘除法、关键少数法、问题导向法、底线思维法、精准管理法等工作方法，使党中央关于深化供给侧结构性改革的决策部署在中铝集团落地生根，特别是运用加减乘除法，减问题、强弱项、补短板。一是做好加法。党组科学决策，坚持"干一件成一件"，调整优化产业结构，改造提升传统动能，促进培育发展新动能，促进包头铝业、秘鲁矿业等一批国内外大型基地建设项目发挥效益。二是敢做减法。党组顶住压力，坚持"用小震化大震"，坚决淘汰退出落后产能，穿透式地动真碰硬、一企一策"处僵治困"，企业亏损面从32.3%下降到9.6%。三是善做乘法。党组狠抓人才，坚持创新驱动引领发展，当好实施国家重大战略的排头兵，三年来累计科研投入100亿元以上，航空航天和军用铝合金材料实现了跨代发展。四是精做除法。党组强力改革，坚持瘦身健体、提质增效，压"两金"、减库存、降成本、去杠杆，优化资源配置，盘活资产实现收益120多亿元。发挥党组织思想政治工作优势，三年来分流安置员工4万人，氧化铝、电解铝、电解铜劳动生产率分别提高了136%、76%、54%。

中国联通努力打造国企混改标杆企业[①]

中国联合网络通信集团有限公司（以下简称中国联通）是我国持续深化电信体制改革和国有企业改革的成果，历经了1994年原中国联通成立、2002年原中国网通成立、2008年两家企业合并重组三个重要阶段，为促进电信行业市场化发展作出了重大贡献。党的十八大以来，中国联通坚持以习近平新时代中国特色社会主义思想为指导，紧紧围绕"完善治理、强化激励、突出主业、提高效率"16字方针，扎实推进混合所有制改革，取得了积极进展和初步成效。

一、中国联通混改主要进展情况

在党中央、国务院的坚强领导下，经过各方努力，中国联通于2016年9月启动混改试点，2017年6月12日试点方案获批，2017年10月25日混改募集资金全额到位，2018年2月9日混改后的新一届董事会召开第一次会议，2018年4月9日完成员工限制性股票授予工作，顺利完成"混"的任务，纵深推动"改"的攻坚，实现混改良好开局。

以抓党建为统领，坚持把"两个一以贯之"要求贯穿混改全局。中国联通党组始终坚持把政治建设摆在首位，牢固树立"四个意识"，坚定"四个自信"，坚决做到"两个维护"，始终坚持党的领导不动摇、公有制性质不改变，建设中国特色现代国有企业制度。集团公司党组牢牢把握混改方向不偏离，召开50余次党组会研究重点事项和推进中的关键问题。坚持把党的领导"融入内嵌"到公司治理中，不搞"两层皮"，将党建工作要求写入公司章程，明确党组织研究讨论是董事会、经理层决策重大问题的前置程序。在A股公司和运营公司设立一体化党委，集团公司党组成员为A股公司和运营公司一体化设立的党委相应职务的兼任人选，确保党的方针政策和集团公司党组重大部署不折不扣地执行。

以强治理为导向，组建决策专业和构成多元的新一届董事会。在保证国有

[①] 该案例根据2018年10月全国国有企业改革座谈会发言材料整理而成。

资本控股的前提下,集团公司持有A股公司股份降至36.7%,引入的14家战略投资者合计持有股份35.2%,公众股东持有股份25.5%,员工限制性股票激励计划占2.6%,有效避免了一股独大,实现了不同资本相互融合和股权有效制衡。中国联通混改后的新一届董事会由13人组成,其中非独立董事8人(中国联通派出3人,战略合作伙伴派出5人),独立董事5人,让引入的战略投资者有决策权、发言权,并成立了发展战略、审计、薪酬与考核、提名等专门委员会,各位董事在发展战略、体制改革、业务合作等重大事项上履职尽责、建言献策,发挥了重要作用。

以转机制为突破,加快推进内部机制市场化改革。中国联通针对企业一直存在的机构臃肿、人浮于事"开刀",着力激发微观活力。一是在瘦身健体上动真格。集团公司总部部门减少33.3%;各级管理机构减少25.7%;两年压减法人户数26家,累计减少27%。二是在市场化用人机制上动真格。将党管干部和市场化选聘相结合,建立管理人员市场化选聘和退出机制,各级管理人员首聘退出率达到14.3%,退出合同制员工1071人。中国联通将保持集团公司党组管理人员每年1.5%、员工1%的常态化退出比例。引进创新人才近3000人,培养选拔优秀年轻干部,激励干部新时代新担当新作为。三是在推进划小承包改革上动真格。实施中国联通内部"双创",结合一线生产场景,建立微组织,把"要我干"变为"我要干"。2018年上半年有13.5万员工进入2.4万个划小承包单元,选拔产生1.7万名"小CEO",实行增量收益分享,打破平均主义"大锅饭",一线员工薪酬同比增幅超过20%,高于本部和后台部门,提升基层员工获得感。四是在扭亏攻坚上动真格。对自成立以来从未盈利且亏损持续恶化的三级公司,探索"民营投资承包运营"模式,云南11个州市分公司正在开展试点,已扭转"越投越亏、不投也亏"的局面,经营业绩开始改善。

以促合作为抓手,实现战略协同打造发展新动能。与战略投资者深入合作,不断提升自身创新能力和有效供给能力。在销售渠道触点方面,与腾讯、阿里、京东、百度等开展线上触点合作,首创电信企业与互联网企业低成本获取用户的融合营销新模式。截至2018年8月,新模式发展的用户达到8473万户,实现收入232.4亿元,同比增长314%。在新零售体系方面,与阿里、京东和苏宁在上海、广东、四川、江苏、天津等地开展新零售门店试点,日均客流量、发展量及商品销量提升显著。在云计算方面,将中国联通技术、品牌和客户优势与腾讯、阿里技术优势相结合，相互赋能和导流，以中国联通"沃云"品牌为客户提供基于云计算全产业链的产品、服务和解决方案。自2018年2月上线以来，累计提供了54款云计算产品，带来公有云新增收入约1.1亿元，并以1∶3至1∶5的杠杆撬动基础业务发展，全面助力中国企业上云。

二、中国联通混改取得的初步成效

中国联通通过混改来解决机制不活、激励不够、创新不足等问题，积极探索建设中国特色现代国有企业制度，党的建设持续加强，全面互联网化运营步伐加快，经营业绩实现"V"形反转，内外部生态持续向好，干部员工士气大大提振，步入了高质量发展的快车道，实现了混改元年的良好开局。

一是收入利润增速行业领先。2018年1—8月，实现主营业务收入1772亿元，增幅从2015年的-5.3%扭转为6.9%，领先行业增长3.6个百分点，增幅行业第一。盈利能力大幅改善，上市公司利润为89.0亿元，较上年同期增加28.7亿元、增长47.5%。二是发展质量显著提升。2018年1—8月，产业互联网收入同比增长36.4%，占主营业务收入比为8.6%，成为带动公司业务增长的新动能。财务状况明显改善，自由现金流515亿元，资产负债率从2016年底的62.6%降至42.9%，财务费用由上年同期的31.8亿元下降至1.4亿元，同比下降95.6%，抗风险能力显著增强。三是实现国有资产保值增值。每股净资产较混改前增加25%，国有股权益增加7%。

中国诚通打造国有资本市场化运作专业平台[①]

中国诚通控股集团有限公司（以下简称中国诚通）深入学习贯彻习近平新时代中国特色社会主义思想和党的十九大精神，坚决落实习近平总书记关于国有资本运营公司和投资公司试点的重要指示精神，积极推进国有资本运营公司试点，在打造国有资本市场化运作专业平台、服务布局结构调整优化方面取得积极进展。

---

① 该案例根据2018年10月全国国有企业改革座谈会发言材料整理而成。

一、以"管资本"为主,打造专业化平台

中国诚通坚持运营公司就是要坚持"管资本"的理念,以新设的方式实施全面改组,以公司治理为主渠道调整对所出资企业的管控方式,打造专业化平台,释放企业活力。

坚持党的领导,完善公司治理。一是落实党委在法人治理结构中的法定地位,明确党组织研究讨论是董事会、经理层决策重大问题的前置程序,深入推进党的领导与公司治理的有机融合,把党组织意图转化为企业决策。党委定期协调董事会和经理层开展战略研讨,统一思想认识,把握试点方向。二是加强治理体系建设,出台《改革完善公司法人治理结构意见》,修订议事规则,形成协调运转、有效运行的治理机制,在试点深化、平台运作中发挥了强有力的引领作用。三是调整充实董事会成员,增加具有资本运作、金融服务背景的外部董事,强化资本运营能力,加强资本运营前瞻性研究和指导。

全面改组总部,搭建市场化运营机制。一是按照"精简高效、运行专业"的原则,调整组织架构,新设股权管理部、资本运营部、金融管理部等前台业务部门,突出总部运营功能。二是重构制度流程,新出台制度、办法、规范58项,初步构建了适应国有资本运营公司体制的制度流程体系。三是充实资本运营团队,对内竞争上岗,对外广纳专业人才,市场化招聘41人,占总部员工总数的45%,并在基金管理公司、股权管理平台推行职业经理人选聘、差异化薪酬分配等市场化机制。

调整管控方式,重构资本运营体制。中国诚通尊重所出资企业的法人财产权和自主经营权,从"审批式管理"向"通过公司治理机制行权"转变。一是创新管控方式,通过股东会表决、委派董监事、发送《管理建议函》和《风险提示函》、股东审计等方式履行积极有限股东职责。二是调整管控目标,关注股东回报和配置效率,按资本占用额设定分类考核指标。三是加强监督和风险管控,坚持放管结合原则,在投资、选人用人等方面加大授权的同时,整合纪检监察、巡视、审计力量,构建"大监督"体系,动态监测信息,加强责任追究;强化风险隔离,以出资额为限承担有限责任。四是打造"阳光诚通",提出"对内透明经营促管理、保稳定,对外信息披露促规范、提价值",在2002年首次公开年报、发布社会责任报告的基础上,自2017年起主动披露国

有资本运营公司年报。

二、发挥平台功能，服务国有资本布局结构调整

中国诚通围绕试点的"平台"定位，通过基金投资、股权运作、资产管理、培育孵化等方式，创新运营模式，积极服务国有资本布局结构调整。

发挥基金引导带动作用。中国诚通牵头发起设立中国国有企业结构调整基金（以下简称国调基金），通过市场化、专业化方式服务布局结构调整和高质量发展。截至目前，国调基金累计签约789亿元，交割502亿元，近90%资金投向央企、国企，涉及50多家央企近70个项目。一是积极参与中国联通、中粮资本、华能资本等混合所有制改革，放大国有资本功能，完善公司治理，提高市场竞争力。二是投资中国国航、中国交建、国电南瑞等，帮助企业转型升级和可持续发展。三是参与工业富联、光大环保、中储智运等项目，布局智能制造、节能环保、"互联网+"等战略新兴产业。四是通过市场化债转股等方式支持中船重工、中船集团、中国中铁、中国一重、中钢集团、中铝洛铜等企业改革脱困，去杠杆、降成本。国调基金还与招商局集团等企业及地方政府共同搭建13只子基金，引导带动社会资本近1000亿元，助力农业、医疗健康、人工智能芯片等产业升级和境外投资布局。

此外，中国诚通联合社会资本发起设立不良资产投资基金，市场化处置金融不良债权；推进中国国有企业混合所有制改革基金设立，引导和带动社会资本共同发展。

化解重大风险。按照国务院国资委部署，中国诚通先后托管中冶纸业、中国铁物，创新方式盘活资产，多措并举推进改革，妥善解决共计近600亿元金融债务问题，安置职工1万多人，有效去杠杆、减负债，避免诱发系统性风险。2016年4月，中国铁物暂停168亿元债券交易，造成债市剧烈波动。中国诚通按照国务院国资委要求对其实施托管后，在不到4个月时间内，妥善化解了68亿元公募债兑付问题，有效防止风险外溢。按照"同债同权"原则，就总额337亿元的金融债务达成了"本金安全+部分还债+留债展期+利率优惠+转股选择权"的一揽子债务重组方案，并通过盘活资产、清欠回款172亿元，如期偿还重组债务154亿元，负债率从125%降到79%。同时，大力推动中国铁物改革重组，回归铁路物资供应服务主业，连续22个月实现盈利。搭

建债转股平台，正在积极推进其主要业务和资产的上市工作。

创新国有资本运作方式。一是设立股权管理专业平台，形成规范的股权接收盘活流程，已完成划转股票18只，市值490亿元；整体接收港中旅华贸物流46%的控制性股权，实现管理对接、平稳过渡。二是积极探索发行指数化产品等股权运作方式，牵头制定中证央企结构调整指数，并组织公募基金成功发行相关ETF产品，总规模538亿元，提高国有资本流动性，进一步打通各类资本投资配置优秀国有上市公司、分享国有企业改革红利的通道。三是创新方式推进所出资企业开展混改，通过上市公司定增、产权交易市场引资等引入战略投资者，实现非公资本持股比例、董事席位与国有股东的有效制衡。

打造国有资产经营"升级版"。一是按照党中央精神，组建中国健康养老集团，统一接收、运营管理相关改革资产，转型发展养老产业，推进医养结合。二是牵头或参与搭建央企海外油气资源、海工装备、煤炭、煤化工等专业整合平台，助力去产能和产业结构调整。三是在国务院国资委的统一部署下，整合中央企业金融股权，集中履职行权，规范公司治理，防范金融风险。

自开展国有资本运营公司试点以来，中国诚通认真贯彻落实党中央、国务院决策部署，按照国有企业改革"1+N"系列文件要求，积极开展了探索和实践。中国诚通体会到，坚持党的领导、加强党的建设是试点的根本，确保了试点沿着正确方向推进和深化。以"管资本"为主改革国有资本授权经营体制是试点的关键，有利于释放国有企业活力、促进国有资本合理流动、优化国有资本投向。市场化是试点必须坚守的原则，两年多来的试点实践表明，以市场化方式体现国家战略意志、服务布局结构调整、防止国有资产流失的路子能够行得通、走得稳。

中国远洋海运深化重组整合 服务"一带一路"建设①

中国远洋海运集团有限公司（以下简称中国远洋海运）以习近平新时代中国特色社会主义思想为指导，坚决贯彻落实党中央、国务院决策部署，将重组

---

① 该案例根据2018年10月全国国有企业改革座谈会发言材料整理而成。

整合、深化改革与服务"一带一路"建设有机结合,实现了规模与效益同步增长,改革发展成效显著。重组以来,集团公司2016年和2017年利润总额分别同比增长46.8%和18.22%,累计实现利润350亿元,连续两年获得国务院国资委经营业绩考核A级企业称号。

一、紧抓重组整合契机,提升核心竞争能力

深入推进战略重组,将规模优势转化为规模效益。在原中国远洋运输(集团)总公司和中国海运(集团)总公司基础上重组组建的中国远洋海运,规模迅速提升,行业影响力、抗风险能力明显增强。集团公司拥有综合运力及干散货船队、油轮船队、杂货特种船队、集装箱码头吞吐量、船员管理6个"世界第一",集装箱船队、集装箱租赁、燃油供应、船舶代理、海工制造居世界前列。中国远洋海运努力将规模优势转换为规模效益。在内部协同方面,优化航线网络设置,合理配置运力,强化采购议价能力,使运营成本较重组前每年节省约55亿元,其中仅优化航线规划节约成本就达到22.8亿元。在市场开拓方面,有效发挥运力规模,将运力追加投入重组前相对薄弱的中南美洲、非洲等新兴市场,相关市场占有率由重组前的4.96%提升到8.40%。强大的服务支持能力和高质量服务获得了全球客户的高度认可,福布斯发布的2017年全球最受信赖公司2000强榜单中,中国远洋海运成为全球唯一上榜航运公司。

深入推进机制创新,提升管理效率和市场反应能力。为适应重组后资产规模化、经营集约化的管理需求,结合行业特点创新管控模式,按照"小总部、大产业"的原则,努力构建起"战略管控型"总部组织体系:将集团公司总部作为"战略管控+资本运营"层,主要承担"定战略、配班子、调资源、抓考核、控风险"等五大核心职能;二级公司作为"运营管控"层和利润中心,围绕客户需求优化产品、提升服务;三级及以下层级公司作为"业务操作"层和成本中心,积极发挥现场操作优势。一方面大力精简总部机构,集团公司总部职能部门较重组前减少55.2%、员工人数减少55.5%;另一方面深入推进董事会授权工作,将具体生产经营事务授权下属公司董事会决策。同时,通过积极推进投资信息系统建设,打造"放得下、接得住、管得好"的管控体系,增强集团公司整体管控能力。授权制度实施以来,各直属公司董事会及董事长决策事项金额达到1537亿元,有效提升了集团公司整体市场反应能力。

深入推进瘦身健体,积极推进供给侧结构性改革。把瘦身健体作为重组后优化资产结构的重要抓手。在优化船队结构方面,累计拆解老旧船舶395艘、1824万载重吨,新造船舶147艘、2046万载重吨,船队结构进一步向年轻化、大型化、绿色化转变。在去产能方面,集团公司造船设计产能从1155万载重吨压缩到788万载重吨,减少31.8%;海工设计产能从18个压缩到9个,减少50%。在"压减"工作方面,累计减少法人单位501户,压减率为27.8%,提前超额完成国务院国资委布置的目标任务。通过推进供给侧结构性改革,集团公司资产状况明显改善,为轻装上阵、转型升级奠定了良好基础。

二、加快全球资源布局,服务"一带一路"建设

突出支点作用,强化"一带一路"沿线港口布局。码头业务是中国远洋海运的核心资源,是全球网络布局的基础和战略支撑点。截至2017年底,集团公司在"一带一路"沿线投资额达到170亿元,其中码头项目股权及配套固定资产投资逾140亿元。截至2018年8月底,集团公司全球投资经营码头共51个、338个泊位。在"一带一路"沿线国家和地区投资码头16个,包括希腊比雷埃夫斯港、阿联酋阿布扎比码头、埃及塞得港、土耳其康普特码头等。其中,比雷埃夫斯港(以下简称比港)是希腊最大的港口,也是"21世纪海上丝绸之路"在地中海区域的重要枢纽。2008年,中国远洋海运获得比港2、3号集装箱码头特许经营权;2016年8月10日,正式成为比港经营者。经过近十年的辛勤耕耘,集团将该港码头吞吐量从接管之初的68.5万标准箱提升至2018年预计超过450万标准箱;利润由接管之初的亏损811万欧元提升到2018年度预计盈利超过5000万欧元;比港在全球港口的排名由第93位跃升至第36位。目前,集团公司有9条干线、31条支线挂靠比港,并以此为枢纽,辐射全球。未来,集团将进一步贯彻落实好习近平总书记关于比港发展的重要指示,积极实施集装箱码头、中欧陆海快线、邮轮码头、修造船板块、物流仓储和汽车船码头等六大发展战略,推动比港实现吞吐量1000万标准箱的目标,将比港发展成为欧洲最大的枢纽港之一。

突出纽带连接,优化"海上丝路"航线网络架构。为进一步推动"一带一路"互联互通,集团公司持续优化全球航线布局,相继开通欧亚等地区多条班轮航线。牵头组建全球最大班轮联盟——"海洋联盟"(总运力655万标准

箱），为沿线地区提供优质高效稳定的班轮服务。2018年7月，集团公司完成收购东方海外，促进了香港经济的繁荣和稳定，进一步提升了服务沿线地区的能力。中国远洋海运在"一带一路"沿线布局班轮航线195条，投入171.3万标准箱的运力，占集装箱总营运船队规模的62%。2017年在"一带一路"沿线国家完成箱量达到504万箱，同比增长31%，2018年上半年运输箱量达到309万箱，同比继续增长26.2%。此外，中国远洋海运还积极开拓"一带一路"沿线能源、资源运输，助力中国企业"走出去"，推动"冰上丝绸之路"建设。每年在"一带一路"沿线地区的油品、干散货海运量分别达到6500万吨和4000万吨左右。中国远洋海运还将推进落实几内亚铝土项目、亚马尔LNG等"一带一路"重大运输项目。

突出全程物流，夯实"陆上丝路"物流服务基础。"一带一路"倡议提出以来，中国远洋海运加大了对亚欧海铁联运、亚欧国际班列业务的投入，先后开通了渝深班列、蓉深班列、连云港—哈萨克斯坦—欧洲班列等班列；支持中新互联互通南向通道建设，增加以广西钦州港为始发港或经停港的远洋航线，助推内陆沿边地区成为开放前沿，带动形成陆海内外联动、东西双向互济的开放格局。大力推进以希腊比港为基地的"中欧陆海快线"建设，深入中东欧腹地开辟中国与东欧之间物流新通道。2018年1—8月，中欧陆海快线累计完成货量3.59万标准箱，同比增长51%。此外，积极围绕"一带一路"沿线国家和地区，加强物流、仓储等基础设施的投资和建设，先后收购新加坡高昇物流公司，投资哈萨克斯坦霍尔果斯东门无水港、阿联酋阿布扎比码头集装箱拆装箱场站等重大物流项目。

中国铁塔"共享竞合、集约高效"模式[①]

中国铁塔股份有限公司（以下简称中国铁塔）是在深化国企改革和电信体制改革背景下，为解决通信铁塔重复建设问题，由三家电信运营商出资设立的国有大型通信基础设施服务企业。自2014年7月成立以来，深入贯彻落实党中

---

① 该案例根据2016年9月《国企改革简报》并结合2019年初企业提供材料整理而成。

央、国务院决策部署,在国务院国资委、工业和信息化部指导推动下,在三家电信企业支持下,牢记改革使命,深化资源共享,探索形成"共享竞合、集约高效"的"铁塔模式";从100亿元资本金起步发展成总资产3200亿元的大型骨干企业;资产负债率由运营初期的67.9%降至2018年底的42.1%;通过溢价收购存量铁塔资产和赴港上市、股价走强,实现国有资产显著增值。

一、市场化组建发展,四年完成"三步走"

移动通信市场竞争在实现手机信号无处不在、给消费者带来极大便利的同时,也产生了双塔并立、多塔林立问题。2008年起,行业主管部门加强铁塔共建共享政策引导,取得了一定成效,但共建资产关系不清、共享租费结算难以及协调成本升高等问题不断显现。为从体制上解决重复建设问题,国家决定组建中国铁塔,并确定"三步走"组建方案:第一步,三家电信企业现金出资成立中国铁塔,全面承接新增铁塔的建设运营;第二步,清查评估存量铁塔资产,注入中国铁塔,实现全国性的统一运营;第三步,择机上市并实现混合所有制发展。新公司采取股份制形式,注册资本100亿元,中国移动、中国联通和中国电信按4:3:3股比出资,没有控股股东,并在后续装入存量铁塔资产时,继续保持三家相对合理的股权比例。从2015年1月1日起,中国铁塔全面承接新建铁塔及相关附属设施,进行专业化建设和运营。三家电信企业由自建、自维铁塔变为中国铁塔统一建设、维护,三家共同租用。

按《公司法》进行市场化管理。中国铁塔第一届董事会由8人组成,中国移动、中国联通、中国电信分别推荐3人、2人、2人,中国铁塔1人,为唯一的执行董事。首任董事长人选来自中国移动;总经理人选来自中国联通;监事会主席人选来自中国电信。公司管理层人员由个人自愿报名、组织推荐、市场化选聘产生,人选来源要求相对均衡。用人分配遵循市场化机制,应聘到中国铁塔的员工,一律取消原有行政级别,公司因事设岗,以岗定责,建立起市场化的用人用工机制和基于绩效的薪酬考核体系。

市场化收购存量铁塔资产。三家电信企业存量铁塔140万座,经中介机构清查、评估,最终确定评估值2034.8亿元,溢价19.5%。中国铁塔通过股权加现金对价的市场化方式(其中股权对价1115.8亿元,现金对价919亿元),在2015年底完成存量铁塔资产交割,并同步引入新股东中国国新。交易完成后,中国移动、中国联通、中国电信、中国国新持股比例为38%、28.1%、27.9%、6%。

赴港上市释放国企改革红利。按"三步走"战略要求,中国铁塔于2018年8月在香港H股整体上市,融资75亿美元。面对资本市场震荡下行等不利局面,坚持尊重市场规律,及时完善路演策略,切实做好与国际投资者的沟通。上市的基石投资者中68%是包括奥氏资本、高瓴资本在内的国际顶级机构投资者,得到了市场的充分认可。上市后,中国移动、中国联通、中国电信、中国国新股份占比分别为27.93%、20.65%、20.5%、4.41%,公众股东占比26.51%。通过上市,中国铁塔进一步走向市场化,进一步筹措了发展资金,同时,上市也让国有资本保值增值和功能放大效应更加明显。

二、立足资源共享,实现共享共赢,改革成效显著

中国铁塔因共享而生,通过通信基础设施资源整合共享,极大地减少铁塔领域重复建设,提高资源使用效率效益,行业降本、政府增效、民生受益。

减少重复投资,降本增效成果显著。坚持"能共享不新建",截至2018年底,新建铁塔共享率由历史的14.3%大幅提升至74.1%,相当于少建铁塔68.7万座,节约行业投资1230亿元、土地3.5万亩。实现全国195万铁塔站址的统一集约运营,基础网络服务水平稳中有升,运维成本明显下降。

加快铁塔建设,推动建成全球最大4G网络。2015年以来累计投资超1600亿元,交付铁塔设施217.6万个,行业站址数量较中国铁塔成立之初翻了一倍,推动我国快速建成全球最大4G网络,有力支撑了网络强国建设。同时,推动通信网络加快向西部、向老少边穷地区延伸,缓解热点地区"过度饱和"、偏远地区"覆盖不足"现象,促进了网络均衡发展。

实行共享定价,行业效益明显提升。三家电信企业既是新公司股东,又是客户,铁塔租费定价是改革中的难点。铁塔商务模式参考国际铁塔公司,采用成本加成法构建。通过共享折扣优惠,鼓励电信企业更多通过共享方式使用站址。两家以上共享时,铁塔租费、维护费对电信企业优惠30%—45%,场地租费、电力引入费优惠40%—55%,有效降低了电信企业铁塔使用成本,中国铁塔也在共享中提升价值,实现行业利益最大化。

拓展共享领域,社会共享效益稳步提升。中国铁塔拓宽现有195万铁塔和

站址资源共享领域。一方面，积极利用路灯杆、监控杆、电力塔等社会杆塔资源建设基站，2018年新建地面宏站、地面微站利用社会资源占比分别达13%和66%。另一方面，开放铁塔站址资源为环保、公安、广电等行业提供信息服务，并推动将通信基站、路灯、环境监测、视频监控、充电桩等"多杆合一"，提高了公共设施利用率和集约发展水平。立足于共享驱动，战略上确立"一体两翼"新布局，即以移动通信基础设施类共享业务为主体，以基于站址资源的社会化共享业务和面向社会的能源经营业务为两翼，培育多点支撑的增长格局。

三、创新体制机制，打造运营高效现代企业

中国铁塔的资产、人员主要来源于三家电信企业，但其并不是三家铁塔业务的简单拼盘，而是形成了一种"共享竞合、集约高效"的发展模式。"共享竞合"重在"不求所有，但求所用"，通过资源共享，减少重复建设，促进电信企业前端竞争、后端合作；"集约高效"推动资源集中形成合力，充分发挥协同效应，并跳出传统国企思维模式，立足新体制、新机制，打造了运营高效的现代企业。

创新体制机制。组织机构上，实行总分架构、一级管理，各地不设具有独立法人地位的子公司，只设分公司；根据自身管理特点，总部集约化管理和属地化运营。人员队伍上，实行小总部大生产，总部管理人员105人，89%的人员配置在生产一线。非核心业务社会化外包，阶段性辅助性工作探索灵活用工。比如：在基站日常维护中，充分发挥代维队伍的作用，保持自有队伍精干，有效控制用工成本。物资采购上，推行电商化采购模式，搭建"铁塔在线商务平台"，实现铁塔主要物资的价格透明、公开竞争、线上采购，不仅降低了采购成本，而且让权力在阳光下运行，压缩了权力寻租空间。资产管理上，基于自主研发的智能动力环境监控终端，采用物联网方式，建成集中统一的运维监控平台，做到对195万站址、超1600万设备"可视、可管、可控"，人均管理铁塔108座，远超美国铁塔人均管理铁塔30座的水平；推行"单站核算"，195万站址出195万张损益表，每座塔的成本效益一目了然。

坚决落实供给侧结构性改革。一是统筹规划建设。整合三家电信企业建塔

需求,"合三为一"与各级政府部门对接,推动了铁塔站址纳入城乡建设规划和土地利用规划,铁塔建设更加规范有序。二是推动共享提升。在铁塔新建和维护中,充分发挥专业化和集约化优势,减少蓄电池容量衰竭及铁塔倾斜、机房沉降等隐患,有效提升了通信网络服务水平。三是强化产业引领。推行标准化塔型,变过去上千种塔型为8大类100种标准塔型,带动产业链厂家规模化制造和规范化生产。上游数百家铁塔厂家以此为契机,主动整合升级,淘汰落后产能,助推产业转型升级。

公司治理上践行"三化"。中国铁塔始终坚持"两个一以贯之",坚持党对国有企业的全面领导,坚持建立完善中国特色现代国有企业制度,确保改革沿着正确方向前进。党建工作常态化。坚持"一岗双责",要求企业所有改革发展事项都有党建支撑。发挥国企党建优势,始终注重不问身份、不问出处,用公平的标准选用人,用先进的思想鼓舞人,用共同的事业激励人,有力推动了来自不同单位的铁塔员工快速融合、凝心聚力。治理体系法定化。严格按《公司法》设计公司治理体系,细化党委会、股东大会、董事会、监事会、经理层的职责权限、议事规则。上市前董事会进行优化改组,三家电信企业各派出一位股东董事,同时引入三位独立非执行董事,满足上市监管要求。股权结构多元化。通过上市引入非国有股东,实现混合所有制发展。中国移动、中国联通、中国电信持股比例大致相当,形成有效制衡,推动企业决策更加科学。

地方国有企业改革案例

邯钢推行模拟市场核算 实行成本否决[①]

河北省邯郸钢铁总厂（以下简称邯钢）是1958年建设的老厂。1990年，邯钢与其他钢铁企业一样，面临内部成本上升、外部市场疲软的双重压力，经济效益大面积滑坡。从1991年开始，邯钢推行了以"模拟市场核算、实行成本否决"为核心的企业内部改革，加大了企业技术改造力度，加强了企业内部经营管理，坚持走集约化经营的道路，使效益大幅度提高，进入了低投入高产出的良性循环。1991—1995年的5年间，产品销售收入由10.2亿元增加到50亿元；上缴税款由1.6亿元增加到4.3亿元；实现利润由0.5亿元增加到7亿元，平均年递增率达93.4%；钢产量由110万吨增加到215万吨；总资产由27.83亿元增加到76.4亿元，净资产由10.42亿元增加到46.9亿元，资产负债率从62.54%下降到38.6%。5年实现的效益和钢产量超过了前32年的总和，邯钢由过去一个一般的地方中型钢铁企业跃居全国11家特大型钢铁企业行列。

一、模拟市场核算

一是确定目标成本，对直接面对市场的供销部门的采购价格和销售价格分别制定最高采购现价和最低销售基价，对内部半成品、内部劳动价格，结合市场价格资料进行修订，确实没有市场价格资料的，比照成本确定。用"倒推法"确定目标成本，由过去以"计划价格"为依据的"正算法"改变为以市场价格为依据的"倒推法"，即：将过去从产品的原材料进价开始，按厂内工序逐步结转的"正算"方法，改变为从产品的市场售价减去目标利润开始，按

[①] 该案例根据1996年国家经贸委、冶金部《关于邯郸钢铁总厂管理经验的调查报告》整理而成。

厂内工序反向逐步推算的"倒推"方法，使目标成本等项指标真实地反映市场的需求变化。二是以国内先进水平和本单位历史最好水平为依据，对成本构成的各项指标进行比较，找出潜在的效益，以原材料和出厂产品的市场价格为参数，进而对每一个产品都定出"蹦一蹦能摸得着"的目标成本和目标利润等项指标，保证各项指标的科学性、合理性。三是针对产品的不同情况，确定相应的目标利润，原来亏损但有市场的产品要做到不赔钱或微利，原来盈利的产品要做到增加盈利。对成本降不下来的产品，停止生产。四是明确目标成本和各项指标是刚性的，执行起来不迁就、不照顾、不讲客观原因。

二、实行成本否决

一是规范成本核算程序，将产品目标成本中的各项指标层层分解到分厂、车间、班组、岗位和职工个人，"纵向到底，横向到边"，高基准、全方位，明确各级负责人成本责任，使厂内的每个环节都承担降低成本的责任，把市场压力及涨价因素消化于各个环节。实行新经营机制的第一年，总厂28个分厂、18个行政处室分解承包指标1022个，分解到班组、岗位、个人的达10万多个。全厂2.8万名职工人人身上有指标，多到生产每吨产品担负上千元，少到几分钱，人人当家理财，真正成为企业的主人。二是通过层层签订承包协议、联利计酬把分厂、车间、班组、岗位和职工个人的责、权、利与企业的经济效益紧密地结合在一起。三是实行严格考核，将个人的全部奖金与目标成本指标完成情况直接挂钩，凡目标成本指标完不成的单位或个人，即使其他指标完成得再好，也一律扣发有关单位或个人的当月全部奖金，连续3个月完不成目标成本指标的，延缓单位内部工资升级。在考核中坚持"不迁就、不照顾、不讲客观、不搞下不为例"的"四不"原则，坚持"对领导考核从严，对机关处室考核从严"原则。四是为防止成本不实和出现不合理的挂账及待摊，确保成本的真实可靠，实行"日核算、旬分析、月总结"的核算制度，总厂每月进行一次全厂性的物料平衡，对每个单位的原材料、燃料进行盘点。以每月最后一天的零点为截止时间，次月2日由分厂自己校对，3日分厂之间进行核对，在此基础上总厂召开物料平衡会，由计划、总调、计量、质量、原料、供应、财务等部门的负责同志参加，对分厂报上来的数据与盘点情况进行核对，看其进、销、存是否平衡一致，并按平衡后的消耗、产量考核各分厂目标成本指标完成情况，据以计发奖金。除此之外，每季度还要进行一次财务物资联合大检查，由财务、企管等部门抽调人员深入到分厂查账。账物不符的，重新核算内部成本和内部利润；成本超支、完不成目标利润的，否决全部奖金。

三、调整内部机构设置，保证内部管理新机制的高效运转

一是精减机构。1990—1995年总厂和分厂的管理科室从503个减到389个，管理人员从占职工总数的14%减到12%。二是充实和加强财务、质量管理、销售、计划、外经、预决算、审计等管理部门，进一步强化和理顺了管理职能。先后在原料、销售、外经等处室增设了财务科，作为财务处的派出机构，以加强内部经济核算工作，并将各分厂处室的财务科归由总厂财务处统一管理。将原来主要负责产品质量监督的质量监督处扩编为质量管理部，配以总支建制，使其得以有效地对全厂质量工作负责，实行从原材料进厂检验到工艺过程监督和产品发出后质量跟踪"一条龙"管理，并突出抓好原料入厂关，堵塞物料进厂中弄虚作假的漏洞。三是实行"卡两头，抓中间"的管理方法。一头是严格控制进厂原材料、燃料的价格、质量；另一头是把住产品销售关，建立集体定价制度，确定最低销售价格；抓中间就是抓工序环节的管理，不仅抓生产过程中的"跑、冒、滴、漏"，而且将各项技术经济指标进行横向比较，以同行业先进水平为赶超目标。

邯钢的实践证明，国有企业适应建立社会主义市场经济体制要求，必须在转换经营机制的基础上转换经营方式，切实转变经济增长方式，这样才能充分挖掘企业的内部潜力，提高企业的整体素质和市场竞争力。邯钢的做法为国有企业实行从传统的计划经济体制向社会主义市场经济体制、从粗放经营向集约经营两个具有全局意义的根本性转变提供了借鉴经验。1992年4月、1993年5月，国家经贸委、冶金部分别在邯钢召开现场会，号召学习邯钢经验，国家经贸委向国务院报送了《关于学习邯郸钢铁总厂加强管理的经验进一步抓好扭亏增盈工作的报告》；1993年8月，国务院办公厅向各级政府和部门转发了该报告，对邯钢经验作了较为详细的介绍。1995年12月，国家经贸委、冶金部作了《关于邯郸钢铁总厂管理经验的调查报告》，对邯钢经验进行了更为详细的介绍；1996年1月，国务院批转了该报告，并号召全国学习、推广邯钢经验。由此掀起了一场全国各行业学习邯钢经验的热潮。

亚星集团创新购销比价管理 降本增效成绩斐然[①]

潍坊亚星集团有限公司（以下简称亚星集团）是以生产聚氯乙烯、氯化聚乙烯和烧碱为主的国家重点企业，总资产 12 亿元，1999 年拥有 5 个控股和全资子公司。亚星集团每年采购 6000 多种物资，并有十几种产品销往国内外。通过创新采用购销比价管理，一方面在满足企业质量需求的前提下通过比价实现低成本采购，另一方面在满足用户质量需求的前提下争取较高价位销售，从而使每一种物资和产品的价格都受到有效监控，实现了生产经营的低投入和高产出。从 1994 年开始，亚星集团连续 5 年实行购销比价管理，仅物资采购累计节支 7092 万元，其中 1998 年物资采购节支 1810 万元，实现利润 4254 万元，税收 3708 万元。亚星集团的销售收入和经济效益连续 5 年增长，主要经济技术指标居全国同行业前列。

一、决策程序公开民主

购销是企业经营管理的关键环节。亚星集团为避免购销管理上权力集中在个别人手里、暗箱操作等问题，建立健全了购销管理组织保证体系，成立以总经理为组长、副总经理和主要部门负责人为成员的公司价格监控领导小组，购销重大事项由领导小组集体研究，民主决策；明确各级管理者和职能部门在购销管理上的责权，相互制约，监督到位；购销价格的制定和实施做到决策程序透明，价格内部公开；物资采购价格的决策根据采购物资类别和金额的大小实行分类管理。

二、建立健全严格的管理制度

亚星集团制定了 10 多项旨在建立和完善购销比价管理的规章制度。主要有：①《物价管理条例》，规定了购销价格的制定程序，最高、最低限价的控制权限，价格审核程序，管理机构的设置及其基本职能和考核奖惩办法等；

---

① 该案例根据 1999 年第 5 期《中国经贸导刊》国家经贸委企业改革司调研组报告整理而成。

②《定点采购物资暂行办法》，确定经产品质量认证和质量保证体系认证的合格定点单位，主要生产用物资原则上一律从定点单位采购，未经批准从非定点单位采购的要严加惩罚；③《经济合同管理规定》，凡采购单价在5000元以上的物资都须签订经济合同，重大经济合同的签订要由供应、技术、审计等有关部门人员参加；④《工程造价管理办法》，严格执行"四个不准"，即工程预算不经审计不准签订合同，不签订合同不准预付款，工程项目建设资金无来源和开工前各项手续不经审计不准开工，工程决算不经审计不准办理结算。

三、建立及时反映市场价格的信息网络

亚星集团高度重视市场价格信息的收集与处理，在公司信息中心建立了物价信息收集网络，及时获得国内外产品价格信息资料，为全公司提供信息服务。在经营公司设立了综合处，负责市场价格的调研和信息的采集、处理。审计处物价科通过订阅大量信息报刊，建立价格信息网络和台账，以便随时掌握市场价格信息变化，为领导决策和价格审核提供可靠依据。

四、实施独立有效的价格审计

审计处物价科对采购与销售价格行为实行过程监控，对违反规定或不合理的购销价格具有否决权。一是采购计划审核。计划处对分厂、车间、供应处等部门所报物资采购计划进行分口分类把关和汇总后，报审计处物价科审核。二是价格审核。物资采购部门在最终确定主要物资供货单位前，需填报采购物资价格申报单，报审计处物价科审核。三是票据审核。所采购物资须报审计处对合同、增值税发票、采购物资价格申报单和检验报告单等进行审核确认，达到价格和质量要求，审计处物价科开具采购物资审核通知单，同时在购货发票上加盖审计专用章，财务部门才可办理结算付款手续。

五、实行封闭式质量检验

所有的采购物资，都要经过严格的质量检验或验证，对主要原燃辅料严格实行"封闭式检验"。样品检验后均留样存档，以备定期复查。物管处拿到合格的检验报告单方可办理入库手续。达不到质量要求的，按规定实行退货或折

价处理。定点单位两次供货质检不合格,取消供货资格。

六、建立业务台账,责任明确到人

为便于对采购价格的事后监督审计,在物资采购部门建立了采购台账制度,同时,每一名采购人员也都有一本业务记录手册,对可以轮岗的采购人员实行岗位转换制度,以回避人情关系,实行交叉监督。

七、严格考核,奖惩兑现

亚星集团将约束激励机制引入购销比价管理中,实行购销承包责任制,制定考核细则,严格奖惩兑现。凡实际销售的产品价格高出公司每月制定的执行价格的部分按规定比例提成;采购价格低于最高控制价的,按节约额比例提奖。对非法私自收受回扣,不经批准将商品低价销售给合同外单位或高价采购商品的,或泄露公司销售价格、收费标准、采购物资控制价格等机密的,根据情节轻重给予通报批评、调离岗位、罚款、记过、除名等处分。考核工作每月进行一次。

八、加强资金流动的财务监督

亚星集团内部实行以财务管理为中心、以资金管理为重点、"三统一分"的财务管理体制,即统一财务机构职能、统一资金管理与协调、统一财务人员配备、成员企业分别独立核算的体制。同时公司实行全面预算管理,使购销管理做到始于预算、终于结算,物流与资金流同步控制。这是亚星集团购销比价管理成功的重要基础。

福建电子集团做好"加减乘除" 坚持"两个创新"[①]

福建省电子信息集团(以下简称福建电子集团)组建 16 年来,历经风雨,砥砺成长,面对成立初期 200 多家成员企业都处在微利、亏损的困局,以"百

---

① 该案例根据 2016 年 7 月全国国有企业改革座谈会发言材料整理而成。

舸争流千帆竞，借海扬帆奋者先"的魄力和态度，消积除弊，攻坚克难，企业由小到大，由弱变强，发展成为区域性行业龙头企业，闯出一条传统老国企突破逆境、涅槃重生的发展之路。截至2015年底，集团资产总额、所有者权益、营业收入、利润总额分别达181亿元、67亿元、162亿元、9.8亿元，比2001年底分别增长了6倍、8倍、15倍和117倍，跃居全国电子信息百强第39位。拥有一级成员企业45家，其中包括在A股上市星网锐捷、福日电子、华映科技3家参控股上市公司，在新三板挂牌的闽东电机公司和拟上市的参股公司福光股份、长威科技、阿石创光电等，以及与国际知名企业合资合作的多家参股公司。福建电子集团历年取得的发展成就，主要得益于做好"加减乘除"，坚持"两个创新"。

一、做好"加减乘除"，优化配置促进发展

做好减法，重在"舍"字，大刀阔斧清退非主业领域投资。电子信息行业是完全竞争性行业，竞争残酷而惨烈，不但技术日新月异，业态也在不断调整，更需要有壮士断腕的决心，做好"舍"的文章。集团组建初期，通过改制重组、股权转让、清算关闭等一系列大刀阔斧的措施，累计清退了120多家非主业或非优势企业，大力处置"僵尸企业"，初步消灭了企业亏损源。在清退时坚持：非主业投资非优势企业坚决退出，即使盈利也不保留，"靓女先嫁"；主业投资项目根据产业发展后劲以及企业领导班子的强弱决定去留。此后，在发展历程中，不断根据行业发展态势和成员企业发展情况，扶优汰劣，大浪淘沙始留真金，少数真正能够经受得起市场洗礼的企业脱颖而出，成为事业发展核心力量。与此同时，认真履行国有企业的社会责任，筹集近3亿元资金，全面完成1.1万名国有职工安置工作，解决4600名离退休、内退职工的基本生活费、社医保等社会保障问题，为事业发展创造了安定稳定的良好环境。

做好加法，重在"增"字，集中资源布局战略性新兴产业。通过盘活退出企业的存量资产，累计归集16亿元资金，加上多方新筹的资金，共同投入战略性新兴产业，积极布局集成电路先进制造和特色工艺制造。推进厦门联芯12英寸IC生产线建设，总投资62亿美元，填补福建高端集成电路制造空白；谋划布局DRAM产业，一期投资53亿美元；整合福建省内现有资源，会同台湾团队共同开发建设6英寸砷化镓/氮化镓特色工艺制造，总投资30亿元；推动

莆田华佳彩 2 条第 6 代 TFT—LCD 生产线建设，总投资 240 亿元；搭建国产数据库源代码及技术移转公共服务平台，与 IBM 合作，打造 Sinoregal 国产大型数据库品牌，改变福建没有基础软件开发的历史；整合省级政务信息化资源，加快信息服务业平台建设及行业应用，促进了政务信息从大数据资产向生产要素的转变，成为新时代新发展的新引擎；投资信息化基础设施领域，建设北斗位置服务、物联网、多卡融合、视频能力、大数据开发、人工智能等公共服务平台，为"数字福建"提供强大的基础能力支撑。集团成立以来，累计吸引外商投资 120 多亿美元，建设 10 多个合资项目，纳税超过 40 亿元，新增上万个就业岗位，带动产业集聚，促进福建电子信息产业的升级发展。

做好乘法，重在"融"字，充分利用资本市场倍增效应。坚定不移地实施产业发展与资本运作"双轮驱动"战略，在福建省国资系统率先设立负责资本运作的部门，融合资本市场，发挥倍增效应。一是通过并购重组，推动企业上市及新三板挂牌。并购星网锐捷并成功将其运作上市，国有资本增值超过 20 亿元；在闽东电机公司将被摘牌的危机时刻接收其控股权，整合剥离出的电机产业资源，培优做大后在新三板挂牌；引入实力民企重组老军工国企福光公司，精心培育后推进上市进程；陆续控股、参股多家有上市及新三板挂牌潜力的企业。二是通过上市公司再融资，加大主业投入力度。星网锐捷通过定向增发融资 2.2 亿元，开展多轮产业链并购重组，实现向"互联网+"企业转型；支持福日电子 3 年内成功开展 3 轮定向增发，融资 17 亿元，壮大通信终端制造及 LED 主业。三是加大基金运作力度，发挥投资杠杆作用。运作好福建省电子信息产业基金，重点保障 IC、液晶面板等重大项目投资需求；与台湾中华开发工业银行共同发起设立并运作首支闽台合作私募投资基金——华创基金；积极参与福建省国资委主导的国企改革并购重组基金。

做好除法，重在"改"字，消积除弊实施市场化改革。国有企业积弊主要表现在用人、用工和分配机制上，即常说的"铁饭碗""铁交椅""铁工资"。福建电子集团大力实施三项制度市场化改革，扫除国企积弊羁绊，做到"用人能上能下，用工能进能出，分配能高能低"，极大调动员工的积极性。建立起与市场接轨的选人用人机制，为企业参与市场竞争创造了有利条件。一是创新引才机制。探索建立了人才分类管理机制，对市场化引进的人才实行有别于体制内干部的契约化管理，实现从管干部到管人才的制度转型；注重引进行业领军人才推动产业发展,通过引进境外DRAM产业领军人才,引领带动了一批该行业高端专业人才加盟,有效推动了项目建设与技术研发;大胆地"团队式"接收管理人才队伍,通过项目并购重组,引进了中诺通讯等企业的成熟管理团队,对企业发挥整合优势、增强市场竞争力起到了积极作用。二是优化留才机制。大力加强对骨干人才的激励力度,完善了以年薪制为主体、超额利润奖励和任期奖励相结合的多元收入薪酬分配体系,促进所属企业负责人薪酬水平进一步与市场接轨,积极发挥考核激励、引导和约束作用。

二、坚持"两个创新",激发活力保持后劲

坚持制度创新激发企业活力。大胆探索以骨干员工持股为重点的产权制度创新。大力发展混合所有制经济,在老国企改制的过程中,通过引入民营资本、鼓励经营管理团队和骨干员工持股等手段实现所属企业股权多元化,混合所有制企业占集团成员企业比例已达67%。32家成员企业实施了骨干员工持股制度,在吸引留用企业急需人才、稳定骨干员工队伍、激发企业经营团队激情与创造力上发挥了重要作用。同时,有利于形成企业内部监督制衡机制,有效杜绝经营者以权谋私等不当行为,强化了内部监督,降低了监督成本。股权多元化也促进了成员企业现代企业制度的建立,进一步完善公司法人治理结构。

坚持技术创新保持发展后劲。将培育企业科技创新能力作为工作的重中之重,连续多年开展"科技创新年"活动,采取切实有效措施提升企业技术创新能力。重投入,将研发投入比重列为经营业绩考核重要指标,引导鼓励所属企业加大技术创新投入;筑平台,建设企业研究院,打造国家级重点实验室、院士工作站、博士后工作站等创新平台;严考核,将研发人员绩效与其所服务的产品线市场业绩挂钩,让科技成果有效转化为产品竞争力;广合作,与知名高校、科研院所合作,在科研成果转化、科技人才培养等方面实现优势互补;优氛围,在薪酬方案设计、股权激励方案设计、社会荣誉推荐等方面向一线科技人员倾斜,集团上下形成尊重爱护科研人员的共识。经过多年积淀,研发投入占主营业务收入超过5%,累计申请各项专利3282项,获专利授权2058项,参与制定标准38项,技术创新成果丰硕,在福建省国资系统企业中遥遥领先。控股的星网锐捷公司2015年研发投入占销售收入比重超过14%,新产品销售

收入对公司销售收入的贡献率达到85%以上，公司3000多人的应用研究院队伍也在福建省企业中首屈一指。

物产中大集团推进混改+整体上市 把市场机制引进门[①]

一、成立之初便开启混改实践，确定市场主体地位

浙江物产中大集团股份有限公司（以下简称物产中大集团）是我国最大的大宗商品集成服务商之一，由浙江省物资局1996年转制成立。身处"资源小省、市场大省"的浙江，没有特殊政策、没有进入门槛、没有垄断资源，唯有改革方有出路。1996年，在浙江省委、省政府的支持下，率先进行了产权制度改革试点，按照"扶优、活小、拓新"的指导思想，以产权多元化为目标推进企业体制改革，以绩效为中心推进分配激励制度改革。到2003年，完成了一级成员公司制改造，实施经营层和员工持股，形成了国资、集体、民营及个体多种所有制共存并相互融合的格局。

本次混改实践，物产中大集团实现了从行政机关到经济实体、从计划经济执行者到市场经济竞争者、从传统生产资料贸易商向供应链集成服务商的转变。混改后2004—2015年的12年间，营业收入复合增长率18.85%，利润总额复合增长率17.61%，净资产复合增长率22.09%，凝练出"坚持深化改革创新不停步，坚持提升发展主业不动摇，坚持提高团队素质不松懈"的实践体会。

二、以市场化为导向深入混改，高效完成整体上市

物产中大集团作为完全竞争领域的企业，更好地与市场接轨是一直努力的方向。在浙江省委、省政府《关于进一步深化国有企业改革的意见》文件下发一个月后的2014年10月，物产中大集团正式启动了整体上市，并于2015年11月顺利完成，成为浙江首家践行混改整体上市的省属企业，在省委、省政府的

---

① 该案例根据2016年7月全国国有企业改革座谈会发言材料整理而成。

支持下,以历时一年左右的重组进度,创下了国内资本市场同类案例的速度奇迹。

在整体上市过程中,始终做到了"四个不动摇",即:坚守依法合规底线不动摇、确保国有资产保值增值不动摇、坚持调动各方积极性不动摇、坚持为企业基业长青和做强做大做久服务不动摇。在整体上市方案设计中,形成了"资产两分,人随资产;首次引战,净资产平衡;中大平台,吸收合并;配套融资,管理层骨干入股"的总体思路,切实做到了依法依规、科学合理、易于操作。

资产两分,人随资产。由浙江省国有资本运营公司(以下简称省国资公司)收购物产中大集团持有的另一家上市公司物产中拓和不符合上市条件的资产,评估价近40亿元。

首次引战,净资产平衡。浙江省国资委将所持原物产集团60%股权划转至省国资公司,将剩余40%股权向战略投资者浙江省交通集团转让,后者支付现金约40亿元获得现金回流。浙江省国资委收回现金对价后,以该部分款项向省国资公司增资,专项用于偿付剥离应付原物产集团资产包的对价。

中大平台,吸收合并。旗下上市公司物产中大以发行股份购买资产方式吸收合并原物产集团。

配套融资,管理层骨干入股。向不超过10名特定投资者非公开发行股份募集配套资金,配套融资规模约为23.3亿元。上市完成后的股权比例为省国资公司33.81%、浙江省交通集团20.72%、员工持股计划7%、战略投资者6.66%、公众股31.81%。

科学的改革思路和工作方法,保障了物产中大集团在高效完成整体上市的同时,建立起与竞争类国企相适应的市场运行法则。

治理体系更加完善。根据国资与证监的双重监管要求,深入推进现代企业制度下的董事会和监事会建设,目前董事会11名(执行董事4名、股东委派董事3名、外部独立董事4名),监事会5名,形成了董事、监事、高管相互制衡的规范运行体系,有利于提高决策科学性,强化监督有效性。

运行管理更加规范。严格按照上市公司的规范性要求,建立健全全面覆盖、分工明确、协同配合、制约有力的经营管理机制和内控规范体系,并切实履行对投资者和外部监管机构的信息披露义务,依托上市公司管控流程的刚性约束确保公司科学管理、规范运作。获得了中诚信与大公国际评定的双AAA

主体信用评级单位（为首家获此评级的地方流通企业）。

发展后劲更加充足。整体上市显著增强了集团业务板块之间的战略协同效应，有利于优化市场网络布局和产品服务体系，持续增强行业位势和核心竞争力；通过引入具有股东优势资源的战略投资者，为转型升级提供资源动力。

员工激励约束更加有效。在保留成员公司股权多元化的同时，在整体上市环节同步实施员工持股计划，管理骨干共计1061人在上市公司层面入股，与市场化运作的战略投资者同股同价，即使是入股锁定3年，仍得到上下一致赞同。此举通过市值捆绑，进一步增强了集团上下利益一体化的激励约束机制，探索搭建了以员工凝聚力为核心的共创共享共担体系，深度激发了广大管理骨干的创业创新动力，从而打造集团发展的新引擎，助力集团走上创新驱动发展的道路。

国有权益大幅增值。一是国有资产实现有效保值增值。2015年的税费、员工工资、净资产三项合计达271.49亿元，是1996年初始投入10.9亿元的24.9倍。根据2015年底物产中大收盘价计算，总市值达389.15亿元，其中国有市值从整体上市前的31.66亿元增值到212.20亿元。完成整体上市后的第一个完整年度2016年股息率达到4.39%，位居浙江上市公司第一，两大国有股东拿回现金3.02亿元，切实实现了国有资产的保值增值。二是业绩稳中有升。未上市前的2013年底，集团利润总额、归属母公司净利润分别为17.8亿元、9.16亿元，2016年底分别为33.01亿元、22.12亿元，年均复合增长率分别为22.86%和34.16%，相当于三年再造了一个新物产。

三、全面推广成员公司混合所有制，打造资本所有者和劳动者的"命运共同体"

物产中大集团是改革的产物和成果，将来要实现可持续发展和基业长青，不改革没有出路。为此，物产中大集团结合实际提出了"全员创新、合伙创业"的口号，开启"二次混改"新里程。一是真正把市场机制"引进门"。从体制机制、人才、资源三个方面的市场化着手，实现多元所有者到位，建立经营者和所有者利益、企业效益正相关的关系。物产中大集团认为培养、引进、保护企业家队伍是企业发展的重中之重。浙江省委组织部和省国资委同意，将授权董事会按市场化方式选聘1—2名职业经理人担任高管副职。先行在下属公司高管层面探索实施，以市场化选聘的方式招揽9个紧缺岗位的高端人才。二是加快推动投资主体股权多元化。对全资企业启动股权改革，有条件的企业加快引进更多央企、优秀民营企业参与相关成员公司的改革重组，充分发挥各方股东资源优势。对人才资本和技术要素贡献占比较高的企业，优先支持开展高管和骨干等持股。三是对相关公司股权结构进行动态调整。积极推广双层架构有限合伙企业模式，在浙江省国企范围内创新引入了动态调整机制，即实现持有人份额权益与其上年度绩效考核指标捆绑式的浮动管理模式；同步探索设立"深化混改基金"和员工持股"下翻上"机制，有效解决目前国有企业普遍存在的权责利不匹配、内部管理不规范、管控权力缺乏制约、监督不到位等共性问题，真正激发员工的"二次创业"热情。

首旅集团产权流转试点与跨境并购[①]

北京首都旅游集团有限责任公司（以下简称首旅集团）是北京市以投资旅游服务业及相关产业为核心的战略性产业投资公司，长期担负着中央、国家和北京市重大活动服务保障任务。2014年8月，北京市国资委将首旅集团列为深化董事会建设完善现代企业制度改革试点单位。作为市属竞争类国企中唯一一家试点企业，首旅集团始终以"创新、协调、绿色、开放、共享"五大理念为指引，抢抓"供给侧结构性改革、全面深化国资国企改革、京津冀协同发展"三大机遇，强化"新产品和新商业模式、新体制和新机制、以心力资本为核心的人力资本"三大供给，落实"改革创新、转型发展、提质增效"三大任务，有力促进了企业改革发展。2017年底，首旅集团资产总额突破500亿元，营业收入突破380亿元，资产证券化率达到25%，共有员工6.2万人。

一、积极落实国有产权流转试点改革，促进放管结合落地

为促进企业国有产权流转、提高国有资本配置效率，在确保国有资产不流失的前提下，北京市国资委决定减少、下放一批国有产权审批、备案事项，

---

① 该案例根据2016年7月全国国有企业改革座谈会发言材料整理而成。

2015年7月将产权登记、审批无偿划转、协议转让和5000万—1亿元的评估备案权力下放给首旅集团。

首旅集团是两家先行试点单位之一，肩负着北京市国资委赋予的产权流转审批职责，"放权但不免责"，成为产权管理的第一责任人。试点以来，首旅集团在市国资委的授权范围内，经履行集团内部审核程序后共审核通过产权流转事项56个。其中，向市国资委上报申请核准项目7个，自行批准评估备案项目8个；批准协议转让项目3个，批准无偿划转项目4个；审核通过产权登记项目共计34个；涉及产权总金额近150亿元。试点为集团内部资产重组及国有产权置换开辟了快捷通道，项目审批周期比放权之前平均缩短了近七成。同时，首旅集团建立健全产权管理制度体系，制定了1个基本制度和3个管理办法，形成有效的管理运行机制，规范日常经济行为及报批流程。试点主要成效：一是节约时间成本，增强产权流转时效性；二是促进企业整合，优化国有资产结构；三是加快退出低效资产，提高国有资产活力；四是提高资本配置效率，提升国有资本市场价值。

总体来看，试点工作不仅释放出了活力和效益，而且促进了制度的规范落实，使管理更加科学到位，做到了"放得开、管得住""双强化、双到位"，较好实现了试点工作目标。

二、创新筹划实施跨境并购如家酒店集团，有效推进混合所有制发展

为了贯彻落实党中央和北京市深化国有企业改革意见精神，推进混合所有制发展，首旅集团加快产业转型升级步伐，积极探索创新，筹划实施了跨境并购如家酒店集团项目。

选择收购如家，主要是看中了如家的品牌影响力和网络资源优势、国际化视野、创新能力以及完全的市场化经营机制，符合国企改革方向和首旅集团发展需求。虽然收购难度大，史无前例、错综复杂、难以突破，但在北京市各级领导及相关部委的关心支持下，首旅集团举全集团之力，对该项目进行了整体设计、分步实施、多方协作、高效衔接、全面落实，最终通过控股上市公司首旅酒店集团，以现金购买加跨境换股方式成功并购如家酒店集团，使之成为首旅酒店集团的全资子公司，并从美国纳斯达克全球市场退市，创造了国内上市公司跨境并购国外上市公司，两大资本市场跨境换股、协同运作、无缝链接的

新模式。并购重组完成后，携程成为首旅酒店集团的第二大股东，促进了首旅酒店集团市场化经营机制的转换，放大了国有资本功能，提高了国有资本配置和运行效率，实现了各种所有制资本取长补短、相互融合、共同发展的目标，为首旅集团的产业整合、资产盘活、效益提升、持续稳定发展提供了新动能。

跨境并购如家项目，是首旅集团有效推进混合所有制改革、推动国有资本有序进退、促进体制机制创新的大胆尝试和积极探索：一是发展混合所有制经济、国有资本有进有退、合理流动不是搞私有化，混合所有制经济是基本经济制度的重要实现形式；二是发展混合所有制经济应该双向混合，既可"引进来"，又可"走出去"，按照市场规则有序进退。

三、坚持国企市场化改革方向不动摇，聚焦提质增效

国企市场化改革必须坚持，开弓没有回头箭，这是首旅集团作为充分竞争领域国企的突出感受。

首汽约车是首旅集团对老国有企业市场化转型的积极尝试，是国企传统优势和"互联网+"新动能的有机结合。在用人机制、管理模式、风险管控、商业模式和资本运营等方面实现完全市场化。2015年已完成A轮融资，并引入股权激励机制，2016年正在进行B轮融资。首汽约车市场估值快速增长，市场化资本进入积极，在机制优化与资源支持等方面为首旅集团发展带来新动力。

国企改革要在质上有突破，关键是在市场化改革中"有破有立"，破的是"政治身份收益"，立的是"市场主体属性"。改革开放40年的实践证明，国企改革需要市场活力，希望政府创造更加公平、开放的市场环境，进一步发挥市场在资源配置中的决定作用，形成有自生能力、市场竞争能力的公司治理结构。

东北制药激活机制体制 推动调整再造[①]

东北制药成立于1946年，计划经济时期曾被誉为"我国民族制药工业的摇篮"。进入市场经济后，公司发展几经波折，特别是2010年以来，连年巨额

---

① 该案例根据2017年7月全国国有企业改革经验交流会发言材料整理而成。

亏损，员工士气低落，企业举步维艰。为此，沈阳市委、市政府于2013年初果断调整了东北制药领导班子。新班子履新后，深入贯彻党的十八大和十八届三中全会精神，认真落实党中央、国务院及辽宁省、沈阳市关于老工业基地新一轮振兴的决策部署，带领公司全体员工坚持市场导向、问题导向、人本导向，大刀阔斧改革旧有体系架构和制度流程，在改革中走出面向市场、提质增效的发展之路。

四年来，东北制药总资产由75.5亿元上升到97.6亿元，资产负债率由90%下降到67%，厂办大集体等历史包袱以市场化手段得到有效解决。2016年，生产经营逆势反转，缴纳税金2.65亿元，同比增长70%；实现利润2800万元，比上年减亏增盈4亿多元。2017年上半年预计实现销售收入同比增长20%以上，上缴税金同比增长32%，实现利润远超上年同期，继续保持快速发展的强劲势头。

一、加强领导班子建设，把"龙头"抬起来

提升境界，解决真想干的问题。按照习近平总书记"当干部就要干字当头"的要求，鲜明提出领导班子要以"活着干点儿啥、死了留点儿啥"的精神状态和人生追求来谋划和推动工作。通过严格的民主生活会、党内谈心等多种形式，深刻查摆班子中存在的有权任性、为官不为、自由散漫、小团体利益等一系列突出问题，以严肃的批评和自我批评，有力的组织和制度完善加以解决，让班子成员的思想状态真正凝聚到党中央、省市要求和企业自身改革实践上来，形成共同推动企业发展的坚强意志。

激活状态，解决真敢干的问题。大力倡导"鼓励创新、宽容失败"的工作导向，对各级干部允许"走路摔跟头"，但决不允许"怕摔跟头不走路"。出台中高管尽责担当六条戒令，明确提出一系列工作要求：用人公平公正，不说假话，不造假数；不接受下级宴请，不刻意讨好上级；反对文山会海、繁文缛节，务求5分钟内说清一个重大问题，500字内写明一个重大事项等。坚决整治"看领导眼神儿、盯领导脚跟儿""打太极拳、走太空步"等错误的思维和行为方式。在落实责任、完善制度、反向追责处理中，全面解决了高管兼职问题，对工作不力、违规的干部大力度调整。四年来，调整高管责任分工累计8人次，免职2人，调整中层干部50人次，基本形成了实事求是、大道至简、真

抓实干的工作作风。

强化学习，解决真会干的问题。把提升学习能力、突破实践能力摆在突出位置。坚持放开视野、打开心胸，深入推进党委中心组学习、专家讲座、专题调研等各种学习活动，全球寻找行业内外优秀标杆，实施对标管理。要求各级干部"在战争中学习战争"，真正把"以客户为中心"的市场导向和市场化、契约化的现代经营管理理念注入企业生产经营全过程。

二、大幅压缩管理层级，让市场反应快起来

调整总部平台。经过分步调整，把集团公司、股份公司和传统工厂三级管理体系"合三为一"，让公司总部真正成为战略、研发、投资、财务、人力资源管控中心，让作战单元（分、子公司）成为市场主体。

改造营销体系。打造"总部抓总、分线提升、销区主战"模式。将制剂营销总公司裂变为25个省区平台分公司，使其成为业务展开和干部成长的主阵地。2016年制剂业务迅猛增长，全年盈利近2亿元。将国际营销总公司裂变为美、欧、日和国际贸易、制剂出口5个独立分公司，有力推动公司品牌进军国际市场。

改造生产体系。将2大工厂裂变为原料药、制剂各6个生产分公司，产业链条全面实行内部市场化结算和指标考核，2016年生产成本同比降低2亿元以上。

改造辅助业务体系。将东瑞公司、百万公司等一批厂办大集体和辅助单位以独立子公司形式推向市场，通过业务结构梳理、组织架构和运营模式再造等手段，全面引入市场化经营机制。精细化工、医药工程、危化运输、计量检测等一批子公司已开始在专业市场施展作为，2016年利润贡献4000余万元，成为公司发展的有效资源。

三、积极开展流程再造，把权力放下去、责任担起来

在新的组织架构和市场导向的运营模式下，对500多项流程和制度进行了全面梳理、调优和再造。在操作层面，实现发起、审核、审批三个节点完成一项流程，大幅提升了运营效率和市场反应能力。

限制总部权力。依法开展董事会治理,将总部权力限制在战略、原则和目标管控层面,突出在纠偏过程中行使监督权和否决权。

下放管理部门权力。管理部门加大简政放权力度,切实做到管住结果、放开过程,将人员招聘、奖金分配、人员考核晋升等权力,预算内经费使用、日常材料和装备的部分采购权等权力,全部下放给分子公司。

充实一线单位权力。各分子公司在总部框架下自主实施内部考核,总部审核备案。让"听得见炮声、看得见炮火"的"作战"单元指挥调度各种资源,在营销体系打造"少将连长",鼓励各"作战"单元根据竞争要求"打没有命令的仗",确保满足客户和市场需求。

四、深入推进三项制度改革,使人力资源活起来

推行干部"能上能下"的用人机制。对各生产经营单位实行指标黄牌警告制和末位淘汰制,连续两年进入最后 5 位的一把手自然淘汰,三年来共淘汰、调整各分子公司总经理 18 人。坚持业绩导向,推行有为有位,在整体调优中,重点推进干部队伍年轻化,15 名"80 后"干部走上了各分子公司一把手岗位。任职资格体系在 2016 年投入运行,全年非职务晋升 206 人,专业干部有了全新的成长动力。

推行收入"能增能减"的薪酬分配机制。建立向贡献者倾斜的薪酬体系,打掉学位、职称等各种资历津贴,全面推行以岗定薪、以绩定奖、以能调薪。营销、生产各岗位员工每月薪酬可以自己测算,按岗位绩效,多干多得。2016 年和 2013 年相比,公司员工平均收入增幅达 45%。2017 年,计划薪酬支出再增加 1.1 亿元,人均收入增幅达 13%。

推行员工"能进能出"的用工机制。几年来,东北制药依法依规主动解除劳动合同 400 余人,有效减轻冗员负担。2016 年公司人均销售收入同比增长超过 20%,人均工业增加值同比增长 95%,劳动生产率大幅提升。

2016 年以来,东北制药提出了"三年倍增"的发展目标,当前正进一步落实党中央、省市决策部署,制定实施整体综合改革方案,力争在新的改革发展中闯出一条新路,为老工业基地振兴作出新贡献。

上汽集团创新转型优化激励 推动党建与公司治理相结合[①]

近年来,面对科技发展大趋势、市场演变大格局、行业变革大方向,上海汽车集团股份有限公司(以下简称上汽集团)深刻地认识到,不创新是退,创新慢了也是退,唯有深化改革、加快创新,才能走出新路。上汽集团按照党中央、国务院和上海市委、市政府关于深化国企改革、加快创新发展的总体要求,在产业布局、体制机制、国企党建等方面积极探索,实现了经营规模和效益持续较快增长,自主创新核心能力显著增强,国际竞争力和品牌影响力有新的提升。2016 年,上汽集团实现整车销售 648.9 万辆,国内市场占有率达到 22.6%;实现合并营业总收入 7564 亿元,归属母公司净利润 320 亿元,净资产收益率达到 17.5%,上缴税收 912 亿元。

一、坚持企业发展与国家战略和上海发展目标相结合,在服务大局中加快企业创新转型

从新形势新任务出发,明确自身发展新目标。当前,全球新一轮科技革命和产业变革所带来的,既有挑战,也有机遇。同时,根据党中央、国务院的决策部署,上海要加快建设具有全球影响力的科技创新中心。对上汽集团而言,必须扎实推进创新转型、升级发展战略,从主要依赖制造业的传统企业,转向为消费者提供全方位出行服务和产品的综合供应商。上汽集团提出了"倾力打造富有创新精神的世界著名汽车公司,引领未来汽车生活"的愿景目标,并在此基础上,重塑了企业文化,将"创新"作为灵魂和主线贯穿其中,以创新文化鼓舞人心、引领前行。

把握行业趋势,完善创新转型的思路布局。结合党中央提出的五大发展新理念,上汽集团对未来汽车行业作出了"电动化、网联化、智能化、共享化"的趋势判断。在此基础上,围绕产业价值链部署创新链,着力"向两端加快延伸、加快创新、加快转型"。在产业链前端,重点瞄准新能源、互联网、智能

---

① 该案例根据 2017 年 7 月全国国有企业改革经验交流会发言材料整理而成。

化等关键技术，为创新发展创造技术优势；在产业链后端，重点瞄准服务、金融、海外市场，为转型升级创造市场空间，并切实提高资本运作能力，努力推动产融结合，支撑产业发展。在集团总部层面设立了前瞻技术、大数据、金融等专业部门，并在美国硅谷、以色列等地，建设海外创新中心，以风投方式在智能驾驶、物联网、软件工程等前瞻领域进行布局。

做强自主品牌，着力打造差异化竞争优势。上汽集团自主品牌通过多年持续加大研发投入，集聚研发人才队伍，加强市场营销和品牌塑造，已构建了完整的正向研发体系，产品品质已与合资品牌旗鼓相当。按照习近平总书记2014年视察上汽时的重要指示精神，大力发展新能源汽车。同时，创新推出互联网汽车，前瞻布局智能驾驶技术，积极探索分时租赁共享出行模式和汽车电商线上线下业务，并努力实现多种技术优势的叠加和融合发展，着力打造差异化竞争新优势。2016年，上汽集团的中国品牌整车销量达到255.2万辆，占集团总销量近四成。

二、坚持企业改革与职工群众利益相结合，运用市场化机制，调动员工创新创业积极性

鼓励创新，配套建立容错机制。为鼓励广大干部员工勇于创新、敢于突破，解决后顾之忧，上汽集团制定了《创新项目容错管理办法》，明确只要是符合公司战略方向、符合内控流程、未牟取私利的，即使未能实现预期目标，在审计、考核等方面不作负面评价。《创新项目容错管理办法》的相关内容已纳入上市公司章程，上汽集团成为国内第一家把容错机制写入公司章程的上市公司。

市场导向，优化完善激励机制。在干部管理市场化方面，自2014年起，上汽集团推进干部任期制契约化管理，实行干部任用合同制度，明确领导干部的任期、权利、义务、廉洁自律、竞业限制和薪酬等内容，形成了"能上能下、能进能出、能增能减"的干部管理市场化机制。在核心人才市场化激励方面，对股权投资、风投、新能源研发等核心团队，探索实施股权激励、业绩提成、跟投等多种激励约束方式。同时，还结合上市公司定增项目，开展核心员工持股计划，进一步构筑企业与员工利益共享、风险共担、责任共当、事业共创的激励约束长效机制。

搭建平台，营造"双创"乐园。一方面，上汽集团出资1亿元，设立"种

子基金",允许员工利用企业设施进行创新研究,对有价值的项目给予奖励,甚至帮助孵化成立公司。目前,上汽集团已有42家单位2000多名员工参与,提交有效创意项目500多个,并探索出"企业内部转化、业内转化、业内分享、自主创业"4条成果转化路径。另一方面,成立了工程师创新之家、技师创新之家、上汽思客等知识交流平台,围绕汽车产业前沿领域开展研讨交流,努力打造"世界著名汽车公司+广大员工创新乐园"。

三、坚持上市公司治理与加强国企党建相结合,为企业改革创新发展工作保驾护航

组织保障,明确法定地位。上汽集团根据党中央和上海市深化国资国企改革的精神,经过多轮资产重组和资本运作,2011年实现了整体上市,资产证券化率超过99%。上汽集团严格按照上市公司治理准则的要求,建立起股东大会、董事会、监事会、经营层职责明确的公司治理结构。同时,按照"双向进入、交叉任职"的要求,由党委书记兼任董事长、党委副书记兼任总裁,工会主席进入董事会、纪委书记进入监事会,在组织架构上充分体现党组织在上市公司治理中的法定地位。

机制落实,发挥领导作用。充分发挥党组织的领导作用,切实抓好"把方向、管大局、保落实"的各项工作,把加强党的领导与完善公司治理统一起来。通过严格执行书记会、党委会等制度,对干部选拔、人事任免、改革发展等重要事项进行充分讨论和集体决策;通过领导班子研讨会等形式,谋划未来发展总体战略并进行分解落实,党政班子形成合力、共同推进。

粤海控股集团打造国有资本投资公司[①]

广东粤海控股集团有限公司(以下简称粤海控股集团)是广东规模最大的驻港窗口企业,2016年总资产851.49亿元,实现利润总额45.19亿元。2015年12月,广东省政府批复同意《广东粤海控股集团有限公司实施国有资本投

---

① 该案例根据2017年7月全国国有企业改革经验交流会发言材料整理而成。

资公司改革试点方案》；2016 年 12 月，广东省国资委正式批复同意粤海控股集团的改革试点实施方案以及 14 项新增授权清单，粤海控股集团的改革试点工作全面铺开。

一、突出产业功能，做强做优主业

把服务国家战略、强化产业功能作为试点工作最鲜明的特点，坚持有所为有所不为，对现有业务进行优化调整，有进有退，形成了以水资源管理、城市综合体开发与运营、现代新型产业园区为核心，产业金融为支撑的"3＋1"主业板块格局。

有序退出非优势产业和项目。在啤酒行业竞争日趋激烈、行业整合不断深化的背景下，将不具相对优势的啤酒业务以市场化的交易对价整体出售，在确保国有资产保值增值的同时推动业态转型，增强集团城市综合体板块产业实力。此外，逐步退出虎门大桥、汕头海湾大桥、番禺大桥、粤赣高速、韶关发电 D 厂、英坑公路、珠海金湾液化天然气公司等持股比例低、控制力弱或不具备市场竞争力的项目，累计回收资金 64.94 亿元（含啤酒业务出售），实现退出收益超过 46 亿元，确保国有资本保值增值。

整合资源做强核心主业。近年来，粤海控股集团坚持以资本为纽带，整合优势资源，重组业务资产，提升核心主业竞争力。水资源管理板块通过灵活运用股权并购、合资新设、PPP 项目、工程建设等多元化资本投资模式，持续加大投资扩展力度；城市综合体板块通过资产包收购、股权合作等多种方式并购发展一线城市核心城区多个商业项目；产业园板块通过与东莞市政府达成战略合作，在东莞谢岗北部开发运营广东粤海装备技术产业园，有效融合企业、市场与政府三方资源优势，以高端装备制造为切入点，集聚先进装备技术产业、现代商贸服务业；产融板块以财务公司、融资租赁公司、资产经营公司等单位和跨境资金池等金融工具为基础，整合各业务单元资金融通渠道，发挥产融协同作用，助力集团主业发展。

二、突出资本配置能力，提高国有资本运营质量和效率

充分发挥深耕香港的独特优势，借力香港成熟的金融市场、完善的市场规则以及高效的市场化机制，提升企业的资本配置能力，放大国有资本价值。

发挥总部专业平台的资本投资功能，为上市公司培育孵化优质项目。逐渐打造出专业化的资本投资模式，通过设立各主业板块专业平台公司，运用新设、股权并购、合资等方式开展资本投资。对具有良好发展潜力的项目，如前期收益水平未达到上市公司要求，则先由总部的专业化平台投资运营，进行业务培育孵化，待业务成熟、盈利能力稳定后，再择机注入上市公司，通过资本市场释放成熟项目的资产价值，实现国有资本价值最大化。近年来，先后培育了20多个优质水务项目，并陆续注入上市公司，使上市公司持续获得稳定的业绩支撑，公司市值翻倍增长，回收资金超过35亿元，投资获得丰厚的资本利得，实现国有资本大幅增值，形成"投、融、管、退"的资本投资运营良性循环。

重组优化上市平台架构，提高资本配置效率。粤海投资有限公司和粤海置地控股有限公司是粤海控股集团核心的香港上市平台。为进一步挖掘上市平台的资本运作价值，粤海控股集团对粤海投资和粤海置地的股权进行了重组优化，粤海投资通过发行股份加现金的方式，向集团收购其所持粤海置地的全部股权，实现两家上市公司之间资金的融通和灵活配置，有效降低城市综合体板块项目开发及拓展对集团资金的依赖，提高资本配置效率，进一步强化粤海置地作为集团城市综合体业务上市平台的功能定位，为集团城市综合体板块重组以及实现集团整体上市的长远目标奠定了坚实基础。

通过多年来市场化的资本运作，粤海控股集团具备了较强的资本配置能力，2016年资产证券化率达65.3%，基本实现主营业务整体上市。

三、突出"管资本"导向，建立市场化经营管理机制

准确把握国有资本投资公司的定位，积极探索如何实现从"管资产"到"管资本"的转变，按照"试点先行、稳步推进"的思路，选取集团最具市场竞争力的水资源管理板块作为改革试点，以"管资本"为改革导向，建立市场化经营管理机制。

围绕"管资本"建立授权经营机制。按照合法合规、权责利对等、管放相统一、市场化运作等原则，以促进板块加速发展、完善公司治理和管控模式为目的，在投资经营、人员选聘及考核、薪酬管理等方面对试点单位进行充分授权。首先通过在业务单元建立规范的董事会作为承接授权的主体，然后通过修

改公司章程明确集团与业务单元董事会之间的权责界面,最后再修订业务单元相关管理制度,细化授权落实机制。首轮授权事项达47项,后续还会根据授权效果动态跟踪考核,研究调增授权事项。

配套建立兼顾资本收益与拓展规模的市场化激励机制,对增量项目给予具市场竞争力的奖金激励。横向对标行业内领先企业,将拓展指标纳入绩效合同进行考核;纵向对标集团板块历史经营数据,制定阶梯式目标,推动试点单位实现跨越式发展。激励机制以产业规模扩张为导向,兼顾质量和效益,通过分阶段、分目标设定奖励标准,项目在协议签订当年计发部分奖金,并待项目运营满3年后,根据后评价结果发放剩余奖金,在保证项目资本回报的基础上,实现规模的快速扩张。

通过改革,2016年,粤海控股集团水资源管理板块新增水处理规模178万吨/日,接近"十二五"五年的总拓展量;水处理总规模逾1500万吨/日,位居全国第三;总资产同比增长20%,实现利润总额32.95亿元。2017年预计拓展规模超310万吨/日,发展速度加快,主业竞争力进一步增强。

陕煤集团以转型战略为先导推动结构调整[①]

陕煤集团是在2004年原煤炭部下放的10户煤炭企业基础上组建的省属能源企业,现有职工12万余人,资产总额达到5000亿元。2018年,陕煤集团的产量、主营业务收入分别居全国煤炭企业第四位、第三位;实现收入2806亿元,同比增长7.9%;实现利润135亿元,同比增盈26亿元。目前,所从事的煤炭、煤化工、煤电、钢铁等主要产业均处于过剩的传统产业领域。在能源革命和产业兴替的大时代,改革转型是陕煤的必由之路。国家供给侧结构性改革的政策措施,对陕煤集团来说,犹如久旱逢甘霖,滴雨贵如油。在陕西省委、省政府以及省国资委的领导支持下,乘天时、顺地利、谋人和,开启了改革转型的蜕变之旅。

---

① 该案例根据2017年7月全国国有企业改革经验交流会发言材料整理而成。

一、以转型战略为先导

任何一项改革,顶层设计都不可或缺。陕煤集团在全面研究自身发展的利与弊、深刻洞悉全球产业的兴与废之后认为,公司的产业和产品大多都集中在传统的能源和材料领域。而能源与材料是人类文明的永续产业,新能源与新材料也是当今最具革命性、最具光辉前景的产业。对于陕煤集团来说,升级比跨界更为现实。因此,以科技和资本为驱动,去杂归核,错位创新,把自己定位为一个煤炭优势明显、能源和材料主业突出的错位多元企业,提出了"以煤为基,能材并进,技融双驱,蜕变转型"的发展战略。这一发展战略,已经成为陕煤集团改革的总目标,成为发展的总纲绳。

二、以体制改革为突破

在过剩时代,企业的竞争集中在产品的质量和成本上。高危行业的生产和安全成本是有边际的,但管理成本是海绵里的水,永远都有挤压空间。陕煤集团按照国有资本投资公司的改革方向,以体制瓶颈为突破口,以"中药调理机制、外科手术体制"为手段,以"集团公司—产业板块—厂矿实体"三级架构为目标,开展了"归位总部、做实板块、精简层级、放活实体"的改革工作。一是将煤炭、化工、电力、铁路等企业分别整合到板块公司,实施专业化管理。二是将集团直管的安全、生产、环保、经营等业务下放给板块公司,做实产业板块。三是将生产、协作、企管等运营职能整合为一个部门,将规划投资、政研、海外业务整合为一个部门,实行大部室,合并交叉职能,强化协作职能。四是对下属110户企业进行股权划转、重组整合、解散破产清算、对外转让,减少企业户数80户,删繁就简,压缩管理层级,提高管理效能。五是按照省六项改革试点、"一企一策"和员工持股试点要求,力争在"制"上求突破,在"活"上做文章,不断提高企业竞争力。

三、以结构调整为抓手

煤炭钢铁产业,既有过剩问题,也有结构性问题。调整优化结构,是陕煤集团改革的主线。因此,陕煤集团把改革的着力点,放在"三去一降一补"

上,放在结构调整和转型升级上。

优化结构去产能。在可预见的时期内,中国经济发展不是不需要煤炭,而是需要优质清洁的煤炭。基于这样的认识和判断,从 2014 年开始,率先启动关闭关中高硫低卡、高成本低效益的 8 对矿井,同时缓建停建了 4 处矿井。国家去产能政策措施实施以来,陕煤集团紧抓这一恰逢其时的历史性机遇,本着"多退早退、应退尽退"的原则,将原计划 3 年关闭的 18 处矿井提前到 2016 年关闭,退出产能 1815 万吨,占全省的 62%,关闭炼铁高炉 1 座,压减产能 60 万吨。在果断"退"的同时,适时有序地"进"。通过内部减量、区域协作等措施,在陕北、彬黄矿区新增 7 个优质产能项目,核增产能近 6000 万吨。通过"一退一进",集团的优质煤炭占比达到 95%,用优质低价的产品倒逼,实现"良币"驱逐"劣币",从根本上优化能源结构。

防范风险降杠杆。每次产业革命,金融资本都起到了关键的扩散作用。既做产业,也做资本,是现代企业的双轮两翼。目前陕煤集团资产证券化率只有 26%,发展空间较大。陕煤集团持续放大 3 个上市公司平台作用,最大限度地提高煤炭、电力、装备制造和金融产业的资产证券化水平。发挥集团已有的证券、银行、期货、信托、财务公司等金融平台的协同效应,积极探索国有资本投资公司的发展模式。充分利用多层次资本市场平台,加快培育上市企业,提高直接融资比重,促进新兴产业跨越式发展。积极与金融机构合作,实施债转股 454 亿元,降低负债率 8 个百分点,资本结构更加优化。

多点发力补短板。绿色开采、清洁利用,是煤炭产业补短板的着力点。在黄陵矿业已经实现井下智能化无人开采,在神南矿区和韩城矿区率先采用 110－N00 采煤工法,实现煤炭绿色开采,纾解环保硬制约。陕煤集团不再满足于挖原煤、卖原煤,而是对优质原煤进行物理加工,形成了精煤、型煤、粉煤等绿色清洁燃料,大力发展煤粉—高效锅炉—供热服务产业链,燃烧排放与天然气相当,解开了煤炭燃烧与超净排放的死结。在转化利用方面,坚持错位石油的煤化工方向,抓住国家"一带一路"倡议建设机遇,依托具有国际先进水平的自主低阶煤快速热解分质转化技术,延伸产品链、提升价值链,引进日本高化学等世界知名化工企业,在陕西榆林地区规划了大型煤炭综合利用和转化项目,每年可以转化利用 3000 万吨原煤,最终形成纺织、建筑装饰、包装、汽车等材料生产所需的大宗材料基地。通过引进集成世界先进技术和管理方法，推动中国煤化工产业升级换代。

四、以聚合共识为保障

如果没有广大职工的支持和参与，企业改革将举步维艰。陕煤集团充分发挥国有企业党建优势，强化职工主人翁意识，调动和激发职工群众投身改革的积极性。始终把维护职工群众利益放在首位，涉及利益机制调整，领导干部带头，党员同志靠前，形成促进改革的强大合力。尤其在关井压产中，对雪中送炭的国家奖补资金严格规范使用，保证资金使用效率和安全。先后异地易业分流安置5万名职工。虽然背井离乡，但职工服从大局，以"二次创业"的巨大热情，开辟新的生活。

陕煤集团深切体会到，改革再难，有职工的支持和参与就不难。陕煤集团也深刻认识到，改革推进到今天，比认识更重要的是决心，比方法更关键的是担当。陕煤集团决心抓住国家"三供一业"移交、结构性降税减费、降低社会物流成本等宽松的政策机遇，坚决贯彻落实党中央、国务院的决策部署，在省委、省政府和省国资委的领导和指导下，把改革发展的事情抓紧办好。

北汽集团推动党的建设与经营生产深度融合[①]

北京汽车集团有限公司（以下简称北汽集团）有着60年的发展历史，特别是经过近十几年的快速发展，已稳居我国汽车行业第一梯队，成为首都经济的重要支柱。作为国有企业，北汽集团历来高度重视党的建设。党的十八大以来，集团党委自觉坚持党的领导、加强党的建设，把习近平新时代中国特色社会主义思想贯穿到企业深化改革各方面，把党的领导体现在企业发展全过程，牢固树立"四个意识"，坚定"四个自信"，做到"两个维护"，不断为建设国际一流现代汽车企业助力领航。

---

① 该案例根据2018年10月全国国有企业改革座谈会发言材料整理而成。

一、坚持举旗定向，持续引领企业转型发展

北汽集团党建一个显著特点，就是党委主动发挥领导作用，始终站在企业发展最前沿，研究大势、把握大势、顺应大势，推动党的建设与企业战略、生产经营同频共振、双促共赢。一是以战略为导向提升引领力。北汽集团党委把领导核心和政治核心有机统一起来，先后提出并实施了"走集团化道路""二次创业""建设两型企业"等企业发展战略，同时配套提出了"两个建设""引领、助推、凝聚、服务""北汽党建+"等党建工作理念，明确了各级党组织和党员发挥作用的实现途径，通过企业战略和党的工作理念的同步制定实施，形成了党委顶层设计的并轨执行，有效地把党组织作用统一到企业发展这个中心上来。二是以融合为重点提升把控力。北汽集团借助国企优势，较早地探索了党的领导与法人治理结构的融通对接，全国国有企业党的建设工作会议召开后，北汽集团把探索的勇气变为实践的底气，按照"两个一以贯之"的要求，在完善制度的基础上，对党委常委会的前置程序进行细化分类，即研究决策、把关定向、研究审定三类，并建立了与董事会、经营层的决策通道，保证了企业法人治理结构的有效运转。三是以从严为抓手提升政治力。北汽集团在北京市属国有企业中率先探索开展企业巡察，建立了"党委牵头抓总、纪委统筹协调、巡察机构专责实施、下属企业党委主责整改"的工作格局。同时，探索反腐倡廉建设与企业合规经营的对接方式，把党内监督"融入"经营监管体系，成立了由11个党政部门组成的联合监督工作委员会，形成了"大监督"格局。

二、贯通顶层基层，系统激活基层组织活力

坚持把工作重心下移，以激发基层组织活力为重点，创新制定实施党委"十大工程"，贯通顶层设计与基层实践，使1100多个基层党组织拉得动、打得响，1.9万名党员冲在前、当榜样。一是尺子拉平，基层建设做实做透。坚持企业发展到哪里，党的基层组织就建到哪里，党组织和党员作用就发挥到哪里。无论是全国资企业、混合所有制企业还是涉外企业，一把尺子拉平、拉到底。在与外商合作谈判时，把建立党组织、开展党建工作写进备忘录，并使之成为惯例，使国外合作方由开始的对党建工作不接受，到后来的理解、支持和

参与。二是激发活力，精神思想入脑入心。在长期奋斗中，北汽集团铸就了振兴民族工业、实现汽车强国的坚定信念，逐步凝练了"奋力拼搏、团结协作、知难而进、志在必得"的北汽精神。集团党委结合"两学一做"学习教育常态化制度化，组织每个支部学习北汽历史；依托"千名党组织书记轮训""万名党员进党校"等载体，教育党员职工感悟北汽精神；通过开展"中国梦、北汽梦""创新促转型、建功十三五"系列主题教育活动，增强职工对企业文化的认同。三是融入经营，作用发挥有为有位。要求基层党组织用生产经营实绩检验党建工作实效，明确规定生产经营不达标的不能评为先进基层党组织。建立班子成员基层党建联系点制度、基层书记季度例会制度，开展"十大工程"落实情况专项督查，广泛开展"三亮三比三评"活动，促进党员立足岗位发挥作用。开展党建实践创新项目评选，形成了北京现代党委"红色动力"、北汽福田党委"四对接四管理"等一批有影响力的基层党建创新经验。目前，北汽集团已有三个党组织被评为全国先进基层党组织。

三、抓牢关键少数，全面建强干部人才队伍

北汽集团把干部、人才视为企业发展的第一推动力，深入研究新时代干部管理特点和人才成长规律，探索建立适应现代企业制度要求和市场竞争需要的选人用人机制，为企业转型升级提供支撑。一是坚持党管干部、党管人才原则，严把导向流程。把习近平总书记国企好干部标准作为根本遵循，结合企业实际提出"忠诚、忘我、创新、担当"的用人导向。坚持对干部人事工作的领导权和对重要干部的管理权，中层干部的选拔任用由党委会研究提出主导性意见后，再由董事会、经理层依法决策。建立完善提名酝酿、民主推荐、组织考察、党委决策的方式和流程，实行差额酝酿，做到优中选优。牵头编制"十三五"人才五年规划，积极推进聚集、培养、带动、提升和储备"五大工程"，加大人才体制机制创新。二是组织选拔和市场招聘并行，拓宽选人渠道。在立足企业自身培养选拔干部人才的同时，拓宽选人视野，通过多种方式招揽高端人才。对于招聘的中层干部和重要岗位人才，集团党委在确定标准、规范程序、参与考察等方面严格把关。截至2017年底，集团经营管理人才近6000人，享受国务院政府特殊津贴专家12人，"千人计划"专家4人，"海聚工程"专家11人。三是当期锻炼和战略储备结合，加强人才培养。构建经营管理、专

业技术、操作技能、党群人才四类人才发展体系，搭建管理、技术双通道，打破专业技术人员晋升"天花板"。组织企业领导人员到中央党校、GE领导力发展中心进行受训，选派优秀青年人才赴荷兰、德国等地脱产学习，5年来培训干部职工近2万人。建立集团与所属企业、自主品牌与合资企业、整车和零部件企业、党群干部与经营干部之间的"四个交流"机制，5年来统筹安排379名挂职干部到基层"墩苗"。北汽集团现有110名能参与国际竞争的战略企业家型人才，1338名优秀创新人才，13214名高技能人才，连续7年荣获"中国年度最佳雇主"。四是严管和容错兼容并重，营造干事创业氛围。每年对干部、下属企业班子进行考核评价，党群工作纳入考核评分体系，考核结果与薪酬待遇挂钩。推动领导干部"能上能下"，2014年以来累计免降职中层干部61人。根据"三个区分开来"，探索制定与创新创业相匹配的容错机制，让干部卸下思想包袱，在依法依规条件下积极作为、大胆担当。

经过多年的实践，北汽集团取得了两点体会：一是"国企党建不抓不行，抓了确实有效"；二是"党建强，企业发展就强"。但加强和改进国有企业党的建设没有止境。

烟台万华改革体制机制 坚定不移走自主创新之路①

2018年6月13日，习近平总书记在万华烟台工业园视察时说："回顾你们的发展历程，一路走得很好，虽然是一个艰辛创业之路，但是很成功。之所以取得成功，我的一个体会就是走了自主创新之路。没有不可能的事情，就要有这么一股劲儿。谁说国企搞不好？要搞好就一定要改革，抱残守缺不行，改革能成功，就能变成现代企业。"习近平总书记对万华改革创新的肯定，是对全体干部职工最大的鼓舞和鞭策，更加坚定了万华坚持走改革创新之路、奋力打造世界一流现代企业的决心和信心。

目前，万华集团已成为全球化运营的上市公司，成功入选上证50、沪深300指数成分股，拥有烟台、宁波和匈牙利等地的三个世界级规模化工园区和

---

① 该案例根据2018年10月全国工业类"双百企业"现场交流会发言材料整理而成。

国内外6个研发基地，现有员工1.3万余人，是我国制造业最具创新实力的企业之一。2017年，万华实现收入656亿元、利润203亿元。正是因为改革万华才激发了创新活力，正是因为创新万华才实现了跨越发展。

一、始终坚持改革活企，持续激发企业发展动力

改革企业体制机制，为万华创新发展注入源源不断的动力和活力。一是建立规范的现代企业制度。万华的第一次改革是在企业经营最艰难时期，当时面临着破产的风险。万华以最有希望的MDI（二苯基甲烷二异氰酸酯）分厂为主，争取到现代企业制度试点政策，引入烟台冰轮、东方电子等四个国有股东，启动股权多元化改革，成立烟台万华聚氨酯股份公司（现万华化学上市公司），完成第一次所有制改革，建立起规范董事会，着力打造现代企业制度。新公司打破大锅饭，全员下岗竞聘，实行末位淘汰，最终15%的员工离开岗位；严把进人关口，实行亲属回避制，即本单位职工亲属一律不得进入万华工作，学历高、专业对口的由总经理办公会审定；改革职工工资和奖金体系，按能力和贡献进行分配，职工的积极性被调动起来了，万华的管理逐步走向规范。二是深度打造混合所有制企业。万华基于企业发展战略和留住人才的需要，先后设立两个员工持股平台，两次对外实施增资扩股，对万华集团进行投资主体多元化改造，实现高管人员、核心骨干和专业技术员工持股，进一步巩固经营、研发团队。同时，严格标准、积极引入外资，推进国际化进程。借助外资带来的对外经营策略、资源和渠道，万华顺利完成收购匈牙利最大的化工公司并迅速实现盈利，大大加快国际化进程。2016年，万华提出整体上市计划；2018年8月，万华化学重大资产重组项目获得证监会审核通过，将成为国有相对控股、员工参股、中外合资的混合所有制公众公司。通过混合所有制改革和资产证券化，达到引资、引治、引智的效果，推动企业资产、技术、人才等各种要素资源有效配置，真正实现各种所有制资本取长补短、相互促进、共同发展，为公司走向全球、打造世界一流企业打下了坚实的基础。

二、始终坚持技术创新，持续打造企业发展的核心竞争力

发展实践让万华清醒认识到有市场竞争力的核心技术是买不来的，必须走以自主创新为核心驱动力的内涵式发展道路。一是倒逼创新理念。创业之初，

万华曾和国外跨国公司进行长达4年的艰苦谈判，希望引进先进的MDI制造技术改造落后的生产装置，但最终化为泡影，万华一度陷入生存困境。为打破束缚创新发展的条条框框，万华提出"敢想敢干、锲而不舍，没有不可能的事情"的创新理念，通过组建多支研发队伍，经过21年的艰苦攻关，成功打破跨国公司技术封锁，成为全球技术领先的MDI制造技术企业。二是加强自主研发。万华在海内外建立6大研发基地、7大国家级创新平台、150多个装备先进的实验室，构建起从基础研究、工程开发到产品研发的全方位创新体系。紧紧围绕国际领先核心技术，近5年累计投入研发资金30多亿元，自主开发并完成重大科技成果转化100余项，先后获得国家科技进步一、二等奖等国家科技奖励7次，是我国唯一一家同时拥有MDI、TDI、ADI全系列异氰酸酯制造技术自主知识产权的企业，牢牢掌握全球MDI行业话语权。三是强化人才支撑。坚持"人才是企业最重要的战略资源"的理念，加大人才管理体制改革，为创新提供不竭动力。推行全员荐才和伯乐奖，与国内高校共同建立起6个人才培养基地，实施爱因斯特海外留学生交换计划，形成产学研人才联合培养长效机制。目前，万华拥有一支以100多名海内外博士、500多位硕士为骨干的专职研发人才队伍。

三、高度重视员工激励平台建设，充分调动骨干员工的积极性和创造性

把激励机制作为关键抓手，不断创新激励模式、丰富激励手段，激发全员干事创业热情。一是规范员工持股流转和退出。发起成立中诚投资和中凯信投资两个员工持股公司，利用整体上市的机会，按照国家有关规定对员工持股进行调整和规范。建立健全规范的股权内部流转和退出机制，员工出现辞职、调离、退休、被解雇等情况时，由员工持股公司回购其持有的股份，并每间隔几年对员工持股情况进行盘点，如因岗位变动、业绩考核未达到规定标准等，将视情况调整或收回其股份。未来新入股员工必须同时满足如签订合同、连续几年绩效考核成绩合格以上以及属于关键科研岗位的学科带头人、管理或生产岗位的核心骨干等条件，将员工利益与企业利益长期绑定在一起。二是加大创新奖励力度。出台《科学技术进步奖励办法》，实施技术创新成果转化效益分享，设立万华科技最高奖、基础研究奖、科技进步奖、团队协作奖等奖项，每年表

彰一次。比如：自主开发的新产品，成果转化盈利后连续5年按净利润15%提取科研奖金；对现有工业化装置工艺改进，一年内产生的效益按30%提取奖金；对长周期战略性研发项目实行阶段性奖励；等等。三是建立市场化考核体系。在公司科研体系推行去行政化，各研发中心全部取消行政职级，以课题组为基本单元，组长随课题进展可上可下，人员组合动态管理。建立研发序列晋升通道，推行高级研究员以上的骨干每年向专家委员会述职制度，当年业绩不达标将被警告，连续两年警告降研发职级一次。

改革和创新成就了万华今天的凤凰涅槃。2017年万华化学集团的营业收入、利润、资产总量与1999年成立上市公司第一年相比，分别是253倍、427倍、255倍，上市17年来现金分红总额139亿元。

重庆钢铁全力推进司法重整 百年重钢涅槃重生[①]

重庆钢铁（集团）有限责任公司（以下简称重钢集团）以习近平新时代中国特色社会主义思想为指导，全面落实党中央、国务院关于深化国企改革"1+N"文件精神，全力推进重庆钢铁（重钢集团子公司）司法重整，实现了百年重钢涅槃重生。

重钢集团前身是1890年创办的汉阳铁厂，为民族抗战、新中国建设作出重要贡献。2006年底，重庆钢铁实施环保搬迁。由于产品结构与市场需求错配、市场持续低迷、管理粗放等原因，重庆钢铁自2011年起连续巨亏。截至2017年4月，重庆钢铁账面总资产364亿元，实际评估值185亿元，总负债417亿元，严重资不抵债，生产经营难以为继，面临停产、退市、破产、稳定、政治等系列重大风险。全力挽救重庆钢铁，成为十分紧迫的任务。

一、多方探索，果断决策司法重整

供给侧结构性改革为重庆钢铁走出困境提供政策指引和机遇。重庆钢铁是重庆唯一的大型钢铁企业，市场基本面、团队基本面和工艺装备条件仍在，只

---

① 该案例根据2018年10月全国国有企业改革座谈会发言材料整理而成。

要有效化解债务危机，对产品结构、工艺流程进行优化，纠正与优势市场的错配，弥补管理差距，就能重塑重庆钢铁市场竞争力，实现脱困发展，恢复持续盈利能力。相反，一旦破产清算，将严重侵害职工、债权人、广大投资者利益，造成重大风险。近年来，重钢集团在重庆市国资委的直接领导下采取各种措施全力维系其生产经营和金融信用，先后探索重大资产重组、核销呆坏账、定向增发实施债转股、来料加工合作、战略重组，但受各种条件制约，均未成功。2017年，经审慎研究，上报实施司法重整建议。重庆市委、市政府经反复比较研究，果断决策实施司法重整，随即成立清算组，迅速启动前期准备工作。

二、精准施策，科学制定重整方案

依据《中华人民共和国企业破产法》规定，由知名律师事务所、重庆市相关部门组成管理人团队，市政府副秘书长兼任管理人负责人，聘请知名券商作为财务顾问，立足重庆钢铁实际制定市场化法制化专业化重整方案。方案从全面优化公司治理结构、资产结构、产品结构、工艺流程和管理制度入手，对财产清查、引入战略投资者、债转股、保障债权人及职工群体权益等作出全面系统科学安排。

三、强力领导，协同推进重整工作

司法重整情况复杂，时间紧、任务重、压力空前，在国务院相关部委、最高人民法院、证监会、银监会、上交所、香港联交所等机构和部门指导下有序开展。重庆市政府成立重钢集团改革脱困领导小组，市政府常务副市长担任组长，召开数十次专题会，强力推进司法重整工作。新任重庆市委书记亲自听取工作团队情况汇报，提出明确要求。市政府领导多次带队向国家有关部委汇报情况，与战略投资者商谈，沟通协调有关问题，建立市政府与市高级人民法院协调机制。重庆市国资委作为重整牵头部门和具体操盘手，承上启下，内外协调，发挥了特别重要的中枢作用。市级有关部门、相关区县和单位大力协同，确保司法重整有序推进。管理人团队、重钢集团和中介机构等密切配合，将重整计划细化到每一天，将责任落实到每个人，高效推进司法重整各项工作。重钢集团及管理人2000余人直接投入工作，关键时期500多人连续加班加点，在一个月内完成1400多家债权人债权申报核对，对368项房产、1502项构筑物及8816项机器设备等账面价值290亿元的固定资产进行了全面清理核实。从2017年7月初重庆市第一中级法院裁定受理到年底司法裁定重整计划执行完毕，历时180天。

四、引入战投，依法让渡全部股权

经过反复论证、比选，形成多套引进战投方案。最终经重庆市政府同意，决定引入四源合基金和重庆战新基金参与司法重整。四源合基金是国内首家钢铁产业结构调整基金，股东背景实力强，基金规模大，市场化专业化国际化程度高，立足重庆钢铁量身打造未来商业发展计划，并纳入宝武战略协同体系，可以帮助重庆钢铁彻底转换经营机制，跨区域优化配置资源，弥补市场竞争短板，从根本上改善企业核心竞争力和可持续发展能力。引入四源合基金，债权人、投资者、职工看到希望，市场和各关联方高度认可。重钢集团作为重庆钢铁大股东主动履行职责担当，对债权人和投资人承担责任，依法向战略投资者让渡全部股权，为司法重整成功提供了条件。通过公开司法拍卖程序，将账面价值86亿元的低效资产剥离，使资产质量明显提高、财务折旧成本大幅降低。同时，资产处置所得资金又保证了债务清偿。

五、全力沟通，方案获得高票通过

重庆钢铁债务复杂，涉及普通债权、财产担保债权、职工债权等。根据群体特性和个体情况，对16家金融债权人、1400多家经营债权人、8000余名职工、17万余户股东成立不同的工作组，分别采取上门沟通、抽样电话沟通、一对一沟通等方式介绍重整方案，争取支持。同时做好宣传、维稳和舆情引导工作。最终，《司法重整计划（草案）》《出资人权益调整方案》一次性获得普通债权组会议、财产担保债权组会议、出资人组会议、职工债权组会议高票通过。在债权人、出资人、A股股东、H股股东、职工的理解支持下，417.18亿元债务全部通过以股抵债和现金方式分类清偿。一是财产担保债权89.2亿元、共益债务25.07亿元、职工债权9.68亿元、融资租赁等特殊债权6.76亿元，共计130.71亿元以现金全部清偿。二是普通债权286.47亿元，其中，现金清偿 6.96 亿元，经法院裁定以公司 44.7 亿股 A 股股票每股 3.68 元抵债 164.48 亿元，依法豁免债务 115.03 亿元，清偿比例为 58.84%。

六、改革创新，司法重整初见成效

重庆钢铁司法重整案是第一家 A+H 股上市公司司法重整案件，所涉资产和负债规模、债权人数和股东人数均为目前国内上市公司重整案件之最，在实践中创新破解了一系列难题：调整除权价格计算公式，破解重庆钢铁复牌后债权人和股东价值损失难题；豁免召开类别股东大会，破解执行适用法律难题；同步解决第三方担保问题，破解担保人后续风险难题，一揽子解决重钢集团、重庆渝富集团对重庆钢铁担保事宜；创新运用现代信息技术手段，破解债权人和投资人维稳难题。

经过司法重整，有效化解重庆钢铁债务危机和破产清算风险，转换体制机制，基本面彻底改变，资产负债率降至 32%，A 股复牌，交易稳定，2017 年盈利 3 亿元，2018 年上半年实现利润 7.6 亿元，同比扭亏增盈 17.6 亿元，未来将建成西南地区最具竞争力的钢铁企业。重钢集团结合自身资源优势和市场需求状况，重新规划企业发展战略，得到宝贵的转型机会，生产经营状况明显改善。政府、企业、职工、股民、债权人、担保人等相关各方利益得以最大限度保障，重庆金融生态、经济生态及社会稳定得以维护。

推进司法重整，重钢集团有几点深刻感受：一是方向指引是根本。党的十八大以来的新思想新政策新要求，为重庆钢铁改革创新脱困发展提供方向指引和政策支撑。二是强力领导是支撑。始终在大局下谋划、在大势中推进、在大事上作为，发挥政府效能和国有企业体制优势。三是各方协同是保证。各部门协同推进，市场化法制化专业化方案获得债权人、股东、投资者、职工的理解支持。四是依法推进是核心。以破产法为基本遵循，协调各方利益关系，依法推进，保障相关主体合法权益。五是改革创新是关键。坚持创新引领发展，引入优质战投，转换体制机制，为企业持续发展注入活力。六是担当作为是基础。危机面前，统一思想，坚定信心，勇于担当，努力作为，生死重整，惊心动魄。

主要参考文献

[1]马克思,恩格斯.共产党宣言[M].中共中央马克思恩格斯列宁斯大林著作编译局,编译.北京:人民出版社,2014.

[2]列宁.列宁选集(全四卷)[M].中共中央马克思恩格斯列宁斯大林著作编译局,编译.北京:人民出版社,2012.

[3]毛泽东.毛泽东选集(全四卷)[M].北京:人民出版社,1991.

[4]邓小平.邓小平文选(全三卷)[M].北京:人民出版社,1994.

[5]江泽民.江泽民文选(全三卷)[M].北京:人民出版社,2006.

[6]胡锦涛.胡锦涛文选(全三卷)[M].北京:人民出版社,2016.

[7]习近平.习近平谈治国理政[M].北京:外文出版社,2014.

[8]习近平.习近平谈治国理政(第二卷)[M].北京:外文出版社,2017.

[9]习近平.在庆祝中国共产党成立95周年大会上的讲话[M].北京:人民出版社,2016.

[10]习近平.决胜全面建成小康社会 夺取新时代中国特色社会主义伟大胜利[M].北京:人民出版社,2017.

[11]习近平.在纪念马克思诞辰200周年大会上的讲话[M].北京:人民出版社,2018.

[12]习近平.论坚持推动构建人类命运共同体[M].北京:中央文献出版社,2018.

[13]习近平.在民营企业座谈会上的讲话[M].北京:人民出版社,2018.

[14]习近平.在庆祝改革开放40周年大会上的讲话[M].北京:人民出版社,2018.

[15]习近平.论坚持全面深化改革[M].北京:中央文献出版社,2018.

[16]中共中央宣传部.习近平总书记系列重要讲话读本(2016年版)[M].北京:学习出版社,2016.

[17]中共中央宣传部.习近平新时代中国特色社会主义思想三十讲[M].北京:

学习出版社,2018.

[18]中共中央宣传部.习近平新时代中国特色社会主义思想学习纲要[M].北京:学习出版社,人民出版社,2019.

[19]中共中央文献研究室.习近平总书记重要讲话文章选编[M].北京:中央文献出版社,党建读物出版社,2016.

[20]中共中央文献研究室.习近平关于全面从严治党论述摘编[M].北京:中央文献出版社,2016.

[21]中共中央文献研究室.习近平关于社会主义经济建设论述摘编[M].北京:中央文献出版社,2017.

[22]中共中央办公厅法规局,中共中央纪委法规室,中共中央组织部办公厅.中国共产党党内法规选编[M].北京:法律出版社,2014.

[23]中共中央办公厅法规局.中央党内法规和规范性文件汇编(1949年10月—2016年12月)[M].北京:法律出版社,2017.

[24]中共中央组织部办公厅.改革开放30年组织工作大事资料摘编[M].北京:党建读物出版社,2009.

[25]中共中央组织部办公厅.组织工作文件选编2015[M].北京:党建读物出版社,2016.

[26]中共中央党史研究室.中国共产党的七十年[M].北京:中共党史出版社,1991.

[27]中共中央党史研究室.中国共产党的九十年[M].北京:中共党史出版社,2016.

[28]中共中央党史研究室宣传教育局.中国共产党历史500问[M].北京:中共党史出版社,2011.

[29]中共中央文献研究室.十七大以来重要文献选编(上中下)[M].北京:中央文献出版社,2009.

[30]中共中央文献研究室.十八大以来重要文献选编(上中下)[M].北京:中央文献出版社,2014.

[31]《新时代国有企业党的建设教程》编写组.新时代国有企业党的建设教程[M].北京:中共中央党校出版社,2019.

[32]国务院国有资产监督管理委员会办公厅.国务院国有资产监督管理委员会

公告[R].北京:中国经济贸易年鉴社,2005—2017.

[33]国务院国有资产监督管理委员会政策法规局.国有资产监督管理政策法规汇编[M].北京:中国经济出版社,2004.

[34]《<关于深化国有企业改革的指导意见>学习读本》编写组.《关于深化国有企业改革的指导意见》学习读本[M].北京:中国经济出版社,2016.

[35]《国企改革若干问题研究》编写组.国企改革若干问题研究[M].北京:中国经济出版社,2017.

[36]国务院国有资产监督管理委员会改革办.国企改革探索与实践——中央企业集团15例[M].北京:中国经济出版社,2018.

[37]国务院国有资产监督管理委员会改革办.国企改革探索与实践——中央企业子企业150例[M].北京:中国经济出版社,2018.

[38]国务院国有资产监督管理委员会改革办.国企改革探索与实践——地方国有企业100例[M].北京:中国经济出版社,2018.

[39]国务院国有资产监督管理委员会业绩考核局.中央企业经营业绩考核暂行办法辅导讲座[M].北京:经济科学出版社,2004.

[40]国务院国有资产监督管理委员会宣传局,国务院国资委新闻中心.国企热点面对面(1,2,3,4)[M].北京:中国经济出版社,2012,2014,2014,2016.

[41]国务院国有资产监督管理委员会研究局.探索与研究:国有资产监管和国有企业改革研究报告[M].北京:中国经济出版社,2006—2015.

[42]国务院国有资产监督管理委员会新闻中心,《国资报告》杂志社.国企改革12样本[M].北京:中国经济出版社,2016.

[43]国务院国有资产监督管理委员会.国资报告[J].北京:中国经济出版社.2015—2018.

[44]国家国有资产管理局政策法规司.国有资产管理法规汇编[M].北京:经济科学出版社,1994,1995.

[45]国家经贸委企业改革司.股份制改组与运作法规新编[M].北京:法律出版社,1999.

[46]国家经贸委企业改革司课题组.中国国有大中型企业改革与发展若干重大问题研究[M].北京:人民出版社,2001.

[47]国家国有资产管理局综合司.国有资产管理规章制度汇编1993年[M].北

京:经济科学出版社,1994.

[48]国家经贸委企业司.现代企业制度——中国企业改革的方向[M].北京:中国经济出版社,1994.

[49]国家体改委生产体制司.企业股份制改革最新法规汇编[M].北京:同心出版社,1998.

[50]中央电视台经济部.20年20人[M].北京:中国经济出版社,1999.

[51]政协上海市委员会文史资料委员会,中共上海市委党史研究室,中国上海市国有资产监督管理委员会.口述上海国资国企改革[M].上海:上海教育出版社,2017.

[52]上海市地方志编纂委员会.上海市志·国有资产管理分志(1978—2010)[M].上海:上海辞书出版社,2018.

[53]河北省地方志编纂委员会.河北省志·国有企业改革分志[M].北京:文物出版社,2019.

[54]《中国国有资产监督管理年鉴》编委会.中国国有资产监督管理年鉴[R].北京:中国经济出版社,2004—2016.

[55]《中国经济贸易年鉴》编委会.中国经济贸易年鉴[R].北京:中国经济贸易年鉴社,2003—2016.

[56]《中国改革年鉴》编纂委员会.中国改革年鉴2007—2008[R].北京:中国经济体制改革杂志社,2008.

[57]《中国经济体制改革年鉴》编辑部.中国经济体制改革年鉴[R].北京:中国电子商务年鉴编辑出版社,2004—2016.

[58]《中国企业管理年鉴》编委会.中国企业管理年鉴[R].北京:企业管理出版社,1990—2010.

[59]《中国企业年鉴》编委会.中国企业年鉴[R].北京:企业管理出版社,2011—2017.

[60]中共中央宣传部宣传局.十年经济改革大事记(1978—1988)[M].北京:光明日报出版社,1988.

[61]中央财经领导小组办公室.中国经济发展五十年大事记(1949.10—1999.10)[M].北京:人民出版社,1999.

[62]中共中央政策研究室综合组.改革开放二十年大事记(1978.12—1998.3)[M].北京:中国人民大学出版社,1999.

[63]中共中央党史研究室.中华人民共和国大事记(1949—2009)[M].北京:人民出版社,2009.

[64]中共中央文献研究室.改革开放三十年大事记[M].北京:中央文献出版社,2009.

[65]中共中央党史和文献研究院.改革开放四十年大事记[M].北京:人民出版社,2018.

[66]中国集团公司促进会.国有企业改革政策演变[M].北京:中国财政经济出版社,2003.

[67]中国经济体制改革研究会编写组.中国改革开放大事记(1978—2008)[M].北京:中国财政经济出版社,2008.

[68]《当代中国的经济管理》编辑部.中华人民共和国经济管理大事记[M].北京:中国经济出版社,1986.

[69]蒋一苇.企业本位论[J].中国社会科学,1980.

[70]厉以宁.中国经济改革与股份制[M].北京:北京大学出版社,香港文化教育出版社,1992.

[71]厉以宁.股份制与现代市场经济[M].南京:江苏人民出版社,1994.

[72]吴敬琏.当代中国经济改革:战略与实施[M].上海:上海远东出版社,1999.

[73]蔡昉,等.中国经济改革与发展(1978—2018)[M].北京:社会科学文献出版社,2018.

[74]曹凤岐.股份制与现代企业制度[M].北京:企业管理出版社,1998.

[75]刘志峰.中国改革开放十五年大事记(1978—1993)[M].北京:新华出版社,1995.

[76]郑韶,何晓星.中国经济体制改革二十年大事记(1978—1998)[M].上海:上海辞书出版社,1998.

[77]李尔华,张柳成,赵晓燕.中国改革开放20年大事记[M].河南:中州古籍出版社,1998.

[78]王生升,祝兆辉,蔡挺.国企改革二十年[M].北京:中国审计出版社,1998.

[79]肖鹏,闻上.改革开放二十年大事记(五卷本)[M].北京:中国方正出版社,1999.

[80]董克用.中国转轨时期薪酬问题研究[M].北京:中国劳动社会保障出版

[81]吕政,黄速建.中国国有企业改革30年研究[M].北京:经济管理出版社,2008.

[82]刘纪鹏.大道无形:公司法人制度探索[M].北京:中国经济出版社,2009.

[83]宁向东.国有企业改革与董事会建设[M].北京:中国发展出版社,2012.

[84]张文魁,袁东明.中国经济改革30年[M].重庆:重庆大学出版社,2008.

[85]张卓元,郑海航.中国国有企业改革30年回顾与展望[M].北京:人民出版社,2008.

[86]章迪诚.中国国有企业改革编年史(1978—2005)[M].北京:中国工人出版社,2006.

[87]章迪诚,张星伍.中国国有企业改革的正式制度变迁[M].北京:经济管理出版社,2007.

[88]张小平.中国改革开放30年大事记[M].北京:人民出版社,2008.

[89]陈佳贵.中国企业改革发展三十年[M].北京:中国财政经济出版社,2008.

[90]陈佳贵,李扬.2010年中国经济形势分析与预测[M].北京:社会科学文献出版社,2009.

[91]谢鲁江,刘解龙,曹虹剑.1978—2008国企改革30年[M].长沙:湖南人民出版社,2008.

[92]仲继银.董事会与公司治理[M].北京:中国发展出版社,2014.

[93]王振川.中国改革开放新时期年鉴[M].北京:中国民主法制出版社,2015.

[94]齐桂珍.中国所有制理论博弈与研究[M].北京:知识产权出版社,2015.

[95]王佳宁.抚脉历程——改革开放40周年大事记(1983—1987)[J].改革,2016(10).

[96]常修泽.混合所有制经济新论[M].合肥:安徽人民出版社,2017.

[97]任铃,张云飞.改革开放40年的中国生态文明建设[M].北京:中共党史出版社,2018.

[98]共产党员网:http://www.12371.cn/.

[99]中国人大网:http://www.npc.gov.cn/.

[100]中国政府网:http://www.gov.cn/.

[101]人民网:http://www.people.com.cn/.

[102]新华网:http://www.xinhuanet.com/.

[103]光明网:http://www.gmw.cn/.

[104]央视网:http://www.cctv.com/.

[105]中国共产党历史网:http://www.zgdsw.org.cn/.

[106]中华人民共和国国史网:http://www.hprc.org.cn/.

[107]中国网:http://www.china.com.cn/.

[108]中国知网:http://www.cnki.net/.

附 录

附录 1
国务院国资委监管的 96 家中央企业名单

(2018 年 12 月 31 日)

序号	企业名称	序号	企业名称
1	中国核工业集团有限公司	19	国家电力投资集团有限公司
2	中国航天科技集团有限公司	20	中国长江三峡集团有限公司
3	中国航天科工集团有限公司	21	国家能源投资集团有限责任公司
4	中国航空工业集团有限公司	22	中国电信集团有限公司
5	中国船舶工业集团有限公司	23	中国联合网络通信集团有限公司
6	中国船舶重工集团有限公司	24	中国移动通信集团有限公司
7	中国兵器工业集团有限公司	25	中国电子信息产业集团有限公司
8	中国兵器装备集团有限公司	26	中国第一汽车集团有限公司
9	中国电子科技集团有限公司	27	东风汽车集团有限公司
10	中国航空发动机集团有限公司	28	中国一重集团有限公司
11	中国石油天然气集团有限公司	29	中国机械工业集团有限公司
12	中国石油化工集团有限公司	30	哈尔滨电气集团有限公司
13	中国海洋石油集团有限公司	31	中国东方电气集团有限公司
14	国家电网有限公司	32	鞍钢集团有限公司
15	中国南方电网有限责任公司	33	中国宝武钢铁集团有限公司
16	中国华能集团有限公司	34	中国铝业集团有限公司
17	中国大唐集团有限公司	35	中国远洋海运集团有限公司
18	中国华电集团有限公司	36	中国航空集团有限公司

续表

序号	企业名称	序号	企业名称
37	中国东方航空集团有限公司	67	中国中车集团有限公司
38	中国南方航空集团有限公司	68	中国铁路通信信号集团有限公司
39	中国中化集团有限公司	69	中国铁路工程集团有限公司
40	中粮集团有限公司	70	中国铁道建筑集团有限公司
41	中国五矿集团有限公司	71	中国交通建设集团有限公司
42	中国通用技术(集团)控股有限责任公司	72	中国普天信息产业集团有限公司
43	中国建筑集团有限公司	73	中国信息通信科技集团有限公司
44	中国储备粮管理集团有限公司	74	中国农业发展集团有限公司
45	国家开发投资集团有限公司	75	中国中丝集团有限公司
46	招商局集团有限公司	76	中国林业集团有限公司
47	华润(集团)有限公司	77	中国医药集团有限公司
48	中国旅游集团有限公司[香港中旅(集团)有限公司]	78	中国保利集团有限公司
		79	中国建设科技有限公司
49	中国商用飞机有限责任公司	80	中国冶金地质总局
50	中国节能环保集团有限公司	81	中国煤炭地质总局
51	中国国际工程咨询有限公司	82	新兴际华集团有限公司
52	中国诚通控股集团有限公司	83	中国民航信息集团有限公司
53	中国中煤能源集团有限公司	84	中国航空油料集团有限公司
54	中国煤炭科工集团有限公司	85	中国航空器材集团有限公司
55	机械科学研究总院集团有限公司	86	中国电力建设集团有限公司
56	中国中钢集团有限公司	87	中国能源建设集团有限公司
57	中国钢研科技集团有限公司	88	中国黄金集团有限公司
58	中国化工集团有限公司	89	中国广核集团有限公司
59	中国化学工程集团有限公司	90	中国华录集团有限公司
60	中国盐业集团有限公司	91	上海诺基亚贝尔股份有限公司
61	中国建材集团有限公司	92	华侨城集团有限公司
62	中国有色矿业集团有限公司	93	南光(集团)有限公司(中国南光集团有限公司)
63	有研科技集团有限公司		
64	北京矿冶科技集团有限公司	94	中国西电集团有限公司
65	中国国际技术智力合作有限公司	95	中国铁路物资集团有限公司
66	中国建筑科学研究院有限公司	96	中国国新控股有限责任公司

附录2　国企改革"1+N"文件（部分）

（截至2019年4月）

序号	文件名称
1	中共中央 国务院关于深化国有企业改革的指导意见
2	国务院关于国有企业发展混合所有制经济的意见
3	国务院关于改革和完善国有资产管理体制的若干意见
4	国务院关于改革国有企业工资决定机制的意见
5	国务院关于推进国有资本投资、运营公司改革试点的实施意见
6	国务院关于印发改革国有资本授权经营体制方案的通知
7	中共中央办公厅 国务院办公厅关于印发《关于加强国有企业资产负债约束的指导意见》的通知
8	国务院办公厅关于加强和改进企业国有资产监督防止国有资产流失的意见
9	国务院办公厅关于推动中央企业结构调整与重组的指导意见
10	国务院办公厅关于建立国有企业违规经营投资责任追究制度的意见
11	国务院办公厅关于进一步完善国有企业法人治理结构的指导意见
12	国务院办公厅关于转发国务院国资委以管资本为主推进职能转变方案的通知
13	国务院办公厅关于印发中央企业公司制改制工作实施方案的通知
14	关于印发《关于鼓励和规范国有企业投资项目引入非国有资本的指导意见》的通知
15	关于印发《关于国有企业功能界定与分类的指导意见》的通知
16	企业国有资产交易监督管理办法
17	关于印发《关于国有控股混合所有制企业开展员工持股试点的意见》的通知
18	关于印发《关于完善中央企业功能分类考核的实施方案》的通知
19	关于深化混合所有制改革试点若干政策的意见
20	上市公司国有股权监督管理办法

附录3 国务院国资委令

(现行有效)

文号	名称
国务院国资委令第1号	国有企业清产核资办法
国务院国资委令第4号	企业国有资产统计报告办法
国务院国资委令第5号	中央企业财务决算报告管理办法
国务院国资委令第6号	国有企业法律顾问管理办法
国务院国资委令第8号	中央企业内部审计管理暂行办法
国务院国资委令第9号	企业国有资本保值增值结果确认暂行办法
国务院国资委令第10号	中央企业发展战略和规划管理办法(试行)
国务院国资委令第11号	中央企业重大法律纠纷案件管理暂行办法
国务院国资委令第12号	企业国有资产评估管理暂行办法
国务院国资委令第13号	中央企业总会计师工作职责管理暂行办法
国务院国资委令第14号	中央企业综合绩效评价管理暂行办法
国务院国资委令第18号	中央企业财务预算管理暂行办法
国务院国资委令第21号	中央企业安全生产监督管理暂行办法
国务院国资委令第23号	中央企业节能减排监督管理暂行办法
国务院国资委令第24号	中央企业安全生产禁令
国务院国资委令第25号	地方国有资产监督工作指导监督办法
国务院国资委令第26号	中央企业境外国有资产监督管理暂行办法
国务院国资委令第27号	中央企业境外国有产权管理暂行办法
国务院国资委令第29号	国家出资企业产权登记管理暂行办法
国务院国资委令第31号	中央企业应急管理暂行办法
国务院国资委 财政部令 第32号	企业国有资产交易监督管理办法
国务院国资委令第34号	中央企业投资监督管理办法
国务院国资委令第35号	中央企业境外投资监督管理办法
国务院国资委 财政部 证监会令第36号	上市公司国有股权监督管理办法
国务院国资委令第37号	中央企业违规经营投资责任追究实施办法(试行)
国务院国资委令第38号	国资委关于废止《中央企业经济责任审计管理暂行办法》的决定
国务院国资委令第39号	中央企业工资总额管理办法
国务院国资委令第40号	中央企业负责人经营业绩考核办法

附录4 2005—2008年国务院国资委确定实行董事会试点的19户中央企业名单

序号	企业名称
1	神华集团有限责任公司
2	上海宝钢集团公司
3	中国高新投资集团公司
4	中国诚通控股公司
5	中国医药集团总公司
6	中国国旅集团公司
7	中国铁通集团有限公司
8	中国电子信息产业集团
9	中国恒天集团有限公司
10	中国建筑材料集团有限公司
11	中国铁道建筑总公司
12	中国农业发展集团有限公司
13	中国外运长航集团
14	新兴铸管集团有限公司
15	中国铁路工程总公司
16	中国中煤能源集团公司
17	中国冶金科工集团
18	攀枝花钢铁有限公司集团
19	中国房地产开发集团公司

附录5 1997年国务院确定的111个企业"优化资本结构"试点城市名单

上海	天津	齐齐哈尔	哈尔滨	长春	沈阳
唐山	太原	青岛	淄博	常州	蚌埠
武汉	株洲	柳州	成都	重庆	宝鸡

北京	石家庄	呼和浩特	大连	南京	杭州
宁波	合肥	福州	厦门	南昌	济南
郑州	长沙	广州	深圳	南宁	海口
贵阳	昆明	西安	兰州	西宁	乌鲁木齐
银川	鞍山	抚顺	本溪	洛阳	吉林
包头	大同				

芜湖	黄石	九江	佛山	绵阳	自贡
牡丹江	佳木斯	韶关	湛江	汕头	锦州
丹东	营口	乐山	内江	烟台	潍坊
徐州	无锡	南通	襄樊	十堰	宜昌
安阳	平顶山	开封	邯郸	保定	秦皇岛
铜陵	安庆	滁州	四平	通化	湖州
嘉兴	桂林	梧州	长治	阳泉	赤峰
乌海	湘潭	岳阳	个旧	曲靖	鸡西
伊春	三明	南平	景德镇	新余	咸阳
渭南	天水	白银	六盘水	石河子	拉萨
石嘴山					

附录6 1991年、1997年国务院分两批确定的120家大型企业集团试点名单

一、第一批试点企业集团名单（1991年）①

序号	行业主管部门	企业集团简称	核心企业名称
1	机电部	解放汽车集团	第一汽车制造厂
2		东风汽车集团	第二汽车制造厂
3		重型汽车集团	重型汽车工业企业联营公司
4		哈电集团	哈尔滨电站设备成套公司
5		东电集团	东方电站成套设备公司
6		上电集团	上海电气联合公司
7		西电集团	西安电力机械制造公司
8		东北输变电集团	东北输变电设备公司
9		一拖集团	中国第一拖拉机工程机械联营公司
10		长城计算机集团	中国长城计算机集团公司
11		长江计算机集团	长江计算机（集团）联合公司
12		振华电子集团	中国振华电子工业公司
13		第一重型机械集团	第一重型机器厂
14		第二重型机械集团	第二重型机器厂
15		四联仪表集团	中国四联仪器仪表集团公司
16		嘉陵集团	中国嘉陵工业股份有限公司
17	冶金部	攀钢集团	攀枝花钢铁公司
18		鞍钢集团	鞍山钢铁公司
19		武钢集团	武汉钢铁公司
20		宝钢集团	上海宝山钢铁总厂
21	纺织部	仪征化纤集团	中国仪征化纤工业联合公司

---

① 最初第一批大型企业集团试点为55家，后东北内蒙古煤炭集团调出，广东核电集团、葛洲坝集团、神华集团调入，试点企业成为57家。

续表

序号	行业主管部门	企业集团简称	核心企业名称
22	能源部	华能集团	中国华能集团公司
23	能源部	华北电力集团	中国华北电力联合公司
24	能源部	东北电力集团	中国东北电力总公司
25	能源部	华东电力集团	中国华东电力联合公司
26	能源部	华中电力集团	华中电业管理局
27	能源部	西北电力集团	中国西北电力联合公司
28	能源部	东北内蒙古煤炭集团	东北内蒙古煤炭工业联合公司
29	交通部	中远集团	中国远洋运输总公司
30	交通部	长航集团	中国长江轮船总公司
31	化工部	吉化集团	吉林化学工业公司
32	化工部	天津渤海化工集团	天津渤海化工集团公司
33	化工部	南化集团	南京化学工业（集团）公司
34	化工部	乐华胶片集团	乐华胶片公司
35	建材局	新兴建材集团	中国新兴建筑材料公司
36	建材局	非金属矿集团	中国非金属矿工业总公司
37	建材局	耀华玻璃集团	秦皇岛耀华玻璃厂
38	建材局	洛阳玻璃集团	洛阳玻璃厂
39	林业部	内蒙古大兴安岭森工企业集团	
40	林业部	黑龙江大兴安岭森工企业集团	
41	林业部	黑龙江森工企业集团	
42	林业部	吉林森工企业集团	
43	航空航天部	西飞集团	西安飞机工业公司
44	航空航天部	南动集团	南方动力机械公司
45	航空航天部	上海航空工业集团	上海航空工业公司
46	航空航天部	贵州航空工业集团	贵州航空工业总公司
47	航空航天部	贵州航天工业集团	贵州航天工业总公司
48	航空航天部	湖北航天工业集团	湖北航天工业总公司
49	经贸部	中化集团	中国化工进出口总公司
50	经贸部	五矿集团	中国五金矿产进出口总公司
51	医药局	东北制药集团	东北制药集团公司
52	医药局	华北制药集团	华北制药厂

续表

序号	行业主管部门	企业集团简称	核心企业名称
53	民航局	中国国际航空公司	
54		中国东方航空公司	
55		中国南方航空公司	

二、第二批试点企业集团名单（1997年）

序号	行业	企业集团简称	集团母公司
1	农业	中水集团	中国水产集团有限责任公司
2		中垦集团	中国农垦（集团）总公司
3		中牧集团	中国牧工商（集团）总公司
4		上海农工商集团	上海市农工商（集团）总公司
5		吉林省吉发集团	吉林省吉发集团公司
6	机械	中汽集团（含跃进汽车集团）	中国汽车工业总公司
7		上海汽车集团	上海汽车工业（集团）总公司
8		天津汽车工业集团	天津汽车工业（集团）有限公司
9		中国纺织机械集团	中国纺织机械（集团）有限公司
10		徐州工程机械集团	徐州工程机械（集团）有限公司
11		洛轴集团	洛阳轴承（集团）公司
12		猴王集团	猴王集团公司
13	电子	彩虹集团	彩虹集团有限公司
14		长虹集团	四川长洪电子集团
15		联想集团	联想集团公司
16		北大方正集团	北京北大方正集团公司
17		中国华录集团	中国华录电子有限公司
18		上海广电集团	上海广电（集团）有限公司
19		熊猫电子集团	熊猫电子集团公司
20	冶金	首钢集团	首钢总公司
21		本钢集团	本溪钢铁（集团）有限责任公司
22		重钢集团	重庆钢铁（集团）有限责任公司
23		太钢集团	太原钢铁（集团）有限公司

续表

序号	行业	企业集团简称	集团母公司
24	化工	巨化集团	巨化集团公司
25		上海天原集团	上海天原（集团）有限公司
26		山东海洋化工集团	山东海洋化工集团有限公司
27	煤炭	大同煤矿集团	大同矿务局
28		兖州矿业集团	兖州矿冶集团有限责任公司
29	轻工	广东佛陶集团	广东佛陶集团股份有限公司
30		唐山陶瓷集团	唐山陶瓷集团有限公司
31		广西贵糖集团	广西贵糖集团有限公司
32	纺织	中国神马集团	中国神马集团有限责任公司
33		内蒙古鄂尔多斯羊绒集团	内蒙古鄂尔多斯羊绒集团公司
34		新疆纺织工业集团	新疆纺织工业（集团）公司
35	医药	哈尔滨医药集团	哈尔滨医药集团公司
36		三九企业集团	南方制药厂
37	中医药	中国北京同仁堂集团	中国北京同仁堂集团公司
38	铁道	广州铁路集团	广州铁路（集团）公司
39	交通	中海集团	中国海运（集团）总公司
40		中港集团	中国港湾建设（集团）总公司
41	建筑	中建集团	中国建筑工程总公司
42		上海建工集团	上海建工（集团）总公司
43		北京城建集团	北京城建集团总公司
44	建材	安徽海螺集团	安徽海螺集团有限责任公司
45	内贸流通	华星物产集团	华星物产集团有限公司
46		中轻物产集团	中国轻工物资供销总公司
47		中谷粮油集团	中谷粮油集团公司
48		浙江物产集团	浙江省物产集团公司
49		上海华联集团	上海华联（集团）有限公司
50		洛阳春都食品集团	洛阳春都集团股份有限公司
51	外贸	中粮集团	中国粮油食品进出口总公司
52		中技集团	中国技术进出口总公司
53		中国外运集团	中国对外贸易运输总公司
54		中纺集团	中国纺织品进出口总公司
55		中艺进出口集团	中国工艺品进出口总公司
56		东方国际集团	东方国际（集团）有限公司

续表

序号	行业	企业集团简称	集团母公司
57	其他	国投集团	国家开发投资公司
58		深圳经济特区发展集团	深圳经济特区发展（集团）公司
59		长江经济联合发展集团	长江经济联合发展集团股份有限公司
60		新疆建设集团	
61	乡镇企业	万向集团	万向集团公司
62		万杰集团	万杰集团公司
63		红豆集团	红豆集团公司

附录7 1994年国务院确定的百户现代企业制度试点企业名单

序号	企业名称	序号	企业名称
1	北京第一轻工业总公司	26	上海三维制药公司
2	北京化学工业集团公司	27	无锡威孚股份有限公司
3	北京牡丹电子集团公司	28	徐州工程机械集团公司
4	天津汽车工业公司	29	南京电瓷总厂
5	天津立达（集团）公司	30	杭州汽轮动力（集团）公司
6	天津钢管公司	31	绍兴中国轻纺城股份有限公司
7	河北省保定变压器厂	32	宁波敦煌集团股份有限公司
8	河北省唐山碱厂	33	中国扬子电气（集团）公司
9	太原重型机械集团公司	34	安徽轮胎厂
10	太原钢铁（集团）公司	35	福州第二化工厂
11	包头市纺织总厂	36	厦门海燕实业总公司
12	本溪钢铁公司	37	江西新余钢铁有限责任公司
13	金城造纸股份有限公司	38	烟台合成革总厂
14	沈阳机床股份有限公司	39	济南市大观园股份有限公司
15	瓦房店轴承厂	40	淄博化学纤维总厂
16	通化钢铁公司	41	青岛益青实业总公司
17	吉林化纤股份有限公司	42	安阳钢铁股份有限公司
18	长春汽油机股份有限公司	43	河南嵩岳纺织工业集团
19	黑龙江龙涤股份有限公司	44	湖北化学纤维总公司
20	佳木斯造纸股份有限公司	45	大冶特殊钢股份有限公司
21	桦林集团公司	46	武汉锅炉厂
22	上海汽车工业总公司	47	湖南省国光瓷业股份有限公司
23	上海针织内衣集团公司	48	湖南省物资产业集团
24	上海无线电三厂	49	广州味精食品厂
25	上海一百（集团）有限公司	50	深圳华强电子工业总公司

续表

序号	企业名称	序号	企业名称
51	广东省物资集团公司	76	冶金工业部舞阳钢铁公司
52	深圳市物资总公司	77	贵州赤水天然气化肥厂
53	海南省地方国营罐头厂	78	大连铁路局
54	广西贵港甘蔗化工厂	79	广州海运（集团）公司
55	四川物资集团公司	80	邮电部武汉通信电源厂
56	四川沱牌实业股份有限公司	81	水利部丹江口水利枢纽管理局
57	成都红光实业股份有限公司	82	中国水产总公司
58	重庆钢铁（集团）公司	83	中国林业机械总公司
59	贵州开阳磷矿矿务局	84	中国机电设备总公司
60	昆明重型机械工业总公司	85	中国五金交电化工公司
61	国营西北第七棉纺织厂	86	中国粮油食品进出口总公司
62	秦川机床厂	87	中国成套设备进出口（集团）总公司
63	中国标准缝纫机（集团）公司	88	中国机械进出口总公司
64	兰州第三毛纺织厂	89	中国国际旅行社总社
65	兰州民百股份有限公司	90	昆明三聚磷酸钠厂
66	青海省西宁钢厂	91	中国纺织机械工业总公司
67	西北轴承厂	92	北京新型建筑材料总厂
68	新疆八一钢铁总厂	93	中国医药对外贸易总公司
69	西藏拉萨啤酒厂	94	江南造船厂
70	新疆石河子八一毛纺织厂	95	建设工业集团公司
71	长春高新技术产业股份有限（集团）公司	96	航天部南京晨光机器厂
72	中国建筑第一工程局	97	大港石油管理局
73	福建省电力公司	98	北京燕山石油化工公司
74	兖州矿务局	99	大厂矿务局
75	彩虹电子集团公司	100	新兴铸管联合公司

后 记

为贯彻落实党中央关于庆祝改革开放40周年有关部署，按照国务院国资委领导同志的要求，2018年，我们组织启动了《国企改革历程1978—2018》（以下简称《历程》）一书的编写工作。编写工作坚持以习近平新时代中国特色社会主义思想为指导，强化"四个意识"，坚定"四个自信"，做到"两个维护"，坚持写史写实，突出时代特色，体现与时俱进，力图全方位系统反映改革开放40年来我国国企改革波澜壮阔的伟大历程，展现我国国企改革取得的举世瞩目的历史性成就和重大变化。

经过一年多的努力，《历程》一书即将付梓出版，这既是庆祝改革开放40周年的重要成果，也是我们怀着喜悦和崇敬的心情献给中华人民共和国成立70周年的一份礼物。

这是第一部由国企改革政策制定和推动部门组织编写的、系统完整记述我国国企改革40年极不平凡历程的著述，翔实记录我国国企改革各个阶段的背景、政策、实践与成效。全书共分总论、分论、案例三大部分：总论部分重点叙述国企改革总体脉络、重大成就、基本经验；分论分专题记述各个主要领域的国企改革，总分结合，前后呼应；书中精选部分地方政府推动国企改革及部分中央企业、地方国企改革等不同层面的若干案例，来源于改革第一线，是国企改革实践的时代反映。编写人员由第一线推动国企改革的同志组成，确保有关内容的真实、准确、全面、鲜活。全书在收集梳理大量宝贵历史资料的基础上编写而成，具有较强的权威性、科学性、可读性，是推动、研究国企改革不可多得的专著，既可作为国企改革政策查阅的案头用书，也可作为国企改革的培训教材，还可作为研究国企改革历程的史学重要参考，同时也是研究经济体制改革的重要参考书目,相信相关不同领域的读者都能从中有所收获、有所启迪。

需要说明的是,国企改革是系统的、多维的。为了系统全面鲜活反映国企改革过程,本书在叙事编排上,从写史写实出发,采用时间顺序为主,兼顾各个历史阶段重要事件的完整性。总论与分论、分论各章节尽量保证了独立完整。由于改革的系统性,同一事件在不同分论中都涉及时,尽量在一处重点详细记述,其他处简要介绍,以使读者有相对完整的印象,必要时通过脚注对内容做了导引。同时,40年国企改革,有些词语其内涵语境也发生了变迁,书中尽量采用当期的词语描述当期事件,以增强历史感。

"宝剑锋从磨砺出,梅花香自苦寒来。"一年多来,编写工作紧张、高效、有序推进。国务院国资委领导高度重视编写工作,国务院国资委党委书记、主任郝鹏同志作出明确指示,原党委副书记、原主任肖亚庆同志作出明确指导,党委委员、副主任翁杰明同志多次听取汇报提出明确要求,秘书长彭华岗同志多次组织对编写工作进行研究作出安排,总会计师白英姿同志多次对编写工作给予具体指导。编写工作于2018年5月开始谋划,经两次征求国务院国资委内有关厅局意见后,形成全书提纲,编写工作开始启动,各编写单位选配精兵强将,加班加点收集资料、撰写文稿。为保证全书准确全面把握历史事实和脉络结构,国务院国资委改革办于2018年7月30日—8月2日组织北京、河北、辽宁、黑龙江、上海、浙江、江西、山东、广东、重庆、陕西11家地方国资委有关负责同志、退休老同志、改革经历者、专家、学者及委内编写同志等79人集中办公,对历史重大事实和观点、篇章结构进行核实研讨,撰写人员充分交流、互相借鉴、取长补短,进一步明确修改完善方向。2018年9月4—14日改革办组织第二次集中办公,对修改稿分章节进一步深入讨论,共有山西、辽宁、吉林、黑龙江、上海、江苏、浙江、福建、江西、山东、湖南、广东、重庆、贵州、云南、陕西、甘肃、大连、广州19家地方国资委,国家电网、中国石油、诚通集团3家央企有关负责同志共100人,与委内编写厅局同志参加了研讨。参加两次集中办公研讨的地方国资委(或地方企业)负责(退休)同志主要有王浩生、刘清芳、李南山、张林俭、周荣强、陈天、童云芳、甘家政、董少华、刘捷明、刘立国、盖鲁林、张连广、黄京秀等，央企有关负责同志有许永发、张卫忠、杨永萍、苗卿华等。

全书数易其稿，大致进行了十轮较大的修改，前期两轮征求各省级国资委意见，一轮征求各中央企业意见，共收集意见1788条，编写组认真吸纳修改，保证了文稿质量的提高。这期间，有关老领导给予了关心和指导，国资委原副主任、十二届全国人大财经委副主任委员邵宁同志审阅了稿件，并抽出宝贵时间与编写组当面沟通，提出了重要修改意见；中信改革发展研究基金会理事长、中信集团原董事长孔丹同志专门召开小型研讨会对总论进行集中研讨；监事会原主席熊志军同志对总论提出修改意见。同时，请郭建新、李晓春、李文中、于吉、邓志雄、于池、白津夫、刘文炳、秦永法、王润秋、谢忠胜、袁谋真、陈坚、张学兵、李宏义、田志友、陈占夺等同志分章节提出了意见。委托中国国新帮助请39名专职外部董事提出了修改意见。在听取委领导意见以及委内原监事会主席意见后，《历程》全稿再次送委内各厅局、研究中心、新闻中心和委外专家黄群慧、赵昌文、曹立、邓小清、雷家骕、王浩生、刘清芳、李南山、于吉、狄娜、楚序平、董大海、赵欣、贾小梁等同志提出意见，其中，中央党校经济学部曹立、中央党史和文献研究院陈坚、中国社会科学院工业经济研究所黄群慧、国务院发展研究中心产业经济部赵昌文、清华大学经济管理学院雷家骕、陕西省国资委王浩生、河北省国资委刘清芳、中国大连高级经理学院董大海、上海国有资本运营研究院李南山等同志通过多种方式与编写组进行了多次讨论，提出了完善意见。之后，又请委内委外有关同志、专家进行了多次核校。

编写《历程》是一个巨大的系统工程，饱含着大家的深厚感情，是历史的记录，同时也是科学态度的体现，直接参加撰写和各种支撑团队超过200人，是集体智慧的结晶。在这个过程中，一批老同志积极提供历史资料、进行思路指引，一批年轻同志怀着对国企改革的极大热情、极高的责任感和使命感投入到写作工作中。通过写作，大家更加热爱党、热爱国家、热爱国企改革事业。全书主要由国务院国资委相关厅局、改革办、研究中心撰写。分工如下：总论第一章、第二章由改革办、研究中心共同撰写，前期稿以研究中心为主撰写，撰稿人李明星、郑东华、杜国功、刘乌兰、许保利、周丽莎、周建军、贾尽裴、黄亚玲，后期稿以改革办为主修改撰写，主要撰稿人彭华岗、尹义省、王秀国、余建宏、季晓刚、周巧凌、桂刚、付强、李鹏飞、郑亚明、石本慧等参加了编写工作。第二章第一节第二、三目由综合局撰写，撰稿人刘源、袁雷峰、方磊、陈建刚、张晓松、杨胡凤、孙司雷、李杰，第二章第一节第四目由国际合作局和规划发展局撰写，国际局撰稿人殷长波、朱凯、李宵然、石潇桢，规划发展局撰稿人谢军、孟华强、王靓、蒋千璐，上海国有资本运营研究院参与了第二章部分节目的中间稿编写工作。第三章由改革局撰写，撰稿人白英姿、林庆苗、王丽萍、李硕。第四章以企干一局、企干二局为主共同撰写，企干一局撰稿人宋亚晨、高岩、常玉春、翁建雄、李萍、周彬、顾智勇、黎岑伟、贺军、李永超，企干二局撰稿人姜维亮、苏云成、申力，第三节第一目由资本局撰写，撰稿人李冰、黄景安、焦翔。第五章以考核分配局为主撰写，撰稿人赵世堂、来婷、夏凡、刘晋、邵满、鲍玮、田相庆、范华、张欣、程宜礼，第五章第二节由企干一局撰写，撰稿人宋亚晨、高岩、常玉春、翁建雄、申力。第六章以法规局为主撰写，撰稿人郭祥玉、肖福泉、任雅林、庞龙飞、刘宇、景若晨。第六章第二节第五目由改革局撰写，撰稿人白英姿、杨景百、王健、陈扬、张宝军、王毅斌。第六章第四节第四目由资本局撰写，撰稿人李冰、黄景安、焦翔、王帅。第七章由资本局撰写，撰稿人李冰、黄景安、谭啸、张冰、李蓓。第八章以改革局为主撰写，改革局撰稿人白英姿、吴同兴、林庆苗、唐祖君、张学勇、周林、李晓明、唐永亮、杨磊、张宏丹、王亚坤、黄磊、葛立国，第八章第二节第三、四目由财务监管局撰写，撰稿人邬红兵、王海琳、肖黎、高康，第八章第四节由规划发展局撰写，撰稿人谢军、陈鸿、刘居正、袁雪、邢相烨、王超。第九章以产权局为主撰写，撰稿人贾立克、郜志宇、赵亮、胡坡。第九章第三节由改革局撰写，撰稿人白英姿、林庆苗、王丽萍、李硕。第十章由监督二局牵头多厅局合作撰写，第十章第一节由监督二局撰写，撰稿人赵红严、吴文岳、刘洪学、邵兵、连英项，第十章第二节第一目由财务监管局撰写，撰稿人邬红兵、刘绍娓、侯孝国、郭彧、欧阳利赛、杜小川、张辉，第十章第二节第二目由产权局撰写，撰稿人贾立克、邰志宇、张奎，第十章第二节第三目及启示与前瞻由监督三局撰写，撰稿人魏伟、赵丽新、徐文媛、蔡俊，第十章第二节第四目、第三节由办公厅撰写，撰稿人王选文、范建林、庞雪松、朱占军、苗毅、周光明，第十章第四节由法规局撰写，撰稿人郭祥玉、肖福泉、任雅林、庞龙飞、刘宇、景若晨。第十一章由改革局撰写，撰稿人白英姿、吴同兴、唐祖君、杨磊、张宏丹、王亚坤、张博、才学静、石磊。第十二章以党建局为主撰写，撰稿人姚焕、熊洁、丁少中、刘兆冬、吴月华、孙光辉、陈金华、赵广亮，第三节第七目（纪检内容）、第四节第五目由驻委纪检监察组撰写，撰稿人李正义、叶远强、王娟、杨维民、王钰雪，第十二章第三节第七目（巡视内容）、第十二章第四节第六目由巡视办撰写，撰稿人贾春曲、王黎晓、袁正秋，第十二章第四节第四目由宣传局撰写，撰稿人刘福广、熊卫松、白璟珛。

全书布局调整优化、统筹协调工作由彭华岗同志总体指导，改革办尹义省同志牵头具体协调沟通和组织全书统一编校工作，参加统一编校工作的同志还有王秀国、余建宏、杨铭铨、孙飞、张星、王赛楠、刘家宇、宋潇等。

资料支撑工作组为全书提供大量资料摘编支撑工作，参加工作的同志有许金华、杨永萍、王志刚、李煜萍、王秀国、余建宏、杨铭铨、李华、赵振兴、王朋波、马明玥、熊韬、刘瑞轩、徐晓阳、王帅、乔丽玮、王治清、吕国新、陈延卓、吴晓娟、陈宇慧、左芸熙、李儒金、张静、陈熙、韩志国、刘家宇、张凝嫣、许小康、高歌、张星、孙飞、王赛楠等。

国务院国资委有关厅局对编写工作给予了全力支持，办公厅为赴中央档案馆查阅资料提供大量帮助，宣传局大力协助出版宣传，研究局提供大量历史研究资料，人事局对人员借调给予了大力支持，管理局对集中办公、购买资料提供了有力支持，委新闻中心、《国资报告》杂志社抽出力量协助编校工作，等。全书编写还建立了联络员制度，改革办多次召开联络员会议，协调沟通情况，研究修改完善事宜，苗毅、任雅林、刘居正、

后 记

郭彧、赵亮、陈扬、田相庆、谭啸、方磊、刘洪学、徐文媛、翁建雄、申力、刘兆冬、白璟玙、付升涛、石潇桢、袁正秋、杨维民、黄亚玲等同志做了大量协调沟通服务工作。

国家统计局工业统计司在统计数据核对方面给予了大力支持。国家电网组织力量从《人民日报》库中遴选摘编40年来关于国企改革相关报道1987篇；中国石油组织力量帮助整理收集地方案例，形成资料库。中国建材集团、中国企业改革与发展研究会为编写工作提供大力支持。中国大连高级经理学院、上海国有资本运营研究院多次对稿件研提意见，中央档案馆、国家图书馆为查阅资料提供了方便。中国经济出版社在全书策划、资料收集、编辑出版过程中做了大量工作。编写过程中，参阅了大量的文献资料、网站信息，特别是参阅、学习借鉴国资国企改革战线的一些老领导、老前辈有关著述、观点，一些文献未能一一列出。在此谨向所有关心支持本书编写出版的前辈、领导、同志、朋友表示衷心的感谢！

40年国企改革，历史跨度大，内容极为丰富，资料浩如烟海，再加上《历程》编写时间紧，编者水平有限，编写中难免有疏漏和错误，诚请广大读者批评指正（意见请致邮箱guoqigaige40@126.com）。

编写组

2019年6月